USA NORDWESTEN
mit NORDKALIFORNIEN

www.baedeker.com

Verlag Karl Baedeker

Top-Reiseziele

Der Nordwesten der USA: von der Pazifikküste im Westen über die Kettengebirge nach ostwärts bis in die Prärien, von Seattle im Norden bis nach San Francisco im Süden. Das Gebiet ist riesig und hat jede Menge Natur zu bieten. Doch es gibt auch viel Spektakuläres zu sehen, was Menschen geschaffen haben. Wir zeigen Ihnen, was Sie nicht verpassen sollten.

❶ ★★ Olympic National Park
Ein geradezu mystisch-faszinierender Regenwald und eine dramatische Küstenlandschaft **Seite 437**

❷ ★★ Seattle
Die Hightech-Metropole am Ende des Puget Sound ist auch Wiege des Grunge-Musikstils. **Seite 448**

❸ ★★ Grand Coulee Dam
Das größte Wasserkraftwerk der USA und drittgrößte der Welt ist ein Höhepunkt der Ingenieurskunst. **Seite 407**

❹ ★★ Glacier National Park
Diese Welt aus Gletschern, Bergen, Schluchten, Tälern und Seen ist eines der letzten noch weitgehend intakten Ökosysteme der USA. **Seite 283**

❺ ★★ Mount Rainier
Machtvoll erhebt sich der »schlafende« Feuerberg mit seiner dicken Eiskappe aus dem Kaskadengebirge. **Seite 421**

❻ ★★ Columbia River Gorge
In einem spektakulären schluchtartigen Tal durchbricht der Columbia River das Kaskadengebirge. **Seite 325**

❼ ★★ Hells Canyon
An der Grenze der Bundesstaaten Oregon und Idaho hat der Snake River die tiefste Schlucht Nordamerikas gegraben. **Seite 350**

❽ ★★ Sun Valley
Was für Europa St. Moritz, das ist Sun Valley für den Ski-Jet-Set der USA. **Seite 251**

❾ ★★ Yellowstone National Park
Blubbernde Schlammlöcher, brodelnde Thermalquellen und zischende Geysire **Seite 539**

Top-Reiseziele • INHALT

⑩ ✶✶ Grand Teton National Park
Wie riesige Brüste (franz. téton) ragen sie in den Himmel: die oft fotografierten, hoch aufragenden Gipfel der Teton Range. **Seite 511**

⑪ ✶✶ Mount Rushmore
Die in den Fels gehauenen Konterfeis der US-Präsidenten Washington, Jefferson Roosevelt und Lincoln machen diesen Berg zur Attraktion. **Seite 486**

⑫ ✶✶ Redwood Empire
Hier gibt es noch mehrere Hundert Jahre alte und über 100 Meter hohe Baumriesen zu bestaunen. **Seite 169**

⑬ ✶✶ Lassen Volcanic Park
Der schwankende Boden ist von übel riechenden Schwefelquellen und sprudelnden Geysiren durchsetzt. **Seite 156**

⑭ ✶✶ Napa Valley
Das berühmteste Weinbaugebiet der Vereinigten Staaten ist zugleich eines der beliebtesten Reiseziele im Norden Kaliforniens. **Seite 164**

⑮ ✶✶ Lake Tahoe
Das »schönste Gesicht der Erde« nannte Mark Twain diesen saphirblauen Hochgebirgssee. **Seite 152**

⑯ ✶✶ San Francisco
Hippies und Flower Power: San Francisco besitzt eine geradezu magische Anziehungskraft. **Seite 182**

⑰ ✶✶ Yosemite National Park
Dieser Nationalpark ist ein Top-Reiseziel für Liebhaber von herrlicher Natur und für begeisterte Aktiv-Urlauber. **Seite 214**

Lust auf …

… den Nordwesten der USA ganz nach Ihrer persönlichen Interessenlage? Dann helfen vielleicht diese Anregungen.

RIESENVULKANE
- **Lassen Volcanic National Park**
  Blubbernde Schlammtöpfe, übelriechende Fumarolen, heiße Quellen und dampfende Pools zeugen von vulkanischer Aktivität. **Seite 156**
- **Mount Rainier**
  Der momentan »schlafende Vulkan« ist für die Indianer auch Sitz der launischen Göttin Takhoma. **Seite 421**
- **Yellowstone National Park** ▶
  Ein Riesenvulkan in Ruhephase. Trotzdem gibt es schwankende Böden, vielfarbige Thermal-Pools, schweflig-faulig riechende Fumarolen und brodelnde Schlammquellen. **Seite 537**

INDIANER
- **Nez Perce National Historical Park**
  Die Nez-Perce-Indianer kamen erst im frühen 19. Jh. in Kontakt mit den Weißen. **Seite 240**
- ◀ **Crow Indian Reservation**
  Wo heute etwa zwei Drittel der Crow-Indianer leben, kam es im Sommer 1876 zur denkwürdigen Schlacht am Little Bighorn. **Seite 269**
- **Tillicum Village**
  Vor den Toren von Seattle kann man den Reichtum der uralten Kulturen der Nordwestküsten-indianer bewundern. **Seite 460**

Lust auf... • INHALT

WEIN
- **Napa Valley** ▸
  Das Tal der großen Weine in Kalifornien ist auch ein beliebtes Ausflugsgebiet.
  Seite 164
- **Columbia Valley**
  Auch beiderseits des Columbia River werden gute Tropfen (u.a. Chardonnay, Merlot, Riesling, Syrah) erzeugt. **Seite 331**
- **McMinnville**
  Gut 100 Weingüter (u. a. bester Pinot Noir) gibt es im oberen Willamette Valley, dem Zentrum der Weinproduktion in Oregon.
  Seite 359

RIESENBÄUME
- ◂ **Redwood National Park**
  Im Nordwesten Kaliforniens wachsen imposante Küstenmammutbäume heran.
  Seite 169
- **Olympic National Park**
  Über 100 Jahre alte und über 80 Meter hohe Sitkafichten und Hemlocktannen gedeihen im kühl-gemäßigten Küstenregenwald. **Seite 437**

TIERE
- **Bisons**
  Nordamerikas Ur-Rinder lassen sich u.a. in der National Bison Range in Montana studieren. **Seite 305**
- **Seelöwen** ▸
  Diese massigen Tiere kann man an der Oregon-Küste in Newport und bei Florence sehen. **Seite 340**
- **Weißkopf-Seeadler**
  Diese Greife sieht man an der Pazifikküste, besonders bei La Push im Olympic National Park.
  Seite 444

INHALT • Inhaltsangabe

HINTERGRUND

12 **Amerikas ferne Nordwestecke**

14 **Fakten**
15 Natur und Umwelt
20 *Infografik: Unruhige Erde*
28 Bevölkerung · Politik · Wirtschaft
30 *Der Nordwesten der USA auf einen Blick*
32 *Willkommen im Alltag*

36 **Geschichte**
37 Von den Indianern bis zur ersten Krise des 21. Jahrhunderts
44 *Infografik: Go West!*
46 *Special: Solange Gras wächst …*

54 **Kunst und Kultur**
55 Von der Kunst der Indianer bis zum Indie Rock

62 **Berühmte Persönlichkeiten**

ERLEBEN & GENIESSEN

74 **Essen und Trinken**
75 Cobbler versus Espresso Drive-thru's
80 *Genüsse im Nordwesten*
82 *Special: Microbrews und Coffeeshops*

84 **Feiertage · Feste · Events**
85 Feste feiern im Nordwesten

90 **Mit Kindern unterwegs**
91 Keine Langeweile

94 **Shopping**
95 Ich shoppe, also bin ich
98 *Special: Modisches für Cowboys und Cowgirls*

100 **Übernachten**
101 5-Sterne-Lofts und Trapper-Hütten
104 *Special: Leben wie im Wilden Westen*

Lachs satt gibt es an der Nordwestküste der USA.

Inhaltsangabe • INHALT

- 108 **Urlaub aktiv**
- 109 Paradiese für Naturfreunde
- 110 ❗ *Special: Wege mit Aussichten*

TOUREN

- 118 Tourenübersicht
- 119 Unterwegs im Nordwesten
- 120 Tour 1: Durchs Kaskadengebirge zum Pazifik
- 123 Tour 2: Über die Berge und in die Prärie
- 128 Tour 3: Zwei enge Verwandte

REISEZIELE VON A BIS Z

132 California (North)
- 136 Calistoga
- 138 Eureka
- 142 Fort Bragg
- 144 Fort Ross
- 146 Gold Country
- 150 ❗ *Infografik: Plenty of gold ... on the banks of Sacramento*
- 152 Lake Tahoe
- 156 Lassen Volcanic National Park
- 159 Lava Beds National Monument
- 160 Mendocino
- 162 Mount Shasta
- 164 Napa Valley
- 167 Point Reyes National Seashore
- 169 Redwood Empire
- 174 ❗ *Infografik: Die Riesen unter den Bäumen*
- 176 Sacramento
- 182 San Francisco
- 206 ❗ *3D: Golden Gate Bridge*
- 214 Yosemite National Park

224 Idaho
- 227 Blackfoot
- 229 Boise
- 232 Coeur d'Alene
- 235 Craters of the Moon
- 237 Idaho Falls
- 239 Lewiston
- 242 ❗ *Special: Donner, der übers Land rollt*
- 244 Montpelier
- 245 Moscow
- 247 Pocatello
- 249 Salmon
- 251 Sun Valley
- 254 Twin Falls

256 Montana
- 259 Billings
- 263 Bozeman
- 267 Butte
- 269 Crow Indian Reservation
- 272 Deer Lodge
- 274 ❗ *Infografik: Cowboys*
- 277 Dillon
- 279 Flathead Indian Reservation
- 281 Fort Benton
- 283 Glacier National Park
- 289 Great Falls
- 292 Havre
- 294 Helena
- 296 Livingston
- 300 Miles City
- 302 Missoula
- 305 Three Forks

INHALT • Inhaltsangabe

308 Oregon
312 Ashland
314 Astoria
319 Baker City
322 Bend
325 Columbia River Gorge
331 Coos Bay
334 Crater Lake National Park
335 Eugene
339 Florence
341 Gold Beach
344 ❗ *Special: Wo der Waldmensch hustet*
347 Grants Pass
350 Hells Canyon
355 Klamath Falls
357 Lakeview
359 McMinnville
362 Mount Hood
365 Newport
370 Pacific City
373 Pendleton
376 Portland
387 Port Orford
388 Salem

394 Washington
398 Bellingham
404 Centralia · Chehalis
405 Colville National Forest
408 ❗ *3D: Größtes Wasserkraftwerk der USA*
411 Grays Harbor
413 Long Beach Peninsula
416 Methow Valley
419 Mount Adams
421 Mount Rainier
422 ❗ *3D: Ruheloser Feuerberg*
426 Mount St. Helens
430 North Cascades National Park
434 Olympia
437 Olympic National Park
444 San Juan Islands
448 Seattle
461 Spokane
465 Tacoma
470 Vancouver
472 Walla Walla
475 Wenatchee River Valley

480 Wyoming
484 Black Hills
490 Buffalo
494 Casper
496 Cheyenne
500 Cody

Die Lower Falls des Yellowstone River

Das Wahrzeichen von San Francisco: die Golden Gate Bridge

- 504 Devils Tower National Monument
- 507 Douglas
- 509 Fossil Butte National Monument
- 511 Grand Teton National Park
- 517 Lander
- 520 Laramie
- 524 Pinedale
- 526 Rock Springs
- 530 Sheridan
- 533 Torrington · Fort Laramie
- 537 Yellowstone National Park
- 564 Preise · Vergünstigungen
- 565 Reisezeit
- 566 Sicherheit
- 566 Sprache
- 574 Toiletten
- 574 Verkehr
- 581 Zeit
- 582 Register
- 587 Verzeichnis der Karten und Grafiken
- 598 Bildnachweis
- 599 atmosfair
- 600 Impressum
- *604* ❗ *Kurioser Nordwesten*

PRAKTISCHE INFORMATIONEN

- 546 Anreise · Reiseplanung
- 549 Auskunft
- 552 Mit Behinderung in den USA
- 553 Elektrizität
- 553 Etikette
- 554 Geld
- 556 Gesundheit
- 556 Literatur und Film
- 559 Maße · Gewichte · Temperaturen
- 560 Medien
- 560 Nationalparks
- 561 Notrufe
- 562 Post · Telekommunikation

PREISKATEGORIEN
Restaurants
(Preis für ein Hauptgericht)
❹❹❹❹ = über 30 $
❹❹❹ = 20 – 30 $
❹❹ = 12 – 20 $
❹ = unter 12 $
Hotels (Preis für ein DZ)
❹❹❹❹ = über 250 $
❹❹❹ = 180 – 250 $
❹❹ = 100 – 180 $
❹ = unter 100 $

Hinweis
Gebührenpflichtige Servicenummern sind mit einem Stern gekennzeichnet: *1 800....

HINTERGRUND

Der Nordwesten der USA: seine fantastischen Landschaften, seine indianischen Kulturen, seine Wirtschaftskraft – und einige Pioniere von gestern bis heute

Amerikas ferne Nordwestecke

Lange war es doch so: Wer Westküste sagte, meinte Kalifornien oder, genauer, die Küste zwischen Los Angeles und San Francisco. Westküste hieß das Gelobte Land des USA-Reisenden. Man kam zurück mit Bildern vom Highway No. 1, den Cable Cars in San Francisco und dem Hollywood-Schriftzug hoch über der Traumwerkstatt.

Es jedoch ist etwas in Bewegung geraten. Kalifornien wird nicht länger nur mit Surfern und Baywatch-Nixen in Verbindung gebracht, sondern zunehmend auch mit Waldbränden, gesichtslosem Siedlungsbrei, Wassermangel und ausufernder Kriminalität. In einer immer schnelleren und von Hiobsbotschaften geschüttelten Welt haben sich die Gewichte verschoben. Statt Action und Superlativen sind zunehmend Seelenruhe und das **unverfälschte Naturerlebnis** gesucht. Und von beidem hat der Nordwesten mehr als genug.

DER REIZ DER LEERE

Dieser Band stellt die Bundesstaaten Oregon, Washington, Idaho, Montana, Wyoming und den Norden Kaliforniens vor. So unterschiedlich diese Staaten auch sind, haben sie doch eines gemeinsam: Sie sind ziemlich leer, sieht man von Seattle und Portland als den einzigen Ballungszentren ab. Noch eine Handvoll weiterer Städte verdient diese Bezeichnung – zumindest machen sie mit ihren 50 000 oder 60 000 Einwohnern nach Stunden oder Tagen unterwegs in dieser Leere einen solchen Eindruck. Ansonsten ist man **relativ allein** auf den Straßen.

IM OUTDDOOR-PARADIES

Wer sich in den Nordwesten aufmacht, verzichtet bewusst auf Strandleben und Glamour und nimmt auch hin und wieder Regenwetter in Kauf. Hart ist dieser Verzicht jedoch nicht: Der Lohn ist ein **wahres Füllhorn unterschiedlichster Landschaften**. Im Westen donnert der Pazifik an Oregons unbebaute Küste. Klippen und Vorgebirge, oft nebelverhangen und von November bis März sturmumtost, prägen sie bis zur Olympic Peninsula. Dort wuchern Nordamerikas letzte Regenwälder. Den Westen vom Osten Oregons und von Washington trennend, ragt die Cascade Range auf. Als Teil des pazifischen »Ring of Fire« wird sie von einigen der aktivsten Vulkane des Kontinents überragt: Mt. St. Helens, Mt. Rainier, Mt. Hood, Mt. Baker, Mt. Adam, Mt. Shasta – jeder von ihnen wunderschön und dunkel mahnend. Weiter östlich dann die trockenen Plateaus von Idaho, von Schluchten wie dem Snake Canyon geritzt und von trockenen Höhenzügen gezeichnet, dann die runden, dicht bewaldeten Foothills, und schließlich: die Rocky Mountains. Sind sie einmal überquert, hält nichts den Blick mehr auf.

In den Great Plains von Wyoming und Montana, die von den Trappern einst »Meer aus Gras« genannt wurden und Lebensraum von Millionen von Büffeln waren, kann man nur raten, wie weit es bis zum Horizont ist. Diese herrlichen Landschaften sind natürlich nicht nur zum Fotografieren da. Das Zauberwort im Nordwesten heißt Outdoor. Die National Forests, Berge und Vulkane, Plateaus und Canyons, sie alle können auf **Wanderwegen** für einen Tag, eine Woche oder noch länger erkundet werden. Die reißenden Gebirgsflüsse zählen zu den **besten Paddel- und Raftingrevieren Nordamerikas**, der mächtige Columbia River ist ein Paradies für Windsurfer. Und natürlich die Strände – Baden kann man zwar nicht, dazu ist der Pazifik zu kalt. Doch breit und endlos lang, laden sie zu Spaziergängen ein, auf denen man der Brandung bei der Arbeit zuschauen kann. Einige sind bei Surfern beliebt, weil dort die Wellen gleichmäßig brechen – am Straßenrand geparkte Autos geben sie preis.

LIFESTYLE VS. BIG SKY

Die Großstädte an den Küsten geben sich modern, trendy und weltoffen. Seattle hat Microsoft, Starbucks und Boeing, Portland den Outdoor-Ausstatter Columbia und weitere namhafte, Lifestyle pflegende und verkaufende Unternehmen. Landeinwärts werden indes Cowboystiefel statt Sneaker getragen. Dort lebt man noch mit **Rindern und Pferden** und fiebert dem nächsten Rodeo, der nächsten Rinderauktion, dem nächsten **Pow Wow** entgegen.

Nicht nur die endlose Weite und der »big sky« sind es, die hier zutiefst beeindrucken. Es sind auch die Menschen, ihr Sinn für Humor und ihre ehrliche Gastfreundschaft. Den urbanen Lifestyle vermisst man da ganz und gar nicht.

Cowboys zeigen ihre Fertigkeiten bei Rodeos in Wyoming und Montana.

Fakten

Natur und Umwelt

Der Nordwesten der USA bietet vor allem großartige Landschaften: wilde Küsten, weites Grasland, Felsengebirge und Vulkanketten. Städtische Zentren gibt es wenige, diese aber sind Motoren der Wirtschaft und ein Aushängeschild des liberalen Amerika.

Das im vorliegenden Band beschriebene Gebiet erstreckt sich von der Pazifikküste etwa 1600 km landeinwärts bis an den Ostabfall der Rocky Mountains bzw. den Westrand der Plains. Die Nord-Süd-Ausdehnung beträgt zwischen 1200 km an der Pazifikküste und knapp 1000 km in den Rocky Mountains. Die sechs genannten Bundesstaaten nehmen eine Fläche von rund 1,43 Mio. km² ein. Dies ist knapp ein Fünftel der räumlich zusammenhängenden USA. In dem beschriebenen Gebiet leben heute fast 30 Mio. Menschen, d. h. fast ein Zehntel der US-Bevölkerung.

Geografische Lage

GROSSLANDSCHAFTEN

Über weite Strecken wildromantisch präsentiert sich die nördliche Pazifikküste, hinter der recht abrupt die teils noch von dichten Nebelwäldern bestandene **Coast Range** (Küstengebirge) bis zu 1500 m ü. d. M. aufragt. Meist ist der Küstensaum recht schmal, an dem die starken Brecher einer oftmals sturmgepeitschten See nagen. Zwischen schroffen und stark erodierten Steilküstenabschnitten weiten sich immer wieder von Treibholz übersäte Sand- und Kiesstrände. An einigen Stellen öffnen sich auch siedlungsfreundliche Küstenhöfe. Dies gilt insbesondere für den Ästuar des Columbia River, der nordwestlich von Portland in den Pazifik mündet. Entlang der Küste schlängelt sich der US Highway 101 als traumhafte Panoramastraße.

Pazifikküste und Küstengebirge

Zwischen dem Küstengebirge und dem weiter landeinwärts ebenfalls in Nord-Süd-Richtung verlaufenden, vulkanisch geprägten Kaskadengebirge erstreckt sich eine Senkungszone, beginnend im **Puget Sound** im Bundesstaat Washington über das **Willamette Valley** im Bundesstaat Oregon bis zum **Sacramento Valley**, dem nördlichen Teil des Kalifornischen Längstals. In diesen Talschaften mit ihren fruchtbaren Böden kann eine höchst lukrative Landwirtschaft betrieben werden. Auf weiten Flächen werden Wein, Obst und Gemüse angebaut. Durch die Längstäler verläuft der Interstate 5 als wichtigste Nord-Süd-Verkehrsachse.

Längstäler

Sturmzersaust präsentiert sich die Pazifikküste
der Olympic Peninsula im Bundesstaat Washington.

HINTERGRUND • **Natur und Umwelt**

Kaskadengebirge Östlich der Längstäler erhebt sich die vulkanisch geprägte **Cascade Range** (Kaskadengebirge) mit ihren bis 4395 m ü. d. M. aufragenden und oftmals von Gletscherhauben bedeckten Vulkankegeln. Diese ebenfalls küstenparallel in Nord-Süd-Richtung verlaufende, ca. 1100 km lange Gebirgskette ist Teil des vulkanisch sehr aktiven und den gesamten Pazifischen Ozean umspannenden **Ring of Fire**. Die Feuerberge der Cascade Range, darunter der **Mount Rainier**, der Mount St. Helens, Mount Shasta und Lassen Peak, machen von Zeit zu Zeit durch spektakuläre Ausbrüche von sich reden. Noch nicht vergessen ist der Ausbruch des **Mount St. Helens** vom 18. Mai 1980, als dieser seinen Gipfel absprengte und Asche und Gaswolken 18 km hoch in die Stratosphäre schoss. Die heute noch stark bewaldete Gebirgskette ist auch die Hauptwetterscheide zwischen dem feuchten Westen und dem trockenen Osten des hier beschriebenen Großraums.

Sierra Nevada Südlich des noch dem Kaskadengebirge zuzuordnenden Lassen Peak zieht sich die einstmals wegen ihrer reichen Goldvorkommen geschätzte **Sierra Nevada** durch Nordkalifornien. Ihre höchste Erhebung ist der 4417 m hohe Mount Whitney.

Columbia Plateau Innerhalb der nordamerikanischen Kettengebirge sind auch einige Plateaus ausgebildet, so das 300 – 1800 m hohe Columbia Plateau, das den **Kernraum des Nordwestens** bildet. Es erstreckt sich von Oregon über Idaho bis Washington, ist weithin ziemlich eben und wird vom Columbia River und vom Snake River strukturiert. Am Ostrand des Columbia-Plateaus hat der Snake River den Hells Canyon, den mit 2438 m tiefsten Canyon Nordamerikas, geschaffen.

Felsengebirge Als östlichster Strang der nordamerikanischen, von Nord nach Süd verlaufenden Kettengebirge erheben sich die **Rocky Mountains** (Felsengebirge), deren höchste von Eis und Schnee bedeckte Gipfel bis 4401 m hoch aufragen. Auf dem Scheitel der Rockies verläuft auch die **Continental Divide** (kontinentale Wasserscheide). Im Nordwesten der USA bilden sie keine durchgehende Kordillere, sondern gliedern sich in mehrere Gebirgszüge. So erhebt sich im Bundesstaat Montana bzw. im Bereich des Glacier National Park die **Lewis Range** mit ihren markanten eis- und schneebedeckten Dreitausendern. Im Grenzbereich der Bundesstaaten Montana, Idaho und Wyoming breitet sich das 2100 – 2400 m hohe **Yellowstone Plateau** aus, das sich über einem gewaltigen Hot-Spot-Vulkan aufwölbt. An vielen Stellen treten Schlammvulkane, Geysire, Fumarolen, Thermalquellen etc. aus. Das Plateau wird von mehreren bis zu 3300 m hohen Hochgebirgszügen umrahmt, deren landschaftlich reizvollste die an die europäischen Alpen erinnernde und bis zu 4198 m hohe **Teton Range** im Süden ist. Südöstlich vom Yellowstone Plateau verläuft die **Wind River Range** mit dem 4207 m hohen Gannett Peak als höchs-

Ohrenbetäubend tosen die Lower Falls des Yellowstone River.

tem Gipfel. Weiter östlich erstrecken sich die bis zu 4100 m hohen **Bighorn Mountains**. Im Südosten von Wyoming sind die bis zu 3661 m hohen **Medicine Bow Mountains** sowie die im 3131 m hohen Laramie Peak gipfelnden **Laramie Mountains** die nördliche Fortsetzung der von Colorado heraufziehenden und bis zu 4350 m hohen **Front Range**.

Östlich der Rocky Mountains breiten sich die **Great Plains** (Große Ebenen) aus. Im vorliegenden Reiseführer wird ein Teil der sog. High Plains beschrieben, die als wellige, streckenweise auch tischebene Grassteppe bis an den Fuß der Rockies heranreicht und zwischen 1200 und 1600 m ü. d. M. liegt. Zu den High Plains zählt man auch das **Wyoming Basin**, eine durchschnittlich 2000 m ü. d. M. gelegene Beckenlandschaft, die zwischen der Wind River Range und den Medicine Bow Mountains eingetieft ist.

Große Ebenen

Ganz im Nordosten hat der Bundesstaat Wyoming Anteil an den waldreichen **Black Hills** (Schwarze Berge), die auch ein Stück weit in den östlichen Nachbarstaat South Dakota hineinreichen. Diese den Plains-Indianern heilige, ca. 160 km lange Bergkette ist 760 – 2350 m hoch und reich an Bodenschätzen. (u.a. Gold, Eisenerz, Kohle). Ihre beiden bekanntesten Attraktionen sind der Mount Rushmore und das ebenfalls aus dem anstehenden Fels herausgemeißelte Crazy Horse Memorial.

Schwarze Berge

EIN BLICK IN DIE ERDGESCHICHTE

Plattentektonik, Vulkanismus, Erdbeben

Noch vor rund 200 Mio. Jahren war Nordamerika Teil des Urkontinents **Pangäa**, zu dem seinerzeit auch die heutigen Landmassen von Eurasien, Südamerika und Afrika gehörten. Den Sockel der **Nordamerikanischen Landmasse** bildete bereits damals der Laurentische (Kanadische) Schild mit seinen bis zu 4 Mrd. Jahre alten Graniten und Gneisen. Pangäa breitete sich in Äquatornähe aus und driftete langsam nach Norden. Infolge eines klimatisch bedingten Meeresspiegelanstiegs bildeten sich im Norden des Urkontients Flachmeere, in denen in mehreren Perioden mächtige Sedimentschichten abgelagert wurden. Schon damals wurden die Grundzüge für das heutige Landschaftsbild festgelegt, wie man heute in den ausgedehnten Sedimentschichten der Great Plains nachvollziehen kann. Vor rund 180 Mio. teilte sich der Super-Ur-Kontinent Pangäa in einen Nordkontinent namens **Laurasia**, zu dem auch die Nordamerikanische Landmasse gehörte, und einen Südkontinent namens **Gondwanaland**. Im Verlauf der nachfolgenden 120 Mio. Jahre öffnete sich der Nordatlantik, der nunmehr die Nordamerikanische von der Eurasischen Landmasse trennte. Die Nordamerikanische Platte driftet seither mit einer Geschwindigkeit von bis zu 3 cm pro Jahr westwärts. Während sich östlich der Nordamerikanischen Platte der Nordatlantik ständig verbreitete und neuer Meeresboden entstand und entsteht, schob und schiebt sich bis heute die physisch leichtere kontinentale **Nordamerikanische Platte** über die physisch schwerere ozeanische **Pazifische Platte** und drückt deren östlichen Rand in die Tiefe. Diesen Vorgang nennt man **Subduktion**. Dabei wird ursprünglich festes Gestein in die Tiefe gedrückt und aufgeschmolzen. Im Laufe der Zeit kam es auch zur Kollision mit vulkanischen Inselbögen bzw. »Hot Spots« genannten ortsfesten Durchschlagsröhren von heißer Magma aus dem Erdinnern, die sich heute beispielsweise im Vulkanismus des Kaskadengebirges und des Yellowstone-Plateaus bemerkbar machen. Zudem entstanden an den Plattenrändern tektonische Brüche und Risse in der Erdkruste, im Rahmen derer sich Plattenbruchstücke bildeten, die in der Folgezeit mit der Nordamerikanischen Landmasse verschmolzen. Eine besonders dramatische Folge der Kollision von Nordamerikanischer und Pazifischer Platte war die Entstehung von Hochgebirgen, die vor ca. 70 Mio. Jahren einsetzte. Damals begannen sich die von Nord nach Süd streichenden **Rocky Mountains** herauszuheben. Nach mehr oder weniger langen Ruhephasen und der weiteren Westdrift der Nordamerikanischen Platte wurden auch die **Sierra Nevada** im heutigen Kalifornien, dann das **Kaskadengebirge** (Cascade Range) und zuletzt das **Küstengebirge** (Coast Range) an der Pazifikküste herausgehoben, begleitet von bis heute anhaltendem Vulkanismus und häufigen Erd- bzw. Seebeben.

Natur und Umwelt • HINTERGRUND

Cascade Range: heiße Quellen und brodelnde Schlammtöpfe
im Lassen Volcanic Park

Das Relief der nordwestamerikanischen Hochgebirge wurde von **Eiszeitalter**
mächtigen Gletschern der letzten vier großen Eiszeiten geschaffen,
die vor etwa 3 Mio. Jahren begannen und vor etwa 12 000 Jahren abklangen. Die eiszeitlichen Gletscher hobelten tiefe U-förmige Täler
aus, schufen scharfe Berggrate und schliffen lehnstuhlartige Kare in
die Berghänge, die oft von kleinen Seen erfüllt sind. In den großen
Gletscherabflussrinnen bildeten sich Gletscherzungenbecken, in denen sich bis heute Seen ausbreiten. Viele dieser Gewässer sind durch
Moränen aufgestaut, jene Schuttmassen, die die Gletscher einstmals
vor sich herschoben.

Plattentektonik und die Folgen

Unruhige Erde

Die Nordwestküste und die zugehörigen Küstengebirge der USA sind Teil des den gesamten Pazifik umschließenden Vulkangürtels »Ring of Fire«. In diesem Bereich treffen verschiedene Platten der Erdkruste aufeinander. Es kommt zu tektonischen Verschiebungen und Verwerfungen, die Vulkanausbrüche, Erdbeben und Tsunamis auslösen.

▶ **Erdbebenrisiko in den USA**
Die Karte zeigt, in welchen Regionen der Vereinigten Staaten die Erde oft bebt. Die besondere Plattentektonik im Nordwesten erzeugt Erschütterungen, die permanent mess- und spürbar sind.

Wichtige Vulkangipfel der Kaskaden-Bergkette
A Mt. Baker (3285 m)
B Glacier Peak (3213 m)
C Mt. Rainier (4392 m)
D Mt. St. Helens (2549 m)
E Mt. Adams (3743 m)
F Mt. Hood (3425 m)

Geologie des Yellowstone-Nationalparks im Schema und drei besondere Yellowstone-Geysire

Old Faithful
Bekannt für regelmäßige Eruptionen, beliebt bei Touristen

Grand Geyser
Höchster regelmäßig eruptierender Geysir der Welt

Steamboat Geyser
Höchster Geysir der Welt

Höhe

Intervall

30–55 m

30–120 min.

bis 60 m

7–15 Stunden

bis 90 m

wenige Tage bis 50 Jahre

Der Yellowstone-Nationalpark befindet sich innerhalb einer gigantischen **Caldera** ❶, einem vulkanisch entstandenen, ca. 70 x 30 km großen Krater.

Nach zwei Vulkanausbrüchen (vor ca. 2 Mio. und vor 600 000 Jahren) sackte die **Erdoberfläche** ❷ in entstehende Hohlräume ein.

Eine übrig gebliebene, teils flüssige **Magmablase** ❸ in 8 km Tiefe sorgt für die etwa 10 000 heißen Quellen, die über 300 aktiven Geysire und für seismische Aktivitäten im Yellowstone-Areal. Pro Jahr gibt es bis zu 3500 meist kleinere Erdbeben im Nationalpark.

Spalte in porösem Gestein

Engpass, Druck baut sich auf

stark erhitztes, teils verdampfendes Wasser

©BAEDEKER

KLIMA

Kühl-gemäßigte Klimazone

Der gesamte Nordwesten der USA liegt in der kühl-gemäßigten Klimazone. Hier bestimmen das ganze Jahr über wandernde Hoch- und Tiefdruckgebiete mit ihrem Wechsel von kalten und warmen Luftmassen, mehr oder weniger dichten Wolkenfeldern sowie heiterem Himmel das Wettergeschehen. Dabei zeigen sich hinsichtlich der Niederschlagsmengen große Unterschiede. So verursacht der von Norden nach Süden gerichtete Verlauf der Kordilleren im Westen einen hohen Grad an Ozeanität, verbunden mit beträchtlichen Niederschlagsmengen im Küstengebirge am Pazifik und weiter landeinwärts am Westabfall des Kaskadengebirges. Die ozeanische Feuchte lässt rasch nach, je weiter man landeinwärts kommt. So sind die Lee-Seiten des Kaskadengebirges sowie die intermontanen Becken und Plateaus im Bereich der Kordilleren sowie die Great Plains (Großen Ebenen) östlich der Rocky Mountains trockene Gebiete, in denen nur die Hochgebirgszüge größere Niederschlagsmengen erhalten. Die Grenze zum feuchteren Osten der USA verläuft in etwa entlang des 100. Längengrades, d. h. östlich von Montana und Wyoming mitten durch die Präriestaaten Nord- und Süd-Dakota.

Niederschläge

Die meisten Niederschläge fallen im Küstengebirge am Pazifik mit jährlich 2000 – 3000 l/m². Eine küstennahe südwärts fließende kalte Meeresströmung lässt zusätzlich von Frühling bis Herbst lang anhaltende Nebelbänke entstehen. Landeinwärts nehmen die Niederschläge rasch ab. In trockenen Leelagen der Gebirge sowie in den intermontanen Becken und den Grasländern östlich der Gebirgsketten werden nicht selten weniger als 250 l/m² erreicht.

Temperaturen

Während an der Pazifikküste ganzjährig ein kühl-gemäßigtes Klima mit kühlen Sommern und relativ milden Wintern herrscht, ist es im Landesinneren im Winter recht kalt und im Sommer ziemlich heiß. Die im Gegensatz zu Europa nicht von West nach Ost, sondern von Nord nach Süd gerichtete Anordung der Gebirge hat einen kaum behinderten Austausch von Luftmassen zwischen polaren und tropischen Breiten zur Folge. Dadurch kann kanadische Kaltluft weit nach Süden vorstoßen und insbesondere in den High Plains für niedrige Temperaturen sorgen, die nicht selten weit **unter die -30 °C-Marke** absinken. Solche Kaltluftvorstöße sorgen in den Gebirgen und entlang von Luftmassengrenzen für ergiebige Schneefälle und danach für länger anhaltende Frostperioden. Andererseits bringt es die ausgeprägte Kontinentalität des Klimas östlich der Kordilleren mit sich, dass die sommerlichen Höchstwerte infolge stabiler Hochdruckwetterlagen in den Grassteppen von Montana und Wyoming mühelos die **+35 °C-Marke übersteigen** und sog. hot waves weit nach Norden vorstoßen können.

Winterliche Kaltluftausbrüche aus nördlichen Breiten können mitunter auch im Nordwesten der USA Extremwetterlagen heraufbeschwören, die sich in Gestalt schlimmer, »Blizzards« genannter Winterstürme mit heftigen Schneefällen entladen können. Da es keine entsprechenden Gebirgsbarrieren gibt, können solche Tiefdruckgebiete schnell und weit nach Süden vorstoßen und einen heftigen Temperatursturz verursachen.

Blizzards

Durch das Aufeinanderstoßen sehr unterschiedlich temperierter ursprünglich ozeanischer und kontinentaler Luftmassen können sich **vor allem im Frühling und Frühsommer** über den Steppen und Graslandern östlich der Kettengebirge gewaltige Gewitterzellen bilden, die sintflutartige Sturzregen und zerstörerische Hagelschläge verursachen. Nicht selten bilden sich bei solchen schweren Gewittern zwar kleinräumige, aber wegen ihrerer extremen Windstärken sehr gefürchtete wandernde Wirbel, die dann als Tornados oder Windhosen ganze Landstriche verwüsten.

Sommergewitter, Tornados

Eine Besonderheit im winterlichen Wettergeschehen im Westen der Vereinigten Staaten ist der Chinook. Dieser von den Indianern stammende Begriff bedeutet wörtlich übersetzt **»Schneefresser«** und ist in etwa mit dem aus dem bayerischen Alpenvorland bekannten Föhn vergleichbar. Ein Chinook kann entstehen, wenn eine Luftmasse die Kettengebirge im Nordwesten von West nach Ost überquert. Sie steigt an den Westflanken der Gebirgszüge auf, wird kühler und verliert dabei Feuchtigkeit. Im Lee der Gebirge sinkt sie als trockener Fallwind wieder ab, nimmt stark an Temperatur zu und bringt Schnee und Eis zum Schmelzen. Besonders dramatisch ist dieser Effekt am Ostabfall der Rocky Mountains, wo die Lufttemperaturen binnen weniger Stunden von tiefsten Minusgraden auf frühlingshafte Plusgrade ansteigen können. Ebenso wie der alpenländische Föhn verursacht der Chinook bei wetterfühligen Menschen starke Kopfschmerzen.

Chinook

PFLANZEN

In den nebelreichen Küstengebieten Oregons und Washingtons gedeihen üppige kühl-gemäßigte **Nebel- und Regenwälder** mit Mammutbäumen und mehreren hohen Tannen- und Fichtenarten (u. a. Pazifische Weißtanne, Douglasie, Westliche Hemlockstanne), deren Wetterseiten mit dichten Moospolstern und Flechten bewachsen sind. Am Boden wuchern Moose und Farne. Typisch für diese Wälder sind auch ganze Vorhänge von **Epiphyten** (Aufsitzerpflanzen), die sich an die hohen Bäume heften, um möglichst viel Licht und Feuchtigkeit zu erhalten.

Küstengebirge

An der Küste Nordkaliforniens und Süd-Oregons gibt es noch größere Bestände bis zu 100 Meter hoher und sehr widerstandsfähiger **Redwoods** (Sequoia sempervirens), deren rötliches und kaum schädlingsanfälliges Holz sehr begehrt ist.

Ebenfalls entlang der Küste wachsen örtlich dicht an dicht **Lodgepole Pines** (Drehkiefern) mit bis zu 25 Meter hohen, an Ästen armen Stämmen und tief zerforchten Borken. Im Gegensatz zu den sehr robusten Mammutbäumen sind diese Nadelbäume stark brandgefährdet.

Kaskadengebirge, Sierra Nevada

Eine besonders bunte Palette vor allem von Nadelbäumen gedeiht an den Westhängen des Kaskadengebirges. Die Bestände variieren jedoch nach Höhenlage und Niederschlagsmengen. Weit verbreitet sind **Tannen** (bes. Rottanne/Red Fir und Edeltanne/Noble fir), Douglasien, Engelmannfichten und Gebirgshemlock.

An den Hängen der Sierra Nevada wachsen bis zu 90 Meter hohe **Riesensequoien**, die mächtigsten Bäume der Erde, die über 3500 Jahre alt werden können und denen auch schlimmste Waldbrände kaum schaden. An den trockenen Leeseiten der Gebirge trifft man in erster Linie auf große Bestände von genügsamen Ponderosa Pines (Gelbkiefern). Auch die Western White Pine (Pinus Monticola) mit ihreren charakteristischen bis zu 30 cm langen Zapfen ist hier gut vertreten.

Intermontane Becken und Plateaus

Hier bestimmen Temperaturen und Niederschläge in besonderem Maße das Bild der Vegetation. Während in den kühleren und niederschlagsreicheren höheren Lagen nicht nur dichte Nadel-, sondern auch bunte Laubmischwälder anzutreffen sind, ist das Pflanzenkleid in den tieferen Lagen eher eintönig und vergleichsweise arm an Arten. Typische Gewächse sind hier Ponderosa Pine (Gelbkiefer) und Western Larch (Westliche Lärche).

Felsengebirge

Artenreiche Nadel- und Laubmischwälder sind charakteristisch für die Rocky Mountains. Gebirgshemlock, Westliche Lärche, Ponderosapinie und diverse Tannenarten gehören hier ebenso zum Landschaftsbild wie Birke, Pappel, Beifuß und Lupine. In den Hochlagen trifft man auf Gebirgstannen (Alpine fir) und weißstämmige Zirbelkiefern (Whitebark pine). Zwei typische Hochgebirgs-Blütenpflanzen sind die Akelei (Rocky Mountain columbine) und die Gebirgssonnenblume (Alpine sunflower).

High Plains

Ein botanisches Charakteristikum der High Plains ist die **Kurzgrassteppe** mit dürrebeständigem **Büffelgras** (Buffalo grass), Beifuß-Gewächsen und vereinzelt auftretenden höher wüchsigen Präriegräsern. Auf besonders trockenen Flächen im Regenschatten von Gebirgszügen sieht man oft nur noch Dorngestrüpp und Kakteen.

An der Pazifikküste Nordkaliforniens und Oregons gedeihen solch mächtige Redwoods.

Von Einwanderern aus Eurasien eingeschleppt wurde der Tumbleweed (Salsola tragus), ein kugelförmiger Busch, der im Herbst durch einen Windstoß von seiner Wurzel geblasen werden kann und dann meilenweit durch die Prärie rollt.

TIERE

Ähnlich vielfältig wie die Pflanzenwelt präsentiert sich die Tierwelt im Nordwesten der räumlich zusammenhängenden USA. Wer durchs Gebirge reist, wird mit einiger Sicherheit die zur Familie der Rothirsche gehörenden **Weißwedelhirsche** (Elk) und Großohr- bzw. **Maultierhirsche** (Mule Deer) sehen. Auch **Elche** (Moose) tauchen mit etwas Glück vor der Kameralinse auf. In höheren Berglagen bekommt man auch Schneeziegen und Dickhornschafe zu Gesicht. In den High Plains von Wyoming und anderen Steppengebieten kann man noch **Pronghorn-Antilopen** beobachten.

Hirsche, Elche und Bergziegen

HINTERGRUND • Natur und Umwelt

Bison — Das manchmal bis zu 1000 kg schwere **größte Landtier Nordamerikas** ist der Bison (Buffalo), dessen Hauptlebensraum in erster Linie die Großen Ebenen (Great Plains) samt den Beckenlandschaften zwischen den Gebirgsketten des amerikanischen Westens war. Millionen dieser Tiere weideten einstmals in großen Herden die Grasländer des Westens ab. Zu Beginn des 20. Jh.s waren die meisten dieser Wildrinder abgeschlachtet, es gab nur noch ein paar hundert Exemplare. Inzwischen ist ihre Zahl dank ziemlich restriktiver Schutzmaßnahmen und Aufzuchtprogramme wieder auf einige Hunderttausend angestiegen.

Bären und Pumas — Wer gerne Wanderungen in wenig berührter Natur unternimmt, sollte sich vor **Schwarzbären** (Ursus americanus) und in abgelegeneren Gebieten auch vor **Grizzlybären** (Amerikanischer Braunbär, Ursus horibilis) in Acht nehmen, der über 2 m groß und über 350 kg schwer werden kann. Die Parkverwaltungen im »Bärenland« halten aktuelle Bulletins und Hinweise zum Verhalten bei Bären-Kontakt bereit. Praktisch allgegenwärtig – vor allem im Umfeld von Abfallkörben – sind **Waschbären**. In einigen sehr abgelegenen Gebieten gibt es noch Wölfe. In wärmeren Regionen und in den Plains streifen noch zahlreiche Kojoten und Füchse umher. Obwohl sehr selten geworden, kommt es immer wieder zu Zwischenfällen mit amerikanischen **Berglöwen** (Puma, Cougar), die nicht nur für Bergwanderer in abgelegenen Bergregionen eine Gefahr sind, sondern die gelegentlich auch in bewohntes Gebiet vordringen.

Nagetiere — Während einer Wanderung sieht man ganz bestimmt Streifen- und Backenhörnchen oder hört in höheren Berglagen Murmeltiere und Pfeifhasen (Pikas) pfeifen. An einigen Flüssen und Seen sind noch **Biber** heimisch, die dort ihre Dämme und Burgen bauen.

Vögel — Im Nordwesten der USA zählt man über 700 Vogelarten. Viele von ihnen sind Zugvögel, die im Winter in südlichere Regionen ausweichen. Weit verbreitet sind Wasservögel wie Reiher, Enten, Gänse, Kraniche und Pelikane sowie Greifvögel wie Eulen, Falken und natürlich Adler. Der wahre »König der Lüfte« an der Pazifikküste ist der **Weißkopf-Seeadler** (Bald Eagle). In den Wäldern hört man Tannenhäher, Raben und Elstern kreischen. Weit verbreitete Singvögel sind Stärlinge mit auffälliger Zeichnung sowie Waldsänger mit buntem Gefieder.

Reptilien — Weit über 200 Reptilienarten kann man im hier beschriebenen Reisegebiet beobachten. Dazu gehören etliche Schildkrötenarten, Kleinechsen, Leguane und Kröten. Sehr in Acht nehmen sollte man sich besonders in den trockeneren Gebieten vor giftigen **Klapperschlangen** und Krustenechsen.

Bisons sieht man im Nordwesten der USA immer häufiger – in der Prärie ebenso wie im Yellowstone National Park.

Fische

Eine Vielzahl von Fischen bevölkert nicht nur die Gewässer vor der Pazifikküste, sondern auch die Flüsse und Seen im Binnenland. Begehrte Salzwasserfische sind Lachse, Tunfische und Sardinen. Besonders auf **Pazifiklachse** und **Forellen** haben es die Angler an den Binnengewässern abgesehen. Die bis zu 1,5 m langen und bis zu 35 kg schweren Lachse steigen bei ihrer Laichwanderung vom Pazifik in die Oberläufe der Flüsse, wo sie im Herbst in kiesigem Grund jeweils bis zu 30 000 Eier ablegen. Die meisten von ihnen sterben dann vor Erschöpfung. Die jungen Pazifiklachse halten sich etwa ein bis fünf Jahre im Süßwasser auf und wandern dann flussabwärts ins Meer.

Meeressäuger

An der Pazifikküste fühlen sich vielerlei **Robbenarten** wohl, darunter vor allem Seehunde und Seelöwen sowie Seeotter. Im Pazifik tummeln sich mancherlei **Wale**, darunter auch Grau- und Buckelwale. Bei Whalewatchern und Naturfotografen besonders beliebt ist der **Schwertwal** (Orca) mit seiner typischen schwarz-weißen Zeichnung und seiner hohen Fluke.

Bevölkerung · Politik · Wirtschaft

Im Vergleich zu anderen Regionen der USA ist der Nordwesten über weite Flächen ausgesprochen bevölkerungsarm. Dennoch florieren Acker- und Gartenbau, Viehzucht und Holzindustrie. Küstenmetropolen wie San Francisco, Portland und Seattle sind starke Motoren der Wirtschaft.

Bevölkerungsverteilung
Zwei der in diesem Reiseführer beschriebenen Staaten **zählen zu den bevölkerungsärmsten der USA**: Wyoming ist in dieser Disziplin gar der letzte aller 50 US-Bundesstaaten, Montana nimmt Rang 44 ein und auch Idaho reicht es nur für den 39. Platz. Am dichtesten besiedelt ist der Bundesstaat Washington mit 36 Menschen pro km² (Deutschland: 229 Einw./km²), was großteils dem Ballungsraum Seattle/Tacoma geschuldet ist. Am dünnsten besiedelt sind Wyoming (2 Einw./km², vorletzter Platz vor Alaska) und Montana (3 Einw./km², Rang 48) und auch Idaho belegt einen der ganz hinteren Plätze (Rang 44 mit 7 Einw./km²). Mit 635 000 Einwohnern ist Seattle (WA) die größte Stadt des Nordwestens, gefolgt von Portland (OR) mit 603 000 Einwohnern. Auch die weiteren größeren Städte der Region finden sich mit Spokane (WA, 210 000), Tacoma (WA, 202 000) und Salem (OR, 158 000) in den Bundesstaaten an der Pazifikküste; nur Idaho kann mit Boise (212 000) hier etwas mithalten. Ganz anders sieht es in den Plains aus: Cheyenne, immerhin die größte Stadt Wyomings, bringt es gerade mal auf 62 000 Einwohner.

Bevölkerungsgruppen
In allen fünf genannten Staaten ist der Anteil der **weißen Bevölkerung** wesentlich höher als der der übrigen Gruppen. Spitzenreiter ist Idaho mit 94 % und auch die anderen liegen jenseits der 85 %. **Afro-Amerikaner** spielen eine eher untergeordnete Rolle; mit 4 % stellen sie in Washington den größten Anteil und in Idaho mit 0,8 % den niedrigsten. Die zweitstärkste Gruppe sind fast überall die **Hispano-Amerikaner** (zwischen 12 % in Oregon und 3 % in Montana). In Montana haben die **indianischen Ureinwohner** (Cheyenne, Blackfoot u. a.) mit knapp 7 % einen vergleichsweise hohen Bevölkerungsanteil, während er in den anderen Staaten deutlich geringer ist.

Politische und Verwaltungsstruktur
Die Kompetenzen der US-Bundesstaaten reichen erheblich weiter als die der deutschen Bundesländer. So gibt es z. B. von Staat zu Staat verschiedene Verkehrsvorschriften, Steuergesetzgebungen und Regelungen zum Alkoholgenuss. Ähnlich wie auf Bundesebene gibt es einen aus Senat und Abgeordnetenhaus bestehenden Kongress als gesetzgebende Gewalt. An der Spitze eines jeden Bundesstaats steht ein direkt von der Bevölkerung gewählter **Gouverneur**. Er ist den

Beschlüssen seines Kongresses verpflichtet. Untere Verwaltungsebene sind die den deutschen Landkreisen vergleichbaren **Counties**.

WIRTSCHAFT

Auch wenn die **Holzindustrie** in den vergangenen Jahren eine Krise durchmachte und der Einschlag deutlich zurückgegangen ist, gehören Washington, Oregon und Nordkalifornien zu den größten Holzproduzenten der USA. Einige der größten Holzfirmen der Welt, u. a. Weyerhaeuser und Canfor, operieren in den Wäldern der Küste.

Land- und Forstwirtschaft, Fischerei

Zum **Fischfang**: Aus dem Meer davor werden Heilbutt, Hering, Lachs und Schalentiere als begehrteste Fänge gezogen.

Die **Landwirtschaft** ist noch immer sehr produktiv: Idaho steht für Kartoffeln (ein Drittel der US-Produktion – selbst auf den Autokennzeichen ist »**Famous Potatoes**« zu lesen), Washington für Obst (vor allem Äpfel und Apfelprodukte, Kirschen), Oregon für Käse, Wein und Haselnüsse (95 % der US-Produktion).

Montana und Wyoming zeigen sich seit Wildwestzeiten als klassisches Rancherland, in dem die **Rinderzucht** dominiert und die Schafzucht im Gegensatz zu früheren Zeiten, in denen Cowboys nur voller Verachtung auf Schafhirten herabschauten, mittlerweile ebenfalls ein wichtiges Standbein der Rancher geworden ist. Die Farmer erzeugen hier vor allem Weizen und Futtermittel.

Bis heute sind die Plains das klassische Rinder- und Cowboy-Land.

USA Nordwesten auf einen Blick

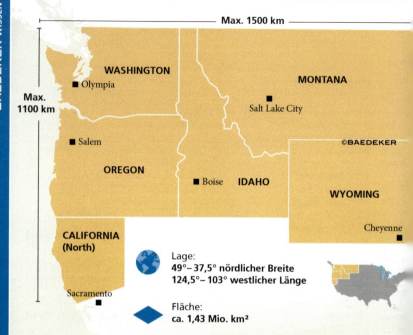

Max. 1500 km
Max. 1100 km

Lage:
49°–37,5° nördlicher Breite
124,5°–103° westlicher Länge

Fläche:
ca. 1,43 Mio. km²

Bevölkerung:
USA gesamt: 322 Mio.
California (North): 12 Mio.
Idaho: 1,6 Mio.
Montana: 1 Mio.
Oregon: 4 Mio.
Washington: 7 Mio.
Wyoming: 0,6 Mio.

Im Vergleich:
Deutschland: 81,9 Mio.

Bevölkerungsdichte:
USA gesamt: 35 Einw./km²
California (North): 85 Einw./km²
Idaho: 7 Einw./km²
Montana: 3 Einw./km²
Oregon: 15 Einw./km²
Washington: 36 Einw./km²
Wyoming: 2 Einw./km²

Im Vergleich:
Deutschland: 229 Einw./km²

▶ Bevölkerungsgruppen

- 74,5 Weiße
- 14,6 Latinos/Hispanics
- 4,8 Asiaten
- 3 First Nations (Indianer)
- 2,8 Afroamerikaner

▶ Sprachen

Englisch, Spanisch, Chinesisch, verschiedene Indianersprachen

▶ Politische Strukturen

Die USA sind eine **präsidiale Republi**
Die einzelnen Bundesstaaten haben
unterschiedliche Gesetzgebungen.
An der Spitze jedes Bundesstaates st
ein Gouverneur.
Kongress: Senat, Abgeordnetenhaus

Wirtschaft

California (North)
Hightech-Industrie, Wissenschaft und Forschung, Landwirtschaft, Tourismus

Idaho
Bergbau, Landwirtschaft, Forstwirtschaft, Handel, Dienstleistungen, Tourismus

Montana
Bergbau, Landwirtschaft, Viehzucht, Forstwirtschaft, Tourismus

Oregon
Hightech-Industrie, Konsumgüterindustrie, Forstwirtschaft, Ackerbau, Fischerei, Tourismus

Washington
Hightech-Industrie (Microsoft), Flugzeugbau (Boeing), Versandhandel (Amazon), Energiegewinnung, Fischzucht, Maschinenbau, Schiffbau, Landwirtschaft, Holz- und Papierindustrie, Tourismus

Wyoming
Bergbau, Viehzucht, Landwirtschaft, Tourismus

▶ Klimastation Seattle

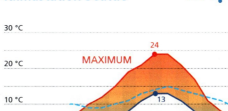

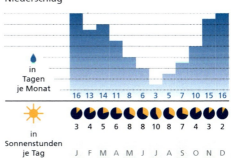

Columbia River

Der 1953 km lange Columbia River ist als wasserreichster Fluss Nordwestamerikas prädestiniert für den Bau von Wasserkraftwerken. An ihm und seinen Zuflüssen sind bereits über 400 Energielieferanten installiert.
Die größten sechs Wasserkraftwerke im Nordwesten der USA:

① **Grand Coulee Dam**
Fertiggestellt: **1942**
Kapazität: **6495 Megawatt (MW)**

② **Chief Joseph Dam**
1961 und 1979, 2614 MW

③ **Rocky Reach Dam**
1961 und 1971, 1374 MW

④ **John Day Dam**
1971, 2485 MW

⑤ **The Dalles Dam**
1960 und 1973, 1779,8 MW

⑥ **Bonneville Dam**
1938 und 1982, 1050 MW

Willkommen im Alltag

Wo lernt man »echte« Amerikaner kennen? Meist abseits der Touristenpfade, mitunter aber gerade auch dort. Lesen Sie nachstehend ein paar Tipps.

WISSEN PUR
Wer wissen möchte, wie es an der weltberühmten Universität in Berkeley zugeht, kann eine der vom Visitor Center angebotenen täglichen Touren über den Campus buchen. Sie werden von so genannten Cal Campus Ambassadors geführt, engagierten und bestens informierten Studenten der weltberühmten kalifornischen Universität.
Infos: Tel. 1 510 6 42 52 15
www.berkeley.edu/visitors

WOK WIZ TOURS
Einheimische aus San Franciscos Chinatown, die alle fließend kantonesisch sprechen, führen in drei Stunden durch das Viertel und zeigen Ecken, kleine Geschäfte, Tempel und authentische Restaurants, die den eiligen Besuchern verborgen bleiben. Die Tour wird mit oder ohne einen Dim Sum Lunch angeboten.
Infos: Tel. 1 212 2 09 33 70
www.wokwiz.com

KUNST UND KULTUR
Das Museum of Arts & Culture in Spokane sucht freiwillige Mitarbeiter (Volunteers), die Besucher führen, die Kultur des amerikanischen Nordwestens erklären können und auch im Museumsladen als Hilfskräfte eingesetzt werden können.
Infos: Tel. 1 509 3 63 53 59
http://northwestmuseum.org

Alltagsbegegnungen • HINTERGRUND

FREIWILLIGE WILLKOMMEN
In den Nationalparks im Nordwesten der USA sind vor allem in der sommerlichen Hauptreisezeit Freiwillige willkommen, die zusammen mit einheimischen Mitarbeitern Dienst tun als Amateur-Ranger, Tourist Guides, Naturführer oder auch als Hilfskräfte im Park Management oder bei der Landschaftspflege.
Nationalparks: www.volunteer.gov/gov
Student Conservation Association (SCA):
www.thesca.org

ARBEIT IM NATURE STORE
Freiwillige Mitarbeiter werden auch vom Nature Store des Silver Falls State Park in Oregon gesucht. Diese sollen Parkbesucher aus aller Herren Länder beraten bzw. betreuen und im Laden Bücher, Souvenirs und vielerlei andere Waren mit Bezug zum State Park an den Mann bzw. an die Frau bringen.
Infos: Friends of Silver Falls
Volunteers, Tel. 1 503 8 73 87 35
www.friendsofsilverfalls.net

WORKING RANCH
Wer einmal miterleben will, wie es bei echten Cowboys zugeht, der kann dies auf der Dryhead Ranch in Wyoming tun. Hier können Gäste lernen, wie man ein Lasso schwingt, im Monat Mai beim Markieren von Rindern und Pferden mit dem Brandeisen helfen, den ganzen Sommer über Herden zu saftigen Weiden treiben und abends am Lagerfeuer Steaks grillen.
Infos: 1062 Rd. 15, Lovell, WY
82431, Tel. 1 307 5 48 66 88,
www.dryheadranch.com

Riesendämme wie der Grand Coulee Dam und der Bonneville Dam liefern Trinkwasser und produzieren Strom. Durch Wyoming und Montana zieht sich der sog. **Western Overthrust Belt** mit großen Erdöl- und Erdgasfeldern, deren Ausbeutung allerdings sehr teuer ist; dennoch steht z. B. Wyoming auf Platz 5 der heimischen Rangliste der Ölproduzenten. Dank großer Vorkommen im Powder River Basin und im Green River Basin nimmt Wyoming wiederum die Spitzenposition unter den US-Kohleproduzenten ein. Auch der Goldrausch ist noch nicht ganz vorbei: Hoch spezialisierte Hightechfirmen wie Goldcorp und Cominco aus Kanada machen in den alten Minen Montanas und Idahos noch Gewinn mit Edelmetall.

| Industrie | Neben den klassischen Industrien, die Holz und andere Naturprodukte verarbeiten, stellen die neuen Industrien der Nordweststaaten international bekannte Produkte her. Allen voran zu nennen sind die **Boeing Corp.** in Seattle, die sich mit Airbus den Weltmarkt in der Produktion von Passagierflugzeugen mehr oder weniger teilt und dazu einer der größten Hersteller von Militärflugzeugen und Waffensystemen weltweit ist; Computer auf der ganzen Erde benutzen Software von **Microsoft** aus Redmond bei Seattle ebenso wie Halbleiter von **Intel** (Santa Clara, Kalifornien). Bücherwürmer aller Kontinente bestellen ihren Lesestoff bei **amazon.com** (Seattle), Millionen von Menschen buchen ihre Reisen online bei **Expedia** (Bellevue bei Seattle). Auch nach Idaho greift die IT-Welle über, wo u. a. in Boise Chips produziert werden und Computerfirmen wie z.B. **Hewlett-Packard** Werke betreiben. Zahlreiche Hersteller weltweit vertriebener Textilmarken, u. a. Columbia in Portland und **Nike** in Beaverton (Oregon), haben ihr Hauptquartier im Nordwesten, und auch der in Seattle beheimatete Kaffeehändler **Starbucks** ist weltweit aktiv. Insgesamt produziert allein der rund 600 km lange, von Seattle bis Eugene (Oregon) reichende und von rund 8 Mio. Menschen bewohnte Korridor jährlich Güter im Wert von mehr als 260 Mrd. US-Dollar.

> **? BAEDEKER WISSEN**
>
> *Wirtschaftsrekorde*
>
> Montana ist die Nummer 3 in den USA bei der Zahl der Kleinbrauereien (microbreweries). In Idaho steht die weltgrößte Fabrik für Schmelzkäse mit einem Ausstoß von 120 000 Tonnen pro Jahr. Außerdem hat Idaho die Menschheit auch mit den Tiefkühl-Pommes beglückt: Erfunden hat sie Ray L. Dunlap von der J. R. Simplot Company, die 1953 das Patent anmeldete.

Strukturwandel
Für den Reisenden ist der derzeit stattfindende Übergang von traditionellen zu Zukunftsindustrien durchaus sichtbar. Der Nordwesten der Gegenwart, das ist vor allem eine grandiose Natur mit schneebedeckten Gebirgen und endlosen Pazifikstränden einerseits und sonnengebräunten Computer-Spezialisten mit luxuriösen Wochenend-

häuschen am Meer oder in den Bergen andererseits. Vor allem in Oregon und Washington, in geringerem Maß aber auch in Idaho, Wyoming und Montana, hat sich in nur einer Generation die Lebensweise der Menschen von Grund auf verändert. Motor dieses Wandels war der **Niedergang der tradionellen Erwerbszweige**. Seit Anfang der 1980er-Jahre haben nicht weniger als 500 Sägewerke und Papierfabriken zwischen Nordkalifornien und Seattle dichtgemacht. Ebenso wurden 8000 Fischerboote eingemottet, gaben 15 000 Farmen und Ranches auf, meist in Montana und Wyoming. Doch während viele Gegenden im Mittleren Westen, die von einer ähnlichen Entwicklung betroffen sind, mit Bevölkerungsschwund kämpfen, verzeichnen viele ländliche Gebiete im Nordwesten einen wenn auch leichten Zuwachs. Er wurzelt in typischen Verhaltensmustern des Informationszeitalters. So wollen die in Zukunftsindustrien Beschäftigen und ihre Familien der Natur so nah wie möglich sein und Rentner ziehen nach anstrengendem Berufsleben ins Grüne – sie sind inzwischen einer der größten neuen »Industriezweige« im Nordwesten. Von dieser Entwicklung profitieren vor allem Gegenden, die **Natur- und Umweltschutz** von jeher großschreiben, wie Bend (Oregon): In der am schnellsten wachsenden Stadt des Bundesstaats tat sich neben hinzugezogenen jungen Familien und wohlhabenden Rentnern dank der reizvollen Umgebung mit dem Tourismus eine weitere interessante Einnahmequelle auf. Natürlich gibt es auch kritische Stimmen zu dieser Entwicklung. Die »new economy« biete ihnen zufolge nicht nur die Chance auf eine grüne Zukunft, sondern vertiefe auch die Kluft zwischen Reich und Arm. Tatsächlich verdienen Angestellte in der Tourismusindustrie weniger als einst Fischer und Holzfäller, weist das Ballungsgebiet rund um den Puget Sound landesweit die meisten Milliardäre pro Kopf der Bevölkerung auf. Auswüchse dieser Entwicklung sind längst entlang der Küste Oregons und auf den San Juan Islands zu sehen: Für die Landschaft viel zu große Wochenendhäuser, dazu nur zwei, drei Wochen im Jahr belegt, verschandeln dort die Landschaft.

Geschichte

Geschichte • HINTERGRUND

Von den Indianern bis zur ersten Krise des 21. Jahrhunderts

Bis in den Beginn des 19. Jahrhunderts hinein war der Nordwesten – für die Europäer – terra incognita. Heute ist er eine der fortschrittlichsten Regionen der Vereinigten Staaten von Amerika. Wie es dazu kam und wer dafür bluten musste, schildert dieses Kapitel.

VOR DER ANKUNFT DER EUROPÄER

um 15 000 v. Chr.	Erste Spuren menschlicher Besiedlung
um 8000 v. Chr.	Neue Einwanderungswelle aus Nordostasien
Ende 16. Jh.	Europäische Seefahrer erscheinen an der Küste

Archäologische Funde belegen die Anwesenheit von Menschen im Nordwesten der USA bereits für den Zeitraum ab 15 000 v. Chr. Der **Nordwestküste** kam eine wichtige Rolle bei der paläoindianischen Landnahme zu: Für die asiatischen Vorfahren der heutigen Indianer, die von Sibirien aus über die seinerzeit landfeste Beringstraße auf den nordamerikanischen Halbkontinent kamen, war sie eine Hauptmigrationsroute. In der Zeit ab 8000 v. Chr. verdrängte eine zweite Welle von Einwanderern aus Nordostasien die vorhandene Bevölkerung. Der Reichtum der Nordwestküste an Holz, Wild und vor allem Fisch bildete die ideale Voraussetzung für die Entstehung sesshafter, kulturell hochstehender Stammesgesellschaften, die über weitreichende Handelsbeziehungen nach Süden und landeinwärts verfügten. An den Hängen der Rocky Mountains und in den **Great Plains** schufen Klima und Terrain gänzlich andere Lebensbedingungen: So führte zum Beispiel der saisonale Zug der Lachse bei vielen

Links: Wolfsmaske der pazifischen Nootka
Unten: Büffeljagd-Darstellung auf Bisonhaut der Shoshone

Stämmen zu einer halbnomadischen Lebensweise und zwang die Migration der Büffelherden die in den Plains lebenden Stämme zum alljährlichen Wechsel zwischen Sommer- und Winterlagern. Als sie gegen Ende des 18. Jh.s erstmals auf der Bildfläche erschienen, lernten die **Weißen** vor allem eines: Im Nordwesten gab es viele Definitionen für »den Indianer«.

Vielfältige indianische Kulturen

Die **Salish, Tlingit, Makah und Nootka** an der Küste lebten in großen Langhäusern und schickten ihre hochseefähigen Kanuflotten auf Handelsmissionen nach Norden und Süden und zum Fischfang. Die **Sioux, Cheyenne und Arapahoe** der Great Plains dagegen wohnten in Tipi-Dörfern, die sie im Handumdrehen abzubrechen vermochten, wenn es galt, den Büffelherden zu folgen oder Feinden auszuweichen. Nicht minder vielfältig und den jeweiligen Bedingungen aufs Beste angepasst waren die indianischen Kulturen auch im Norden Kaliforniens. Zum Zeitpunkt des ersten Kulturkontakts mit Europäern gab es dort allein 30 in sechs Sprachgruppen zerfallende Stämme, darunter die Pomo, Maidu und Miwok; in Oregon waren es sogar 80.

KONTAKT UND ERFORSCHUNG

seit 1540	Spanische Seefahrer erkunden die amerikanischen Pazifikküste.
1592	Juan de Fuca entdeckt die Passage zwischen Vancouver Island und der Olympic-Halbinsel.
1776	Gründung von San Francisco
1792	George Vancouver segelt im Puget Sound.

Erste Erkundungen

Nordkalifornien war das erste Ziel der weißen Entdecker. Seit den 1540er-Jahren segelten spanische Schiffe von Mexiko aus an der Pazifikküste entlang nach Norden. **Juan de Fuca** entdeckte 1592 die heute nach ihm benannte Wasserstraße zwischen Vancouver Island und der Olympic-Halbinsel. Die Engländer hatten schon 1579 den königlichen Freibeuter **Sir Francis Drake** geschickt, der mit der »Golden Hind« an der Nordwestküste entlangsegelte, nördlich des heutigen San Francisco an Land ging und die Region als »Nova Albion« für die englische Krone beanspruchte.

Spanier, Briten und US-Amerikaner

Folgen hatte jedoch erst die 150 Jahre später einsetzende Kolonisierung, die von der Errichtung zahlreicher Missionsstationen entlang des von San Diego nach Sonoma führenden **Camino Real** ausging. 1776 wurde so auch San Francisco gegründet und alsbald stießen spanische Bauern und Viehzüchter, die **Californios**, auch ins Innere Nordkaliforniens vor. Ihre Wege kreuzten sich im Central Valley und in der Sierra Nevada um 1820 mit denen amerikanischer Trapper.

Geschichte • HINTERGRUND

Oregon und Washington gerieten erst später ins Visier der europäischen Mächte. Neben Spanien entsandten im späten 18. Jh. auch Großbritannien – James Cook segelte 1778 die Küste bis hinauf nach Alaska und ankerte einen Monat im Nootka Sound; George Vancouver entdeckte 1792 den Puget Sound – und die jungen USA Schiffe an die nebelverhangenen Gestade.

Die legendäre, von allen damaligen Seemächten fieberhaft gesuchte Nordwest-Passage fand zwar keine von ihnen, doch die mit jedem zurückkehrenden Schiff detailliertere Kenntnis der Nordwestküste mündete schon bald in handfestes Geschäftsinteresse. Auch die ersten, wenig später erfolgenden Überlandexpeditionen schwärmten bei ihrer Heimkehr: Biber, Otter, Füchse, Marder und andere Pelztiere in Hülle und Fülle – der Nordwesten, **ein Königreich der Pelze**! Bis 1840 sollte der Pelzhandel die Interessen Großbritanniens und der USA – und in geringerem Ausmaß auch Russlands – in dieser Region dominieren, sollten amerikanische und franko-kanadische Pelzhändler in Montana, Wyoming, Oregon und Washington die letzten weißen Flecke auf der Landkarte mit genauesten Informationen füllen.

Begehrlichkeiten

LEWIS & CLARK UND DIE FOLGEN

1803	Louisiana Purchase
1804 – 1806	Expedition von Lewis und Clark
bis 1840	Große Zeit des Pelzhandels

1801 wurde Thomas Jefferson Präsident der Vereinigten Staaten. Sein lange gehegter Traum von der West-Expansion nahm Gestalt an, als Napoleon Bonaparte dem amerikanischen Gesandten in Paris das damals zu Frankreich gehörende Louisiana Territory für 15 Millionen Dollar zum Kauf anbot. Mit 3 Cents pro Acre (1 Acre = 4047 m²) war dies **der beste Immobiliendeal aller Zeiten**: Neben dem heutigen Bundesstaat Louisiana umfasste das Territory auch alles Land westlich des Mississippi, namentlich sämtliche zukünftigen Bundesstaaten des Mittleren Westens sowie Montana und Wyoming. Um Oregon und Washington, das Großbritannien als Columbia District, die USA jedoch als Oregon Country bezeichneten, wurde noch gestritten. Am 30. April 1803 unterzeichnete Jefferson den **Louisiana Purchase** und verdoppelte so das amerikanische Staatsgebiet mit einem einzigen Federstrich.

Griff nach Westen

Wie es jedoch in der Neuerwerbung aussah, wer dort lebte und was dort wuchs, davon hatten weder Jefferson noch seine Zeitgenossen eine Vorstellung. Noch im gleichen Sommer brachte der Präsident

Aufbruch ins Unbekannte

HINTERGRUND • Geschichte

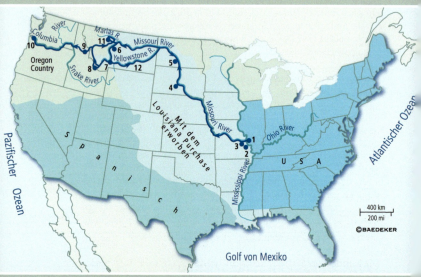

Expedition von Lewis und Clark

1 Camp Wood: Winterlager 1803/1804
2 St. Louis: Bevorratung 1804
3 St. Charles: letzter Ort der Zivilisation
4 Begegnung mit den Sioux
5 Fort Mandan: Winterlager 1804/1805
6 Great Falls: Beginn des Landwegs
7 Three Forks: Beginn der Überquerung der Rocky Mountains
8 Begegnung mit den Shoshonen
9 Begegnung mit den Nez Perce
10 Fort Clatsop: Winterlager 1805/
11 Rückweg von Lewis zur Erforsch des Marias River
12 Rückweg von Clark am Yellowstone River

deshalb eine Expedition auf den Weg, »intelligente Offiziere mit zehn oder zwölf Männern [...] um [das Land] bis zum westlichen Ozean zu erkunden«. Die von Meriwether Lewis und William Clark (beide ▶Berühmte Persönlichkeiten) geführte Expedition, die als **»Corps of Discovery«** in die US-Geschichte einging, bestand aus 33 Mitgliedern, darunter zwei frankokanadischen, als Dolmetscher angeheuerten Trappern. Ihr Auftrag: Kontakt zu unbekannten Stämmen aufnehmen (wozu sich die Shoshone-Indianerin **Sacajawea**, Frau des Trappers Toussaint Charbonneau, als unentbehrlich erweisen sollte), die Pflanzen- und Tierwelt sowie die Geologie studieren, Handelsmöglichkeiten ausloten und einen schiffbaren Wasserweg zur Pazifikküste finden. Im Frühjahr 1804 brachen Lewis und Clark auf, folgten von St. Louis zunächst dem Missouri flussaufwärts und erreichten im Herbst 1804 die Plains von South Dakota. Nach einem Winter bei den Mandan-Indianern in der Nähe des heutigen Bismarck (North Dakota) ging es im folgenden Frühjahr auf dem Missouri weiter bis nach dem heutigen Great Falls (Montana). Die von hier aus bereits sichtbaren Rocky Mountains wurden im Sommer 1805 erreicht und am 26. August mit letzter Kraft über den Lemhi Pass überquert. Bei der Durchquerung Idahos folgten Lewis und Clark dem in westlicher Richtung fließenden Clearwater River. Dort trafen sie erstmals auf Indianer vom Stamm der Nez Perce, die ihnen den Weg zum Snake und Columbia River wiesen. Am 7. November erreichte die Expedition, erschöpft und halb verhungert auf dem Columbia River flussabwärts reisend, den Pazifik. Clarks Tagebuchnotiz kennt in Oregon und Washington jedes Schulkind: **»Ocean in view. Oh! The Joy.«**

Eine neue Blickrichtung

Was Lewis und Clark im Herbst 1806 zurück nach St. Louis brachten, konnte sich sehen lassen. Mehrere Hundert bislang unbekannte Tier- und Pflanzenarten waren entdeckt worden, zu fast 50 Stämmen, allen voran den Mandan, Arikara, Assiniboine, Blackfoot, Shoshone, Sioux, Nez Perce, Walla Walla, Tillamook und Chinook hatte man Kontakt aufgenommen. Auch die Verläufe der wichtigsten Flüsse und Gebirge waren nun in etwa bekannt. Vor allem aber lenkte die erfolgreiche Expedition die Aufmerksamkeit Amerikas, das sich zuvor fast nur auf den Osten und Süden konzentrierte, nun endgültig auf den Westen.

Die **Kunde vom pelzreichen Nordwesten** sprach sich in Windeseile herum. Noch auf dem Rückweg begegneten Lewis und Clark zahlreichen westwärts ziehenden Trappern und Jagdgesellschaften. Bald waren es fast 4000 dieser recht unerschrockenen **»Mountain Men«**, die, teils als Angestellte der 1808 von John Jacob Astor gegründeten American Fur Company, teils als freie Unternehmer, während der nächsten 40 Jahre in den Rocky Mountains Pelztieren nachstellten und wichtige Wege durch diese Wildnis quasi nebenbei entdeckten. Namen wie Jim Bridger (1804 bis 1881), Jedediah Smith (1799 bis 1831), Kit Carson (1811 – 1868), John Colter (1775 – 1813), Benjamin Bonneville (1796 – 1878) und William Sublette (1799 – 1845) wurden im gesamten Nordwesten als Ortsnamen verewigt und werden bis heute mit großem Respekt erwähnt. Ihr alljährliches Treffen,

Ein unerschrockener Mountain Man war Kit Carson (hier ausnahmsweise in Zivil).

das Grand Rendezvous, pflegte bei Pinedale (Wyoming) am Green River stattzufinden. Der gnadenlose Wettstreit mit der Pelzhandelskonkurrenz, allen voran der Montréaler Northwest Company und der Hudson Bay Company, und das Ende der Pelzhutmode in Europa bereitete dem Pelzhandel um 1840 jedoch ein Ende.

AMERIKANISCHE EXPANSION

1818	Londoner Vertrag
1839	Der erste Siedlertreck erreicht Oregon.
1848	Oregon-Vertrag
1848	Goldrausch in Kalifornien
1850	Kalifornien wird 31. Bundesstaat der USA.
1859	Oregon wird 33. Bundesstaat der USA.

Einigung mit Großbritannien Bis zu diesem Zeitpunkt gab es kaum nennenswerte Städte im Nordwesten. Sowohl Großbritannien als auch die USA beanspruchten den Columbia District bzw. das Oregon Country, also das heutige Washington und Oregon sowie Teile von Idaho, Montana und Wyoming, für sich. Im **Londoner Vertrag** von 1818 einigte man sich zunächst auf die gemeinschaftliche Nutzung des Territoriums. Nutznießer war jedoch hauptsächlich die **Hudson Bay Company**, die von ihrem Hauptquartier in Fort Vancouver am Nordufer des Columbia River den Pelzhandel im gesamten Nordwesten kontrollierte und aggressiv gegen die US-Konkurrenz vorging.

Doch der immer stärkere Einwandererstrom in den 1840er-Jahren sowie ein expansionslüsterner US-Senat, der die Annektierung forderte, notfalls auch mit Gewalt, führte zu einer Neuverhandlung des Vertrags. 1846 einigte man sich im **Oregon-Vertrag** auf den 49. Breitengrad als neue Grenze verbunden mit dem Rückzug der Hudson Bay Company. 1848 wurden Oregon und Washington zum Oregon Territory erhoben, auch Idaho, Montana und Wyoming gehörten bis zu ihrer Ernennung ebenfalls dazu. Auch in Kalifornien löste ein langsam anschwellender Strom amerikanischer Siedler aus dem Osten eine Entwicklung aus, an dessen Ende Mexiko im Jahr 1848 Kalifornien an die USA abgab. 1850 trat Kalifornien der Union als 31. Bundesstaat bei.

Go West! Die Pelzhändler gingen, die Siedler kamen: Die Pionierzeit begann. Auf mehreren von Indianern, Forschern und Trappern geebneten Überlandrouten zogen zwischen 1842 und 1869 mehrere Hunderttausend Menschen gen Westen. Der **Oregon Trail** war eine von drei Hauptrouten. Bereits 1839 erreichte auf dieser Strecke die erste, als Peoria Party in die Geschichte eingegangene Planwagen-Kolonne Oregon. 3200 km lang, begann sie in Independence (Missouri), folg-

Siedlertreck in den Black Hills

te zunächst dem Platte River durch Nebraska nach Fort Laramie (Wyoming), dann dem North Platte und Sweetwater River zum South Pass in der bereits zu den Rocky Mountains gehörenden Wind River Range. Über Fort Bridger (Wyoming) ging es dann nach Fort Hall (Idaho) und am Snake River entlang nach Boise (Idaho). Wenig später berührte der Trail erstmals Oregon, passierte das Grand Ronde Valley, überquerte die Blue Mountains und erreichte den Columbia River. Offizieller Endpunkt war das flussabwärts liegende, bereits 1829 von Pelzhändlern gegründete Oregon City.

Die Reise pflegte **vier bis sechs Monate** zu dauern. Die Männer, Frauen und Kinder in ihren von Ochsen gezogenen Planwagen trotzten unterwegs Staub- und Schneestürmen, Krankheiten, wilden Tieren und Indianerüberfällen. 1843 schafften es dennoch fast 1000 Auswanderer und 3000 Stück Vieh auf dem Trail bis nach Oregon. Der **Goldrausch** von 1848/1849 in Kalifornien und der Montana-Goldrausch etwas später vergrößerte diese Zahl um ein Mehrfaches. Allein auf dem **California Trail**, der in Fort Hall vom Oregon Trail abzweigte, gelangten zwischen 1848 und 1868 eine Viertelmillion Menschen nach Kalifornien. Die Ankunft der Eisenbahn aber beendete diese heute mythisch verklärte, den Stoff für unzählige Filme liefernde »Go West«-Phase.

Siedlertrecks

Go West!

Nachdem die US-Regierung 1803 im sog. Louisiana Purchase ein riesiges Territorium zwischen dem Golf von Mexiko und der kanadischen Grenze von Frankreich erworben hatte, erforschten Meriwether Lewis und William Clark von 1804 bis 1806 die neuen Gebiete im Nordwesten. Ab den 1840er-Jahren rollten die Wagentrecks nach Kalifornien und Oregon. Mit der Vollendung der transkontinentalen Eisenbahnstrecke 1869 war auch das Ende der Siedlertrecks gekommen.

▶ **Der Planwagen (Prairie Schooner)**

Länge: ca. 3 m
Breite: ca. 1 m
max. Beladung: 1,5 Tonnen
Gepäck und Ausrüstung für 5 Personen

Wagenbett — *Fahrersitz*

eisenbeschlagene Räder *Zugtiere: Maultiere, Ochsen und Pfe[rde]*

Die großen Trails

Trail	»in Benutzung«	Durchschnittliche Reisedauer
Oregon Trail	1843–ca.1869	4–6 Monate
California Trail	um 1840–Ende 1860er	4–6 Monate
Mormon Pioneer Trail	1847–1849	4–5 Monate
Santa Fe Trail	1821–1880	2 Monate (nur im Winter möglich)
Old Spanish Trail	1829–1848	2 Monate

— Expeditionsroute von Lewis und Clark
▪▬▪ Transkontinentale Eisenbahn 1869

Navajo etc.
Indianerstämme entlang der Trails

▶ **Westward Expansion im National Park Service**

www.nps.gov/findapark/index.htm

Atlantik

▶ **Der Mythos im Film**
Westernfilme mit dem Thema Siedlertreck

Santa Fe Trail	Errol Flynn, Ronald Reagan	1940
Karawane der Frauen	Robert Taylor	1951
Der letzte Wagen	Richard Widmark	1956
Das war der Wilde Westen	Henry Fonda, James Stewart, John Wayne	1961
40 Wagen westwärts	Burt Lancaster	1965
Der Weg nach Westen	Robert Mitchum, Kirk Douglas, Richard Widmark	1967

Indianerkriege

Solange Gras wächst ...

»Den Indianern soll mit höchstmöglicher Redlichkeit gegenüber gehandelt werden: Land und Eigentum sollen ihnen niemals ohne ihr Einverständnis genommen werden; und in ihrem Besitz, ihren Rechten und Freiheiten, sollen sie niemals beeinträchtigt oder eingeschränkt werden, außer in gesetzlich gerechtfertigten, vom Kongress autorisierten Kriegen.«

Mit diesen Worten bestätigte noch zu Beginn des 19. Jh.s der Vorsitzende des Supreme Court John Marshall (1755 – 1835) ausdrücklich den Nationenstatus der Indianervölker. Auf dieser Grundlage schlossen die USA Verträge mit den Ureinwohnern ab, von denen beinahe alle im Lauf der Zeit gebrochen wurden.

Mit dem **Indian Removal Act** wurde ab 1837 fast die gesamte indianische Bevölkerung der östlichen USA zum Teil gewaltsam in das »Indian Territory« auf dem Gebiet des heutigen Bundesstaats Oklahoma verbracht. Im Südwesten hatten die Indianer seit 1680 die Spanier aufgehalten. Nach der Gründung des Staates Texas begann ein rücksichtsloser Feldzug, so dass bis 1855 alle Indianerstämme der Region aufgaben. Nur die Comanchen sicherten ihre nackte Existenz durch zahllose Rückzugsgefechte bis in die äußersten Wüstenecken des Texas-Panhandles. Auch der Widerstand der Apache-Guerilla in Neu-Mexiko und Arizona wurde erst 1886 gebrochen.

Schicksal der Präriestämme

Die Interessen der Europäer am Pelzreichtum der Prärien und die der Plainsstämme an den Waffen und Werkzeugen der Weißen gestatteten relativ friedliche Handelsbeziehungen während der Pelzhandelsära von 1740 bis 1840. Verträge zwischen der US-Regierung und verschiedenen Stämmen hatten alles Gebiet westlich der Mississippi-Missouri-Linie als ewiges Indianerland bestätigt. Um jedoch die Überlandwege zu sichern, berief das 1824 gegründete **»Bureau of Indian Affairs«** 1851 einen Friedensrat für alle Präriestämme nach Fort Laramie ein. Es wurden Geschenke im Wert von hunderttausend Dollar verteilt und die Grenzen der Jagdgebiete vertraglich festgehalten: für die südlichen Lakota, Cheyenne und Arapahoe das Gebiet zwischen Arkansas River und North Platte, ganz Colorado östlich der Rocky Mountains sowie Teile des heutigen Kansas und den ganzen Süden Nebraskas; für die nördlichen Lakota, Cheyenne und Arapahoe das ganze Big-Bend-Gebiet innerhalb des großen nördlichen Missouribogens; für die Crow, Assiniboine, Gros Ventre und Minnetaree Montana und halb Wyoming. Im Gegenzug verpflichteten die Indianer sich zu freundschaftlich-friedlichen Beziehungen untereinander, zur Anerkennung des Rechts der USA auf Bau von Überlandstraßen und Posten und zu der Erklärung, in Zukunft für

Die indianische Verhandlungsdelegation für den zweiten Vertrag von Fort Laramie. In der Mitte: Red Cloud

alle Schäden, die von Indianern an Bürgern der USA oder deren Eigentum begangen werden sollten, Schadenersatz und Genugtuung zu leisten. Dafür versprachen die USA, die Indianer zu schützen, **»solange Gras wächst und Wasser fließt.«**

Brüchiger Frieden

Die US-Regierung überwachte rigoros die Einhaltung des Vertrags, was immer wieder zu Scharmützeln führte. So 1854 bei Fort Laramie, als zwei Teton-Lakota eine Kuh stahlen und daraufhin ein kleines Armeekommando in ihr Lager eindrang und getötet wurde. Die Lakota begannen nun, die Siedlertrecks anzugreifen. Als Antwort marschierte die Armee ins Tal des Platte River und zerstörte das Dorf des Brulé-Häuptlings Little Thunder. Die Überlandwege waren nun sicher – bis 1862, als die Regierung mit dem **Bozeman Trail** zu den Goldfeldern von Montana einen weiteren Weg durch Indianergebiet eröffnete. Die Cheyenne wurden vom Gold- und Silberboom aus den Gebieten, die ihnen im Vertrag von 1851 zugesprochen worden waren, allmählich verdrängt. Es kam zu zahlreichen Auseinandersetzungen, die sich bis 1864 hinzogen.

Massaker am Sand Creek

Die südlichen Cheyenne hatten es bis zu diesem Jahr ihren besonnenen Häuptlingen **Black Kettle** und **White Antelope** zu verdanken, dass sie unbehelligt leben konnten. Da es nur die Alternative gab, mit den USA in Frieden zu leben und Nahrung zu erhalten oder aber sich durch Überfälle zu ernähren und Krieg zu wählen, stellte sich dieser Stammesteil unter den Schutz von Fort Lyon.

Die Indianer akzeptierten das Diktat des Kommandanten, am Sand Creek zu lagern, Waffen und Mu-

Indianerkriege

nition abzugeben und von Gefangenenrationen zu leben. Dafür erhielten sie die schriftliche Bestätigung, dass sie »friedliche Indianer unter dem Schutz der USA« seien und ein Sternenbanner, das sie weithin sichtbar über dem Lager wehen ließen. Doch am 29. November 1864, als »kein Gras mehr grünte« und wegen Frost auch »kein Wasser mehr floss«, erschien **Colonel Chivington** mit der 1. und 3. Colorado-Kavallerie und einer Haubitzenbatterie. 700 Milizsoldaten griffen die 500 Menschen im Lager an, unter denen sich kaum waffenfähige Krieger befanden. Die Soldaten hatten den Befehl, keine Gefangenen zu machen und auch Kinder nicht zu schonen. 26 Krieger und 274 Frauen, Kinder und Alte wurden ermordet. Das Massaker am Sand Creek wurde zum **Fanal der Indianerkriege**.

Red Cloud's War

Von 1866 an widersetzte sich der Oglala-Sioux **Red Cloud** erfolgreich den Regierungsbemühungen, den Durchgang zu den Goldfeldern Montanas aufrecht zu erhalten. Nach zwei Jahren zäher Kämpfe räumten die Soldaten schließlich ihre drei Holzfestungen am Bozeman Trail. Häuptling Red Cloud sowie der Hunkpapa-Kriegshäuptling Gall unterzeichneten im Jahre 1868 im Auftrag von Häuptling Sitting Bull den **zweiten Vertrag von Laramie** (▶Bild S. 47), der alles Gebiet westlich des Missouri in Süddakota, die Powder-River-Jagdgründe und das Land um die Bighorn Mountains für Weiße sperrte und die heiligen Black Hills den Indianern zusprach.

Great Sioux War

Doch schon 1872 wurde eine Bahnlinie der Northern Pazific Railroad durch dieses Gebiet vermessen. 1874 erkundete **Lieutenant Colonel Custer** die Black Hills. Als auch dort Gold gefunden wurde, entstanden vertragswidrig Siedlungen. Am 3. Dezember 1875 befahl das Innenministerium allen Stämmen, sich bis zum 31. Januar 1876 bei ihren Agenturen einzufinden. Die Indianer aber weigerten sich, ihre Familien dem besonders strengen Winter auszusetzen. Truppen wurden in Marsch gesetzt: Das Jahr der Indianerkriege begann. Im März griff **General Crook** ein Dorf der Oglala und Cheyenne im Gebiet des **Powder River** an; die Gegenattacke von **Crazy Horse** zwang die 1400 Soldaten zum Rückzug. Im Juni überschritt Crook mit neuformierten Truppen trotz Warnung den Tongue River. Die 1400 Soldaten wurden von einer gleichen Anzahl Cheyenne, Arapahoe und Oglala unter Crazy Horse am **Rosebud** in ein eintägiges Gefecht verwickelt. Am 26. Juni 1876 traf Custer am **Little Bighorn** mit 600 Soldaten und 44 indianischen Scouts auf ein riesiges Lager der Lakota und Cheyenne. Ohne sich über die Stärke des Gegners zu unterrichten, griff er an und wurde vernichtet.

Abgesang

Der Indianerfeldzug war zwar gescheitert, doch die Indianer konnten sich nicht als Sieger betrachten, denn durch das gezielte Abschlachten der Büffelherden war ihnen die Nahrungsgrundlage entzogen worden. Indianische Führer, darunter Crazy Horse und Dull Knife,

Noch Jahre nach der Schlacht am Little Bighorn bedeckten bleiche Knochen »Custer's Last Stand«.

kehrten mit ihren Stämmen in die Reservationen zurück; Crazy Horse wurde im September 1877 in Camp Robinson erstochen. Sitting Bull und Gall flüchteten nach Kanada; erst 1881 kehrte Sitting Bull mit den letzten 187 Stammesmitgliedern wieder zurück und ergab sich bei Fort Buford.

Der **General Allotment Act** von 1887 teilte das Reservationsland unter die Indianer auf und machte jetzt aus Kollektiv- nun persönliches Eigentum. Aus Not und/oder Unwissenheit verkauften viele indianische Landbesitzer ihren Grund für Spottpreise an weiße Spekulanten.

Letztes Aufbegehren war die seit 1890 von dem Paiute Wovoka verbreitete **Geistertanzreligion**. Nach seiner Vision sollte eine große Flut die Weißen wegwaschen, die Büffel würden zurückkehren und die Indianer wieder wie in alten Zeiten leben. Bis dieses Ereignis eintraf, sollten die Indianer tanzen und dann ihre Verwandten und Ahnen bei deren Rückkehr aus dem Jenseits begrüßen. 60 000 Angehörige verschiedenster Stämme schlossen sich an. Die Lakota kleideten sich in »kugelsichere« Geistertanzhemden und ihre Heiligen Männer predigten die Vertreibung der Weißen. Die Indianer bewaffneten sich. Sitting Bull wurde 1890 in Standing Rock von Indianerpolizisten getötet; Häuptling Big Foots Gruppe, 146 Frauen, Männer und Kinder, am Wounded Knee massakriert. Als letzte Besatzungstruppe im Indianerland verließ am 3. September 1903 eine Kavallerie-Abteilung Fort Yates. Um diese Zeit lebten noch etwa 250 000 Menschen indianischer Abstammung in den USA.

DIE INDIANERKRIEGE

ab 1850	Zwangsumsiedlung der Indianer in Reservate
1863	Goldfunde in Montana
1866 – 1868	Red Cloud's War
1876 – 1877	Great Sioux War
25. Juni 1876	Schlacht am Little Bighorn
1877	Nez Perce War

Das Verhältnis zwischen Weißen und Indianern war in den ersten Jahren der Begegnung noch von einem gewissen Gleichgewicht geprägt. Die Expeditionen engagierten ortskundige Ureinwohner als gutbezahlte Kundschafter, indianische Jäger waren gleichberechtigte Partner im Pelzhandel und ohne das Einverständnis eines Stammes konnten weiße Trapper auf dessen Territorium ihrem Handwerk nicht nachgehen. Das änderte sich dramatisch mit dem Vorrücken der Frontier, der Siedlungsgrenze.

Expansion schafft Unfrieden
Die Goldfunde von Kalifornien, Oregon, Montana und Idaho und die in den 1840er-Jahren für Siedler eröffneten Überlandtrails lockten Weiße in von den Stämmen nie zuvor gesehener Zahl herbei. Immer häufiger entzündeten sich Reibereien vor allem um Land- und Nutzungsrechte. Zwischen den Stämmen und der Bundesregierung im fernen Washington geschlossene Verträge, die den Siedlungsdruck entschärfen und die Integrität traditioneller Territorien schützen sollten, schafften nur vorübergehend Frieden oder wurden oft noch während der Unterzeichnung von Abenteurern und Siedlern, die illegal auf Stammesterritorium nach Edelmetall suchten oder sich dort niederließen, unterlaufen. Der Umstand, dass die Bleichgesichter dort gefährlich lebten, diente der Regierung wiederum als Vorwand für die Errichtung von Forts und von Reservaten, in die die Indianer des Nordwestens von etwa 1850 an mehr oder weniger freiwillig umgesiedelt wurden – wie zuvor schon Stämme aus dem Osten.

Aus Reibereien wird Krieg
Bis 1877 erlebte der Nordwesten daher eine endlos scheinende Serie von Gefechten, Hinterhalten, Massakern und Schlachten, bei denen es immer wieder um Land, gebrochene Verträge und Unzufriedenheit mit den Lebensbedingungen in den Reservaten ging. Trotz vieler Siege waren **die Indianer am Ende die Verlierer**: Entwurzelt und entrechtet, nahmen sie ihren Platz am Rand der sich unaufhaltsam ausbreitenden US-Gesellschaft ein. In Nordkalifornien und Süd-Oregon endeten die Indianerkriege mit dem Modoc War (1872 / 1873). Im Oregon Country / Territory konnten der Cayuse War (1848 – 1855), der Rogue River War (1855 / 1856) und der Yakima War (1855 – 1858) die Erschließung ebensowenig aufhalten wie

der Puget Sound War (1855 / 1856) in Washington. Der Nez Perce War (1877) wurde symbolhaft für den Freiheitswillen der indianischen Völker (▶Lewiston, ID). Den erfolgreichsten Widerstand leisteten die Plains-Indianer.

DER WEG INS 21. JAHRHUNDERT

ab 1860er-Jahre	Erschließung durch die Eisenbahn
1872	Gründung des Yellowstone-Nationalparks
1889	Montana wird 41. Bundesstaat der USA.
1889	Washington wird 42. Bundesstaat der USA.
1890	Idaho wird 43. Bundesstaat der USA.
1890	Wyoming wird 44. Bundesstaat der USA.
1962	Expo in Seattle
1999	»Battle of Seattle«
2007 – 2011	Finanz- und Wirtschaftskrise

Nach der Abschiebung der Ureinwohner in Reservate konnten auch die letzten Landstriche zur Erschließung freigegeben werden. Die **Eisenbahn** sorgte für die Anbindung des Nordwestens an die Märkte im Osten; Hafenstädte wie Seattle, Portland und San Francisco öffneten neue Märkte in Asien. In den 1920er-Jahren trat das Automobil seinen Siegeszug an und rollte bald auch durch die entlegensten Winkel der Rocky Mountains.

Endgültige Erschließung

Den größten Sprung nach vorn machte **Kalifornien**: Bis 1970 stieg die Bevölkerung auf 20 Millionen. Dabei blieb der rauere, dünn besiedelte Norden lange im Schatten des vom warmen Klima begünstigten Südens. Erst in den 1990er-Jahren vollzog sich eine Trendwende. Bei Südkaliforniern wurde der saubere Norden als Wohnort beliebt, Touristen entdeckten die weitgehend intakte Natur seiner grandiosen Nationalparks.

Auch in **Oregon** und **Washington** stellte sich eine unberührte Natur als Trumpfkarte heraus. Beide Staaten boomten, teils dank massiver Regierungsprojekte in Zeiten des New Deal wie dem Bau des Bonneville Dam (1937) und des Grand Coulee Dam (1941) am Columbia River,

> **BAEDEKER WISSEN**
>
> ❓ *Wussten Sie schon ...?*
>
> Im Frühjahr 1996 war das FBI endlich am Ziel: Die Nachricht von der Verhaftung des berüchtigten »Una-Bombers« in einer Hütte in den Bergen Montanas ging um die Welt. 18 Jahre lang hatte man nach dem Absender jener Briefbomben gesucht, die drei Menschen getötet und mehrere Dutzend verletzt hatten. Adressaten waren meist Universitäten und Airlines gewesen, daher der Name: Una-Bomber. Ted Kaczynski, Mathematiker, Harvard-Absolvent, Einsiedler und Bombenbauer, hatte einen Kreuzzug gegen das bestehende System gestartet. Er verbüßt eine lebenslange Haftstrafe in Colorado.

teils dank einer florierenden Holz- und Fischereiwirtschaft. In Oregon wurde jedoch dem drohenden Kahlschlag mittels der damals progressivsten Landnutzungsgesetze rechtzeitig ein Riegel vorgeschoben und damit beispielsweise auch die Küste vor einer Bebauung ähnlich der in Kalifornien bewahrt. Ein Lieblingsthema der Oregonians ist die Begrünung öffentlicher Plätze. So unterstützt die Stadt Portland entsprechende Initiativen großzügig und unbürokratisch. **Fortschrittlicher als der Rest des Landes** ist die Nordwestküste, deren Gewerkschaften auf eine lange Tradition zurückblicken, auch in der Sozial- und Gesundheitspolitik. Soziale Reformen werden hier weiter voran getrieben als in den meisten anderen Bundesstaaten der USA, und die Globalisierung ist hier wie auch beim Nachbarn Washington ein heiß diskutiertes Thema. Nicht umsonst erlebte Seattle während der Konferenz der Wirtschaftsminister der WTO 1999 die bislang heftigsten Krawalle von Globalisierungsgegnern überhaupt: Mehr als 40 000 Demonstranten konnten damals nur mit Mühe von Polizei und Nationalgarde davon abgehalten werden, während den weltweit als **»Battle of Seattle«** bekannt gewordenen Auseinandersetzungen das Konferenzzentrum zu stürmen.

Architektonische Meilensteine ins 21. Jahrhundert:
Die Space Needle und das Experience Music Project in Seattle

Geschichte • HINTERGRUND

Idaho, vor allem aber **Montana** und **Wyoming**, schritten ruhiger voran. Nach den Boomzeiten um Gold, Silber und Kupfer wurden viele Städte wieder aufgegeben und man besann sich auf Ranching und Rinderzucht, das traditionelle Standbein dieser in und jenseits der Rocky Mountains liegenden Staaten. Eine gewisse mit den alten Cowboytraditionen einhergehende wertkonservative Grundhaltung und **Ablehnung jeglicher Einmischung der fernen Bundesregierung** hat die Zeitläufte überstanden – auch wenn viele Cowboys in vollklimatisierten Büros sitzen und coole Software entwickeln oder über den Budgets für neue Ferienresorts brüten.

Ab Sommer 2007 litt auch der Nordwesten der USA unter den Folgen der globalen Finanz- und Wirtschaftskrise. Aus der **Subprime-Krise**, ausgelöst durch fragwürdige Spekulationsgeschäfte mit amerikanischen Hauskrediten, entwickelte sich eine globale Liquiditäts- und Vertrauenskrise zwischen den Banken. Aktienkurse rauschten in den Keller, Hedge-Fonds brachen zusammen, ein Finanzhaus nach dem anderen musste Milliardenabschreibungen oder gar Insolvenz anmelden. Verschlimmert wurde die Situation durch **stark defizitäre Staatshaushalte**. Allein der Bundesstaat Kalifornien hatte 2009 mit einem Finanzloch von 42 Milliarden US-Dollar zu kämpfen, wodurch sich Gouverneur Schwarzenegger zu schmerzlichen Maßnahmen gezwungen sah: Rund 200 000 Beschäftigte hat man in Kurzarbeit ohne finanziellen Ausgleich geschickt, fast 10 000 Stellen wurden ganz gestrichen. Weitere **Ausgabenkürzungen** gingen vor allem zu Lasten von Bildung, Gesundheit und sozialen Sicherungssystemen. Der Rückgang wirtschaftlicher Aktivitäten machte im Sommer 2010 ein neues Problem sichtbar: den **Leerstand von Gewerbeimmobilien**. Einkaufszentren und Bürogebäude bringen nicht die gewünschten Erträge. Demnach werden Rekord-Ausfallquoten bei Anleihen befürchtet, die mit Gewerbeimmobilien gesichert sind. Eine Lösung des Problems ist trotz hektischer Aktivitäten im US-Kongress, in den Parlamenten der Bundesstaaten und bei vielerlei sonstigen Geldgebern nicht erkennbar. Zwar sind **seit 2013 leichte Aufwärtstrends** zu beobachten, aber von einem richtigen Aufschwung kann noch nicht die Rede sein.

Wirtschafts- und Finanzkrise 2007–2013

Der Nordwesten der USA war im Winter 2013/2014 von extremen Wetterlagen betroffen. Bereits im Oktober 2013 sind Zehntausende Rinder heftigen **Winterstürmen** zum Opfer gefallen. Im Januar 2014 sorgten weitere **Kaltluftvorstöße** aus dem Norden für **Tiefsttemperaturen** bis weit unter -30 °C. Gleichzeitig wurden in San Francisco nie da gewesene +22 °C gemessen. Und angesichts einer seit Monaten anhaltenden **Dürre** wurde Mitte Januar 2014 in Kalifornien der Notstand ausgerufen. Zwei Monate später der Umschwung: **Sintflutartige Regenfälle** lösten Erdrutsche und **Schlammlawinen** aus.

Extremwetterlagen im Winter 2013/2014

Kunst und Kultur

Kunst und Kultur • HINTERGRUND

Von der Kunst der Indianer bis zum Indie Rock

Ein liberaler Geist prägt die Kulturszene des Nordwestens – zumindest westlich der Rockies: Hier ist man neugierig und experimentierfreudig. Östlich des Felsengebirges geht es etwas konservativer zu – dort hat die Coywboy- und Ranchkultur einen hohen Stellenwert.

In dem Zukunftsroman »Ökotopia« (1975) von **Ernest Callenbach** spaltet sich die Nordwestküste von den USA ab, um einen auf ökologischen Prinzipien fußenden Staat zu grunden. Was Callenbach damals inspirierte, gibt es hier noch immer: die Liebe zur Natur und auch den Willen, sich für ihren Schutz einzusetzen. Gleichermaßen erlebten man hier Episoden von Rassismus und Regierungen, die soziale Reformen im Keim erstickten. Die Einsicht aber ist geblieben, dass die verschwenderische Natur und die von der Nähe zur Wildnis geprägte Lebensweise nicht mehr selbstverständlich sind. Der Nordwesten wird bereits als die erste Region der USA beschrieben, in der sich sogar die Mittelklasse dazu durchgerungen hat, für die Hebung des Lebensstandards auf einen Teil ihres Einkommens zu verzichten. Lebensqualität wird groß geschrieben, seit die ersten Siedler ankamen, vielleicht auch, weil sie von Anfang an vom Land leben wollten, anstatt es, wie in Kalifornien während des Goldrausches, zu unterwerfen. Auch die Ideen der Gegenkultur der 1960er- und 1970er-Jahre – freie Liebe, Allgemeinbesitz und legaler Drogenkonsum – wurden nicht zufällig zunächst hier ausprobiert. Und zudem sind vor allem in Oregon und Washington besonders viele kraftstoffsparende Kleinwagen unterwegs. Egal aber, ob sie demokratisch oder republikanisch wählen, alle folgen dem gleichen Impuls: Sie sind sich der Schönheit ihrer Heimat bewusst und jederzeit bereit, für ihre Erhaltung auf die Straße zu gehen. Auch ihre Kultur reflektiert das.

Ökologisches Bewusstsein und utopisches Denken

BILDENDE KUNST

Masken, Skulpturen, Totempfähle, dekorierte Zeremonialkanus: Die Kunst der Nordwestküsten-Indianer gilt als die höchstentwickelte unter den indigenen Völkern Nordamerikas. Eine neue Generation indianischer Künstler, u. a. **Stan Greene** (Salish) und **Marie Watt**

Indianische Kunst

Dale Chihuly, einer der wichtigsten Glaskünstler der Welt, lebt und arbeitet im Bundesstaat Washington.

(Seneca), integriert die alten Ausdrucksformen wie geometrische Ornamente und stilisierte Orcas und Raben in ihre mit zeitgenössischen Materialien geschaffenen Arbeiten. Kräftige Farben dominieren die von alten Mythen und Legenden inspirierten Themen.

Westlich der Rockies

Anders als in vielen anderen Regionen der USA, wo man während der ersten zwei, drei Generationen vor allem damit beschäftigt war, am Leben zu bleiben, kümmerten sich die Pioniere im Nordwesten um Kunst, sobald sie von ihren Planwagen geklettert waren. Schon 1847 gab eine gewisse Mrs. Nancy M. Thornton in Oregon City Kunstkurse und 1856 finanzierte die Washington County Agricultural Society die erste Kunstausstellung der Region. 1859 wurden erstmals Preise für Künstler ausgeschrieben und 1867 eröffnete **William T. Shanahan** in Portland die erste Kunstgalerie im Nordwesten. Die erste Künstlervereinigung fand sich 1885 im Portland Art Club und 1915 präsentierten Maler aus dem Nordwesten sich erstmals gemeinsam auf der Panama-Pacific International Exhibition in San Francisco. Während der nächsten Jahrzehnte schlossen sich auch in kleineren Städten wie Eugene und Salem Künstler zusammen.

Heute gibt es florierende Kunstszenen in Seattle, Portland, Ashland, Spokane und entlang der Küste Oregons. Identifizierbare Trends aber gibt es nicht. Die Palette der Ausdrucksformen reicht vom konservativen Stillleben, maritimen Themen und Tieren in der Wildnis bis zu Sperrholz und Alt-Glas verwendender Mixed Media Pop Art. Als einer der Wegbereiter der Kunst im Nordwesten gilt der Impressionist **Carl Morris** (1911 – 1993), der während der Depression das Spokane Art Center eröffnete. Morris gehörte zu der jungen Kunstszene, die sich in den 1950er-Jahren in Portland u. a. um die Porträtmalerin **Sally Haley** (1908 – 2007) entwickelte. Aus der gegenwärtigen Szene ragt **Tom Cramer** heraus. Berühmt für seine komplizierten, detailreich geschnitzten Holz- und Wandreliefs, hängen seine Werke an vielen öffentlichen Plätzen in Portland. **Dan Attoe** (geb. 1975) verarbeitet die Schattenseiten des Lebens in der Stadt und auf dem Land zu einem düsteren Surrealismus. **Laura Fritz** ist bekannt für ihre laborartigen Installationen und gilt als die vielversprechendste Video-Künstlerin des Landes. Ganz der Kunst des Glasblasens und -formens hat sich **Dale Chihuly** (geb. 1941) verschrieben, der mit seinen Objekten und Installationen als einer der wichtigsten Glaskünstler weltweit gilt. Sein Atelier »The Boathouse« steht am Lake Union.

Östlich der Rockies

Östlich der Rockies schuf der alltägliche Umgang mit Rindern und Leder in Form von Sätteln, Stiefeln und Leggings eine talentierte Künstler-Spezies, die sich **Cowboy Artists** nennt. Der Mythos des Wilden Westens ist ihr Leitmotiv, das, romantisch verklärt und mit fotografischem Realismus, in zahllosen Varianten präsentiert wird. Besonders beliebt sind Szenen vom Alltag auf der Ranch und Dar-

Allgegenwärtig in den Kunstmuseen der Plains: Werke von Charles Russell wie »Roundup on the Musselshell«

stellungen historisch inspirierter Szenen wie die Treffen der Mountain Men und ihrer indianischen Handelspartner oder gefasst dreinblickende Kavalleristen vor der Schlacht am Little Bighorn. Vorläufer dieser heute teilweise arg kommerzialisierten Kunstrichtung waren u. a. **Carl Rungius** und **Charles Russell**. Der in Berlin geboren Rungius (1869 – 1959) machte mit seinen Bildern der Tiere Wyomings die Wildnis des Westens einem breiten amerikanischen Publikum bekannt. Russell (1864 – 1926), der seine ersten Dollars als Cowboy verdiente, schuf außer rund 2000 Bildern von Cowboys und Indianern auch zahlreiche Bronzeskulpturen und Wandgemälde.

ARCHITEKTUR

Lange ist es her: In den Plains überstanden die Pioniere die Stürme des ersten Winters in Erdlöchern, an der Küste verkrochen sie sich unter ihren umgestürzten, zu Hütten umfunktionierten **Planwagen**. Auch die im Jahr darauf gebauten Behausungen sahen nicht viel besser aus – die Fotos in den kleinen Stadtmuseen der Region zeigen trotzig die Arme vor der Brust verschränkende Männer vor wenig Vertrauen erweckenden Hütten, daneben Frau, Kind, Kuh und Hüh-

Pionierzeit

ner. Es dauerte jedoch nicht lange, bis man sich eingerichtet hatte, Geld verdient wurde und die Ansprüche stiegen. Nun wurde **gebaut, wie man es noch aus dem Osten kannte**. Dort herrschte zu jener Zeit eine bunte Stilvielfalt: Formensprachen wie der verspielte Queen Ann Style, der strenge Gothic Revival und der herrschaftliche Beaux Arts Style kamen so auch in den Nordwesten und mit ihnen, meist um das Kap Hoorn geschifft, Möbel, Tapeten und Accessoires.

Kaum Experimente In **Seattle und Portland** sind alle Baustile vertreten, denen man im Nordwesten begegnen kann. Doch über die Stränge geschlagen haben die Architekten selten. Während Chicago, New York und selbst Milwaukee Architekturgeschichte schrieben, blieb vor allem Seattle merkwürdig zurückhaltend. Lediglich der **Smith Tower** (506 2nd Ave.) von 1914, der mit seiner Dachpyramide zumindest andeutungsweise etwas Schrulligkeit zeigt, und die extravagante **Space Needle** von 1962 fallen etwas aus der Rolle. In der jüngeren Vergangenheit fielen allerdings doch zwei Gebäude auf: Frank Gehrys **EMP** (Experience Music Project) von 2002, eine wellenförmige, entfernt an Gehrys Guggenheim Museum in Bilbao erinnernde Hausskulptur (▶Abb. S. 13 und 45), und Rem Kolhaas' 2004 neu eröffnete **Central Library**, eine Art gläserner Rubik-Würfel mit ungleichen Seiten. Ob es, wie Kritiker spötteln, die häufig graue Wolkendecke ist, die den Verantwortlichen die Lust am Risiko nimmt? Oder die mit zunehmender Bedeutung wachsende Furcht vor Experimenten?

Wohnarchitektur Für den Nordwesten mehr oder weniger typische Architektur findet man deshalb – und dies gilt auch für die übrigen Städte der Region – eher **in den Wohnvierteln Seattles**. Deren über 120-jährige Baugeschichte reicht von eleganten, im Queen Anne Style errichteten Villen (u. a. William H. Thompson House, 3119 S Day St.) in Capitol Hill bis zu postmodernen und neomodernistischen Strukturen an den Hängen der Außenbezirke. Um 1900 populär und zahlreich in Capitol Hill vertreten war die »Seattle Box«, ein gedrungenes, zweistöckiges Haus mit großen Eckfenstern, einer großen Veranda und elegantem, an der Seite emporstrebenden Schornstein. Um 1910 erreichte die aus England stammende Arts-and-Crafts-Architektur die Stadt: Schwere Säulen stützten nun die Veranden, weit vorkragende Dachvorsprünge spendeten Schatten und auf Ornamentik wurde weitgehend verzichtet. In den 1930er-Jahren waren lichtdurchflutete, dem neogotisch inspirierten Tudor-Stil angelehnte Backsteinhäuser in Mode, in den 1940er-Jahren waren es die Platz für Vorgärten lassenden, schindelgedeckten Cape-Cod-Häuschen. In den 1950er- und 1960er-Jahren kamen Flachdachbungalows mit großzügigen Fensterfronten und dem obligatorischen Sandsteinkamin auf.
Ende der 1970er-Jahre schälte sich ein experimentierfreudigerer Stil heraus, der mit Namen wie »Northwest Contemporary«, »Westcoast

Contemporary« oder **»Northwest Regionalism«** belegt wird. Anfänglich war ein sparsames, minimalistisches Äußeres typisch und ein in mehrere Wohnebenen unterteiltes Interieur. Für kurze Zeit revoltierten postmodern bauende Firmen mit erneuter, leicht stilisierter Ornamentik gegen diesen oft als langweilig und unpersönlich empfundenen Stil. Inzwischen scheint sich jedoch eine neo-modernistische, Transparenz und menschenfreundliches Wohnen betonende Variante durchzusetzen. Aus umweltfreundlichen Materialien gebaut, mit riesigen Fensterfronten und viel hellem Holz im Innenleben, suchen diese Häuser mit ihrer Umgebung zu verschmelzen und so naturnahes wie komfortables Wohnen zu ermöglichen. Auch öffentliche Gebäude werden zunehmend im »Northwest Regionalism Style« gebaut. Bestes Beispiel: die 2005 eröffnete **Ballard Library** (5614 22nd Ave. NW) in Seattle, deren nach Norden aufgestelltes Dach nicht nur Licht in alle Räume lässt, sondern auch noch mit Gras und rund 18 000 wenig Wasser benötigenden Blumen bepflanzt ist.

LITERATUR

Es wird gern darüber spekuliert, weshalb gerade die Menschen im Nordwesten **die eifrigsten Leser Amerikas** sind. Die grauen, regnerischen Winter westlich der Cascades wirken sich wohl ebenso aus wie die Einsamkeit der Ranches und Städtchen in den Plains. Sicher ist auch, dass das Bücherangebot eine Rolle spielt. Oregon, Washington, Idaho und Montana beherbergen beispielsweise **die meisten Kleinverlage des Landes**. Sie produzieren jährlich Hunderte von Titeln, die oft auch wenig Erfolg versprechende Nischenthemen behandeln. Abnehmer finden auch die zahlreichen Spezialmagazine. Jede gesellschaftliche Gruppe scheint ihr eigenes Medium zu besitzen. Geschrieben wird im Nordwesten natürlich auch.

Lesefreude

Die ersten Niederschriften waren die Berichte der Forschungsreisenden, der Pelzhändler und der Missionare. Doch tatsächlich stießen die **Pioniersfrauen** die Literatur des Nordwestens an. Anfangs heftig kritisiert, später jedoch für ihren ehrlichen Stil gelobt, beschrieb z. B. **Margaret Jewett Bailey** (1812? – 1882) in »Ruth Rover« (1854) unverblümt, wie Männer im Alkoholrausch mit ihren Frauen umgingen. Eine frühe Autorin und Feministin war auch **Frances Fuller Victor** (1826 – 1902), die sich mit ihren Büchern über die »Mountain Men« und die Geschichte Oregons einen Namen machte. Auch später inspirierten Natur und Geschichte: Bücher von **Frederick Homer Balch** (1861 – 1891) und **Eva Emery Dye**, überzeugte Suffragette (1856 bis 1947), gab es in allen Haushalten, besonders »The True Story of Lewis & Clark« (1902), worin sie die Rolle der Indianerin Sacajawea würdigte. Viele packten schon damals kontroverse Themen an.

Westlich der Rockies

Ken Kesey: Welterfolg mit »Einer flog über das Kuckucksnest«

Charles Erskine Scott Wood (1852 – 1944) trat für die Gleichberechtigung der Ureinwohner ein und schrieb in anarchistischen Blättern gegen den US-Imperialismus an. In »Zehn Tage, die die Welt erschütterten« berichtete der in Portland geborene **John Reed** (1887 – 1920) von der russischen Revolution; er ist der einzige Amerikaner, der in der Kremlmauer begraben wurde. Über die USA hinaus berühmt wurde **Opal Whitely** (1899 – 1991) mit ihren Beiträgen im Magazin Atlantic Monthly. Für seinen Roman über das Pionierleben in Oregon, »Honey in the Horn«, erhielt **H. L. Davis** (1894 – 1960) 1936 den Pulitzerpreis. Während der Depression wurden die brotlosen Schriftsteller und Journalisten der Region in das Federal Writers' Project eingespannt: Jeder Staat sollte ein Reisehandbuch produzieren – das über Oregon findet noch immer Abnehmer. Nach dem Zweiten Weltkrieg wandte sich der für die Szene typische Pioniergeist auch nach innen. Der berühmteste ist wohl **Ken Kesey** (1935 – 2001). Die Verfilmung seines Romans »Einer flog über das Kuckucknest« (1962) wurde 1975 mit Jack Nicholson ein Welterfolg, ebenso sein Buch »Manchmal ein großes Verlangen« (1964) über den Kampf zweier feindlicher Brüder, das mit Paul Newman (1970) verfilmt wurde. **Don Berry** (1931 – 2001) beschrieb in »Trask« (1960) den Kulturzusammenstoß zwischen Indianern und Siedlern um 1845 an der Tillamook Bay und war einer der ersten amerikanischen Schriftsteller, die ausschließlich im Internet veröffentlichten. Auch **Walt Curtis**' (geb. 1941) bekanntestes Buch »Mala Noche« wurde ein Film: 1985 brachte Mit-Oregonian Gus Van Sant die autobiografische Geschichte eines schwulen Ladenangestellten und zweier junger Mexikaner in die Kinos. Der zuletzt auf der Olympic Peninsla lebende, oft mit Hemingway verglichene **Raymond Carver** (1938 – 1988) erneuerte das Short-Story-Genre; **Tom Robbins**' (geb. 1936) wurde mit Gegenkultur-Romanen wie »Even Cowgirls get the Blues« (1976) und »Another Roadside Attraction« (1971) berühmt.

Literatur östlich der Rockies

Legendäre Revolverduelle, Cowboys und Indianer, die brutalen Weidekriege: Das ist der Stoff, aus dem vor allem in Wyoming die Schriftsteller ihre Geschichten bezogen und von denen viele auch verfilmt wurden. Das Westerngenre brachte **Owen Wister** (1860 bis 1938) mit seinem Buch »The Virginian« (1902) auf den Weg, das von einem nach strengem Ehrenkodex lebenden Vormann einer Ranch handelte. In den 1940er-Jahren schuf **Mary O'Hara** (1885 – 1980) mit der Flicka-Trilogie über die Abenteuer eines Jungen und seines Pferdes einen Unterhaltungsklassiker. »Shane« (1954) von **Jack Schaefer** (1907 – 1991) basierte auf dem blutigen Johnston County War und war die Geschichte eines mysteriösen Fremden, der einer Siedlerfamilie bei ihrem Kampf gegen reiche Rancher beistand. **Mari Sandoz** (1896 – 1966) schrieb eine Biografie über den Sioux-Oglala-Häuptling Crazy Horse (1942) und den berühmten Roman »Cheyenne Autumn« (1953), der von einer Gruppe aus ihrem Reservat in Oklahoma geflohener Cheyenne handelt.

MUSIK

Musikalisch weltweit bekannt wurde der Nordwesten in den 1980er-Jahren durch Bands wie Nirvana und Pearl Jam, die mit einer dröhnenden Punk-Heavy Metal-Mischung namens **Grunge** internationale Erfolge feierten. Dabei waren Nirvana-Leadsänger Kurt Cobain & Co. nur die Spitze des Eisbergs. Der relativen Isolation des Nordwestens wegen ging die hiesige Musikszene einen interessanten Sonderweg. Beispielsweise spielte der afro-amerikanische Einfluss von Jazz, Blues und Rhythm&Blues lange Zeit nur eine untergeordnete Rolle. Seit den 1960er-Jahren erlebte die Region den ungebürstet aufspielenden **Garage Rock** (The Kingsmen), den wüsten Punkrock (The Wipers, The Lewd), Grunge und eine feministische Variante namens Riot Grrrl (u. a. Bikini Kill, Huggy Bear) und schließlich den ausschließlich von kleinen, unabhängigen Labels produzierten und höchst kreativen **Indie Rock** (The Shins, Stephen Malkmus). Zentren dieser vom Stil- und Sounddiktat der großen Produktionsgesellschaften unbehelligten Musikszene sind Portland und Seattle und in, weit geringerem Maß, auch Eugene und Spokane.

Eigene Wege

Nirvana: Grunge-Legende aus Aberdeen (Washington)

Berühmte Persönlichkeiten

WILLIAM EDWARD BOEING (1881 – 1956)

William Edward Boeing, geboren am 1. Oktober 1881 in Detroit als Sohn des aus dem Sauerland eingewanderten Wilhelm Böing, machte aus einem kleinen Hangar **die größte Flugzeugfirma der Welt**. Auf Geschäftsreise für die Firma seines Vaters sah er 1909 in Seattle zum ersten Mal ein Flugzeug; am 4. Juli 1915 flog er zum ersten Mal selbst mit, im Dezember 1915 begann er zusammen mit George C. Westervelt mit dem Bau des B & W-Wasserflugzeugs, das am 15. Juni 1916 zum Jungfernflug startete. Westervelt schied bald aus, Boeing gründete noch im Juli 1916 die Pacific Aero Products Co., die er 1917, nach dem Eintritt der USA in den Ersten Weltkrieg, zur Boeing Airplane Co. umtaufte. Aufträge der Armee legten den Grundstein für den Ausbau der Firma. In der Folgezeit baute Boeing (seit 1929 United Aircraft and Transportation Corp.) nicht nur Flugzeuge, sondern richtete auch einen Luftpost- und Passagierdienst ein, was 1934 schließlich die US-Regierung auf den Plan rief: Boeing musste nach den Antitrust-Gesetzen seine Firma teilen (in die Boeing Airplane Co., die United Aircraft Corporation und die United Airlines) und vom Vorstandsposten zurücktreten, worauf er sich auf das Züchten von Rennpferden verlegte. Er starb am 27. September 1956 an einem Herzinfarkt auf seiner Yacht im Yachtclub von Seattle.

Flugzeug-konstrukteur

GARY COOPER (1901 – 1961)

Als Held spielte sich der am 7. Mai 1901 in Helena (Montana) geborene Cooper in die Herzen der Zuschauer. Taten statt Worte sprechen lassen lernte er auf der väterlichen Seven-Bar-Nine, einer Ranch mit 450 Stück Vieh. »Um fünf Uhr morgens aufstehen und bei eisiger Kälte das Vieh füttern und Mist schaufeln ist nicht romantisch«, pflegte der Mann, der für viele das amerikanische Ideal verkörperte, gern zu sagen. Mit seiner Darstellung des pflichtbewussten Marshall Will Kane in **»Zwölf Uhr mittags«** (1952) hob er das Westerngenre auf ein neues Level. Auf dem Höhepunkt seiner Karriere war er der bestverdienende Schauspieler der Welt – und so beliebt, dass selbst die Klatschpresse ihm anerkennend auf die Schulter klopfte.

Schauspieler

BING CROSBY (1903 – 1977)

»I'm dreaming of a white christmas« – wahrscheinlich ist dieses Weihnachtslied mittlerweile mindestens so populär wie »Stille Nacht, Heilige Nacht«. Geschrieben von Irving Berlin, wurde es durch den

Sänger und Schauspieler

Der Gitarrengott aus Seattle: Jimi Hendrix

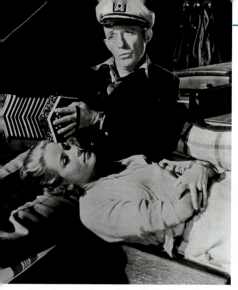

Bing Crosby schwor Grace Kelly »True Love«.

samtweichen Bariton von Bing Crosby zum Welterfolg. Der kam am 3. Mai 1903 als Harry Lillis Crosby in Tacoma (WA) zur Welt. Als er drei Jahre alt war, zog die Familie nach Spokane. Schon während des Studiums dort spielte und sang er so erfolgreich in einer Band, dass er auf den Abschluss verzichtete und ins Showbusiness ging. 1926 entdeckte der Bandleader Paul Whiteman ihn und seinen Partner Al Rinker. Innerhalb weniger Jahre schaffte er es zum **populärsten Sänger der USA**. Nicht minder erfolgreich war Bing Crosby als Schauspieler, was ihm 1944 einen Oscar (für »Going My Way«) einbrachte – doch den meisten Kinogängern fällt eher das wunderbare Duett »True Love« mit Grace Kelly ein. Crosby, dessen großes Vorbild Al Jolson war, hob als einer der ersten US-Sänger die Trennline zwischen klassischem Gesang und Vaudeville auf. Mit seinem phrasierenden Gesangsstil, seiner vermeintlichen Leichtigkeit und seiner Intonationskunst beeinflusste er maßgeblich Sänger wie Frank Sinatra oder Dean Martin. Er war zudem ein außergewöhnlich guter Golfspieler – so ereilte ihn der Tod fast »standesgemäß«: Er starb am 14. Oktober 1977 in der Nähe von Madrid an einer Herzattacke nach einer Golfpartie.

GEORGE ARMSTRONG CUSTER (1839 – 1876)

Kavallerist

Eine verheerende Niederlage machte ihn berühmt: George Armstrong Custer verlor sein Leben am 25. Juni 1876 in der Schlacht am Little Bighorn und mit ihm 268 Soldaten und Offiziere des 7. US-Kavallerieregiments. Einer der größten Erfolge der Indianer wird heute dem taktischen Geschick ihrer Anführer zugeschrieben, aber auch der Überheblichkeit des gegnerischen Kommandeurs – Custer. Der von deutschen Vorfahren abstammende Custer wurde in Ohio geboren und besuchte ab 1857 die Militärakademie von West Point, wo er durch **Disziplinlosigkeit und Extravaganz** auffiel. Als Kavallerist im Bürgerkrieg erwarb er sich aber den Ruf eines unerschrockenen Offiziers. 1874 führte er die 7. US-Kavallerie in die Black Hills, wo einer seiner Trupps Gold entdeckte, was er rasch bekannt machte. Nun legte die US-Regierung die Hand auf das Gebiet. Am

17. Mai 1876 verließ Custers Regiment Fort Lincoln, um Indianer aufzuspüren und in Reservate zu bringen. Die Warnungen seiner indianischen Späher missachtend, griff er mit seinen ca. 600 Mann, die er zudem in drei Kolonnen aufgeteilt hatte, am 25. Juni 1876 ein Lager der Sioux und Cheyenne am Little Bighorn an. Er traf auf über 1000 Krieger, die in Crazy Horse einen gewieften Führer hatten. Custers Abteilung wurde vollständig aufgerieben. Seine Frau Elizabeth sorgte mit mehreren Büchern maßgeblich für die Legendenbildung, die in Custer einen strahlenden, untadeligen Soldaten sah. Heute wird er wesentlich kritischer beurteilt.

Seine Überheblichkeit wurde dem Kommandeur Caster zum Verhängnis.

FRANCES FARMER (1913 – 1970)

Jessica Lange spielte sie in »Frances« (1982) und machte ihr Schicksal auch außerhalb Amerikas bekannt. Frances Farmer, in Seattle am 19. September 1913 geboren und dort zur Schauspielerin ausgebildet, war **Hollywoods tragisches Enfant terrible**. 1935 unterzeichnete sie bei Paramount, doch schon bald rebellierte die ebenso talentierte wie temperamentvolle Schauspielerin, die schon mit Tyrone Power und Bing Crosby vor der Kamera gestanden hatte, gegen die ihr zugewiesenen stereotypen Rollen, das glamouröse Partyleben in Hollywood und eine sensationsgierige Presse. Ihre Dauerfehde mit den allmächtigen Studios hinterließ immer tiefere Spuren – Beziehungen gingen in die Brüche, ihr Alkoholkonsum zerstörte Ruf und Karriere. Nach Aufenthalten in mehreren Nervenkliniken fing sie in den 1950er-Jahren als Wäscherin in Seattle ganz von vorne an. Während eines Mini-Comebacks bei einer lokalen Fernsehstation in Indiana starb sie am 1. August 1970 im Alter von 56 Jahren.

Schauspielerin

WILLIAM (BILL) H. GATES (GEB. 1955)

Er ist **einer der einflussreichsten Männer der Welt** und Prototyp des visionären Computer-Freaks: Bill Gates. So gut wie jeder Computer benutzt wenigstens eines der Software-Programme von Mi-

Gründer von Microsoft

crosoft, was ihn mit einem Gesamtvermögen von 78 Milliarden Dollar auch zum (derzeit) reichsten Mann der Welt macht. Am 28. Oktober 1955 in Seattle geboren, brach Gates sein Harvard-Studium vorzeitig ab und gründete mit Paul Allen die Firma Microsoft. Mit Software wie MS-DOS machte Gates den Computer der Allgemeinheit zugänglich. Indem er das Lizenzgeschäft aggressiv gegen Piraterie schützte, sicherte er Microsoft einen beispiellosen wirtschaftlichen Erfolg. 2008 zog sich Gates aus dem Tagesgeschäft zurück, um sich seinen philantropischen Aktivitäten zu widmen. Allein die Bill and Melinda Gates Foundation stiftet jährlich eine Milliarde US-Dollar für wohltägige Zwecke.

MATT GROENING (GEB. 1954)

Comic-Zeichner

Comics zeichnen, hat der in Portland (Oregon) geborene Groening einmal gesagt, ist für Menschen, die weder vernünftig schreiben noch malen können. Kombiniere man diese beiden Semi-Talente jedoch, kommt zumindest eine Karriere dabei heraus. In Groenings Fall eine ganz hervorragende: Ende der 1970er-Jahre zog er nach Los Angeles und schuf dort eine Comic-Serie namens »Life in Hell«. Darin diskutierten Figuren mit Hasenköpfen die Fallgruben des Alltags, v. a. Sex, Tod und Entfremdung. Mitte der 1980er-Jahre landete er mit **»The Simpsons«** seinen größten Coup. Die 1987 erstmals als Zeichentrickfilm auf Sendung gegangene Comicreihe gilt heute als – selten schmeichelhafter – Spiegel der amerikanischen Gesellschaft. Familienoberhaupt Homer ist faul, übergewichtig und ordinär, seine Familie liebt er jedoch über alles. Zusammen mit seiner Frau Marge und den Kindern Bart, Lisa und Maggie beißt er sich durch die Tücken des Alltags in Suburbia – zur Freude eines inzwischen weltweiten Publikums.

JIMI HENDRIX (1942–1970)

Gitarrist (Bild ▶S. 62)

Jimi Hendrix, geboren am 27. November 1942 in Seattle – was wären die Sixties ohne ihn gewesen? Im London Astoria zündete er 1967 zum ersten Mal seine Gitarre an, seine Version des »Star Spangled Banner« auf dem Woodstock Festival zwei Jahre später ist Legende, endete sie doch im per E-Gitarre erzeugten Heulen der Granaten des Vietnamkriegs. Nach Gigs als Session-Musiker für Little Richard und Sam Cooke ging er 1966 nach London, wo er mit Noel Redding und Mitch Mitchell die **Jimi Hendrix Experience** gründete. London verfiel dem virtuosem, noch nie zuvor gehörten Gitarrenspiel des Linkshänders – gerne auch hinter dem Rücken, mit der Zunge und mit den Zähnen und kreischenden Rückkopplungen. Stücke wie »Hey Joe«,

»Purple Haze« und »The Wind Cries Mary« von seinem erstem Album »Are you experienced?« wurden Rock-Klassiker. Tourneen durch Europa und die USA folgten. Der Erfolg mit seiner im Herbst 1969 gegründeten »Band of Gypsys« hielt sich jedoch in Grenzen und Hendrix schloss sich mit Billy Cox und Mitch Mitchell zusammen, aber das Album »First Rays of the Rising Sun« wurde jedoch nie fertig.
Am 18. September 1970 starb der drogensüchtige Hendrix in London an zu viel Alkohol und Schlaftabletten – er erstickte an seinem Erbrochenen. Er ist auf dem Greenwood Cemetery von Renton (südöstlich von Seattle) begraben; eine Erinnerungsplakette ist auf der 5th Ave. in Seattle ins Pflaster eingelassen.

EVEL KNIEVEL (1938 – 2007)

Weltweit wurde Evel Knievel 1974 bekannt, als er versuchte, mit einem raketengetriebenen Motorrad bei Twin Falls (ID) über den Snake River Canyon zu springen. Der Sprung schlug fehl, weil sich der Fallschirm unplanmäßig öffnete. Knievel kam mit dem Schrecken davon. Am 17. Oktober 1938 in Butte (MT) geboren und bei seinen Großeltern aufgewachsen, war er wegen seiner Motorrad-Kunststücke schon früh Stammgast auf der örtlichen Polizeiwache. Später tourte er mit seinen **Motorcycle Daredevils** durchs Land. Mit einem live übertragenen 30-Meter-Sprung in Las Vegas schaffte er den

Stuntman

Das tat weh: In London landete Evel Knievel
unsanft nach dem Flug über dreizehn Doppeldecker-Busse.

Durchbruch und wurde ein gefragter Stuntman. Auf den Sprung über den Snake River Canyon folgten weitere spektakuläre Aktionen, u. a. über 13 Doppeldecker-Busse im Londoner Wembley-Stadion. Ende der 1970er-Jahre war er als Stuntman nicht mehr gefragt und so verdiente er sein Geld fortan mit der Vermarktung seines Namens. Knievel starb am 30. November 2007 in Florida.

MERIWETHER LEWIS UND WILLIAM CLARK

Expeditionsreisende

Mit ihrer von 1804 bis 1806 durchgeführten Expedition haben Lewis und Clark nicht nur ersten Kontakt zu bis dato vielen unbekannten Indianerstämmen hergestellt, sondern auch maßgeblich die Erschließung des Nordwestens der USA für Siedler vorbereitet. **Meriwether Lewis**, 1774 in Virginia geboren, kam 1801 als Privatsekretär zu Präsident Thomas Jefferson. Dieser beauftragte den erfahrenen Soldaten mit Planung und Ausführung der Expedition. Nach deren erfolgreichem Abschluss ernannte Jefferson ihn zum Gouverneur des Lousiana-Territoriums mit Sitz in St. Louis. Beschwerden über seine Amtsführung wollte er persönlich in Washington erwidern. Auf dem Weg dorthin übernachtete er in der Taverne Grinder's Stand südlich von Nashville / Tennessee, wo er am 11. Oktober 1809 unter bis heute ungeklärten Umständen erschossen wurde. Ganz anders verlief das Leben des 1770 ebenfalls in Virginia geborenen **William Clark**. Er wurde von Lewis in die Expedition berufen und stellte sich als der tatkräftige Co-Leiter heraus, während Lewis abwägender agierte. Jefferson machte ihn nach der Expedition zum General der Miliz des Louisiana-Territoriums. 1813 ernannte ihn Präsident Madison zum Gouverneur des Missouri-Territoriums, doch als Missouri 1820 der Union beitrat, scheiterte Clark bei den Gouverneurswahlen. Präsident Monroe ernannte ihn daraufhin zum Superintendenten für Indianer-Angelegenheiten. Dieses Amt – seit 1829 zum Leiter des Bureau of Indian Affairs umgewidmet – behielt Clark bis zu seinem Tod am 1. September 1838.

MYRNA LOY (1905 – 1993)

Schauspielerin

Myrna Adele Williams wurde am 2. August 1905 in Radersburg (MT) geboren. Als Myrna Loy ging sie nach Hollywood und erlebte 1934 in **»Der Dünne Mann«** an der Seite von William Powell ihren Durchbruch. Danach spielte sie mit allen großen Hollywood-Stars und gehörte zu den Topverdienern der Filmindustrie. Mit Ausbruch des Zweiten Weltkriegs widmete sie sich voll und ganz der Unterstützung der US-Soldaten, indem sie Spendengelder sammelte und für das Rote Kreuz tätig war. Nach Kriegsende sprang ihre Karriere kurz-

Myrna Loy mit William Powell (und Asta) in ihrer größten Rolle

zeitig noch einmal an, doch schon in den 1950er-Jahren wurde es stiller um sie. Unvergessen bleibt sie in Hollywood aber für ihr politisches Engagement u. a. für schwarze Schauspieler.

TOM MCCALL (1913 – 1983)

McCall gehört bis heute zu den populärsten Politikern im Nordwesten. In Portland (OR) aufgewachsen, begann er seine Karriere als Reporter und Fernsehjournalist und erregte 1962 großes Aufsehen mit einer Fernsehdokumentation über Umweltprobleme in Oregon. 1966 erstmals zum Gouverneur gewählt (und 1970 bestätigt), konnte er während seiner Amtszeit viele Erfolge für den Umweltschutz verzeichnen. Dazu gehörten u. a. **das erste Pfandflaschengesetz der USA** (1971), die Säuberung des Willamette River – und die so genannte **Beach Bill**, ein Gesetz, das jegliche Art der Erschließung der Strände an Oregons Küste bis zur obersten Gezeitengrenze untersagt und sich bis heute, trotz vieler Bebauungsinitiativen, in der weitgehenden Abwesenheit von »Private«- und »Keep out«-Schildern manifestiert.

Politiker

JACKSON POLLOCK (1912 – 1956)

Als erster abstrakter Maler Amerikas, der in Europa ernst genommen wurde, war Pollock der Wegbereiter der ihm nachfolgenden amerikanischen Abstrakten. Inspiriert von den Sandgemälden der Indianer mit ihren dünnen, mehrfarbigen Linien, schuf der am 28. Januar 1912 in Cody (WY) geborene Künstler in den 1940er-Jahren seine auf dem Boden ausgebreiteten **»action paintings«**, indem er die Farben mittels verschiedenster Instrumente auf die Leinwand trop-

Künstler

HINTERGRUND • Berühmte Persönlichkeiten

fen ließ oder schwungvoll darauf warf. Sein Ziel, die traditionellen Vorstellungen von Kunst zu Grabe zu tragen, verstanden nicht alle Zeitgenossen – das Time Magazine nannte ihn »Jack the Dripper«, doch seine Anhänger und Mäzene, darunter Peggy Guggenheim, hielten ihm unbeirrt die Stange. Am 11. August 1956 kam der von vielen als bedeutendster US-Künstler des 20. Jhs. angesehene Pollock bei einem Autounfall in New York ums Leben.

CHIEF SEATTLE (1786 – 1866)

Legendärer Redner

Im Namen der Stadt hat der zum Stamm der Duwamish gehörende Häuptling Sealth die Zeiten überlebt. Richtig berühmt aber machte ihn die Ökologie-Bewegung der 1970er- und 1980er-Jahre, indem sie eine von ihm gehaltene Rede (**»Wie kann man Land kaufen und verkaufen?«**) zu einem Manifest der Ökologie erhob. Allein – der Text ist umstritten: Sicher ist, dass Seattle 1854 dem Gouverneur des Washington-Territoriums in einer halbstündigen Rede auf dessen Ansinnen, Land von den Indianern zu kaufen, antwortete. Die erste Aufzeichnung allerdings nahm 30 Jahre später der Ohrenzeuge und Amateurschriftsteller Dr. Henry A. Smith vor, der jedoch Seattles Sprache nicht sprach und den Text sehr blumig ausstaffierte. Die heutige populär gewordene Version schrieb der texanische Professor Ted Perry als Skript für einen Film über Ökologie.

SITTING BULL (1831 – 1890)

Legendärer Sioux-Führer

Sitting Bull, am Grand River in South Dakota geboren, »Heiliger Mann« der Hunkpapa-Lakota-Sioux, war der legendärste Indianerführer. Seit den 1860er-Jahren nahm er an den Auseinandersetzungen zwischen US-Truppen und den Prärieindianern teil, die ihren Höhepunkt in der Vernichtung einer Abteilung der 7. US-Kavallerie unter Kommandant Custer am 25. Juni 1876 am **Little Bighorn** in Montana fanden. Sitting Bull selbst nahm nicht direkt am Kampf teil, denn er kümmerte sich um die Unterstützung der Krieger durch die Geister – was ihm wohl gelang, sagte er doch den Sieg voraus. Dieser wiederum ist auf das taktische Geschick von **Crazy Horse**, dem Anführer der Oglala, zurückzuführen. Vor der darauf schärfer werdenden Verfolgung musste Sitting Bull nach Kanada fliehen; erst nach einer Amnestie kehrte er 1881 in die USA zurück. 1885 trat er vier Monate lang in Buffalo Bills Wildwestshow auf. Als sich 1890 die Geistertanzbewegung ausbreitete, fürchtete die US-Regierung die Popularität des Häuptlings: Beim Versuch, ihn zu verhaften, wurden am 15. Dezember 1890 Sitting Bull und sein Sohn Crow Foot erschossen. Sein Grab befindet sich in Mobridge in South Dakota.

LEVI STRAUSS (1829 – 1902)

Der aus dem fränkischen Buttenheim stammende Levi Strauss kam als 14-Jähriger nach Amerika. Vor Antritt einer dreimonatigen Schiffsreise um das Kap Hoorn hatte er sich in der brüderlichen Textilhandlung in New York mit Stoffen und einigen Ballen Segeltuch für die Planwagen eingedeckt. Noch ehe er in San Francisco ankam, war er seine Ware losgeworden – mit Ausnahme des Segeltuchs. Eines Tages beschwerte sich ein Goldgräber, dass bei der anstrengenden Arbeit die Hosen so leicht zerrissen. Strauss ließ nun aus seinem bislang nutzlosen Segeltuch Hosen anfertigen, die sofort ein Verkaufsschlager wurden. 1853 gründete er mit seinen Brüdern die heute noch bestehende Firma **Levi's**. Die Idee, die Hosentaschen mit Kupfernieten zu verstärken, kam allerdings von einem ortsansässigen Schneider (1873 patentiert). Statt des Segeltuchs wurde später widerstandsfähiger Drillich benutzt, nach seinem französischen Herkunftsort »serge de Nîmes« genannt, woraus »denim« wurde.

Erfinder der Jeans

JOHANN AUGUST SUTTER (1803 – 1880)

Angesichts einer unglücklichen Ehe und dem Konkurs seines Kurzwarengeschäfts entschloss sich der in der Schweiz aufgewachsene, im badischen Kandern geborene Sutter, nach Amerika auszuwandern. 1839 kam er in Kalifornien an. Er wurde mexikanischer Staatsbürger und erhielt vom Vizekönig ein riesiges Stück Land im Sacramento-Tal, das er nach Vertreibung der Indianer als »Nueva Helvetia« in sein Reich verwandelte und ihm den Namen »Kaiser von Kalifornien« eintrug, erst recht, nachdem er auch die russischen Besitzungen in Fort Ross und Bodega Bay gekauft hatte. Weil er die Amerikaner bei der Eroberung Kaliforniens unterstützte, zog er als Delegierter in die verfassunggebende Versammlung ein und nannte sich nun John Augustus Sutter. Als 1848 in der Nähe der von ihm gegründeten Hauptstadt Sacramento Gold entdeckt wurde, begann der kalifornische Goldrausch. Bei der Errichtung einer Sägemühle auf Sutters Grund wurde 1849 ebenfalls Gold gefunden. Bald überrannten Glücksritter seinen Besitz und zerstörten, was nicht niet- und nagelfest war. Sutter verlor alles und lebte 16 Jahre lang in Pennsylvania von einer kleinen Pension, die ihm der Senat aussetzte, doch seine Schadenersatzansprüche wurden nie anerkannt. Er starb völlig verarmt am 18. Juni 1880.

»Kaiser von Kalifornien«

ERLEBEN UND GENIESSEN

Welche kulinarischen Genüsse hat der Nordwesten der USA zu bieten? Was kann man mit Kindern unternehmen? Wo kauft man am besten ein? Welche Übernachtungsmöglichkeiten gibt es? Und welche Angebote gibt es für Aktiv-Urlauber? Finden Sie die Antworten auf den folgenden Seiten.

Essen und Trinken

Essen und Trinken • ERLEBEN UND GENIESSEN

Cobbler versus Espresso Drive-Thru´s

Liberal die Küste, konservativ das Landesinnere, und zwischen den beiden Einsamkeiten die – gefühlt – unüberwindliche Mauer der Rocky Mountains: So war es lange im Nordwesten, und so ist es vielerorts noch heute. Doch während die Unterschiede zwischen diesen beiden Regionen politisch und kulturell noch immer beträchtlich sind, sind sie im kulinarischen Bereich längst aufgeweicht.

Sushi und Moccacino gibt es nicht länger nur an der weltoffenen Pazifikküste, und Steaks mit Kartoffelmushaufen sind nicht länger Grundnahrungsmittel in Städtchen wie Checkerboard, MT. Auch hinter den Bergen und Wüsten konnten sich viele Städte und Städtchen als **Gourmet-Ziele** etablieren, allen voran Bozeman, MT und Missoula,MT, Bend, OR, Jackson, WY und Moscow, ID. Und selbst in der Endlosigkeit verlorenen Orten wie Fort Benton, MT oder Dubois, WY findet der Reisende leicht zu Espressomaschine und gegrilltem Lachs mit Estragon und Kapernbutter.

Apropos **Espresso**: Was haben Oregon und Montana ausser fantastischen Landschaften sonst noch gemeinsam? Richtig: die netten kleinen »Espresso-Drive-Thru´s«! Dabei handelt es sich um kleine bunte Häusschen am Straßenrand, wo man zur Durchreiche vorfährt und von netten Damen den Wachmacher seiner Wahl gebrüht bekommt - und oft auch gute Restaurant-Tipps für den Abend.

Jenseits der Berge haben sich die Zeiten also geändert. Dabei gelangen Fans der traditionellen amerikanischen **Cowboy-Küche** noch immer bequem zu ihren Leib- und Magengerichten: Steaks, Ribs, Pizza, Sandwiches und Cobbler, der unter ofenwarmer Teigkruste erstickende Früchtenachtisch, erfreuen sich unveränderter Beliebtheit, und auch der dünne schwarze Kaffee aus dem verklebten Spender im Truckstop scheint unausrottbar.

Reisende halten sich an folgende Faustregel: Wo sich eine Hochschule befindet, sind Latte und Lifestyle nicht weit. Je weiter man diese hinter sich lässt, desto größer die Aussicht auf uramerikanische Kalorienbomben für eine ländliche, körperlich hart arbeitende Bevölkerung. Dabei bestätigen Ausnahmen die Regel. Touristenziele im Nirgendwo – vor allem Guest Ranches in der Prärie und Restaurants in Nationalparks – pflegen auf die Essgewohnheiten ihrer Besucher

Solche Süßspeisen sind im Nordwesten begehrt:
Cobbler mit Pfirsichen und Heidelbeeren sowie Sahne oder Eis

bestens vorbereitet zu sein. Dazu kommen in der Ödnis immer wieder nette Überraschungen. Wo ein paar Mountainbiker aus Kalifornien ihren Ausrüstungsladen aufgemacht haben, steht mit Sicherheit eine Espressomaschine auf der Theke und leckerer Salat in der Vitrine. Wo der weitgereiste Sohn einer Rancher-Familie in der Küche hantiert, darf man mit frischer saisonaler Cuisine rechnen, wo sich deutsche Auswanderer niedergelassen haben, gibt es Schnitzel mit Sauerkraut.

Die Verschiebung der hiesigen Essgewohnheiten ist also in vollem Gange. Vorangetrieben wird dieser Prozess von verschiedenen Seiten. Seit Ärzte und Medien die grassierende Fettleibigkeit der Amerikaner als Thema entdeckten, findet ein kulinarischer Kurswechsel zu **Organic Food** statt, vor allem zu entsprechend angebautem Obst und Gemüse. Wochenmärkte und sog. **Farmers' Markets** werden immer beliebter. Stände mit Frischprodukten am Straßenrand sind keine Seltenheit, vor allem nicht in Montana, das berühmt ist für seine Tomaten, Beeren und Pilze sowie sein Bison- und Wapitifleisch. Kochschulen verzeichnen regen Zulauf, Jung-Köche finden leicht Arbeit: Allein in Kalispell und Montana, zwei Städtchen im Norden Montanas, gibt es rund 50 gute Restaurants.

Das andere Zauberwort heißt **Regional Cuisine**, regionale Küche. Die neue Kochmützen-Generation hat die Genüsse vor ihrer Haustür entdeckt und bestreitet ihre Speisekarten nunmehr mit dem, was in der Umgebung wächst und gedeiht. Dahinter steckt nicht nur ein gestiegenes Gesundheitsbewusstsein, sondern auch das Bemühen, heimische Erzeuger zu unterstützen, Arbeitsplätze zu sichern und Landflucht zu verhindern.

REGIONALE BESONDERHEITEN

Der Nordwesten mit seiner langen Küste, seinen fruchtbaren Tälern mit Farmen und Obstplantagen und mit seinem zum Horizont reichenden Weideland bietet eine breite Palette hochwertiger Nahrungsmittel. Doch was gedeiht von jeher im Nordwesten, was wird serviert? In Nord-Kalifornien, Oregon und Washington sind **Fisch und Meeresfrüchte** (Seafood) von keiner Speisekarte wegzudenken. Clam Chowder, die sämige, eintopfähnliche Muschelsuppe mit Speck, Kartoffeln und weiteren, von Ort zu Ort unterschiedlichen Zutaten ist ein Klassiker. Dies gilt auch für Austern und Krabben. »Crabbing« ist Volkssport, und wer seine Krabben selbst fangen möchte, kann in fast jedem Küstenort Käfig und Köder gegen Gebühr ausleihen. Shrimps und Hummer – und natürlich Fisch – hier vor allem Kabeljau, Heilbutt, Thunfisch und Flunder, bilden das Rückgrat der hiesigen Fischerei und sind in fast allen Küstenorten zu haben.

Ein frisch geräucherter Lachs wird tranchiert.

Auch landeinwärts hält die Wildnis den Tisch noch immer reich gedeckt. Reisende werden früher oder später **Marionberry Pie** vorgesetzt bekommen: Die so genannte Beere wächst vor allem in Oregon und sieht aus wie eine Brombeere, ist aber doppel so groß und saftig. Heidelbeeren, Johannisbeeren und wilde Erdbeeren finden sich ebenfalls in Torten, Muffins und Scones wieder. In den höheren Lagen dienen **Salmonberries** genannte Lachsbeeren Wanderern als Wegzehrung.

Die Wälder Washingtons, Oregons, Idahos und Montanas sind Dorados für Pilzsucher. Morchel-, Champignon- und Steinpilzarten sind die beliebtesten Fungi. Oregon ist dazu für seine **Haselnüsse** berühmt: Der Bundesstaat hat die Frucht des Haselstrauches sogar zur »Official State Nut«, zur offiziellen Staatsnuss, erklärt.

Gerichte von **Forelle, Lachs, Wapiti und Bison** sind man oft auf Tellern und Tischen. Allerdings stammt das Fleisch meist nicht aus der Wildnis, sondern von Farmen. Generell wird die Küche fleischhaltiger, je tiefer man ins Landesinnere vorstößt. Zu Wapiti und Bison gesellen sich in Montana und Wyoming Hirsch, Elch und Fasan. Selbst für seine Kartoffeln über die Landesgrenzen hinaus berühmten Idaho. Dort streben ehrgeizige junge Chefs danach, »the potato thing« hinter sich zu lassen und Idahos ganze kulinarische Bandbreite bekannter zu machen. Man könne, sagen sie, jede Küchentradition der Welt mit Produktion aus Idaho nachkochen . und verweisen dabei auf die hiesige, von Äpfeln bis Yak-Fleisch reichende Produktauswahl und den auch hier unverkennbaren Trend zur saisonalen organischen Küche.

DIE DREI HAUPTMAHLZEITEN DES TAGES

»Early to bed, early to rise« – der Wahlspruch der so fromm-fleißigen Puritaner von der Ostküste gilt im Nordwesten nur noch auf dem Lande. Während man in den Großstädten vornehmlich früh aufsteht und spät ins Bett geht, wird in den ländlichen Gegenden das Licht meist schon bald nach dem Abendessen ausgeknipst. Auch die traditionellen amerikanischen Esstraditionen sind vor allem noch hier zuhause.

Breakfast Gefrühstückt wird reichlich - auch in den schon frühmorgens geöffneten Diners und Family Restaurants. Dort besteht das Breakfast gewöhnlich aus **Ei** (gekocht/poached), gebraten als **Spiegelei**/sunny side up, **Rührei**/scrambled oder auch auf der Oberseite kurz gebraten, gebratenen **Speckscheiben** (bacon) oder kleinen **Würstchen** (sausages), **Bratkartoffeln** (hash brown), **Grießbrei** (grits), **Pfannkuchen** (pancake) mit **Ahornsirup** (maple sirup) und natürlich beliebig vielen **Toastscheiben** mit Butter und diversen Konfitüren (jam). Doch natürlich geht es auch in diesen uramerikanischen Fett- und Kalorien-Bastionen längst gesünder: Cornflakes, Müsli, fettarmer Joghurt und Obst sind inzwischen fester Bestandteil der meisten Speisekarten.

Typisches US-Frühstück: Pfannkuchen, Spiegelei und Speck

Essen und Trinken • ERLEBEN UND GENIESSEN

Das Mittagessen pflegt hingegen bescheiden auszufallen. **Suppen, Salate, Pasta und Kurzgebratenes** sind am beliebtesten. Oft bescheidet man sich auch mit einem Sandwich.

Lunch

Die Hauptmahlzeit des Tages ist das Dinner (Abendessen). Es wird in den Städten der Westküste später eingenommen als landeinwärts, wo selbst in Städten der große Andrang oft schon um 20 Uhr vorüber ist. **Fleisch- und Fischgerichte** sind nach wie vor beliebt, doch inzwischen liegen Pasta und andere internationale, weniger kalorienreiche Gerichte gleichauf. Manchmal werden die Gäste mit sog. **Dinner Shows** unterhalten. Wo es keine guten Restaurants gibt, gibt es zumindest Schnellrestaurants. Amerikaner lieben **Fast Food**. Unter diesen **Limited Service Restaurants** (LSR) bezeichneten Lokalen befinden sich nicht nur Hamburger-Ketten, sondern auch Sandwich-mit-Kaffee-Anbieter wie Panera Bread, die Gebäck-Kette Donkin' Donuts, Domino's Pizza und Pizza Hut, sowie Taco Bell and Subway.

Dinner

IM RESTAURANT

In den USA stürmt man nach Betreten des Restaurants nicht geradewegs auf »seinen« Tisch zu. »Wait to be seated« heißt hier das Zauberwort. So steht es auch klar und deutlich am Eingang. Die **Platzzuweisung** erfolgt durch ein Mitglied des Personals. Allerdings kann man dem »host« sagen, wie man es gerne hätte: am Fenster oder nicht, lieber drinnen als draußen etc.

Wait to be seated

Hinter diesem Konzept steckt zum einen die Überlegung, unnötiges Gerenne zwischen den Tischen zu vermeiden. Zum anderen wird durch die gleichmäßige Verteilung der Gäste auch dafür gesorgt, dass die Aussichten auf **Trinkgeld für jede Bedienung** gleich gut sind. Deren Bezahlung orientiert sich in der Regel am Mindestlohn. Oft lebt die Bedienung ausschließlich vom Trinkgeld. Dieses ist in der Regel nicht in der Rechnung (check) enthalten. Erwartet werden 15% der Nettorechnung (ohne Verkaufssteuer/Sales Tax).

In den meisten Restaurants wird gleich **Wasser mit Eiswürfeln** gereicht. Wer sein Wasser nicht eiskalt mag, sollte dies der Bedienung sagen. Dies gilt auch für alkoholfreie Softdrinks. Eine amerikanische Besonderheit ist **Root Beer**. Als alkoholfreies Erfrischungsgetränk ähnelt es entfernt dem Malzbier, schmeckt im allgemeinen aber süßer. In den USA gibt es mehrere hundert Root-Beer-Marken, wobei sich das geschmackliche Spektrum von Region zu Region, oft sogar von Stadt zu Stadt ändert. Dabei bleiben Wasser, Zucker, Farbstoff und Gewürze die häufigsten Zutaten.

Erfrischungsgetränke

Typische Gerichte

Genüsse im Nordwesten

Kulturen berühren einander, Rezepte und Zutaten werden ausgetauscht, Essgewohnheiten ändern sich – und das alles in fruchtbaren Landschaften mit weltoffenen Bewohnern: Die allgemeinste und vielleicht treffendste Beschreibung der leckeren und dynamischen Küche im Nordwesten.

Der **Cobb Salad** wurde 1937 in Kalifornien erfunden, und zwar von Robert Cobb in seinem Brown Derby Restaurant in Hollywood. Es ist eine ganz herzhafte Mischung aus unterschiedlichen Blattsalaten, mit gegrilltem Speck (bacon), gewürfelter Hühnerbrust und gekochten Eiern, dazu Avocado, Blauschimmelkäse und feingewiegten Frühlingszwiebeln, angemacht mit einer kräftigen Vinaigrette. Dieser Salat kann nicht nur als Vorspeise, sondern auch als Hauptgericht genossen werden.

Der Goldrausch in der Sierra Nevada brachte Einwanderer aus aller Welt nach San Francisco. Viele blieben, auch italienische Fischer, deren Fischtopf **Cioppino** so beliebt wurde, dass er heute einen Stammplatz auf den Speisenkarten der Bay Area genießt. Mit Fisch und/oder Seafood zubereitet, sind die wichtigsten Zutaten Knoblauch, Zwiebeln, frische Petersilie, Tomaten aus der Dose, Hühnerbrühe, Thymian und Basilikum. Das Ganze köchelt eine halbe Stunde bei niedriger Hitze in einem Topf und wird am Ende mit Salz und Pfeffer abgeschmeckt. Das Gericht kommt in einer großen Terrine auf den Tisch.

An den sonnigen Osthängen der Cascade Mountains gibt es Obstplantagen und Gemüsegärten, weiter landeinwärts Farmen und Ranches. Das Städtchen Ellensburg ist berühmt für sein hervorragendes Lammfleisch, das überall im Nordwesten in etlichen Variationen als **Roasted Rack of Lamb** angeboten wird. Die Zutaten zur Standardversion sind: ein schönes Lammkarree, frischer Rosmarin, Knoblauch, Salz, Pfeffer, Olivenöl, Dijon-Senf und Brot.

Von den einstmals vielen Lachsflüssen im Nordwesten sind nur noch wenige übrig. Umso größer sind die Anstrengungen, die verbliebenen intakten Flüsse zu retten, und umso schöner sind die bereits zu verzeichnenden Erfolge. Von den wilden Lachsarten sind Coho, Sockeye und Chinook die populärsten. Besonders beliebt sind die **Salmon Rosemary Burgers**, für die frisches Lachsfleisch fein mit Brotkrumen, Rosmarin, roten Ziebeln, Dijon-Senf, Meerrettich und Eiern gehackt auf dem Holzkohlegrill zubereitet und mit Salatblatt sowie Tomatenscheiben zwischen zwei »buns« gereicht wird.

Gut gegessen wird an der Nordwestküste nicht erst seit der Ankunft der Europäer. Die indianischen Ureinwohner wussten auch schon, was schmeckt. Ihr Tisch war reich gedeckt. Sehr beliebt sind **Grilled Fish Steaks**. Besonders begehrt ist das feste Fleisch des Heilbutt. Filets, eingelegt in einer Marinade aus Knoblauch, Olivenöl, Basilikum, Salz, Pfeffer und Zitronensaft, werden auf dem Grill zubereitet und mit frischer Petersilie bestreut gereicht.

Bier und Kaffee

Microbrews und Coffeeshops

Die regnerischen Wintertage übersteht man am besten mit Bier und Kaffee, sagen die Einheimischen. Ist die Nordwestküste deshalb die Wiege der amerikanischen Kaffeehauskultur und der »Craft Breweries« genannten Handwerksbrauereien?

Nichts gegen eine Tasse guten Kaffee in gemütlichem Ambiente: An grauen Regentagen verscheucht man den aufkommenden Missmut so am besten. Doch die Menschen hier im Nordwesten sind nicht nur weltlichen Genüssen ergebene Hobbits. In ihren Adern pocht auch noch das Blut ihrer Vorfahren, eigenbrötlerischer Pioniere, die sich seit den 1840er-Jahren ohne Hilfe aus dem Osten hier häuslich einrichteten. Dabei entstand ein Menschenschlag, der stolz auf seine Unabhängigkeit ist und bis heute immer wieder auch auf die politische Trennung der Nordwestküste vom Rest des Landes gedrängt hat. Öl ins separatistische Feuer goss zuletzt **Ernest Callenbach** mit seinem 1973 erschienenen Roman **»Ökotopia«**, der die Trennung der Küste von Nordkalifornien bis Washington von den USA vorschlug und einen eigenen, auf ökologischen Imperativen basierenden Weg in eine grüne Zukunft anstrebte.

Bier

Manches anders tun, hat also Tradition im Nordwesten. Danach zu fragen, woher die Getränke stammen, die man zu sich nimmt, gehört dazu. Vor allem beim Bier. So führt die Nordwestküste die Gegenbewegung zum Mainstream-Bier von Riesenbrauereien wie Coors und Miller an. Allein zwischen San Francisco und Seattle brauen über 600 so genannte **Craft Breweries** gegen die industriellen Dünnbiere an – ein Viertel aller (2013) in den USA existierenden »Handwerks«-Brauereien. Ihre Erzeugnisse unterscheiden sich von Budweiser & Co. wie Tag und Nacht. Ungewöhnlich und oft eigenwillig genug, den Massengeschmack gezielt nicht zu treffen, verwenden diese kleinen Hausbrauereien hochwertige Hopfen- und Malzsorten, Beeren, Kräuter und manchmal sogar Kaffee als Zutaten. Und sie »hopfen« – anders als deutsche Brauer – mehrere Male während und nach dem Brauvorgang. So entstehen u.a. hochprozentige **India Pale Ales** (IPAs), pechschwarze **Stouts** und vollmundige fruchtig-frische **Pale Ales**. Kreativität ist Trumpf, die Ingredienzien sind frisch und stammen aus der Umgebung. Und wenn einmal ein Bier absolut nicht beim Verbraucher ankommt, wird einfach – die Braumengen sind klein genug – ein neues kreiert.

So geht dies nun schon seit Mitte der 1970er-Jahre, als ein halbes Dutzend Brauer zwischen Seattle und San Francisco begann, neue Wege zu beschreiten. Pionieren wie den McMenamin-Brüdern, die 1985 in Oregon den ersten **Brewpub** eröffneten, und den Brauereien Bridgeport, Widmer Brothers und Pike begegnet man hier allenthalben. Brewpubs – Pubs mit angeschlossener Mikrobrauerei – sind heute fester Bestandteil der hiesigen Bierszene und selbst in kleinen Orten wie Newport, OR und Twisp, WA anzutreffen.

Kaffee

Den Ruf der Nordwestküste als Heimat eigenwilliger Nonkonformisten reflektiert auch das offizielle Motto Oregons: »Alis volat propriies« (dt. »sie fliegt mit ihren eigenen Flügeln«) schrieben die Gründerväter Oregon ins Staatswappen. Selbst beim Nationalgetränk Nr. 1 scheute man nicht davor, einen eigenen Weg zu gehen. Bis weit in die 1970er-Jahre war Kaffee eine dünne, heiße, schwarze Brühe, die gleichwohl zum amerikanischen Alltag gehörte wie Freeways und Fastfood-Restaurants. Unzufrieden mit dem geschmacklosen Einerlei von Folgers & Co., eröffneten drei Studienfreunde aus San Francisco im Jahr 1971 am Pike Place im alten Hafen von Seattle ein Kaffeegeschäft namens **Starbucks**. Das Konzept, beste Kaffeebohnen aus aller Welt zu kaufen und zu rösten, erweiterte Starbucks wenig später um die Einrichtung kleiner Espresso-Theken in den Geschäften. Die Idee, verschiedene Kaffeesorten in gemütlicher und stressfreier Umgebung anzubieten, zündete: Bereits 1994 betrieb Starbucks 425, im Jahr 2004 schon fast 8600 Läden. Längst ist Starbucks auch eine globale Größe: 2015 schlürften Menschen in weltweit über 23000 Starbucks-Läden ihren Macchiato. In Räumen, die als Wohnzimmer und Büros »doubeln« und gratis WLAN bieten.

Heute ist Seattle die Stadt mit dem höchsten Kaffeekonsum pro Kopf der Bevölkerung der USA. Doch der Nordwesten wäre nicht der Nordwesten, wenn Starbucks das Ende der Fahnenstange geblieben wäre. Inzwischen wird das an der Börse notierte Lifestyle-Großunternehmen vom Erfolg kleinerer unabhängiger Kaffeehäuser überstrahlt, die unablässig an der Verfeinerung des Starbucks-Konzept feilen. Man kauft nur noch von nachhaltig anbauenden Kaffeepflanzern bzw. von Fair-Trade-Händlern. Zum Kaffeegenuss gibt es Kulturgenuss: Live-Konzerte, Kunstausstellungen, Lesungen etc. Oft ist der Kaffeeröster Lokalbesitzer und Kellner zugleich: Oft wird experimentiert, werden Brühtechniken aus aller Welt ausprobiert. Solche Kreativität wird gedankt. Die kleinen **unabhängigen Coffeeshops** sind heute im ganzen Nordwesten eine feste Größe.

Ein Coffeeshop mit Rösterei in Seattle

Feiertage · Feste · Events

Man feiert gern im Nordwesten

Nationale landesweit geltende Feiertage, Feiertage der einzelnen Bundesstaaten, regionale Feiertage. Wer sich den amerikanischen Feiertagskalender anschaut, glaubt, es mit einer feierwütigen Nation zu tun zu haben. Das Gegenteil ist der Fall. Der Durchschnittsamerikaner hat meist nur zwei Wochen Urlaub. Somit ist jeder arbeitsfreie Feiertag ein kostbares Gut, mit dem langfristig geplant wird. Wenn er dann auch noch in die Nähe des Wochenendes fällt und sich mit einem Kurzurlaub kombinieren lässt, umso besser.

Unterwegs im Nordwesten stellt man fest, dass **Feiertage (Holidays)** nicht nur restlos mit Veranstaltungen jeder Art gefüllt sind, sondern diese auch so gut besucht, dass deutsche Veranstalter neidisch werden können. Denn einen Feiertag einfach verstreichen zu lassen, kommt für den Durchschnittsamerikaner nicht in Frage. Ganz oben auf der Prioritätenliste steht der Familienbesuch. Grandma und Grandpa, die Schwester im Nachbarstaat, die Tochter in Kalifornien: An Feiertagen gibt es viel zu tun, werden nicht selten enorme Entfernungen zurückgelegt. Ebenfalls sehr beliebt sind die Barbecue-Abende auf der Terrasse, vorzugsweise mit den Nachbarn.

Dabei sind feiertägliche **Events** nicht nur gesellige Ereignisse. Sie spiegeln auch den Sinn der Amerikaner für ihre **Community** wider. Wer einmal nachfragt, was unter »community« verstanden wird, hört immer wieder die gleichen Antworten. Danach ist Community das nie aufhörende Bemühen, die eigene Gemeinde noch lebenswerter, noch besser zu machen. Die ideale Community ähnelt einer Oase. Man kennt seine Nachbarn, hat Zugang zu allen Annehmlichkeiten der Großstadt und lebt jedoch zugleich weit genug von ihr entfernt, um seine Ruhe zu haben. Für den Durchreisenden wird dieser unsichtbare, von uramerikanischen Werten getragene soziale Pakt beim Besuch einer Veranstaltung am besten deutlich.

Auch an **offiziellen Feiertagen (public / legal holidays)** sind mit Ausnahme von Thanksgiving, Weihnachten, Neujahr und Ostersonntag viele Geschäfte geöffnet. Banken, Behörden und Schulen bleiben allerdings geschlossen. Zu den großen christlichen Festen Ostern, Pfingsten, Weihnachten gibt es auch keinen zweiten Feiertag. Fällt ein Feiertag auf einen Sonntag, so ist der darauffolgende Montag frei. Die meisten offiziellen Feiertage werden alljährlich neu datiert und zur Verlängerung der Wochenenden auf einen Montag davor oder danach verlegt.

Feiertagsregelungen

In der warmen Jahreszeit finden im gesamten Nordwesten bunte Powwows der Indianer statt.

Super Bowl 2014: Seattle Seahawks vs. Denver Broncos

Zuschauer- Die beliebtesten – und fernsehträchtigsten – Zuschauersportarten
sport sind Football, Baseball, Basketball und Eishockey. Der mit Abstand größte Publikumsrenner ist **American Football**. Gespielt wird in der National Football League (NFL) in zwei »Conferences« (American Football Conference und National Football Conference), die wiederum in je drei Divisionen (East, Central, West) antreten. Höhepunkt der Saison ist das Spiel der beiden Spitzenreiter der Conferences um die **Super Bowl**, die »Krone des Football« (Ende Januar / Anfang Februar). Top-Mannschaften im Nordwesten sind die »San Francisco 49ers« und die »Seattle Seahawks«. Am 2. Februar 2014 besiegten die »Seattle Seahawks« die »Denver Broncos«.

Auf Platz zwei der Beliebtheitsskala rangiert **Baseball**. Hier gibt es die in der Major League Baseball (MLB) zusammengefassten National League und American League (mit jeweils zwei Divisionen), in denen auch kanadische Teams mitmischen. Spitzenteams im Nordwesten sind die »Seattle Mariners« und die »San Francisco Giants«.

Basketball: Die National Basketball Association (NBA) spielt in zwei »Conferences« zu je zwei Divisionen. In der NBA mit Teams wie den »Los Angeles Lakers«, den »Golden State Warriors«, den »Sacramento Kings« oder den »Portland Trail Blazers« zu spielen ist das Ziel aller Basketballprofis der Welt. Die Teams der High Schools und Universitäten spielen in der NCAA und wie beim Football schauen sich die Profiklubs hier nach Nachwuchs um.

Auch das als Amateursport beliebte **Eishockey** (»hockey«) wird in zwei »Conferences« zu je zwei Divisionen gespielt. Die National Hockey League (NHL) wird von US- und kanadischen Teams gebildet, die sich u. a. mit tschechischen und russischen Spielern verstärken. Die in Playoffs ermittelten beiden besten Teams spielen um den **Stanley Cup**, die höchste Trophäe des Eishockey-Sports. Im Nordwesten sind Erstliga-Teams zu sehen, so etwa die »Los Angeles Kings.«

Feiertage · Feste · Events • ERLEBEN UND GENIESSEN

Veranstaltungskalender

LANDESWEITE FEIERTAGE
1. Januar: New Year
3. Montag im Januar: Martin Luther King Jr. Day
3. Montag im Februar: President Day (George Washingtons Geburtstag)
Karwoche: Good Friday (Karfreitag; nur regional)
Letzter Montag im Mai: Memorial Day (Heldengedenktag)
4. Juli: Independence Day (Unabhängigkeitstag)
Erster Montag im September: Labor Day (Tag der Arbeit)
2. Montag im Oktober: Columbus Day (Kolumbus-Gedenktag)
11. November: Veteran's Day (Veteranentag)
4. Donnerstag im November: Thanksgiving Day (Erntedankfest)
25. Dezember: Christmas Day (Weihnachten)

JANUAR/FEBRUAR
San Francisco, CA, Portland, OR, Seattle, WA
Chinese New Year
Das chinesische Neujahrsfest wird mit Drachenumzügen und Feuerwerk gefeiert.
www.chineseparade.com

FEBRUAR
Seattle, WA
Northwest Garden & Flower Show: Herrliches Blumenmeer

Ashland, OR
Oregon Shakespeare Festival (Mitte Febr. bis Anf. Nov.)
Berühmtes Theaterfestival mit klassischen und zeitgenössischen Stücken.

MÄRZ
Westport, WA
Whale Watching Fest
Mehrwöchiges Fest, wenn Grauwale auf ihrem Weg nach Süden an der Küste vorbeiziehen.

Redwood Coast, Eureka, CA
Dixieland Jazz Festival
3 Tage Musik vom Feinsten
www.redwoodjazz.org

APRIL
San Francisco
SF International Film Festival
Es ist das älteste amerikanische Filmfestival.
www.sffs.org

Fisherman's Festival
Volksfest mit Imbissständen und Musik an der Bodega Bay im Norden der Stadt.
www.bbfishfest.com

Boise, ID
Gene Harris Jazz Festival
Meisterliche Jazz-Darbietungen

Wenatchee, WA
Washington State Apple Blossom Festival (Ende April/Anf. Mai): Umzüge und Konzerte zur Apfelblüte bzw. zum Frühlingsanfang

MAI
San Francisco
Carnaval
Am Memorial Day Weekend kommen über eine Million verzückte Teilnehmer und Zuschauer in den Mission Districtzum traditionell sehr umtriebigen Karneval mit einer farbenprächtigen Parade.

Spokane, WA
Bloomsday Run
Wettlauf über 12 km in der Innenstadt (1. So. im Mai)

Portland, OR
Cinco de Mayo Festival
Volksfest der Einwohner mit mexikanischen Wurzeln mit kulinarischen Genüssen, Musik und Tanz.

Seattle, WA
Northwest Folklife Festival
Großes Volks-Kultur-Fest

MAI/JUNI
Portland, OR
Portland Rose Festival
Umzüge, Konzerte, Karneval zu Ehren der Rose

> **! BAEDEKER TIPP**
> *Indianer und Rodeo*
>
> Das muss man gesehen haben: Das Crow Fair Indian Powwow und das All Star Indian Rodeo gilt als die größte Veranstaltung seiner Art in Amerika. Es findet um das 3. August-Wochenende statt und zwar in Crow Agency, MT.

JUNI
San Francisco
Lesbian, Gay, Bisexual, Transgender Pride Parade
Zum ausgelassenen Fest der der Homosexuellen- und Transvestitengemeinde strömen eine halbe Million Teilnehmer und Zuschauer.
www.sfpride.org

Sisters, OR
Sisters Rodeo
Dieses Event gibt es bereits seit 1940.

JUNI BIS AUGUST
Seattle, WA
Summer Nights at the Pier
Stimmungsvolle Hafenkonzerte.

JULI
Alle größeren Städte
Independence Day
Am 4. Juli wird in vielen Städten der Amerikanische Unabhängigkeitstag mit vielerlei Programmen und Feuerwerken gefeiert.

Coos Bay, North Bend und Charleston, OR
Oregon Coast Music Festival
Jazz- und Bluegrass-Konzerte

Cheyenne , WY
Frontier Days
Zehn Tage lang gibt es Rodeos, Konzerte, Flugshows u. a. Es ist die größte Veranstaltung ihrer Art in den USA.

McMinnville, OR
Pinot Noir Celebration
Weinproben und feines Essen

ENDE JULI/AUGUST
Seattle, WA
Seafair
Festival auf dem Wasser mit Flugshow (auch Wasserflugzeuge), Musik und Karneval.

Suquamish, WA
Chief Seattle Days
Großes Treffen der Indianer zu Ehren des hochverehrten Häuptlings.

AUGUST
Long Beach, WA
International Kite Festival
Drachen in allen Größen und

Auch chic ausstaffierte Cowgirls lassen sich sehen bei den Frontier Days in Cheyenne, Wyoming.

Farben steigen Ende August in den Himmel.

Salem, OR
Oregon State Fair
Zwölf Tage lang gibt es Shows und kulinarische Genüsse mit regionalen Produkten (Ende Aug. bis Anf. Sept.)

Sacramento
California State Fair
Leistungsschau des Bundesstaates Kalifornien, vom Wettbewerb um den schönsten Zuchtbullen bis zu halsbrecherischer Motorrad-Akrobatik.
www.bigfun.org

SEPTEMBER
Lincoln City (OR
Fall Kite Festival
Drachenflieger-Festival

Sausalito, CA
Art Festival
Buntes Festival der Künstlergemeinde von Sausalito am Labor Day Weekend

Ellensburg, WA
Ellensburg Rodeo
Größtes Rodeo im Bundesstaat Washington (Ende Sept.)

OKTOBER
Medford, OR
Medford Jazz Jubilee
Spitzenbands aus den gesamten USA spielen auf.

NOVEMBER
Seattle, WA
Seattle Marathon
Lauf-Großveranstaltung am Sonntag nach Thanksgiving

DEZEMBER
Leavenworth, WA
Christmas Lighting Festival
Alpenländisch inspirierte adventlich-weihnachtliche Stimmung vor schneebedeckter Hochgebirgskulisse

Mit Kindern unterwegs

Keine Langeweile

Viele Eltern träumen von einem Roadtrip durch Nordwestamerika. Mit den lieben Kleinen an Bord wird dieser jedoch oft zum Albtraum. Zu groß sind die Entfernungen in den Vereinigten Staaten, zu lang die Zeit, die der Nachwuchs still sitzend auf der Rückbank des Mietwagens verbringen muss. Die im gefürchteten Quengelton heraus gequetschte und monoton wiederholte »Wann sind wir endlich da?«-Frage hat deshalb schon in so manchem USA-Urlaub für Stress gesorgt. Eltern können davon ein Lied singen.

Wer mit seinen Kindern in den Nordwesten reist, muss ihnen Gelegenheit bieten, mal einem echten Indianer oder Cowboy zu begegnen. Möglichkeiten dazu gibt es auf Ferienranches in Wyoming oder Montana genug. Echtes Wildwest- und Goldrauschfeeling kommt beim Ausflug in eine Geisterstadt auf. Auch Bisons muss man einmal beobachtet haben, während an der Küste Expeditionen an felsigen Stränden oder etwa auch ein Besuch im Seattle Aquarium anstehen.

Die Amerikaner kommen reisenden Familien entgegen. Die »family« ist eine der Grundfesten der amerikanischen Gesellschaft und deshalb ein in hohen Ehren stehendes Konzept. Die touristische Infrastruktur trägt dem gewissenhaft Rechnung. So gut wie überall – sei es bei Sehenswürdigkeiten, sei es in Hotels und Restaurants – gibt es Kinder- und Familienermäßigungen bzw. entsprechende Arrangements. Dabei gibt es keine Standard-Altersgrenze: Als »Kind« können sowohl Kleinkinder als auch Teenager gelten. Deshalb heißt es, die aushängenden Informationstafeln genau zu studieren!

Familienfreundliche Amerikaner

Weil Amerikaner nicht nur die Familie ehren, sondern auch Weltmeister der Unterhaltung sind, ist Entertainment als fester Bestandteil der Gesellschaft akzeptiert und durchdringt als solcher alle öffentlichen Bereiche. Essen gehen mit Kindern ist deshalb keine Expedition mit ungewissem Ausgang, sondern ein echtes Vergnügen. Dies gilt nicht nur für die einschlägig bekannten preiswerten Fastfood-Ketten mit ihren bunten Animationsprogrammen, sondern vor allem auch für die noch immer existierenden, altmodischen Diner mit ihren Musikautomaten an den Tischen und die sog. Family Restaurants wie Denny's, Friendly's und Friday's mit ihren Mal-Angeboten für die Kleinsten und unwiderstehlichen Desserts. Weniger unterhaltend, dafür aber bezahlbar sind auch die bekannten

Essen gehen

Ein Erlebnis vor allem für die Kleinen sind Expeditionen an der felsigen Pazifikküste.

Steakhouse-Ketten und vielen ethnische Küche anbietenden Restaurants. Als Alternative dazu bieten sich zumindest in den größeren Städten die meist in den Shopping Malls zu findenden »All You Can Eat Buffets« an. Dort kann der Teller für einen Fixpreis so oft aufgefüllt werden, wie es die Mägen der Sprösslinge aus halten. Und wenn diese nicht aufessen können, bekommt man den Rest fein säuberlich eingepackt mit auf den Weg. »Doggy Bags« sind nicht umsonst eine uramerikanische Erfindung.

Vergnügungsparks

Vergnügungsparks sind für die familienbewussten Amerikaner Attraktionen ersten Ranges. Allerdings sind sie im Nordwesten nicht so dicht gestreut wie in anderen Regionen. Einer der größten ist der Silverwood Theme Park mit dem Boulder Beach Waterpark in Athol bei Coeur d'Alène, ID. Andere Vergnügungs- und Wasserparks befinden sich in Downata, Hayden, Meridian und Kellog (alle in Idaho), in Billings, Columbia Falls, Big Timber und Great Falls (alle in Montana), in Portland, McMinnville und Springfield (beide in Orgeon) sowie in Chelan, Blaine und Centralia (alle in Washington).

**Hands on!
Please touch!**

Die Museumsmacher in den Vereinigten Staaten denken auch sehr an die kleinen Besucher - viele und darunter namhafte große Museen haben »Hands on« oder »Please touch«-Abteilungen, in denen Kinder und Jugendliche alle möglichen Experimente und Tricks aus allen erdenklichen wissenschaftlichen Disziplinen selbst ausprobieren können. Der beste Ort im Nordwesten ist hierfür das Science Fiction Museum & Hall of Fame (SFM) in Seattle. In vielen Städten gibt es dazu reine, Themen aus Wissenschaft und Technik aufbereitende »Children´s Museums« wie in Great Falls , MT, Portland, OR, Tacoma, WA und Lander, WY.

Spiel-Roboter im Pacific Science Center in Seattle, WA

Mit Kindern unterwegs • ERLEBEN UND GENIESSEN

Die tollsten Attraktionen

Science Fiction Museum & Hall of Fame (SFM)
325 5th Avenue North
Seattle, WA
www.empmuseum.org
Das Science Fiction Museum & Hall of Fame (SFM) ist das erste Museum der USA, das sich mit der Welt der Zukunft beschäftigt. Dabei stehen die Entwicklung von Wissenschaft und Technik und das menschliche Zusammenleben im Vordergrund. In der Science Fiction Hall of Fame werden berühmte Schriftsteller, Filmemacher etc. vorgestellt, die sich mit Themen der Zukunft beschäftigen.

Pacific Science Center
200 2nd Avenue North
Seattle, WA
www.pacificsciencecenter.org
Gleich in der Nähe der Space Needle lockt diese großartige Einrichtung kleine und große Besucher an. Sie beflügelt das Interesse für Naturwissenschaften, Technik, Mathematik etc. mit einer ganzen Reihe von interaktiven Programmen und Ausstellungen.

Seattle Aquarium
1483 Alaskan Way, Pier 59
Seattle, WA
www.seattleaquarium.org
Kinder kommen hier wahrlich voll auf ihre Kosten. Sie dürfen auch manche Tiere vorsichtig berühren. Ein besonderer Höhepunkt ist die Fütterung der aus den Tiefen des Pazifiks stammenden Kraken.

Silverwood Theme Park, Boulder Beach Waterpark
27843 US 95, Athol, ID
www.silverwoodthemepark.com
Dieser Super-Vergnügungspark in der Nähe von Coeur d'Alène bietet gleich mehrere Thrill Rides mit so bezeichnenden Namen wie »Corkscrew« und »Spincycle«, aber auch einige gemütliche Kinderkarussells. Und der Wasserpark wartet mit abenteuerlichen Rutschen auf.

Bisons in (fast) freier Wildbahn
www.fws.gov/refuge/
   National_Bison_Range
www.nps.gov/yell/
http://www.nps.gov/wica
https://gfp.sd.gov/state-parks/
   directory/custer
An mehreren Orten im Nordwesten der USA kann man Bisons, jene amerikanischen Urrinder sehen, die nach übermäßiger Bejagung im 19. Jh. schon fast ausgestorben waren. Relativ gefahrlos und vom Auto aus lassen sich Bisons beobachten in der National Bison Range nördlich von Missoula, MT, im Yellowstone National Park sowie im Wind Cave National Park und im Custer State Park in den Black Hills.

Unruhige Erde
www.nps.gov/yell
www.nps.gov/lavo
Dass es im Untergrund von Nordwestamerika rumort, kann man besonders wahrnehmen im Yellowstone National Park und im Lassen Volcanic National Park.

Shopping

Shopping • ERLEBEN UND GENIESSEN

Ich shoppe, also bin ich

Shopping ist eine auf der ganzen Welt beliebte Freizeitbeschäftigung. Dies gilt vor allem für die Amerikaner, die noch immer im reichsten Land der Welt leben, einige der größten Einkaufszentren der Welt ihr eigen nennen und keineswegs zufällig den Begriff »shop 'til you drop« erfunden haben.

Dem Begriff vom »Kaufen bis zum Umfallen« am nächsten kommt man in den riesigen, **Malls** genannten Einkaufszentren und **Factory Outlets** an der Küste. San Francisco und die Bay Area, Portland und Seattle bieten alles, was das Herz begehrt. Auch kleinere Städte wie Tacoma, Eugene und Spokane lassen keinen Wunsch unerfüllt. Echte Überraschungen, weil man nach hunderten einsamer Kilometer auf den Highways durch das Innere eigentlich nicht damit rechnet, bieten die Einkaufszentren und Markengeschäfte in Universitätsstädtchen wie Missoula, Bozeman, Billings (alle Montana), Boise (Idaho) und Rapid City (South Dakota).

Einkaufsparadiese

Hervorragend bestückt sind auch die Geschäfte in der Nähe von Nationalparks und Tourismusattraktionen: Der weltberühmte Erholungs- und Wintersportort Jackson am Rand des Grand Teton National Park (Wyoming) ist dafür das beste Beispiel. Ansonsten müssen Hardcore-Shopper hin und wieder in den sauren Apfel beißen: Insbesondere in den leeren Weiten Montanas und Wyomings sind Überfluss und Warenreichtum wie an der Küste oder daheim nicht immer selbstverständlich.

Lange »Durststrecken« drohen aber keineswegs. Jeder der Bundesstaaten im Nordwesten bietet regionale Spezialitäten und Souvenirs, die nur dort zu bekommen sind. In Südwest-Oregon zum Beispiel gibt es Läden, die auf Produkte aus **Myrtlewood**, einer hellen, nur hier gedeihenden Baumart, spezialisiert sind. **Karierte Wollhemden** des in Portland beheimateten Herstellers **Pendleton** sind im Nordwesten quasi überall dort zu haben, wo ein Städtchen es zu einer eigenen Main Street mit Hotel, Saloon und Rathaus gebracht hat.
Ähnliches gilt für **Haselnuss-Produkte**, geräucherten **Lachs** und den **Sasquatch**, den legendären, angeblich hier vorkommenden amerikanischen Yeti, auf T-Shirts, Kühlschrankmagneten und Postkarten. Im Willamette Valley gibt es natürlich **Wein** für zuhause, vor allem die bekömmlichen Pinot Noirs und knackigen Rieslings, Käse und Beerenprodukte. Wer daheim mit Wein exotischer Herkunft punkten will, mag dies mit edlem Traubensaft aus Idahos Teton Valley tun.
Wer es dagegen auf **Indianerschmuck** und Antiquitäten aus der Zeit

Souvenirs

In einer Outlet Mall gibt es jede Menge Schnäppchen.

Ein tolles, aber nicht ganz billiges Souvenir ist ein von Hand gefertigter Western-Sattel.

des Wilden Westens abgesehen hat, wird eigentlich überall in Montana und Wyoming fündig. Das gilt auch für **Western-Artikel** (u.a. Stiefel, Gürtel, Stetsons oder gar Sättel), die unter »Western Wear« laufen.

Und wer sein Budget bis zum Ende der Reise schont, um in den Shopping Mall der Küsten das »Shop ´til you drop«-Konzept am eigenen Leib zu erleben, mag sich auf weltbekannte Markenartikel stürzen, die hier das Licht der Welt erblickten. So ist Portland Sitz des **Outdoor-Ausstatters Columbia**, das Hauptgeschäft befindet sich hier. Portland ist auch Heimat des ersten **Niketown**, eines Kaufhauses ausschließlich für Nike-Produkte. Ähnliche Vorzeigeläden weltweit aktiver Konzerne gibt es auch in Seattle. Der **Outdoor-Ausstatter REI** betreibt hier gleich mehrere große Geschäfte, die gehobene **Kaufhauskette Nordstrom** unterhält hier ihr Hauptquartier. Aber natürlich kann man in Seattle auch mit einem Kaffeebecher von **Starbucks** vorlieb nehmen.

Shopping • ERLEBEN UND GENIESSEN

Relativ preiswert sind **Kleidung** und **Schuhe**. Das gilt auch für Joggingschuhe der großen Markenhersteller und Jeans. Bei Elektronikartikeln, vor allem **Foto- und Filmkameras**, kann man ebenfalls Glück haben. **Soft- und Hardware** tendiert ebenfalls zu niedrigeren Preisen als zuhause. Das Konzept, **Markenprodukte** mit erheblichen Preisabschlägen in speziellen Geschäften anzubieten, ist nicht neu. Die Idee, ganze Zentren mit Dutzenden Fabrikverkäufen zu schaffen, ist Anfang der 1970er-Jahre entstanden. In Kalifornien als bevölkerungsreichem Bundesstaat und Urlaubsziel von etlichen Millionen potenzieller Käufer jährlich findet man Dutzende Factory Outlets, in denen bis zu 150 Geschäfte ihre Waren anbieten. Vor allem Mode, Schuhe und Sportartikel bekannter amerikanischer Marken sind begehrt, von Polo Ralph Lauren und Calvin Klein bis zu Aeropostale und Ecko. Auch internationale Labels, wie Adidas, Armani oder Hugo Boss drängen in den zwar lukrativen, aber auch hart umkämpften Markt. Inzwischen lassen sich sogar Diamanten oder Bose-Elektronik zum Schnäppchenpreis erwerben.

Schnäppchen

Die Geschäftszeiten sind flexibler gestaltet als in Deutschland. Die meisten Geschäfte haben von 9.00 oder 9.30 bis 17.00 oder 18.00 geöffnet, die Shopping Malls meistens sieben Tage die Woche bis 21 Uhr (sonntags meist von 12 bis 17 Uhr). Viele Geschäfte – insbesondere entlang der Highways und in Großstädten – haben auch sonntags (längstens bis 18 Uhr) geöffnet.

Geschäftszeiten

Preisschilder geben lediglich die **Nettopreise** ohne Steuer an. Die **Sales Tax** (Verkaufs- bzw. Mehrwertsteuer) beträgt je nach Staat zwischen 0 (Oregon, Montana) und 7,5 (Kalifornien) Prozent. Städte und Gemeinden können eigene Steuern auf die Verkaufssteuer schlagen. So muss man in Kalifornien, Washington und Idaho in etlichen Orten mit insgesamt bis zu 9 Prozent Verkaufssteuer rechnen.

Steuern

Konfektionsgrößen

Herrenbekleidung
Anzüge:
USA 36 38 40 42 44 46 48
D   46 48 50 52 54 56 58
Hemden:
USA 14 14½ 15 15½ 16 16½
D   36 37 38 39 40 41
Schuhe:
USA 6½ 7½ 8½ 9 10 10½
D   39 40 41 42 43 44

Damenbekleidung
Kleider:
USA 6 8 10 12 14 16 18
D   36 38 40 42 44 46 48
Strümpfe:
USA 8 8½ 9 9½ 10 10½
D   0 1 2 3 4 5
Schuhe:
USA 5½ 6 7 7½ 8½ 9
D   36 37 38 39 40 41

Western Wear

Modisches für Cowboys und Cowgirls

Geben wir's ruhig zu: Ein bisschen Cowboy steckt doch in jedem von uns. Wie gern würden wir lässig wie einst Clint Eastwood das Zigarillo vom einen in den anderen Mundwinkel rollen und auf unserer getreuen Mähre in den Sonnenuntergang reiten. »Western Wear«, also Jeans, Stiefel, Wollhemden und Gürtel zu haben, hilft beim Träumen. Und ist dazu auch »damn comfortable«. Es gibt sie – wen wundert's – in vielen Orten im Cowboy-Staat Wyoming.

Jack Wade bewegt sich in Zeitlupe. »Suzie?« - »Yeah.« - »Verdammt launische Stute.« – »Yeah.« – Was machen die Nieren, Jack?« – »Mmmh.« Jack Wade – der Name allein, kurz, bündig, ehrlich, signalisiert den aufrechten Kuhhirten – röchelt wie eine zerlöcherte Luftmatratze. Die Unterhaltung wendet sich taktvoll anderen Themen zu. Jack ist das ganz recht. Sprechen zu müssen ist nicht nur schmerzhaft, sondern auch peinlich. Denn hier in Cody, Wyoming ist man ziemlich geknickt, wenn einen ausgerechnet das eigene Pferd außer Gefecht setzt. Während seine Kumpel vom Zäuneflicken reden, horcht Jack mit leerem Blick nach innen. Dann richtet er sich auf, so vorsichtig wie nach einem Leistenbruch. Zum Arzt? No, Sir. Da muss schon mehr passieren.

Trail Rides

Jack's Boss, ein Rancher in der Umgebung, veranstaltet **Trail Rides für Touristen** und hat gerade Gäste aus Europa. Um die soll Jack sich morgen kümmern – als Guide. Er streckt seine von engen Jeans zusammengehaltenen Einsneunzig, dass es nur so kracht, lüftet seinen Hut für die Ladies an der Kasse und schiebt ab. Holzdielen knarren, Sporen klirren. Draussen schwingt er sich in seinen verbeulten Truck, krault seinen Hund und rumpelt zurück nach Suzie.

Gute Ware

Man weiß, dass die Ware gut und echt ist, wenn man solche Unterhaltungen zwischen den Regalen hört. Wo Rancher, Cowboys und Farmarbeiter einkaufen, sind Preise und Qualität in Ordnung. **Western Wear**, auf deutsch nur schlecht mit »Western-Bekleidung« zu übersetzen, bezeichnet von den prachtvollen Outfits der Rodeo-Reiter und -Reiterinnen über einfache und strapazierfähige Arbeitskleidung ohne Schnickschnack bis zur von Blue Jeans und Stallgeruch inspirierten Wild-West-Mode alles, was irgendwie mit den guten alten Traditionen hier draußen zu tun hat.

Western Shops allerorten

Cowboy-Shops gibt es überall in Wyoming. Manche sind Familienbetriebe in dritter oder gar vierter Generation, andere hippe, auch für Hollywood-Schauspieler und internationale Models schneidernde Boutiquen. Hier die Schönsten:

Alles für den Cowboy: Hüte, Stiefel und noch viel mehr

Lou Taubert Ranch Outfitters
123 N. Broadway
Billings, WY
Tel. 1 800 8 71 99 29
www.loutaubert.com
Lou Taubert und seinen Nachkommen kleiden Rancharbeiter seit dem Jahre 1919 ein. Über 10 000 Paar Cowboystiefel sind jederzeit auf Lager, hinzu kommen Oberbekleidung für Ihn (und Sie), sowie zahllose Accessoires, wie Gürtel, Sporen, Stetson, Handschuhe, Lassos und vieles mehr.

The Wrangler
1518 Capitol Avenue
Cheyenne, WY
Tel. 1 307 6 34 30 48
www.thebootbarn.com
Laredo-Stiefel, Wollhemden von Panhandle Slim und Cowboy-Hüte von Resistol, für die ganze Familie.

Wheatland Country Store
301 16th Street
Wheatland, WY
Tel. 1 307 3 22 39 22
www.wheatlandcountrystore.com
Western Wear für den Alltag, hervorragende Qualität, gute Preise.

Wayne´s Boot Shop
1250 Sheridan Avenue
Cody, WY
Tel. 1 307 5 87 52 34
www.waynesbootshop.com
Neben Stiefeln, Stetsons, Pferdedecken und Oberbekleidung für immer gibt es bei Wayne's schöne Silberschmuckarbeiten aus der hiesigen Künstlerszene.

Übernachten

5-Sterne-Lofts und Trapper-Hütten

Gut schlafen ist die halbe Miete – Die alte Touristenweisheit gilt natürlich auch für Reisen im amerikanischen Nordwesten. Denn wer will schon am Ende eines langen Tages »on the road« eine herbe Enttäuschung erleben? Vorabinfo ist deshalb umso wichtiger. Was genau ist ein B&B? Was ist eine »Cabin«, was ein »Country Inn«? Auch nicht ganz unwichtig: Wo und wann darf man mit niedrigen Preisen rechnen, wo und wann verhandeln?

Und vor allem: Wo gibt es absolut keine Unterkünfte? Angesichts der Tatsache, dass große Teile des Nordwestens zu den dünnst besiedelten Gebieten der USA zählen, eine durchaus berechtigte Frage. Doch keine Sorge: Dies ist ein Paradies für Autofahrer. Und da diese nicht wirklich Camper sind, gehört zum echten, nur lose geplanten »Roadtrip« auch eine solide Unterbringungskultur. **Tausende Unterkünfte aller Art** säumen die »Roads«, »Highways« und »Interstates«, allen voran an Abfahrten (»Exits«) zu wichtigeren Orten in größeren Ansammlungen, ansonsten auch schon mal allein auf weiter Flur.

Die klassischen **Motor Hotels** bzw. **Motels**, von den Highways aus gut erkennbar, sind auf die Bedürfnisse von Autofahrern eingestellt. Man fährt bis zur Rezeption vor, nimmt dort die Zimmerschlüssel in Empfang und rollt anschließend, mit dem Kofferraum zuerst, bis unmittelbar vor das gebuchte Zimmer. Oft ist ein einfaches Frühstück im Übernachtungspreis enthalten.

Bei Roadtrip-Fans und Liebhabern typischer Norman-Bates-Motels besonders hoch im Kurs stehen die **Retro-Motels** der 1940er- und 1950er-Jahre – Neonreklame und scheppernde Klimaanlage inbegriffen. Besonders in entlegenen Gegenden bieten solche Unterkünfte die einzige Schlafgelegenheit. Der Wermutstropfen: Mit Abstrichen bei Komfort und Sauberkeit muss gerechnet werden!

Neoklassische Säulen, ein prächtiger Portikus darüber, ein herrschaftlicher Eingangsbereich: Mit dem traditionellen, Familienanschluss und Gebet am Abendbrot-Tisch anbietenden Bed & Breakfast haben die meisten Herbergen dieser Art heute kaum noch etwas gemein. Zudem pflegen sie erheblich teurer zu sein. Die B&Bs im amerikanischen Nordwesten sind eher als professionell betriebene

Schlafen »on the road«

Bed & Breakfast

Ein Oldtimer-Bus bringt neue Gäste in die Lake McDonald Lodge im Glacier National Park.

ERLEBEN UND GENIESSEN • **Übernachten**

> **BAEDEKER TIPP**
>
> *Hotel-Coupons*
>
> Wer flexibel bleiben möchte und unterwegs Übernachtungen lieber kurzfristig plant, kann mit Hotel-Coupons Geld sparen. Diese Gutscheine sind in vielerlei Broschüren – auch in den von einzelnen Bundesstaaten und Tourismus-Regionen herausgegebenen Reiseführern zu finden. Bei Vorlage beim Check-in können mit ihnen bis zu 40% des Übernachtungspreises eingespart werden.

landestypische, oft luxuriöse und historische Unterkünfte zu verstehen. Dabei reicht die Bandbreite von der prächtigen neoklassischen Residenz des einstigen Richters über die umgebaute Scheune neben dem Farmhaus bis zur modifizierten Dorfkirche. Die Besitzer lassen sich ebensowenig über einen Kamm scheren. Mal sind es vermögende Geschäftsleute, die der Tretmühle ihrer Berufes den Rücken gekehrt haben und sich nun mit viel Zeit und Liebe ihrem langgehegten Traum widmen, mal sind es oftmals junge Paare im Outfitter-Geschäft, die ein B&B als logische Ergänzung ihres auf Outdoor-Aktivitäten spezialisierten Unternehmens betreiben. Mit Handschlag begrüßt zu werden, gehört daher zur amerikanischen B&B-Erfahrung dazu wie das **opulente Frühstück** mit den übrigen Gästen, wie Reisetipps von Einheimischen und viele nette Überraschungen bei Einrichtung und Dekor.

Country Inns Der Unterschied zu den Country Inns verwischt mehr und mehr. Auch sie zeichnen sich durch ihren unverwechselbaren Charakter aus. Meist in schönen alten Häusern in bester Lage untergebracht, bieten sie zudem einen **Dining Room** oder ein Restaurant, wo zwei oder drei Mahlzeiten täglich serviert werden. Der **Service** ist aufmerksam, das Personal grüßt den Gast mit Namen.

Oft schließen sich die Country Inns einer Region zu einer Assoziation mit strengen Aufnahmekriterien zusammen, um ein verlässliches, gleichbleibend hohes Niveau garantieren zu können und unter einem Banner Werbung für sich zu machen. Zwischen diesen beiden Unterbringungsformen lavieren die Country Inn Bed & Breakfasts. In der Regel sind dies Country Inns, die nur Frühstück anbieten, ansonsten aber zu groß sind, um als B & B zu gelten.

Resorts Auch Resorts gibt es in vielerlei Varianten, wie Hotels, Lodges und Cottages. Ihnen begegnet man auf dem Land, in der Wildnis und in oder in der Nähe von Nationalparks und State Parks. **Erholung wird großgeschrieben**, und meist verfügen sie über ein **großes Freizeitangebot.** Mehrere Tage Aufenthalt sind die Regel: Ein Resort ist ein Reiseziel für sich.

Lodges Unter Lodges pflegen **Unterkünfte in der Wildnis** oder zumindest in Landschaften mit hohem Erholungswert angesehen zu werden.

Lodges können **luxuriös oder rustikal** sein, ziehen jedoch in der Regel ein erwachsenes und zahlungskräftiges Publikum an. Dort angeboten werden Outdoor-Aktivitäten, wie Wander- und Paddeltouren, Angeln, Helihiking und Flightseeing im lodgeeigenen Wasserflugzeug. Im Preis inbegriffen sind alle Mahlzeiten und Guiding Services.

Dicke und duftende Balken aus Zedernholz, eine Veranda mit Schaukelstühlen und die Feuerstelle mit Grill nur einen Hufeisenwurf entfernt: Mehr Trapper-Romantik geht nicht! Cabins sind **rustikale Blockhütten**, mal in der Wildnis, mal in der Nähe einer Ranch, doch immer in gehöriger Entfernung vom Großstadtlärm. Wer bucht, pflegt einen aktiven Lebensstil, ist Naturliebhaber und nutzt die Cabin als Basis für Unternehmungen in der Wildnis, wie Wander-, Paddel- und Angeltouren oder, falls in der Nähe eine Ranch liegt, zu Ausritten in die Umgebung. Die Einrichtung reicht von der simplen Hütte ohne Strom und fließend Wasser bis zur luxuriösen Oase mit Klimaanlage und WLAN.

Cabins

Rustikale Lobby der Old Faithful Lodge im Yellowstone National Park

Guest Ranches

Leben wie im Wilden Westen

Den inneren Cowboy herauslassen, »Jiieehaaaa« brüllen und abends Steaks am Lagerfeuer brutzeln: Wer hat nicht bereits davon geträumt? Und den Traum irgendwann während des Erwachsenwerdens wieder aufgegeben?

Die US-Bundesstaaten Montana, Wyoming sowie Teile von Idaho, Washington und Oregon sind **Cowboy Country.** Viele Ranches hier sind oftmals schon seit mehreren Generationen in Familienbesitz. Verändert hat sich dort – zumindest auf den ersten Blick – nicht viel. »Ranch Hands«, junge Cowboys und Rancher, arbeiten noch immer mit Hunderten, manchmal Tausenden Rindern und treffen sich abends auf der Veranda vom Boss zum »Sundowner«. Kinder lernen reiten (mitunter bevor sie laufen können) und nehmen an Rodeos teil, noch bevor sie Teenager sind.

Einfaches Leben

Das Leben hier draußen ist hart und einfach, aber auch gesund und erholsam. Wer ein paar Tage am Alltag der Rancher teilnehmen möchte, kann dies auf so genannten **Dude Ranches** oder **Guest Ranches** tun. Manche Ranches haben sich inzwischen komplett auf Tourismus umgestellt. Sie bieten bequeme Unterkünfte und umfangreiche Freizeitaktivitäten im Sattel an.

Andere sind sog. **Working Ranches** geblieben und lassen ihre Gäste am Ranch-Alltag teilnehmen. Dazu gehört das Flicken von Zäunen

Gäste auf einer Working Ranch in Montana

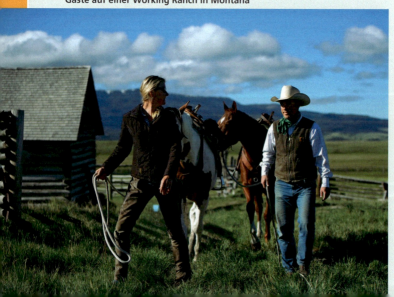

ebenso wie der Ausritt in den Sonnenuntergang, das Zusammentreiben des Viehs und zweimal im Jahr der große Round-up, wobei die Rinder von den Winter- auf die Sommerweiden getrieben werden.

Beliebte Guest Ranches

Nachstehend sind einige bei Gästen aus Mitteleuropa beliebte Guest Ranches aufgelistet:

Ranch at Rock Creek
79 Carriage House Lane
Philipsburg, MT 59858
Tel. 1. 406 8 59 60 27
www.theranchatrockcreek.com
Diese aus Holz erbaute rustikal-luxuriöse Ranch, in der auch Wellness-Anwendungen geboten werden, liegt etwa zwei Autostunden von Missoula, MT entfernt in einer herrlichen Bergwelt. Für 60 Gäste, die auch in gut ausgestatteten Trapper-Zelten übernachten können, stehen 72 Pferde für Ausritte zur Verfügung. Auch der Umgang mit dem Lasso kann hier erlernt werden. Und Freunde des Angelsports können in den Bächen Forellen fangen.

Hideout Lodge & Guest Ranch
3170 Rd. 40.5
Shell, WY 82441
Tel. 1 307 7 65 20 80
http://thehideout.com
Auf der nicht weit vom Yellowstone National Park entfernten 120 000-Hektar-Ranch mit 16 familienfreundlich ausgestatteten Cabins sind vor allem im Sommer fleißige Gäste sehr geschätzt. Sie können mithelfen, die Rinder auf saftige Weiden oder auch zum Branding zu treiben. Selbstverständlich werden auch geführte Ausritte in die abwechslungsreiche Landschaft angeboten. Und wem das Reiten zu anstrengend geworden ist, der kann hier auch Ausflüge mit dem Kanu, dem Mountainbike oder dem Quad unternehmen.

A Bar A Ranch
A-Bar-A Road
Encampment, WY 82325
Tel. 1 307 3 27 54 54
www.abararanch.com
Die 40 000-Hektar-Ranch am North Platte River besteht bereits seit den 1920er-Jahren. Sie präsentiert sich heute als Kombination aus Cowboy-Paradies und ländlichem Luxus-Resort mit preiswürdiger »Wester Cuisine«. Hier kann man unvergessliche Abenteuer hoch zu Ross erleben, aber auch Golf und Tennis spielen, sich dem Fliegenfischen widmen und vielerlei andere Aktivitäten nachgehen.

Little Hollow Hideaway Cattle & Guest Ranch
Box 233, Townsend, MT 59644
Tel. 1 406 2 66 33 22
www.flynnhideaway.com
Diese »All Inclusive Dude Ranch« liegt eine knappe Autostunde von Montanas Hauptstadt Helena entfernt im Südwesten Montanas zu Füßen der Rocky Mountains. Hier werden allerlei Aktivitäten angeboten – von Ausritten in die landschaftlich reizvolle Umgebung über Wildnis-Touren bi zur Mithilfe als Gast-Cowboy beim Viehtrieb. Und abends, nach getaner Arbeit, genießt man die für diese Gegend typische Lagerfeuer-Romantik.

Übernachten

PREISKATEGORIEN
❹❹❹❹ über 250 $
❹❹❹ 180 - 250 $
❹❹ 100 - 180 $
❹ unter 100 $
Für ein Doppelzimmer; zuzüglich Steuern (bis 15% des Nettobetrags), ggf. auch Hotel-, Park- und Safe-Gebühren

HOTELS, MOTELS

Comfort Inn
Tel. *1 877 4 24 64 23
www.choicehotels.com

Crowne Plaza
Tel. 1 800 1 86 10 06
www.ichotelsgroup.com

Days Inn
Tel. *1 800 2 25 32 97
www.daysinn.com

Econo Lodge
Tel. *1 877 4 24 64 23
www.choicehotels.com

Hilton
Tel. *1 800 4 45 86 67
www3.hilton.com

Holiday Inn
Tel. *1 800 1 87 36 95
www.ichotelsgroup.com

Howard Johnson
Tel. *1 800 2 21 58 01
www.ichotelsgroup.com

Hyatt
Tel. *1 888 5 91 12 34
www.hyatt.com

Intercontinental
Tel. *1 877 6 60 85 50
www.intercontinental.com

Marriott
Tel. *1 888 2 36 24 27
www.marriott.com

Motel 6
Tel. *1 800 4 66 83 56
www.motel6.com

Quality Inn
Tel. *1 877 4 24 64 23
www.qualityinn.com

Radisson
Tel. *1 800 6 15 72 53
www.radisson.com

Ramada
Tel. *1 800 8 54 95 17
www.ramada.com

Red Roof Inn
Tel. *1 800 7 33 76 63
www.redroof.com

Sheraton
Tel. *1 800 32 53 53 53
www.starwoodhotels.com

Sleep Inn
Tel. *1 877 4 24 64 23
www.sleepinn.com

Super 8 Motel
Tel. *1 800 4 54 32 13
www.super8.com

TraveLodge
Tel. *1 800 5 25 40 55
www.travelodge.com

Übernachten • ERLEBEN UND GENIESSEN

Westin
Tel. *1 800 32 59 59 59
www.starwoodhotels.com

BED & BREAKFAST
American Historic Inns
Tel. 1 949 4 81 62 56
www.iloveinns.com

Bed & Breakfast online
Tel. *1 800 2 15 73 65
www.bbonline.com

California Association of Bed & Breakfast Inns
Tel. *1 800 3 73 92 51
www.cabbi.com

California Inns
Tel. 1 707 4 60 06 04
http://californiainns.com

Idaho B & B Association
Tel. 1 208 6 51 21 91
www.idahobba.com

Montana B & B Association
Tel. 1 406 8 57 20 60
hwww.mtbba.com

Oregon B & B Guild
Tel. *1 800 9 44 61 96
www.obbg.org

The Washington Bed and Breakfast Guild
www.wbbg.com

State of Wyoming Bed and Breakfast and Ranch Recreation Association
Tel. 1 307 5 87 08 87
www.wyomingbnb-ranchrec.com

JUGENDUNTERKÜNFTE
Hostelling International USA
Tel. 1 301 4 95 12 40
www.hiusa.org

YMCA/YWCA
Tel. *1 800 8 72 96 22
www.ymca.net
www.ywca.org

RANCHAUFENTHALT
www.duderanches.com
www.duderanch.org
www.guestranches.com
www.montanadra.com
www.workingranches.com

CAMPING
Plätze in den Nationalparks
Tel. *1 877 4 44 67 77
www.recreation.gov

Kampground of America (KOA)
Tel. 1 406 2 55 74 02
https://koa.com

California Association of RV Parks and Campgrounds
Tel. *1 888 7 82 92 87
www.gocampingamerica.com
www.camp-california.com

Idaho RV Campground Association
Tel. 1 208 3 45 60 09
www.rvidaho.org

Campground Owners Association of Montana
www.campingmontana.com

Washington State Camping Guide
www.washington-state-camping-guide.com

Urlaub aktiv

Urlaub aktiv • ERLEBEN UND GENIESSEN

Paradiese für Naturfreunde

Viel Platz und wenige Menschen: Besser könnten die Voraussetzungen für Outdoor-Aktivitäten nicht sein. Der Nordwesten, das sind spektakuläre Landschaften ohne Touristenrummel, sind die Rockies und die Cascades, sind die Regenwälder und Vulkane, Wüsten und Prärien, die Canyons, wilden Flüsse und Seen, und natürlich eine grandiose, oft naturbelassene Küste. Das Outdoor-Angebot ist endlos. Nicht umsonst heißt es: Wer einmal hier die Wanderschuhe geschnürt hat, kommt immer wieder!

Das Schönste: Es gibt **für jeden etwas**. Denn die Great Outdoors sind machbar. Unabhängig von Alter und Wildniserfahrung, kann hier so gut wie jeder einen Trail durch den Regenwald oder einen Vulkan hinauf in Angriff nehmen, mehrtägige Kanutrips bestreiten oder Radtouren bestreiten. Die einzige Voraussetzung ist eine akzeptable körperliche Verfassung. Die **Trails** in den National und State Parks sind hervorragend. Schilder geben nicht nur die Länge, sondern auch die Gehzeiten an. Besucherzentren versorgen einen mit detaillierten Wanderkarten, Ranger beantworten von der Wettervorhersage über den jeweiligen Trail-Zustand bis zu Bären und Wölfen alle Fragen, die den Wildnis-Novizen umtreiben.

Great Outdoors

Wer die Trails verlassen und für ein paar Tage ins Hinterland, ins **Backcountry**, will, benötigt eine Genehmigung der Parkverwaltung. Diese muss auch – aus Sicherheitsgründen – über den genauen Zeitraum und die angepeilte Route informiert werden. Generell sollte man solche Unternehmungen nur in Gruppen oder aber im Rahmen professionell geführter Touren angehen. Dies gilt insbesondere auch für Kanu-, Kayak- und Raftingtouren, egal ob eintägige Spritztour oder mehrtägige Expedition. Die Gefahr, viele Tagesreisen von der Zivilisation entfernt in Schwierigkeiten zu geraten, ist in der Wildnis ein ständiger Begleiter.

WANDERN, HIKING, TREKKING

Viele der landschaftlichen Höhepunkte im Nordwesten sind als **Nationalparks** (NPs) geschützt. In Nordkalifornien sind dies der Yosemite NP, der Redwood NP und der Lassen Volcanic NP, in Oregon der Crater Lake NP, in Washington der Northern Cascades NP, der Mount Rainier NP und der Olympic Peninsula NP. In Montana lockt der Glacier NP, in Wyoming tut dies der Grand Teton NP. Den welt-

Schutzgebiete

Hochgebirgswanderer im North Cascades National Park

Vulkane, Steilküsten, Canyons

Wege mit Aussichten

Die Möglichkeiten sind endlos, die Erfahrungen unvergesslich: Hiker finden im Nordwesten ihr Nirwana. Egal ob Halbtageswanderung mit Sandwiches und Wasserflasche oder mehrtägiger Hike mit Rucksack, Verpflegung und Zelt, es scheint, als führe so gut wie jeder Trail zu spektakulären Aussichten.

Lava und Schwefel

Anstrengend, aber absolut lohnend ist die Besteigung des 3189 Meter hohen **Lassen Peak**, jenes imposanten Vulkankegels im Norden Kaliforniens. 1917 zum letzten Mal ausgebrochen, erinnert aus Spalten beiderseits des Trails austretende Schwefelgeruch daran, dass der Riese nur schläft.

Der 5 mi/8 km lange Trail beginnt am Parkplatz in 2600 Metern Höhe und folgt nach ein paar Serpentinen und steilen Abschnitten dem Südostkamm auf den Gipfel. Der Rundumblick über den **Lassen Volcanic National Park** (▶Reiseziele von A bis Z, Nord-Kalifornien) mit seinen rund 30 weiteren vulkanischen Lavakuppen ist unvergesslich.

Es ist noch gar nicht so lange her, dass der **Mount St. Helens** (▶Reiseziele von A bis Z, Washington) ausbrach: Am 18. Mai 1980 pulverisierte er die oberen 400 Gipfelmeter, mähte 600 Quadratkilometer nieder mähte und riss 57 Schaulustige in den Tod.

Sicher trägt dieses Ereignis außerordentlich zur Faszination der Besteigung des seither nur noch 2549 Meter hohne Vulkans bei. Dass er an einem langen Tag – und zwar ohne alpine Erfahrung – bestiegen werden kann, auch. Man lässt die Baumgrenze bald hinter sich, sieht andere Vulkankegel wie den Mount Adams und den Mount Hood über die Wolkendecke hinausragen und steigt dann weiter wie auf einem gigantischen Stairmaster bis zum Kraterrand, der ein gigantisches U mit einem Durchmesser von 3,2 Kilometern umrahmt. Von hier oben blickt man jetzt 600 Meter tief in eine Mondlandschaft aus Asche und Geröll, aus der schweflige Dämpfe aufsteigen. Denn auch der Mount St. Helens schläft nur...

Wildromantische Küste

Die unverbaute Küste hat Oregon dem weitsichtigen Gouverneur namens Oswald West zu verdanken, der von 1911 bis 1915 in Oregon amtiert hat. Nach ihm der zwei Autostunden westlich von Portland gelegene State Park benannt.

Hier erhebt sich der **Neakhani Mountain** 560 Meter hoch über den Meeresspiegel. Von oben hat man den schönsten Blick über die endlosen leeren Strände, über erodierte Felsenküsten und knorrige, von vielen Stürmen ineinander verknoteten Wäldern.

Der 7,5 mi/12 km lange Trail beginnt am Parkplatz, führt dann zunächst durch alten, kühl-gemäßigten Regenwald hinab zu einem Campingplatz. Von dort windet

Wasserfall im wildromantischen ZigZag Canyon

sich der schmale Trail steil zum Gipfel hinauf.

Gipfel und Schluchten

Zwar besteigt man den letztmals im Jahre 1894 ausgebrochenen Vulkan **Mount Rainier** (▶Reiseziele von A bis Z, Washington) nicht auf diesem Trail, doch dafür schängelt sich der knapp 5 mi/8 km lange Rundwanderweg namens **Naches Peak Loop** über Wildblumenwiesen und durch dichten Regenwald zu den schönsten unverstellten Ausblicken auf den 4392 Meter hohen Mount Rainier, den höchsten Vulkan und höchsten Gipfel des Kaskadengebirges. Übrigens: Start und Ziel ist der Picknick-Platz am **Chinook Pass**.

Eine der faszinierendsten Tageswanderungen, die der Nordwesten zu bieten hat, beginnt in **Timberline Lodge** in Oregon. Es handelt sich um den etwa 12,5 mi/20 km langen **Paradise Park Loop**. Dieser herrliche Wanderweg führt durch Wildblumen- und Lupinenwiesen sowie durch den wilden **ZigZag Canyon** zu einigen der schönsten Aussichtspunkte auf den allein stehenden, von ewigem Schnee bedeckten und 3425 Meter hoch aufragenden Vulkankegel **Mount Hood** (▶Reiseziele von A bis Z, Oregon), der zuletzt anno 1866 ausgebrochen ist. Das Farbenspiel vom Grün der Wiesen, vom Blau des Himmels und vom ewigen Eis: in der Tat paradiesisch!

berühmten Yellowstone NP teilen sich die beiden zuletzt genannten US-Bundesstaaten. Hinzu kommen weitere Schutzgebiete, darunter **National Monuments** wie Devil's Tower in Wyoming und der Mount St. Helens in Washington sowie zahlreiche **National Forests** und sog. **Wilderness Areas**, in denen eine touristische Infrastruktur nur sehr schwach oder gar nicht entwickelt ist. Die meisten verfügen über gut ausgebaute Trails.

Terrains, Jahreszeiten

Bei der Planung einer Wanderung im Nordwesten der USA sollte man die unterschiedlichen Terrains berücksichtigen. Trails im Hochgebirge begeht man wegen der Schneeschmelze frühestens im Juni. Trails im Tiefland westlich der Rockies sind – vorausgesetzt man stört sich nicht am Regen – zu jeder Jahreszeit begehbar. Östlich der Rockies wandert man am besten im Frühling und Herbst.

RADFAHREN, MOUNTAINBIKING

Radeln kommt in Mode

Das Fahrrad als Transportmittel ist im Kommen im Nordwesten, vor allem dort, wo das Terrain flach ist, die Infrastruktur gut und die Entfernungen zwischen den Städten nicht zu groß. Das gilt vor allem für progressive Städte wie **Portland, Bellingham, Eugene** und **Missoula**, wo Radwege längst zum Alltag gehören. Längere Radtouren werden ebenfalls immer beliebter: **Stillgelegte Eisenbahntrassen** durch die Wildnis werden zu Radwegen umfunktioniert, Gemeinden legen zusammen und schaffen schöne Trailnetze für Radwanderer. Mehrtägige oder gar mehrwöchige Radwanderungen sind ebenfalls möglich, allerdings wird man in diesem Fall den Asphalt immer wieder mit schnell fließendem Fernverkehr teilen müssen.

Oregon

Der Bundesstaat Oregon besitzt das einzige **Scenic Bikeway Programm** der USA. Nach diesen werden landschaftlich schöne Radwege auf Vorschläge von Einheimischen angelegt. Einige sind schöne Tagestouren, für andere müssen mehrere Tage eingeplant werden.

Washington

Der ganz im Nordwesten der USA gelegene Bundesstaat des Ehrentitels **Bicycle Friendly State**. Und das ist nicht übertrieben: Im Web findet man Dutzende lohnende Radwanderwege, die kreuz und quer durch den Staat führen.

Idaho

»Rails to Trails« – das derzeit überall in Nordamerika populäre Konzept der **Umwandlung stillgelegter Eisenbahntrassen in Radwege** findet auch in Idaho großen Anklang. Zu den beliebtesten Radwegen im Nordwesten gehören der 72 mi/116 km lange Trail of the Coeur D'Alenes von Plummer nach Mullen, und der Coeur d´Alene Parkway, ein Segment des North Idaho Centennial Trail.

Urlaub aktiv • ERLEBEN UND GENIESSEN

Endlose Prärie, steile Bergtrails, atemraubende Serpentinen – und über allem der berühmte Big Sky: Radwandern in Montana ist ein unvergessliches Erlebnis. Man muss ja nicht gleich den 65 mi/105 km langen und 1500 Höhenmeter überwindenden **Beartooth National Scenic Byway** von Cooke City nach Red Lodge ins Visier nehmen ...

Montana

In Wyoming gibt es die schönsten Radwege in und um den Yellowstone National Park. Trails wie die **Old Gardiner Road** und der **Blacktail Plateau Drive** sind auch für Mountainbiker ausgewiesen. Ein absolutes Highlight für Radwanderer ist der **John D. Rockefeller Jr. Memorial Park** vom Yellowstone National Park in den südlich angrenzenden Grand Teton National Park. Im unweit liegenden Resortstädtchen Jackson warten weitere schöne Radwege vor der spektakulären Kulisse der Grand Tetons auf Aktivurlauber.

Wyoming

RAFTING, KAYAKING, CANOEING

Die Wildwasser-Reviere im Nordwesten machen die Region für Rafter und Paddler zu einer Top-Destination in Nordamerika. Zahlreiche auf **White Water** spezialisierte Anbieter organisieren hier ein- und mehrtägige Trips, erfahrene Wildwasser-Enthusiasten aus aller Welt messen sich hier mit den Elementen. Während man sich den Anbietern blind anvertrauen kann, sollte man Flüsse wie den Deschute und Rogue River (beide OR) oder den Yakima (WA) auf keinen Fall als Neuling versuchen. Die hier und anderswo zu erwartenden

Beste Voraussetzungen

In stillern Gewässern können Novizen erste Erfahrungen im White Water Rafting sammeln.

Stromschnellen gehören den Kategorien IV und V an und stellen für Anfänger eine Bedrohung von Leib und Leben dar. Wildwasser-Novizen sind deshalb am besten beraten, sich einer geführten Rafting Tour anzuschließen. Bei den im Nordwesten benutzen **Rafts** handelt es sich um dicke, für sechs bis 12 Gäste in Schwimmwesten ausgelegte **Gummiflöße**, die von erfahrenen River Guides gesteuert und gekonnt um die ärgsten Hindernisse herum navigiert werden.

Oregon — Wer als Paddler Oregon sagt, meint den Rogue und den Deschutes River. Die hier möglichen **mehrtägigen Rafting- und Kanu-Trips** sind Legende, die Stromschnellen und stehenden Wellen der Kategorien IV und V treiben Wildwasserfreunden Glückstränen in die Augen. Tosendes Wasser und spektakuläre Kulisse vereint der **Snake River** auf der Grenze zu Idaho: Hier reitet man die Wellen in einem der tiefsten Canyon der Gegend.

Washington — Rafter und Paddler merken sich die Namen dieser **Flüsse**: Wentchee, Skagit und Yakima. Auch im Olympic Nationalpark gibt es ein paar Rafting-Flüsse, darunter den Hoh River und den Queets River.

Idaho — Idaho rühmt sich gar der meisten Wildwasser-Meilen im Nordwesten der USA. Über 3000 Meilen sollen es sein, allen voran das berühmte Rafter- und Paddler-Revier des **Salmon River**. Andere Wildwasser-Dorados: die Flüsse Selway, Snake, Priest und Bruneau.

Montana — Die Wildwasser-Flüsse Montanas liegen meist im bergigen Westen des Staates. Im trockeneren weiten Osten fließen sie ruhiger und weniger dramatisch – für Familien dafür umso erholsamer. Rafter und Paddler schätzen den 132 mi/213 km langen Abschnitt des **Blackfoot River** von Anaconda Creek nach Milltown. Wegen einer tückischen Klasse-V-Stromschnelle schwieriger ist der Swan River zwischen Lindbergh Lake und Flathead Lake. Weitere gute Rafting- und Paddelflüsse sind Ruby, Gallatin, Milk und Bighorn River.

Wyoming — In Wyoming gibt es drei erstklassige Flüsse: den **Wind River** im gleichnamigen Canyon, den **Snake River** bei Jackson, und den **Shoshone River** unweit Cody. Während die Hauptattraktion des Snake eine über zwei Meter hohe, »Big Kahuna« genannte stehende Welle ist, mäandert der Shoshone eher gemächlich durch die surreale Klippenlandschaft des Red Rock Canyon.

WINTERSPORT

Schneesichere Skigebiete — In Washington und Oregon finden Freunde rasanter alpiner Abfahrten, Snowboarder, Skianläufer und Schneeschuhläufer Dutzende,

Schneeschuhläufer erkunden die Grenzregion zu Kanada.

teils bis in den April schneesichere Skigebiete. Die **populärsten Reviere** erstrecken sich von der kanadischen Grenze beim Mount Baker in der Nähe von Bellingham (WA) bis an die Südgrenze von Oregon bei Ashland. Es sind dies u. a. die Hurricane Ridge im Olympic National Park, der Stevens Pass bei Leavenworth, die Crystal Mountains nahe beim Mount Rainier National Park (WA), die Gebiete um den Mount Hood östlich von Portland sowie der Mount Bachelor westlich von Bend (OR). Zwei Top Ski-Adressen sind das Sun Valley (ID) und Jackson Hole (WY).

WEITERE AKTIVITÄTEN

Ein Name überstrahlt alle anderen: Die **Columbia River Gorge** an der Grenzen der beiden Bundesstaaten Oregon und Washington ist **das Windsurfer-Revier im Nordwesten**. Die Saison beginnt im April und dauert bis Ende August. Während dieser Zeit herrschen verlässliche Winde mit einer Stärke von durchschnittlich 30 km/h. Treffpunkt der Windsurfer-Gemeinde ist das Städtchen Hood River.

Windsurfing

Walbeobachtung bzw. Whale Watching erfreut sich immenser Beliebtheit bei Touristen wie Einheimischen. Walbeobachtungs-Veranstalter zwischen San Francisco und Seattle bringen jährlich Zehntausende in kleinen Booten hinaus zu den sanften Riesen, darunter **Buckel-, Finn- und Grauwale** sowie die fotogenen, auch Killerwale genannten **Orcas**. Touren werden im Sommer u.a. von den folgenden Häfen aus angeboten: San Francisco, Fort Bragg, Eureka, Depoe Bay, Newport, Portland, San Juan Island, Seattle.

Whale Watching

Der Nordwesten ist ein Paradies für **Angler** und **Fliegenfischer**. Die lokalen Fremdenverkehrsstellen informieren über geeignete Reviere. Lizenzen werden u.a. von Parkbehörden, Gemeinde- und Touristenbüros sowie Angel-Fachgeschäften ausgegeben. An der Küste werden auch **Hochsee-Angeltouren** angeboten.

Angeln

TOUREN

Drei Touren zu den Highlights der nordwestlichen USA:
Vom Pazifik in großartige Wildnis bis zu den Schauplätzen
der Indianerkriege

Touren durch den Nordwesten

Die vorgeschlagenen Touren sind allesamt sehr lang – kein Wunder in einem solch weiten Land. Deshalb: viel Zeit einplanen oder nur Etappen auswählen, denn die Touren sind so angelegt, dass sich unterwegs gut abkürzen lässt.

Tour 1 **Durch die Cascade Mountains zum Pazifik**
Auf dieser Tour erlebt man einen repräsentativen Querschnitt des Besten, was der Nordwesten der Vereinigten Staaten zu bieten hat.
▶ Seite 120

Tour 2 **Über die Berge und in die Prärie**
Zwei völlig unterschiedliche Welten: Von der Lifestyle-Metropole Seattle geht es zu den Rindern und Cowboys der Great Plains.
▶ Seite 123

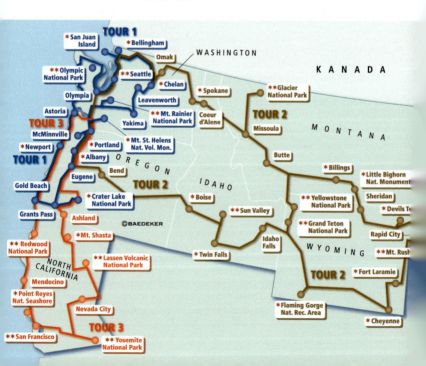

Tour 3   **Zwei enge Verwandte**
Ein Erlebnis: Der Norden Kaliforniens und der Westen
Oregons, verbunden durch den legendären California
Highway No. 1 und den U.S. Highway 101.
▶Seite 128

Unterwegs im Nordwesten

Das Schönste an der Region in der Nordwestecke der USA: Die große Mehrheit der touristisch interessanten Ziele kennt weder Staus noch Smog noch Parkplatzprobleme. Nette Überraschungem am Straßenrand wie »Drive-Thru-Espresso«-Stände und altmodische Diner versüßen die großen Entfernungen.

Tatsächlich halten sich ermüdende Fahrerlebnisse in Grenzen. Zähflüssig erweist sich höchstens der Verkehr in den drei Ballungsräumen San Francisco, Portland und Seattle. Während der Hochsaison im Juli und August melden auch die Nationalparks Glacier, Yosemite und Yellowstone Stop-and-Go. Außerhalb der Hauptreisezeiten geht es auf dem Asphalt jedoch überwiegend gemütlich zu: Welch ein Genuss, nicht lange nach einem Parkplatz suchen zu müssen, sondern den Wagen einfach am Straßenrand abstellen und umgehend die Er kundung eines neuen Städtchens beginnen zu können! Welch ein Hochgefühl, vor allem in den Plains von Montana und Wyoming, die Straße mit niemandem teilen zu müssen! Und welch schönes Reisen im klassischen Sinn: am Endes des Tages problemlos einzukehren, in B & B's und kleinen Inns mit freundlichen Gastgebern zusammenzusitzen und mit Tipps für den nächsten Tag überschüttet zu werden. Im Nordwesten ist man liberal oder konservativ, aufe jeden Fall aber umweltbewusst. Wen die Menschen hier auch an die Hebel der Macht wählen, das Bewusstsein, dass eine Kleinstadt in Naturnähe Lebensqualität bedeutet, teilen sich Anhänger unterschiedlichster politischer Couleur. Dem berühmt-berüchtigten »Anywhere USA«, dem gesichtslosen Einerlei aus Neubausiedlungen, Malls und Parkplätzen, wird man das nicht deshalb nicht allzu oft begegnen. Die meisten Städte und Städtchen stemmen sich erfolgreich gegen die Vereinnahmung durch Main Stream America, indem sie ihre alten Main Streets und Historic Districts restaurieren, kleine Unternemen fördern und sich mit Hightech-Industrien und modernen Dienstleistern für junge Familien attraktiv machen. **Jede Menge Lokalkolorit** ist das Resultat und der mit offenen Augen und Ohren Reisende wird mit vielen detaillierten Erinnerungen nach Hause zurückkehren.

Entspannt vorankommen

TOUREN • **Tour 1**

Mit dem Auto Im Mietwagen bleibt man **flexibel und unabhängig**. Man gelangt auch in entlegene Gebiete, in National Parks und State Parks. Das Navigieren ist einfach, auch in den Großstädten: Die Straßen sind in gutem Zustand, alle Destinationen gut ausgeschildert. Vor dem Besuch der Ballungsräume um Portland, San Francisco und Seattle sollte man sich eine Route zurechtlegen. Vor allem in der Bay Area ist dies notwendig: Eine falsche Abfahrt kann leicht auf die falsche Brücke über die Bay und damit zu zeitraubenden Umwegen führen.

Mit dem Wohnmobil Mit dem Wohnmobil unterwegs zu sein ist immer noch symbolhaft für die große Freiheit – besonders in einem Land wie den USA. In Zeiten steigender Kraftstoffpreise sollte man sich allerdings genau überlegen, ob man einem dieser durstigen Camper – **Tanken für 300 Dollar ist nicht jedermanns Sache** – den Zuschlag geben mag. Auch kommt man vor allem im Gebirge mit den Ungetümen nicht überall hin: Einige der schönsten Panoramastraßen durch die Rocky Mountains sind ausdrücklich nur für Pkw ausgewiesen.

Tourenplanung mit dem Wetter Die Reisezeit hängt davon ab, was man unternehmen will. Von Oktober bis März erhält die Nordwestküste reichliche Niederschläge. Wetterfeste Touristen finden die Winterstürme am Pazifik toll und erholen sich beim »storm watching«; in den Gebirgen landeinwärts ist derweil Wintersport angesagt. Für Wanderer, Paddler und Camper ist die Zeit von Ende Mai bis Ende Juni, wenn die Wildblumen blühen und das Schmelzwasser die Gebirgsflüsse anschwellen lässt, am besten. Fotografen bevorzugen den Spätsommer mit seinen warmen, klaren Tagen und kühlen Nächten. Auch östlich der Rocky Mountains sind Frühjahr und Herbst für alle, die ein launisches Wetter nicht stört, interessante Alternativen: In den Nationalparks ist dann weniger los und Hotels sind erheblich preiswerter.

Tour 1 Durch die Cascade Mountains zum Pazifik

Start: Seattle
Länge: 2150 mi / 3460 km
Ziel: Seattle
Dauer: mindestens 2 Wochen

Seattle und Portland, die beiden Trendsetter der Region, Regenwälder, die Vulkane der Cascades und unverbaute, wilde Pazifikküste: Diese Tour bietet einen Querschnitt durch das Beste, was der Nordwesten zu bieten hat.

Tour 1 • TOUREN 121

Von ❶**Seattle** aus geht es zunächst auf dem Interstate 5 in nördlicher Richtung und zwar nach der schönen und für ihre lebhafte Kulturszene bekannten Hafenstadt ❸*Bellingham. Unterwegs bietet sich ein Abstecher nach den ❷*San Juan Islands via Anacortes geradezu an. Dann jedoch geht es endgültig in das bergige Innere von Washington.

In die Alpen der USA

Von Bellingham aus führen die Highways 542 und 9 zunächst wieder südlich nach Burlington, wo die geradewegs durch den North Cascades National Park führende Panoramastraße 9 in den Highway 20 mündet. Diese Wildnis an der Grenze zu Kanada wird auch »Alpen der USA« genannt. Die schönste Gelegenheit, sich dieser grandiosen Kulisse zu nähern, bietet eine Bootsfahrt von ❹*Chelan aus, dass man via Highway 153 und 97 erreicht. Denn nur das Boot schafft von hier aus die Verbindung nach Stehekin, der einzigen Siedlung im Nordwesten ohne Straßenanschluss.

An der Ostflanke der Central Cascade Mountains schlängelt sich der Highway 92/2 von Chelan weiter nach Süden. In Wenatchee bietet sich die Möglichkeit zu einem Abstecher in das Wenatchee Valley mit seinen Apfelplantagen im Südostabschnitt und natürlich auch zu dem auf »Old Bavaria« getrimmten Städtchen ❺**Leavenworth** weiter hinten im Tal.

In Leavenworth folgt man dem Highway 97 über die faltenreichen Hänge der Central Cascades nach Ellensburg und das bereits in der trockenen High Sierra liegende ❻**Yakima**.

Ins Land der Vulkane

Von dort aus strebt der Highway 12 als schöne Aussichtsstraße über die Central Cascades in den sichtlich feuchteren Westen. Unterwegs ermöglicht der Highway 123 einen Abstecher zum ❼**Mt. Rainier National Park**. Mit 4392 Metern ist der Vulkan Mt. Rainier der höchste Berg der Cascade Range und ein wunderbares Hikingrevier. Es folgt via Highway 12 und Highway 25 der nächste Vulkan, der ❽*Mt. St. Helens, dessen Ausbruch im Jahr 1982 über 50 Menschenleben forderte. Wer allerdings zum Besucherzentrum auf der Johnson Ridge und den dramatischen Blick von hier aus in den Krater genießen will, muss einen Umweg auf dem Highway 122, dem Interstate 5 sowie den Highways 505 und 504 in Kauf nehmen. Nach diesem Abstecher geht es auf der I-5 direkt nach ❾*Portland am Willamette River, nach Seattle das zweite kulturelle Zentrum im Nordwesten.

Von Portland in den Süden

Aus dem Ballungsraum um Portland führt die I-5 danach weiter Richtung Süden ins weitläufige Willamette Valley. Einen netten Ausflug garantiert zuvor der nach Südwesten abzweigende Highway 18, denn rund um das Städtchen ❿**McMinnville** formieren sich ca. 100 Weingüter zum Zentrum der Weinproduktion Oregons. Danach sind

❶*Albany, bekannt für seine schönen überdachten Brücken, das liberale **❷Eugene** und das als Outdoor-Zentrum bekannte **❸Grants Pass** weitere Stationen an der I-5. Einmal in Grants Pass, sollte man auch einen Blick in den **❹*Crater Lake National Park** (via Highway 234 und Highway 62) werfen.

Von Grants Pass geht es schließlich über Merlin auf dem Highway 23 durch die in diesem Abschnitt nicht allzu hohen, als Kalmiopsis Wilderness geschützten Coast Mountains zum Pazifik. In **❺Gold Beach** mündet der bei Raftern und Paddlern beliebte Rogue River. Von hier aus folgt man dem Highway 101, der Fortsetzung des kalifornischen Highway 1, die nächsten 400 Kilometer bis nach Astoria. Klippen, Brandung und immer wieder gelbe, menschenleere Strände begleiten diese wunderbare Küstenstraße. Höhepunkte dieses Abschnitts sind der über 400 Meter hohe Humbug Mountain, das Resortstädtchen Bandon mit seinem fotogenen Felsenstrand, die aufeinander folgenden Orte Yachats mit dem gewaltigen Cape Perpetua, Waldport und **❻*Newport**, Oregons schönster Fischerhafen. Lincoln City mit seinem breiten Sandstrand, Pacific City mit dem schönen Cape Kiwanda und das ländliche Tillamook sind weitere interessante Zwischenstopps.

In **❼Astoria**, das sich der meisten viktorianischen Häuser nördlich von San Francisco rühmt, überquert der 101 den breiten Columbia River nach Washington. Das Ferienresort Long Beach und die kleinen Städtchen von Gray Harbor lohne kurze Stops. Zuletzt führt der Highway 101 auf die Olympic Peninsula rund um den **❽**Olympic National Park** im Inneren der Halbinsel. Das kunstsinnige Hafenstädtchen Port Angeles und die Hauptstadt des Bundesstaats Washington, **❾Olympia**, sind die letzten Stationen auf dem Rückweg nach **❶**Seattle**.

An der Küste zurück

Über die Berge und in die Prärie Tour 2

Start und Ziel: Seattle
Länge: 3350 mi / 5390 km
Ziel: Seattle
Dauer: mindestens 3 Wochen

Zwei Welten, jede unvergesslich: Von Seattle, der Lifestyle-Metropole, geht es über die Cascade Range und die Rocky Mountains zu den Rindern und Cowboys der Great Plains. Absolute Highlights dieser ebenso langen wie einzigartigen Tour: Glacier und Yellowstone, zwei der schönsten Nationalparks der Welt.

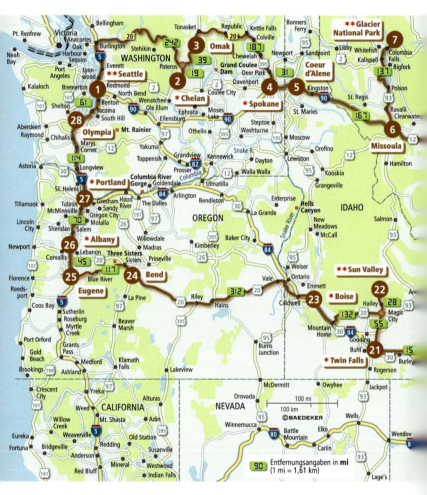

| Von Washington nach Idaho | Von ❶★★**Seattle** geht es anfangs auf der in der Tour 1 beschriebenen Route bis nach ❷★**Chelan**. Nach einem Bootsausflug nach Stehekin führt der Highway 97 zunächst nach Pateros zurück und von dort aus weiter nach Okanogan und ❸**Omak**. Diese beiden Städtchen in der ziemlich trockenen High Desert sind berühmt für die einmal im Jahr hier stattfindende »Omak Stampede«. Nördlich von Omak zweigt der als Aussichtsstraße ausgewiesene Highway WA 20 in östlicher Richtung nach Kettle Falls und Colville ab. Von hier aus folgt man dem Highway WA 395 in südlicher Richtung und erreicht |

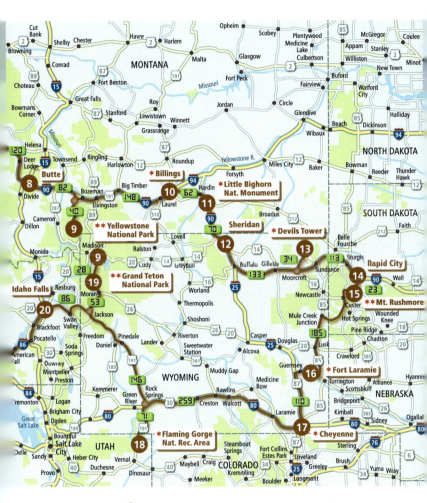

das sympathische ❹*Spokane, die größten Stadt zwischen Seattle und Minneapolis. Etwas östlich von Spokane liegt bereits in Idaho das schöne Ferienresort ❺Cœur d'Alene am See gleichen Namens.

Danach geht es auf dem I-90 weiter nach dem weltoffenen, von Cappuccino-Duft umwehten ❻Missoula, der für viele schönsten Stadt Montanas. Zuvor sollte man aber ein paar Extratage im ❼**Glacier National Park verbringen. Der beste Weg in diese alpine Wildnis an der kanadischen Grenze sind die Highways 135 und 28. Deer Lodge,

In Montana

In Stein gemeißelt: die Präsidentenköpfe am Mount Rushmore

ebenfalls an der I-90 von Missoula weiter nach Osten, empfängt dagegen mit weitläufigen Ranches, traditioneller Cowboykultur und hervorragenden Heimatmuseen. Um ❽ **Butte**, einer bis heute vom Bergbau geprägten Stadt, bieten sich Möglichkeiten zu Abstechern nach Montanas Hauptstadt Helena im Norden und nach Dillon, einem echten Westernstädtchen in der Südwestecke des Staats. Kurz vor Bozeman zweigt dann vom Interstate 90 der Highway 191 zum Westeingang des ❾****Yellowstone National Park** ab.

Der Interstate führt indes weiter nach Osten, passiert das sorgsam restaurierte historische Städtchen Livingston und erreicht schließlich ❿***Billings**, mit etwas über 100 000 Einwohnern Montanas einzige Großstadt. Hinter Billings dreht die I-90 nach Süden ab und strebt quer durch die Crow Indian Reservation südwärts nach Wyoming. Unweit der Crow Agency erinnert das ⓫***Little Bighorn Battlefield National Monument** an die Niederlage der 7. US-Kavallerie unter Custer.

In Wyoming und South Dakota

Mit ⓬**Sheridan** und Buffalo, freundlichen Städtchen an der I-90 am Osthang der Bighorn Mountains, begrüßt Wyoming den Reisenden. Die blutige Geschichte der Indianer- und Weidekriege findet sich hier in guten Museen und auf zahlreichen historischen Schlachtfeldern dokumentiert. Danach führt der Interstate 90 durch das so genannte Outback des Nordwestens, eine leere Landschaft, in der das Auge erst weit am Horizont einen Halt findet: an dem sich 265 Meter über die Ebene erhebenden ⓭**Devils Tower**, einem von den Indianern als heilig angesehenen Monolithen aus dunklem Gestein vulkanischer Herkunft.

Etwas weiter östlich schließen die bereits nach South Dakota reichenden Black Hills an, heilige Erde für die Lakota-Sioux. ⓮**Rapid City**, das touristische Gravitationszentrum der Black Hills, ist der östlichste Punkt dieser Tour. Wieder nach Westen führen die Highways 16 und 385 zum berühmten ⓯****Mount Rushmore National Memorial** und zum gigantischen Crazy Horse Memorial unweit von Custer. Von dort sind es drei, vier einsame Autostunden auf dem Highway 18/85 nach dem ländlichen Torrington im Südosten Wyomings. In der Umgebung, vor allem in ⓰***Fort Laramie** und Guernsey, warten zahlreiche historische Sehenswürdigkeiten. Auf den Highways 85 oder 87 erreicht man schließlich das in der äußersten Südostecke liegende ⓱***Cheyenne**, die recht freundliche Hauptstadt Wyomings.

Von hier strebt der Interstate 80 mehr oder weniger schnurgerade durch die Plains nach Westen. Laramie, Rawlins und Rock Springs sind lohnenswerte Stopover. In Rock Springs sollte man etwas Zeit für den Besuch der ⓲***Flaming Gorge National Recreation Area** einplanen. Wieder nach Norden geht die Reise schließlich auf dem Highway 191 durch menschenleere Wildnis nach Pinedale an der Westflanke der schönen Wind River Mountains, einem erholsamen Zwischenstopp unterwegs zum herrlichen ⓳****Grand Teton National Park**. Von Jackson, erreichbar auf den Highways 191 und 89, lassen sich sowohl dieser als auch der nördlich anschließende ❾****Yellowstone National Park** erkunden.

Durch Idaho und Oregon zurück nach Washington

Danach geht es auf den Highways 22, 33, 31 und 26 nach dem urbanen ⓴**Idaho Falls** am Snake River. Die in großem Bogen durch den Süden Idahos führende I-86/84 ist fortan der rote Faden durch diesen Teil des Bundesstaats. Sehenswert sind das ländliche Blackfoot, das moderne und doch traditionelle Pocatello und das in einem tiefen Canyon liegende ㉑***Twin Falls**, von wo aus der Highway 75 einen Abstecher nach dem weltberühmten Skiresort ㉒****Sun Valley** ermöglicht. Von Idahos Hauptstadt ㉓***Boise** nach ㉔**Bend** am Ostrand des Deschutes National Forest in Oregon vergehen einige ereignislose Stunden auf dem Highway 20. Spannend wird es jedoch bald im von ewigem Schnee bedeckten Three-Sisters-Massiv, durch das der Highway 242 nach ㉕**Eugene** im fruchtbaren Willamette Valley führt. Nun auf der I-5 via ㉖***Albany** und ㉗***Portland** rasch zurück nach ❶****Seattle**.

Tour 3 Zwei enge Verwandte

Start: San Francisco
Länge: 1950 mi / 3140 km
Ziel: San Francisco
Dauer: ca. 2 Wochen

San Francisco ist San Francisco. Weitere Namen, die keiner Erklärung bedürfen: Yosemite National Park, Portland, California Highway No. 1, eine der Traumstraßen der Welt. Die übrigen Namen gehören zwar den stilleren Stars, diese sind aber nicht minder sehenswert. Nordkalifornien und der Westen des Bundesstaates Oregon erweisen sich als enge Verwandte.

Von ❶**✶✶San Francisco** geht es zunächst über Stockton und den Highway 120 Richtung ❷**✶✶Yosemite National Park**. Diese Wildnis in der Sierra Nevada gehört zu den schönsten Nordamerikas. Der zweispurige, in beiden Richtungen gleichermaßen interessante Highway 49 in den Foothills führt durch die alten Boomtowns des California Gold Rush von 1848/1849. Nach ❸**Nevada City** nimmt man kurz der I-80 in östlicher Richtung und verlässt sie kurz vor Truckee wieder, um auf dem als Aussichtsstraße ausgezeichneten Highway 89 Richtung Norden zu reisen.

Im ❹**✶✶Lassen Volcanic National Park** verlocken wunderschöne Wanderwege zum Beinevertreten; der leichte, 8 km lange Lassen Peak Trail führt sogar auf den Gipfel des Vulkans. Die nächste Station am Highway 89 ist ebenfalls ein

Vulkan: Ziemlich einsam stehend und schneebedeckt, bietet der 4317 Meter hohe ❺*Mount Shasta den eindrucksvollsten Anblick im Norden Kaliforniens.

Weiter nach Portland: Nun geht die Reise auf dem Interstate 5 (I-5) über die Grenze nach Oregon. ❻Ashland, kultiviert, lockt mit Bohème und schöner Umgebung. Etwas nördlich von Medford sollte man auf dem Highway 62 den Abstecher zum ❼**Crater Lake National Park unternehmen und den stahlblauen Kratersee umrunden. Danach setzt man die Reise auf dem als Aussichtsstraße ausgewiesenen Highway 138 durch die Cascade Range ins Willamette Valley fort. Auf dem schnellen I-5 geht es danach durch das progressive ❽Eugene, das viktorianische ❾*Albany, die schläfrige Hauptstadt Salem und das Weinanbaut Oregons rund um McMinnvillle schließlich nach ❿*Portland.

In Portland dreht man bei und steuert auf dem Highway 30, der dem Columbia River flussabwärts folgt, dem Pazifik entgegen. Der alte Pelzhandelsposten ⓫Astoria an der Mündung des Columbia River in den Pazifik ist der nördlichste Punkt dieser Tour. Von hier aus folgt man der alten, an der kalifornischen Grenze in den Highway 1 übergehenden Küstenstraße 101 bis nach San Francisco. Die Höhepunkte der 250 mi/400 Kilometerb langen Oregon-Küste - etwa ⓬*Newport und ⓭Gold Beach - finden sich in umgekehrter Reihenfolge in der Beschreibung von Tour 1. Kurz hinter Brookings überquert der Highway 101 die kalifornische Grenze und wird zum berühmten Highway 1. Allzu viele Stellen lohnen das Aussteigen. Die schönsten: das an Nova Scotia erinnernde, raue Fischernest Trinidad, die ⓮**Redwood National und State Parks rund um das nette Collegestädtchen Arcata, die Lost Coast zwischen Ferndale und Honeydew, die Künstlerkolonie ⓯Mendocino, der seit dem Hitchcock-Film »Die Vögel« raubeinig gebliebene Fischerhafen Bodega Bay und, als letzter Höhepunkt vor der Überquerung der Golden Gate Bridge nach San Francisco, die ⓰*Point Reyes National Seashore mit einem der wohl schönsten Leuchttürme der Nordwestküste.

Auf dem Highway 1

REISEZIELE VON A BIS Z

Oregon, Washington, Idaho, Montana, Wyoming und der Norden Kaliforniens: ein Füllhorn unterschiedlichster Landschaften und dazu außergewöhnliche Metropolen

California (North)

CALIFORNIA (NORTH)

Fläche: 150 000 km²
Einwohnerzahl: 12 Mio.
Hauptstadt: Sacramento
Beiname: The Golden State

Schneebedeckte Berge und bizarre Vulkanlandschaften statt in der Hitze backende Wüsten, gischtumtoste Steilküsten statt endloser Sandstrände und Einwohner, die Rollkragenpullis und Gummistiefel statt Polohemden und Golfschuhe tragen: Nördlich von San Francisco beginnt das andere, weniger bekannte Kalifornien.

»It never rains in …« Doch halt! Albert Hammond schrieb die Feel-Good-Hymne des Jahres 1972 mit Blick auf Südkalifornien. Der Norden hätte den Songwriter wohl auch kaum inspiriert, befinden sich hier doch drei Viertel der kalifornischen Wasservorräte. Und ja, hier regnet es viel und häufig, und viele Städte, allen voran ▶San Francisco, sind berühmt-berüchtigt für ihre Regengüsse und Nebelbänke. Warum also den Norden anvisieren, wenn der Süden so viel angenehmer erscheint? Für die Antwort reicht ein Satz: Weil er leerer ist. Und, würden Naturfreunde und gestresste Stadtneurotiker hinzufügen, natürlicher und weniger prätentiös. »What you see is what you get«, sagen die Amerikaner in so einem Fall. Was Du kriegst, ist keine Mogelpackung. Was Du siehst, ist echt. Landschaftlich ist Nordkalifornien ein abwechslungsreiches Büfett mit – letztlich ist auch hier Amerika – einem Faible für Superlative. Es gibt Sandstrände – leider, oder Gott sei Dank, ist der Pazifik hier bereits zum Baden zu kalt – und aus dem Küstennebel ragende Steilküsten mit den höchsten und ältesten Bäumen der Welt. Gleich dahinter ragt die steile und oft spektakuläre **Coast Range** auf. Sie begleitet die Küste von Santa Barbara bis nach Washington und lässt sich nur in San Francisco von einer riesigen, ihrerseits wiederum arg zerbeulten Bay unterbrechen. Nur hier öffnet sich die kalifornische Küste der weitläufigen Ebene des **Central Valley**, die den Staat beinahe der Länge nach durchquert. 60 km × 600 km groß, reicht dieses Becken von Bakersfield im Süden bis hinauf nach Redding und ist dank seines fruchtbaren Schwemmlandes eines der produktivsten Agrargebiete der Erde.

Ausführlich beschrieben im Baedeker-Reiseführer »Kalifornien«

Mit Tretboot, Ausflugsschiff oder Raddampfer geht's auf große Fahrt über den Lake Tahoe, »den schönsten See der Welt« (Mark Twain).

CA • California (North)

Nördlich von Redding beginnt die vulkanische **Cascade Range** mit ihrer schönsten und zugleich höchsten Visitenkarte: dem 4317 m hohen ▶Mount Shasta. Etwas weiter östlich endet das Central Valley vor den bis weit in den Sommer hinein schneebedeckten Viertausendern der **Sierra Nevada**. Mit domartigen Granitgipfeln, grandiosen Wasserfällen und gewaltigen Canyons ist diese hochalpine Bergwelt eine der schönsten Landschaften der Welt.

Geschichte Bei der Ankunft der ersten Europäer war die Westküste eines der ethnisch vielfältigsten Gebiete Nordamerikas. Dreißig in sechs Sprachgruppen zerfallende, insgesamt etwa 300 000 Menschen zählende Stämme lebten hier. Im Jahr 1542 erkundete der portugiesische Seefahrer Juan Rodriguez Cabrillo die Küste bis hinauf nach Oregon. Doch erst rund 200 Jahre später begann die Kolonisierung von **»Alta California«**. 1770 gründeten spanische Priester die Missionsstation Monterrey, 1776 ▶San Francisco. Landeinwärts siedelten sich spanische Rancher und Farmer an, die **»Californios«**. Dort stießen sie bald auf amerikanische Abenteurer: 1821 hatte der Trapper **Jedediah Smith** Kalifornien als erster Weißer auf dem Landweg erreicht. Im gleichen Jahr wurde Mexiko von Spanien unabhängig, setzte aber die Besiedlung Kaliforniens fort. Die russische Einflusssphäre reichte in

Highlights California (North)

▶ **Lake Tahoe**
Umrahmt von schneebedeckten Bergen, ist der tiefblau schimmernde See eines der beliebtesten Ferienziele des Landes.
▶Seite 152

▶ **Lassen Volcanic National Park**
Rund um den über 3000 m hohen Lassen Peak lockt eine faszinierende Vukanlandschaft mit brodelnden Schlammtöpfen und heißen Quellen.
▶Seite 156

▶ **Napa Valley**
Das berümteste Weinanbaugebiet der USA ist zugleich ein herrliches Ausflugsziel.
▶Seite 164

▶ **Redwood Empire**
Auf dem Highway 101 geht's durch die schönsten Mammutbaumwälder der Pazifikküste.
▶Seite 169

▶ **San Francisco**
Die »City by the Bay« gehört noch immer zu den »magischen« Reisezielen der Vereinigten Staaten.
▶Seite 182

▶ **Yosemite National Park**
Der in der Sierra Nevada gelegene Nationalpark bietet einige der spektakulärsten Naturschauspiele der Welt.
▶Seite 214

Der Fund eines solchen Nugget in der Sierra Nevada löste 1848 den kalifornischen Goldrausch aus.

dieser Zeit von Alaska bis hinab nach ▶Fort Ross, blieb aber auf die Küste beschränkt. Im Jahr 1841 erreichte der ersten Planwagen-Treck von Missouri aus die Bay Area und läutete damit die Westwanderung der amerikanischen Siedler ein. Im Mai 1846 brach der um Texas geführte Amerikanisch-Mexikanische Krieg aus, der am 2. Februar 1848 mit dem **Frieden von Guadalupe Hidalgo** und der Abtretung »Alta Californias« an die USA endete. Mit diesem Jahr beginnt für Kalifornien die moderne Zeitrechnung: Goldfunde in der Sierra Nevada lockten mehr als 300 000 Menschen in die Foothills östlich von ▶Sacramento. Im Jahr 1850 trat Kalifornien als 31. Bundesstaat der Union bei.

Der **kalifornische Goldrausch** dauerte bis 1855 und verwandelte das bislang unscheinbare San Francisco in eine blühende Großstadt. Die Ureinwohner allerdings fielen der Boomzeit zum Opfer: Der Modoc-Krieg von 1872/1873 war der letzte Landkonflikt mit den in Reservate abgeschobenen Indianern Kaliforniens. Das 20. Jh. begann mit einem großen Knall: Am 18. April 1906 legte ein verheerendes Erdbeben 80 Prozent San Franciscos in Schutt und Asche. Der Aufbruchstimmung in Kalifornien tat dies jedoch keinen Abbruch.

Während der **Weltwirtschaftskrise der 1930er-Jahre** ließ die Regierung im Rahmen einer Arbeitsbeschaffungsmaßnahme die Golden Gate Bridge. Kalifornien boomte: Bis 1970 schwoll die Bevölkerung auf 20 Millionen an. Der inzwischen entstandene Mythos vom paradiesisch leichten Leben in subtropischer Wärme lockte auch Künstler und Freidenker hierher – vor allem nach San Francisco, das in den 1960er- und frühen 1970er-Jahren die Wiege zahlreicher sozialer Revolutionen wurde.

Der Höhenflug Kaliforniens endete jäh in den 1990er-Jahren. Schwere **Rassenunruhen** erschütterten Los Angeles, und der Freispruch für den des Mordes angeklagten Footballstar O. J. Simpson vertiefte nicht nur in Kalifornien die Kluft zwischen Schwarz und Weiß. Gegen Ende des 20. Jh.s meldeten die Statistiken einen neuen Trend: Erstmals in der Geschichte des »Golden State« verließen mehr Menschen Kalifornien als Neuankömmlinge eintrafen. Der Grund: ein allgemein gesunkener Lebensstandard mit Problemen wie Smog, Verkehrschaos und Kriminalität vor allem im Großraum Los Angeles. So ziehen immer mehr Kalifornier vom Süden in den als »normaler«, »sauberer« und »sicherer« empfundenen Norden des Bundesstaates oder nach Oregon.

Bevölkerung Mit 38,4 Mio. Menschen – über zehn Prozent der Gesamtbevölkerung – ist Kalifornien der bevölkerungsreichste US-Bundesstaat. Rund 45 Prozent der Bevölkerung sind Weiße, 36 Prozent stammen aus Lateinamerika, meist aus Mexiko, und bezeichnen sich als »Hispanics«. 12 Prozent sind asiatischer, sechs Prozent afroamerikanischer Abstammung und knapp ein Prozent sind Ureinwohner oder haben indianische Wurzeln.

Calistoga

✴ N 5

Region: Napa County
Einwohnerzahl: 5300
Höhe: 106 m ü.d.M.

Wein, Wasser, Wellness: drei gute Gründe, um dem Napa Valley bis ans Ende zu folgen. Dort, zu Füßen des Mount St. Helena, empfangen den Besucher heiße Quellen, ein kalifornischer »Old Faithful« und ein etwas schläfriger Tourismus, der mit oft altmodischen Spas und kleinen, aber feinen Restaurants nicht unbedingt fashionabel sein will.

Vor der Ankunft der Europäer war das Nordende des Napa Valley dank seiner Eichenbestände und heißen Quellen dicht besiedeltes Indianerland. Während des spanisch-mexikanischen Intermezzos ließen sich bereits die ersten amerikanischen Rancher hier nieder, und die heißen Quellen lockten die ersten Erholungsuchenden an. 1859 gründete der Verleger **Sam Brennan** aus ▶San Francisco die

Calistoga erleben

AUSKUNFT
Calistoga Chamber of Commerce
1133 Washington Street
Calistoga, CA 94515
Tel. 1 707 9 42 63 33
www.visitcalistoga.com

ESSEN
Brannan's ❻❻❻❻
1374 Lincoln Avenue
Tel. 1 707 9 42 22 33
In der Küche werden vorzugsweise Produkte aus der Region verwendet. Wunderbar schmecken beispielsweise Hase, in Cabernet geschmort oder auch Lamm mit wilden Kräutern und Pilzen. Zu den feinen Speisen gibt es vorzügliche Weine.

Bosko's Trattoria ❻❻
1364 Lincoln Avenue
Tel. 1 707 9 42 90 88
Treffpunkt von Einheimischen und Auswärtigen mitten in Calistoga. Serviert wird solide italienisch-amerikanische Küche, v. a. großzügig belegte Pizzen und frische Pasta.

ÜBERNACHTEN
Dr. Wilkinson's Hot Springs Resort ❻❻❻❻
1507 Lincoln Avenue
Tel. 1 707 9 42 41 02
www.drwilkinson.com
Älteres Motel im Stadtzentrum mit 42 geschmackvoll eingerichteten Zimmern. Dazu gibt's Schwefelbäder, Schlammbäder, ein Dampfbad und eine herrliche Saunalandaschaft.

! BAEDEKER TIPP

Wellness-Paradies

Am Stadtrand von Calistoga bietet das »Lavender Hill Spa« eine perfekte, mit Palmen, Palmettogebüsch und Lavendelbeeten geschmückte Oase. Angeboten werden u. a. verschiedene Massagen, Manikuren und Programme für Paare mit verheißungsvollen Namen wie »Time Together« und »Romeo & Juliet«. Die Adresse lautet: 1015 Foothill Blvd., Tel. 1 707 9 42 44 95, www.lavenderhillspa.com

---

Stadt als Kurort. Heute sprudeln die heißen Quellen noch immer, und noch immer reisen viele San Franciscans am Wochenende nach Calistoga »to take the waters« – und beschließen den Tag bei einem Glas feinen Weins aus einem der umliegenden Weingüter.

SEHENSWERTES IN CALISTOGA UND UMGEBUNG

Der Geysir von Calistoga – er befindet sich auf Privatgelände – ist einer von ganz wenigen auf dem Globus, die ihre Fontänen in ziemlich regelmäßigen Zeitabständen emporschießen. Die »treue Seele« von Calistoga macht dies ungefähr alle 30 Minuten, wobei die Fontänen an guten Tagen Höhen bis zu 20 Meter erreichen. Das unauf- *Old Faithful Geyser*

geregte, gleichwohl interessante Schauspiel wird am besten auf einem der bereitstehenden Plastikstühle genossen.

❶ 1299 Tubbs Lane, tgl. 8.30 – 18.30 Uhr, Eintritt 10 $
www.oldfaithfulgeyser.com

Das von einem der früheren Produzenten der Walt-Disney-Studios gegründete **Sharpsteen Museum** widmet sich der Geschichte Calistogas. Dioramen, historische Fotos und das restaurierte Cottage des Stadtgründers Sam Brennan sorgen für einen informativen Besuch.

Touristenmagnet in Calistoga: der Geysir Old Faithful

❶ 1311 Washington St.; tgl. 11.00 bis 16.00 Uhr, Eintritt 3 $,
www.sharpsteen-museum.org

*Petrified Forest 6 mi/10 km nördlich von Calistoga liegen auf Privatgelände **versteinerte Bäume.** Ein Spazierweg führt u.a. zu einem 20 m langen Redwood-Stamm. Hin und wieder hat man einen Blick auf den Vulkan Mount St. Helena frei. Sein Ausbruch vor 3 Mio. Jahren deckte das Tal mit Asche und Lava zu. Verwesungsvorgänge konnten aufgrund von Sauerstoffmangel nicht stattfinden. Stattdessen bewirkten zirkulierende, kieselsäurehaltige Lösungen, dass die Zellstruktur der Pflanzen verkieselte. Die Zellsubstanzen wurden durch Minerale wie Quarz, Fluorit etc. ersetzt. Die Bäume wurden zu Stein.

❶ AprilOkt. tgl. 9.0018.00, Sommer bis 19.00 , sonst nur bis 17.00 Uhr, Eintritt10 $, www.petrifiedforest.org

* Eureka

L 3

Region: Humboldt County
Einwohnerzahl: 27 000
Höhe: 0 – 13 m ü.d.M.

Fast könnte man es vom Highway 101 aus übersehen: Das alte, schöne Eureka versteckt sich hinter einem grellen Einerlei aus Malls und Drive-in-Restaurants. Dabei gehört die am Südufer der Humboldt Bay liegende Old Town zu den besterhaltenen viktorianischen Stadtzentren Amerikas.

Eureka • CA

Natürlicher Tiefseehafen

Eureka wurde 1850 im Zuge des kalifornischen Goldrauschs von Landerschließungsgesellschaften gegründet – daher das griechische »eureka« Wort für »Ich hab's gefunden« als Stadtname. Dank seines natürlichen Tiefseehafens wurde der Nachbar Arcata (▶S. 140) als Verkehrsdrehscheibe schnell überflügelt. Fischfang und Holzindustrie brachten im späten 19. Jh. viel Geld in die Stadt und sind noch immer ihre wichtigsten Einnahmequellen. Allerdings nimmt der Tourismus stetig zu: Immer mehr Reisende machen hier Station, bevor sie zu den Redwood-Wäldern weiter nördlich aufbrechen.

SEHENSWERTES IN EUREKA

*Old Town

Während nach dem Zweiten Weltkrieg verschönerungswütige Städteplaner über viele andere amerikanische Städte herfielen, blieb Eurekas alte Bausubstanz von Abrissbirnen verschont. Die am Wasser liegende Altstadt kann daher mit schönen Häusern jeglichen damals modischen Baustils an seine Blütezeit um 1900 erinnern. »Queen Ann«, »Colonial Revival« und »Greek Revival« – es ist alles da, was Liebhabern alter Architektur die Herzen höher schlagen lässt, v. a. an der 2nd St., der 15th St. und der O Street. Das am meisten fotografierte Haus ist **Carson Mansion** (2nd u. M Sts., nicht zugänglich), 1886 für den Holz-Magnaten William Carson ganz aus Redwood-Holz im verspielten Queen Ann Style erbaut.

Woodley Island Marina

Am Ende der L St. beginnt die Waterfront Eurekas. Von hier aus hat man einen schönen Blick auf den regen Fischerhafen. Der Weg nach Woodley Island führt über die **Samoa Bridge**. Vom dortigen Jachthafen stechen herrliche Segelschiffe in See. Unweit davon steht der historische **Table-Bluff-Leuchtturm**, ein fotogenes viktorianisches Türmchen mit rotem Dach.

Sequoia Park & Zoo

Hübscher kleiner Zoo am Rand eines dichten Redwood-Waldes im Süden der Stadt. Nach dem Besuch der informativen Ausstellung »Secrets of the Forest« im Empfangspavillon kann man auf stillen Spazierwegen ins Halbdunkel der Redwoods eintauchen.
❶ 3414 W St., tgl. 10.00–17.00 Uhr, Eintritt 6 \$, www.sequoiaparkzoo.net

Morris Graves Museum of Art

Das Kunstmuseum zeigt neben Arbeiten junger Künstler aus der Region die Werke des Expressionisten **Morris Graves**, der bis zu seinem Tod im Jahr 2001 in Eureka wohnte.
❶ 636 F St., Mi.–So. 12.00–17.00 Uhr; Eintritt 5 \$, www.humboldtarts.org

Clarke Historical Museum

Das in einem neoklassizistischen Gebäude von 1912 untergebrachte Museum beschäftigt sich in seinem »Native American Wing« mit

Eureka erleben

AUSKUNFT
Humboldt County Visitors Bureau
1034 2nd St. Eureka, CA 95501
Tel. 1 707 4 43 50 97
www.redwoods.info

ESSEN
Restaurant 301 ❸❸❸❸
301 L St., (im Carter House Inn)
Tel. 1 707 4 44 80 62
Bestes Restaurant am Platz. Kreative, mit den Produkten der Umgebung arbeitende Küche. Mehrmaliger Preisträger des »Wine Spectator Grand Award«.

The Sea Grill ❸❸❸❸
316 E St., Ferndale
Tel. 1 707 4 43 71 87
Alles kreativ und schmackhaft zubereitet: Täglich frischer Fisch und frische Meeresfrüchte, aber auch saftige Steaks aus organischer Zucht aus der Region.

Samoa Cookhouse ❸❸
Samoa Road
Tel. 1 707 4 42 16 59
Die letzte der einst an dieser Küste weit verbreiteten Arbeiter-Kantinen mit deftigen Mahlzeiten.

ÜBERNACHTEN
Abigail's Elegant Victorian Mansion ❸❸❸
1406 C Street
Tel. 1 707 4 44 31 44
www.eureka-california.com
Mit hochwertigen Möbeln, Teppichen, Vorhängen und zahllosen kostbaren Details geschmackvoll eingerichtetes Haus aus dem Jahr 1888 mit vier großzügig bemessenen Gästezimmern.

Victorian Inn ❸❸❸
400 Ocean Ave., Ferndale
Tel. 1 707 7 86 49 49
www.victorianvillageinn.com
Herrliches Schmuckstück aus Omas und Opas Zeiten mit zwölf romantischen Zimmern und einnehmend freundlichem Personal.

Bayview Motel ❸
2844 Fairfield
Tel. 1 707 4 42 16 73
www.bayviewmotel.com
Nettes Motel hoch über der Bay und dem Pazifik mit 17 geräumigen Zimmern und einer schönen Veranda mit Meerblick.

---

den traditionellen Kulturen der einst hier lebenden Indianerstämme der Yurok, Karok, Hupa und Wiyot.

⊙ 240 E St., Mi. – Sa. 11.00 – 16.00 Uhr, Eintritt 3 $, www.clarkemuseum.org

UMGEBUNG VON EUREKA

Arcata Das 1850 gegründete Hafenstädtchen Arcata liegt am Nordende der Humboldt Bay, ca. 12 mi/19 km nördlich von Eureka. Die Hälfte der 17 300 Einwohner sind Studenten der 1913 eröffneten Humboldt Sta-

Eureka • CA

te University. Der Alltag in diesem netten College-Städtchen findet deshalb in den Coffee Shops und Restaurants rund um den schönen, mit Palmen bestandenen **Center Square** statt. Bevor es zu Tagestouren in die nördlich gelegenen Redwood National und State Parks (▶S. 169) geht, lohnt sich ein Besuch der hiesigen Kunstgalerien im Zentrum und ein Besichtigungsbummel zu den schönsten viktorianischen Gebäuden Arcatas, darunter das 1914 eröffnete **Minor Theatre**, eines der ältesten noch in Betrieb befindlichen Kinos der USA (1001 H St.). Gleich daneben bietet die Secondhand-Buchhandlung **Tin Can Mailman** auf zwei üppig mit Pflanzen dekorierten Etagen mehrere Hunderttausend Bücher an.
Schließlich bereitet ein Besuch des **Humboldt State University Natural History Museum** mit seinen fachkundigen Ausstellungen auf die Fauna und Flora der Redwood-Wälder vor.
❶ 1315 G St., Di.Sa. 10.0017.00 Uhr, Eintritt 3 $, www.humboldt.edu/natmus/

Es klingt geradezu unglaublich – und doch: Südlich von Eureka sind fast 130 km Küste dem Tourismus weitgehend entgangen. Die meisten Besucher lassen sich von der weltberühmten »Avenue of the Giants« (▶S. 171) gefangen nehmen und fahren deshalb daran vorbei. Doch man sollte bei **Weott** einen Abstecher zum Pazifik wagen. Unverbaut und naturbelassen, ist die durch vier Stichstraßen – nur zwei davon sind asphaltiert – mit dem Landesinneren verbundene Lost Coast der entlegenste Küstenabschnitt zwischen Alaska und Baja California. Einsame Ranches liegen auf zum Pazifik abfallendem Grasland, bis zu 1200 m hohe, von zwei Dutzend Flüssen zerschnittene Bergrücken ließen in den 1920er-Jahren Straßenbautrupps landeinwärts nach einer besseren Trasse für den Highway 101 suchen. Kühe mampfen grünes Gras, und morgens legt der Pazifik über alles eine Dunstglocke, die sich jedoch im Lauf des Tages verflüchtigt. **Lost Coast**
Am nördlichen Ende dieser wildromantischen Naturlandschaft, knapp 20 mi/32 km südlich von Eureka, liegt das 1852 von dänischen Einwanderern gegründete Städtchen ***Ferndale** (1450 Einw.), das komplett unter Denkmalschutz steht. Warum, sieht man, sobald man die Stadtgrenze überquert: Herrliche viktorianische Häuser, meist im Queen-Ann- und neugotischen Stil, aus den 1880er-Jahren säumen die Main Street, Erinnerungen an die Zeit, als eine blühende Milchwirtschaft viel Geld in die Kassen spülte und die »butterfat palaces« genannten Residenzen finanzierte.
Das hübsche **Ferndale Museum** konserviert die gute alte Zeit mit Fotos und Haushaltsgegenständen Den besten Eindruck von Ferndale allerdings verschafft ein gemütlicher Bummel über die Main Street mit ihren kleinen Geschäften und Restaurants.
❶ 515 Shaw St., Feb. – Dez. Mi. – Sa. 11.00 – 16.00, So. 13.00 – 16.00, Juni bis Sept auch Di. 11.00 – 16.00 Uhr, Eintritt 1 $, www.ferndale-museum.org

Fort Bragg

 M 4

Region: Mendocino County
Einwohnerzahl: 7000
Höhe: 26 m ü.d.M.

Lange war die herrliche Küste das Schönste an dieser Stadt, die vor allem von der Holzindustrie und vom Fischfang lebt. In den letzten Jahren hat sich Fort Bragg jedoch verstärkt auf Besucher eingerichtet und beherbergt sogar eine blühende Künstlerkolonie.

Geschichte Fort Bragg wurde 1857 zur Kontrolle des Mendocino-Indianerreservats gegründet. Der Bau eines Sägewerks der Union Lumber Company 1885 schob die Entwicklung der Stadt an: Die vom Highway 1 aus zu sehenden Sägewerke sind bis heute wichtige Arbeitgeber. Eines davon wurde im Jahr 2002 geschlossen – für die Stadtväter ein weiterer Anlass, die Diversifizierung voranzutreiben.

SEHENSWERTES IN FORT BRAGG UND UMGEBUNG

Guest House Museum Im Jahr 1892 ganz aus Redwood-Holz für den Bürgermeister errichtet, der zugleich als Gründer der Union Lumber Company im Holzgeschäft war, diente die dreigeschossige viktorianische Schönheit zunächst als Herberge für Gäste der Holzgesellschaft. Heute beherbergt sie Ausstellungen zur Stadtgeschichte.

❶ 343 N. Main St., Do. – So. 11.00 – 14.00, im Sommer auch Mo. u. Di., 11.00 – 14.00 ,Sa., So 11.00 – 16.00 Uhr, Eintritt 5 $, www.fortbragghistory.org

Fort Bragg erleben

AUSKUNFT
Mendocino Coast Chamber of Commerce
217 S. Main Street, P. O. Box 1141
Fort Bragg, CA 95437
Tel. 1 707 9 61 63 00
www.mendocinocoast.com

ÜBERNACHTEN
Weller House B & B ❸❸❸
524 Stewart St., Fort Bragg, CA 95437
Tel. 1 707 9 64 44 15
www.wellerhouse.com
Herrlich übernachten und bestens frühstücken kann man in dieser 1886 im viktorianischen Stil errichteten Villa mit acht komfortablen Gästezimmern.

Fort Bragg • CA

Triangle Tatoo Museum

Dieses in einem viktorianischen Haus gegenüber vom Guest House Museum untergebrachte Museum ist das vielleicht ungewöhnlichste dieser Küste. 1986 von den Tätowierungskünstlern Mr. G. und Madame Chinchilla gegründet, zeigt es hochinteressante Ausstellungen zur Tätowierkunst verschiedenster Kulturen und Epochen. Auch ihr Missbrauch wird nicht ausgespart. »Tatoos without consent« beschreibt die »Markierung« von Strafgefangenen in totalitären Staaten und deutschen Konzentrationslagern. Aber natürlich kann man sich hier auch einfach nur tätowieren lassen.
❶ 356 N Main St., Fort Bragg, tgl. 12.00 – 18.00 Uhr, Eintritt frei, www.triangletattoo.com

Skunk Train

Durch uralte Redwood-Wälder, den tiefen Noyo River Canyon und über sage und schreibe 30 Brücken schaukelt der Skunk Train, dessen Maschinen jedoch längst nicht mehr nach Stinktier riechen, Eisenbahnfreunde einmal täglich in das kleine Nest Willits 40 mi/64 km landeinwärts.
❶ Skunk Depot, 100 W Laurel St., März – Okt. tgl. ab 10.00 Uhr, Tickets ab 49 $, www.skunktrain.com

Glass Beach

Mutter Natur muss viel erleiden, manchmal aber gelingt es ihr, Müll in etwas »Schönes« zu verwandeln. So wurde der Strand am Ende der Elm Street jahrzehntelang als Müllhalde missbraucht. Haushaltsmüll und jede Menge Glas – daher sein Name – wurde hier abgekippt. 1967 fanden die Stadtväter endlich einen anderen Müllplatz. Seitdem hat die Natur den Strand zurückerobert und die gläsernen Abfallprodukte zu buntem Schrot zermahlen. Was dort also bei Sonnenschein glitzert, wird heute nicht mehr als Müll angesehen. Die bunten, rundgehobelten Glasstückchen darf man auch nicht mitnehmen.

Mendocino Coast Botanical Gardens

1,5 mi/3 km südlich von Fort Bragg erfreuen, begünstigt von milden, feuchten Wintern und nebligen Sommern, Kamelien, Dahlien, Fuchsien, Rosen und bis zu sieben Meter hohe Rhododendren in mehr als **20 verschiedenen Gartenanlagen** das Auge. Schöne Spazierwege führen durch die zwischen dem Highway 1 und dem Pazifik liegende Märchenlandschaft zu herrlichen Aussichtspunkten über die brandungsumtosten Klippen am Pazifik.
❶ 18220 N. Hwy. 1, März – Okt. tgl. 9.00 – 17.00, Nov. – Feb. tgl. 9.00 bis 16.00 Uhr, Eintritt 14 $, www.gardenbythesea.org

MacKerricher State Park

3 mi/5 km nördlich von Fort Bragg liegt dieser fotogene, 13 km Küste schützende State Park. Den besten Blick auf Meer und Klippen hat man vom Aussichtspunkt **Laguna Point** aus. Mit etwas Glück sieht man auf den Felsen dösende Seelöwen.
❶ 24100 MacKerricher Park Rd., tgl. bis Sonnenuntergang, Parkgebühr 8 $ pro Fahrzeug, www.parks.ca.gov

* Fort Ross

✳ N 4

Region: Sonoma County
Höhe: 31 m ü.d.M.

Bei Nebel wirkt das graue, heute als State Historic Park ausgewiesene Fort Ross noch wehmütiger, noch »russischer«: »Rossiyanin« nannten seine Bewohner dieses palisadenbewehrte Fort, das, einen Rest nordkalifornischen Waldes im Rücken, noch immer von einer hohen Klippe auf den Pazifik blickt und einst der südlichste Vorposten des russischen Zarenreichs in Nordamerika war.

FORT ROSS

Idealer Standort Der Standort war ideal gewählt: Von bewaldeten Hügeln geschützt auf einem Vorgebirge hoch über einer kleinen Bucht gelegen, lieferte Fort Ross fast 30 Jahre lang die im russischen China-Handel begehrten Otterfelle und versorgte die russischen Handelsposten in Alaska mit Nahrungsmitteln. Im Jahre 1812 von Ivan Kuskov, einem Pelzhändler im Dienst der russisch-amerikanischen Gesellschaft, gegründet, arbeiteten hier Russen, Esten, Finnen, Polen und Ukrainer als Fallensteller, Manager, Fischer, Bürokräfte und Bauern an der Seite von Aleuten aus Alaska und einheimischen Pomo-Indianern. Die Ausrottung der Seeotterbestände in diesem Abschnitt und der misslungene Versuch, eine Viehwirtschaft zu begründen, trugen 1841 zu dem Entschluss bei, Fort Ross aufzugeben. Alle Gebäude, darunter die **erste russisch-orthodoxe Kirche in den USA**, sind Repliken. Nur das **Rotchev House**, das Wohnhaus des letzten Managers des Forts, überstand die Zeitläufte unbeschadet. Ein gutes Museum bereitet auf den Rundgang vor. Am letzten Wochenende im Juli finden im Fort die **»Living History Days«** statt: In zeitgenössischen Kostümen werden Schlüsselszenen aus der Geschichte des Forts nachgespielt.

❶ 19005 Highway 1, Sa., So., Fei. 10.00 – 16.30 Uhr, Parkgebühr 8 $ pro Pkw, www.fortross.org

UMGEBUNG VON FORT ROSS

Gualala Bereits in den 1960er-Jahren haben Städter aus dem Süden Gualala (1900 Einw.), 18 mi/29 km nordwestlich von Fort Ross gelegen, als Ferienziel entdeckt. U. a. der niedrigen Lebenshaltungskosten wegen ließen sich schließlich auch Künstler und Lebenskünstler in dem

Auch eine orthodoxe Kirche durfte im südlichsten Vorposten des russischen Zarenreiches nicht fehlen.

Städtchen an der Mündung des Gualala River in den Pazifik nieder. Unterstützt von der 1961 gegründeten »Gualala Arts Association«, eröffneten sie Workshops und Galerien und brachten so den Fremdenverkehr auf den Weg. Heute bietet das **Gualala Arts Center** seinen Besuchern den besten Überblick über die künstlerischen Aktivitäten in der Gemeinde

❶ 46501 Old State Highway, Mo. – Fr. 9.00 – 16.00, Sa., So. 12.00 – 16.00 Uhr, Tickets für Veranstaltungen ab 15 $, www.gualalaarts.org

Der Gualala River ist ein beliebter, durch unberührten Wald fließender Paddelfluss. Kanus und Kajaks verleiht »Adventure Rents« (Highway. 1, im Cantamare Center).

Gualala River

Rund 15 mi/24 km nordwestlich von Gualala liegt das Fischernest **Point Arena** (500 Einw.). Sozialer Mittelpunkt ist hier noch immer die kleine Pier, an der Fischer ihrer Arbeit nachgehen und die Dorfjugend den Surfern beim Wellenreiten zuschaut. Die größte Attraktion ist jedoch der strahlend weiße Leuchtturm am äußersten Ende der schmalen, fast 4 km in den Pazifik reichenden Landzunge. Der Blick auf die wie von Riesenhänden geformte Küstenlinie ist phantastisch. Eine kleine Ausstellung erläutert die Funktion des Leuchtfeuers.

*Point Arena Lighthouse and Museum

❶ 45500 Lighthouse Rd., Ende Mai – Anf. Sept. tgl. 10.00 – 16.30, sonst tgl. 10.00 – 15.30 Uhr, Eintritt 5 $, www.pointarenalighthouse.com

Gold Country

M/N 6/7

Region: Nevada, Placer, El Dorado, Amador und Calaveras Counties

Welch eine Ironie der Geschichte! Kaum hatte Mexiko Kalifornien 1848 an die USA verloren, fanden die »Gringos« in den Foothills der Sierra Nevada Gold. Und zwar so viel, dass der Golden State einen Blitzstart ins amerikanische Kollektivbewusstsein hinlegte.

Am Fuß der Sierra Nevada

Der zweispurige Highway 49 kurvt vorsichtig durch unübersichtliches Terrain: Schneller als mit 45 mi/h (70 km/h) geht es nicht; Bergfalten, Canyons und Flüsse bremsen den Reisenden aus. In den Foothills der **Sierra Nevada** kommt man dem Klischee des Wilden Westens recht nahe – mit längst stillgelegten Minen und Stollen in durchlöcherten Berghängen, Ranches mit Windrädern und Staubwolken aufwirbelnden Pferden, Geisterstädte und kleine Ortschaften, die mit ihren Boardwalks und Saloons locker als Spielplätze für John Wayne und James Stewart durchgehen könnten.

Von **Sierra City** im Norden bis nach **Mariposa**, 560 km weiter südlich vor den Toren des ▶Yosemite National Park, erlebte dieses Gebiet zwischen 1848 und 1855 einen bis dahin nicht da gewesenen Goldrausch. Rund 300 000 Männer und Frauen suchten nach dem gelben Edelmetall und entrissen den Bächen, Flüssen und Hängen Gold im Wert vieler Milliarden Dollar. Für Kalifornien hatte der Goldrausch weit reichende Folgen: Über Nacht entstanden neue Städte, Straßen und Eisenbahnlinien wurden gebaut und ▶San Francisco verwandelte sich von einem Dorf in eine moderne Großstadt. Viele der Boomtowns überlebten den Goldrausch nicht. Sie verschwanden so schnell, wie sie entstanden waren. Andere entdeckten ihre fotogene Goldrausch-Kulisse als Einnahmequelle und sind mit Hotels und Restaurants auf Stopovers vorbereitet. Ein Roadtrip auf dem Highway 49 ist eine Reise zurück in die Kindertage des modernen Kaliforniens.

SEHENSWERTES IM GOLD COUNTRY

Die beiden Städtchen liegen am nördlichen Ende des Gold Country und rund 100 km nordöstlich von Sacramento. Beide beherbergten um 1850 die ergiebigsten Goldvorkommen der Region und sicherten mit einer rechtzeitigen Diversifizierung ihr Fortbestehen nach dem Goldrausch. Heute gehören die beiden dank ihres nahezu intakt aus Goldrauschzeiten hinübergeretteten Stadtbilds zu den **Hauptattraktionen im Gold Country**.

Gold Country erleben

AUSKUNFT
Gold Country Visitors Association
P. O. Box 637 Angels Camp, CA 95222
Tel. 1 800 2 25 37 64
www.calgold.org

KAJAK, RAFTING
Tributary Whitewater Tours
20480 Woodbury Dr., Grass Valley, CA
Tel. 1 530 3 46 68 12
www.whitewatertours.com
Halbtages- bis 3-Tage-Trips aller Schwierigkeitsgrade.

ESSEN
Lefty's Grill ❸❸❸
221 Broad St. Nevada City, CA
Tel. 1 530 2 65 56 97
In rustikalem Ambiente werden altbekannte Fleischgerichte mit Kartoffeln und hausgemachter Chipotle-Sauce serviert.

Stonehouse Restaurant ❸❸❸
107 Sacramento St. Nevada City, CA
Tel. 1 530 2 65 50 50
So solide wie die Küche – gute amerikanische Steaks, großzügige Portionen – ist das aus Granit und schweren Hölzern errichtete Gebäude.

Tofanelli's ❸❸
302 W. Main St. Grass Valley, CA
Tel. 1 530 2 72 14 68
Kein Italiener, sondern der kulinarische Nachbarschaftstreff der Stadt seit vielen Jahren. Burger, Pasta, Steaks in familiärer Atmosphäre.

ÜBERNACHTEN
The Holbrook Hotel ❸❸❸
212 W. Main St. Grass Valley, CA
Tel. 1 530 2 73 13 53
www.holbrooke.com
Typisch Gold Country: vom Saloon und Stundenhotel zur prestigeträchtigen Herberge, in der schon vier US-Präsidenten abgestiegen sind, mit 28 kleinen, aber gemütlichen Zimmern.

City Hotel & Fallon Hotel ❸❸
22768 Main St., Columbia, CA
Tel. 1 800 5 32 14 79
http://foreverresorts.com
Historisch detailgetreu restaurierte Hotels im Historic State Park mit 10 bzw. 19 kleinen, relativ nüchtern eingerichteten Zimmern.

Nevada City

Das alte ***Stadtzentrum** von Nevada City (3000 Einw.) um die Main Street steht komplett unter Denkmalschutz und bietet mit seinen schönen viktorianischen Häusern und Wildwest-Fassaden eine veritable Zeitreise zurück, als der Ort mit 10 000 Einwohnern Kaliforniens drittgrößte Stadt war.
Sehenswert sind vor allem das niedliche, mit einem Glockenturm versehene **Firehouse No. 1 Museum** mit interessanten Ausstellungen zu Indianern, das 1865 eröffnete und noch immer aktive **Nevada Theatre** (401 Broad Street), das von Mark Twain bis Mötley Crüe amerikanische Kulturschaffende jeglicher Couleur erlebt hat, und das herrliche, mit Nostalgie vollgestopfte **National Hotel** (211 Broad

St.) mit seiner Bar aus Goldrauschzeiten und den filigran gearbeiteten Balkonen zur Straße hin.

Firehouse No. 1 Museum: 214 Main St., Mai – Okt. Di. – So. 13.00 bis 16.00 Uhr, Eintritt frei, Spende erbeten, www.nevadacountyhistory.org

San Juan Ridge

46 km nordöstlich der Stadt, in der San Juan Ridge, liegt die »raison d'être« der Stadt. Damals hochmoderne hydraulische Schürftechniken wuschen hier bis 1884 einen halben Berg weg, um das begehrte Edelmetall zu fördern. Heute bewahrt der **Malakoff Diggins State Historic Park** das übrig gebliebene, 200 m tiefe Loch, diverse rekonstruierte Gebäude und ein informatives Museum.

❶ 23579 N. Bloomfield Rd., Juni – Sept. tgl. 9.00 – 17.00, sonst Sa. , So. 10.00 – 16.00 Uhr, Parkgebühr 8 $ pro Pkw, www.parks.ca.go

Grass Valley

Das größere Grass Valley (11 000 Einw.) ist das wirtschaftliche Zentrum der Region und wirkt daher weniger touristisch. 1851 war Grass Valley die reichste Stadt Kaliforniens; seine heutigen Lebensgrundlagen sind Handel, Verwaltung, Tourismus und etwas Landwirtschaft. Ihre Goldrauschattraktionen präsentiert die Stadt auch ungleich nüchterner. Sehenswert ist v. a. das **North Star Mining Museum**, das über die damals modernsten Fördertechniken informiert und auch einige Goldklumpen ausstellt.

Die Hauptsehenswürdigkeit Grass Valleys ist die vor den Toren der Stadt gelegene *****Empire Mine**. Von 1850 bis 1956 ließ sie sich knapp sechs Millionen Unzen Gold entreißen und ist damit die **ergiebigste Goldmine Kaliforniens**. Heute ein Historic State Park, kann man sich die restaurierten Minen und Gebäude im Rahmen von geführten Touren anschauen. Führungen unter Tage – es gibt dort mehrere Hundert Kilometer Schächte und Stollen – werden angeboten.

North Star Mining Museum: Allison Ranch Rd., Mai – Okt. tgl. 10.00 bis 17.00 Uhr, Eintritt frei, Spende erbeten, http://nevadacountyhistory.org

Empire Mine: 10791 E. Empire St., Mai – Aug. tgl. 9.00 – 18.00, sonst tgl. 10.00 – 17.00 Uhr, Eintritt 7 $, www.empiremine.org

> **!** *Ritt über Stromschnellen*
>
> **BAEDEKER TIPP**
>
> Der Südarm des American River ist ein beliebtes Kajak- und Rafting-Revier: Die 36 km lange Strecke von Chili Bar nach Salmon Falls bietet 20 Stromschnellen der Kategorien 2 und 3 und kann bei erfahrenen Outfittern gebucht werden, z. B. bei:
> Mother Lode, River Center, Coloma, CA, Tel. 1 530 6 26 41 87, www.malode.com

In dem heute von dichten Wäldern und Wildblumenwiesen umgebenen 300-Seelen-Nest **Coloma** fing alles an. Am 24. Januar 1848 fand **James W. Marshall**, der hier für John Sutter in Sacramento eine Mühle am American River baute, im Wasserrad der Mühle ein schimmerndes Stück Metall. Sutter, so heißt es, war keineswegs erfreut über diesen Fund, befürchtete er

Auch heute noch wird am American River Gold gewaschen.

doch – zu Recht – eine Invasion von Abenteurern und anderen Glücksrittern. Tatsächlich verbreitete sich die Kunde von dem Goldfund in der Sierra Nevada wie ein Lauffeuer, und bereits im Sommer 1848 suchten rund 2000 Menschen rund um Sutter's Mill nach Gold. Bald zählte Coloma 10 000 Einwohner. Die wenigen Gebäude, die von der einstigen Boomtown übrig geblieben sind, stehen heute größtenteils als **Marshall Gold Discovery State Historic Park** unter Schutz. Ein **Museum** erläutert die Bedeutung des Goldrausches für Kalifornien, und ein Denkmal Marshalls weist den Weg zu der Stelle, wo er den ersten Nugget entdeckte. Ein Nachbau von Sutter's Mill hilft, die Zeit zurückzudrehen.

❶ 310 Back St., März – Nov. tgl. 10.00 – 17.00, Nov. – März tgl. 10.00 bis 16.00 Uhr, Parkgebühr 8 $ pro Pkw, www.parks.ca.gov

Columbia

Während in Nevada City und Grass Valley die Uhren lediglich langsamer schlagen, scheinen sie in Columbia (2000 Einw.) im Süden des Gold Country irgendwann um 1860 einfach stehengeblieben zu sein. Zwölf für die Goldrauschzeit typische Häuserblocks wurden hier als **State Historic Park** für die Nachwelt konserviert, darunter eine Schule, eine Bank, diverse Saloons und die Wells-Fargo-Postkutschenstation. Die Hotels, allen voran das Fallon Hotel und das City Hotel, sind noch immer in Betrieb. Kein Wunder, dass so mancher Western-Klassiker hier gedreht wurde, darunter »Pale Rider« (1985) mit Clint Eastwood und »Behind the Mask of Zorro« (2007) mit Antonio Banderas.

Goldrausch in Kalifornien

Plenty of gold ... on the banks of Sacramento

Am 24. Januar 1848 entdeckte James W. Marshall am American River nordöstlich von Sacramento Gold. Diese Nachricht löste 1849 einen bis dato beispiellosen Goldrausch aus, der Zehntausende Glücksritter in die Gegend lockte. Die Schürfer fanden pro Tag durchschnittlich 1 Unze (ca. 31 g) Gold und verdienten so über das 20-fache eines normalen Arbeiters. Ab 1853 wurden erstmals Wasserstrahlgeräte, Schwimmbagger etc. eingesetzt. Mit der bergmännischen Goldförderung begann man erst 1950.

▶ Natürliche Goldvorkommen

Goldseifen

Nuggets

Goldadern

Gold führende Quarzgänge mit einer Gesamtlänge von 180 km machten die Sierra Nevada seinerzeit zum größten Gold-Abbaugebiet. Anfangs wurden Gold-Nuggets mit Waschpfannen aus den Goldseifen herausgewaschen. Mit der Zeit begann in der Region professioneller Bergbau. So konnte das Gold aus den Quarzadern in großen Mengen abgebaut werden.

▶ So wurde das Gold zu Beginn des Goldrauschs abgebaut

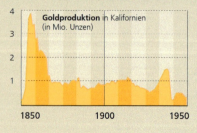
Goldproduktion in Kalifornien (in Mio. Unzen)

Bevölkerungsentwicklung in Kalifornien (in Mio.) — 10,6 Mio

Aus vielen »Mining Camps« sind heute kleinere Städte geworden. Sie reihen sich auf 450 km entlang des »Golden Chain Highway 49« auf.

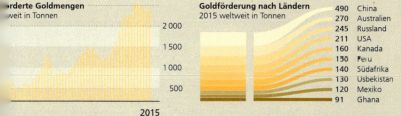

★★ Lake Tahoe

✷ M/N 7/8

Region: El Dorado County
Fläche: 490 km²
Höhe: 1899 m ü.d.M.

Für Mark Twain war er der schönste See der Welt. Angesichts des tiefblau bis smaragdgrün schimmernden Wassers, des dunklen Grüns der Nadelwälder und der schneebedeckten Berge ringsum pflichtet man dem berühmten amerikanischen Schriftsteller noch immer gern bei.

»Großes Wasser«

Der Lake Tahoe – »Großes Wasser« in der Sprache der Washoe-Indianer – ist 35 km lang und 19 km breit, liegt in der hochalpinen Bilderbuchlandschaft der High Sierra und gehört zu einem Drittel zum Nachbarstaat Nevada. Eingebettet in eine gewaltige, von Gletschern ausgehobelte Felsenschüssel, wird der See von schneebedeckten Dreitausendern umrahmt. Seine durchschnittliche Tiefe beträgt 330 m, seine tiefste Stelle misst über 500 m. Um 1900 war der See als luxuriöse Sommerfrische wohlhabender Familien aus ▶San Francisco bereits etabliert. In den 1950er-Jahren entdeckten Skifahrer die traumhaften, schneesicheren Hänge in den Seitentälern des Sees. Nach den Olympischen Winterspielen 1960 im westlich des Sees gelegenen **Squaw Valley** entwickelten sich rund um den Lake Tahoe Skigebiete mit Gondeln, Liften und Hotels. Bis 1980 verfünffachte sich die Bevölkerung am See. Seitdem unterliegt die Erschließung der Seeufer jedoch strikten Kontrollen. Gleichwohl bestimmt der Tourismus das Bild. Praktisch alle Aktivitäten über und unter Wasser sind hier möglich – die Veranstalter residieren in Tahoe City und South Lake Tahoe –, inklusive neuester Funsportarten sowie Klettern, Wandern und Mountainbiking im hochalpinen Hinterland.

Einen guten Überblick vom Treiben vor Ort bekommt man auf einer dreistündigen **Fahrt rund um den See**.

Das **Südufer** bietet reichlich Extreme: zugebaute Uferstreifen und die aus Hotels und Amüsierbetrieben bestehenden Städte South Lake Tahoe (▶S. 156) und Stateline (Nevada), aber auch bezaubernde State Parks, die die schönsten Buchten, Strände und Uferpartien des Sees schützen.

Das von Tahoe City (▶S. 155) nach Incline Village reichende **Nordufer** wirkt mit seinen unspektakulären Feriensiedlungen entschieden ländlicher. Hier wie dort verlocken hübsche Aussichtspunkte zum Aussteigen und Fotografieren.

Blick auf die Emerald Bay des Lake Tahoe mit ihrem kleinen Eiland, das aus dem tiefen Blau aufsteigt

Lake Tahoe erleben

AUSKUNFT
Lake Tahoe South Shore Chamber of Commerce
169 US-50, 3rd floor
Stateline, NV 89449
Tel. 1 775 5 88 17 28
www.tahoechamber.org

Tahoe City Visitors Information
P380 N. Lake Boulevard
Tahoe City, CA 96145
Tel. 1 530 5 81 69 00
www.gotahoenorth.com

AKTIVITÄTEN
Badestrände
Zephyr Cove Beach
US-50, Zephyr Cove

Sugar Pine Point

Conolly Beach
US 50, Timber Cove Lodge

Commons Beach Park
Tahoe City.

Ballonfahren
Lake Tahoe Balloons
South Lake Tahoe
Tel. 1 530 5 44 12 21
www.laketahoeballons.com

Mountainbiking
Mountainbiker haben unter den Tracks der umliegenden Berge die Qual der Wahl und sollten sich in einem der zahlreichen Bikeshops in Tahoe City oder South Lake Tahoe Rat holen. Manche bieten auch geführte Trips an.

Bootsausflüge
MS Dixie II
Zephyr Cove Marina
Tel. 1 800 2 38 24 63
www.zephyrcove.com

ESSEN
Jake's on the Lake ❸❸❸❸
780 N. Lake Blvd., Tahoe City
Tel. 1 530 5 83 01 88
Exquisite Fisch- und Fleischgerichte, dazu erlesene Weine und spektakuläre Sonnenuntergänge über dem See.

Wolfdale's ❸❸❸
640 N. Lake Blvd., Tahoe City
Tel. 1 530 5 83 57 00
Kreative Küche nach Rezepten aus aller Welt.

Fire Sign Café ❸
1785 W. Lake Blvd., Tahoe City
Tel. 1 530 5 83 08 71
Beliebtes Frühstückslokal am See.

ÜBERNACHTEN
The Shore House at Lake Tahoe ❸❸❸❸
7170 N. Lake Blvd., Tahoe City
Tel. 1 530 5 46 72 70
www.shorehouselaketahoe.com
Charmantes B & B mit 8 urgemütlichen Zimmern, Spa und Privatstrand.

Black Bear Inn B & B ❸❸❸
1202 Ski Run Boulevard
Tel. 1 530 5 44 44 51
www.tahoeblackbear.com
Gut geführte und bestens für Aktiv-Urlauber geeignete kleine Unterkunft (5 Z.) unweit vom bekannten Heavenly Ski Resort

SEHENSWERTES AM LAKE TAHOE

Etwa 9 mi/15 km südlich von Tahoe City liegt der Sugar Pine Point State Park. Der Park konserviert einen von alten Kiefern, Fichten, Pappeln und Wacholderbüschen bestandenen Uferbereich, der sich auf hübschen Spazierwegen erkunden lässt. Ein kleiner Strand lädt zum – kalten – Badevergnügen. Schilder führen zum **Hellman-Ehrman Mansion**. Die 1903 für einen wohlhabenden Geschäftsmann aus San Francisco gebaute Residenz mit den Doppeltürmen liegt hoch über dem See und bietet interessante Einblicke in das »Landleben« der Reichen von anno dazumal.

Südufer, Sugar Pine Point State Park

❶ Führungen Ende Mai – Anf. Sept. tgl. 10.00 – 15.00 Uhr, Parkgebühr 10 $ pro Fahrzeug, www.parks.ca.gov

Der D. L. Bliss State Park in der Südwestecke des Sees ist Favorit der Hiker und Fotografen. Von hier führen zwei Trails zu spektakulären Aussichtspunkten: Der **Balancing Rock Trail** (1 km) passiert einen 130 Tonnen schweren Granitblock, der steilere **Rubicon Trail** (7,2 km) arbeitet sich die Klippen hinauf zu tollen Panoramablicken. Nach Süden führt der Trail bis zu den Eagle Falls im Emerald State Park, von deren Spitze aus man **herrliche Blicke** über die Emerald Bay, Fanette Island und den gesamten See genießt.

D. L. Bliss State Park

Im Emerald Bay State Park passiert die Uferstraße die wohl schönste Bucht des Lake Tahoe: Durch eine flaschenhalsähnliche Einfahrt vom See getrennt, liefert die Emerald Bay mit dem winzigen Felseninselchen **Fanette Island** ein wildromantisches Stillleben in allen Farbtönen zwischen Königsblau und Smaragdgrün.
Hauptattraktion ist **Vikingsholm Castle**, die von Wikingerburgen inspirierte, 1929 erbaute Sommerresidenz von Lora Josephine Knight. Die reiche Philantropin mit dem Skandinavien-Tick hinterließ eine 48-Zimmer-Villa mit Drachenköpfen, Runenmustern und anderem Dekor im »viking style«.

*Emerald Bay State Park

❶ Führungen: Ende Mai – Sept. tgl. 10.30 – 16.00 Uhr, Ticket 10 $, www.vikingsholm.com

Für von Westen her anreisende Besucher ist Tahoe City (2000 Einw.) das Tor zum See. Das rund um die Kreuzung der Highways 89 und 29 liegende Städtchen wurde 1864 von Bergarbeitern aus Virginia City (Nevada) gegründet, um sich hier von der harten Arbeit in den Silberbergwerken zu erholen. An die gute alte Zeit erinnern allerdings nur wenige Häuser, darunter die 1909 hoch über dem See erbaute **Watson Cabin**, die eher einem hübschen Cottage ähnelt und heute Gegenstände aus den frühen Tagen am See zeigt. Im heutigen **Gatekeeper's Museum** wohnte früher der »Dam Attendant«, dessen Aufgabe es war, das aus dem See abfließende Wasser zu kontrol-

Tahoe City

lieren. Zu sehen sind u. a. historische Fotos, Sammlungen indianischer Körbe und Original-Kleidungsstücke der ersten Touristen.
Watson Cabin: 560 North Lake Blvd., Ende Mai – Anf. Sept. Mi. – Mo. 12.00 – 16.00 Uhr, Eintritt 2 $, www.northtahoemuseums.org
Gatekeeper's Museum: 130 W. Lake Blvd., Mai – Sept. Mi. – Mo. 10.00 bis 17.00, Okt. – April Fr., Sa. 10.00 – 16.00 Uhr, Eintritt 5 $, www.northtahoemuseums.org

South Lake Tahoe

South Lake Tahoe (21 300 Einw.) liegt am Südende des Sees und ist das zweite »Activity Center« des Sees: Hier beginnen Sightseeing-Touren auf dem See, von hier aus schippert man in allerlei mietbaren Gefährten auf den See hinaus.

Lake Tahoe von oben

Für den Blick aufs große Ganze muss man am besten hoch hinaus. Im Skigebiet **Heavenly** transportieren Gondeln die Besucher in 12 Minuten zu rund 3000 m hoch gelegenen grandiosen Aussichten auf den See, das **Carson Valley** und das Wildnisgebiet **Desolation Wilderness**.
The Gondolas at Heavenly: Talstation am Highway 50, Juni – Sept. tgl. 9.00 – 17.00, Ticket 45 $, www.skiheavenly.com

★★ Lassen Volcanic National Park

L 6

Region: Shasta, Lassen, Plumas, Tehama Counties
Fläche: 429 km²
Höhe: 2100 m ü.d.M.

Zwischen 1914 und 1921 erlebte er über 300 Ausbrüche; der schlimmste im Jahr 1915 riss ihm den gesamten Gipfel ab. Seitdem hält der Lassen Peak, von Seismologen scharf beobachtet, still – und empfängt Outdoorfans mit einer faszinierend unwirklichen Landschaft.

Lavafelder und heiße Quellen

Bis heute führen nur wenige Straßen durch den Nordosten Kaliforniens. Diejenigen Besucher, die es bis hierher schaffen, belohnt der Lassen Volcanic Park fürstlich. Eisblaue Bergseen, glitzernde Bäche und tiefgrüne Nadelwälder kontrastieren mit schwarzen, kraterübersäten Lavafeldern mit weißen Dampfschwaden über heißen Quellen. Im Zentrum des Parks, den der Highway 89 als Lassen Park Road in einem 69 km langen Bogen durchmisst, erhebt sich der **Lassen Peak**. Mit 3187 m ü.d.M. gilt er als einer der größten Lavadom-Vulkane der Welt.

Heiße Quellen und brodelnde Schlammtöpfe in der Bumpass Hell

Vor etwa 20 000 bis 30 000 Jahren durchbrach der Lassen Peak, der südlichste Vulkan der **Cascade Range**, die Nordostflanke des während der letzten Eiszeit abgetragenen Mount Tehama. Angesichts seiner noch relativ kurzen Ruhezeit von knapp 100 Jahren – die letzten Eruptionen erfolgten im Jahr 1917 – wird er von Seismologen als »schlafend« eingestuft. Der graue Lavadom wirkt dennoch recht bedrohlich.

SEHENSWERTES AN DER LASSEN PARK ROAD

Sulphur Works ist das am leichtesten zugängliche geothermisch aktive Areal im Nationalpark. Ein kurzer Spazierweg führt vom Parkplatz in eine wahrlich urzeitliche Szenerie mit heißen Quellen, übel riechenden Fumarolen und dampfenden Schlammtöpfen. Die höchsten Gipfel des Nationalparks bewachen dieses Schauspiel: Brokeoff Mountain, Mount Diller, Pilot Pinnacle, Mount Conrad und Lassen Peak.

Sulphur Works

Ein wenig übertrieben als »Hölle« bezeichnet, gleichwohl faszinierend, produzieren die dicht beieinander liegenden **heißen Quellen** und **brodelnden Schlammtöpfe** im größten geothermisch aktiven Gebiet des Nationalparks ein beeindruckendes Spektakel. Ein knapp 3 mi/5 km langer und streckenweise mit Holzplanken gesicherter Trail führt vom Parkplatz durch diese surreale, nach Schwefel stinkende Kulisse.

Bumpass Hell

Lassen Volcanic National Park erleben

AUSKUNFT
Lassen Volcanic National Park
P. O. Box 100, Mineral, CA 96063
Tel. 1 530 5 95 44 80
www.nps.gov/lavo/
Kohm Yah-mah-nee Visitor Center
beim Südwesteingang des Parks
tgl. 9.00 – 17.00 Uhr

ESSEN
Herzhaft essen kann man im Restaurant der Drakesbad Guest Ranch und im Dining Room der Lassen Mineral Lodge (15 km südlich vom Park in Mineral, Hwy. 36). Im Park selbst gibt es nur Snacks, und zwar im Manzanita Lake Camper Store am Nordausgang.

ÜBERNACHTEN
Drakesbad Guest Ranch ❸❸❸❸
Warner Valley Rd., Chester, CA
Tel. 1 866 9 99 09 14
www.drakesbad.com
Alt, stimmungsvoll und mitten in der Wildnis: eine urwüchsige Lodge mit 19 rustikalen Gästezimmern; geöffnet nur von Juni bis Oktober; rechtzeitige Reservierung erforderlich!

Bidwell House B & B ❸❸❸
1 Main St., Chester, CA
Tel. 1 530 2 58 33 38
www.bidwellhouse.com
Charmantes, über 100 Jahre altes B & B mit 14 Zimmern im Ort Chester südöstlich des Parks am Highway 36

Best Western Rose Quartz Inn ❸❸
306 Main St., Chester, CA 96020
Tel. 1 530 2 58 20 02
www.rosequartzinn.com
Modernes Haus mit 50 gut ausgestatteten Gästezimmern

Cedar Lodge Motel & RV Park ❸❸
Highway 36/Highway 89
Chester, CA 96020
Tel. 1 530 2 58 29 04
www.cedarlodgefun.com
Freundliche Ferienanlage mit sauberen Gästezimmern und großzügig bemessenen Plätzen für Camp-Mobile.

! **BAEDEKER TIPP**

Von Vulkan zu Vulkan
Die als »Volcanic Legacy Scenic Byway« bekannten Highways 89 und 97 verbinden auf einer ca. 500 mi/800 km langen Strecke die bekanntesten und eindrucksvollsten Vulkane des Kaskadengebirges miteinander. Startpunkt ist der Lake Almanor im Lassen Volcanic National Park, Ziel ist der Crater Lake National Park im Süden des Bundesstaates Oregon. Weitere Infos im Internet: www.volcaniclegacybyway.org

Lassen Peak Fast gegenüber vom Beginn des Weges zur Bumpass Hell beginnt der 5 mi/8 km lange »Lassen Peak Trail« hinauf den Gipfel des Mount Lassen. Dieser leichte Trail nimmt 6 – 8 Stunden in Anspruch und ist von jedem durchschnittlichen Wanderer zu schaffen. Von seiner Spitze bietet sich ein atemberaubender Rundumblick. Allerdings sollte man sich zuvor im Hauptquartier des Parks über die Wetterbedingungen informieren – Stürme können urpötzlich auftreten.

* Lava Beds National Monument

K 6

Region: Siskiyou und Modoc Counties
Fläche: 188 km²
Höhe: 1460 m ü.d.M.

Weiter weg von Surfin' California geht's nimmer: In der halbtrockenen High Desert der äußersten Nordostecke Kaliforniens liegt diese vulkanische Mondlandschaft mit schwarzen Lavaströmen und grauen Aschekegeln – und einer erstaunlich vielfältigen Flora.

Angesichts der Ödnis ringsum mag man sich fragen, was in aller Welt man hier verloren hat. Nichts als menschenleere, abweisende Plateaus, nur spärlich bedeckt von widerstandsfähiger Flora – eine sich bis zum Horizont erstreckende »Mondlandschaft«, in der selbst im Hochsommer ein scharfer, ungemütlich kalter Wind wehen kann. Doch die Gründe, diese Gegend im Herzen des **Modoc Plateau** zum Schutzgebiet zu erklären, liegen unter der Erde. So weit das Auge reicht, prägen Krater, bizarre Schlackekegel und grauschwarze Lavaströme das Bild. »Schuld« daran ist der flächenmäßig größte Vulkan der Cascade Range. Bei seinen Ausbrüchen während der letzten 500 000 Jahre goss der **Medicine Lake Volcano**, heute nur noch eine durch mehrere jüngere Vulkane gewellte Erhebung, mehr als 30 riesige Lavaströme über seiner Nordostflanke aus. Die viele Kilometer weit fließende Lava erkaltete zunächst an den Rändern, während sie innen weiter floss und dabei Hohlräume hinterließ. An der Oberflä-

»Mondlandschaft«

Lava Beds National Monument erleben

AUSKUNFT
Lava Beds National Monument Headquarters
1 Indian Wells, Tulelake, CA 96134
Tel. 1 530 6 67 81 00
www.nps.gov/labe

ÜBERNACHTEN/ESSEN
Fe's B&B ❷❷
660 Main St., Tulelake, CA
Tel. 1 877 4 78 01 84

www.fesbandb.com
Nette Unterkunft im Ort mit vier hübschen Gästezimmern und einem 3-Zimmer Cottage; leckeres Frühstück.

Ellis Motel ❷
2238 Hwy. 139, Tulelake, CA
Tel. 1 530 6 67 52 42
Einfache Unterkunft nördlich vom National Monument.

Von den Rändern her abkühlende Lavaströme hinterließen ein umfangreiches Höhlensystem.

che derart zerrissen und zerklüftet, dass ein Fortkommen mitunter unmöglich ist, gibt es unter der Oberfläche deshalb über 400 insgesamt mehrere Hundert Kilometer lange Lavatunnel, die das gesamte Gelände so durchlöchert haben, dass es beim Spaziergang auf einem der wenigen Trails mitunter hohl klingt.

Die Unübersichtlichkeit dieser Region machten sich einst die Modoc-Indianer zunutze. Während des sogenannten Modoc War gegen die US-Armee im Jahr 1873 verschanzten sie sich in einer besonders schwer zugänglichen Gegend, die später nach ihrem Anführer **Captain Jack's Stronghold** genannt wurde, und hielten hier fünf Monate gegen eine zehnfache Übermacht aus. Heute sind die meisten der »lava tubes« zur Besichtigung frei gegeben; höchst interessant sind die von Parkrangern geführten **»Cave Tours«**.

Mendocino

 M 4

Region: Mendocino County
Einwohnerzahl: 900
Höhe: 47 m ü.d.M.

Nach der spektakulären Küste nördlich von Point Arena ist Mendocino ein geradezu lieblicher Kontrapunkt. Idyllische Neu-England-Architektur bildet hier die Kulisse für eine florierende Künstlerkolonie.

Bohème-Städtchen

Dreieinhalb Stunden nördlich von San Francisco, nach Steilküsten und kühn geschwungenen Brücken, zahllosen Aussichtspunkten und

Mendocino • CA

von schroffen Felsen eingekesselten Stränden, plötzlich dies: ein begrüntes und von drei Seiten meerumspültes Felsenkap mit viktorianischen Lebkuchenhäusern darauf, meist in Blau und Gelb, sowie großstädtisch gekleidete Menschen und die höchste Dichte an Espressomaschinen dieser Küste. Die Atmosphäre: eindeutig Bohème, und zwar seit den 1950er-Jahren, als Künstler aus ganz Amerika den Ort entdeckten. Am besten lässt man sich ziellos über die Main Street treiben, von einer Galerie zur nächsten – und genießt den Blick auf den Pazifik.

SEHENSWERTES IN MENDOCINO UND UMGEBUNG

Mendocino Art Center Das 1959 gegründete Kunstzentrum ist die Wiege der Künstlerkolonie Mendocino. Es beherbergt fünf Galerien, organisiert Workshops und zeigt die Arbeiten von Künstlern aus allen Teilen des Landes. Zudem fördert es zwei Dutzend »artists in residence«.
❶ 45200 Little Lake St., tgl. 10.00 – 17.00 Uhr, Eintritt frei, kleine Spende erwünscht, www.mendocinoartcenter.org

Mendocino erleben

AUSKUNFT
Mendocino Coast COC
271 S. Main St., Fort Bragg, CA 95437
Tel. 1 707 9 61 63 00
www.mendocinocoast.com

ESSEN
Café Beaujolais ❸❸❸❸
961 Ukiah Street
Tel. 1 707 9 37 56 14
Französisch-kalifornische Küche in hübschem, gelbem Häuschen mit weißem Lattenzaun. Besonders zu empfehlen: Lamm mit Mascarpone-Polenta und geröstetem Spargel.

955 Ukiah Street Restaurant ❸❸
955 Ukiah Street
Tel. 1 707 9 37 19 55
In etwas rustikaler, aber dennoch eleganter Atmosphäre genießt man eine wunderbar leichte kalifornische Küche. Besonders lecker: Ente mit Apfelpüree.

ÜBERNACHTEN
Agate Cove Inn ❸❸❸❸
11201 N. Lansing Street
Tel. 1 707 9 37 05 51
www.agatecove.com
Luxuriöse Herberge mit tollem Blick auf den Pazifik. Die zehn Zimmer sind geräumig und elegant eingerichtet.

Mendocino Hotel & Garden Suites ❸❸❸
45080 Main Street
Tel. 1 707 9 37 05 11
www.mendocinohotel.com
Historisches Stadthotel mit viktorianischer Lobby und 50 gemütlichen Zimmern. In der Hotelbar findet das hiesige Nachtleben statt.

> **BAEDEKER TIPP**
>
> ### ! Musik über den Klippen
>
> Das seit 1986 alljährlich in der dritten und vierten Juliwoche im Mendocino Headlands State Park stattfindende »Mendocino Music Festival« bietet neben Klassischem auch Musik von Big Bands und Jazz-Gruppen. Weitere Infos: www.mendocinomusic.org

Die Geschichte der schönsten Häuser Mendocinos wird **Kelley House Museum** mit historischen Fotos wiederbelebt.
❶ 45007 Albion St., Juni – Sept. tgl. 11.00 – 15.00, sonst Fr. – Mo. 11.00 bis 15.00 Uhr, Eintritt 10 $, www.kelleyhousemuseum.org

Etwa 2 mi/3,5 km nördlich von Mendocino erreicht man die **Point Cabrillo Light Station & Preserve.** Nach einem viertelstündigen Spaziergang vom Parkplatz kommt man zu einem liebevoll restaurierten Leuchtturm, der seit 1909 vor Klippen und Untiefen warnt. Die noch immer benutzte Fresnel-Linse gilt unter Leuchtturm-Fans als Schmuckstück. Das Haus des Leuchtturmwärters wurde in ein einfaches B & B verwandelt.
❶ Point Cabrillo Rd., tgl. 10.30 – 17.00 Uhr, Eintritt 5 $, www.pointcabrillo.org

★ Mount Shasta

K 5

Region: Siskiyou County
Höhe: 4317 m ü.d.M.

Von ewigem Schnee bedeckt und weithin sichtbar, bietet der Vulkan den wohl eindruckvollsten Anblick in Nordkalifornien. Seismologen und Naturfreunde fasziniert er ebenso wie New-Age-Jünger und Metaphysiker jeder Couleur.

Wohnsitz der Himmelsgeister

Schon bald hinter Redding, am oberen Ende des Sacramento Valley gelegen, rücken die kiefernbedeckten Berghänge immer näher an die I-5 heran. Dann taucht er plötzlich auf, seine Eis- und Schneefelder glitzern in der kalifornischen Sonne: Der Mt. Shasta ist der **zweithöchste Vulkan der Cascade Range** und mit einem Durchmesser von 27 km an der Basis Kaliforniens massivster Berg. Als aktiv eingestuft, liegt sein letzter Ausbruch aber über 220 Jahre zurück. Im Gipfelbereich und an den Flanken hervortretende Fumarolen warnen davor, die von ihm ausgehende Gefahr zu unterschätzen: Seismologische Forschungen ergaben, dass der Mt. Shasta bisher alle 500 Jahre ausgebrochen ist. Kein Wunder, dass der Mensch schon immer fasziniert war von diesem Berg. Die Ureinwohner von den Stämmen der Modoc, Klamath und Wintu hielten ihn für den »Wohnsitz der Himmelsgeister«. Anhänger der verschiedensten Religionen und

Für die Indianer ist der Mount Shasta ein heiliger Berg, für Esoteriker ein Kultort.

New-Age-Sekten fühlen sich von ihm angezogen und betrachten den Berg als Quelle spiritueller Kräfte. Der an der Südwestflanke des Vulkans gelegene Ort Mount Shasta ist mit Yoga- und Massage-Zentren sowie esoterischen Buchhandlungen das Zentrum ihrer Aktivitäten.

SEHENSWERTES RUND UM DEN MOUNT SHASTA

Die hübsche 3500-Einwohner-Siedlung Mount Shasta wurde in den 1850er-Jahren als Postkutschen-Station zwischen den Siedlungen des Sacramento Valley und der Goldrauschstadt Yreka gegründet. Die Läden und Geschäfte der 1200 m hoch gelegenen Stadt spiegeln ihr touristisch vielfältiges Angebot wider. Outdoorläden kümmern sich um die Bedürfnisse von Skiläufern – der **Mount Shasta Ski Park** am Highway 89 ist ein beliebtes Skirevier –, Sportanglern – die Flüsse der Umgebung sind bekannt für ihre kapitalen Forellen –, Wanderern und Mountainbikern. Daneben bieten Buchläden regalweise esoterische Literatur. Hinzu Kommen nette Restaurants und Cafés, vor allem am breiten Mount Shasta Boulevard. Nicht entgehen lassen sollte man sich das **Sisson Museum**, das sich u. a. mit dem Mount Shasta und der Erforschung seiner Höhlen befasst.

Mount Shasta (Siedlung)

❶ 1 N. Old Stage Rd., April – EndeMai Fr., Sa., So. 10.00 – 14.00, Ende Mai bis Sept. tgl. 10.00 – 16.00, Ende Sept. – Dez. Fr., Sa., So. 13.00 – 16.00 Uhr, Eintritt 1 $, http://mtshastamuseum.com

Den Mount Shasta erleben

AUSKUNFT
Mount Shasta Chamber of Commerce Visitors Bureau
300 Pine St. Mount Shasta, CA 96067
Tel. 1 530 9 26 48 65
www.mtshastachamber.com

ESSEN
Shasta Pinnacle ❸❸❸
1013 S. Mt. Shasta Boulevard
Tel. 1 530 926 33 72
Asiatisch inspirierte Küche in entspannter Atmosphäre; richtig lecker sind die Coconut Shrimps und auch die Calamari.

ÜBERNACHTEN
Cold Creek Inn & Suites ❸
724 N. Mt. Shasta Boulevard
Tel. 1 530 9 26 98 51
www.coldcreekinn.com
Viel Motel für wenig Geld, dazu ein freundlicher Service und WLAN in allen 18 Zimmern.

Everitt Memorial Highway — Die etwa 20 km lange Panoramastraße, die in Mt. Shasta beginnt, führt über die Südflanke des Vulkans zu schönen Aussichtspunkten bis auf eine Höhe von 2500 Metern. Am Parkplatz **»Old Ski Bowl Vista«** beginnen herrliche Trails, darunter der populäre **Bunny Flats Trail**, in die hochalpinen Bereiche des Mount Shasta.

✱✱ Napa Valley

N 5

Region: Napa County
Einwohnerzahl: 138 000
Länge: 38 km

»Wine Country« nennen die Kalifornier die Region nördlich von ▶San Francisco. Das älteste und berühmteste Weinanbaugebiet hier ist das Napa Valley, von wo aus die kalifornischen Weine ihren Siegeszug um die Welt antraten.

»Wine Country« — Romantisch ist das weitläufige Tal im Norden der Bay Area nur im Frühjahr und Herbst. Im Sommer wird es vom Massentourismus überrollt und ähnelt mehr einem Wein-Themenpark als der Wiege nobelster amerikanischer Weine. Der Highway 29 und parallel dazu der weniger befahrene Silverado Trail durchziehen das Tal von Süden nach Norden. Die zwei-, manchmal auch dreispurigen Straßen verbinden den Hauptort **Napa** (80 000 Einw.) mit den übrigen Orten im Tal, darunter Rutherford, St. Helena und ▶Calistoga. Am Straßenrand weisen Holzschilder mit eleganten Schriftzügen auf weltweit bekannte Weingüter wie »Beringer« oder »Robert Mondavi« hin. Ihre Häuser und Wirtschaftsgebäude – meist im Stil kolonialspanischer Hazienden erbaute architektonische Schmuckstücke – liegen inmitten von Weingärten. Die meisten Weingüter laden zu einer Weinprobe ein und bieten zudem Führungen an, auf denen man alles über die Weinproduktion und die besonderen Herausforderungen erfährt, die der Anbau bestimmter Rebsorten mit sich bringt.

SEHENSWERTES IM NAPA VALLEY

Quixote Winery

Dieses Weingut produziert nicht nur hervorragende Petite Sirahs und Cabernet Sauvignons, sondern bietet dem kunstsinnigen Besucher auch einen architektonischen Leckerbissen. Das bunte Haupt-

Das Napa Valley erleben

AUSKUNFT

Napa Valley Conference & Visitor Bureau
1310 Napa Town Center
Napa, CA 94559
Tel. 1 707 2 26 74 59
www.napavalley.org

ESSEN

Ristorante Allegria €€€€
1026 1st St., Napa, CA
Tel. 1 707 2 54 80 06
Verlässliche Qualität, italienische Kochkunst mit kalifornischem Touch.

Wine Spectator Greystone Restaurant €€€€
2555 Main Street, St. Helena, CA
Tel. 1 707 9 67 10 10
Hier, in der alten Christian Brothers Winery, kochen die Schüler des renommierten Culinary Institute of America – und zwar nicht schlecht!

Bistro Don Giovanni €€
4110 Howard Lane, Napa, CA
Tel. 1 707 6 66 08 64
Italienische Küche mit raffinierten Pasta- und Risottogerichten.

ÜBERNACHTEN

Wine Country Inn & Gardens €€€€
1152 Lodi Lane, St. Helena CA
Tel. 1 707 9 63 70 77
www.winecountryinn.com
Rustikale Eleganz; geboten werden 24 individuell eingerichtete Zimmer und 4 Suiten, viele mit Kamin und Balkon.

Napa Discovery Inn €€€
500 Silverado Trail, Napa, CA
Tel. 1 707 2 53 08 92
www.napadiscoveryinn.com
Schöne Unterkunft mit 15 hellen und modernen Zimmern.

The Chablis Inn €€
3360 Solano Ave., Napa CA
Tel. 1 707 2 57 19 44
www.chablisinn.com
Hübsches Hotel mit 34 modern eingerichteten Zimmern; Bad mit Whirlpool.

Auf einer Erhebung über dem Napa-Tal thront das Weingut Sterling.

gebäude wurde von dem österreichischen Künstler **Friedensreich Hundertwasser** (1928 – 2000) entworfen. Der erklärte Anti-Modernist verzierte sein einziges Werk in den USA mit Ziegeln, Fliesen, Minaretten und Zwiebeltürmchen und schuf so ein Ambiente, in dem eine Weinprobe zum denkwürdigen Erlebnis wird.

❶ 6126 Silverado Trail, Napa, Führungen mit Weinprobe Di. – So. 10.00, 12.00, 14.00, 16.00 Uhr, Ticket 25 $, www.quixotewinery.com

Vintner's Collective Wer nur wenig Zeit fürs Napa Valley hat, sollte im Shop von Vintner's Collective vorbeischauen. In dem Gemäuer von 1875 – früher diente es u. a. als Bordell – stellen 18 Weingüter ihre Produkte vor.

❶ 1245 Main St., Napa, Führungen mit Weinprobe tgl. 11.00 – 19.00 Uhr, Tickets ab 10 $, www.vintnerscollective.com

Nickel & Nickel Das aus historischen Ranchgebäuden bestehende Weingut Nickel & Nickel in Oakville produziert einen der besten Cabernets im Napa Valley. Die Weinprobe findet stilecht in einer alten viktorianischen Lounge statt.

❶ 8164 St. Helena Hwy. 29, Oakville, Besichtigungen und Weinproben Mo. – Fr. 10.00 – 15.00, Sa., So. 10.00 – 14.00 Uhr n. V., Tel. 1 707 9 67 96 00, www.nickelandnickel.com

Frog's Leap Hübsche Gärten, Froschteiche, Weinreben und mitten drin eine rote Scheune: Das Weingut setzt sich bewusst von den eleganteren Konkurrenten ab. Sein bester Wein ist ein fruchtiger Sauvignon Blanc.

❶ 8815 Conn Creek Rd., Rutherford, Führungen und Weinproben tgl. 10.00 bis 16.00 Uhr, Tickets ab 20 $, Tel. 1 707 9 63 47 04, www.frogsleap.com

Hoch über St. Helena, an den Flanken des Spring Mountain, liegt dieses herrschaftliche Weingut. Terra Valentines Stärke sind besonders ausgewogene Cabernets. **Terra Valentine**

❶ Silverado Trail, St. Helena, Führungen und Weinproben n. V., Tel. 1 707 9 67 83 40, www.terravalentine.com

∗ Point Reyes National Seashore

N/O 5

Region: Marin County
Fläche: 287 km²

Wilde Steilküsten und tosende Brandung, die San-Andreas-Spalte und ein unwiderstehlicher Leuchtturm: Vor allem im Abendlicht ist die Halbinsel der vielleicht schönste Abstecher vom Highway 1 aus.

Wie die kalifornische Küste aussieht, wenn die Bewohner vereint gegen Bauunternehmer und Spekulanten stehen, zeigt dieser Abschnitt 37 mi/60 km nördlich von ▶San Francisco: Statt mit gesichtslosen Siedlungen und Malls heißen die Städtchen **Olema** und **Inverness** ihre Besucher mit hübschen Vorgärten und freundlichen Geschäften willkommen. Gleich hinter der City Line beginnt das Naturschutzgebiet mit Mooren, Wäldern, Klippen und Stränden. Es liegt auf einer 10 mi/16 km in den Pazifik ragenden Felsenhalbinsel und wurde im Jahr 1962 zum Schutz der vielfältigen Fauna und Flora ausgewiesen. **Ursprüngliche Küstenlandschaft**

Point Reyes National Seashore erleben

AUSKUNFT
Bear Valley Visitor Center
1 Bear Valley Road
Pont Reyes Station, CA 94956
Tel. 1 415 4 64 51 00
www.nps.gov/pore
Mo. – Fr. 10.00 – 17.00,
Sa., So. 9.00 – 17.00 Uhr

WANDERN
Der Park bietet insgesamt über 240 km Wanderwege – von kurzen Spaziergängen bis zu anstrengenden, sechs- bis achtstündigen Wanderungen. Sehr interessant ist der etwa 1 km lange »Earthquake Trail«, der gegenüber vom »Bear Valley Visitor Center« beginnt und genau auf der San-Andreas-Verwerfung verläuft. Hinweisschilder erläutern die Vorgänge am Übergang von Erdkruste und Erdmantel. So driftet die Point-Reyes-Halbinsel mit einem Tempo von ein, zwei Zentimetern pro Jahr Richtung Alaska.

Der Übergang vom Festland zur Halbinsel ist mancherorts klar markiert: Die Grenze zu dem geschützten Gebiet liegt genau auf der San-Andreas-Verwerfung.

Miwok-Indianer waren die ersten Bewohner der Halbinsel. Archäologen lokalisierten bis jetzt mehr als 100 ihrer bis zu 5000 Jahre zurückreichenden Siedlungen. Einer der ersten Europäer, die hierher kamen, war **Sir Francis Drake**; 1579 ankerte der englische Freibeuter mit seiner »Golden Hinde« im Windschatten der Halbinsel. Im frühen 19. Jh. gründeten mexikanische Viehzüchter weitläufige Ranches, die bis heute bewirtschaftet werden.

SEHENSWERTES IM POINT REYES NATIONAL SEASHORE UND DESSEN UMGEBUNG

Strände
Die fast 20 km lange, schnurgerade Westküste der Halbinsel verfügt mit dem **North Beach** und **South Beach** über zwei der windigsten Strände am Pazifik. Hier sollte man weder baden noch surfen, dafür sind Spaziergänge v. a. im Küstennebel ein unvergessliches Erlebnis.

*Point Reyes Lighthouse
Point Reyes zählt zu den windigsten und nebligsten Küstenabschnitten am Pazifik und war daher lange Zeit ein gefährliches Hindernis für die Schifffahrt. Der 1870 am äußersten Punkt der Halbinsel 150 Meter über der Brandung auf einer winzigen, in den Fels gesprengten Plattform errichtete Leuchtturm entschärfte die Situation: Von Leuchtturmwärtern bemannt, warnte er die Seefahrer bis zu seiner Automatisierung im Jahr 1975. Heute ist in dem Leuchtturm ein klei-

Über 300 Stufen geht es hinunter zum Point Reyes Lighthouse.

nes **Museum** untergebracht. Eine Stahltreppe mit 300 Stufen führt vom Besucherzentrum über einen schmalen Grat zum Turm hinunter und zu einem grandiosen Blick auf die Küste.
❶ Fr. – Mo. 10.00 – 16.30 Uhr, Eintritt frei, www.nps.gov/pore

Auch wenn Hitchcock-Fans hier immer wieder nach Erinnerungen an den Thriller »Die Vögel« (1963) suchen, der in und um Bodega Bay (1500 Einw.) gedreht wurde, ist das 30 mi/48 km nordwestlich von Point Reyes gelegene Städtchen ein geschäftiger Fischerhafen geblieben. Heute erinnert nur noch das **»Tides Wharf & Restaurant«** an »Hitch«. Fans werden das Lokal jedoch kaum wiedererkennen, da es 1997 umgebaut wurde. Dort einzukehren lohnt sich dennoch: Jeder Tisch in dem rustikal-eleganten Restaurant bietet einen wunderschönen Meerblick (835 Hwy. 1). Zudem bietet Bodega Bay zahlreiche Möglichkeiten, die von Januar bis April stattfindende Wanderung der Wale von Alaska nach Mexiko zu beobachten.

*Bodega Bay

Das baumlose, als State Park geschützte Vorgebirge **Bodega Head**, ein paar Autominuten westlich von Bodega Bay, bietet ebenfalls gute Aussichtspunkte, um **Wale** zu **beobachten**. Vom Parkplatz aus führen Trails durch zu verschiedenen atemberaubenden Aussichten auf die Steilküste und den Pazifik. Mit etwas Glück ziehen die Wale in nächster Nähe vorbei (Hwy. 1, Abfahrt Eastshore Road).

Einige der dramatischsten Szenen für »Die Vögel« drehte Alfred Hitchcock ein paar Kilometer landeinwärts in dem 100-Seelen-Nest **Bodega** am Highway 1. Ein beliebtes Fotomotiv ist das etwas abseits liegende, als »Bodega School« firmierende **Potter School House**: Unvergessen ist die Szene, in der Rod Taylor Tippi Hedren und ihre Klasse vor blutgierigen Möwen rettet ...

⁎ Redwood Empire

K-M 3/4

Counties: Mendocino, Humboldt, Del Norte
Länge: ca. 480 km)

Als »Redwood Empire« bezeichnet man die kalifornische Nordküste und ihr gebirgiges Hinterland von ▶San Francisco bis zur Grenze des Bundesstaates Oregon. Hier breiten sich bis heute große Waldgebiete mit den höchsten Mammutbäumen der Welt aus.

Die Bestände an Mammutbäumen sind bedroht. Trotz Ausweisung von Schutzzonen werden immer wieder solche Riesenbäume gefällt. Und im Sommer 2008 setzten heftige, oft durch Blitzschlag oder Brandstiftung ausgelöste Waldbrände diesen Beständen zu.

Bedrohte Bestände

SEHENSWERTES IM REDWOOD EMPIRE

Der nach dem bekannten Naturforscher und Gründer des Sierra Clubs John Muir benannten **Wald aus Küstenmammutbäumen** (Redwoods, Seqouia sempervirens) erstreckt sich wenige Kilometer nördlich der Golden Gate Bridge. An den nach Südwesten ausgerichteten Hängen und Vorbergen des 784 m hohen **Mount Tamalpais** gedeihen zahlreiche Redwoods (▶Baedeker Wissen S. 174). Die höchsten Mammutbäume messen bis zu 115 Meter. In den ersten Jahrzehnten wachsen die Redwoods jährlich um etwa 30 Zentimeter, danach verlangsamt sich ihr Wachstum. Der älteste (inzwischen eingegangene) Mammutbaum in diesem Gebiet war 2200 Jahre alt. Das durchschnittliche Alter beträgt zirka 400 bis 800 Jahre.

Im Naturschutzgebiet **Muir Woods** gibt es viele Kilometer gut beschilderte Wanderwege. Auch im Sommer kann es hier gelegentlich recht kühl und neblig-feucht-neblig sein. Entsprechende Ausrüstung ist also angeraten. Nordöstlich oberhalb vom Muir Beach zweigt eine Panoramastraße vom legendären California Highway 1 ab und führt herrliche Ausblicke erschließend durch die urtümlichen Wälder an den Hängen des Mount Tamalpais.

**Muir Woods National Monument

Der weiter im Norden zwischen Garberville und Eureka gelegene gut 200 Quadratkilometer große State Park schützt höchst eindrucksvolle Redwood-Wälder. Die **Avenue of the Giants** genannte Nebenstraße der US 101 entlang dem Eel River (South Dark Eel River) verführt immer wieder zum Aussteigen und zur Wanderung zwischen den bis zu 100 Meter hohen Bäumen (▶Baedeker Wissen S. 174). Der Anblick der turmhohen Bäume ist schon vom Auto aus beeindruckend, doch beim Rundgang zwischen den Baumriesen im **Founders Grove** fühlt man sich wirklich wie ein Zwerg im Zauberwald.

**Humboldt Redwoods State Park

Ganz im Norden der gebirgigen kalifornischen Pazifikküste und in deren Hinterland – zwischen Eureka im Süden und Crescent City im Norden – erstreckt sich der für seine gigantischen **Küstenmammutbäume** (Sequoia sempervirens, Redwood) bekannte und in zwei Teile gegliederte Nationalpark. Er ist seit 1980 als UNESCO-Weltnaturerbe ausgewiesen. Die Bäume sind bis zu 111 m hoch (z. B. der »National Geographic Tree«) und damit die höchsten der Welt. Entlang der Küste kann man noch Seelöwen sowie Seeadler und die in ihrem Bestand gefährdeten Braunen Pelikane beobachten.

Im Nationalpark sind Wanderwege, Picknick- und Campingplätze angelegt. Besucherzentren sind eingerichtet in Crescent City (1111 2nd St.), am Prairie Creek (abseits des US 101 am Newton B. Drury

**Redwood National Park

Avenue of the Giants – die legendäre »Straße der Riesen« im Redwood Empire

Redwood Empire erleben

AUSKUNFT
Redwood National and State Park Information
1111 2nd St.
Crescent City, CA 95531
Tel. 1 707 4 65 73 35
www.nps.gov/redw/

Save the Redwoods League
114 Sansome St., Suite 1200
San Francisco, CA 94104,
Tel. 1 415 3 62 23 52
www.savetheredwoods.org

Muir Woods National Monument
Mill Valley, CA 94941-2696
Tel. 1 415 3 88 25 95
www.nps.gov/muwo

Humboldt Redwoods State Park Visitor Center
P.O. Box 100, Weaott, CA 95571
Tel. 1 707 9 46 24 09
www.humboldtredwoods.org
April – Okt. tgl. 9.00 – 17.00, Nov. bis März tgl. 10.00 – 16.00 Uhr, Eintritt frei, Parkgebühr 5 $

Crescent City / Del Norte County Chamber
1001 Front St.
Crecent City, CA 95531
Tel. 1 800 3 43 83 00
http://exploredelnorte.com/

ESSEN
Benbow Inn ●●●●
445 Lake Benbow Dr.
Garberville, CA
Tel. 1 707 9 23 21 24
In Garberville werden Gerichte der kalifornischen bzw. regionalen Küche in hübschem Tudor-Ambiente serviert; schöne Terrasse.

Eel River Brewing Co. Taproom & Grill ●●
1777 Alamar Way
Fortuna, CA
Tel. 1 707 7 25 27 39
Schmackhafte Gerichte mit und ohne Fleisch unter Verwendung nachhaltig erzeugter Produkte aus der Region und dazu süffige Biere aus eigener Brauerei.

ÜBERNACHTEN
Shawhouse Inn ●●●●
703 Main St., Ferndale, CA
Tel. 1 707 7 86 99 58
www.shawhouse.com
Die wunderschöne Frühstückspension mit ihren vornehmen Zimmern ist in einer im Jahre 1854 im viktorianischen Stil erbauten Villa eingerichtet.

Humboldt House Inn ●●
701 Redwood Dr., Garberville, CA
Tel. 1 707 9 23 27 71
www.humboldthouseinn.com
Das gut geführte Haus liegt direkt am US 101. Die Gäste werden hier mit einem wahrlich opulenten Frühstück verwöhnt.

Curly Redwood Lodge ●●
701 US 101 South
Crescent City, CA 95531
Tel. 1 707 4 64 21 37
www.curlyredwoodlodge.com
Das sachlich-moderne, gut geführte Motel wurde Anfang der 1950er-Jahre aus einem einzigen Redwood-Baum errichtet.

Redwood Empire • CA

Redwood Highway

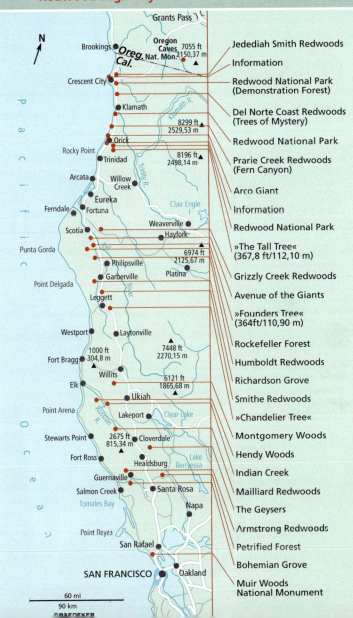

Mammutbäume

Die Riesen unter den Bäumen

Erst in den 1830er-Jahren wurden die zur Gattung der Sumpfzypressengewächse gehörenden Baumriesen im Westen der USA entdeckt. Die beiden wichtigsten Arten sind der in der Sierra Nevada gedeihende Riesenmammutbaum (Sequoiadendron giganteum) und der Küstenmammutbaum (Sequoia sempervirens), der wegen seines rötlichen Holzes auch als »Redwood« bezeichnet wird.

GENERAL SHERMAN TREE

32,5 m durchschnittliche Kronenbreite

▶ **»Hyperion«**
Mit knapp 116 m ist dieser Küstenmammutbaum im Redwood-Nationalpark derzeit der höchste Baum der Erde. Er ist wesentlich schlanker als der Riesenmammutbaum »General Sherman« und wird wohl auch »nur« maximal 1300 Jahre alt.

▶ **Volumen**
Mammutbäume haben gewaltige Volumina. So misst der General Sherman Tree derzeit 1487 Kubikmeter. Zum Vergleich ein Blauwal:

120 Kubikmeter

▶ **Altersringe (Querschnitt)**
Riesenmammutbäume können bis zu 3900 Jahre alt werden. Sie gehören somit zu den ältesten lebenden Pflanzen der Welt. Dieses Alter entspricht rund 130 Menschengenerationen.

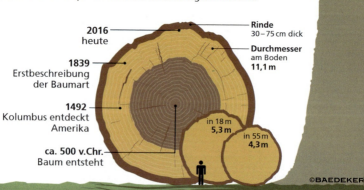

- **2016** heute
- **1839** Erstbeschreibung der Baumart
- **1492** Kolumbus entdeckt Amerika
- **ca. 500 v.Chr.** Baum entsteht

- **Rinde** 30–75 cm dick
- **Durchmesser** am Boden **11,1 m**
- in 18 m **5,3 m**
- in 55 m **4,3 m**

©BAEDEKER

▶ **»General Sherman Tree«**
Der im Sequoia Nationalpark stehende Riesenmammut ist momentan der größte der Erde gemessen am Volumen. Sein Alter wird auf 2300 bis 2700 Jahre geschätzt.

83,8 m
Gesamthöhe

39,6 m
bis zum ersten großen Ast

Wurzeln
Tiefe: 1 m
Breite: 30 m

zum Vergleich
Kauri (Neuseeland)   **Eiche**

▶ **Feuerresistenz**
Mammutbäume sind dank ihrer bis zu 75 cm dicken Rinde enorm feuerbeständig. Gelegentliche Waldbrände begünstigen auch ihre Fortpflanzung.

1
Der Baum steht im Wald und konkurriert mit anderen Planzen um Nährstoffe und Licht.

2
Ein Feuer bricht aus oder wird kontrolliert gelegt. Durch die aufsteigende Hitze öffnen sich die Zapfen.

3
Samen fallen auf die fruchtbare Ascheschicht und können sich mangels Konkurrenz gut entwickeln.

▶ **Verbreitungsgebiete**
Riesenmammutbäume gedeihen vor allem in westexponierten Lagen der Sierra Nevada und hier oft in isolierten Talschluchten (»groves«). Derzeit sind rund 14 000 Hektar von diesen gewaltigen Bäumen bestanden.

■ Riesenmammut
■ Küstenmammut

Portland
OREGON

Hyperion
Redwood National Park

General Sherman
Sequoia National Park

San Francisco

KALIFORNIEN

Parkway), bei Hiouchi (am US 199), im Jedediah Smith State Park (am US 101 bei Hiouchi) sowie bei Orick (am US 101).

Der Redwood-Nationalpark wird zusammen mit den State Parks Del Norte Coast, Jedediah Smith und Prairie Creek verwaltet. Markierte **Wanderwege** führen zu den imposantesten Mammutbäumen. Ferner sind über 50 mi/80 km Trails für Mountainbiker ausgewiesen.

*Crescent City
Die wie eine Mondsichel geformte Bucht gab dem nahe der Grenze zu Oregon gelegenen 8000-Einwohner-Städtchen seinen Namen. Wer die turmhohen Bäume des Redwood National Park bestaunen will, findet hier einen idealen Stützpunkt.

Crescent City wurde anno 1851 von Goldsuchern besiedelt und wenig später zur Hafenstadt ausgebaut. Hauptattraktion des Ortes ist das **Battery Point Lighthouse**. Dieser Leuchtturm wurde im Jahr 1855 errichtet. Er ist heute der älteste noch in Betrieb befindliche Leuchtturm Kaliforniens.

Im **Del Norte County Historical Society Museum** wird man über die Indianerstämme informiert, die einstmals in dieser Gegend gelebt haben. Auch die verheerende Tsunami-Katastrophe, von der die Hafenstadt 1964 getroffen wurde, ist ein Thema.

Haie, Seelöwen, Seeotter und viele andere Bewohner des Pazifiks und seiner Küsten kann man in der Ocean World, einer beliebten Attraktion unten am Hafen, beobachten.

Battery Point Lighthouse: April–Sept. Mi.–So. 10.00–16.00 Uhr, Eintritt frei, Spende erbeten, www.delnortehistory.org

Del Norte County Historical Society Museum: 577 H St., Mai–Sept. Mo.–Sa. 10.00–16.00 Uhr, Eintritt frei, www.delnortehistory.org

Ocean World: 304 Hwy. 101 S., Führungen Sommer tgl. 8.00–20.00, Winter tgl. 10.00–18.00 Uhr, Ticket 12,95 $, www.oceanworldonline.com

* Sacramento

N 6

County: Sacramento
Höhe: 8 m ü.d.M.
Einwohnerzahl: 486 000

Die Hauptstadt Kaliforniens ist wenig älter als der Bundesstaat selbst. Heute leben in ihrem Einzugsbereich über zwei Millionen Menschen. Sacramento hat sich in jüngerer Zeit auch zu einem wichtigen Handels- und Technologiezentrum entwickelt.

Hauptstadt Kaliforniens
Sacramento liegt etwa 150 km nordöstlich von San Francisco an der Straße US 80 und ist seit 1854 die Hauptstadt des US-Bundesstaates

Vorbild für das California State Capitol war das Parlamentsgebäude in Washington D.C.

California. Im Jahr 1839 gründete **Johann August Sutter** die Stadt und benannte sie nach dem Fluss, an dessen Unterlauf sie liegt. Das alte Sutter's Fort wurde wieder aufgebaut und ist heute eine touristische Attraktion. Nicht nur mehrere Überschwemmungen, auch wiederholte Brände setzten der Stadt bis in die frühen 1950er-Jahre zu. Um 1980 restaurierte man den direkt am Sacramento River gelegenen alten Stadtkern, der seitdem als **»Old Sacramento«** eine touristische Attraktion ersten Ranges ist.

Nachdem im Jahr 1848 am südlichen Arm des **American River** Gold gefunden wurde und kurz darauf eine wahre Völkerwanderung von Glückssuchern nach Kalifornien einsetzte, entwickelte sich Sacramento zu einer wichtigen Versorgungsstation für die Schürfgebiete. Und als 1854 nach mehreren Provisorien eine dauerhafte Hauptstadt für den jungen US-Bundesstaat Kalifornien gesucht wurde, konnte Sacramento gewichtige Konkurrenten wie Berkely, San Jose und Monterey aus dem Feld schlagen. Im Jahr 1856 wurde zwischen Sacramento und Folsom die erste kalifornische Eisenbahnlinie eröffnet, die man 1869 an die transkontinentale Eisenbahnlinie zwischen der Ost- und der Westküste anschloss. Auch nach dem Verebben des Goldrausches blieb Sacramento ein wichtiger Handels- und Umschlagplatz, nun für die landwirtschaftlichen Produkte aus dem fruchtbaren Sacramento-Tal.

SEHENSWERTES IN SACRAMENTO

*California State Capitol   Das alte neoklassizistische Capitol mit dem 71 Meter hohen Dom entstand 1861 bis 1874, angelehnt an das Parlamentsgebäude in Washington D.C. Die glänzenden Mosaikfußböden aus Marmor und die vielen Kristallleuchter machen die Sitzungsräume des Parlaments zu einem beliebten Anziehungspunkt für Besucher. Sehenswert ist die fast 37 Meter hohe Rotunda. Große Wandgemälde zitieren Schlüsselszenen aus der Geschichte des Staats Die malerische, sich über mehrere Blocks erstreckende **Gartenanlage** macht das Gebäude zu einem der schönsten Kapitole in den USA.

Im nordöstlichen Teil des Capitol Park (L und 15th Street) erhebt sich eine bronzene Skulpturengruppe (1988), das **Vietnam War Memorial**, das ausschließlich mit Hilfe von Spenden errichtet wurde und der 5822 in diesem Krieg gefallenen und vermissten Kalifornier gedenken soll.

❶ 10th St. & Capitol Mall, tgl. 9.00 – 17.00, Führungen stdl. 10.00 – 16.00 Uhr, Eintritt frei, http://capitolmuseum.ca.gov

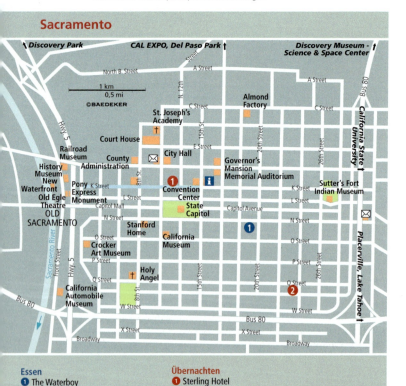

Essen
❶ The Waterboy

Übernachten
❶ Sterling Hotel
❷ Best Western Sutter House

Sacramento erleben

AUSKUNFT
Sacramento Visitors Center
1002 2nd St.
Old Sacramento, CA 95814
Tel. 1 916 4 42 76 44
www.visitsacramento.com

STADTBESICHTIGUNG
Downtown Sacramento Walking Tours
Tel. 1 916 4 42 85 75
www.sacramentoheritage.org/walking.html
Tour-Ticket 10 $
Hier erfahren Besucher, wie die Hauptstadt Kaliforniens entstanden ist, warum die Bürgersteige hohl sind und wieso es im Crest Theatre spukt.

Hornblower Old Sacramento
1206 Front St.
Tel. 1 916 4 46 11 85
www.hornblower.com
River Cruise Tickets ab 20 $
Sightseeing-, Brunch-, Dinner- und Abendrundfahrten auf dem Sacramento River mit Ausflugsschiffen.

SHOPPING
Old Sacramento Historic District
Netter Einkaufsbummel, rund 100 Boutiquen (meist Souvenirs, Schmuck und Kunsthandwerk), sehr touristisch.

Arden Fair
I-80/Arden Way
Gute Mall

Westfield Galleria at Roseville
I-80, Exit SR 65
Riesige Shopping Mall

ESSEN
❶ The Waterboy €€€€
2000 Capitol Ave.
Tel. 1 916 4 98 98 91
In der Küche dieses eleganten Restaurants werden nicht nur Genüsse der amerikanischen, sondern auch der französischen Küche mit allerbesten Zutaten kreiert.

ÜBERNACHTEN / ESSEN
❶ Sterling Hotel €€€
1300 H St.
Sacramento, CA 95814
Tel. 1 916 4 48 13 00
http://sterlinghotelsacramento.com
Man übernachtet sehr komfortabel in einem gut restaurierten viktorianischen Gebäude. Bestens speist man im Restaurant »Chanterelle«.

❷ Best Western Sutter House €€
1100 H St.
Sacramento, CA 95814
Tel. 1 916 4 41 13 14
www.thesutterhouse.com
Das Haus liegt nicht weit von den Sehenswürdigkeiten entfernt. Das gestylte Grapes-Restaurant serviert moderne kalifornische Küche.

The California Museum

Einen Block südlich vom State Capitol wird die **Geschichte des Golden State** und seine Rolle für die USA kreativ und anregend präsentiert. Die **California Hall of Fame** feiert berühmte Kalifornier, die Dauerausstellung **California's Remarkable Women** würdigt die

Die 1863 gebaute Dampflok No. 1 CP Huntington der Southern Pacific Railroas gehört zu den Stars des Eisenbahnmuseums.

Verdienste von mutigen und selbstbewussten Frauen in allen Bereichen der kalifornischen Gesellschaft.
- 1020 O St., Mo. – Sa. 10.00 – 17.00, So. 12.00 – 17.00 Uhr, Eintritt 9 $, www.californiamuseum.org

California State Railroad Museum Mit einer Ausstellungsfläche von 10 000 m² ist das California State Railroad Museum **eines der größte Eisenbahnmuseem der Welt**. Hier kann man bestens gepflegte **Lokomotiven und Eisenbahnwaggons** bestaunen. Zu den Stars der Ausstellung gehört die 1863 in New Jersey für die Central Pacific Railroad gebaute und dann rund um Kap Hoorn nach San Francisco verschiffte »No. 1 C.P. Huntington«. Sie kam später in den Besitz der der Southern Pacific Railroad. Auich die 1876 konstruierte Dampflok »Sonoma« der North Pacific Coast Railroad verdient Beachtung. Sehr ins Auge fällt der silbern glänzende, in den 1930er-Jahren gebaute Speisewagen namens »Cochiti« der Atchison, Topeka & Santa Fe Railway, Recht eindrucksvoll ist auch der nobel ausgestattete Waggon »Coach No. 3 Silver State« der Nevada Central Railway.

Mit der Eintrittskarte kann man auch die 1870 erbaute **Central Pacific Railroad Station** besichtigen. Hier fühlt man sich in die zweite Hälfte des 19. Jh.s zurückversetzt.
- 125 I St, Old Sacramento State Historic Park, tgl. 10.00 – 17.00 Uhr, Eintritt 10 $, Museumsbahnfahrten April – Sept. Sa., So. stdl. 11.00 – 17.00 Uhr, Ticket 12 $, www.csrmf.org

Sacramento • CA

Ein restauriertes viktorianisches Gebäude und ein moderner Anbau beherbergen das Crocker Art Museum, das 1873 begründete älteste Kunstmuseum im Westen der Vereinigten Staaten. Unter den Exponaten befinden sich neben Gemälden und Zeichnungen kalifornischer Künstler auch Kunstwerke europäischer und ostasiatischer Herkunft sowie ansprechende Fotokunst.

Crocker Art Museum

❶ 216 O St., Di.–So. 10.00–17.00, Do. bis 21.00 Uhr, Eintritt 10 $, http://crockerartmuseum.org

Die 1878 entstandene prächtige **viktorianische Villa** diente 13 kalifornischen Gouverneuren als Residenz, zuletzt Ronald Reagan, der sie von 1966 bis 1975 bewohnte.

Historisches Gouverneurshaus

❶ 1526 H St., Juli/Aug. tgl. 10.00–17.00, sonst Di.–So. 10.00–17.00 Uhr, Eintritt 5 $, www.parks.ca.gov

Ein Teil der Altstadt – zwischen der I und M Street sowie zwischen 2nd und Front Street – präsentiert sich heute wieder wie in der zweiten Hälfte des 19. Jahrhunderts, als man das Stadtzentrum wegen immer wieder auftretender Überflutungen durch den Sacramento River erhöhen musste. Inzwischen sind über fünfzig historische Bauten liebevoll restauriert bzw. nach alten Vorlagen wiederaufgebaut worden – einschließlich der Bordsteine und des Straßenpflasters, über das heute wieder Kutschen rollen.

*Old Sacramento

Zu den Höhepunkten der vor allem für konsumfreudige Touristen hergerichteten Altstadt gehören u.a. die **1849 Scene** und der **Pioneer Park** westlich I & J Street, die **Riverfront Promenade** südlich der Tower Bridge, der **Bahnhof und die Frachtgebäude der Central Pacific Railroad** sowie der **Waterfront Park** an der Front Street zwischen K Street und L Street. Im **Eagle Theatre** (um 1849) erfährt man Interessantes aus der Stadtgeschichte, Gelegentlich werden hier auch noch Theaterstücke aufgeführt..

Die populärwissenschaftliche Einrichtung präsentiert die Themen Stadtgeschichte inklusive Goldrausch, Natur und Technik, Wissenschaft und Technologie. Im Planetarium erfährt viel Interessantes über das Weltall bzw. den Sternenhimmel.

*Discovery Science & Space Center

❶ 23615 Auburn Blvd., Di.–Fr. 12.00–16.30, Sa., So. 10.00–16.30 Uhr, Eintritt 6 $, www.thediscovery.org

Das Fort war einst der **erste Vorposten europäischer Einwanderer im Innern Kaliforniens**, von dem deutsch-schweizerischen Einwanderer Johann August Sutter 1839 errichtet. Das Adobe-Haus wurde im gleichen Stil wieder errichtet und beherbergt heute Relikte aus der Pionier- und Goldrauschzeit, ferner Ausstellungsstücke, die an den Stadtgründer erinnern, dessen ausgedehnte Ländereien bis über den American River bei ▶Coloma und an die Pazifikküste bei ▶Fort Ross

*Sutter's Fort State Historic Park

reichten. Nach Entdeckung des Goldes wurde Sutter von Goldgräbern überrannt. Das auf dem Gelände befindliche **State Indian Museum** bietet hervorragende Einblicke in die Lebensweise der kalifornischen Ureinwohner.

Sutter's Fort: 2701 L St., tgl. 10.00 – 17.00 Uhr, Eintritt 5 $,
www.parks.ca.gov

State Indian Museum: 2618 K St., tgl. 10.00 – 17.00 Uhr, Eintritt 3 $,
www.parks.ca.gov

California Automobile Museum

Das 1987 gegründete Automuseum beherbergt eine Sammlung von 150 Ford-Wagen und historischen Modellen von Studebaker, Buick und Packard.

❶ 2200 Front St., tgl. 10.00 – 18.00 Uhr, Eintritt 8 $,
www.calautomuseum.org

★★ San Francisco

O 5

County: San Francisco
Höhe: 0 – 282 m ü.d.M.
Einwohnerzahl: 837 000 (Großraum 7,5 Mio.)

Die Stadt auf 43 Hügeln gehört zu den magischen Reisezielen der USA. Ein Ort, an dem Besucher zu Fuß eine Reise durch die Kulturen der Welt unternehmen können, so dicht liegen die ethnisch geprägten Stadtteile beieinander. Vielleicht ist das beschwingte Lebensgefühl der Bewohner auch wie der Tanz auf einem Vulkan. Schließlich zieht sich der instabile San-Andreas-Verwerfung quer unter San Francisco durch.

Goldgräber und Glückssucher

Die Kultur- und Finanzmetropole der Bay Region, in der rund sieben Mio. Menschen leben, ist seit den Tagen des Goldrausches **Traumziel der Unternehmungslustigen, Glücksritter und Querdenker**, aller, die etwas bewegen oder einfach anders sein wollten. In San Francisco wurde während des Goldrausches kein Edelmetall in der Erde gefunden, aber mit der Beherbergung, Versorgung und Unterhaltung Zehntausender Vermögen gemacht. Die Stadt erlebte einen Aufstieg als Versorgungszentrum und Sündenbabel. Im Jahr 1847 wurden noch 459 Einwohner gezählt, drei Jahre später waren es 25 000, um die Jahrhundertwende waren es 342 000. Doch es waren nicht nur Glückssucher und Goldgräber aus dem Osten des Kontinents, die sich in San Francisco ansiedelten. Tausende chinesischer Bauarbeiter, die dazu beitrugen, dass die transkontinentalen Eisenbahnlinien den Westen erreichten, gründeten Chinatown. Fast 90 000 chinesischstämmige Bürger leben heute in der Stadt.

Als am 18. April 1906 die Erde erbebte und große Teile der Stadt in Trümmer sank, dachten nicht wenige, das jüngste Gericht wäre angebrochen. Die San-Andreas-Verwerfung, eine Reibungsfläche zweier Erdplatten direkt unter der Stadt, hatte sich nachdrücklich bemerkbar gemacht. Schlimmer noch als das Beben wütete das Feuer. Zerstörte Gasleitungen entzündeten sich und ein heftiger Wind fachte die Flammen weiter an. Der Brand forderte 500 Menschenleben und zerstörte 28 000 Häuser.

Doch wie der Vogel **Phoenix**, das Symbolbild von San Francisco, sich aus der Asche erhebt, erlebte auch die Stadt eine rasche Wiedergeburt. Schon zur Panama-Pacific-Ausstellung im Lincoln Park zur Feier des gerade eröffneten Panama-Kanals, zeigte sich die Metropole am Golden Gate der Welt in neuem Gewand. Zuwanderer, mexikanische Landarbeiter aus dem Süden und Afro-Amerikaner aus den Südstaaten, die in Fabriken und auf den Werften arbeiten, ergänzten die ethnische Vielfalt.

Seit 1873 rumpeln Cable Cars über die Hügel von San Francisco.

In den 1950er-Jahren machten intellektuelle Literaten von sich reden. Die Beat Generation schrieb vom Leben jenseits der Konventionen und provozierte mit ihren Texten das Establishment. Zehn Jahre später machten »Blumenkinder« San Francisco zum Fixpunkt ihrer Träume vom Ausstieg aus den Zwängen der Gesellschaft.

Beat Generation, Hippies und Schwule

Der **»Summer of Love«** von 1967 markierte den Höhepunkt der Hippiebewegung, der Stadtteil Haight Ashbury war ihr Zentrum. San Francisco gilt seit den 1970er-Jahren als Metropole für Homosexuelle beiderlei Geschlechts.

Die Regenbogenfahnen der Gay Community flattern vor allem im **Castro-Distrikt**. Auf 15 bis 20 Prozent wird ihr Anteil an der Bevölkerung geschätzt. In San Francisco bilden sie nicht, wie in den meisten anderen Regionen der USA, eine diskriminierte Randgruppe der Gesellschaft, sondern gehören ganz selbstverständlich dazu. Die Immunschwäche Aids hat seit den 1980er-Jahren der Unbeschwertheit einen schweren Schlag versetzt, doch inzwischen scheint die Bedro-

CA • San Francisco

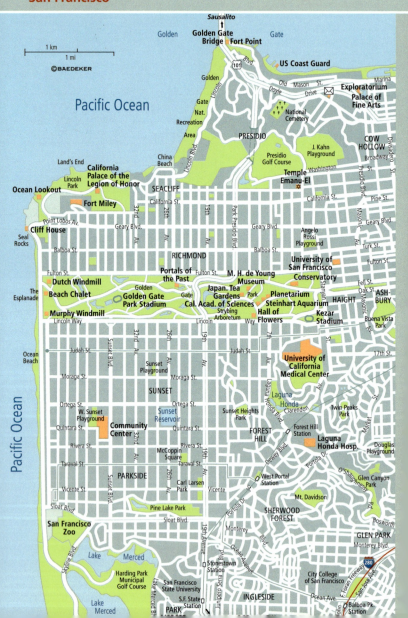

San Francisco • CA

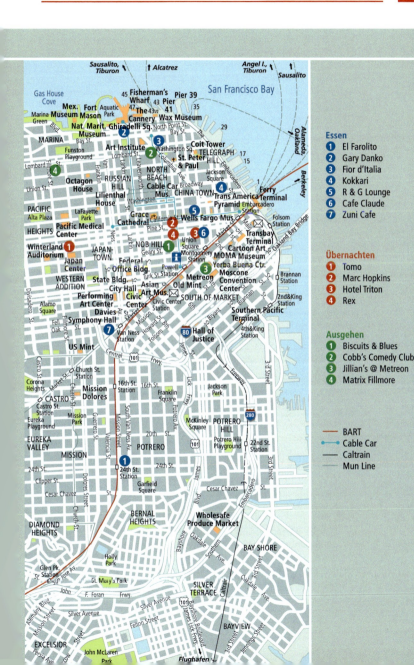

Highlights in San Francisco

► **Chinatown**
Asiatisch bunte und exotisch duftende Stadt in der Stadt
►Seite 193

► **Cable Car**
Seit nunmehr 140 Jahren fahren die berühmten Standseilbahnen über die Hügel der Stadt.
►Seite 198

► **Fisherman's Wharf**
Frühmorgens werden hier Fische verkauft, später kommen erste Touristen zum Bummeln und Shoppen.
►Seite 201

► **Museum of Modern Art**
Klassische Moderne und zeitgenössische Kunst finden hier eine angemessene Umgebung.
►Seite 202

► **Golden Gate Bridge**
Eine der längsten und schönsten Hängebrücken, die jemals gebaut wurden
►Seite 206

► **Exploratorium**
Mehr als 650 interaktive Exponate machen das Wissenschaftsmuseum zum Abenteuerpark.
►Seite 204

► **California Palace of the Legion of Honour**
Eines der bedeutendsten Kunstmuseen Kaliforniens. Es besitzt u.a. eine ausgezeichnete Sammlung von Rodin-Plastiken.
►Seite 205

► **Golden Gate Park**
Der zirka 3 mi/5km lange Park erstreckt sich bis zum Pazifik. Hier gibt es Museen, diverse Sportanlagen und auch ein japanisches Teehaus.
►Seite 208

► **Alcatraz**
Auch Al Capone war hier. Nicht freiwillig, genausowenig wie die anderen Insassen dieses Zuchthauses auf einer Insel in der Bay. Heute tummeln sich hier neugierige Touristen.
►Seite 210

hung durch die Krankheit das tägliche Leben nicht mehr so zu dominieren. An den beiden großen Festen, der »Pride Parade« Ende Juni und dem verrückten Halloween Ende Oktober, demonstriert die Szene Fantasie und Lebensfreude.

Tourismus Für die Wirtschaft von unschätzbarem Wert sind die vielen Hotels und Restaurants. Die Stadt ist ein derartiger Magnet, dass sie alljährlich viermal so viele Besucher anzieht, wie sie Einwohner hat, wobei fast ein Drittel dieser drei Millionen zu Kongressen kommt. San Francisco gehört nach wie vor zu den beliebtesten Reisezielen weltweit, auch wenn die Zeiten und Verhältnisse etwas ruhiger geworden sind und der Stadt die allgemeinen Probleme von Ballungsgebieten nicht fremd sind.

San Francisco erleben

AUSKUNFT
San Francisco CVB
900 Market St. (Ecke Powell St.)
San Francisco, CA 94102-2804,
Tel. 1 415 3 91 20 00
www.sanfrancisco.travel/

REISEZEIT
Die schönsten Monate sind April, Mai, September und Oktober. Zwischen November und März kann es recht feucht werden. Von Juni bis August ist es oft bedeckt, kühle Küstennebel ziehen vom Meer in die Bucht. Doch meist siegt die Sonne um die Mittagszeit und vertreibt den feuchten Dunst.

ANREISE
San Francisco Int. Airport
Tel. 1 650 8 21 82 11
www.flysfo.com
Der Flughafen liegt ca. 20 km südlich der Stadt. Ein AirTrain verbindet die einzelnen Flughafen-Terminals mit der Flughafenstation der Schnellbahn BART, mit der man zügig ins Stadtzentrum gelangt (einfache Fahrt ca. 8 $). Shuttle-Busse und Minivans pendeln zwischen dem Flughafen und allen größeren Hotels sowie den Parkplätzen der Mietwagenfirmen (teils gratis oder nur für ein Trinkgeld). Eine Taxifahrt vom Flughafen ins Stadtzentrum kostet 40 – 70 $.

Auto
Die US 101 überquert die Öffnung der Golden Bay über die weltberühmte Hängebrücke (Brückenzoll stadteinwärts: 6,50 $) und führt von Nord nach Süd durch die Stadt. Der I-5 passiert San Francisco weiter landeinwärts ebenfalls in Nord-Süd-Richtung. Der I-80 erreicht San Francisco von Osten her über die lange San Francisco-Oakland Bay Bridge.

Amtrak-Reisezüge
Tel. 1 800 8 72 72 45, www.amtrak.com
Endstation der Amtrak-Reisezüge ist der Bahnhof am Jack London Square in Oakland. Von dort fahren Shuttle-Busse weiter nach San Francisco.

Greyhound-Busse
Tel. 1 800 2 31 22 22
www.greyhound.com
Die Greyhound-Fernbusse kommen im Transbay Terminal (Ecke 1st St./Market St) an.

CITY-PASS
Preis: 94 $ (Erwachsener) bzw. 69 $ (Kind), Infos: www.citypass.com
Der City-Pass lohnt für alle Besucher, die sich mehrere Tage in San Francisco aufhalten. Er schließt die Fahrt mit öffentlichen Verkehrsmitteln (auch Cable Car), den Eintritt in mehrere Attraktionen sowie eine Bay Cruise (Bootsfahrt) mit ein.

ÖFFENTLICHER PERSONENNAHVERKEHR
Muni
Tel. 415 7 01 23 11, www.sfmta.com
Der Verkehrsverbund von San Francisco umfasst ein engmaschiges Netz von Straßenbahn-, Trolley- und Buslinien sowie die Cable Cars. Alle Sehenswürdigkeiten sind also für wenig Geld erreichbar..

Straßenbahn
Die beliebten Straßenbahnen der Linie F folgt der Market Street vom Castro District und fährt weiter bis zur Fisherman's Wharf.

Cable Car

Seit 1873 transportiert die weltberühmte Cable Car (▶Zeichnung S. 198) Einheimische und vor allem Besucher aus aller Welt auf drei Strecken in gemächlichem Tempo über die Hügel zwischen Pazifik und San Francisco Bay.

Schnellbahn BART

Bay Area Rapid Transit (BART)
Tel. 1 415 9 89 22 78, www.bart.gov
Diese moderne Schnellbahn verbindet San Francisco mit der östlichen Nachbarstadt Oakland und anderen Vororten.

TAXI

Yellow Cab, Tel. 1 415 3 33 33 33
Luxor Cabs, Tel. 1 415 2 82 41 41
An größeren Hotels findet man meist Taxis, ansonsten ist es am besten, eines per Telefon zu bestellen..

FÄHREN

Alameda Oakland Ferry

Tel. 1 510 7 49 59 72
www.eastbayferry.com
Diese Fähre verbindet San Francisco mit Angel Island, Oakland und Alameda. Tickets können an Bord gelöst werden.

San Francisco Metro

San Francisco • CA

Golden Gate Ferry Service
Tel. 1 415 4 55 20 00
www.goldengateferry.org
Die Fähren pendeln zwischen dem San Francisco Ferry Building (Market Street), Sausalito und Larkspur.

Blue & Gold Fleet
Tel. 1 415 7 05 82 00
www.blueandgoldfleet.com
Die Schiffe der blau-goldenen Flotte legen von Pier 41 ab nach Sausalito, Tiburon und Vallejo sowie nach Angel Island, Oakland und Alameda.

MIT DEM AUTO IN DIE STADT
Parkplätze sind rar und sehr teuer, die Autos, Lieferwagen etc. quälen sich mühsamst durch die oft recht engen Straßen. Wesentlich besser kommt voran, wer öffentliche Verkehrsmittel benutzt oder gar zu Fuß geht.

STADTRUNDFAHRTEN
49-Mile Scenic Drive
Mit Hilfe einer Straßenkarte (erhältlich beim San Francisco Information Center Powell & Market Streets) kann man die Stadt auf reizvoller Strecke mit dem Auto abfahren.

Gray Line
Tel. 1 888 4 28 69 37
www.sanfranciscosightseeing.com
Stadtrundfahrten per Bus

Great Pacific Tour Co.
Tel. 1 415 6 26 44 99
www.greatpacifictour.com
Amüsante Touren mit dem Minivan

SHOPPING
In San Francisco kann man wunderbar einkaufen, in eleganten Geschäften des Zentrums, verführerischen Shopping-Arkaden oder in originellen Geschäften in unterschiedlichen Stadtteilen. Rund um den **Union Square** im Zentrum verliert man sich in Kaufhäusern der Edelklasse, Sportgeschäften wie Nike Town oder diversen Buchläden. Das **Embarcadero Center** mit 125 Geschäften aller Art und diversen Restaurants beim Hyatt Regency geht über drei Ebenen. Im **Japan Center** an der Ecke von Post und Geary St. kann man nicht nur in verschiedenen Restaurants und Sushi-Imbissen japanisch speisen, sondern vom Kimono bis zum Papierdrachen japanisch einkaufen. In **Chinatown** ist das Angebot von chinesischen Gebrauchsartikeln, Kitsch und Kunst gewaltig. Für Second-Hand-CDs, Klamotten oder Bücher ist die Haight Street eine gute Adresse. Auf der **Fisherman's Wharf** sowie **Pier 39**, außerdem in benachbarten munteren Einkaufszentren **Ghirardelli Square** und der **Cannery Row** findet man originelle Geschäfte und viel Kitsch.

AUSGEHEN
San Franciscos Nachtleben ist elegant und trendy – und oft auch erfrischend unprätentiös. Über das aktuelle Wann und Wo informieren die »San Francisco Weekly« (www.sfweekly.com) und der »San Francisco Bay Guardian« (www.sfbg.com). Am meisten los ist in den Bars rund um den Union Square, in North Beach, im Mission District und in SoMa.

❶ *Biscuits & Blues*
401 Mason St. (am Union Square)
Tel. 1 415 2 92 25 83
Lebhaftes Restaurant, Bar und erstklassige Bluesbühne.

❷ Cobb's Comedy Club
915 Columbus Ave. (North Beach)
Tel. 1 415 9 28 43 20
Hier kann man die aktuellsten Stand-Ups des Landes erleben.

❸ Jillian's @ Metreon
175 4th St. (SoMa)
Tel. 1 415 3 69 61 00
Angesagter Nachtklub mit Live-Musik und Musik »aus der Dose«.

❹ Matrix Fillmore
3138 Fillmore St. (Marina District)
Tel. 1 415 5 63 41 80
Jefferson Airplane, Steve Miller Band, The Doors: Sie alle traten hier schon auf. Und auch heute noch agieren im Filmore vielversprechende Disc Jockeys.

ESSEN
❷ Gary Danko €€€€
800 North Point St.
Fisherman's Wharf
Tel. 1 415 7 49 20 60
Vollendete französische Kochkunst.

❹ Kokkari €€€€
200 Jackson St.
Financial District
Tel. 1 415 9 81 09 83
Köstliche Mittelmeerküche mit griechischen Schwerpunkten, göttliche Desserts (So. geschlossen).

❸ Fior d'Italia €€€€
2237 Mason St.
Tel. 1 415 9 86 18 86
Das im Jahr 1886 gegründete »Fior d'Italia« ist das älteste italienische Restaurant der Vereinigten Staaten. Es wird klassische norditalienische Küche serviert.

❻ Cafe Claude €€€
7 Claude Lane (Nähe Union Square)
Tel. 1 415 3 92 35 05
Originelle französische Bistro-Küche.

❼ Zuni Cafe €€€€
1658 Market St., Civic Center
Tel. 1 415 5 52 25 22
Immer voll, immer gut, bunt gemischtes Publikum. Die Küche bezieht ihre Anregungen aus aller Welt und vor allem aus dem mediterranen Raum.

❺ R & G Lounge €€
631 Kearny St., Chinatown
Tel. 1 415 9 82 78 77
Das Restaurant ist auf traditionelle kantonesische Küche spezialisiert, die aufs Appetitlichste serviert wird.

❶ El Farolito €
2779 Mission St.
Tel. 1 415 8 24 78 77
Äußerst beliebtes Lokal mit recht leckerer Tex-Mex-Küche in leichtem Fast-Food Ambiente.

ÜBERNACHTEN
❷ Mark Hopkins €€€€
999 California St., Nob Hill
Tel. 1 415 3 92 34 34,
www.intercontinentalmarkhopkins.com
Hotelklassiker aus den 1920er-Jahren, immer noch Spitze. In der Top of the Mark kann man zur Barmusik mit seinem Cocktail der untergehenden Sonne zuprosten.

❸ Hotel Triton €€€€
342 Grant Ave. (Nähe Union Square)
Tel. 1 415 3 94 05 00
www.hoteltriton.com
Designerhotel mit individuell gestalteten Zimmern und wirklich schicker Lobby.

San Francisco • CA

Der Morgencafé und das abendliche Glas Wein sind bereits inklusive.

❹ *Rex* ❻❻❻❻
562 Sutter St. (Nähe Union Square)
Tel. 1 415 4 33 44 34
www.jdvhotels.com/rex
Nobelherberge im Stil der 1930er- und 1940er-Jahre, in bester City-Lage, nur wenige Schritte von der Chinatown.

❶ *Tomo* ❻❻❻
1800 Sutter St., Tel. 1 415 9 21 40 00,
www.jdvhotels.com/tomo
Originelles Hotel in japanischem Stil mit bestens ausgestatten Räumlichkeiten und gutem japanischem Restaurant

KULTUR

Das Kulturangebot ist enorm. Das Sinfonieorchester (Tel. 1 415 8 64 60 00) spielt in der **Davis Symphony Hall**. Das berühmte City Ballet (Tel. 1 415 8 65 20 00) tritt zwischen Februar und Mai im **War Memorial Opera House** auf. Hier residiert im Juni und von September bis Dezember auch die Oper. In drei Theatern, dem **Orpheum**, dem **Curran** und dem **Golden Gate Theater**, gastieren beliebte Tournee-Theatertruppen. Darüber hinaus verfügt San Francisco über eine Vielzahl von Sprech- und Musicaltheatern, darunter das **American Conservatory Theater** (Geary Theater, 415 Geary St.), das **Lamplighters Music Theatre** (Yerba Buena Center), der **Club Fugazi** (678 Green St.), in dem seit 1974 das Stück »Beach Blanket Babylon« läuft, oder das **Cowell Theater** bei Fort Mason.
Einige Kinos zeigen vorzugsweise seltene, alte oder ausländische Filme in Originalsprache, z. B. das **Castro Theatre** (429 Castro St.), das **Embarcadero Center** oder das Kino im **Yerba Buena Center**.
Die **Fillmore Hall** (1805 Geary Blvd.) hat so manches klassische Rockkonzert gesehen. Man versucht, wieder an alte Zeiten anzuknüpfen.
Der **Bay Guardian** (www.sfbg.com), ein kostenloses Wochenblatt mit Infos und Anzeigen, liegt in Hotels und Restaurants aus. Ähnliches gilt für **San Francisco Weekly** (www.sf weekly.com). **Where** (www.where sf.com), ebenfalls kostenlos, erscheint monatlich. Im **Datebook** der Sonntagsausgabe des **San Francisco Chronicle** sind Veran-staltungen der Folgewoche aufgelistet.

EVENTS

Im Januar/Februar feiert die große chinesische Gemeinde der Stadt das Chinesische Neujahrsfest mit der New Year's Parade. Im April/Mai treffen sich seit 50 Jahren die Cineasten zum International Film Festival. Ende Juni steigt das »San Francisco Lesbian, Gay, Bisexual, Transgender Pride Celebration and Parade« mit einem schrillen Umzug und diversen Musikfestivitäten.

TICKETS

Tix Bay Area
350 Powell (Union Square)
Tel. 1 415 4 33 78 27
www.tixbayarea.org
Eintrittskarten zum halben Preis für Aufführungen des gleichen Tages
So. – Do. 8.00 – 16.00, Fr. – Sa. 8.00 – 17.00 Uhr.

City Box Office
180 Redwood St., Suite 100
Tel. 1 415 3 92 44 00,
www.cityboxoffice.com
Theater- und Veranstaltungstickets

In den vergangenen Jahren hat die Zahl der Sehenswürdigkeiten sogar noch zugenommen.
South of Market gehört mit Museen, Restaurants und Clubs inzwischen zu den Szenevierteln der Stadt, der Union Square wurde renoviert, ebenso wie der Embarcadero. Hier befördert eine Straßenbahn Fahrgäste parallel zu einer Promenade für Fußgänger und Biker zwischen Market Street und Fisherman's Wharf. Das frühere Militärgelande des Presidio gehört mittlerweile den San Franciscans als Erholungsgebiet. Und schließlich bezaubert die traumhafte Lage am Ausgang der San Francisco Bay nach wie vor Bewohner und Besucher täglich aufs Neue.

MARKET STREET · UNION SQUARE

Market Street Die breite Market Street, eine der wenigen das Rasternetz diagonal durchziehenden Straßen von San Francisco, bildet die Grenze zwischen dem einst heruntergekommenen Süden mit seinen breiten Straßen und dem vornehmen Norden der Stadt mit engen Straßen. Die Market Street führt weiter nach Südwesten zu den Twin Peaks, dann in nordöstlicher Richtung zur Embarcadero Plaza und zum Ferry Building an der San Francisco Bay. Links bei der Einmündung der Powell Street befindet sich die südliche Wendeplatte der Cable Cars.

Union Square Der Union Square gilt vielen als **inoffizieller Mittelpunkt der Stadt**. Hier laufen zahlreiche Verkehrslinien zusammen; hier befinden sich bedeutende Kaufhäuser und Hotels, dazu Museen und Kunstgalerien. Die wichtigsten Theater sind nur ein paar Schritte entfernt (in der Geary Street) und die Südwestecke des Platzes, Ecke Geary/Powell Street, gilt als die belebteste Ecke von San Francisco.
Grund und Boden des 2004 neu gestalteten Platzes wurden der Stadt von ihrem ersten amerikanischen Bürgermeister John W. Geary geschenkt, als dieser 1852 in seine Heimat Pennsylvania zurückzog. Seinen Namen erhielt der Union Square während des amerikanischen Bürgerkriegs (1861–1865), als hier Massenkundgebungen zugunsten der nördlichen Unionstruppen und gegen die abtrünnigen Südstaaten stattfanden.

Naval Monument Im Jahr 1903 wurde in der Platzmitte eine korinthische Granitsäule mit einer bronzenen Siegesgöttin errichtet. Diese erinnert an den Sieg Admiral George Deweys in der Bucht von Manila während des kurzen amerikanisch-spanischen Krieges von 1898. Auch heute finden auf dem Union Square noch politische Kundgebungen statt. Nachmittags und abends treten Straßenmusiker und Breakdancer auf.

San Francisco • CA

✱ CHINATOWN

Beiderseits der Grant Avenue – zwischen Bush Street und Columbus Avenue – erstreckt sich die neben New York größte »Chinatown« außerhalb Asiens. Die chinesischstämmigen Bewohner sind Nachkommen der seit Mitte des 19. Jh.s teilweise als Eisenbahnbauarbeiter eingewanderten Asiaten. Mit steigender Einwanderungszahl aus Asien hat Chinatown in den letzten vierzig Jahren einen Bevölkerungszuwachs auf knapp 100 000 Bewohner erfahren. Durch das Erdbeben von 1906 fast völlig zerstört, wurde das **Stadtviertel ganz im chinesischen Stil** und schöner als vor dem Beben wieder aufgebaut und bildet inzwischen mit seinen Tempeln, Theatern, Werkstätten, Kleinbetrieben, Geschäften, Antiquitäten- und Andenkenläden, den Apotheken mit ihren exotischen Arzneimitteln und den Teehäusern eine der beliebtesten Sehenswürdigkeiten von San Francisco.

Zweitgrößte Chinatown außerhalb Asiens

Die Ausstellung befasst sich mit der Geschichte der Chinesen in den Vereinigten Staaten von Amerika. In dem Museum sind Gegenstände, Fotografien und Dokumente gesammelt, die sich mit der Rolle der Chinesen während des Goldrauschs und der weiteren Geschichte von Kalifornien befassen.

Chinese Historical Society Museum

● 965 Clay St., Di. – Fr. 12.00 – 17.00, Sa. 11.00 – 16.00 Uhr, Eintritt 5 $, www.chsa.org

Ausdrucksstarkes Wandgemälde in Chinatown

Chinatown Gateway Ecke Grant Avenue/Bush Street erhebt sich das Tor Chinatown Gateway, das in nostalgisch ostasiatischer Bauweise mit Drachen und anderen Tieren verziert ist.

Old St. Mary's Cathedral An der Ecke Grant Ave./California St. steht die älteste katholische Kirche von San Francisco. Im Jahr 1854 erbaut, wurde sie durch das Erdbeben von 1906 sowie durch ein 60 Jahre später wütendes Feuer stark beschädigt, danach jedoch im alten Stil renoviert. Ursprünglich war sie eine Kathedrale, heute dient sie als Gemeindekirche.
❶ Grant Ave./California St., Mo.–Fr. 7.00–16.30, Sa. 10.00–18.00, So. 8.00–15.30 Uhr, Eintritt frei, Spende erbeten, www.oldsaintmarys.org

St. Mary's Square Von der Old St. Mary's Cathedral überblickt man den St. Mary's Square. Auf dem Platz erhebt sich das von Rafael Bufano geschaffene **Standbild von Dr. Sun Yat-sen**, dem ersten Präsidenten der Republik China (1911). Anfang des 20. Jh.s verbrachte er Jahre seines politischen Asyls in San Francisco.

Tien Hau Temple Im obersten Stockwerk des Hauses Nr. 125 Waverly Street (zwischen Washington St. und Clay Street) befindet sich der Tien Hau Temple, dessen Besichtigung möglich ist (Öffnungszeiten wechselnd). Der Tempel, bereits im Jahre 1852 an anderer Stelle gegründet, trägt den Namen der buddhistischen Himmelsgottheit.

Ehem. Bank of Canton Das recht eindrucksvolle pagodenartige Gebäude an der Ecke Grant Avenue/Washington Street beherbergte einstmals eine Filiale der Bank of Canton.

Buddha's Universal Church Die Buddha's Universal Church, der **größte buddhistische Tempel Amerikas**, wurde 1961 an der Ecke Washington/Kearny St. von Mitgliedern des Pristine Orthodox Dharma errichtet, einer amerikanisierten modernen Richtung des Buddhismus. Auf dem Tempeldach wächst neben einem Lotosteich ein Bodhi-Baum, angeblich aus einem Ableger jenes Baumes, unter dem vor mehr als 2500 Jahren der Buddha die Erleuchtung (Bodhi) erlangte. Die Besichtigung ist nur nach telefonischer Voranmeldung möglich (Tel. 1 415 9 82 61 16).

FINANCIAL DISTRICT

An der Montgomery Street, der Hauptstraße des Bankenviertels, erhebt sich das 43-stöckige Gebäude (171 m hoch) der Wells Fargo Bank mit dem **History Museum**, einer reichen Fundgrube zur frühen Geschichte Kaliforniens von der Zeit des Goldrausches (1848) bis zum Erdbeben (1906). Man sieht u. a. damals gemachte Goldfunde sowie ein besonders schönes Exemplar einer »Concord«-Kutsche, in denen die 1852 gegründete Wells Fargo Express Co. Passagiere und Fracht, v. a. Gold, beförderte.
 420 Montgomery St., Führungen Mo – Fr 9.00 – 17.00 Uhr n.V., Tel. 1 415 3 96 26 19, Eintritt frei, www.wellsfargohistory.com

Wells Fargo Bank

Nördlich vom Wells-Fargo-Bankgebäude erhebt sich die von William L. Pereira entworfene, 1972 vollendete Transamerica Pyramid. Dieser spitz zulaufende Wolkenkratzer zählt 48 Stockwerke und ist ein überall in San Francisco sichtbares **Wahrzeichen der Stadt**.

*Transamerica Pyramid

Nördlich hinter der Transamerica Pyramid erstreckt sich der Jackson Square, der 1972 zum historischen Distrikt erklärt wurde. **Geschäftshäuser des 19. Jahrhunderts** haben hier das Erdbeben von 1906 weitgehend überstanden und sind heute denkmalgeschützt, so beispielsweise das Mitte des 19. Jh.s errichtete Haus Nr. 472, eines der ältesten und schönsten Bürogebäude der Stadt.

Jackson Square

Zwischen Pine Street und California Street erhebt sich die 1969 vollendete, 232 Meter hohe 52 Stockwerke umfassende und marmorverkleidete Zentrale der **Bank of America.**

Bank of America

Das zwischen Embarcadero, Battery und Clay Street gelegene Embarcadero Center ist eines der originellsten Beispiele für Stadterneuerung. Shopping und Vergnügen spielen hier eine große Rolle. Die sechs Gebäude – fünf **Wolkenkratzer** mit 32 bis 42 Stockwerken sowie das 20-stöckige Hyatt Regency Hotel – hat der Architekt **John Portman** aus Atlanta entworfen. Vier Wolkenkratzer sind durch Fußgängerbrücken verbunden,. Diese bieten Zugang zu mehr als 175 Geschäften und Restaurants schaffen. Die Plazas zwischen den Gebäuden liegen auf verschiedenen Ebenen und sind durch etliche Skulpturen aufgewertet.

Embarcadero Center

Ferry Building Am Beginn der Market Street erhebt sich östlich der Embarcadero Plaza das 1896 bis 1903 erbaute **einstige Wahrzeichen von San Francisco** mit seiner neoromanischen Fassade und dem 70 m hohen Turm, der dem Glockenturm der Kathedrale von Sevilla, der Giralda, nachgebildet ist. Bis zur Erbauung der San Francisco – Oakland Bay Bridge und der Golden Gate Bridge war die Gegend um das Ferry Building Verkehrsknotenpunkt der San Francisco Bay. Täglich pendelten hier 170 Fähren zur anderen Seite der Bucht hinüber; inzwischen verkehrt nur noch eine Handvoll Boote nach Sausalito, Larkspur und Tiburon.
Feinschmecker genießen die Auslagen des **Gourmet Marketplace** in dem aufwendig renovierten Gebäude. Samstags, dienstags und donnerstags öffnet hier zudem der Farmer Market mit Blumen, Früchten und Gemüse seine Stände.

NÖRDLICHER INNENSTADTBEREICH

North Beach Nördlich von Chinatown bis zum Telegraph Hill an der Stelle eines noch um 1850 bestehenden Armes der Bucht erstreckt sich North Beach, einer der schillerndsten Stadtteile San Franciscos. Hier wohnten in erster Linie Italiener und ihre amerikanisierten Nachkommen. Der **Washington Square** ist das Zentrum von »**Little Italy**«. Im südöstlichen Teil des Stadtgebietes, besonders um den Broadway und die ihn schräg kreuzende Columbus Avenue erstreckt sich das **Hauptvergnügungsviertel von San Francisco** mit Nachtclubs, Jazzlokalen, Bars, Kabaretts, Theatern, Restaurants und Cafés.

Telegraph Hill Nördlich von North Beach erhebt sich an der Nordseite der Innenstadt der 90 m hohe Telegraph Hill, einer der 43 Hügel San Franciscos. An seinen Hängen liegen zahlreiche **Künstlerstudios sowie die Villen wohlhabender Bürger**. In den 1950er- und 1960er-Jahren war hier die Heimat von Kerouac, Ginsberg und anderen Dichtern der Beat-Generation. Der von Lawrence Ferlinghetti gegründete **City Lights Bookstore** (261 Columbus Ave.) gehört zu den besten Buchläden der Stadt.

*Coit Tower Der 150 m über dem Meeresspiegel auf dem Gipfel des Telegraph Hill aufragende 64 m hohe Coit Tower ist einer der besten Aussichtspunkte San Franciscos. Der Name geht auf **Lillie Coit** (1843 – 1929) zurück, Ehrenmitglied einer Feuerwehrkompanie, die den Turm 1934 zu Ehren der Feuerwehr bauen ließ in Form einer freistehenden Säule, die an die Düse eines Feuerwehrschlauchs erinnert. Die 25 Wandgemälde im Inneren wurden im Rahmen von Arbeitsbeschaffungsmaßnahmen der Roosevelt-Regierung in den 1930er-Jahren von mehr als 25 Künstlern geschaffen. Die sozialkritischen Aussagen

Steil und kurvenreich: die Lombard Street am Russian Hill

der Bilder zu den Auswirkungen der Großen Wirtschaftkrise führten nach Eröffnung des Coit Tower zu heftigen Kontroversen.
❶ 1 Telegraph Hill Blvd., tgl. 10.00 – 18.00 Uhr, Aufzug 8 $, http://sfrecpark.org

Ein Abschnitt der am Russian Hill verlaufenden **»crookedest street«** (»kurvenreichste Straße«) schlängelt sich mit abschüssig in zehn mit Hortensien bepflanzten Haarnadelkurven bergab. Spätestens seit dem Herbie-Film »Ein toller Käfer« und der Krimi-Serie »Straßen von San Francisco« ist sie eine Touristenattraktion.

*Lombard Street

WESTLICH DER INNENSTADT

Der westlich von Chinatown gelegene Nob Hill, ein über 100 m hoher Hügel, auf dem vor dem Erdbeben von 1906 die Reichen wohnten, ist **eine der vornehmsten Gegenden** von San Francisco geblieben. Seit Mitte des 19. Jh.s siedelten sich die Betuchten an: Bankiers, Industrielle und Zeitungsverleger; ihnen folgten 15 bis 20 Jahre später die Neureichen, die durch den Bahnbau Millionäre geworden waren, wie etwa Charles Crocker, Mark Hopkins, Leland Stanford und Collis Huntington. Der Name »Nob« soll entweder auf eine Zu-

Nob Hill

sammenziehung des Wortes »Snob« oder auf »knob«, das so viel wie runder Hügel bedeutet, zurückgehen. Heute noch befinden sich auf dem Nob Hill sehenswerte palastartige Gebäude und Hotels.

Grace Cathedral

An der Westseite des Huntington Park erhebt sich die aus steinähnlichem Beton 1928 im neugotischen Stil erbaute und von Notre Dame in Paris beeinflusste Grace Cathedral; die Kirche ist Sitz des Bischofs der Episkopalkirche Kaliforniens. Für die Portale dienten Abgüsse der »Paradiestüren« des Lorenzo Ghiberti vom Baptisterium in Florenz als Vorlage. Im Kircheninnern befinden sich **bemerkenswerte Originale**, darunter ein katalonisches Kruzifix aus dem 13. Jh., ein flämischer Altar aus dem späten 15. Jh., ein Brüsseler Gobelin aus Seide und Gold aus dem 16. Jh. und ein Terrakottarelief (Mutter und Kind) des Renaissancekünstlers Rossellino.

● 1100 California St., tgl. 8.00 – 18.00 Uhr, Eintritt frei, Spender erbeten, www.gracecathedral.org

*Cable Car Museum

Das 1887 an der Ecke Washington Street/Mason Street errichtete Ziegelgebäude ist das Kontrollzentrum für die drei noch bestehenden Cable-Car-Linien. Von einer Zuschauergalerie kann man sehen, wie die **Cable Cars** (»Seilwagen«) funktionieren. Das Museum zeigt drei

Cable Car • Funktionsweise

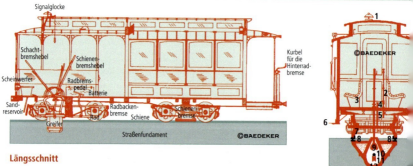

Längsschnitt

Der selbst antriebslose Kabelwagen wird mit Hilfe eines Greifers (»grip«) an ein in einem Führungskanal unter der Straßenoberfläche zwischen den Schienen verlaufendes, von einer Motorwinde im »Cable Car Barn« (Depot) in Dauerbewegung (15 km/h = 9,5 mph) gehaltenes endloses Stahlseil angehängt und bergauf gezogen (Steigung bis 21%). An den Haltestellen und bei Linienkreuzungen lässt der Greifer das Seil los, um sich bei der Weiterfahrt wieder anzuhängen. Bei Talfahrt gewährleisten vier verschiedene Bremsen die Betriebssicherheit. An den Endstationen wenden Wagenführer (»grip man«) und Schaffner (»conductor«) gemeinsam – oft unter Beteiligung der Fahrgäste – den Wagen auf einer Drehscheibe (»turntable«).

Querschnitt
1 Signalglocke
2 Handbremshebel
3 Sitzbank
4 Fußbremspedal
5 Seilgreiferhebel
6 Trittbrett
7 Rad
8 Sch
9 Seil
10 Sta
11 Seil
12 Seil
13 Stra
fun

der ersten Wagen, die in der Clay Street verkehrten, Zubehör wie Greif- und Bremsmechanismen sowie Zugseile, Gaslaternen und Warnglocken, Fotos und Modelle aller benutzten Cable-Car-Typen sowie historische Stadtfotos. Erfinder und Konstrukteur der Cable Cars war der in London geborene Ingenieur **Andrew S. Hallidie**. Er wollte den auf den steilen Straßen von San Francisco für Pferde schwierigen Lasttransport durch den Bau eines leistungsfähigeren Verkehrsmittels erleichtern. Die erste Strecke wurde 1873 eröffnet. 1880 waren acht Linien mit einer Gesamtlänge von 180 km in Betrieb, heute gibt es nur noch drei insgesamt 17 km lange Strecken.

❶ 1201 Mason St., April–Okt. tgl. 10.00–18.00, Nov.–März tgl. 10.00–17.00 Uhr, Eintritt frei, www.cablecarmuseum.org

Nach dem Goldrausch war das Gebiet der jetzigen Union Street westlich der Van Ness Avenue ein grünes Tal, das »Cow Hollow« (Kuhsenke) genannt wurde. Vor gut 100 Jahren begann man die Gegend zu bebauen und inzwischen sind viele der zahlreichen **viktorianischen Häuser** renoviert worden. Heute gibt es in dieser **Gegend mit echtem Flair** Modeboutiquen, Antiquitätengeschäfte, Galerien, Restaurants, Bars sowie Kaffeehäuser. In dem acht Häuserblocks langen Abschnitt der Union Street zwischen der Van Ness Avenue und der Steiner Street findet man besonders viele viktorianische Häuser.

Cow Hollow

✱ CIVIC CENTER UND UMGEBUNG

Das Civic Center mit den Straßen Market Street, Van Ness Avenue und McAllister Street liegt im Südwesten der Innenstadt. Mittelpunkt ist die Civic Center Plaza, ein rechteckiger Platz, um den Gebäude gruppiert sind: An der Westseite des Platzes erhebt sich die zwischen 1912 und 1915 erbaute **City Hall**, dem Stil der französischen Renaissance nachempfunden. Über dem Innenhof wölbt sich die Kuppel, mit 92 Meter Höhe überragt sie selbst das Capitol in Washington um einige Meter.

Civic Center

Das **Asian Art Museum** (200 Larkin St.) ist seit 2003 in dem komplett restaurierten Beaux-Arts-Gebäude der ehemaligen Zentralbibliothek San Franciscos zu Hause. Mit gut 15 000 Exponaten gehört es zu den **umfangreichsten Sammlungen asiatischer Kunst** außerhalb von Asien. Die Malereien, Zeichnungen, Skulpturen und Schnitzereien umfassen eine Zeitspanne von etwa 6000 Jahren. Wechselnde Sonderausstellungen richten den Blick konzentriert auf Regionen wie Tibet oder Nepal. Zu den besonderen Schätzen gehören die chinesischen Jadefiguren sowie eine Sammlung kambodschanischer Buddhas und japanischer Keramiken.

An der Südseite der Civic Plaza steht das **Bill Graham Civic Auditorium**, das älteste Gebäude des Civic Center. Es wurde 1915 von dem

Architekten Arthur Brown jun. für die große Panama-Pacific-Ausstellung entworfen und wird zusammen mit der 1958 angebauten **Brooks Hall** für verschiedene Veranstaltungen genutzt.
Das **War Memorial Opera House** am Civic Center ist 1932 zusammen mit dem Veterans Building nach Plänen von Arthur Brown jun. entstanden. Die Bühne des Opernhauses von San Francisco war die Gründungsstätte der Vereinten Nationen (UNO). Hier wurde am 26. Juni 1945 die Charta der Weltorganisation von den Vertretern der Teilnehmerstaaten unterzeichnet. An dieses Ereignis erinnert die United Nations Plaza. Das War Memorial Opera House diente bis 1980 sowohl der 1923 gegründeten San Francisco Opera wie auch dem Sinfonieorchester.
Die im Jahr 1980 erbaute und heute noch modern sehr wirkende **Louise M. Davies Symphony Hall** ist Heimstatt der San Francisco Symphony.

Asian Art Museum: 200 Larkin St., Di. – So. 10.00 – 17.00, Feb. – Sept. auch Do. bis 21.00 Uhr, Eintritt 12 $, www.asianart.org
San Francisco War Memorial & Performing Arts Center: Mo. 10.00 bis 14.00 Uhr Führungen ab Louise M. Davies Symphony Hall, Eingang Grove Street, http://sfwmpac.org

*Cathedral of Saint Mary of the Assumption

Die auf dem Cathedral Hill nordwestlich des Civic Center gelegene, 1962 errichtete Cathedral of Saint Mary of the Assumption ist von namhaften Architekten wie **Pietro Belluschi** und **Pier Luigi Nervi** entworfen. Sie hat ein säulenloses Kirchenschiff mit einer 60 Meter hohen Kuppel, wo jeweils zwei Meter hohe Kirchenfenster wie große gläserne Bänder nach oben zu einem bunten Kreuz zusammenlaufen. Die vier Fenster in der Kuppel symbolisieren Feuer (Westen), Luft (Norden), Wasser (Osten) und Erde (Süden).

❶ Gough St. & Geary St., tgl. nach der 1. Messe – 17.00 Uhr, Mo. – Fr. 10.00 – 12.00, Sa. 11.00 – 13.30, So. nach den Messen, Eintritt frei, Spende erbeten, www.stmarycathedralsf.org

JAPANTOWN

Nihonmachi

In der Nähe der Kathedrale erstreckt sich zwischen Geary Boulevard. und Post Street und zwischen Fillmore Street und Laguna Street das Viertel Japantown. Es ist das Zentrum der über 12 000 japanischstämmigen Bürger in San Francisco. Die ersten Japaner trafen bereits vor mehr als 120 Jahren in San Francisco ein, aber erst nach dem verheerenden Erdbeben von 1906 begannen sie sich in dem Gebiet der jetzigen Japantown anzusiedeln. Auf japanisch heißt der Stadtteil Japantown Nihonmachi. Während des Zweiten Weltkriegs wurden die meisten Japaner und japanischstämmigen Amerikaner (Nisei) zwangsinterniert.

San Francisco • CA

Japan Center

Das sich über eine Fläche von zwei Hektar erstreckende Gebäudekomplex des Japan Center umfasst ein 14-stöckiges Hotel in japanischem Ambiente, ein Theater, einige Tempel und Schreine, mehrere Restaurants und Teehäuser, Kunstausstellungen sowie zahlreiche Geschäfte mit Importwaren aus Japan. Auch das japanische Generalkonsulat ist hier ansässig.
❶ Geary Blvd. & Post St., Mo. – Sa. 10.00 – 20.00, So. 11.00 – 19.00 Uhr, Eintritt frei, www.sfjapantown.org

Peace Plaza

Die durch das von Yoshiro Taniguchi entworfene **»Romon«** (Tor) zugängliche Peace Plaza mit japanischen Gärten und der sehenswerten fünfstöckigen **Peace Pagoda** (Friedenspagode) ist in jedem Frühjahr der Schauplatz des Kirschblütenfestes (Sakura Matsuri; siehe auch Golden Gate Park, Japanese Garden).

HAFENGEBIET

*Fisherman's Wharf

Die in den letzten Jahren komplett renovierte Landungsbrücke bzw. Uferstraße namens Embarcadero endet beim Fisherman's Wharf, einem früher malerischen Hafen an der North Waterfront mit etwa 200 Fischerbooten. Inzwischen hat sich der Hafen eher in einen **Rummelplatz** mit zahllosen Geschäften und Restaurants verwandelt. Dennoch gibt es heute immer noch einige Dutzend Fischer, die in ihren Booten (Liegeplätze zwischen Jones Street und Leavenworth Street) zahlende Touristen mitnehmen und ihre Fänge, besonders Krebse und Krabben, frühmorgens an Fischrestaurants liefern. Statt der Fischerboote haben

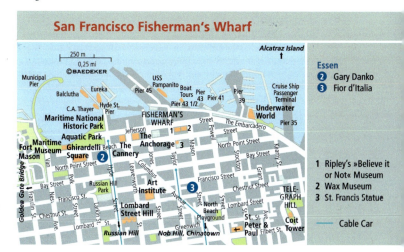

San Francisco Fisherman's Wharf

Freizeitkapitäne gut 300 Schiffe in zwei Marinas vertäut. Auf den Piers warten Souvenirgeschäfte, Boutiquen und Restaurants auf zahlungskräftige Touristen.

Pier 39 Auf der stillgelegten Pier 39 erstreckt sich ein **Einkaufs- und Unterhaltungskomplex** von etwa 130 Geschäften und vielen Restaurants. Die 300 m lange Pier wurde vollständig umgebaut. Zwischen Pier 39 und 41 tummeln sich seit einigen Jahren Dutzende von Seelöwen auf im Wasser dümpelnden Pontons.

*San Francisco Maritime National Historical Park Dieses Freilichtmuseum am westlichen Ende der Fisherman's Wharf umschließt die historischen Schiffe an der Hyde Street Pier, das Maritime Museum und eine Bibliothek (Fort Mason Building E; wegen Renovierung z. Zt. teilweise geschlossen) mit über 250 000 historischen Dokumenten, Seekarten, maritimer Literatur und aussagestarken Fotografien. Im Museum sind Dutzende von Schiffsmodellen ausgestellt. Man kann drei der hier vertäuten Schiffe besichtigen: den **Dreimaster »C. A. Thayer«** (1895), der zunächst als Holztransportschiff diente, später Lachs beförderte und zuletzt (bis 1950) als Kabeljau-Fangschiff in der Bering-See eingesetzt war, den **Raddampfer »Eureka«** (von 1890 bis 1957 in Betrieb), das zu jener Zeit größte Personenfährschiff der Welt, sowie den **Dreimaster »Balclutha«** (1886).
❶ Westende der Fisherman's Wharf, Museum tgl. 10.00 – 16.00 Uhr, Eintritt 10 $, www.nps.gov/safr/

SÜDLICH DER MARKET STREET

South of Market SoMa, South of Market, nennt sich das Stadtviertel südlich der diagonalen Marketstreet. Früher ein verrufenes Quartier, ist es inzwischen **in Mode gekommen**. In Lager- und Bürohäuser sind angesagte Restaurants und Bars eingezogen, Multimedia-Unternehmen haben sich breit gemacht und mit dem Museum of Modern Art, den Yerba Buena Gardens und dem angrenzenden Center for the Arts sowie dem Cartoon Museum ist zudem Kultur in das weitläufige und noch immer sehr gemischte Gewerbegebiet eingekehrt.

*San Francisco Museum of Modern Art Angrenzend an die dekorativen Yerba Buena Gardens und Center for the Arts mit modernen und nostalgischen Kultur- und Unterhaltungsangeboten wurde im Januar 1995 an der 3rd Street der Neubau des San Francisco Museum of Modern Art eröffnet. Der vom Schweizer Stararchitekten **Mario Botta**, einem Schüler von Le Corbusier und Louis Kahn, gestaltete rote Backsteinbau ist zu einem neuen Wahrzeichen der Stadt geworden. Charakteristisch ist der angeschnittene zylinderförmige Lichtschacht aus schwarz und silbergrau gestreiftem Granit.

Downtown San Francisco: Rechts fällt der abgeschrägte Zylinder des Museum of Modern Art ins Auge.

Das San Francisco Museum of Modern Art (SFMOMA) bemüht sich vor allem um **kalifornische Künstler**. Ihnen folgen amerikanische Bildhauer und Maler, deren künstlerische Heimat die Westküste ist, etwa Mark Rothko, Jackson Pollock, Clyfford Still oder Robert Motherwell. Zum festen Bestand des Museums gehören heute **Werke bedeutender moderner europäischer und amerikanischer Künstler**. Vertreten sind französische Künstler (Henri Matisse und Georges Braque, aber auch Paul Cézanne, Fernand Léger oder Camille Pissarro), deutsche (wie Max Ernst, Max Pechstein, Kurt Schwitters, George Grosz, Ernst Ludwig Kirchner, Franz Marc und Fritz Winter), russische (Alexej Jawlensky und Wassily Kandinsky) und spanische Künstler (Joan Miró und Pablo Picasso). Ferner besitzt das Museum **Skulpturen** von Hans Arp, Henry Moore, Alexander Archipenko, Jacob Epstein, Henri Laurens oder Jacques Lipchitz. Zudem zeigt es Künstler, die in den letzten Jahrzehnten von sich reden machten, etwa Stuart Davis, William de Kooning, Frank Stella, Helen Frankenthaler, Adolph Gottlieb, Robert Indiana, Kenneth Noland, Georgia O'Keeffe, Claes Oldenburg oder Mark Tobey. Das Museum verfügt über eine **Sammlung von über 12 000 Fotografien**, darunter Arbeiten von Ansel Adams und Henri Cartier-Bresson.

● 151 3rd St., Galerien tgl. 10.00 – 17.00, Do. bis 21.00, Eintritt 25 $, www.sfmoma.org

Cartoon Art Museum Das Cartoon Art Museum stellt Cartoons und Comicstrips der letzten Jahrzehnte, häufig mit Originalzeichnungen aus. Gezeigt werden auch selten zu sehende Arbeiten aus der späten 1960er-Hippie-Szene oder Vorarbeiten zu aktuellen Animationsfilmen.
❶ Wegen Umzug vorübergehend geschlossen, Ausstellungen finden an wechselnden Orten statt, aktuelle Informationen unter http://cartoonart.org

CASTRO DISTRICT

Kapitale der Gay Community Fährt man die Market Street weiter nach Südwesten, erreicht man den Castro District. Das Viertel gilt als Kapitale der Gay Community von San Francisco mit Dutzenden einschlägiger Bars, Restaurants und Geschäften.

Castro Theatre Das Castro Theatre. ein historischer Kinopalast von 1922, besitzt eine mächtige Wurlitzer-Orgel und gibt Abendvorstellungen und Matinees mit Filmklassikern.
❶ 429 Castro St., Ticket 12 $, Filmprogramm Tel. 1 415 6 21 61 20, www.castrotheatre.com

Mission San Francisco de Asis Nicht weit vom Castro Theatre steht eines der ältesten Gebäude der Stadt, die Mission San Francisco de Asis, die meist kurz **Mission Dolores** genannt wird. Sie wurde 1776 vom **Pater Junípero Serra** eingeweiht. Die gedrungene, weiß getünchte Missionskirche besitzt einen schönen Barockaltar. Auf dem Friedhof der Mission liegen über 5000 Indianer begraben, Opfer der von den Europäern eingeschleppten ansteckenden Krankheiten.
❶ 3321 16th St./Dolores St., tgl. 9.00 – 16.30 Uhr, Eintritt frei, Spende erbeten, www.missiondolores.org

Twin Peaks Die fast 300 m hohen Twin Peaks im Südwesten von San Francisco sind zwar nicht die höchsten der 43 Hügel San Franciscos (diesen Rang beansprucht der um 10 m höhere Mount Davidson), aber sie sind leichter erreichbar (Bus 37) und bieten bei gutem Wetter den **schönsten Ausblick auf Stadt und Bucht.**

GOLDEN GATE BRIDGE, PRESIDIO UND NORDWESTEN

*Exploratorium Der Säulenbau des Palace of the Fine Art steht als dekoratives Überbleibsel der großen Panama-Pacific-Ausstellung von 1915 am Rand des Marina District. Darin ist das Exploratorium eingerichtet, **eine der besten Ausstellungen zu Naturwissenschaften überhaupt.** Rund 650 Experimente und interaktive Exponate reizen die jugend-

lichen und erwachsenen Besucher zum Berühren, Ausprobieren und dazu, den Fragen auf den Grund zu gehen. In den 13 Kammern des finsteren Tactile Dome gibt es keine rechten Winkel. Man kann sich nur tastend und auf Geräusche achtend fortbewegen.
❶ 3601 Lyon St., So.–Do. 10.00–17.00, Fr. 10.00–22.00 Uhr, Eintritt 15 $, www.exploratorium.edu

Die Arbeiten zum Bau der Golden Gate Bridge (▶Baedeker Wissen S. 206) erwiesen sich v. a. wegen der starken Gezeitenströme als sehr schwierig, doch nach vierjähriger Bauzeit wurde am 28. Mai 1937 die vom Architekten J. B. Strauss aus Cincinnati konstruierte, **damals längste Hängebrücke** der Welt eingeweiht. Ein Strauss-Denkmal steht am südlichen Brückenende. ****Golden Gate Bridge**

Das Fort unterhalb der Brücke wurde 1853 bis 1861 zur Abwehr von Angriffen auf die Stadt errichtet. Während des Baus der Golden Gate Bridge diente es als Bauhütte. 1970 ist es zur historischen Denkmal erklärt worden. **Fort Point**

Dieses Gelände gehört zur Golden Gate National Recreation Area. Von 1776 bis 1994 hatte es zunächst den Spaniern, dann den USA als Militärgelände gedient (ein Militärfriedhof existiert noch). In dem Park gibt es **Wander- und Radwege** und einen Golfplatz. **Presidio**
Das von der Disney-Familienstiftung finanzierte und in einem ehemaligen Kasernengebäude auf dem Presidio-Gelände untergebrachte **Walt Disney Family Museum** widmet sich den von Walt Disney geschaffenen Figuren und seiner Biografie. Es kommt ganz ohne virtuelle Welten und spektakuläre 3D-Effekte aus.
Presidio Visitor Center: 105 Montgomery St., Do.–So. 10.00–16.00 Uhr, Eintritt frei, www.nps.gov/prsf
Walt Disney Family Museum: 104 Montgomery St., tgl. 10.00 bis 18.00 Uhr, Eintritt 20 $, www.waltdisney.org

Der neoklassizistische Bau, eine Nachbildung des Pariser Palais de la Légion d'Honneur, liegt malerisch auf einer Erhebung im Lincoln Park im Nordwesten von San Francisco. Er wurde 1915 als französischer Pavillon für die Panama-Pacific-Ausstellung errichtet und ehrt die während des Ersten Weltkrieges in Frankreich gefallenen US-Soldaten aus Kalifornien. ***California Palace of the Legion of Honor**
Die 87 000 Exponate umfassende Sammlung zeigt **Werke europäischer Kunst der letzten acht Jahrhunderte**, Werke von El Greco, Monet, Rembrandt, Renoir und Picasso. Im Skulpturenpark findet sich eine Kollektion von mehr als 70 Arbeiten von **Auguste Rodin**, unter ihnen der berühmte »Denker«.
❶ 100 34th Ave., Lincoln Park, Di.–So. 9.30–17.15 Uhr, Eintritt 15 $, http://legionofhonor.famsf.org

Brücke am Goldenen Tor

**Golden Gate Bridge

Die Golden Gate Bridge, die 2017 ihr 80-jähriges Jubiläum feiert, überbrückt die »Golden Gate« (Goldenes Tor) genannte Meerenge zwischen der Halbinsel von San Francisco und der gegenüber liegenden Marin Peninsula. Sie ist eine der längsten und schönsten Hängebrücken der Welt und das bekannteste Wahrzeichen von San Francisco. Jährlich pilgern rund 14 Millionen Touristen zur Golden Gate Bridge und gut 112 000 Autos überqueren sie täglich.

In Nord-Süd-Richtung werden pro Fahrzeug (zwei Radachsen) 6,50 $ Brückenzoll erhoben. Die Zahlung erfolgt nur auf elektronischem Wege, weitere Infos: http://goldengate bridge.org/tolls_traffic

❶ Maße
Die Gesamtlänge der abends angestrahlten Brücke beträgt 2,7 km, ihre Höhe 67 m über Mittelwasser, die Höhe der Pfeiler 227 m die Spannweite 1280 m.

❷ Pfeiler
Während der Bauarbeiten schützte ein 47 m hoher Betonmantel die Basis jedes der Pfeiler vor den Gezeiten. Das Wasser wurde abgepumpt, um einen wasserfreien Hohlraum zu schaffen. Die Stützpfeiler, die je einen 21 500 t schweren Turm tragen, müssen einen Gezitendruck von knapp 100 km/h aushalten.

❸ Pfeilerfundamente
Die Pfeilerfundamente sind 20 m mächtig. Sie wurden 345 m von der Küste entfernt etwa 30 m tief ins Meer eingelassen. Der Beton, der während des Baus in die Stützpfeiler und Verankerungen ggossenwurde, würde für einen 1,5 m breiten und 4000 km langen Weg reichen, z.B. von New York bis San Francisco.

❹ Fahrbahn
Die Fahrbahn verläuft 67 m über dem Wasserspiegel des hier 97 m tiefen Meeres. Die stahlverstärkte Betonfahrbahn wurde gleichzeitig von beiden Pfeilern aus gebaut, damit der Zug auf die Stahlseile der Hängekonstruktion gleichmäßig verteilt war.

Aus allen Blickwinkeln eine Schönheit: die Golden Gate Bridge

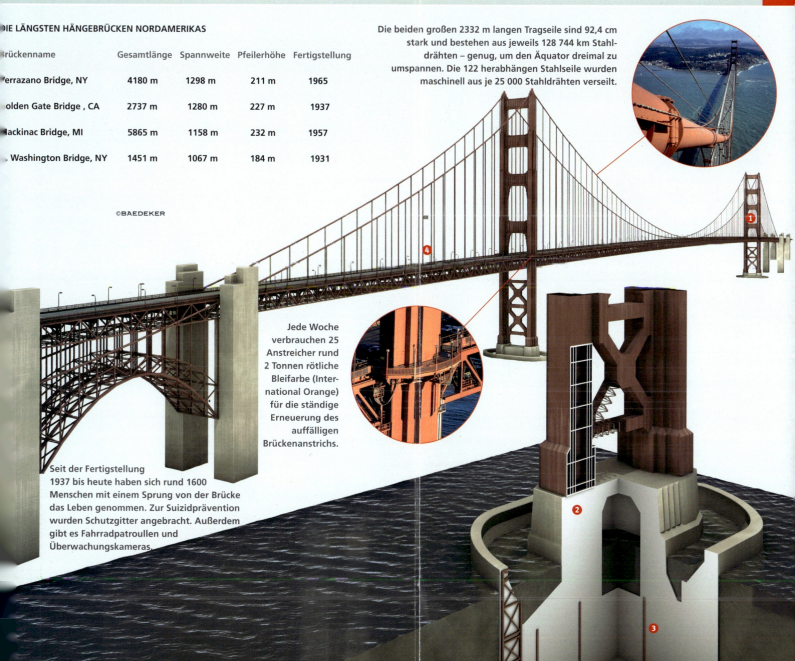

DIE LÄNGSTEN HÄNGEBRÜCKEN NORDAMERIKAS

Brückenname	Gesamtlänge	Spannweite	Pfeilerhöhe	Fertigstellung
Verrazano Bridge, NY	4180 m	1298 m	211 m	1965
Golden Gate Bridge, CA	2737 m	1280 m	227 m	1937
Mackinac Bridge, MI	5865 m	1158 m	232 m	1957
G. Washington Bridge, NY	1451 m	1067 m	184 m	1931

©BAEDEKER

Die beiden großen 2332 m langen Tragseile sind 92,4 cm stark und bestehen aus jeweils 128 744 km Stahldrähten – genug, um den Äquator dreimal zu umspannen. Die 122 herabhängen Stahlseile wurden maschinell aus je 25 000 Stahldrähten verseilt.

Jede Woche verbrauchen 25 Anstreicher rund 2 Tonnen rötliche Bleifarbe (International Orange) für die ständige Erneuerung des auffälligen Brückenanstrichs.

Seit der Fertigstellung 1937 bis heute haben sich rund 1600 Menschen mit einem Sprung von der Brücke das Leben genommen. Zur Suizidprävention wurden Schutzgitter angebracht. Außerdem gibt es Fahrradpatroullen und Überwachungskameras.

208 CA • San Francisco

San Francisco Golden Gate Park

- **A** Rose Garden
- **B** Music Concourse
- **C** John McLaren Memorial Rhododendron Dell
- **D** Fuchsia Garden
- **E** Horseshoe Courts
- **F** Tennis Courts
- **G** Bowling Green
- **H** Children's Playground
- **1** Dutch Windmill
- **2** Golf Club House
- **3** Model Yacht Club
- **4** Riding Academy
- **5** Angler's Lodge

✱✱ GOLDEN GATE PARK

Größter Park der Stadt Im Nordwesten San Franciscos erstreckt sich der 5 km lange und 800 m breite Golden Gate Park. Der im Jahre 1887 vom schottischen Landschaftsgärtner John McLaren in einem Gelände von kahlen Sanddünen angelegte größte Park der Stadt ist mit diversen Seen und Teichen sowie 5000 Pflanzenarten eine der prächtigsten Gartenanlagen der USA, in der auch Hirsche und Bisons in Gehegen gehalten werden.

✱California Academy of Sciences Der nagelneue hypermoderne Gebäudekomplex der California Academy of Sciences ist bedeckt von einem »lebenden Dach«, bepflanzt mit einigen Dutzend immergrünen bzw. saisonal zu abwechselnden Zeiten blühenden Pflanzen. Im Inneren können Besucher durch einen tropischen Regenwald wandern, in dem Orchi-deen blühen und Kolibris durch die Luft schwirren. Das integrierte **Steinhart Aquarium** zeigt in einem spektakulären Riesentank das Unterwasserleben in einem tropischen Korallenriff. Das **Morrison Planetarium** eröffnet mit Hilfe von NASA-Programmen Einblicke in den Weltraum.
● 55 Music Concourse Dr., Mo.–Sa. 9.30–17.00, So 11.00–17.00 Uhr, Eintritt 34,95 $, www.calacademy.org

San Francisco • CA

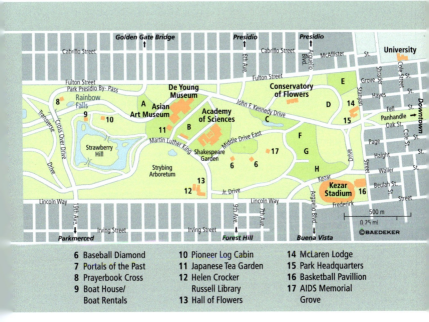

6 Baseball Diamond	10 Pioneer Log Cabin	14 McLaren Lodge
7 Portals of the Past	11 Japanese Tea Garden	15 Park Headquarters
8 Prayerbook Cross	12 Helen Crocker Russell Library	16 Basketball Pavillion
9 Boat House/ Boat Rentals	13 Hall of Flowers	17 AIDS Memorial Grove

*M. H. de Young Memorial Museum

In den Galerien des »de Young«, jenes 2005 eröffneten **spektakulären Museumsbaus** der Schweizer Architekten Herzog & de Meuron, ist **amerikanische Kunst** vom 17. bis 20. Jahrhunderts konzentriert, dazu **Volkskunst** aus Afrika, Amerika und Asien. Bekannt sind die Sammlungen zu den Hochkulturen Mittelamerikas sowie die 11 000 Stücke umfassende Kollektion von Textilien, Geweben und Wandteppichen. Der üppige Baumbestand des Golden Gate Parks hat die Architekten zur Fassade des Bauwerks inspiriert: Überwiegend durchbrochene Kupferplatten sollen nicht mit der Zeit ergrünen, sondern filtern das Licht wie ein Blätterdach. Und über dem Kunstmuseum erhebt sich ein siebenstöckiger **Turm**, von dessen voll verglastem Aussichtsgeschoss man einen fantastischen Blick über einen großen Teil der Bay Area hat.

❶ 50 Hagiwara Tea Garden Dr., Di.–So. 9.30–17.15, April–Nov. Fr. bis 20.45 Uhr, Eintritt 15 $, http://deyoung.famsf.org

Japanese Tea Garden

Südwestlich vom de-Young-Museumsgebäude lädt der reizvolle Japanese Tea Garden mit geschwungenen Holzbrücken, kleinen Wasserfällen, einer bunten Pagode und einem Teehaus zum Besuch ein. Besonders reizvoll ist der Aufenthalt Anfang April während der **Kirschblüte**.

Gegenüber dem Teegarten liegt das **Strybing Arboretum** mit rund 7000 verschiedenen Pflanzenarten, vor allem Büsche und Bäume aus Asien.
● 8th Ave./Kennedy Dr., März – Okt. tgl. 9.00 – 18.00, Nov. – Feb. tgl. 9.00 – 16.45 Uhr, Eintritt 8 $, http://japaneseteagardensf.com

Conservatory of Flowers

Nordöstlich der California Academy of Sciences liegt das große Gewächshaus im viktorianischen Stil. Seine Pflanzen stammen v. a. aus Südamerika und den pazifischen Inseln. Dieses älteste, denkmalgeschützte Gebäude im Park wurde aus England in einem Frachter hierher transportiert und wieder aufgebaut (1897). Neben einem tropischen Garten, Orchideen und Farnkräutern sind wechselnde Ausstellungen zu botanischen Besonderheiten zu sehen.
● 100 John F. Kennedy Dr., Di. – So. 10.00 – 16.00 Uhr, Eintritt 8 $, www.conservatoryofflowers.org

San Francisco – Oakland Bridge

Seit 1936 stellt die doppelstöckige San Francisco – Oakland Bay Bridge die Verbindung mit der Ostseite der Bucht her. Sie ist mit einer Länge von 13,3 km **eine der längsten Stahlbrücken der Welt** und besteht aus zwei miteinander verbundenen Hängebrücken auf der San-Francisco-Seite, einem Tunnel durch die Insel Yerba Buena und einer Gitterträgerbrücke auf der Oakland-Seite. Beim Erdbeben im Oktober 1989 brach ein 15 Meter langer Abschnitt der oberen Fahrbahn ein und begrub viele Autos unter den Trümmern. Die komplette Renovierung der Brücke ist derzeit im Gange.
Brückenmaut: 6 $ (Hauptverkehrszeit), 4 $ (Schwachverkehrszeit), 5 $ (Wochenende)

SEHENSWERTES IN DER BAY AREA

*Alcatraz Island

Die 1,5 mi/2,4 km nordöstlich der Stadt in der San Francisco Bay gelegene ehemalige Gefängnisinsel Alcatraz gilt als das **faszinierendste Ausflugsziel** in der näheren Umgebung der Stadt. Sie wurde von ihrem ersten spanischen Besucher Isla de los Alcatraces (Pelikaninsel) benannt, da auf dem rauhen Sandsteinbrocken unzählige dieser Vögel nisten. Da das etwa 5 Hektar große und bis zu 41 Meter aufragende Felseneiland keine Quellen hat, dürfte es früher unbewohnt gewesen sein. Während des kalifornischen Goldrausches, als die Zahl der Schiffe in der nebligen Bucht stark anstieg, wurde 1853 auf der Insel ein Leuchtturm aufgerichtet und eine Befestigungsanlage erbaut, die zur Zeit des Bürgerkriegs (1861 – 1865) als Militärgefängnis diente. Von 1933 bis 1963 diente es als **staatliches Hochsicherheitsgefängnis**. In den drei Jahrzehnten seines Bestehens saßen um die 1600 Häftlinge ein, aber nie mehr als 250 zur selben Zeit. Zeitweise überstieg die Zahl des Wachpersonals die der Sträflinge. Nach der

Düster liegt in der San Francisco Bay die ehemalige Gefängnisinsel Alcatraz.

Schließung des Zuchthauses kümmerte sich sechs Jahre lang niemand um die Insel, bis sie 1969 wegen Differenzen mit dem Bureau of Indian Affairs demonstrativ vom American Indian Movement besetzt wurde.

Führungen: Mit Fähre ab Pier 33 (Fisherman's Wharf), Sommer tgl. 9.00 – 16.00, Herbst – Frühling tgl. 9.00 – 15.00 Uhr, Ticket 33 $, Reservierung erforderlich, Tel. 1 415 9 81 76 25, www.alcatrazcruises.com

Angel Island

Die größte Insel (3 km², 0 – 240 m ü.d.M.) in der San Francisco Bay ist heute Naherholungsgebiet mit Wander- und Radwegen. Einst galt die Quarantänestation für Einwanderer aus Asien als **»Ellis Island of the West«**, war Militärstützpunkt, ja war sogar Gefängnisinsel wie das nicht weit entfernte Alcatraz.

Park Ranger Office: Park-Eintritt 3 $, Tel. 1 415 4 35 53 90, http://angelisland.org
Blue & Gold Fleet: Ausflugsschiffe ab San Francisco, Ticket 17,00 $, Tel. 1 415 7 05 82 03, www.blueandgoldfleet.com
Tiburon – Angel Island Ferry: Fähre ab Tiburon, Ticket 15 $, Tel. 1 415 4 35 21 31, www.angelislandferry.com

Marin Headlands

Das am Nordufer des Golden Gate liegende Küstengebirge der Marine Headlands folgt unmittelbar auf die Golden Gate Bridge und ist berühmt für seine herrlichen Aussichtspunkte auf die Bay City. Seine windgepeitschten Steilhänge vermitteln ein Gefühl von Wildnis unmittelbar vor den Toren der Stadt. Als Teil der **Golden Gate National Recreation Area** arbeitet sich die **Conzelman Road** zu atemberaubenden Aussichten auf das Golden Gate und San Francisco hinauf (Hwy. 101, Exit Alexander Ave., dann den Schildern folgen). Am

Ende der zweispurigen Straße führt ein etwa 1 km langer, stellenweise recht steiler Fußweg zum **Point Bonita Lighthouse**. Der Leuchtturm, der sich auf einem vorgelagerten Felsen erhebt, verrichtet seinen Dienst seit 1855 und ist nur über eine Stahlbrücke zu erreichen. Der Blick von hier oben ist grandios und reicht bei gutem Wetter bis zur Steilküste von Big Sur. Den Norden der Marin Headlands dominiert der **Mount Tamalpais** (850 m ü.d.M.). Unter Mountainbikern in aller Welt genießt dieser Name respektvolle Verehrung: Hier verwandelte, so will es zumindest die Legende, ein Radler sein Rad mittels Stoßdämpfern erstmals in ein Mountainbike und stürzte sich damit die Trails des »Mt. Tam« hinunter.

Die schönste der Aussichtsstraßen durch die alten Eichen- und Redwoodbestände ist der über die Westhänge führende **Panoramic Highway**. Im **Mount Tamalpais State Park** (Hwy. 101, Exit Stinson Beach, dann den Schildern folgen) fährt man bis knapp unter den Ostgipfel und wandert den letzten Kilometer durch lichte Eichenwälder zum Gipfel. Hier beginnen auch einige der inzwischen legendären Single Tracks für Mountainbiker.

Vollständig umschlossen vom State Park, schützt das an den Südwesthängen des Mt. Tamalpais liegende, mit gerade drei Quadratkilometern winzige ***Muir Woods National Monument** den letzten Redwood-Bestand in der Bay Area.

*Sausalito Lang sind sie her, die Zeiten als Fischerdorf! Selbst die Zeit als Hippie-Hangout, als Otis Redding in einem Hausboot unten am Wasser den Klassiker »Dock of the Bay« schrieb, scheint Lichtjahre entfernt.

Besonders farbenfroh präsentiert sich die Promenade von Sausalito mit ihren vielgestaltigen Bauten.

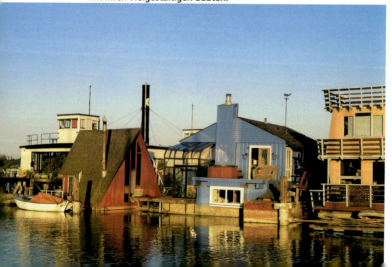

Doch genau aus dieser Zeit stammt auch die bunte Kolonie von *Hausbooten am Hafen. Heute ist der Ort auf der anderen Seite des Golden Gate, der sich unterhalb des Highway 101 an die Hänge der Marin Headlands drückt, eine 7300-Einwohner-Enklave mit Exklusiv-Resort-Atmosphäre. Von den von hohen Mauern umgebenen, ineinander verschachtelten Häusern sieht man so gut wie nichts. Den betuchten Besitzern begegnet man auf dem oft überfüllten **Bridgeway Boulevard**, der am Ufer entlangführenden, von Restaurants und Geschäften gesäumten Hauptstraße des Ortes.

Berkeley

Die San Francisco gegenüber auf der anderen Seite der Bay gelegene 100 000-Einwohner-Stadt Berkeley ist dank ihrer hervorragenden **Universität** weltweit ein Begriff. Die hiesige Hochschule brachte bislang 18 Nobelpreisträger hervor, im Lehrbetrieb arbeiten viele prominente Geistesgrößen. In den 1960er-Jahren war sie eine »Brutstätte« der Studenten- und Anti-Vietnam-Bewegung, wovon ein Wandgemälde am **People's Park** unweit der Uni zeugt. Die Atmosphäre in der Stadt ist ohnehin studentisch – über ein Drittel der Bewohner sind an der Uni eingeschrieben. Die hohe Kneipendichte verwundert daher nicht.
Unbedingt einen Besuch abstatten sollte man dem **Judah L. Magnes Museum**, das sich als größtes jüdisches Museum der Vereinigten Staaten bezeichnet und sich mehr als 2000 Jahren jüdischen Kulturschaffens widmet.
❶ 2121 Allston Way, Di. – Fr. 11.00 – 16.00 Uhr, Eintritt frei, www.magnes.org

Petaluma

Die im Tal des Petaluma River 64 km nördlich von San Francisco gelegene Stadt (57 000 Einw.) besitzt eine der besterhaltenen Altstädte Kaliforniens. Vom Erdbeben von 1906 verschont, bietet die Historic Downtown die größte Konzentration viktorianischer Handelshäuser des 19. Jh.s in der Bay Area; die meisten davon befinden sich in der Western Ave. zwischen Kentucky St. und Petaluma Blvd. Beachtenswert sind hier v. a. das dreigeschossige **Mutual Relief Building** (1885) und die **Masonic Lodge** (1882). Das elegante, 1886 errichtete **McNear Building** (15 Petaluma Blvd.) besticht mit fotogenen Bögen im ersten Stockwerk.
*****Petaluma Adobe State Historic Park:** Die 1834 gegründete Ranch herrschte über etwa 250 km² Land und besaß mit dem Adobe, einem mit umlaufenden Galerien versehenen Gebäude aus Adobe-Ziegeln und Redwood-Holz, das größte Privathaus Kaliforniens. Auf der Ranch wurden Pferde, Rinder und Schafe gezüchtet. Bis 1951 in Privatbesitz, ist sie heute ein Museum und informiert über den Alltag der Ranch in mexikanischer Zeit.
❶ 3325 Adobe Rd., Di. – So. 10.00 – 17.00 Uhr, Eintritt 3 $
www.petalumaadobe.com

✶✶ Yosemite National Park

N/O 8

Counties: Tuolumne, Mariposa, Madera
Höhe: 600 – 3997 m ü.d.M.

Das 3000 km² große Naturschutzgebiet in der Sierra Nevada wartet mit spektakulären Naturschönheiten auf: steile Felswände, schäumende Wasserfälle, kristallklare Seen, herrliche Bergwiesen und Wälder, in denen riesige Bäume stehen.

Artenreiche Flora und Fauna

Die fast ebene Talsohle (auf 1200 m ü. d. M.) des 13 km langen Yosemite Valley schmücken Blumenwiesen, Gesträuch wechselt mit Baumgruppen. Von den 900 bis 1500 m hohen, fast senkrecht aufragenden Granitwänden des Talbeckens stürzen zahlreiche Wasserfälle herab. Die von Höhenunterschieden (400 – 4000 m) geprägten Naturbereiche des Nationalparks bieten einer artenreichen Tier- und Pflanzenwelt angemessene Lebensbedingungen. So durchstreifen u. a. Rotwild, Schwarzbär, Coyote, Dachs und zahlreiche Nagetiere die Wälder der niederen Regionen, während Murmeltiere die Berghöhen bevölkern. Mehrere Haine von mächtigen Riesenmammutbäumen gehören zu den bestaunenswerten Sehenswürdigkeiten des Yosemite National Park. Kein Wunder, dass der Yosemite National Park mit mehr als vier Millionen Besuchern pro Jahr zu den beliebtesten Nationalparks der USA gehört.

Entstehung

Das Yosemite-Tal hat sich über Millionen von Jahren entwickelt. Ursprünglich befand sich hier ein breites Tal mit einem Fluss, der eine bis zu 650 m tiefe Schlucht schuf. Während der Eiszeit füllte sich der Canyon bis zu seinem Rand mit Eis und mit Gletschern. Sie verbreiterten und vertieften das Kerbtal zum U-förmigen Yosemite-Tal. Der letzte Gletscher ließ eine Moräne zurück, hinter der das schmelzende Eis einen See bildete. Nachdem sich dieser mit Ablagerungen anfüllte, entstand die Talebene mit Wiesen und Wäldern.

Erschließung

Die ersten Menschen dürften schon vor 8000 bis 10 000 Jahren ins Yosemite-Tal gekommen sein. Als die Europäer das Tal erreichten, lebten die Miwok-Indianer (Ahwahnee) schon seit mehr als 4500 Jahren hier. Im Zuge einer Strafexpedition der US-Armee gegen widersetzliche Indianer gelangten 1851 die ersten Weißen in das Tal. Die Berichte der Soldaten weckten das öffentliche Interesse an der so

»Kein Tempel dieser Welt lässt sich mit Yosemite vergleichen.
Jeder Stein scheint vor Leben zu glühen.« (John Muir, 1868)

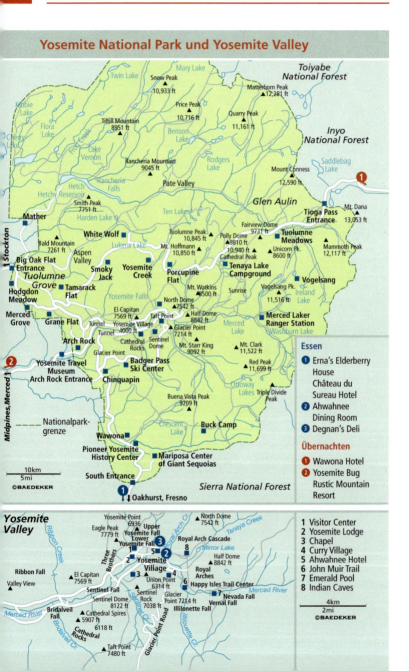

Yosemite National Park erleben

AUSKUNFT

Yosemite Valley Visitor Center
Yosemite Village, CA 95389
Tel. 1 209 3 72 02 00
www.nps.gov/yose
Eintritt: 30 $ pro Auto bzw. 15 $ pro Fußgänger
Im Yosemite Valley Visitor Center und im Yosemite Wilderness Center gleich nebenan gibt es Infos für Trips in die Wildnis. Weitere Auskunftsstellen: Wawona Information Station, Big Oak Flat Information Center, Tuolumne Meadows Visitor Center
Im Yosemite National Park können diverse Unterkünfte online gebucht werden:
www.yosemitepark.com/accomodations.aspx
Campingplatz-Reservierung:
Tel. 1 877 4 44 67 77
www.recreation.gov

STRASSEN UND WEGE

Die State Road 140 (SR 140; El Portal Rd.) nähert sich dem Park von Merced im Südwesten, die SR 41 Wawona Rd.) strebt vom südlichen Fresno, die SR 120 (Big Oak Flat Rd.) kommt vom nordwestlichen Stockton. Die SR 120 führt weiter nach Osten, durch den Park hindurch, erreicht auf dem Tioga Pass seine Grenze und mündet kurz darauf bei Mono Lake in die US 395.
Der Tioga Pass, die Glacier Point Road und Mariposa Grove Road sind im Winter wegen Schneefall unpassierbar. Die Durchfahrt durch den Park kann je nach Schneelage bis in den Juni unmöglich sein.
Im Yosemite National Park sind insgesamt rund 750 mi/1200 km Wanderwege markiert.

ESSEN

❶ *Erna's Elderberry House Château du Sureau Hotel* ❻❻❻❻
48688 Victoria Lane, Oakhurst, CA
Tel. 1 559 6 83 68 00
Die festen Menüs zu Mittag und am Abend haben ihren Preis – und sie sind wirklich jeden Cent davon wert. Das Restaurant ist eines der besten in ganz Kalifornien.

❷ *Ahwahnee Dining Room* ❻❻❻❻
Yosemite Valley, CA
Tel. 1 209 3 72 14 89
Gourmetküche in der Wildnis. Von der über 10 m hohen Decke des prächtigen Speiseraums hängen Kronleuchter.

❸ *Degnan's Deli* ❻
Yosemite Village, CA
Tel. 1 209 3 72 84 54
Suppen, Salate und Sandwiches – alles, frisch und nach Wunsch zubereitet

ÜBERNACHTEN

❶ *Wawona Hotel* ❻❻❻❻
8308 Wawona Rd., Wawona, CA
Tel. 1 209 3 75 65 56
www.yosemitepark.com/accomodations_wawonahotel.aspx
Denkmalgeschützter viktorianischer Hotelklassiker im Nationalpark.

❷ *Yosemite Bug Rustic Mountain Resort* ❻❻
6979 Hwy. 140, Midpines, CA
Tel. 1 209 9 66 66 66
www.yosemitebug.com
Einzel-, Doppel- und Gruppenzimmer, dazu Schlafsäle, alles

einfach und sauber. Nettes Café für alle Mahlzeiten.

SPORTLICHE AKTIVITÄTEN

Der Yosemite National Park ist auf (fast) alle Arten von sportlichen Aktivitäten eingerichtet. Es gibt Mountainbike-Strecken und Besucher können die Ausrüstung leihen; an den meisten Flüssen darf (Angelschein vorausgesetzt) gefischt werden; bei Wawona gibt es einen Golfkurs; drei Reitställe vermieten Pferde und organisieren Trips; in Curry Village (Yosemite Valley) werden Kajaks, Paddel und weitere Ausrüstung für Bootstouren vermietet und die berühmte Yosemite Mountaineering School macht aus Anfängern Bergsteiger. Im Winter kommt Skilanglauf hinzu mit diversen gespurten Tracks und einer Langlaufschule; am Badger-Pass gibt es eine Abfahrts-Ski-Arena mit allerlei Liften; außerdem wird bei Curry Village (Yosemite Valley) eine Eisbahn eingerichtet, sicherlich eine der schönsten überhaupt, mit Blick auf den Half Dome und den Glacier Point. Auch wer einfach nur in der herrlichen Natur wandern möchte, wird nicht enttäuscht: Wer genug gewandert ist, kann einen kostenfreien Elektro-Shuttlebus nutzen, der im Sommer zwischen 7.00 und 22.00 Uhr im östlichen Yosemite Valley pendelt.
Weitere Infos: www.yosemitepark.com

besonderen Landschaft und lockten bereits 1855 die ersten Besucher in diese Gegend. Schon 1864, inmitten des Bürgerkriegs, unterzeichnete Präsident Lincoln die Yosemite-Übereignung, die das Yosemite-Tal und den Mariposa-Hain an den Bundesstaat California mit der Auflage abtrat, es in seiner natürlichen Schönheit zu erhalten. Der schottische Naturforscher John Muir (▶Berühmte Persönlichkeiten), der vier Jahre später erstmals das Yosemite-Tal besuchte, wurde zum wortgewaltigen Befürworter der Nationalpark-Idee: 1872 wurde als erster der Nationalpark Yellowstone geschaffen; als zweiter folgte Yosemite 1890. Kalifornien gab damit das Gebiet, das mit der Zeit zu seiner jetzigen Größe erweitert wurde, an die Bundesregierung zurück.

Neuere Geschichte Im Jahr 1900 kam das erste Auto über die Wawona-Straße ins Tal. 1926 wurde die erste wetterfeste Straße fertiggestellt. Seit 1984 ist der Nationalpark Teil des UNESCO-Weltnaturerbes. 2004 wüteten heftige Waldbrände und vernichteten viele hundert Hektar Wald.

SEHENSWERTES IM YOSEMITE VALLEY

*El Capitán Der Yosemite National Park ist voller spektakulärer Naturschönheiten. Einen ersten eindrucksvollen Blick in das Yosemite Valley gewinnt der von Merced anreisende Besucher vom **Valley View Point** an der westlichen Talöffnung. Eine der großartigsten und überraschendsten Erscheinungen ist der El Capitán (2307 m) genannte

Yosemite National Park • CA

Felsklotz, der als nordwestlicher Eckpfeiler des Tales kühn hervortritt. Die Wirkung dieses gewaltigen Monolithen beruht auf seiner beherrschenden Position, seiner majestätischen Form sowie seinen schroffen, 1000 m vom Talboden aufsteigenden Wänden.

Östlich vom Eagle Peak stürzen die Yosemite Falls in drei Absätzen mit einer Gesamthöhe von 739 m herab: der 10 m breite **Upper Fall** ergießt sich 436 m fast vertikal in die Tiefe, die **Middle Cascade** besteht aus einer Folge kleinerer Kaskaden von zusammen 206 m Höhe, der **Lower Fall** ist 98 m hoch. Die Yosemite-Fälle gehören zu den höchsten Wasserfällen der Erde und sind im Frühjahr besonders eindrucksvoll, schwinden jedoch im Sommer und Herbst.

*Yosemite Falls

DAn seinem Ostende verzweigt sich das Yosemite Valley in die beiden Engtäler des nordöstlichen Tenaya Creek und des nach Südosten führenden Merced River. Zwischen den Felsquadern am Fuße der rechten Canyon-Wand des Tenaya Creek befinden sich die Indian Caves, ehemalige Höhlenbehausungen der Indianer. Etwa 2 km bachaufwärts spiegeln sich der Himmel und die 2299 m hohe Kuppel des North Dome im Mirror Lake. Um den See führt ein **Spazierweg**.

Indian Caves, Mirror Lake

Gegenüber vom North Dome erhebt sich als östlicher Abschluss des Yosemite-Tales der Half Dome (2695 m), der die Gestalt einer vertikal halbierten Kuppel hat. Bis heute ist das Geheimnis noch nicht gelüftet worden, ob er jemals eine andere Hälfte hatte. Man kann ihn

*Half Dome, Vernal Fall, Nevada Fall

Abendlicher Blick vom Aussichtspunkt Glacier Point hinüber zur angeschnittenen Felskuppel des Half Dome

CA • Yosemite National Park

> **BAEDEKER TIPP**
>
> ❗ *Camping in der Wildnis*
>
> Wer abseits der Campingplätze und Hotels in der Natur übernachten will, benötigt einen Erlaubnisschein (Wilderness Permit). Den kann man per Telefon anfordern (Tel. 1 209 3 72 07 40) oder persönlich bei einer Wilderness Permit Station oder dem Valley Wilderness Center beantragen und dort auch mitnehmen. Infos: www.nps.gov/yose/planyourvisit

von hinten her besteigen und muss das letzte Stück zum Gipfel an Kabeln zurücklegen. Kletterkünstler bewegen sich – der Schwerkraft trotzend – auch an der Steilwand senkrecht nach oben. Südlich vom Half Dome endet der Canyon des Merced River; flussaufwärts liegen der 100 m hohe Vernal Fall und der 186 m hohe Nevada Fall.

Bei der Einmündung des Merced Canyon springt an der Südostecke des Yosemite-Tales eine Felsnase mit dem ****Glacier Point** (2199 m) vor, dem wohl **schönsten und meistbesuchten Aussichtspunkt** in diesem Bereich. Er bietet einen prächtigen Blick über das Yosemite Valley, in den Merced Canyon mit seinen Wasserfällen sowie über die High Sierra.

Sentinel Rock

Vom Glacier Point nach Westen verläuft die in ihrem unteren Teil von Geröll bedeckte Talwand etwa zwei Kilometer in gerader Linie. Sie wird vom Sentinel Dome (2476 m) überragt und endet im Sentinel Rock (Wächterfels; 2145 m), dem markantesten Felsen der Südwand.

*Bridal Veil Fall, Cathedral Rocks

Weiter westlich folgen die schlanken Cathedral Spires (1800 m und 1865 m), an die sich die imposante Zwillingsgruppe der Cathedral Rocks (2021 m) gegenüber dem Capitán anschließt. Über die Westseite des unteren Teils dieser Felsen stürzt der 15 bis 20 Meter breite Bridal Veil Fall fast 190 Meter senkrecht in die Tiefe. Der Name rührt von seinem Aussehen her. Der nahezu ständig wehende Wind lässt einen brautschleierähnlichen Wasservorhang entstehen.

Yosemite Village

Sammelpunkt des touristischen Lebens im Tal ist Yosemite Village unterhalb der Hauptfälle mit Parkverwaltung, Besucherzentrum, Museum, Unterkünften, Gaststätten, Postamt, Ladengeschäften, Reitställen und anderen Einrichtungen.

SEHENSWERTES IM ÜBRIGEN PARKGEBIET

*Mariposa Grove of Big Trees, Grizzly Giant

Vom South Entrance führt die 48 km lange Wawona Road zum Yosemite Valley. Rund 3 km nordöstlich vom Parkeingang liegt die Mariposa Grove, die größte der drei im Nationalpark gelegenen Mammutbaumhaine: Auf dem etwa einen Quadratkilometer großen, in

Yosemite National Park • CA

etwa 1675 bis 2135 m Höhe liegenden Waldstück stehen ca. 500 ausgewachsene Riesenmammutbäume: im unteren Teil des Haines steht der **Grizzly Giant**, mit 64 m Höhe und 29,4 m Basisumfang der größte Baum im Yosemite-Park; im oberen Teil liegt der weltberühmt gewordene, 1969 unter der Schneelast zusammengebrochene »Wawona Tree«, durch dessen **ausgesägten Stamm die Straße** führte.

Giant Sequoias

Vom Big Oak Flat Entrance im Westen des Nationalparks zieht die rund 20 mi/32 km lange **Big Oak Flat Road** zum Yosemite Valley. Rund 9 km südöstlich vom Parkeingang findet man die **Merced Grove of Giant Sequoias**. Nordöstlich wachsen Mammutsequoias im **Tuolumne Grove of Big Trees**.

*Tioga Pass Road

Die knapp 44 mi/70 km lange Tioga Pass Road (im Winter geschlossen) durchquert den Park in west-östlicher Richtung. Sie führt in **prachtvoller Hochgebirgsszenerie** durch die **High Sierra** am stillen **Tenaya Lake** vorüber zum **Tioga Pass** (3031 m). In engen Serpentinen schlängelt sie sich aus dem Tal hinauf zu Gletscherseen, hochalpinen Wiesen und von der letzten Eiszeit glatt geschliffenen Granitdomen. Die **Tuolumne Meadows** (2713 m), ein von hohen

Entlang der nur für wenige Monate im Jahr befahrbaren Tioga Pass Road erlebt man wahrlich eine kinotaugliche Szenerie.

Bergkuppen umgebenes Wiesenhochland, ist die **größte subalpine Wiese in der Sierra Nevada**. Sie wird vom Tuolumne River durchflossen, der den Nationalpark etwa 16 km nördlich des Merced River und parallel zu diesem durchquert und in dem großartigen Grand Canyon of the Tuolumne River eine Reihe schöner Wasserfälle bildet. Unweit liegt der malerische May-See. Auf dieser Strecke kann man Murmeltiere beobachten.

UMGEBUNG DES YOSEMITE NATIONAL PARK

*Mono Lake   Zu Füßen der Ostflanke der Sierra Nevada erreicht man auf der Tioga Road den 150 km² großen Mono Lake. Bis Mitte der 1990-Jahre schien es unausweichlich, dass der abflusslose alkalische See völlig austrocknen würde. Doch seither hat sich der Mono Lake sichtlich wieder erholt. Und allem Anschein zum Trotz ist der Salzsee ein überaus lebendiges Ökosystem. Über zwei Millionen Zugvögel rasten hier während ihrer Wanderungen, hinzu kommen mehrere Dutzend Arten Ufervögel. Nahrung bietet ihnen der See, dessen Wasser für Fische zu salzig ist, in Form winziger Salinenkrebse und Salzfliegen. In die Bildbände berühmter Fotografen schaffte es der Mono Lake dank seiner bizarren Skulpturen aus Kalktuff: Am Südufer, in der

Bizarre Tufftürmchen ragen aus dem alkalischen Mono Lake.

Yosemite National Park • CA

»South Tufa Area«, ragen sie mehrere Meter aus dem Wasser empor; schlanke Türme sind darunter, mittelalterliche Burgen und bildschöne, skurrile Kunstwerke von Mutter Natur. Der See entstand vor über einer Mio. Jahren durch Schmelzwasser naher Gletscher. Ursprünglich fünf Mal so groß wie heute und ohne natürlichen Abfluss, verdunstete sein Wasser seit der letzten Eiszeit langsam, wobei der See immer salz- und alkalihaltiger wurde. Die Tuff-Skulpturen entstanden aus der Verbindung von Wasserkarbonaten und Kalziumablagerungen. Die größte Gefahr für den See beschwor jedoch der Mensch hinauf. Um Los Angeles mit Wasser zu versorgen, wurden die Zuflüsse des Sees seit den 1920er-Jahren nach Südkalifornien umgeleitet. Dadurch sank der Pegel des Mono Lake bis 1994 um gut 15 Meter und die Kalktuff-Skulpturen gelangten an die Oberfläche. Erst in jenem Jahr erreichten Umweltschützer, dass der See als **»Mono Lake Tufa State Reserve«** unter Schutz gestellt wurde und seinen Zuflüssen seither weniger Wasser entnommen wird. Allerdings liegt sein Wasserspiegel noch mehrere Meter unterhalb des Pegelstands der 1920er-Jahre.

Eine halbe Autostunde nördlich vom Mono Lake liegt zwischen den Foothills der Sierra Nevada eine **Geisterstadt**, die gerade erst verlassen worden zu sein scheint: In der Schule liegen Bücher aufgeschlagen auf den Pulten und im Saloon stehen noch immer Flaschen auf den Tischen. Im 19. Jh. stand **Bodie** buchstäblich auf Gold. 1874 gegründet, wohnten hier keine fünf Jahre später fast 10 000 Menschen. Auf dem Höhepunkt des Booms gab es insgesamt 30 Bergwerke, dazu drei Brauereien, eine Chinatown und 65 Saloons – und keinen ernstzunehmenden Sheriff. Mord und Totschlag waren deshalb an der Tagesordnung, und Bodies Ruf war dementsprechend. Bereits 1882 war der Boom wieder vorbei, doch erst in den 1940er-Jahren verließen die letzten Bewohner den Ort. Heute stehen noch rund 150 Gebäude, die sich zumeist in einem überraschend guten Zustand befinden. Um die Geisterstadt-Atmosphäre zu bewahren, wurde auf den Bau von Souvenirläden, Restaurants und Besucherzentren verzichtet. Die relative Isolation hilft: Die **Anfahrt** auf der unbefestigten, vom Highway 395 abzweigenden Route 270 ist lang und unbequem.
❶ Bridgeport, CA 93517, Ende Mitte März – Okt. tgl. 9.00 – 18.00, Nov. bis Mitte März tgl. 9.00 – 16.00 Uhr, Eintritt 8 $, www.parks.ca.gov/bodie/

*Bodie State Historic Park

Idaho

IDAHO

Fläche: 216 412 km²
Einwohnerzahl: 1,6 Mio.
Hauptstadt: Boise
Beiname: Gem State

Manche Reiseführer empfehlen gar Sauerstoffgeräte – so atemberaubend sei dieser Staat. Allerdings, es geht auch ohne, und tief durchatmen wird man auf jeden Fall. Bei durchschnittlich 1524 Höhenmetern ist die Luft knackig und kristallklar. Hier zeigen sich die Rocky Mountains von ihrer besten Seite – schneebedeckte Gipfel und Flüsse voller Lachse inbegriffen.

Den Ruf der Wildnis vernimmt der Besucher laut und deutlich, etwa so: »Wirf die Leine an einem der Gletscherseen aus, Forellen, Lachse, Äschen warten. Streife Neopren über, steige in ein Gummiboot und stürze Dich einen der wilden Gebirgsflüsse hinab. Und vor allem: Geh' wandern, dies ist keine von Touristen überrannte Wildnis, hier kannst Du wirklich noch Bären sehen«.

Idaho ist einer der am dünnsten besiedelten Bundesstaaten der USA (6 Einw./km²). Viele Gipfel ragen weit über 3000 Meter in den Himmel, höchster Berg ist der **Bora Peak** (3859 m). Idahos Nachbarn sind die kanadische Provinz British Columbia im Norden sowie

Naturraum

Highlights in Idaho

▶ **Boise**
Kultiviert, entspannt und weltoffen geht es in der Hauptstadt von Idaho zu.
▶Seite 229

▶ **Nez Perce National Park**
Im Visitor Center bei Lewiston erfährt man alles über die tragische Geschichte dieses Indianervolkes.
▶Seite 240

▶ **Sun Valley**
Der älteste Wintersportplatz der USA wird bis heute als einer der besten der Welt geschätzt.
▶Seite 251

▶ **Twin Falls**
Höhepunkte dieser Gegend sind die Shoshone Falls und die City of Rocks.
▶Seite 254

Auch Angler kommen im landschaftlich reizvollen, von den Boulder Mountains umrahmten Sun Valley auf ihre Kosten.

Washington und Oregon im Westen, Nevada und Utah im Süden und Montana und Wyoming im Osten. Die Topografie nimmt es locker mit der anderer für ihre Naturschönheiten bekannter Regionen der USA auf. Im Westen teilt sich Idaho den spektakulären **Hells Canyon** mit Oregon. Die Shoshone Falls bei Twin Falls gelten als die Niagarafälle des Westens, und die **Sawtooth Range**, eine wie Sägezähne gezackte, zu den Rocky Mountains gehörende Bergkette, ist die berühmteste des Bundesstaates.

Geschichte Dass den ersten Weißen die Durchquerung des von den Stämmen der **Shoshone, Nez Perce und Coeur d'Alene** bewohnten Gebietes nur mit Hilfe Ortskundiger gelang, verwundert nicht: Idaho war eines der letzten von Europäern erforschten Gebiete Nordamerikas. **Lewis und Clark** kamen 1805 als – vermutlich – erste Weiße hier durch. Ihnen folgten frankokanadische und amerikanische Pelzhändler; bis weit in die 1850er-Jahre blieb Idaho das Jagdrevier nur weniger Trapper. Im Gefolge der »Mountain Men« erschienen auch Missionare auf der Bildfläche. Politisch gehörte Idaho während dieser Zeit zum Oregon Territory.

Während des Goldrausches in Kalifornien zogen Zehntausende hier durch, doch kaum jemand ließ sich hier dauerhaft nieder. Erst 1860 gründeten **Mormonen** mit Franklin die erste permanente Siedlung. Im gleichen Jahr erlebte Idaho einen Goldrausch in der Gegend um Pierce. So kurz er auch war, legte er zumindest im Norden den Grundstein für viele heute noch existierende Städte. 1863 wurde Idaho US-Territorium, zwei Jahre später das Nest Boise in der Südwestecke zur Hauptstadt erklärt.

Die Ankunft der **Eisenbahn** brachte dringend benötigte Siedler: Als Idaho 1890 der Union beitrat, lebten bereits fast 90 000 Menschen in dem neuen Staat. Die Indianer spielten keine Rolle mehr, denn im Krieg von 1877 waren die Nez Percé besiegt und nach Oklahoma deportiert worden. **Blei, Gold und Silber** wurden Idahos größte Ressourcen, noch vor 1900 erlebte der Staat in der Gegend um Coeur d'Alene gewalttätige Auseinandersetzungen zwischen streikenden Bergleuten und der Nationalgarde. Zu Beginn des 20. Jh.s begann im Süden der Übergang zur Landwirtschaft. Viele »Mining Towns« wurden zu Geisterstädten, andere dagegen schafften die Verwandlung zum Erholungsort.

BAEDEKER WISSEN ❓

Idahos Geisterstädte

Erst die Siedler auf dem Oregon Trail, später die Abenteurer auf dem Weg zu den Goldfeldern in Kalifornien und schließlich der Idaho-Goldrausch: Im 19. Jh. zogen viele Menschen durch Idaho. Städte schossen aus dem Boden, viele verschwanden schnell wieder. Wegen der geringen Bevölkerungsdichte und des oft schwer zugänglichen Terrains haben viele Orte als Geisterstädte »überlebt«. Weitere Infos: www.ghosttowns.com/states/id/idalpha.html

Blackfoot • ID

Seit den 1970er-Jahren hat sich Idaho zu einem **Standort profitabler Zukunftsbranchen** (Halbleiterproduktion, Entwicklung von Soft- und Hardware) gemausert. Der **Tourismus** gewinnt weiter an Bedeutung. Sun Valley, der älteste Wintersportort Amerikas, ist einer der meistbesuchten in den USA. Und immer mehr gestresste Großstädter entdecken die Vorzüge eines Wildnisurlaubs in Idaho.

Wirtschaft

Blackfoot

H 15

Region: Bingham County
Einwohner: 12 000
Höhe: 1370 m ü. d. M.

Endlose Kartoffelfelder gehören ebenso ins Bild wie kommunale Wohltätigkeitsfeste: Blackfoot ist eine sympathische Basis für die Erkundung einiger der schönsten Regionen Idahos und Wyomings.

Anfangs hieß Blackfoot wegen der dichten Wälder Grove City. Unverhältnismäßig viele Parks und Bäume schmücken die kleine Stadt in der Südostecke Idahos bis heute. Der jetzige Name hat nichts mit den Blackfoot-Indianer zu tun, sondern damit, dass die ersten weißen Pelzhändlern hier Indianern mit holzkohlegeschwärzten Mokassins begegneten. Blackfoot entstand 1874, als Spekulanten in der

Geschichte

Blackfoot ist Potatoe Capital of the World:
ein Blick über die endlosen Kartoffelfelder rund um die Stadt

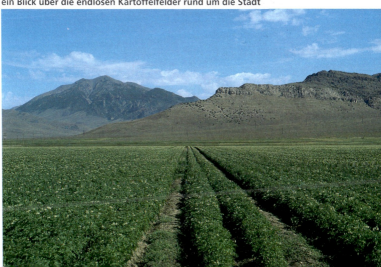

Blackfoot erleben

AUSKUNFT
Greater Blackfoot Area Chamber of Commerce
130 Main St. P. O. Box 801
Blackfoot, ID 83221
Tel. 1 208 7 85 05 10
www.blackfootchamber.org

ESSEN
Homestead Family Restaurant ❶
1355 Parkway Drive
Tel. 1 208 7 85 07 00
Hier gibt es besonders leckere und vor allem bodenständige amerikanische Hausmannskost: Steaks, Ribs, Fritten und knackige Salate.

ÜBERNACHTEN
Best Western Blackfoot Inn ❸❸❸
750 Jensen Grove Dr.
Tel. 1 208 7 85 41 44
www.bestwesternidaho.com
Gutes Mittelklasse-Hotel mit 60 freundlich eingerichteten Zimmern, Swimming Pool und Hot Tub

> **! BAEDEKER TIPP**
>
> *Kartoffeln als Dessert*
>
> Die Liebe zur Kartoffel kennt in Idaho keine Grenzen. Als Dessert gibt es den beliebten »Potato Cake« oder sogar eine »Potato Ice Cream«. Doch keine Sorge: Das Vanilleeis hat sich nur als Kartoffel »verkleidet«, besprüht mit Schoko-Staub und einem Topping aus Schlagsahne mit Oreo-Kekskrümeln.

Hoffnung auf die Eisenbahn einen General Store in die Wildnis stellten. Vier Jahre später kam das Dampfross tatsächlich. Die Züge wurden umgehend mit dem Wertvollsten beladen, was Blackfoot und Umgebung zu bieten hatten: **Kartoffeln**. Von Mormonen aus Utah nach Idaho gebracht, wurden Erdäpfel zum Exportschlager.

SEHENSWERTES IN BLACKFOOT

Idaho Potato Museum
Bald schon nannte sich Blackfoot **Potato Capital of the World** und bereits 1912 wurde hier ein Kartoffelmuseum eröffnet. Interessante Präsentationen beschäftigen sich mit der Geschichte und dem Anbau der Kartoffel, die heute in zwei Fabriken am Ort verarbeitet und verpackt wird.
❶ 130 NW Main St., Apr.–Sept. Mo.–Sa. 9.30–17.00, sonst Mo.–Fr. 9.30–15.00 Uhr, Eintritt 3 $, http://idahopotatomuseum.com

Bingham County Historical Museum
Beachtung verdient auch dieses Museum, das Möbel und sonstige Gegenstände aus der Pionierzeit sowie alte Waffen zeigt.
❶ 190 N. Shilling Ave., Mi.–Fr. 13.00–16.30 Uhr, Eintritt frei, Spende erbeten, www.binghamcountyhistoricalsociety.com

Ein sonst eher für größere Städte typisches Angebot an guten Hotels und Restaurants macht Blackfoot zu einem angenehmen Ausgangspunkt für Ausflüge in den zwei Autostunden entfernten ▶Grand Teton National Park, ins ▶Craters of the Moon National Monument, nach ▶Pocatello und zu den ▶Lava Hot Springs.

Ausflüge

Folgt man dem Blackfoot River flussaufwärts, so erreicht man das Blackfoot Reservoir und den Grays Lake am Rande des **Caribou National Forest** bzw. der touristisch noch wenig erschlossenen Caribou Range.

* Boise

H 11

Region: Ada County
Einwohner: 213 000
Höhe: 823 m ü. d. M.

Kultiviert, entspannt, weltoffen: Die Hauptstadt Idahos ist eine Lifestyle-Insel in rauem Umland – und eine der am schnellsten wachsenden Städte im Nordwesten der USA.

Schon frankokanadische Trapper mochten die Stelle. »Boisé«, bewaldet, nannten sie den Waldsaum zu Füßen der westlichen Vorberge der Rocky Mountains, nachdem sie zuvor wochenlang durch vegetationsarme Ebenen gestreift waren. Die Stadt wurde erst 1863 gegründet, nachdem der Idaho-Goldrausch die Gegend erreicht hatte. Zwei Jahre später wurde Boise Hauptstadt und wuchs zum wirtschaftlichen Zentrum für die Bergleute und Händler in den Boomtowns der Umgebung heran. Liberale Steuergesetze und verhältnismäßig niedrige Lebenshaltungskosten beschleunigen seit einiger Zeit ihr Wachstum. Viele nationale und multinationale Firmen, die meisten aus dem High-Tech-Bereich, haben hier ihren Hauptsitz, deren junge, aus allen Teilen der USA und der Welt stammenden Belegschaft das ausgezeichnete Freizeitangebot im Umland intensiv wahrnimmt. Als kulturelles Zentrum der Region besitzt Boise eine Universität, hervorragende Museen, mehrere Theater-Ensembles und richtet mehrere hochkarätige Musikfestivals aus.

Boomtown mit frankokanadischem Erbe

SEHENSWERTES IN BOISE

Das Zentrum ist der »BoDo« genannte **Boise Downtown District**, ein vier Blocks restaurierter alter Lagerhäuser umfassendes Areal zwischen Front Street, Capitol Boulevard, Myrtle Street und 9th Street.

Stadtbesichtigung

Basque Museum & Cultural Center

Das im Zentrum von Boise gelegene Museum widmet sich der Geschichte und Kultur der im späten 19. Jh. nach Idaho eingewanderten Basken.
❶ 611 W. Grove St., Di.–Fr. 10.00–16.00, Sa. 11.00–15.00 Uhr, Eintritt 5 $, http://basquemuseum.com

Basque Block

Das Museum liegt im sog. Basque Block zwischen 6th Street und Capitol Boulevard, ebenso das **Basque Center** (601 Grove St.) und der **Pub Gernika** (202 S. Capitol) mit traditioneller baskischer Küche

***Idaho State Capitol**

Ein paar Blocks weiter, am Ufer des Boise River, thront das Kapitol von Idaho mit seiner über 60 m hohen klassizistischen Kuppel unübersehbar über der vergleichsweise niedrigen Skyline der Stadt. Drinnen erwarten den Besucher Arbeiten einheimischer Kunsthandwerker und Künstler.
❶ 700 W. Jefferson St., Mo.–Fr. 6.00–18.00, Sa., So., Fei. 9.00–17.00, Führungen Mo.–Fr. 10.00 u. 13.00 Uhr, Eintritt frei, www.capitolcommission.idaho.gov

***Julia Davis Park**

Östlich vom State Capitol schließt der den Boise River begleitende Julia Davis Park an. Benannt nach einer Philanthropin, beherbergt er drei hervorragende Museen, den Zoo und einen Rosengarten.
Thema des **Idaho Historical Museum** ist die Geschichte von Idaho; u. a. beeindruckt ein restaurierter alter Saloon.
Das einzigartige **Idaho Black History Museum** befasst sich mit der Geschichte der Afro-Amerikaner in Idaho, die mit dem schwarzen Diener der Lewis-&-Clark-Expedition beginnt und beim Kampf um die Bürgerrechte noch nicht aufhört.
Amerikanischer Realismus und die Kunst des Nordwestens sind die Schwerpunkte des reich bestückten **Boise Art Museum**.
Idaho Historical Museum: 610 N. Julia Davis Dr., Di.–Fr. 9.00–17.00, Sa., So. 10.00–17.00 Uhr, Eintritt 5 $, http://history.idaho.gov
Idaho Black History Museum: 508 Julia Davis Dr., Sa., So. 11.00–16.00 Uhr, Eintritt frei, Spende erbeten, www.ibhm.org
Boise Art Museum: 670 Julia Davis Dr., Di.–Sa. 10.00–17.00, So. 12.00–17.00 Uhr, Eintritt 6 $, www.boiseartmuseum.org

UMGEBUNG VON BOISE

***Idaho City**

Knapp 30 mi/48 km nordöstlich von Boise liegt Idaho City (450 Einw.) am Ponderosa Pine Scenic Byway (SR 21). Angesichts der windschiefen Frontier-Häuser kaum zu glauben: Es gab eine Zeit, da war Idaho City als Hauptstadt dieses Bundesstaates im Gespräch. Damals gab es hier eine Oper, ein Theater, Brauereien und über 200 Geschäfte. Auf dem Höhepunkt des Goldrausches um 1865 hatte die

Boise erleben

AUSKUNFT
Boise CVB
250 S. 5th St., Suite 300
2106 Boise, ID 83701
Tel. 1 208 3 44 77 77
www.boise.org

ESSEN
Angell's Bar & Grill
999 W. Main Street
Tel. 1 208 3 42 49 00
Boises unbestrittener Experte für Steaks, Ribs und Pasta

Bardenay
610 W. Grove Street
Tel. 1 208 4 26 05 38
Pub und Destille: Hier wird vor dem Essen im Haus erzeugter Gin, Wodka etc. genossen.

ÜBERNACHTEN
Owyhee Plaza Hotel
1109 Main Street
Tel. 1 208 3 43 46 11
www.owyheeplaza.com
Das 1910 in Downtown eröffnete Grand Hotel (100 Zimmer und Suiten) wurde neulich frisch renoviert.

Idaho Hotel
Silver City, ID
(38mi/60 km südlich von Boise)
Tel. 1 208 5 83 41 04
www.historicsilvercityidaho.com/idahohotel.com
Das zwar kleine, aber geschichtsträchtige Haus mit 12 Gästezimmern wurde bereits 1863 eröffnet, aber 1942 wieder geschlossen. Nach 30-jährigem Dornröschenschlaf hat man es 1972 wiedereröffnet und seither mit viel Liebe zum Detail restauriert.

Safari Inn Downtown
1070 Grove Street
Tel. 1 208 3 44 65 56
www.safariinndowntown.com
Viel Unterkunft für wenig Geld, mit Pool und Fitnessraum; einen etwa Block vom Basque Block entfernt.

Stadt 7000 Einwohner, weitere 15 000 durchwühlten die Landschaft nach dem begehrten Edelmetall. Einen mit blutrünstigen Details gewürzten Einblick in die Geschichte der Stadt und ihrer Umgebung vermittelt das **Boise Basin Museum**.
❶ 503 Montgomery St., Mai – Sept. Mo. – Sa. 11.00 – 16.00, So. 13.00 bis 16.00, sonst Fr. – Sa. 11.00 – 16.00, So. 13.00 – 16.00 Uhr, Eintritt 2 $, www.idahocityhf.org

38 mi/60 km südlich von Boise erreicht man nach abenteuerlicher Fahrt auf atemberaubender Piste durch die wilden **Owyhee Mountains** die Geisterstadt Silver City, die 1863 auf reichen **Gold- und Silberadern** gegründet worden ist. In den besten Zeiten gab es hier oben rund 300 Häuser, über 70 Geschäfte, mehrere Hotels und sogar ein Gericht. Auch ist hier Idahos erste Tageszeitung erschienen. Bis

*Silver City

1912 florierte der Bergbau. Dann ging es rasch bergab. 1920 träumten hier nur noch 100 Menschen vom schnellen Reichtum.

*Ponderosa Pine Scenic Byway

Die knapp 200 km lange **Panoramastraße** (State Road ID-21) führt von Boise via Idaho City in die nordöstlich aufragende **Sawtooth Range** hinauf. Die Sawtooth Wilderness zur Rechten und die Frank Church River of No Return Wilderness, ein riesiges Stück unerschlossener Wildnis, zur Linken, erreicht die ID-21 den **Banner Summit** (2146 m), einen der höchsten Pässe Idahos. Auf der anderen Seiten windet sich die Straße zur Siedlung Stanley hinunter, immer wieder grandiose Blicke auf die Sawtooth Range bietend.

❶ Stanley-Sawtooth Chamber, Tel.1 208 7 74 34 11, www.stanleycc.org

* Cœur d'Alene

 D 11

Region: Kootenai County
Einwohner: 46 000
Höhe: 670 m ü. d. M.

Der beliebte Ferienort liegt malerisch im sog. Idaho Panhandle am Nordufer des gleichnamigen Sees, der von der National Geographic Society als einer der schönsten Seen der Welt bezeichnet wird. Vor allem Familien und Wassersportler kommen gern hierher.

Wassersport spielt in Cœur d'Alene eine große Rolle.

Cœur d'Alene • ID

Cœur d'Alene erleben

AUSKUNFT
Cœur d'Alene Visitor's Bureau
105 N. 1st Street, Suite 100
P. O. Box 850
Cœur d'Alene, ID 83814
Tel. 1 208 6 64 31 94
www.coeurdalene.org

SHOPPING
An der mit Kopfsteinpflaster und Straßenlaternen aufgepeppten Sherman Avenue im Stadtzentrum gibt es zahlreiche Spezialitätengeschäfte, trendige Läden und Galerien sowie etliche angesagte Bistros. Zwischen der 2nd und der 3rd Street ist die feine Mall namens Plaza Shops angesiedelt.

AKTIVITÄTEN
Bootsausflüge
Lake Cœur d'Alene Cruises
City Park, Independence Point
Tel. 1 208 7 65 40 00
Tgl. Rundfahrten auf dem See

Rundflüge
Brooks Seaplane Service
City Dock, Independence Point
Tel. 1 208 6 64 28 42
Die herrliche Seenlandschaft aus der Vogelperspektive genießen.

Golf
Einer der schönsten Golfplätze im Nordwesten der USA ist der Cœur d'Alene Resort Golf Course mit einem schwimmenden, im See verankerten Green.

Wasserpark
Wild Waters
2119 N. Government Way
Mai–Sept. tgl. 11.00–18.00 Uhr
Tagesticket 25 $
www.wildwaterswaterpark.com
Südwestlich von Cœur d'Alene lockt dieser Wasserpark im Sommer viele Besucher an mit Wasserrutschen, Kanälen für Tubing und Spielteichen für die Kleinen.

ESSEN
Beverly's ❹❹❹❹
(im Cœur d'Alene Resort)
115 S. 2nd Street
Tel. 1 208 7 65 40 00
Ausgezeichnetes Restaurant mit herrlichem Blick über den See. Kreative »Northwest Cuisine«.

The Wine Cellar ❹❹❹
313 Sherman Avenue
Tel. 1 208 6 64 94 63
Gemütliches Downtown-Bistro mit Live-Musik, guter Weinkarte, leckerer Pasta und saftigen Steaks.

ÜBERNACHTEN
The Cœur d'Alene Resort ❹❹❹❹
115 S 2nd Street
Tel. 1 208 7 65 40 00
www.cdaresort.com
Nobles Ferien- und Wellness-Resort mit 338 Zimmern und Suiten, Spa, Golfplatz, eigenem Seeufer und hervorragendem Restaurant.

Flamingo Motel ❹❹
718 Sherman Avenue
Tel. 1 208 6 64 21 59
Freundliches kleines Motel (13 Gästezimmer) im 1950er-Jahre-Stil am Stadtpark.

Frankokana- Der französische Name geht auf **frankokanadische Pelzhändler**
discher zurück, die so ihre hier lebenden indianischen Handelspartner be-
Ursprung nannten, und bedeutet soviel wie »kühl rechnend«. Die Siedlung
entstand im Schatten des in den 1870er-Jahren gegründeten **Fort Sherman**.
Der **Bergbau** im nahen Silver Valley sorgte für ein rasches Wachstum der jungen Siedlung. Kurz vor der Wende vom 19. zum 20. Jh. machte Cœur d'Alene Schlagzeilen, als Bergarbeiter für höhere Löhne und menschenwürdige Arbeitsbedingungen streikten und von der Nationalgarde brutal niedergeknüppelt wurden.
Im Lauf des 20. Jh.s entwickelte sich Cœur d'Alene zu einem **beliebten Ferienort**. Der See lockt bis heute Wassersportler an, Golfer schätzen die hervorragenden Greens. Und die größte Stadt im Idaho Panhandle kann auch mit vielen Spezialgeschäften, Malls und Supermärkten aufwarten.

SEHENSWERTES IN CŒUR D'ALENE UND UMGEBUNG

Museum of Das am Rand des Cœur d'Alene City Park gelegene Museum widmet
North Idaho sich der Geschichte der Stadt von den Anfängen als Tauschplatz von Indianern und Trappern bis zur Gegenwart. Zweigstellen sind die **Fort Sherman Chapel** (332 Hubbard St.) und das **Fort Sherman Museum** auf dem Campus des North Idaho College.
❶ 115 NW Boulevard, April – Okt. Di – Sa 11.00 – 17.00 Uhr, Eintritt 3 $, www.museumni.org

Tubb's Hill Der vom Lake Cœur d'Alene umspülte Tubb's Hill bietet schöne Spazierwege und **tolle Panoramablicke** auf die Stadt und den See (Parkplatz Südende 3rd Street).

*Cataldo Die 24 mi/38 km östlich von Cœur d'Alene gelegene kolonialspa-
Mission nisch anmutende Missionsstation ist eines der ältesten noch erhaltenen Bauwerke aus der Pionierzeit in Idaho. In den frühen 1840er-Jahren **von Jesuiten gegründet**, diente sie der Bekehrung der Cœur d'Alene-Indianer. Die Architektur der eindrucksvollen Missionskirche ist von italienischer Sakralbaukunst inspiriert.

Silverwood Im größten Vergnügungspark der nordwestlichen USA gibt es über
Theme Park fünf Dutzend Fahrgeschäfte, darunter Achterbahnen, Kinderkarussels und Rutschen aller Art sowie eine Dampfeisenbahn, eine Amüsiermeile wie zu Opas und Omas Zeiten sowie diverse Shows.
❶ Highway 95, kurz vor Athol, Ende Mai – Anf Sept. tgl. 11.00 – 21.00, an Wochenenden bis 22.00 Uhr, Sonderöffnungszeiten im Mai sowie im Okt. u. Nov., Tagesticket 44 $, www.silverwoodthemepark.com

Craters of the Moon

✣ H/J 14

Größe: 2892 km²
Region: Snake River Plain
Höhe: 1800 – 1980 m ü. d. M.

Erforscht wurde sie erst ab 1921, und wer sie sich näher anschaut, merkt schnell, warum: Diese als National Monument and Preserve ausgewiesene vulkanische Landschaft ist die menschenfeindlichste weit und breit.

Schmutzig grau und schwarz, ja scheinbar leblos liegt sie da, diese wahrlich abweisende Weltgegend. Die weithin totale Abwesenheit von Grün kann irgendwann selbst das sonnigste Gemüt bedrücken. Wie erst müssen sich die Pioniere in ihren von Ochsen gezogenen Planwagen gefühlt haben angesichts dieser schrecklich-eigentümlichen Landschaft!

Vulkanische Kraterlandschaft

Wahrlich wie eine Mondkraterlandschaft präsentiert sich dieses noch instabile, von Vulkanismus geprägte Stück Erdkruste.

Craters of the Moon erleben

AUSKUNFT
Craters of the Moon National Monument & Preserve Service
P. O. Box 29
Arco, ID 83213
Tel. 1 208 5 27 13 00
www.nps.gov/crmo

ÜBERNACHTEN
Im Naturschutzgebiet selbst gibt es weder Unterkünfte noch Restaurants.
Die nächstgelegene Siedlung mit Übernachtungsmöglichkeiten ist Arco.

D-K Motel
316 S. Front Street
Arco, ID 83213
Tel. 1 208 5 27 82 82
www.dkmotel.com
Einfache Herberge mit 25 freundlich eingerichteten Gästezimmern.

Geologie, Klima, Flora und Fauna Geologen rechnen damit, dass es in den nächsten 1000 Jahren erneut zu Eruptionen kommen wird. Doch wo ist der Vulkan? Antwort: Überall. Hier öffnet sich die Erde hin und wieder und speit Lava. Die heutige Kraterlandschaft entstand vor etwa 15 000 Jahren. Die letzten starken Eruptionen erfolgten vor etwa 2100 Jahren. Dabei blieben drei riesige, dem Verlauf des Great Rift von Idaho folgende **Lavafelder** zurück. Das größte, das Craters of the Moon Lava Field, bedeckt eine Fläche von 1600 km². Alle drei sind von über 200 m tiefen Rissen durchzogen. **Über zwei Dutzend Vulkankegel**, diverse Ergussgesteine, darunter auch Basalte, sowie Lavaröhren in allen möglichen Formen sind typisch für das gesamte Areal.

Etwa 400 bis 500 mm Niederschlag erhält diese Gegend im Jahr. Doch das Regenwasser versickert spurlos in der rissigen Oberfläche. Dies und beständig wehende Winde schaffen **für Flora und Fauna härteste Bedingungen**. Umso erstaunlicher ist, dass hier über 300 hochspezialisierte Pflanzen, darunter viele Wildblumen (Blütezeit: Anfang Mai bis Ende August), Zedern, Salbeisträucher und diverse Kiefernarten gedeihen. Nicht minder vielfältig ist die Tierwelt.

> **?** *Vorbereitung auf Mondlandung*
>
> **BAEDEKER WISSEN**
>
> Wussten Sie schon, dass die Apollo-14-Astronauten Alan Shepard, Edgar Mitchell, Joe Engle und Eugene Cernan im Jahr 1969 die hiesigen Craters of the Moon besucht haben, um sich auf ihre Mond-Missionen vorzubereiten?

Geschichte Aus Lavabrocken zusammengestellte Windschutzmauern, u.a. bei Indian Tunnel, deuten darauf hin, dass die **Shoshonen** die Craters of the Moon auf ihren jährlichen Wanderungen zwischen Sommer- und Wintergründen durchquerten. Europäische Trapper, Goldsucher und Siedler machten einen Bogen um diese Ödnis. Erst angesichts zunehmender Indianerüberfälle am **Oregon Trail** wagten sich die Siedlertrecks auf eine uralte Indianerroute. Erforscht und kartografiert wurde die Gegend erst zu Beginn des 20. Jh.s, 1924 wurde sie zum National Monument erhoben und seitdem mehrmals erweitert.

Knapp 19 mi/30 km westlich von Arco erreicht man das in der Nähe des Nordkraters gelegene Besucherzentrum des Nationalparks. **Visitor Center**
❶ Highway 20/26/93, Mai – Sept. tgl. 8.00 – 18.00, sonst nur bis 16.30 Uhr, Eintritt frei, www.nps.gov/crmo/planyourvisit/visitor-center.htm

Vom Visitor Center aus kann man eine 7 mi/11 km lange Rundfahrt durch den Nordteil der Landschaft unternehmen. Dabei passiert man **Vulkankegel**, Krater, erkaltete **Lavaströme** sowie **Lavatunnel** und durchmisst auch die instabile Great Rift Zone mit dem Big Sink. An mehreren Stellen beginnen kurze Wanderwege, so etwa zum North Crater, zum Inferno Cone und zur Beauty Cave. Lohnend ist auch eine Rundwanderung auf dem **Devils Orchard Nature Trail**. ***Loop Road**

Idaho Falls

✳ H 15

Region: Bonneville County
Einwohner: 58 000
Höhe: 1430 m ü. d. M.

Ihr größter Trumpf erhebt sich am östlichen Horizont: die majestätische Teton Range im Grand Teton National Park. Ihr urbaner Lebensstil und ihre Nähe zu weiteren Top-Zielen im Nordwesten der USA machten die Stadt am Snake River zu einem hervorragenden Ausgangspunkt für Tagestouren.

Auch die übrigen »Stars« dieser Region sind nicht weit: Jackson Hole und den Yellowstone National Park erreicht man in knapp zwei Autostunden. Regelmäßig rangiert die Stadt hinsichtlich ihrer Lebensqualität auf den vorderen Plätzen. Idaho Falls hat eine eigene Oper, ein eigenes Orchester und eine kreative Kunstszene. Zurzeit erfährt der historische Stadtkern am Snake River ein gründliches »Facelift«. **Hohe Lebensqualität**

Idaho Falls präsentiert sich als eine ausgesprochen grüne Stadt im relativ trockenen Südosten Idahos. Mitte der 1860er-Jahre zogen Abenteurer von hier aus nach Montana, um Gold zu suchen, kehrten dann aber wieder zurück und betrieben Landwirtschaft.
Ende der 1870er-Jahre erreichte die Utah & Northern Railroad die junge Siedlung. Auch fleißige Mormonen ließen sich hier und im **Geschichte**

Idaho Falls erleben

AUSKUNFT
Greater Idaho Falls Chamber of Commerce
425 N. Capital Avenue
Idaho Falls, ID 83405
Tel. 1 208 5 23 10 10
www.idahofallschamber.com

SHOPPING
Grand Teton Mall
2300 E. 17th Street
www.grandtetonmall.com
Mo.–Sa. 10.00–21.00,
So. 12.00–18.00 Uhr
Populärste Mall der Stadt

ESSEN
Jakers Bar & Grill ❸❸
851 Lindsay Boulevard
Tel. 1 208 5 24 52 40
Beliebtes Grillrestaurant, bekannt für leckere Steaks, Burger, Fischgerichte.

Snake Bite Restaurant ❸
401 River Parkway
Tel. 1 208 5 25 25 22
Die besten Burger der Stadt, dazu Steaks und Salate

ÜBERNACHTEN
Le Ritz Hotel ❸❸❸
720 Lindsay Blvd.
Tel. 1 208 5 23 14 00
www.leritzhotel.com
Trotz des hochtrabenden Namens ist dies nur eine motelähnliche Herberge. Sie verfügt über 115 zeitgemäß ausgestattete Zimmer.

Hampton Inn ❸
645 Lindsay Blvd.
Tel. 1 208 5 23 14 00
Das freundliche Mittelklassehotel hat 126 modern ausgestattete Zimmer.

---

gesamte **Upper Snake River Valley** nieder: Kartoffeln, Bohnen, Getreide und Zuckerrüben sind bis heute die wichtigsten Anbauprodukte in dieser Gegend.

Die Eröffnung des **Atomtestgeländes** nach dem Zweiten Weltkrieg in der menschenleeren Ödnis eine halbe Autostunde westlich der Stadt machte aus dem bis dahin behäbigen Idaho Falls ein lebhaftes urbanes Zentrum.

Museum of Idaho Der Eintritt Idahos ins Atomzeitalter beschäftigt auch das Museum of Idaho. Weitere Themen sind die Lewis & Clark Expedition und altägyptische Kunst.
200 N. Eastern Ave., Mo.–Sa. 9.00–17.00 Uhr, Eintritt 8 $, www.museumofidaho.org

Carr Gallery Weltoffen und kunstsinnig gibt man sich im Idaho Falls Arts Council, unter dessen Ägide die Carr Gallery im Willard Arts Center (ehemals Colonial Theater) steht.
450 A. St., Mo.–Fr. 11.00 bis 17.00, Sa. 10.00–16.00 Uhr, Eintritt frei, www.idahofallsarts.org

Lewiston

✹ E 11

Region: Nez Perce County
Einwohner: 32 000
Höhe: 230 m ü. d. M.

Holz, Papier, Zellstoff und der am weitesten im Landesinneren gelegene Hafen – das ist Lewiston. Um nach den Spuren der Lewis & Clark Expedition zu forschen und einen Ausflug zum Hells Canyon (▶Oregon) zu unternehmen, lohnt sich ein Aufenthalt.

Die im Lewis-Clark Valley liegende Industriestadt wuchs just an der Stelle, an der Lewis und Clark im Jahre 1805 auf ihrem Weg zum Pazifik kampierten. Wenig später folgten Pelzhändler, Glücksritter und Goldgräber. Diese versorgten sich in Lewiston mit Material und Proviant. Im 20. Jh. wurde der Hafen großzügig ausgebaut. Schiffe nehmen hier Getreide und Holz, Zellstoff und Papier auf und bringen ihre Fracht via Snake River und Columbia River zum 740 km entfernten Pazifik.

Hafen- und Industriestadt

Lewiston erleben

AUSKUNFT
Lewiston Chamber
111 Main St., Suite 120
Lewiston, ID 83501
Tel. 1 208 7 43 35 31
www.lewistonchamber.org

Nez Perce
National Historical Park
39063 US 95
Spalding, ID 83540-9715
Tel. 1 208 8 43 70 03
www.nps.gov/nepe

BOOTSAUSFLÜGE
Snake River Adventures
Tel. 1 208 7 46 62 76
www.snakeriveradventures.com
Geboten werden abenteuerliche ganztägige Touren in den Hells Canyon ab der Marina im Hells Gate State Park

ESSEN
Zany Graze ✦✦
2004 19th Avenue
Tel. 1 208 7 46 81 31
Unter altem Krimskrams als Dekor genießt man Steaks, Burger, Tex-Mex- und vegetarische Gerichte.

ÜBERNACHTEN
Holiday Inn Express Lewiston ✦✦
2425 Nez Perce Drive
Tel. 1 208 7 50 16 00
www.hiexpress.com
Das moderne Haus verfügt über 100 gemütlich eingerichtete Gästezimmer, Fitness-Raum und Whirlpool.

SEHENSWERTES IN LEWISTON UND UMGEBUNG

Lewis & Clark State College Center for Arts & History
Das Lewis & Clark State College Center for Arts & History beschäftigt sich mit dem kulturellen Erbe der ganzen Region. Besondere Beachtung verdienen die verschiedenen Kulturzeugnisse der Nez-Percé-Indianer.
❶ 415 Main St., Di. – Sa. 11.00 – 16.00 Uhr, Eintritt frei, www.lcsc.edu/museum

*Hells Gate State Park
Wenige Autominuten südlich von Lewiston: Der wegen seiner schattigen Zeltplätze und schönen Wander- und Mountainbike-Wege als Naherholungsziel geschätzte Naturpark am Snake River ist ein guter Ausgangspunkt für abenteuerliche Bootstouren in den flussaufwärts gelegenen Hells Canyon. Die Boote mehrerer Veranstalter starten am Pier der Marina (▶S. 239).

Im Park befindet sich auch das moderne **Lewis & Clark Discovery Center**, das sich in erster Linie mit den Aktivitäten der beiden Forscher im Land der Nez-Percé-Indianer beschäftigt. Auch die Indianerin Weetxuwiis, die sich für das Leben von Lewis und Clark eingesetzt hat, wird hier gewürdigt.

Das hoch über dem Snake River gelegene **Jack O' Connor Hunting Heritage & Education Center** ist benannt nach einem bekannten Jäger und Buchautor, der sich auch als einer der ersten Befürworter eines nachhaltigen Wildschutzes.

Lewis & Clark Discovery Center: tgl. 9.30 – 17.00 Uhr, Parkgebühr 4 $, http://parksandrecreation.idaho.gov/parks/hells-gate
Jack O'Connor Hunting Heritage & Education Center: Hells Gate State Park, Snake River Ave., Mo. 13.00 – 17.00, Di. – Sa. 9.00 – 17.00, So. 13.00 – 17.00 Uhr, Parkgebühr 4 $, http://parksandrecreation.idaho.gov/parks/hells-gate

Hells Canyon NRA
Auf der Idaho-Seite bietet der Highway 71 den besten Zugang zum Hells Canyon (▶Oregon: Hells Canyon). Von Cambridge aus führt er zunächst nordwestwärts nach Oxbow, OR. Beim **Brownlee Dam** geht es über den Snake River. Die Staumauer ist 128 m hoch, fünf Generatoren erzeugen ca. 600 Megawatt Strom. Bei Oxbow kehrt der Highway 71 nach Idaho zurück und führt dann zum Hells Canyon Dam und der tiefsten per Auto erreichbaren Stelle der Schlucht.

** NEZ PERCE NATIONAL HISTORICAL PARK

1877 widersetzte sich eine Gruppe von **Nez-Perce-Indianern** der Abschiebung in Reservate. Auf ihrer Flucht nach Kanada errangen sie mehrere Siege über die US-Armee, doch kurz vor dem Ziel mussten sie sich ergeben. Jahrhunderte lang hatten die Nez-Percé an Sna-

1853: Nez-Percé-Indianer verhandeln mit einem Emissär der Eisenbahngesellschaft Union Pacific Railroad.

ke, Salmon und Clearwater River gelebt, einem Gebiet, das heute Teile von Oregon, Washington und Idaho umfasst. Zu Beginn des 19. Jh.s war das Columbia Plateau ihr Lebensraum. Im Sommer zogen sie zur Büffeljagd über die Bitterroots Mountains in die Plains, im Winter lebten sie in festen Camps an den Ufern fischreicher Flüsse. Ihr erster verbürgter Kontakt mit Weißen ergab sich im September 1805 mit den Lewis und Clark. Frankokanadische Pelzhändler nannten die Indianer »Nez-Percé«, weil einige Nasenpflöcke trugen. Bereits 1855 hatten die Nez Perce und die US-Behörden einen Vertrag unterzeichnet, der ihr Stammesgebiet schützen sollte. Als dort Gold gefunden wurde, hat die US-Regierung ihr Reservat stark verkleinert. Im Juni 1877 kam es bei White Bird beim heutigen Lewiston zur ersten Schlacht zwischen Nez Perce und US-Truppen. Die Nez Perce siegten, mussten aber vor nachsetzenden US-Truppen flüchten. Ihr Ziel Kanada sollten sie nicht erreichen. Nach vielen Gefechten wurden die rund 750 von **Chief Joseph** geführten Nez Perce nach einer fast 2700 km langen Flucht durch die heutigen US-Bundesstaaten Washington, Idaho und Montana 60 km vor der rettenden Grenze am Snake Creek von US-Einheiten umzingelt und festgesetzt. Wer nicht fliehen konnte, wurde nach Oklahoma deportiert. Erst Jahre später durften die Nez Perce zurück ins Land ihrer Vorfahren. Heute leben die meisten im Reservat östlich von Lewiston.

Der Nez Perce National Historic Park umfasst 48 Schauplätze im Nordwesten der USA. Das zentrale **Visitor Center** befindet sich am Westrand der Nez Perce Indian Reservation wenige Meilen östlich von Lewiston.

❶ 39063 Hwy. 95, Spalding, ID, Ende Mai – Anf. Sept. tgl. 8.00 – 17.00, sonst 8.30 – 16.00 Uhr, Eintritt frei, www.nps.gov/nepe/

Häuptling Joseph

Donner, der übers Land rollt

Seine Kapitulationsrede wurde zum Memento der nordamerikanischen Ureinwohner. Sein strategisches Genie beeindruckte sogar seine Gegner General William T. Sherman und General Oliver Otis Howard.

Am 5. Oktober des Jahres 1877 ritt **Häuptling Joseph** über das Schlachtfeld im Norden Montanas in das Camp von Colonel Nelson Miles und übergab sein Gewehr mit folgenden Worten: »Sagt General Howard, dass ich des Kämpfens müde bin. Unsere Häuptlinge wurden getötet. Looking Glass ist tot. Too-hul-hul-sute ist tot. Die Alten sind alle tot. Die jungen Männer haben nun das Sagen. Jener, der sie einst führte, ist tot. Es ist kalt und wir haben keine Decken. Die Kinder erfrieren. Einige meines Volkes sind in die Hügel geflohen. Sie haben keine Decken und nichts zu essen. Niemand weiß, wo sie sind – vielleicht erfrieren sie gerade. Ich will nach meinen Kindern suchen und sehen, wie viele ich noch finden kann. Vielleicht finde ich sie unter den Toten. Hört mich, meine Häuptlinge! Ich bin müde. Von heute an werde ich nicht mehr kämpfen.«

Gebrochenes Herz

Der Häuptling, der 1840 als Hinmah-too-yah-lat-kekt (= Donner, der über das Land rollt) im Wallowa Valley zur Welt kam, sollte das Land, für das er gekämpft hatte, nie wieder sehen. Die US-Regierung deportierte ihn und seine Nez Perce zunächst nach Kansas und dann weiter nach Oklahoma. Erst acht Jahre später durften er und die Seinen in die weit von ihrem traditionellen Stammesgebiet gelegene Colville Indian Reservation ziehen. Dort starb er im September 1904 an »gebrochenem Herzen«, so ein Arzt.

Willkür der US-Regierung

Dem Nez-Perce-Krieg von 1877 waren Missverständnisse bzw. gebrochenen Versprechen und Verträge vorausgegangen. Als Joseph anno 1871 zum Häuptling gewählt worden war, herrschten in seiner Heimat starke Spannungen. Trotz anders lautender Verträge ließen sich weiße Siedler weiterhin im Gebiet der Nez Perce nieder. Dazu lockte der **Goldrausch** in Idaho immer mehr Weiße an. Alsbald verkleinerte die Regierung das nach Idaho hineinreichende Schutzgebiet der Nez Perce um 90 Prozent.

Im Frühsommer 1877 erhielt auch die im Wallowa Valley lebende Gruppe des Häuptlings Joseph von General Howard den Befehl, ins Reservat zu ziehen. Chief Joseph erkannte die Zwecklosigkeit eines gewaltsamen Widerstands und brach mit seinen Leuten nach Idaho auf. Sie sollten aber dort nie ankommen. Aufgebrachte Nez-Perce-Krieger hatten mehrere Siedler getötet. Die US-Kavallerie verfolgte daraufhin alle Nez Perce, die außerhalb des Reservates lebten. Widerwillig schloss sich Chief Joseph den Kriegshäuptlingen seines Stammes an.

Nez-Perce-Krieg

Nun begann der eigentliche Nez-Perce-Krieg, eines denkwürdigsten Ereignisse der US-Militärgeschichte. Unter der Führung von **Looking Glass, Too-hul-hul-sute, White Bird, Ollokot und Joseph** zogen Anfang Juni 1877 ca. 800 Nez Perce, darunter nur 125 Krieger, mit Hab und Gut und 2000 Pferden nach Osten unter den Schutz der Crow. Danach wanderten sie drei Monate lang durch die heutigen Bundesstaaten Idaho, Wyoming und Montana. In vielen Schlachten und Scharmützeln standen sie US-Soldaten und deren indianischen Hilfstruppen gegenüber: In der **Schlacht vom White Bird Canyon** (17. Juni) fielen 43 US-Soldaten, aber nur ein Nez-Perce-Krieger wurde verwundet. Bei der **Schlacht von Big Hole** (9. August) erlitten die Nez Perce erstmals schwere Verluste. Vom Angriff der US-Armee überrascht, schafften es die Nez Perce dennoch, die US-Truppen in die Flucht zu schlagen. Dann ersuchten sie die Crow um Hilfe. Diese waren aber inzwischen von der US-Armee eingeschüchtert worden. Entmutigt beschlossen Looking Glass und Joseph daraufhin, nach Kanada zu ziehen und sich dort den nach der Schlacht am Little Bighorn ins Exil geflohenen Sioux unter **Sitting Bull** anzuschließen. Ab dem 13. September trieb die inzwischen verstärkte US-Armee die Nez Perce vor sich her. Bei der **Schlacht am Canyon Creek** verloren die Nez Perce zwar nur wenige Krieger, doch die Fliehenden hatten nun ihre Belastungsgrenzen erreicht. Dennoch zogen sie weiter, das rettende Exil vor Augen. Im Glauben, General Howard abgeschüttelt zu haben, errichteten sie Ende September nur 60 km südlich der kanadischen Grenze ihr Camp. Von einer aus Südost nahenden US-Einheit ahnten sie nichts. Am 30. September wurde das Nez-Perce-Lager überfallen. Während der nächsten Tage tobte der Kampf, die Nez-Perce-Führer Looking Glass, Too-hul-hul-sute und Ollokot wurden getötet. **Chief Joseph** weigerte sich, den von den jungen Kriegern geforderten Durchbruch zu wagen, weil man dann die Toten und Verwundeten hätte zurücklassen müssen. Am 5. Oktober ergab er sich und hielt seine berühmt gewordene Kapitulationsrede.

21. September 1904:
Häuptling Joseph liegt im Sterben.

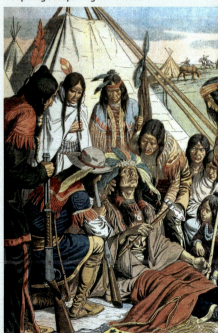

Montpelier

J 16

Region: Bear Lake County
Einwohner: 3000
Höhe: 1820 m ü. d. M.

Ein Babyausstatter, ein Friseur, ein Speiselokal, ein Baumarkt, ein Bestatter: An der Main Street des Städtchens Montpelier gibt es alles, was man zum Leben und Sterben braucht. Nicht viel anders war es in der Südostecke von Idaho zur Zeit des Oregon Trail.

Etappe auf dem Oregon Trail
In den 1850er-Jahre war dieser Ort im Nordosten des Bear Lake Valley bzw. im Windschatten der Wasatch Range eine wichtige Etappe für die auf dem **Oregon Trail** in den Nordwesten ziehenden Einwanderer. Anno 1863 legten **Mormonen**-Familien aus Utah den Grundstein für eine neue Siedlung; 1892 wurde Montpelier Endstation einer Eisenbahn, weitere Siedler kamen ins Land. Vier Jahre später geriet Montpelier in die Schlagzeilen, als Butch Cassidy und Elzy Lay am helllichten Tag die hiesige Bank ausraubten.

SEHENSWERTES IN MONTPELIER UND UMGEBUNG

*National Oregon/California Trail Center
Wo einstmals viele Einwanderer aus ganz Europa kampierten, erwartet den Besucher heute spannend inszenierte »living history«: Kostümierte entführen die Besucher in die 1850er-Jahre, laden sie ans Lagerfeuer ein und fahren mit ihnen – eine Computer-Simulation hilft dabei – im Planwagen auf dem Oregon Trail.
❶ 320 N. 4th St., Mai–Sept. So.–Do. 9.00–17.00, Fr.–Sa. 9.00–18.00 Uhr, Eintritt 10 $, www.oregontrailcenter.org

Montpelier erleben

AUSKUNFT
Bear Lake Convention & Visitors Bureau
69 N. Paradise Parkway
Bldg. A, P. O. Box 471
Garden City, UT 84028
Tel. 1 435 9 46 21 97
www.bearlake.org

ÜBERNACHTEN
Best Western Clover Creek Inn ❸❸
243 N. 4th Street
Tel. 1 208 8 47 17 82
www.bestwestern.com
Modernes Mittelklassehotel mitten in der Stadt mit 65 zweckmäßig ausgestatteten Zimmern.

Eine halbe Autostunde südlich von Montpelier ist der 36 km lange und bis zu 14 km breite See zu Füßen der Wasatch Range ein beliebtes Ausflugsziel für Familien und Sportangler. Rund um den See, der ein Stück weit nach Utah hineinragt, gibt es drei State Parks mit Picknick- und Campingplätzen sowie für Wassersportler hergerichtete Uferbereiche (Infos: www.bearlake.org).

Bear Lake

Moscow

E 11

Region: Latah County
Einwohner: 24 500
Höhe: 790 m ü. d. M.

Zusammen mit der Nachbarstadt Pullman im Bundesstaat Washington bildet Moscow das kulturelle und wirtschaftliche Zentrum der fruchtbaren Palouse-Region. Und die University of Idaho steuert Bohème, Lifestyle sowie ein wenig Weltoffenheit bei.

Dass die Stadt mit dem für die USA etwas ungewöhnlichen Namen anders tickt als seine die alte Frontier-Werte hochhaltenden Nachbarn, macht es gleich am Ortseingang klar: »Welcome to Moscow – The Heart of the Arts«. Kunst statt Rodeos, viktorianische Neugotik statt Western-Fassaden und das renommierte Lionel Hampton Jazz Festival: Fast wirkt Moscow wie ein Fragment des kultivierten Neuengland im Wilden Westen. Die waldige Palouse Range im Nordosten und die Paradise Ridge im Südosten verstärken diesen Eindruck. Entscheidende Wachstumsimpulse erhielt Moscow durch den Eisenbahnanschluss und die Eröffnung der **Idaho University** 1892. Bis heute ist die Universität der größte Arbeitgeber der Stadt; Moscows zweites Standbein ist die Landwirtschaft. Zudem ist Moscow bekannt als **Heimat der Appaloosa-Pferde**.

Stadt der Kunst und Wissenschaft

SEHENSWERTES IN MOSCOW UND UMGEBUNG

Das Museum führt in die Zeit vor der Ankunft der Weißen zurück, als die Nez-Percé-Indianer auf bunt gefleckten Pferden durchs Palouse-Tal ritten. Die weißen Siedler begannen um die vorletzte Jahrhundertwende mit der systematischen Züchtung der **Palouse Horses**. Heute ist das Appaloosa-Pferd eines der beliebtesten im Land und wird vor allem bei Rodeos und auf Guest Ranches eingesetzt.
❶ 2720 Pullman Rd., Mo.–Do. 12.00–17.00, Fr. 10.00–17.00, Sa. 10.00 bis 16.00 Uhr, Eintritt frei, Spende erbeten, http://appaloosamuseum.org

Appaloosa Museum

Moscow erleben

AUSKUNFT
Moscow Chamber of Commerce
411 S. Main Street
Moscow, ID 83843
Tel. 1 208 8 82 18 00
www.moscowchamber.com

EVENTS
Moscow Art Walk
Mitte Juni – Mitte Sept.
Künstler und Kunsthandwerker aus der Region präsentieren ihre Arbeiten in der Stadt.

Lionel Hampton Jazz Festival
Ende Februar
www.uiweb.uidaho.edu/jazzfest
Konzerte und Jam Sessions

WILDWASSERFAHREN
Salmon River Experience
Tel. 1 800 8 92 92 23
www.salmonriverexperience.com
In der Umgebung von Moscow kann man Rafting-Abenteuer der Sonderklasse unternehmen und zwar auf dem Snake River, dem Palouse River und vor allem auf dem Salmon River.

ESSEN
Nectar ●●●●
105 w. 6th Street
Tel. 1 208 8 82 59 14
Local Food ist hier angesagt. Sämtliche Zutaten und Produkte stammen aus der näheren Umgebung und werden gekonnt zubereitet.

ÜBERNACHTEN
Best Western University Inn ●●
1516 Pullman Road
Tel. 1 208 8 82 05 50
www.uinnmoscow.com
Gut geführte Herberge mit 173 komfortablen Zimmern in der Nähe der Universität

Prichard Art Gallery	Diese Kunstgalerie präsentiert in erster Linie Arbeiten zeitgenössischer Künstler aus dem Nordwesten der USA. ❶ 414 S. Main St., Di. – Sa. 10.00 – 20.00, So. 10.00 – 18.00 Uhr, Eintritt frei, Führungen n.V, Tel 1 208 8 85 59 78, www.uidaho.edu
Arboretum & Botanical Gardens	Am Nez Perce Drive kann man in dieser gepflegten Grünanlage alle im Nordwesten der USA heimischen Pflanzen studieren. Ferner gedeihen hier auch über 120 Baumarten aus Übersee. i 1200 West Palouse River Drive, tgl. Sonnenaufgang bis Sonnenuntergang, Eintritt frei, www.uiweb.uidaho.edu/arboretum
Palouse Hills	▶Pullman, Washington

Pocatello

J 15

Region: Bannock County
Einwohner: 55 000
Höhe: 1360 m ü. d. M.

Die einladende Stadt Pocatello räkelt sich behaglich in dem von Bergen umrahmten grünen Tal des Portneuf River. Die baumarmen, zumeist mit Gras bewachsenen Berge erinnern ebenso an den Wilden Westen wie die zwischen modernen Gebäudekomplexen hervorlugende und liebevoll restaurierte Frontier-Architektur.

Im frühen 19. Jh. tauchten Pelzhändler als erste Weiße in diesem von Shoshonen und Bannocks bewohnten Gebiet auf. 1834 gründeten sie den nördlich der Stadt gelegenen Handelsposten Fort Hall. Später wurde dieser von der Hudson's Bay Company übernommen. Da der Oregon Trail auch durch das Tal des Portneuf River führte, ließen sich bald Siedler nieder. Der **Idaho-Goldrausch** beschleunigte das Wachstum des nach einem Shoshonenhäuptling benannten Ortes. 1877 erreichte die Eisenbahn den Ort, der sich bald zu einer wichtigen Drehscheibe entwickelte.

Alter Handelsplatz und Verkehrsknoten

Nach dem Abflauen des Goldrausches wurde die Landwirtschaft, insbesondere der **Getreideanbau**, ein wichtiger Wirtschaftszweig. 1901 gründete man hier die **Idaho State University**. Diese Hochschule sowie das Thelma E. Stephens Performing Arts Center hoch über Pocatello machen die Stadt zum kulturellen Zentrum der gesamten Region. Überdies schätzen Touristen die Stadt als Ausgangspunkt für Tagestouren in die Umgebung.

SEHENSWERTES IN POCATELLO UND UMGEBUNG

Der kleine historische Stadtkern von Pocatello ist auch heute noch gut erkennbar. Seine beiden wichtigsten Wahrzeichen sind das imposante Union Pacific Depot und das Yellowstone Hotel.

Historischer Stadtkern

Spannend und kein bißchen verstaubt: Shoshonen und Bannock-Indianer, Postkutschen, Gebrauchsgegenstände der Einwanderer, alte Bilder und Fotografien und vieles mehr kann man in diesem kleinen Museum bestaunen.

Bannock County Historical Museum

❶ 3000 Alvord Loop, an das nachgebaute Fort Hall und den Pocatello Zoo grenzend, Mai – Sept. tgl. 10.00 – 18.00, sonst Di. – Sa. 10.00 – 16.00 Uhr, Eintritt 2 $, www.bchm-id.org

Fort Hall Replica
Im Ross Park hat man das historische Fort nachgebaut. Der von weiß getünchten Mauern umgebene Handelsposten macht die Besucher mit den Kindertagen der Stadt vertraut.
❶ 3002 Alvord Loop, Mai – Sept. Mo. – Sa. 10.00 – 18.00, So. 13.00 – 17.00 Uhr, Eintritt 4 $, www.forthall.net

Idaho Museum of Natural History
Mineralien und Fossilien, darunter solche von 200 Mio. Jahre alten Dinosaurier, aber auch solche von eiszeitlichen Mammuts sowie die Entwicklung von Pflanzen und Tieren in diesem Teil Amerikas werden auf dem Campus der Idaho State University vorgestellt. Ein weiterer Schwerpunkt der Ausstellung beschäftigt sich mit den Paläoindianern, die vor etlichen Jahrhunderten in der Snake-River-Ebene gelebt und dort Körbe, Perlenketten, Puppen und vieles mehr gefertigt haben.
❶ ISU Building 12, 5th Ave. & Dillon Sts., Di. – Sa. 11.00 – 17.00 Uhr, Eintritt 5 $, http://imnh.isu.edu

Massacre Rock State Park
Anders als der Name sagt, fand hier kein Gemetzel statt. Vom Besucherzentrum des südwestlich von Pocatello am Snake River bzw. Interstate 86 gelegenen Schutzgebietes erkennt man jedoch, dass die unübersichtliche Geografie die Furcht vor Hinterhalten durchaus genährt haben mag.

Pocatello erleben

AUSKUNFT
Greater Pocatello Chamber
324 S. Main Street
Pocatello, ID 83204
Tel. 1 208 2 33 15 25
www.pocatelloidaho.com

ESSEN
The Sandpiper ❷❷
1400 Bench Road
Tel. 1 208 2 33 10 00
Das Restaurant ist bekannt für seine Prime Ribs und Salate.

Buddy's ❷
626 E. Lewis Street
Tel. 1 208 2 33 11 72
Lokal mit leckerer italo-amerikanischer Küche

ÜBERNACHTEN
Black Swan Inn ❷❷❷
746 E. Center Street
Tel. 1 208 2 33 30 51
www.blackswaninn.com
14 thematisch gestaltete Suiten mit Bezeichnungen wie »Atlantis«, »Egyptian«, »Black Swan Garden«, etwas kitschig, aber annehmbar.

Red Lion Hotel Pocatello ❷❷
1555 Pocatello Creek Road
Tel. 1 208 2 33 22 00
www.redlion.rdln.com
Die motelähnliche Herberge bietet rund 150 sehr geräumige und zeitgemäß ausgestattete Zimmer. Entspannen können sich die Gäste in einem Swimming Pool und einem Whirlpool

Gate of Death nannten die hier durchziehenden Pioniere die enge Schlucht, in der mächtige Felsbrocken die Sicht versperrten. Gefechte mit Indianern gab es tatsächlich, allerdings etwas weiter östlich.

Gate of Death Rock

Korrekt benannt ist aber der Register Rock: Unweit des Besucherzentrums verewigten sich über viele Jahre hinweg durchziehende Pioniere mit Namen und Datum. In der Nähe sind alte Wagenspuren noch sehr gut zu erkennen.

Register Rock

❶ I-86, Exit 28, Mai – Sept. tgl. 9.00 – 18.00 Uhr, Parkegebühr 5 $, http://parksandrecreation.idaho.gov/parks/massacre-rocks

Diese in das enge Tal des Portneuf River südwestlich von Pocatello eingebettete Stelle benannten die Pioniere, die auf dem Oregon Trail unterwegs waren, nach den heißen Quellen, die zwischen dunklem Lavagestein austreten. Die Heilkraft des 43,3 °C warmen Thermalwassers sprach sich schnell herum. Heute zählt der um die Quellen entstandene Ort mit seiner wie eine Westernfilm-Kulisse wirkenden Main Street rund 500 Einwohner.

*Lava Hot Springs

Hauptattraktion des Ortes ist der **Idaho World Famous Hot Pools & Olympic Swimming Complex** mit Hotel, Thermalbädern, Olympia-Schwimmbecken, Tubing-Kanal, Riesenrutschbahnen und vielem mehr.

❶ Apr. – Sept. tgl. 8.00 – 23.00 Uhr, Tageskarte 9 $, Teilzeitkarte 6 $, www.lavahotsprings.com.

Salmon

✦ F 14

Region: Lemhi County
Einwohner: 3100
Höhe: 1200 m ü. d. M.

Das Wildwest-Städtchen zu Füßen der schneebedeckten bis zu 3473 m hohen Beaverhead Mountains bietet alles in Hülle und Fülle: dramatische Geschichte, Action auf reißenden Flüssen, freundliche Kleinstadtatmosphäre, Geisterstädte in der Umgebung und Wildnis pur.

Parkplatzprobleme kennt man nicht in Salmon. Selbst im Hochsommer nicht, wenn die Wildwasser-Enthusiasten mit ihren rostigen Trucks und Kombis einfallen und am Ende des Tages die Lokale an der Main Street aufsuchen, um wilde Geschichten zu erzählen. Schon frankokanadische Trapper überwinterten einstmals am Zusammenfluss von Lemhi und Salmon River. Dass Salmon einen Platz in den Annalen der Lewis-&-Clark-Forschung hat, verdankt der Ort der

Welthauptstadt der Wildwasserfahrer

Salmon erleben

AUSKUNFT
Salmon Idaho Valley Chamber
200 Main Street
Salmon, ID 83467
Tel. 1 208 7 56 21 00
www.salmonchamber.com

ÜBERNACHTEN
Syringa Lodge ❷❷
13 Gott Lane
Tel. 1 208 7 56 44 24
www.syringalodge.com
Von dem rustikalen B & B hat man einen tollen Blick über das Tal und auf die Berge

Indianerin **Sacajawea**. Die Shoshonin, die einigen von Amerikas berühmtesten Entdeckern als Dolmetscherin diente, wurde im Tal des Lemhi River geboren. Die ersten weißen Siedler ließen sich während des Idaho-Goldrausches im Tal nieder. Farmer und Rancher folgten, Landwirtschaft und v. a. Viehzucht prägen heute das Tal des Salmon River. Tourismus ist das andere, immer wichtiger werdende wirtschaftliche Standbein der Gemeinde.

Der reißende **Salmon River** und weitere Gebirgsflüsse in der Umgebung haben ihr den Ehrentitel **Whitewater Capital of the World** eingetragen. Der Beiname des Salmon unterstützt sie in ihren PR-Bemühungen: Weil Lewis und Clark einst auf ihm nicht weiterkamen, nannten sie ihn »River of No Return«.

SEHENSWERTES IN SALMON UND UMGEBUNG

Lemhi County Historical Museum
Bevor man sich im Schlauchboot aufs Wildwasser begibt, sollte man sich dieses kleine Museum anschauen. Hinter der Western-Fassade sind allerlei Kulturzeugnisse der indianischen Shoshonen und Einwanderer aus Europa zu sehen.
● 210 Main St., April – Okt. Mo. – Sa. 10.00 – 17.00 Uhr, Eintritt 2 $, www.lemhicountymuseum.org

*Sacajawea Center
Etwa 2 mi/3,2 km außerhalb liegt das moderne Sacajawea Interpretive, Cultural & Educational Center in einem schön angeleten Park. Hier wird die Rolle der von der amerikanischen Geschichtsschreibung glorifizierten Shoshonin beleuchtet. So war es wohl weniger Sacajaweas Ortskenntnis, als vielmehr ihr Verhandlungsgeschick bei der Begegnung mit noch unbekannten Indianerstämmen, die der Expedition von Lewis und Clark zum Erfolg verhalf. Interessierten Besuchern werden auch diverse Mitmach-Programme angeboten.
● Main St./Hwy. Ende Mai – Anf. Sept. Mo. – Sa. 9.00 – 17.00, So. 12.30 – 17.00 Uhr, Eintritt 5 $, www.sacajaweacenter.org

Thermalquellen

Die **Gold Bug Hot Springs** liegen etwa 20 mi/32 km südlich von Salmon am US 93. Man erreicht die im Bereich einer V-förmigen Verwerfung zwischen den Bergen austretenden Thermalquellen nach einer etwa einstündigen anstrengenden Wanderung. Via Highway 28 gelangt man zu den ca. 17 mi/27 km südöstlich von Salmon gelegenen **Sharkey Hot Springs**, die heute ein Schwimm- und Therapiebecken speisen.

** Sun Valley

H 13

Region: Blaine County
Einwohner: 1400
Höhe: 1804 m ü. d. M.

Zwei Worte lassen die Herzen von Skiläufern in aller Welt schneller schlagen: Sun Valley. Der allererste Wintersportort der USA – im Jahre 1935 wedelten hier die ersten Skiläufer die Hänge des Bald Mountain hinab – nimmt auch heute noch einen Spitzenplatz ein.

Illustre Gäste

Gary Grant und Clark Gable waren Stammgäste, ebenso Groucho Marx und Lucille Ball. Ernest Hemingway verbrachte hier die letzten Jahre seines Lebens. Bis heute geben sich Amerikas Mächtige und Schöne ein Stelldichein. Tom Hanks, Clint Eastwood, Arnold Schwarzenegger: Die Liste der Promis, die Wochenendhäuser besitzen, ist endlos und Beweis genug, dass **Averell Harrimans** Rechnung aufgegangen ist. 1935 beauftragte der Boss der Union Pacific Railroad den österreichischen Grafen **Felix Schaffgotsch** mit der Suche nach dem besten Ort für ein luxuriöses Ski-Resort. Schaffgotsch war wählerisch: Kalt, aber nicht zu kalt sollte der Ort sein und schneereich, aber nicht zu sehr. Und natürlich mussten feuerrote Sonnenuntergänge her und eine grandiose alpine Kulisse. Nach drei Tagen auf den Pisten über Ketchum soll der passionierte Skiläufer »wunderschön« geflüstert haben. Harriman baute daraufhin die **Sun Valley Lodge** auf, eine Luxusherberge, in der man sich zum Dinner umziehen musste und schon vor Sonnenaufgang auf den Brettern stehen konnte. 1937 war Eröffnung. Um die Lodge sind inzwischen weitere Beherbergungsbetriebe, Restaurants und Geschäfte entstanden.

Aktivurlaub pur

Sun Valley bietet heute alle Voraussetzungen für einen gelungenen Aktivurlaub. Bestens präparierte Skipisten – die schönsten gibt es am 2781 m hohen **Bald Mountain** – , ein gut 160 km umfassendes Loipennetz, Wege für Wanderer, Mountainbiker und Reiter sowie vier Golfplätze.

Sun Valley erleben

AUSKUNFT
Sun Valley / Ketchum
Convention & Visitors Bureau
491 Sun Valley Road
P. O. Box 4934
Ketchum, ID 83340
Tel. 1 208 7 26 34 23
www.visitsunvalley.com

EVENTS
Ernest Hemingway Festival
Das an drei Tagen Ende September stattfindende Festival würdigt die enge Beziehung des Nobelpreisträgers zu Ketchum und Idaho.

ESSEN
Gretchen's ✪✪✪✪
1 Sun Valley Road
Tel. 1 208 6 22 21 44
Sympathisches Restaurant mit »Rocky Mountains Cuisine«

The Ram Restaurant ✪✪✪
1 Sun Valley Road
Tel. 1 208 6 22 22 25
Freundliche Bistro-Atmosphäre

ÜBERNACHTEN
Sun Valley Lodge ✪✪✪✪
1 Sun Valley Road
Tel. 1 208 6 22 20 01
www.sunvalley.com
Legendäre Luxusherberge mit 148 schönen Zimmern und Apartments, einem eleganten Restaurant sowie Spa, Schönheitssalon und Fitness Center.

Tamarack Lodge ✪✪✪
291 Walnut Ave. N.
Ketchum, ID
Tel. 1 208 7 26 33 44
www.tamaracksunvalley.com
Gemütliche Herberge mit 26 rustikal eingerichteten Gästezimmern.

Knob Hill Inn ✪✪✪
960 North Main Street
Ketchum, ID 83340
Tel. 1 208 7 26 80 10
www.knobhillinn.com
Hübsch im alpenländischen Stil renoviertes Haus mit 29 geräumigen Zimmern und Suiten. Das Personal ist freundlich und zuvorkommend.

SEHENSWERTES IN SUN VALLEY

Heritage & Ski Museum
In Ketchum kann man sich ausführlichst über die Entwicklungsgeschichte des Skisports in den nordwestlichen Vereinigten Staaten von Amerika informieren.
ℹ 1st St. & Washington Ave., Di. – Sa. 13.00 – 17.00 Uhr, Eintritt frei, Spende erbeten, www.comlib.org/museum

Hemingways Grab
Auf dem Friedhof von Ketchum befindet sich das Grab des Schriftstellers **Ernest Hemingway**, der sich am 2. Juli 1961 nach langer Krankheit erschossen hat (Ketchum Cemetery, 10th Street East).

Sun Valley: Wintersportplatz der High Society

Twin Falls

J 13

Region: Twin Falls County
Einwohner: 45 000
Höhe: 1140 m ü. d. M.

Ein Canyon, ein Wasserfall und eine Brücke sind die Hauptattraktionen von Twin Falls. Das verweist auf eine spektakuläre Lage, wie auch der Name des Tals, in dem die Stadt liegt, ausdrückt: Magic Valley.

Regionales Zentrum Die größte Stadt der Region ist auch deren wirtschaftliche und kulturelle Zentrum. Die ersten Europäer zogen 1811 hier durch. Nachfolgende Expeditionen empfanden den hiesigen den Snake River Canyon lediglich als Verkehrshindernis. 1864 begann man mit der Kultivierung des Talbodens, doch bis zum Ende des 19. Jh.s gab es gerade eine Handvoll Farmen und Ranches an dem handtuchbreiten fruchtbaren Uferstreifen. Die Einwohner von Twin Falls betrachten 1905 als Jahr der Stadtgründung. Damals wurde der **Milner Dam** fertiggestellt und die künstliche Bewässerung um den Snake River Canyon möglich. Bald darauf entwickelte sich Twin Falls zum landwirtschaftlichen Zentrum der Region. Die vielen jungen Leute im Straßenbild sind zumeist Studierende am **College of Southern Idaho** und an einem Ableger der Idaho State University.

SEHENSWERTES IN TWIN FALLS UND UMGEBUNG

Shoshone Falls Mit rund 70 m Höhe und einer Breite von mehr als 300 m werden die tosenden Shoshone Falls östlich der Stadt oft als **»Niagarafälle des Westens« apostrophiert. Beeindruckend sind sie v. a. im Frühling, wenn der Snake River nach der Schneeschmelze besonders viel Wasser führt. Im Shoshone Falls Park, durch den die Falls Avenue führt, gibt es viele schöne Aussichtspunkte und hübsche Spazierwege. Nördlich der Stadt schwingt sich die **Perrine Memorial Bridge** se Bogenbrücke (1974) über den hier 145 m tiefen Canyon des Snake River. Von der Brücke bietet sich ein spektakulärer Blick in die Schlucht des Snake River. Gleitschirmflieger und Base Jumper nutzen die Brücke als Absprungrampe).

❶ tgl. Sonnenauf- bis Sonnenuntergang, Eintritt frei, www.visitidaho.org

*City of Rocks National Preserve Eine gute Autostunde südöstlich von Twin Falls liegt dieses Naturschutzgebiet in den Albion Mountains nahe der Grenze zu Utah. Dieses **Felsenlabyrinth** ist vor allem bei Kletterern sehr beliebt. Vor

Twin Falls erleben

AUSKUNFT
Twin Falls Area Chamber
858 Blue Lakes Blvd. N.
Twin Falls, ID 83301
Tel. 1 208 7 33 39 74
www.twinfallschamber.com

SHOPPING
Full Moon Gallery of Fine Art & Contemporary Craft
132 Main Street
Di.–Fr. 12.00–17.00, Sa. 11.00–15.00
Zeitgenössische Arbeiten von Künstlern aus dem »Magic Valley«.

Twin Falls Farmers Market
North College Road
Mai–Okt. Sa. 9.00–13.00 Uhr
Hier gibt es nicht nur frisches Obst und Gemüse, sondern auch Gelegenheit zum gemütlichen Picknick mit feinem Gebäck und gelegentlich auch Live-Musik.

ESSEN
Idaho Joe's
598 Blue Lakes Blvd. N.
Tel. 1 208 7 34 94 03
Laut und rustikal; die »Renner« sind Steaks und Ribs, empfehlenswert aber auch die Navajo-Tacos mit Chili.

ÜBERNACHTEN
Holiday Inn Express
1910 Fillmore St. N.
Tel. 1 877 6 60 85 50
www.hiexpress.com
Das Haus (59 Zimmer, Pool, Fitness-Raum) liegt nur wenige Hundert Meter vom Snake River Canyon entfernt.

---

allem frühmorgens und bei Sonnenuntergang präsentieren sich die bizarren Felstürme, Bögen, Fenster, Zinnen und Brocken höchst eindrucksvoll. Die in den späten 1840er-Jahren hier auf dem California Trail durchziehenden Siedler glaubten eine versteinerte Stadt zu sehen. Bislang gibt es 35 km Wanderwege zu dramatischen Felsbildungen und spektakulären Aussichtspunkten.
Das **Visitor Center** befindet sich in Almo am Nordrand des Schutzgebietes.
❶ Ende April–Ende Okt. tgl., sonst nur Di.–Sa. 8.00–16.30 Uhr, Eintritt frei, www.nps.gov/ciro

Eine knappe Autostunde nordwestlich von Twin Falls hat man am Westufer des Snake River Versteinerungen von mehr als 220 verschiedenen Pflanzen- und Tierarten entdeckt, die im Zeitalter des Pliozän (vor 3 bis 4 Mio. Jahren) in dem Tal existieren konnten. Das wichtigste Fossil dieser Fundstätte ist das **Hagerman-Pferd**, ein Zebra-ähnliches Urpferd. In der Ortschaft Hagerman erklärt ein **Besucherzentrum** die Flora und Fauna dieser Gegend vor der letzten Eiszeit.

*Hagerman Fossil Beds National Monument

❶ Mitte Juni–Anf. Sept. tgl., sonst nur Do.–Mo. 9.00–17.00 Uhr, Eintritt frei, www.nps.gov/hafo

Montana

MONTANA

Fläche: 381 156 km²
Einwohnerzahl: 1 024 000
Hauptstadt: Helena
Beiname: The Treasure State

Broschüren für Touristen empfehlen vor allem eines: Weitwinkelobjektiv mitbringen und reichlich Datenspeicher. Schneebedeckte Dreitausender und endloses Grasland prägen den Staat an der kanadischen Grenze. Grizzlybären leben hier noch ungestört. Montana ist riesig – und lässt sich gerne fotografieren.

Naturraum

Und natürlich auch filmen. Dass Kinoerfolge wie »Der Pferdeflüsterer« und »Little Big Man« ausgerechnet hier gedreht wurden, ist kein Zufall. Himmel, Grasland und Bergwelt leuchten in kräftigen Farben. Den Westen des Bundesstaats dominieren die **Rocky Mountains**. Einige Gebirgszüge reichen weit über die 3000-Meter-Marke hinaus. Dabei treten die Bitterroot Mountains besonders hervor, die Montana vom westlichen Nachbarstaat Idaho trennen. Zwischen den in Nord-Süd-Richtung verlaufenden Höhenzügen liegen schöne, oft landwirtschaftlich genutzte Täler wie das Gallatin und das Flathead Valley.

Nach Osten läuft Montana in die **Great Plains** aus, die endlosen, kaum oder gar nicht besiedelten Prärien, die vom Oberlauf des **Missouri** und vom Yellowstone River durchschnitten werden. Hin und

Highlights in Montana

▶ **Bozeman**
Trendige junge Stadt mit Museum of the Rockies und herrlichem Gallatin Valley
▶Seite 263

▶ **Crow Indian Reservation**
Geschichtsträchtiges Indianerland mit dem Little-Bighorn-Schlachtfeld
▶Seite 269

▶ **Glacier National Park**
Grandiose, von Gletschern der Eiszeit geschaffene Hochgebirgswelt und Bergwanderparadies par excellence
▶Seite 283

Die alpine Bergwelt des Glacier National Park zieht seit einigen Jahrzehnten Naturbegeisterte in ihren Bann.

wieder passiert man höher gelegene Plateaus und karge Badlands. Nachbarn im Norden sind die kanadischen Provinzen British Columbia, Alberta und Saskatchewan. Im Osten grenzt Montana an die US-Bundesstaaten North Dakota und South Dakota, im Süden und Westen an Wyoming und Idaho.

Geschichte Vor der Ankunft der Weißen gehörte Montana den Plains-Indianern. Die Pend d'Oreilles und Kalispel wohnten rund um den Flathead Lake und in benachbarten Tälern. Die Kootenai, Gros Ventres, Blackfoot und Assiniboine teilten sich die Mitte und den Norden und im Süden und Südosten lebten Crow und Cheyenne. Die ersten Weißen in Montana waren frankokanadische Trapper, die seit Mitte des 18. Jh.s mit den Indianern Pelze handelten. Dramatische Folgen für die Ureinwohner hatte die Expedition von Lewis und Clark (1803 – 1806). Von der amerikanischen Regierung geschickt, um das im **Louisiana Purchase** erworbene Land zu erforschen, kamen die beiden Kundschafter 1805 auch durch Montana und nahmen Kontakt zur Urbevölkerung auf. Es war aber Gold, das Dynamik in die Entwicklung brachte. 1862 wurde dieses Edelmetall bei Bannack entdeckt. Ein Jahr später fand man auch im 120 km entfernten Alder Creek Gold. Angesichts des massiven Zustroms von Goldsuchern erklärte die US-Regierung das Gebiet 1864 zunächst zum Territorium und untermauerte ihre Anwesenheit mit der Einrichtung von Militärstützpunkten. Die Entdeckung weiterer Bodenschätze, darunter Silber und Kupfer, ließ die Einwanderungswelle ab 1875 weiter anschwellen, was schwere und blutige Auseinandersetzungen mit den sich zur Wehr setzenden Cheyenne und Sioux zur Folge hatte. Eine Reihe von Gefechten und Massakern im Grenzgebiet zwischen Wyoming und Montana sowie in den Black Hills von South Dakota kulminierte schließlich in der **Schlacht am Little Bighorn**. Dort erlitt die von Custer geführte US-Armee am 26. Juni 1876 ihre schwerste Niederlage im Kampf gegen die Indianer. Aber bereits im Jahr darauf kapitulierten die Nez Perce unter Häuptling Joseph in den Bearpaw Mountains nahe der kanadischen Grenze. Der Widerstand der Indianer war damit endgültig gebrochen.
Am 8. November 1889 wurde Montana als **41. Bundesstaat in die USA** aufgenommen. Die Besiedlung erleichternde Bundesgesetze und groß angelegte Bewässerungsprojekte förderten alsbald die Erschließung des neuen Bundesstaats.

Wirtschaft Bis heute ist ein Viertel des Staates von Wald bedeckt. Vorherrschende Baumarten sind Gelbkiefer, Douglasie, Hemlocktanne, verschiedene Fichtenarten, Lärche und diverse Laubbaumarten in tieferen Lagen. Wichtigster Wirtschaftszweig ist die Landwirtschaft: **Rinderzucht** in den Rocky Mountains, Ackerbau in den Prärien. Es folgen die Nahrungsmittelindustrie und Holzverarbeitung. Ein sehr lukra-

tiver Bergbau fördert Kupfer, Zink, Silber, Gold, Nickel und Platin. Auch die **Erdöl- und Erdgasvorkommen** sind beachtlich.
Die Bedeutung des **Tourismus** wächst stetig: **Big Sky Country** ist sommers wie winters ein attraktives Reiseziel. Zwei Höhepunkte sind der landschaftlich höchst reizvolle Glacier National Park und das geschichtsträchtige Little Bighorn National Monument. Und ganz im Süden ragt noch ein Zipfel des Yellowstone National Park nach Montana hinein.

Billings

F 19

Region: Yellowstone County
Einwohner: 107 000
Höhe: 952 m ü. d. M.

Verkehrsampeln, Stoßzeiten und Feierabendverkehr: Mit Entzugserscheinungen durch Montana reisende Großstädter haben hier Gelegenheit, in richtigen Malls zu shoppen und abends eine Kneipentour zu unternehmen.

Tatsächlich ist die zu Füßen der schroffen Rimrock Cliffs im Tal des Yellowstone River gelegene Stadt Billings alles, was Montana zum Thema Großstadt zu bieten hat. Gleich jenseits der Stadtgrenzen beginnt wieder das endlose Nichts der Prärie, so dass die passenderweise auch noch »Magic City« genannte Stadt sich anfühlt wie eine Fata Morgana. Wie mögen sich da im 19. Jh. die ersten per Bahn angereisten Einwanderer gefühlt haben, als sie 1882 hier ausstiegen? Damals bestand Billings aus nicht mehr als einem Haus, einem Hotel, einem

Montanas einzige Großstadt

Moderne Cowboy-Kunst an der Stadteinfahrt von Billings

Kaufladen und windschiefen Schuppen, in denen die Northwestern Railroad Schienen, Schwellen, Werkzeug, Kohle und Ersatzteile lagerte. Benannt nach **Frederick Billings**, dem Boss der Northern Pacific Railroad, wuchs die Stadt rasend schnell. Die Bevölkerung hat sich alle 30 Jahre verdoppelt.

Ein internationaler Flughafen und die Lage im Kreuzungsbereich der beiden vielbefahrenen Interstates I-90 und I-94 macht Billings zu einem **Handels- und Verkehrsknotenpunkt**. Hauptarbeitgeber sind Dienstleistungsunternehmen, verarbeitende Industrie und vor den Toren der Stadt weiterhin die Rinderzucht. Dazu kommen seit der Entdeckung eines reichen Erdölvorkommens in den 1950er-Jahren drei große Raffinerien und verschiedene Zulieferbetriebe.

Heute ist Billings die größte Stadt im Umkreis von 800 Kilometern und das **medizinische Zentrum** für Montana, Wyoming und die Dakotas.

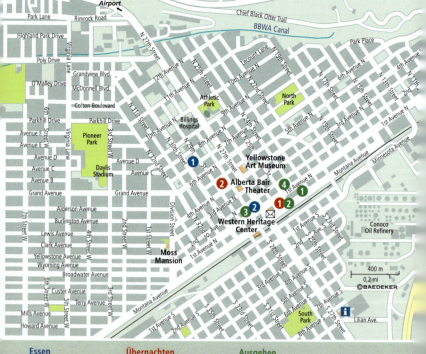

Essen	Übernachten	Ausgehen	
❶ Juliano's	❶ The Carlin Hotel	❶ McCleary's Tavern	❹ Angry H.
❷ Jake's of Billings	❷ Dude Rancher Lodge	❷ The Envy Nightclub	
	❸ Boothill Inn & Suites	❸ Montana Brewing Company	

Billings erleben

AUSKUNFT
Billings Area Visitor Center
815 S. 27th Street, P. O. Box 31177
Billings, MT 59107-1177
Tel. 1 406 2 45 41 11
www.visitbillings.com

SHOPPING
Rimrock Mall
Central Ave. u. 24th Street
Mo.–Sa. 10.00–21.00, So. 12.00 bis 18.00 Uhr
Abercrombie & Fitch, Eddie Bauer, Victoria's Secret: Die Rimrock Mall bietet alle auch von der Pazifikküste her bekannten Marken unter einem Dach.

Taubert Ranch Outfitters
123 N. Broadway
www.loutaubert.com
Vor dem Besuch einer Dude Ranch – oder auch einfach nur so – kann man sich hier auf neun Etagen mit zünftigem Ranchwear eindecken.

Depot Antique Mall
2210 Montana Avenue
Fast 100 Antiquitätenhändler bieten ihre Waren feil.

Toucan Gallery
2505 Montana Avenue
Di.–Fr. 10.00–17.30, Sa. 10.00–16.00 Uhr www.toucanarts.com
Dass Berge und Prärien hiesige Künstler zu weit mehr als Landschaftsbildern inspirieren, zeigt diese Ausstellung.

THEATER
Alberta Bair Theater
2801 3rd Avenue
Tel. 1 406 2 56 60 52
www.albertabairtheater.org
Opern, Musicals, Lesungen, Rockkonzerte werden in diesem herrlichen Art-Deco-Gebäude geboten.

AUSGEHEN
❶ McCleary's Tavern
2314 Montana Avenue
Tel. 1 406 8 39 90 41
Originelles Lokal mit Bar im alten Bahndepot.

❷ The Envy Nightclub
2501 Montana Avenue
(im Carlin Hotel)
Tel. 1 406 2 45 00 92
Gepflegte Adresse mit eleganter Art-Deco-Bar.

❸ Montana Brewing Company
113 N. Broadway
Tel. 1 406 2 52 92 00
Angesagte Lokalbrauerei mit netter Straßenterrasse; es wird leckeres »Pub Food« serviert.

❹ Angry Hank's
2405 1st Avenue
Tel. 1 406 2 52 33 70
Munteres »Micro Brew« mit Bieren, die »Anger Management« und »Street Fight Imperial« heißen. Hier herrscht immer gute Stimmung!

ESSEN
❶ Juliano's ❸❸❸❸
2912 7th Avenue
Tel. 1 406 2 48 64 00
Delikate, fernöstlich und pazifisch angehauchte Cuisine mit Spezialitäten wie Strauß und Wapiti.

❷ Jake's of Billings ❷❷
2701 1st Avenue North
Tel. 1 406 2 59 93 75
Gerichte wie bei »Mom«: dicke Steaks, kalorienreiche Desserts.

ÜBERNACHTEN
❶ The Carlin Hotel ❷❷❷
2501 Montana Avenue
Tel. 1 406 2 45 75 15
www.carlinhotel.com
Hotel von 1910. Alle acht Suiten sind geschmackvoll im 1950er-Retro-Stil eingerichtet.

❷ Dude Rancher Lodge ❷❷
415 N. 29th Street
Tel. 1 406 2 59 55 61
www.duderancherlodge.com
Motel im rustikalen Ranch-Look: Urgemütliche Lobby, die 56 Gästezimmer sind in warmen Holz- und Honigtönen gehalten. Im hauseigenen »Dude Rancher Restaurant« gibt es deftige Westernkost.

❸ Boothill Inn & Suites ❷❷
242 E. Airport Road
Tel. 1 406 2 45 20 00
www.boothillinn.com
Gleich neben der alten Richtstätte, an der einst Gesetzesbrecher gehenkt worden sind, steht dieses moderne Hotel mit 69 geräumigen und funktional eingerichteten Zimmern und Suiten sowie Swimming Pool.

SEHENSWERTES IN BILLINGS UND UMGEBUNG

*The Moss Mansion
Die elegante Residenz des Bankiers **Preston B. Moss** entstand 1903 nach Plänen des damaligen **New Yorker Stararchitekten H. J. Hardenbaugh** aus rotem Sandstein. Die Moss-Familie lebte hier bis 1984 und ließ das bis heute mit dem originalen handgefertigten Mobiliar ausgestattete Interieur unversehrt.
● 914 Division St., Führungen Di. – Sa. 10.00 – 16.00, So. 13.00 – 16.00 Uhr, Ticket 10 $, www.mossmansion.com

*Yellowstone Art Museum
Das beste Kunstmuseum Montanas widmet sich den hiesigen Talenten aus Gegenwart und Vergangenheit. Interessant sind die frühen Modernisten, eine Sammlung abstrakter Expressionisten und Arbeiten des Künstlers Will James, eines im Nordwesten beliebten Western-Illustrators.
● 401 N. 27th St., Di., Mi., Sa. 10.00 – 17.00, Do., Fr. 10.00 – 20.00, So. 10.00 – 16.00 Uhr, Eintritt 6 $, www.artmuseum.org

Peter Yegen Junior Yellowstone County Museum
Dieses Museum unweit vom Flughafen befasst sich mit der Natur- und Kulturgeschichte Südwest-Montanas. Viel Raum nimmt die Darstellung der Indianerstämme dieser Gegend ein. Auch ein Pelzhandel ist nachgebaut.
● 1950 Terminal Circle, Di. – Sa. 10.30 – 17.30 Uhr, Eintritt frei, Spende erbeten, www.pyjrycm.org

Zoo Montana: Im hiesigen Tierpark kann man die heimische Tierwelt aus nächster Nähe beobachten – Wölfe, Ottern, Dickhornschafe, Stachelschweine, Vielfraße und auch Fischadler und andere Greife.
❶ 2100 S. Shiloh Rd., I-90 Exit 443, Mai – Sept. tgl. 10.00 – 17.00, sonst bis 16.00 Uhr, Eintritt 7 $, www.zoomontana.org

Pompey's Pillar National Monument: Ca. 25 mi/40 km nordöstlich von Billings (nahe am I-94) ragt ein 45 m hoher Sandsteinklotz über dem Yellowstone River auf. Ein schöner Spaziergang durch einen lichten Cottonwood-Bestand führt zur einzigen heute noch sichtbaren **Hinterlassenschaft der Lewis & Clark-Expedition**. William Clark kerbte hier seinen Namen und das Datum seines Besuchs, den 25. Juli 1806, in den Fels und benannte ihn nach Jean »Pompey« Baptiste Charbonneau, den kleinen Sohn der ihn begleitenden Shoshone Sacajawea.

> **BAEDEKER TIPP**
>
> *Wie der Marlboro-Mann*
>
> Seine vielleicht bei Lou Taubert in Billings erstandenen Cowboystiefel probiert man am besten gleich aus, und zwar auf der Lonesome Spur Guest Ranch bei Billings. Dort hilft man beim Round-up mit und beim Markieren der Kälber, repariert Zäune und treibt Rinder in den Sonnenuntergang. Infos: Lonesome Spur Ranch, Lonnie Schwend, 107 Schwend Rd., Bridger, MT, Tel. 1 406 6 62 34 60, www.lonesomespur.com.

✱ Bozeman

— ✦ F 16 —

Region: Gallatin County
Einwohner: 39 000
Höhe: 1509 m ü. d. M.

Die Indianer nannten das Gallatin Valley schon immer das »Tal der Blumen«. Auch Bozeman, die Stadt im Tal, blüht. Und die Montana State University hält das Stadtbild jung. Die vor der Haustür liegende alpine Wildnis zieht heute Touristen in Scharen an.

Seit den 1980er-Jahren zählt Bozeman zu den am schnellsten wachsenden Städten im Nordwesten der USA. Wer sich hier niederlässt, tut dies meist der schönen Lage vor der Kulisse der Gallatin und Bridger Mountains wegen. Studentisches Leben und eine »hippe« Kaffeehaus-Szene in der Main Street helfen bei der Entscheidung für Bozeman ebenso wie der Umstand, dass der Yellowstone National Park (▶Wyoming, S. 537) mit seinen Naturwundern in gerade mal knapp zwei Autostunden zu erreichen ist.

Landschaftlich schön gelegen

Geschichte William Clark war der erste (verbürgte) Weiße in diesem Tal, als er im Juli 1806 weiter östlich am Eingang des Kelly Canyon kampierte. 1863 zog, von Süden durch das Gallatin Valley kommend, **John Bozeman** durch. Er war unterwegs, um vom Oregon Trail aus eine Abkürzung zu den Goldfeldern rund um Bannack zu finden. 1864 kehrte er zurück und vermaß die später nach ihm benannte Stadt. Zwar wurde der **Bozeman Trail** 1868 nach dem Frieden von Fort Laramie geschlossen, doch zwei Jahre zuvor hatte ein Cowboy rund 3000 Rinder an Indianern und US-Armee vorbei nach Bozeman getrieben – der Grundstock der Viehzucht in Montana. Fortan wuchs der Ort stetig: 1883 kam die Northern Pacific Railway, 1893 wurde die Universität gegründet, 1915 Bank und Postamt.

Film Location: Nachdem hier »In der Mitte entspringt ein Fluss« mit Brad Pitt gedreht wurde, verhalfen sieben Jahre später die Dreharbeiten zu dem Film **»Der Pferdeflüsterer«** mit Robert Redford der Landschaft um Bozeman zu weltweiter Bekanntheit.

Der Schauspieler und Regisseur Robert Redford in einer Szene der Romanverfilmung »Der Pferdeflüsterer« (1998), gedreht bei Bozeman

Bozeman erleben

AUSKUNFT
Bozeman Area Chamber of Commerce
2000 Commerce Way
Bozeman, MT 59715
Tel. 1 800 2 28 42 24
www.bozemancvb.com

AKTIVITÄTEN
Wandern
Der Gallatin National Forest bietet beste Möglichkeiten für erfahrene Wildniswanderer. Die besten Trails findet man auf der offiziellen Bozeman-Webseite: www.bozemancvb.com/hiking.php

Rafting
Geyser Whitewater Expeditions
Hwy. 191, Gallatin Gateway
Tel. 1 406 9 95 49 89
www.raftmontana.com
Dieser Outfitter bietet von Mai bis Mitte September Wildwasserfahrten per Kajak oder Schlauchboot auf dem Gallatin River an.

Fliegenfischen
Seit Brad Pitt hier im honigfarbenen Nachmittagslicht die Leinen nach Forellen auswarf, gehört Fliegenfischen im Gallatin River zu den beliebtesten Aktivitäten. Anfänger können die Dienste von Outfittern in Anspruch nehmen. Könner brauchen einen Angelschein, der bei den Outfittern erhältlich ist. Infos: www.bozemancvb.com/fly-fishing.php

SHOPPING
Gallatin Valley Mall
2825 W. Main Street
Mo.–Fr. 10.00–21.00, Sa. 10.–19.00, So. 11.00–17.00 Uhr

Am Westrand der Stadt gibt es modische Trend-Ware namhafter Hersteller.

Barrel Mountaineering
240 E. Main Street
www.barrelmountaineering.com
Die beste Adresse weit und breit für alle Outdoor-Enthusiasten, die sich neu, modisch und zweckmäßig einkleiden bzw. ausrüsten wollen.

ESSEN
John Bozeman's Bistro ❸❸
125 W. Main Street
Tel. 1 406 5 87 41 00
Kulinarische Weltreise: Cajun Steaks, Thai Seafood, griechischer Salat, italienische Pasta etc.

Nova Café ❸
312 E. Main Street
Tel. 1 406 5 87 39 73
Blaubeer-Pancakes zum Frühstück, Rauchfleisch-Sandwiches zum Lunch. Nettes Straßencafé, ideal zum Leute-Gucken.

ÜBERNACHTEN
Residence Inn Bozemann ❸❸❸
6195 E. Valley Center Road
Tel. 1 406 5 22 15 35
www.marriott.com
Die 115 Gästezimmer sind in warmen Farben gehalten.

The Voss Inn ❸❸
319 S. Willson Street
Tel. 1 406 5 87 09 82
www.bozeman-vossinn.com
Viktorianisches Stadthaus mit sechs behaglichen Zimmern

SEHENSWERTES IN BOZEMAN UND UMGEBUNG

Main Street   Mehrere Dutzend Spezialitätengeschäfte, Saloons, Cafés, Cowboy-Outfitter und Trend-Boutiquen sorgen für Leben auf der von viktorianischen Ziegelbauten gesäumten Main Street.

*Museum of the Rockies   Das Museum beschäftigt sich mit der Natur und den Menschen des Felsengebirges. Furchteinflößend ist der gewaltige **Schädel eines Tyrannosaurus Rex** im Siebel Dinaosaur Complex. Montanas Kulturgeschichte von den Indianern über die Einwanderer des 19. Jh.s bis heute erzählt die Paugh History Hall.
❶ 600 W. Kagy Blvd., Mai – Aug. tgl. 8.00 – 20.00, sonst tgl. 9.00 – 17.00 Uhr, Eintritt 14 $, www.museumoftherockies.org

Gallatin Pioneer Museum   Historische Fotografien, indianische Kulturzeugnisse und Haushaltsgegenstände der ersten weißen Siedler sind im früheren Gefängnis der Stadt ausgestellt.
❶ 317 W. Main St., Mai – Sept. Mo. – Sa. 10.00 – 17.00, sonst Di. – Sa. 11.00 – 16.00 Uhr, Eintritt 5 $, www.pioneermuseum.org

Bozeman Hot Springs   Die vom Autofahren oder Wandern müden Glieder lassen sich in einem der neun mit **heilkräftigem Thermalwasser** gefüllten Becken wiederbeleben. Es gibt auch einen Wellness-Tempel mit Spa, Sauna und Fitness-Raum.
❶ 81123 E. Gallatin Rd., via Hwy. 191, Mo. – Do. 5.30 – 23.00, Fr. 5.30 – 22.30, Sa. ab Sonnenuntergang, So. 8.00 – 23.00 Uhr, Eintritt ab 8,50 $, www.bozemanhotsprings.co

Gallatin Valley   Das sich südwestlich der Stadt Bozeman alsbald zu einem tiefen Canyon verengende Gallatin Valley zeigt ein Stück wildromantisches **Montana wie aus dem Bilderbuch. Majestätische Gipfel ragen über dem grünen Tal auf. Dieses und die mit duftendem Nadelwald bedeckten Berghänge gehören Elchen und Wapiti-Hirschen, die vielfach in aller Seelenruhe gleich neben dem Highway 191 äsen oder sich im Gallatin River erfrischen. Am **Gallatin Gateway** bieten Outfitter Wildwasser-Touren an.
Eine halbe Autostunde weiter südlich liegt das Ganzjahres-Resort ***Big Sky**. Umgeben von waldigen Hängen des Gallatin National Forest und der **Spanish Peaks Wilderness**, ist es eines der beliebtesten Ziele für Aktivurlauber in Montana. Im Sommer sind Golf, Mountainbiking, Reiten und Fliegenfischen angesagt.
Im Winter konzentrieren sich die Aktivitäten der Brettl-Fans vor allem auf den einsam 3403 m ü.d.M. himmelwärts ragenden **Lone Mountain**. Wo im Winter mehrere Meter Schnee fallen, werden über hundert Pisten präpariert und stehen gut zwei Dutzend Aufstiegshilfen zur Verfügung.

Butte

Region: Silver Bow County
Einwohner: 34 000
Höhe: 1686 m ü. d. M.

E 15

Leere Industriebauten, eine von Arbeitskämpfen geprägte Vergangenheit und ein trotziger »Jetzt erst recht«-Charme: Die einst »the richest hill in the world« genannte Stadt zu Füßen des Big Butte ist das proletarische Alter Ego des Rancher- und Cowboy-Staats.

Zwar war es das Gold im Silver Bow Creek, das Butte im 19. Jh. aus dem Boden schießen ließ, doch den Spitznamen »reichster Hügel der Welt« verdankt es der Einführung der Elektrizität und dem damit verbundenen Bedarf an Kupfer – Butte saß auf reichen Erzvorkommen. Schon Ende der 1880er-Jahre war der Ort **größter Kupferlieferant der Welt** und hielt bis in die 1920er Jahre mit weit über 100 000 Einwohnern die Position als größte Stadt zwischen Seattle und St. Louis – und als Sündenpfuhl dank zahlloser Saloons und Bordelle. Unerfüllte Lohnforderungen führten zu blutigen **Straßenkämpfen** zwischen gewerkschaftlich Organisierten und von den Minengesellschaften angeheuerten Schlägertrupps. 1914 wurde sogar ein sozialistischer Bürgermeister gewählt. Nach 1920 ging der Kupferbergbau zwar zurück, doch 1955 begann mit der **Öffnung**

Einst der »reichste Hügel der Welt«

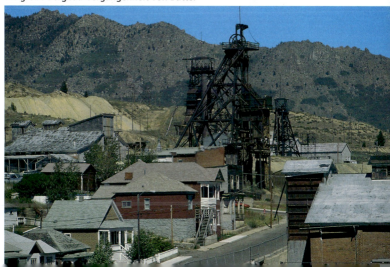

Alte Fördertürme bezeugen bis heute
die große Bergbau-Vergangenheit von Butte.

Butte erleben

AUSKUNFT
Butte – Silver Bow Visitor Center
1000 George Street
Butte, MT 59701
Tel. 1 406 7 23 31 77
www.buttecvb.com

SHOPPING
Uptown Butte Farmers' Market
Main Street
(zwischen Broadway und Park Street)
Mai – Sept. Sa. 9.00 – 13.00 Uhr
Im Angebot: Gemüse, Gebäck, Kunsthandwerk aus einer nahen Hutterer-Kolonie, Live-Musik.

EVENT
St. Patrick's Day
Mitte März feiern die irischstämmigen Einwohner der Stadt ihren »Nationalfeiertag« mit einer großen Parade.

ESSEN
Acoma Restaurant & Lounge ❷❷
60 E. Broadway
Tel. 1 406 7 82 70 01
In hübschem Art-déco-Ambiente werden saftige Steaks und fein zubereitete Lammgerichte serviert.

ÜBERNACHTEN
Quality Inn & Suites Butte ❷❷
2100 Cornell Avenue
Tel. 1 406 4 94 78 00
www.qualityinn.com
Moderne Herberge mit 130 großzügig bemessenen Gäste- zimmern, Restaurant, Pool und Sauna.

Copper King Mansion B & B ❷
219 W. Granite Street
Tel. 1 406 7 82 75 80
www.thecopperkingmansion.com
Schlafen in fünf Gemächern eines Multimillionärs – in Betten aus massivem Eichen- und Mahagoniholz.

---

des Berkeley Pit ein zweiter Kupferboom in Butte, der bis in die 1980er-Jahre anhielt. Übrigens: Aus einigen weiteren »pits« in der Umgebung werden bis heute Kupfer-, Zink-, Mangan- und Bleierze gefördert.

SEHENSWERTES IN BUTTE

Uptown Butte In der denkmalgeschützen Altstadt gibt es einige inzwischen historische Industriegebäude und interessante Museen zu besichtigen.
34 Zimmer, jedes mit Deckenfresko, handgearbeiteten Möbeln, Bücherregalen und schönen Lüstern: Dass die **Copper King Mansion**, Residenz des Kupferkönigs W. A. Clark die seinerzeit astronomische Summe von 200 000 Dollar verschlang, wundert nicht.
Eine Ausstellung im ehemaligen asiatischen Nudelrestaurant **»Mai Wah«** dokumentiert die Ankunft tausender chinesischer Kontraktarbeiter in Montana und speziell in Butte.

Das **Bordell der Gebrüder Dumas** war von 1890 bis 1982 in Betrieb und das größte der vielen Freudenhäuser in Butte. Die Schließung erfolgte letztlich nicht auf Drängen einer empörten Öffentlichkeit, sondern weil die Steuerschulden nicht mehr beglichen werden konnten. Führungen durch dieses Haus und die angrenzende Venus Alley, den ehemaligen Rotlichtbezirk von Butte, werden angeboten.
Copper King Mansion: 219 W. Granite St., Führungen April Sa., So. 9.00 – 16.00, Mai – Sept. tgl. 9.00 – 16.00 Uhr, Ticket 10 $, www.copperkingmansion.com
Mai Wah Museum: 17 W. Mercury St., Mai – Sept. Di. – Sa. 10.00 – 16.00 Uhr, Eintritt 5 $, www.maiwah.org
Dumas Brothel Museum: 45 E. Mercury St., Mai – Aug. tgl. 10.00 – 17.00 Uhr, Eintritt 7 $, www.thedumasbrothel.com

Fast 550 m tief und über 1500 m im Durchmesser: Aus dieser riesigen Grube am Ostrand der Stadt wurden von 1955 bis 1980 **über 1,5 Mrd. Tonnen kupferhaltiges Gestein** herausgeschafft, aus denen man 290 Mio. Tonnen reines Kupfer gewonnen hat. Mit der Stilllegung 1980 hat man auch die Entwässerungspumpen abgestellt. Die gigantische Grube hat sich inzwischen mit giftigen Abwässern gefüllt. Trotz Kläranlage und Bemühungen um eine Filterung hat man das Problem bis heute nicht im Griff.

Berkeley Open Pit Mine

Hoch über der Stadt wacht eine **27 m hohe Marienstatue** – die größte ihrer Art in den USA und mit Aussichtsplattform.

Our Lady of the Rockies

* Crow Indian Reservation

✈ F 19/20

Region: Bighorn & Yellowstone Counties
Einwohner: 8200

Ein schönes weites Land: Pickups mit bronzegesichtigen Jungen und Mädchen fahren vorbei, es wird Crow gesprochen, in den endlosen Plains verlieren sich einsame Siedlungen. Die meisten Besucher kommen jedoch wegen eines arroganten Generals hierher.

Im 1868 gegründeten Reservat, dem größten in Montana, leben ca. zwei Drittel aller Crow-Indianer. Ursprünglich in Wisconsin beheimatet, erreichten sie das heutige Montana um 1700. Frankokanadische Trapper waren um 1740 die ersten Bleichgesichter, denen sie begegneten. Das Verhältnis zu den Weißen blieb freundlich. Wäh-

Größtes Indianerreservat von Montana

MT • Crow Indian Reservation

> **BAEDEKER TIPP**
>
> ! **Höflich fährt besser**
>
> Unterwegs in der Reservation erleichtern ein paar Verhaltensregeln den Kontakt: Fotografieren ist ohne vorherige Zustimmung des/der Betroffenen nicht erlaubt, Zeremonien dürfen gar nicht fotografiert werden. Ein Crow nimmt sich auch Zeit zum Kennenlernen: also nicht sofort mit der Tür ins Haus fallen und Fragen stellen. Stattdessen stellt man sich und seine Begleitung vor und nennt den Grund des Besuchs.

rend der Indianerkriege dienten einige Crow als Armee-Kundschafter. Das 53 mi / 86 km südöstlich von ▶Billings gelegene Territorium erstreckt sich großenteils im Grasland der hügeligen, fast baumlosen Plains. Von Norden nach Süden durchfließen sie die der Bighorn und der Little Bighorn River, die sich in Hardin vereinen. Die meisten der knapp ein Dutzend Siedlungen liegen am Richtung Wyoming führenden I-90. Hauptort ist **Crow Agency** (1500 Einw.).

Etwa 40 % der Crow, die sich selbst »Apsáalooke« (»Kinder des Vogels mit dem großen Schnabel«) nennen, sind unter 18 Jahre alt. Das Little Bighorn Community College bereitet sie auf die Zukunft vor. Haupteinnahmequellen des Stammes sind Viehzucht, Forstwirtschaft, Straßenbau, Kohlebergbau sowie Erdölförderung und die Gewinnung von Methangas. Die Traditionen werden aber gepflegt: Über 80 Prozent geben Apsáalooke als erste Sprache an.

* LITTLE BIGHORN BATTLEFIELD NATIONAL MONUMENT

Eine denkwürdige Schlacht

Am 25. Juni 1876 wurden unweit südlich der heutigen Siedlung Crow Agency die von **George Armstrong Custer** geführten Kompanien des 7. US-Kavallerieregiments in der **Schlacht am Little Bighorn** von einer Streitmacht der Lakota-Sioux, Cheyenne und Arapaho vernichtet. Vorangegangen waren Gefechte um die wegen ihrer Goldvorkommen begehrten Black Hills im heutigen South Dakota. Die Kavallerie sollte deshalb Indianer, die sich außerhalb der Reservate aufhielten, dorthin zurückbringen. Custers Truppe traf auf ein Dorf, in dem sich zirka 1200 Krieger unter der Führung der beiden Häuptlinge **Sitting Bull** und **Crazy Horse** aufhielten – ihm selbst standen ca. 600 Mann zur Verfügung. Am Ende der Schlacht waren 268 US-Soldaten gefallen. Die Zahl der getöteten Indianer ist nicht genau bekannt. Zunächst wurde das Schicksal von Custer und der 7. US-Kavallerie mythisch verklärt. Inzwischen wird die katastrophale Niederlage vor allem auf Custers Selbstüberschätzung und eigenmächtiges Handeln zurückgeführt – er hatte Befehl, nicht anzugreifen und teilte seine Soldaten auch noch in drei Gruppen. Der Sieg kam die Indianer jedoch teuer zu stehen. Während Häuptling Sitting Bull und seine Leute Richtung Kanada abzogen, machte sich die US-Regie-

Am Eingang zum Schlachtfeld am Little Bighorn sind ein Indianer-Tipi und ein Wachturm der US-Kavallerie aufgebaut.

rung bald daran, die Zurückgebliebenen aus den Plains und den Black Hills zu vertreiben.

Heute wird der Schlacht mit einem Besucherzentrum und etlichen Denkmälern gedacht. Das Little Bighorn Battlefield Visitor Center informiert über den Verlauf der Schlacht sowie die Ereignisse in ihrem Vorfeld und die Nachwirkungen.
❶ April – Mai und Sept. tgl. 8.00 – 18.00, Juni – Ende Aug. tgl. 8.00 – 20.00, übrige Zeit tgl. 8.00 – 16.30 Uhr, Eintritt 10 $ pro Fahrzeug, www.nps.gov/lib

Visitor Center

Auf diesem Friedhof sind die meisten der gefallenen Soldaten beigesetzt. Custer selbst, zunächst ebenfalls hier bestattet, wurde ein Jahr später exhumiert und erhielt ein Staatsbegräbnis in der Militärakademie West Point im Bundesstaat New York.

Custer National Cemetery

Der wuchtige Obelisk auf dem Last Stand Hill erinnert an die gefallenen US-Soldaten. Die im Gras verstreuten weißen Steine markieren die Stellen, an denen sie niedergestreckt wurden.

7th Cavalry Monument

Erst 2003, mithin 127 Jahre nach der Schlacht, wurde auch zu Ehren der hier getöteten Indianer ein Denkmal enthüllt: Es zeigt drei Krieger, die in vollem Galopp durch das »steinerene Spirit Gate« ins Jenseits stürmen.

Indian Memorial

Crow Indian Reservation erleben

AUSKUNFT
Crow Tribal Headquarters
P. O. Box 159
Crow Agency, MT 59022
Tel. 1 406 6 38 37 00
www.crowtribe.com

EVENT
Crow Fair & Rodeo
3. Augustwoche
Eines der größten Powwows in den USA, mit Tänzen, Gesängen, Trommelwettbewerben und indianischen Rodeos.

ESSEN
Custer Battlefield Trading Post ❸
I-90, Exit 510, Crow Agency, MT
Tel. 1 406 6 38 22 70
Zu diesem Gemischtwarenladen, der vorwiegend Souvenirs anbietet, gehört auch ein Café-Restaurant, dessen Spezialitäten Indian Tacos und Steaks sind.

Deer Lodge

✴ E 15

Region: Powell County
Einwohner: 3400
Höhe: 1294 m ü. d. M.

Ein weitläufiges, von schneebedeckten Bergen umringtes Tal mit einsamen Ranches, Viehtransportern auf den Straßen und vielen spannenden Geschichten: Deer Lodge ist wahrlich der Inbegriff Montanas.

Wohnplatz der Hirsche

Unaufgeregt empfängt Deer Lodge seine Besucher: Das alte Stadtzentrum rund um die Main Street ist liebevoll restauriert. Viele Touristen, die durchfahren – Deer Lodge liegt etwa halbwegs zwischen dem ▶Yellowstone und dem ▶Glacier National Park – entscheiden sich spontan für einen längeren Aufenthalt, um von hier aus die Umgebung zu erkunden. Schon vor Ankunft der Europäer war der Ort bekannt: Eine natürliche Saline zog so viel **Hochwild** an, dass die Indianer ihn »Wohnplatz der Hirsche« nannten. Obwohl in den späten 1850er-Jahren in den Nachbartälern Gold, Silber und später Kupfer entdeckt wurden, verdankt die Siedlung ihre Gründung nicht den Erzen, sondern einem kanadischen **Pelzhändler**, der 1862 eine Ranch samt Handelsposten gründete und fortan die Bergbau-Boomtowns der Umgebung versorgte. Wenig später wurde die Ranch von dem deutschstämmigen **Conrad Kohrs** übernommen und zu einem Mega-Betrieb ausgebaut, der zu Spitzenzeiten jährlich gut 10 000 Rinder an die Ostküste verkaufte. Die Zeiten von Kohrs und den anderen »Montana Cattle Kings« ist zwar längst vorbei, doch die Viehzucht ist noch immer das Rückgrat der Wirtschaft im Deer Valley.

SEHENSWERTES IN DEER LODGE

Hauptanziehungspunkt im Städtchen sind die drei Museen in 1106 Main Street.

Museumskomplex 1106 Main Street

Old Montana Prison Museum: Das 1871 errichtete **Gefängnis** war über 100 Jahre in Betrieb. Beim Rundgang sieht man Zellen, Dunkelhaftkammern und mit Zement gefüllte Schuhe, die Häftlinge tragen mussten, bei denen Fluchtgefahr bestand. Mit dem mobilen Galgen konnte man Todesurteile auch draußen im Lande vollstrecken.

Frontier Montana Museum: Ein alter Leiterwagen auf dem Bürgersteig weist den Weg zu diesem Museum, das **Gegenstände aus der Pionierzeit** des 19. Jh.s wie Sättel, Sporen und Lederbekleidung zeigt und in einen rekonstruierten Saloon entführt. Außerdem zu sehen: nicht weniger als 300 Revolver und Gewehre.

Montana Auto Museum: Auf Hochglanz gewienerte Fords, Chevys und Studebakers erinnern an die Blütezeit der US-Automobilindustrie. Wahre Prachtstücke: der »Mustang Mach I« und der »Seagrave Fire Truck«

Old Montana Prison Museum: 1106 Main St., Mai–Sept. tgl. 8.00–20.00 Uhr, Eintritt 10 $, www.pcmaf.org
Frontier Montana Museum: Mai–Sept. tgl. 9.00–17.00 Uhr, Eintritt 10 $, www.pcmaf.org
Montana Auto Museum: 1106 Main St., Mai–Sept. tgl. 8.00–20.00 Uhr, Eintritt 10 $, www.pcmaf.org

Bis heute spielt die Rinderzucht eine herausragende Rolle im Wirtschaftsleben der Region um Deer Lodge.

Viehhirten im »Wilden« Westen

Cowboys

Die berittenen Rinderhirten mit besonderem Outfit gelten seit den 1820er-Jahren als Prototypen »Echter Männer«. Damals wie heute ist ihr Job derselbe: Sie überwachen riesige und weit verstreute Rinderherden und treiben diese im Herbst und Frühjahr zu »Roundups« zusammen, um die Tiere zu zählen und zu kennzeichnen.

▶ **Cowboy Ausstattung**

Cowboyhut
In der typischen »Cattleman«-Form mit großer Krempe

Chaps
Schützendes, ledernes Beinkleid mit großen Taschen

Cowboysattel
Das wichtigste Arbeitsgerät, mit Cantle (Schlafsack) als Rückenstütze und Satteltasche

Cowboystiefel
Feste hohe Röhrenstiefel oft mit **Sporen** versehen, die zur Unterstützung der Schenkelhilfen dienen

Lasso
zum Einfangen von Rindern und Pferden

Lederhandschuhe

▶ **Cowboypferde**
Arbeitspferde, die hohen physischen und psychischen Belastungen standhalten und einfühlsam auf das Verhalten von Rinderherden reagieren müssen (»Cow Sens

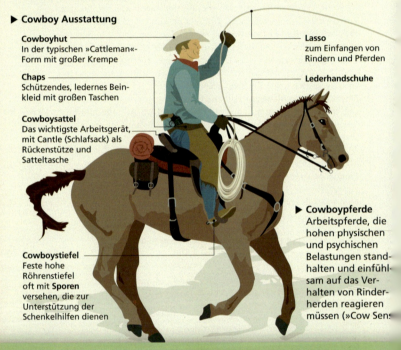

▶ **Cowboys früher**
Vor dem Ausbau des Eisenbahnnetzes mussten Cowboys in sog. Viehtrails gewalti Rinderherden über weite Strecken zu Viehverladebahnhöfen transportieren. Jeder Cowboy hatte eine spezielle Aufgabe:

Dragrider	Flankrider	Swingrider	Chuckwagon	Pointrider	Trailboss
Reitet am Ende der Herde und treibt sie an	Reitet seitlich und hält sie zusammen	Reitet seitlich und lenkt sie	Planwagen, mit Küche	Reitet am Kopf und hält die Richtung	Leitet de Trail und gibt den Weg vor

Bekannte Ranches

Lassoknoten
Die Schlinge muss leicht zugezogen werden können.

▶ **Rinderrassen**
Zu den meistgezüchteten Rindern im Nordwesten der USA gehören gehören »Hereford«, »Black Angus« und »Black Baldy« (Kreuzung aus »Hereford« und »Black Angus«)

Brandzeichen
Die Rinder bekommen Brandzeichen, um sie einer bestimmten Ranch zuordnen zu können.

»Black Angus«
hornlos, kurzbeinig und raschwüchsig

Cowboys heute
Wenige Cowboys treiben Rinderherden von einer Weide zur nächsten, die meisten arbeiten auf modern ausgestatteten Ranches. Spezielle Zäune, Trucks, Quads und sogar Helikopter erleichtern die Arbeit sehr.

Deer Lodge erleben

AUSKUNFT
Gold West Country
Visitors Bureau
1105 Main Street
Deer Lodge, MT 59722
Tel. 1 406 8 46 19 43
www.goldwest.visitmt.com

ESSEN / ÜBERNACHTEN
Scharf's Family Restaurant
819 Main Street
Deer Lodge, MT 59722
Tel. 1 406 8 46 33 00
Die Küche bietet vor allem Steaks, aber auch Pizza. Übernachtet wird nebenan in Scharf's Motor Inn.

*Grant-Kohrs Ranch

Zu seinen besten Zeiten kontrollierte der aus Holstein gebürtige Viehbaron **Conrad Kohrs** (1835 – 1920) rund 40 000 km² Weideland in Montana und Kanada und besaß über 50 000 Rinder. Heutiger Betreiber der inzwischen verkleinerten Ranch am Nordrand der Stadt ist der U. S. National Park Service. Auf der aus **80 historischen Bauten** bestehenden Ranch erfährt man alles über die hiesige Viehzucht und die Besitzer. »Wagon Tours«, Vorträge und Vorführungen echter Cowboys und eine Besichtigung des vornehmen Haupthauses gehören zum Programm.

266 Warren Lane, I-90 Exit 184, Mai – Sept. tgl. 9.00 – 17.30, sonst 9.00 – 16.30 Uhr, Eintritt frei, http://www.nps.gov/grko/

UMGEBUNG VON DEER LODGE

Old West

Geisterstädte, viel Wild, klare Gebirgsflüsse und jede Menge Wildwest-Atmosphäre erlebt man auf diesem rund 125 mi / 200 km langen Rundkurs. Ab Deer Lodge folgt man dem I-90 südwärts und verlässt ihn auf dem MT 1 westwärts nach **Anaconda**. Hier erinnert ein 1919 errichteter Schornstein an die Kupferschmelze, in der das aus ▶Butte angelieferte Erz aufbereitet worden ist. Bald erreicht man den **Georgetown Lake**, der im Sommer zum erfrischenden Bad einlädt. Im Historic District von **Philipsburg** findet man nette Geschäfte zum Souvenirkauf ein und in der Umgebung warten etwa zwei Dutzend Ghost Towns auf Entdecker und Fotografen. Besonders lohnend ist ein Besuch der Geistersiedlung **Granite**. Via **Drummond** erreicht man wieder den I-90 und fährt auf diesem zurück nach Deer Lodge.

> **BAEDEKER TIPP**
>
> *Edle Saphire ...*
>
> ... finden Kundige in der Gem Mountain Sapphire Mine rund 22 mi/35 km westlich von Philipsburg. Einige Experten bieten hier bereits bearbeitete und für diese Gegend typisch stahlblau schimmernde Steine an.

Dillon

✦ F 15

Region: Beaverhead County
Einwohner: 4000
Höhe: 1555 m ü. d. M.

Das Tal des Beaverhead River ist hier sehr breit, die schneebedeckten Berge sind weit zurückgetreten, die Hänge großenteils noch von Nadelwäldern bedeckt, Saftige Wiesen und Weiden strecken sich auf dem welligen Talboden aus. Mitten drin ein Westernstädtchen, nicht minder rau und kantig.

Vor allem die Viehzucht, aber auch etwas Landwirtschaft brachten Wohlstand in die Gegend und tun dies heute noch. Das Land, auf dem das Städtchen Dillon steht, kauften Geschäftsleute einem Rancher ab, der nicht an die Union Pacific Railroad verkaufen wollte. Dillon selbst wurde im Jahre 1880 aus der Taufe gehoben. Schon kurz darauf erreichte die **Utah & Northern Railroad** die junge Siedlung, die alsbald nach dem Präsidenten der Bahngesellschaft, **Sidney Dillon**, benannt wurde. Dillon stieg rasch zur Verladestation für Vieh und Wolle auf, denn auch in den Talschaften der näheren und weiteren Umgebung blühte die Rinder- und Schafzucht. Im Jahre 1892 wurde Dillon sogar Standort einer Hochschule, der University of Montana Western.

Rinder und Schafe

Dillon erleben

AUSKUNFT
Beaverhead County
Chamber of Commerce
10 W. Reeder Road
Dillon, MT 59725
Tel. 1 406 6 83 55 11
www.beaverheadchamber.org

EVENT
Dillon Jaycee Labor Day
Rodeo & Parade
Ende August / Anfang September
Wildwest-Event mit zahlreichen Akteuren und Zuschauern.

ESSEN
Blacktail Station / Mac's
Last Cast ❷❷
26 S. Montana Street
Tel. 1 406 6 83 66 11
Hier gibt zarte Rinderfilets und schmackhafte Lammgerichte. Und im Obergeschoss gibt es eine urige Bierbar.

ÜBERNACHTEN
Guest House Inn ❷
580 Sinclair Street
Tel. 1 406 6 83 36 36
Dieser Gasthof wirkt von außen zwar etwas nüchtern, bietet dafür aber 60 liebevoll altmodisch eingerichtete Zimmer..

SEHENSWERTES IN DILLON UND UMGEBUNG

University of Montana Western Art Gallery & Museum
Neben Wechselausstellungen präsentiert diese Sammlung Künstler, die sich von der Bergwelt Montanas inspirieren ließen, darunter Monte Dolack, C. M. Russell und Edgar Paxson, von dem auch »Custer's Last Stand« stammt.
❶ 710 S. Atlantic St., Mo. – Fr. 9.00 – 16.00 Uhr, Eintritt frei, http://my.umwestern.edu

Beaverhead County Museum
Mitten im Ort wird man an die Zeit der Indianer und Pioniere erinnert. Hinter dem Haus führt ein Weg zu einer 1885 erbauten Pionierhütte.
❶ 15 S. Montana St., Mo. – Fr., im Sommer auch Sa. 8.00 – 17.00 Uhr, Eintritt 4 $, http://beaverheadcountymuseum.org

*Pioneer Mountains Scenic Byway
Die Strecke beginnt westlich von Dillon und folgt den Highways 278 und 43 durch die von zerklüfteten Granitgipfeln geprägte **Pioneer Mountain Range**. An der Straße liegt auch die Geisterstadt **Coolidge**. Unterwegs gibt es zahlreiche Gelegenheiten zu einer erholsamen Rast an einem der vielen Gebirgsbäche.

*Bannack State Historic Park
Rund 50 verwitterte Holzhäuser säumen noch die Main Street. In Bannack begann 1862 der **Montana-Goldrausch**, als ein gewisser John White im Grasshopper Creek Gold fand. Nur ein Jahr später lebten bereits 3000 Menschen in Bannack. Erst Anfang der 1950er-Jahre zogen die letzten Digger ab. Heute ist Bannack wohl die **am besten erhaltene Geisterstadt Montanas**. Ein kleines Besucherzentrum (Bannack Rd., via Hwy. 278) erzählt ihre Geschichte.

> **! BAEDEKER TIPP**
>
> *Nachts in der Geisterstadt*
>
> Abenteuerlustige können im Besucherzentrum von Bannack ein Tipi für maximal sechs Personen mieten und in der Geistersiedlung übernachten. Schlafsack, Taschenlampen und Lebensmittel sind mitzubringen, ein Grill ist vorhanden. Schauergeschichten gibt's gratis!

Nordwestlich von Dillon (Abstecher vom Pioneer Mountains Scenic Byway) und nahe der Grenze zu Idaho liegt das **Big Hole National Battlefield**. An diesem historischen Ort überfielen am 9. August 1877 Soldaten des 7. Infanterieregiments das zwischen steilen Hügeln aufgeschlagene Lager der von **Chief Joseph** angeführten Nez Perce. Die aus dem Wallowa Valley in Washington stammenden Nez Perce hatten sich der Abschiebung in ein Reservat widersetzt und befanden sich auf der Flucht in Richtung Kanada. Am **Big Hole** gelang es den Kriegern zwar, ihre Verfolger abzuhängen, doch mit wohl 90 toten Kriegern, Frauen und Kindern war die Schlacht für die gerade 800 Nez Perce die bis dahin verlustreichste ihrer 2700 km langen Odyssee durch den Nordwesten der USA. Im Oktober 1877 ergaben sie sich schließlich, erschöpft und entmutigt, am Snake Creek in den **Bear Paw Mountains**, gerade 60 km vor der rettenden kanadischen Grenze. Das Big Hole National Battlefield gehört zum ▶Nez Perce National Historical Park (in Idaho) und gedenkt mit einem Besucherzentrum und zwei Denkmälern dieser dramatischen Episode.

❶ Highway 43, Frühling, Herbst. tgl. 8.00–17.00 , Sommer. tgl. 8.00–21.00 Uhr, Eintritt 5$ pro Fahrzeug, http://stateparks.mt.gov/bannack

✱ Flathead Indian Reservation

✻ D 13/14

Fläche: 5300 km²
Einwohner: 28 400, davon 5000 Indianer

Von Gletschern geformte Täler, blaue Seen und grüne Wälder, aus denen weiß bemützte Bergriesen herausragen, hügeliges Grasland: Die Heimat der Flathead-Indianer ist von einnehmender Schönheit.

Die Flathead Indian Reservation beherbergt neben den Stämmen der Bitterroot Salish, Pend d'Oreilles und Kootenai auch eine weiße Bevölkerung, die vor allem in der Stadt Polson am Flathead Lake lebt. Die Geschichte der auch als **Confederated Salish and Kootenai Tribes** bekannten Flatheads ist an vielen Stellen im Reservat noch lebendig. Der **Gründungsvertrag von Hellgate** aus dem Jahr 1855

Indianerland

Flathead Indian Reservation erleben

AUSKUNFT
Confederated Salish & Kootenai Tribes
P. O. Box 278
Pablo, MT 59855
Tel. 1 406 6 75 27 00
www.cskt.org

ÜBERNACHTEN
Best Western Kwa Taq Nuk Resort ❷–❸
49708 Highway 93 E.
Polson, MT 59860
Tel. 1 406 8 83 36 36
www.kwataqnuk.com
Freundliches Ferienhotel mit 112 Gästezimmern Restaurant und Pool am Seeufer. Auch Bootsausflüge und Golf werden angeboten

reduzierte das Stammesgebiet von 81 000 km² auf ganze 5300 km² – ohne dass Häuptling Victor sich dessen bewusst gewesen war, denn er verstand ihn als Freundschaftsvertrag. Mit den Goldfunden weiter südlich nahm der Bevölkerungsdruck im Stammesgebiet nach Jahren der Ruhe plötzlich zu, bis die letzten noch freien Flatheads in den 1880er-Jahren mit Gewalt ins Reservat eskortiert wurden. Ihre Nachfahren streben heute weitgehende Autonomie an und investieren vor allem in die Ausbildung. Wichtige Einnahmequellen sind ein Wasserkraftwerk und ein Hotel in Polson.

SEHENSWERTES IN DER FLATHEAD INDIAN RESERVATION

*The People's Center
In der Ortschaft Pablo präsentieren sich die drei im Reservat lebenden Indianerstämme. Schautafeln, Dioramen, vielerlei **Kulturzeugnisse** und historische Fotografien erläutern die Welt des indigenen Nordamerika. Erklärungen zur Sprache und Grammatik, Kosmologie und Sozialsystem werden ebenso geliefert wie Dokumente der ersten Kontakte mit den Weißen.
❶ Pablo, 53253 Hwy. 93 W., Mo. – Sa. 9.00 – 17.00 Uhr, Eintritt 5 $, www.peoplescenter.org

*National Bison Range
Südwestlich von St. Ignatius erschließt der **Red Sleep Mountain Drive** (20 mi/32 km, Einbahnstraße) das 1908 auf Veranlassung von Präsident Theodore Roosevelt ausgewiesene Schutzgebiet zu Füßen der Mission Mountains. Dort leben Wapitis, Schwarzbären, Pronghorn-Antilopen, Koyoten, über 200 Vogelarten und eine aus **rund 500 Bisons** bestehende Herde. Die urweltlich wirkenden Wildrinder kann man besonders gut in der Antelope Ridge beobachten.

Ninepipe National Wildlife Refuge
Im Schatten der Mission Mountains nördlich von St. Ignatius kann man über 200 Wasser-, Wat- und Zugvogelarten beobachten. Während der Brutzeit (Ende März – Juli) dürfen die Wege zwar nicht begangen werden, doch entlang des Highway 93 gibt es einige gute Aussichtspunkte. An dieses Verbot halten sich allerdings einige Grizzlybären nicht, die dann von der Mission Range ins Refugium hintersteigen.

Polson
Das 4500-Einwohner-Städtchen in einer natürlichen, von Bergen umgebenen Arena am Südende des **Flathead Lake** ist ein idealer Ausgangspunkt für die Erkundung der Reservation.
Das **Polson-Flathead Historical Museum** beschäftigt sich mit der Geschichte der weißen Einwanderer im Reservat.
❶ 708 Main St., Mo. – Sa. 9.00 – 18.00, So. 12.00 – 18.00 Uhr, Eintritt 3 $, www.polsonflatheadmuseum.org

Mitte des 19. Jh.s wurde die Missionskirche St. Ignatius von Jesuiten-Patres und einheimischen Indianern erbaut.

Malerisch wirkt das 1854 von Jesuiten-Patres und Flathead-Indianern gebaute Gotteshaus vor der Kulisse der schneebedeckten Mission Range. Das Innere zieren 58 von Pater Joseph Carignano geschaffene Fresken mit biblischen Szenen.

*St. Ignatius Mission

❶ wenige Meilen südl. von Ronan, 300 Bear Track Ave., tgl. 9.00 – 19.00 Uhr, Eintritt frei, Spende erbeten,
www.visitmt.com/listings/general/national-historic-site/st-ignatius-mission.html

Fort Benton

✦ D 17

Region: Choteau County
Einwohner: 1500
Höhe: 800 m ü. d. M.

»Birthplace of Montana« nennt sich dieser einstige Pelzhandelsposten am Oberlauf des Missouri. Hier luden die Raddampfer Einwanderer aus, die ihr Glück als Bergarbeiter, Goldsucher und Farmer in den Bergen des Nordwestens suchten.

Das Fort wurde 1846 als **Handelsposten der American Fur Company** gegründet. 1859 legte der erste Raddampfer aus St. Louis mit Einwanderern an. An der Front Street entstanden Saloons, Bordelle und Dance Halls. In den 1880er-Jahren ließ sich der Wohlstand endlich auch in Fort Benton nieder, wie viele viktorianische Häuser belegen. Seitdem sind Landwirtschaft und Viehzucht die Säulen der Ökonomie. Der Tourismus konzentriert sich vor allem auf das

Birthplace of Montana

Fort Benton erleben

AUSKUNFT
Benton Chamber
1421 Front Street
Fort Benton, MT 59442
Tel. 1 406 6 22 38 64
www.fortbentonchamber.org

KANU UND KAJAK
Canoe Montana
1312 Front Street
Fort Benton, MT
Tel. 1 406 6 22 58 82
www.canoemontana.net
Der obere Missouri fließt gemächlich durch ein von hohen weißen Klippen gesäumtes Tal. Während einer Tages- oder mehrtägigen Tour durch das Missouri Breaks National Monument kann man Biber, Pelikane, Dickhornschafe und viele andere Wildtiere beobachten.

ESSEN
Union Grille Restaurant
1 Grand Union Square
(im Grand Union Hotel)
Tel. 1 406 6 22 18 82
Raffinierte saisonale Küche, bei gutem Wetter wird auch im Garten am Missouri serviert. Besonders zu empfehlen: Fasan und Brathähnchen mit Tabouleh.

ÜBERNACHTEN
Grand Union Hotel
1 Grand Union Square
Fort Benton, MT
Tel. 1 406 6 22 18 82
www.grandunionhotel.com
Das »Erste Haus am Platz« mit seinen 26 komfortablen Gästezimmern wurde 1882 erbaut. Es dominieren schweres Leder und edle Vertäfelungen.

200-jährige Frontier-Erbe. Auch die angebotenen Kajak- und Kanutouren erfreuen sich starker Beliebtheit.

SEHENSWERTES IN FORT BENTON

Museum of the Northern Great Plains
Die Ausstellung dokumentiert die Erschließung des nördlichen Graslands seit Mitte des 19. Jahrhunderts. Das Leben der »Homesteader«, die Urbarmachung des Landes und das Überleben bei widriger Witterung kann man in einem aus historischen Gebäuden bestehenden »Dorf« nachempfinden.
❶ 1205 20th St., Mai – Sept. Mo. – Sa. 10.30 – 16.30, So. 12.00 – 16.00 Uhr, Eintritt 8 $, www.fortbenton.com/museums

*Museum of the Upper Missouri
Themen der Ausstellung am Missouri-Ufer sind der Fluss als Verkehrsweg und Fort Benton als Handelsdrehscheibe. Daneben ist die historische, ursprünglich 1846 errichtete Pelzhandelsstation **Old Fort Benton** rekonstruiert
❶ 1900 River St., Old Fort Park, Führungen: Mai – Sept. Mo. – Sa. 10.30 – 16.30, So. 12.00 – 16.00 Uhr, Eintritt 8 $, www.fortbenton.com/museums

Der Missouri, der unweit von ▶Three Forks entspringt und sich bei St. Louis mit dem Mississippi vereinigt, ist mit 4130 km der längste Fluss der USA. Ein raues, Missouri Breaks genanntes Areal von 240 Flusskilometern östlich von Fort Benton ist wegen seiner Bedeutung für die Erschließung des Westens als National Monument ausgewiesen. Im **Missouri Breaks Interpretive Center** macht man eine virtuelle Reise flussabwärts und lernt dabei alle relevanten natur- und kulturgeschichtlichen Informationen.

Upper Missouri River Breaks

● 701 7th St., Mai – Sept. tgl. 8.00 – 17.00, übrige Zeit nur Mo. – Fr. 8.00 – 17.00 Uhr, Eintritt 2 $, www.blm.gov/mt/st/en/fo/umrbnm/interpcenter.html

** Glacier National Park

✣ C 13/14

Region: Flathead County, Glacier County
Fläche: 4100 km²

Benannt nach den Strömen aus Eis, die seit vielen Tausend Jahren seine spektakuläre Landschaft formen, nimmt dieser Nationalpark in den nördlichen Rocky Mountains für viele den ersten Platz ein. Und wirklich: Mutter Natur läuft hier zu Hochform auf.

Die hochalpine Wildnis an der Grenze zu den kanadischen Provinzen Alberta und British Columbia löst Entzücken aus: 37 Gletscher, rund 200 benannte und noch mehr namenlose Seen sowie fast 2000 km Flüsse und Bäche gibt es hier. Jenseits der Grenze findet sie im kanadischen Waterton Lakes National Park ihre Fortsetzung. Beide firmieren seit 1932 unter dem gemeinsamen Namen **Waterton-Glacier International Peace Park** als Symbol der amerikanisch-kanadischen Freundschaft. Nadelwälder in den unteren Lagen, alpine Matten, von der Erosion wild zerfurchte Bergspitzen und tiefe Täler prägen den Nationalpark.

Wild und dramatisch

U-förmige, steilwandig von Eisströmen ausgeschürfte Täler, aus tiefen Gletscherzungenbecken entstandene Seen, heute waldbestandene Moränenzüge aus mitgeführtem Fels und Geröll oder lehnstuhlförmig ausgehobelte Kare hinterließen die Eismassen der letzten Kaltzeit, als sie sich vor 12 000 – 10 000 Jahren langsam nach Norden zurückzogen. So war beispielsweise der eiszeitliche Gletscher, der den Lake McDonald schuf, den größten See des Nationalparks, fast 700 Meter mächtig.

Vom Eis geformt

Einzigartige Tier- und Pflanzenwelt	Abseits der großen Verkehrsströme gelegen und weithin noch nicht erschlossen, ist er eines der letzten Wildnisgebiete der USA. Hier leben noch **Grizzlybären**, **Berglöwen** (Pumas), Vielfraße, **Wölfe**, Luchse und als Symboltier des Nationalparks die schneeweiße **Bergziege**. Fast 300 Vogelarten haben Ornithologen hier gezählt, darunter den »König der Lüfte«, den mächtigen **Golden Eagle** (Steinadler). Im Juli blühen rund 140 Blütenpflanzen.
Klima	Der große Nationalpark liegt an einer **markanten Luftmassengrenze:** Während der Westteil von vom Pazifik herbeiströmender feuchter Meeresluft profitiert, herrschen im Osten trockene kontinentale Luftmassen vor.
Besiedlungs- geschichte	In voreuropäischer Zeit jagten Flathead, Cheyenne, Blackfoot und Shoshone in dieser Hochgebirgswelt. Besonders prägnante Gipfel waren ihnen heilig: So praktizieren die Blackfoot, deren Reservat im Osten an den Nationalpark grenzt, im Schatten des **Chief Mountain** wie eh und je ihre traditionellen Rituale. Die systematische Erforschung des Gebiets begann Mitte des 19. Jh.s. 1891 überquerte die Great Northern Railway am **Marias Pass** die kontinentale Wasserscheide und schon 1910 erfolgte die Gründung des Nationalparks. Daraufhin baute die hiesige Eisenbahngesellschaft Straßen und Hotels, um Touristen anzulocken.
	Anno 1932 wurde die den Park in West-Ost-Richtung durchquerende, 53 mi/85 km lange **Going-to-the-Sun Road** von West Glacier nach St. Mary fertiggestellt.
	Eine zweite Straße, die knapp 12 mi/20 km lange **Many Glacier Road**, windet sich nördlich von St. Mary durch das Many Glacier Valley und endet am Swift Current Campground am gleichnamigen See. Außerhalb des Nationalparks ist Kalispell die nächste größere Siedlung.
	Trotz seiner verkehrsfernen Lage steuern **jährlich rund 2 Mio. Besucher** den Park an, meistens zwischen Mitte Juni und Anfang September, wenn die beiden oben genannten Straßen garantiert schneefrei sind. 95 Prozent der Besucher bleiben auch auf diesen Straße oder begehen die kurzen Trails zu den Aussichtspunkten. Nur wenige machen sich die Mühe, ins Innere des Nationalparks vorzudringen, wo Wildtiere noch recht ungestört leben können.

SEHENSWERTES IM GLACIER NATIONAL PARK

**Going-to- the-Sun Road	Benannt nach dem **Going-to-the-Sun Mountain** (2939 m ü.d.M.) gehört diese Hochgebirgsstraße zu den schönsten des Landes. Unterwegs zum Logan Pass passiert man die **Garden Wall**, eine gewaltige Felswand mit messerscharfen Kanten. Ein wahrhaftiger Höhe-Punkt

Ein Höhepunkt im Glacier National Park ist die 1911 bis 1932 als Hochgebirgs-Panoramastraße angelegte Going-to-the-Sun Road.

ist der **Logan Pass** (2036 m), der höchste mit dem Auto erreichbare Punkt im Park. Von hier oben hat man einen unverstellten Blick über weite Wildblumenwiesen beiderseits der kontinentalen Wasserscheide. Vom Parkplatz führt ein kurzer Trail zum **Hidden Lake Overlook**, von wo aus man den kristallklaren See mit dem **Bearhat Mountain** (2647 m) im Hintergrund sieht. Wenig später kommt der auf der anderen Seite des St. Mary River Valley liegende **Jackson Glacier** in Sicht. Kurz vor St. Mary blinkt der wunderschöne **St. Mary Lake**, der zweitgrößte See im Nationalpark. Schon kurz darauf enden die Rocky Mountains abrupt und die Plains beginnen.

Wildromantische Wasserfälle und still liegende Seen, in denen sich eis- und schneebedeckte Berggiganten widerspiegeln: Auch diese Bergstraße ist etwas für Naturliebhaber. Nördlich von St. Mary biegt sie bei Babb nach Westen in das **Many Glacier Valley** ab, folgt eine Weile dem Sherburne Lake, bis Wiesen mit dichtem Nadelwald abwechseln. Im Westen tauchen der Grinnel Glacier und der Salaman-

*Many Glacier Road

Glacier National Park erleben

AUSKUNFT
Glacier National Park
Superintendent, P. O. Box 128
West Glacier, MT 59936
Tel. 1 406 8 88 78 00
www.nps.gov/glac/
Eintritt Mai – Okt. 25 $, sonst 15 $

BESUCHERZENTREN
Apgar Village
Mitte Mai – Mitte Juni tgl. 9.00 – 16.30,
Mitte Juni – Anf. Sept. tgl. 8.00 – 17.30,
Anf. Sept – Ende Sept. tgl. 8.30 – 17.00,
übrige Zeit nur Sa., So. 9.00 – 16.30 Uhr

Logan Pass
Am Logan Pass
Letzte Juniwoche – Anf. Sept. tgl.
9.00 – 19.00, Anf. Sept – Ende Sept. tgl.
9.30 – 16.00 Uhr.

St. Mary
Am östlichen Ende der Going-to-the-Sun Road
Ende Mai – Sept. tgl. 8.00 – 17.00 Uhr
Im Sommer führen Indianer hier traditionelle Tänze vor.

SHUTTLE SERVICE
Während der Hauptreisezeit verkehren Shuttlebusse zwischen dem Apgar Transit Center im Westen und dem St. Mary Visitor Center im Osten. Unterwegs kann man an 16 Haltestellen beliebig oft aus- und wieder einsteigen.

AKTIVITÄTEN
Bergwandern
Über 1100 km Trails sind ausgewiesen. Die meisten starten an den beiden Panoramastraßen. Besonders zu empfehlen: der am Logan Pass beginnende Highline Trail (25 km) entlang Garden Wall und der am Ende der Many Glacier Road beginnende und recht anstrengende Grinnell Glacier Trail (9 km) zu sagenhaften Aussichten. Professionelle Veranstalter bieten geführte Wanderungen an. Wanderkarten gibt es in den Besucherzentren.

Bootsausflüge
Glacier Park Boat Company
Kalispell, MT
Tel. 1 406 2 57 24 26
www.glacierparkboats.com
Ausflüge mit historischen Booten auf den Seen von McDonald, Swiftcurrent, Josephine, Two Medicine und St. Mary. Kajaks und Kanus können ebenfalls gemietet werden.

Wildwasserfahren
Glacier Guides & Montana Raft Co.
11970 Highway 2 E.
West Glacier, MT
Tel. 1 406 3 87 55 55
www.glacierguides Halb-, ganz- und mehrtägige Raftingtrips auf dem »Middle Fork« genannten Abschnitt des Flathead River.

ESSEN
Great Northern Steak & Rib House ❸❸❸❸
Glacier Park Lodge, Glacier, MT
Tel. 1 406 8 92 25 25
Essen »western-style«: Der Name ist Programm in dieser traditionsreichen Lodge am Südstrand des Parks.

Two Sisters Café ❸❸
Highway 89, Babb, MT
Tel. 1 406 7 32 55 35

Über Montana hinaus berühmtes Restaurant, dank seiner bunten Fassade unübersehbar. Hausgemachtes »Food with love«, tolle Margaritas.

ÜBERNACHTEN
Glacier Park Lodge ❸❸❸
Highway 2 , East Glacier, MT
Tel. 1 406 8 92 25 25
www.glacierparkinc.com/lodging/glacier-park-lodge
Anno 1913 aus Zedern- und Fichtenstämmen erbautes rustikales Ferienhotel mit 161 Zimmern, Restaurant, Pool und Golfplatz.

Apgar Village Lodge ❸❸❸
am Lake McDonald (2 mi/3,5 km nordwestlich von West Glacier)
Tel. 1 406 8 88 54 84
www.glacierparkinc.com/lodging/apgar-village-lodge-cabins
Hübsche Ferienanlage zwischen alten Zedern mit 20 Zimmern und 28 Chalets (z. T. für Selbstversorger)

A Wild Rose B & B ❸❸❸
10280 Hwy. 2 E, West Glacier, MT
Tel. 1 406 3 87 49 00
Gemütliche kleine Herberge, deren vier Gästezimmer sehr apart mit viktorianischen und modernen Möbeln eingerichtet sind. Morgens wird ein wahrlich exzellentes Frühstück serviert.

Dancing Bears Inn ❸❸
40 Montana Avenue
East Glacier, MT
Tel. 1 406 2 26 44 02
www.dancingbearsinn.com
Angenehmes und ruhig gelegenes Berggasthaus bzw. Motel mit 14 kleinen, aber gemütlichen Zimmern; das Haus bietet eine gute Basis für Ausflüge in den Nationalpark.

der Glacier auf. Bald nach dem **Many Glacier Hotel** endet die Straße am Swift Current Campground. Hinter dem **Swift Current Lake** greifen mehrere unerschlossene Täler ins Innere des Nationalparks. Hier beginnen auch etliche Hiking Trails.

KALISPELL

Mit seinen vielen preisgünstigen Hotels und Restaurants ist Kalispell ein guter Ausgangspunkt für Ausflüge in den nur 45 Autominuten entfernten Glacier National Park.

Hoch über der Stadt ließ einer ihrer Gründer, Charles E. Conrad, 1891 seine **26-Zimmer-Villa** erbauen. Sie wurde bis in die 1960er-Jahre von seinen Nachfahren bewohnt. Sehenswert sind das originale Mobiliar sowie die Oberlichter aus Tiffany-Glas.

Conrad Mansion

❶ 330 Woodand Ave., Führungen n. V. Tel. 1406 7 55 21 66, Mai – Okt. sowie Thanksgiving – 27.Dez. Fr., Sa. 11.00, 13.00 u. 15.00 Uhr, Ticket 10 $, www.conradmansion.com

Ein Paradies für passionierte Bergwanderer: die Hochgebirgswelt um den Logan Pass im Glacier National Park

Hockaday Museum of Art
Hier ist zu sehen, wie Montanas raue Wirklichkeit die Kreativen inspiriert hat. Gezeigt werden u. a. Werke von Charles M. Russell, John Clarke und Leonard Lopp.
❶ 302 2nd Ave., Di. – Sa. 10.00 – 17.00 Uhr, Eintritt 3 $, Führungen Do. u. Sa. 10. 30 Uhr, www.hockadaymuseum.org

Museum at Central School
Die Ausstellungen beschäftigen sich mit der Pflanzen- und Tierwelt des Glacier National Park. Ferner wird hier die traditionelle Lebensweise der nördlichen Plains-Indianer betrachtet.
❶ 124 2nd Ave., Juni – Sept. Mo. – Sa. 10.00 – 17.00, sonst nur Di. – Fr. 10.00 – 17.00 Uhr, Eintritt 5 $, ww.yourmuseum.org.

Columbia Falls
Bereits in Sichtweite der schneebedeckten Giganten des Glacier National Park liegt dieser 4200 Einwohner zählende schrille Touristen-Rummelplatz mit zahlreichen preiswerten Unterkünfte und Schnellrestaurants. An heißen Sommertagen kann man sich im **Big Sky Waterpark** erfrischen.
❶ 7211 Hwy. 2 E., Mai – Sept. tgl. 11.00 – 18.00 Uhr, Eintritt 25 $, www.bigskywp.com

Great Falls

✦ D 16

Region: Cascade County
Einwohner: 59 000
Höhe: 1015 m ü. d. M.

Great Falls liegt in der geografischen Mitte Montanas – was weit weg von allem bedeutet. Auch vom Touristenstrom zwischen Glacier und Yellowstone National Park bekommt die Stadt nicht viel ab. Gerade deshalb kann Great Falls sich ganz normal präsentieren.

Im Jahr 1805 brauchten die beiden Entdecker **Lewis und Clark** mit ihrer Mannschaft einen ganzen Monat, um den hiesigen fast 30 km langen und von mehreren großen Wasserfällen durchsetzten Abschnitt des Missouri River zu umgehen. Danach geschah lange Zeit wenig.

»Electric City«

Erst als der Unternehmer **Paris Gibson** 1883 vorschlug, das Potenzial der Wasserfälle zu nutzen, wurde Great Falls noch im selben Jahr vermessen. 1887 kam die Eisenbahn, 1889 begann der Bau eines Staudamms und eines Kraftwerks. Zu dieser Zeit lebten bereits über 1000 Menschen in der neuen Siedlung. Weitere Wasserkraftwerke und Industriebetriebe kamen hinzu, so dass Great Falls bald den Beinamen »Electric City« erhielt.

Während des Zweiten Weltkriegs erhielt die Stadt einen Luftwaffenstützpunkt: Bis heute ist die **Malmstrom Air Base** mit ihren Raketensilos wichtiger Arbeitgeber.

SEHENSWERTES IN GREAT FALLS UND UMGEBUNG

Am Ostufer des oberen Missouri liegt die hübsche Altstadt von Great Falls mit ihren um um die vorletzte Jahrhundertwende erbauten Häusern. Nette Geschäfte, Restaurants und Cafés garantieren einen geruhsamen Stadtbummel.

Historic District

Der im Nordwesten ungemein beliebte **Charles Russell** (1864 – 1926) war Cowboy, bevor er den Alltag der im seinerzeit noch »Wilden Westen« lebenden Viehhüter und ihrer Familien in Ölfarben festhielt. Der Museumskomplex umfasst neben der Galerie auch das Heim und Studio des »Cowboy Artist«.

*C. M. Russell Museum Complex

❶ 400 13th St. N., Ende Mai – Sept. Di. – So. 10.00 – 17.00, Okt. – Ende Mai Di. – Sa. 10.00 – 17.00, So. 13.00 – 17.00 Uhr, Eintritt 9 $,
www.cmrussell.org

Paris Gibson Square Museum of Art

Das in einem schönen Sandsteingebäude von 1896 untergebrachte Museum porträtiert das Kunstschaffen im Nordwesten seit der Pionierzeit vom Quilting (Anfertigung farbenfroher Patchwork-Decken) bis zu neuen Arbeiten hiesiger Künstler.

❶ 1400 1st Ave., Mo.–Fr. 10.00–17.00, Di. auch 19.00–21.00, Sa. 12.00–17.00 Uhr, Eintritt 6 $, www.the-square.org

River's Edge Trail

Der ca. 25 mi/40 km Weg vom Black Eagle Dam zum Ryan Dam begleitet den durch die Stadt fließenden Missouri auf beiden Ufern und bietet schöne Ausblicke. Man kann erahnen, warum sich Lewis und Clark mit diesem Flussabschnitt so schwer getan haben.

*Lewis & Clark National Historic Trail Interpretive Center

Das hoch über dem Missouri in den Fels gebaute Besucherzentrum ca. 3 mi/5 km nordöstlich des Stadtzentrums im Giant Springs Heritage State Park dokumentiert die Expedition von Lewis und Clark und die **beschwerliche Umgehung der Great Falls**, bei der die Kundschafter Boote und Ausrüstung durchs Gestrüpp schleppen mussten.

❶ 4201 Giant Springs Rd., Mai–Sept. tgl. 9.00–18.00, übrige Zeit Di.–Sa. 9.00–17.00, So. 12.00–17.00 Uhr, Eintritt 8 $,
www.fs.usda.gov/recarea/lcnf/recreation/recarea/?recid=61458

Great Falls erleben

AUSKUNFT
Great Falls Area Chamber of Commerce
100 1st Ave. N.
Great Falls, MT 59401
Tel. 1 406 7 61 44 34
www.greatfallschamber.org

ESSEN
Breaks Ale House & Grill ❸❸❸
202 2nd Ave. S.
Tel. 1 406 4 53 59 80
Das Lokal ist bekant für seine französisch angehauchte Pacific Coast Cuisine.

Eddie's Supper Club ❸❸
3725 2nd Ave. N.
Tel. 1 406 4 53 16 16

Das im Jahre 1944 als schlichte Arbeiterkantine eröffnete Restaurant ist heute wahrlich eine Institution in der »Electric City«, denn hier gibt es die besten Steaks der Stadt.

ÜBERNACHTEN
Great Falls Inn ❸❸
1400 28th St. S.
Great Falls, MT 59401
Tel. 1 406 4 53 60 00
www.greatfallsinn.com
Das Haus hat 60 sehr geräumige und zeitgemäß eingerichtete Gästezimmer zu bieten. Und in der Lobby geht es abends recht gemütlich zu.

Im Lewis & Clark National Historic Trail Interpretive Center sieht man, wie beschwerlich das Umgehen der großen Wasserfälle des Missouri war.

First Peoples Buffalo Jump State Park

10 mi/16 km südlich von Great Falls fällt eine felsige Böschung ins Auge, an der man viele Tierknochen gefunden hat. Diese Felskanten haben hiesige Plains-Indianer mehrere Hundert Jahre lang genutzt, um Bisons zu erlegen: Mittels eines ausgeklügelten Systems aus strategisch günstig verteilten Posten und trichterartig auf eine Felsenklippe zulaufende Stein- und Holzwehren schafften sie es, ganze Herden in den Abgrund zu treiben.

❶ 342 Ulm – Vaughn Rd., April – Sept. tgl. 8.00 – 18.00, Okt. – März Mi. – Sa. 10.00 – 16.00, So. 12.00 – 16.00 Uhr, Eintritt 5 $, http://stateparks.mt.gov/first-peoples-buffalo-jump/?

Havre

C 18

Region: Hill County
Einwohner: 9600
Höhe: 773 m ü. d. M.

Weitläufig, flach und unaufgeregt: wie das Land, so das Städtchen Havre im Tal des Milk River. Noch ziemlich unverfälscht ist Montana hier.

Havre in Montana ist nach der französischen Hafenstadt Le Havre am Ärmelkanal benannt. Der Name der nordwestamerikanischen Stadt wird aber als »Hav-er« ausgesprochen. Havre ist die **größte Stadt an der sog. Hi-Line**, dem quer durch Nord-Montana verlaufenden Highway 2. Die Anfänge von Havre liegen in den 1870er-Jahren. Damals gab es hier ein Eisenbahndepot und einen Versorgungsposten für das nahe Fort Assiniboine. Danach wuchs der Ort zu einem **Handelsplatz** und Verkehrsknoten heran, dessen Einfluss bis weit in die kanadischen Prärieprovinzen reichte.

Havre erleben

AUSKUNFT

Havre Area Chamber of Commerce
130 5th Avenue
P. O. Box 308
Havre, MT 59501
Tel. 1 406 2 65 43 83
www.havremt.com

ÜBERNACHTEN / ESSEN

Best Western Great Northern Inn ❸❸❸
1345 1st Street
Tel. 1 406 2 65 42 00
www.bestwestern.com
Moderne Unterkunft mit 74 hellen Zimmern und Pool. Bestens speist man in der »Duck Inn Tavern«.

SEHENSWERTES IN HAVRE UND UMGEBUNG

Nach einem Stadtbrand im Jahre 1904 setzten die Geschäftsleute ihren Handel in den Kellern der abgebrannten Häuser fort. Bald gab es ein **unterirdisches Geflecht aus Gängen und Passagen**, das es den Kunden ermöglichte, von Schneestürmen und Regengüssen unbeschadet (und wohl unerkannt, waren doch auch Bordelle und chinesische Opiumhöhlen angeschlossen) ihren Geschäften nachzugehen. Einige Geschäfte sind inzwischen restauriert.

Havre beneath the Streets

❶ 120 3rd Ave., Führungen: Mai – Sept. tgl. 9.00 – 17.00, Okt. – April Mo. – Sa. 10.00 – 16.00 Uhr, Eintritt 12 $, www.havremt.com/attractions/beneath_the_streets.htm

Dieses Museum ist weithin bekannt für seine **Fossilien aus der Zeit der Dinosaurier**, die man in der Umgebung von Havre und entlang der Hi-Line finden kann. Den zweiten Schwerpunkt dieses Museums bilden eindrucksvolle **Kulturzeugnisse der Prärieindianer** zu sehen, die einst in dieser Gegend gelebt haben.

H. Earl Clack Memorial Museum

❶ 1753 Hwy. 2, Holiday Village Shopping Center, Mai – Sept. Mo. – Sa 10.00 – 18.00, So. 12.00 – 17.00, Okt. – April tgl. 13.00 – 17.00 Uhr, Eintritt frei, www.havremt.com/attractions/h_earl_clack_museum.htm

In dem nach der Schlacht am Little Bighorn gebauten Fort waren einst zehn Infanterie- und Kavallerie-Kompanien stationiert. Als eine der größten je auf US Boden errichteten Festungsanlagen – mit zeitweise über 100 Gebäuden – glich sie eher einer viktorianischen Stadt als einem Fort.

Fort Assiniboine

❶ 6 mi/10 km südl. von Havre, via Hwy. 2, Mo. – Fr. 9.00 – 17.00, Sa., So. 13.00 – 17.00 Uhr, Führungen n .V., Tel. 1 406 2 65 40 00 bzw. im H. Earl Clack Museum im Holiday Village Shopping Center, Eintritt 6 $, www.havremt.com/attractions/fort_assinniboine.htm

14 mi / 22 km östlich von Havre (via Chinook), in der Hügellandschaft der Bear Paw Mountains, haben die von Häuptling Joseph angeführten Nez Perce am 5. Oktober 1877 kapituliert. Nur 60 km von der rettenden kanadischen Grenze entfernt, mussten sie sich nach einer 2700 km langen Flucht durch Washington, Oregon, Idaho und Wyoming einer letzten, fünf Tage währenden Schlacht stellen. Hier sprach **Chief Joseph** seine berühmten Worte: »From where the sun now stands, I will fight no more forever.«
Vor dem Besuch des Geländes kann man sich im **Blaine County Museum** in Chinook über Hintergründe und Verlauf der Auseinandersetzungen informieren.

Bear Paw Battlefield / Nez Perce National Historical Park

❶ 501 Indiana St., Ende Mai – Anf. Sept. Mo. – Sa. 8.00 – 12.00 u. 13.00 – 17.00, So. 13.00 – 17.00, übrige Zeit Mo. – Fr. 13.00 – 17.00 Uhr, Eintritt frei, www.blainecountymuseum.com

✱ Helena

✦ E 15

Region: Lewis & Clark County
Einwohner: 30 000
Höhe: 1240 m ü. d. M.

Helena, die Hauptstadt des ländlich geprägten Montana, präsentiert sich ganz anders: Statt kerniger Rancher bevölkern blasse Büromenschen die Bürgersteige, Malls und Fastfood-Ketten säumen die Peripherie. Trotzdem lohnt die Stadt einen Besuch, denn hier gibt es gute Museen und eine hübsche Fußgängerzone.

Auf Gold gebaut
Nur die in einer Senke verlaufende Hauptstraße erinnert noch an die Zeiten unrasierter Glücksritter in schmutzverkrusteten Wollhemden. **Last Chance Gulch** heißt sie, weil 1864 dort vier Digger ein letztes Mal ihr Glück versuchten. Sie stießen auf eine reiche Goldader und wenig später hatte der nunmehr Helena genannte Ort 3000 Einwohner. 1875 wurde Helena Hauptstadt von Montana, weshalb es auch weiterwuchs, als es mit dem Goldbergbau zu Ende ging.

Helena erleben

AUSKUNFT
Helena Area CVB
225 Cruse Avenue
Helena, MT 59601
Tel. 1 406 4 47 15 30
www.helenamt.com

SHOPPING
Einen angenehmen Einkaufsbummel verspricht die vier Blocks umfassende Fußgängerzone namens »Last Chance Gulch«.

ESSEN
Toi's Thai Cuisine ❷❷
423 N. Last Chance Gulch
Tel. 1 406 4 43 66 36
Die geschnitzte Eingangstür öffnen und den Duft von Zitronengras riechen und sich dann den erstklassig zubereiteten Chicken Curry mit Duftreis schmecken lassen.

Benny's Bistro ❷❷
108 E. 6th Avenue
Tel. 1 406 4 43 01 05
Jazzkneipe und Gourmet-Restaurant unter einem (Flach-)Dach. Besonders lecker: Alaska-Lachs und »Chicken Tetrazzini« mit Spinat und Pasta.

ÜBERNACHTEN
The Barrister B & B ❷❷❷
416 N. Ewing Street
Tel. 1 406 4 43 73 30
www.thebarristermt.tripod.com
Fünf herrlich altmodisch eingerichtete Gästezimmer befinden sich in einem bereits im Jahr 1874 erbauten schmucken Haus.

Wahrzeichen von Helena ist die 1924 im neugotischen Stil fertiggestellte katholische Bischofskirche.

Nach Stadtbränden sind um die vorletzte Jahrhundertwende schmucke Häuser aus Stein sowie der hoch über der besagten Fußgängerzone Last Chance Gulch aufragende hölzerne Feuerwachturm errichtet worden.

SEHENSWERTES IN HELENA

Die Reeder's Alley, der **älteste Teil der Downtown**, verläuft in der Südwestecke des historischen Stadtzentrums, wo in den 1860er-Jahren Bergleute und chinesische Kulis lebten. Heute beherbergen die alten Ziegelgemäuer hübsche Kunsthandwerkerläden, Modeboutiquen und Restaurants.

Reeder's Alley

Die beiden 70 Meter hohen Türme des 1924 nach 16-jähriger Bauzeit fertiggestellten Gotteshauses sind Landmarken der Stadt. Im Inneren der im neugotischen Stil errichteten **katholischen Bischofskirche** beeindrucken kunstvoll aus Marmor gestaltete Altäre und Heiligenstatuen. Die Kirchenfenster wurden in Bayern gefertigt.
❶ 530 N. Ewing Street, Führungen Ende Mai – Anf. Sept. Di., Mi., Do. 13.00 – 15.00 Uhr, Eintritt frei, Spende erbeten, www.sthelenas.org

*Cathedral of St. Helena

Bisons jagen durch die Stadt, ebenso Pronghorn-Antilopen, Dickhorn-Schafe und Bergziegen: Auf diesem **nostalgischen Karussell** reitet man nicht auf netten Pferdchen, sondern auf Vertretern der

Great Northern Carousel

hiesigen Tierwelt. Angeschlossen ist eine nicht minder nostalgische Eisdiele.
◐ 989 Carousel Way, Mo., Mi., Do. 11.00 – 19.00, Fr. , Sa. 11.00 – 20.00, So. 11.00 – 18.00 Uhr, Eintritt 2 $, www.gncarousel.com

Montana Historical Society Museum Gegenüber dem State Capitol verdienen die Sammlungen der 1865 gegründeten Montana Historical Society Beachtung, vor allem die Arbeiten von »Cowboy Artist« Charlie Russell.
◐ 225 N. Roberts St., Mo. – Sa. 9.00 – 17.00, Do. bis 20.00 Uhr, Eintritt 5 $, http://mhs.mt.gov/museum

Holter Museum of Art Hier sind Werke junger talentierter Künstlerinnen und Künstler aus Montana zu sehen. Außerdem zeigt man hier auch regelmäßig internationale Ausstellungen.
◐ 12 E. Lawrence Ave., Di. – Sa. 10.00 – 17.30, So. 12.00 – 16.00 Uhr, Eintritt frei, www.holtermuseum.org

Mount Helena City Park Der knapp 400 m hoch über der Stadt aufragende Berg ist ein beliebtes **Naherholungsgebiet**. Mehrere Wanderpfade führen über seine Schultern und Kämme zu schönen Aussichten. Zu empfehlen ist der 12 km lange **Ridge Trail**. Er beginnt in Reeders Village.

UMGEBUNG VON HELENA

*Gates of the Mountains 22 mi / 36 km nördlich von Helena zwängt sich der Missouri durch eine bis zu 360 m tiefe Schlucht. Lewis und Clark passierten sie am 19. Juli 1805. Heute kann man die von Lewis benannten »Tore der Berge« an Bord eines Ausflugsboots erleben.
◐ Gates of the Mountains Boat Tours, Marina, I-15, Exit 209, Ende Mai – Ende Sept., Fahrten ab 16 $, www.gatesofthemountains.com

* Livingston

F 17

Region: Park County
Einwohner: 7000
Höhe: 1372 m ü. d. M.

Umgeben von imposanten Gebirgszügen, genoss dieser Ort am Yellowstone River schon früh Aufmerksamkeit. Einst lebten hier Indianer vom Stamme der Absaroka-Crow. Dann kamen Lewis und Clark, die Revolverheldin Calamity Jane und Filmemacher Robert Redford. Alle blieben länger als geplant – so schön ist es hier.

Livingston • MT

Hübsch restaurierte Bauten aus der guten alten Zeit, saftig-grünes Grasland, das bis zum Fuß der Gallatin, Crazy und Absaroka Mountains reicht, mittendrin der Yellowstone River. Meist bläst eine frische Brise, denn Winde vom Pazifik wehen durch die Gallatins und Absarokas wie durch einen Windkanal. Kein Wunder also, dass die »Cattlemen« im 19. Jh. diese Gegend »Paradise Valley« nannten und ihre Herden von Texas hertrieben. Als 1882 die Great Pacific Railroad ankam, blühte die Viehwirtschaft bereits. Zur ersten Siedlergeneration gehörten Veteranen der Armee, Bahnarbeiter sowie Trapper und Scouts, darunter auch eine gewisse Martha Jane Canary, die sich während der Indianerkriege als Kundschafterin einen Namen gemacht hatte und als Revolverheldin **Calamity Jane** berühmt wurde.

Paradise Valley

> ! **BAEDEKER TIPP**
> *Livingston Art Walks*
>
> Während der sommerlichen »Art Walks« (jeweils 4. Freitag in den Monaten Juni – Sept.) bietet die Livingston Gallery Association Gelegenheit, mit hiesigen Künstlern ins Gespräch zu kommen. Meist enden diese Treffen in und vor den Galerien in spontanen Straßenfesten.

Seit den 1960er-Jahren genießt das Städtchen Ansehen bei der **Hollywood-Prominenz**. Stars wie Peter Fonda und Margot Kidder haben hier Häuser. Und vor allem seit Robert Redford in der Umgebung Szenen für seinen Film »Aus der Mitte entspringt ein Fluss« gedreht hat, gelten die Gewässer im Paradise Valley unter Fliegenfischern als wahres Paradies.

SEHENSWERTES IN LIVINGSTON

Fliegenfischen macht aus schnödem Angeln eine mit purer Ästhetik verbundene Wissenschaft. Das vermittelt diese im Lincoln School Building untergebrachte Ausstellung. Zu sehen gibt es Hunderte **Fliegenköder für jeden Fisch**, jedes Wetter, jeden Flussabschnitt, dazu Angelruten und Aquarien. Auch kann man hier lernen, die Schnüre so nach Forellen auszuwerfen, wie einst Brad Pitt.

The Fly Fishing Discovery Center

❶ Highway 89 South, Suite 11, Mo. – Fr. 9.00 – 17.00, Eintritt 3 $, www.fedflyfishers.org

Der Bahnhof wurde 1902 recht pompös im Stil der italienischen Renaissance errichtet, um Reisende willkommen zu heißen, die den nahen ▶Yellowstone National Park besuchen wollten. Heute wird man im Livingston Depot Center über die **Geschichte des Eisenbahnbaus durch die Rocky Mountains** und über den harten Eisenbahneralltag informiert.

Livingston Depot Center

❶ 200 W. Park St., Mai – Sept. Mo. – Sa. 9.00 – 17.00, So. 13.00 – 17.00 Uhr, Eintritt frei, www.livingstonmuseums.org/depot

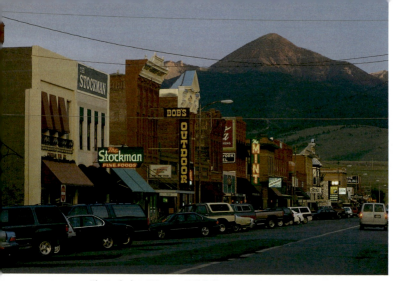

Ein typisches Western-Städtchen: Downtown Livingston

Yellowstone Gateway Museum
Das Museum in der alten North Side School widmet sich der Geologie, der **Natur- und Besiedlungsgeschichte der Region**. Besonders eindrucksvoll sind Schaber und Speerspitzen, die wohl schon während oder kurz nach der letzten Eiszeit angefertigt worden sind
❶ 118 W. Chinook St., Juni – Aug tgl. 10.00 – 17.00, Sept. Di. – Sa. 11.00 – 16.00 Uhr, Eintritt 4 $, www.livingstonmuseums.org/pcm

UMGEBUNG VON LIVINGSTONE

Paradise Valley Loop
Diese Runde verbindet Orte, die in den 1950er-Jahre stehen geblieben zu sein scheinen. Von Livingston aus führt der Hwy. 89 zunächst nach Süden zur East River Road. Diese überquert den Yellowstone River und schnürt alsbald, stets **vor der Kulisse der Absaroka Mountains**, durch winzige, mit General Stores und Kirchlein versehene Ortschaften wie Pray, Chico Hot Springs und den zu Füßen des mächtigen **Emigrant Peak** (3320 m ü.d.M.) gelegenen Ort Emigrant. Von hier geht es auf dem Hwy. 89 zurück nach Livingston.

Crazy Mountains Loop
Auf dieser Rundfahrt lernt man das weite Land östlich und nördlich von Livingston kennen. Dazu fährt man zunächst auf der I-90 in östlicher Richtung bis Big Timber und hält dann auf dem Hwy. 191 auf das nördlich liegende Melville zu. Über das Frontierstädtchen Harlowtown geht es weiter nach White Sulphur Springs. Die **Geisterstädte** der Umgebung, vor allem Copperopolis und Fort Logan, lohnen Abstecher. Von White Sulphur Springs geht es auf dem Hwy. 89 zurück nach Livingston.

Livingston erleben

AUSKUNFT
Livingston Area Chamber
303 E. Park Street
Livingston, MT 59047
Tel. 1 406 2 22 08 50
www.livingston-chamber.com

EVENTS
Festival of the Arts
Am ersten Juli-Wochenende stellen über 100 Künstler im Livingston Depot Center ihre Arbeiten aus.

Livingston Roundup Rodeo
Anfang Juli treten die besten Rodeo-Cowboys Nordamerikas in Aktion.

AKTIVITÄTEN
Wildniswandern
In der spektakulären Absaroka- Beartooth Wilderness südlich von Livingston gibt es enge Täler und steil aufragende Berge, dazu ein weitläufiges Hochplateau mit zahl- reichen Seen. Hier erhebt sich auch der Granite Peak (3890 m ü.d.M.), der höchste Berg Montanas. Das kaum erschlossene Schutzgebiet ist Rückzugsgebiet von Grizzlybären. Schöne Tageswanderungen beginnen an der East River Road bzw. bei Pine Creek. Gutes Kartenmaterial gibt es beim US Forest Service, Livingston Office (5252 US 89 S., Tel. 1 406 2 22 18 92).

Wildwasserfahren
Yellowstone Raft Company
406 Highway 89, Gardiner, MT
(58 mi/92 km südlich von Livingston)
Tel. 1 406 8 48 77 77
www.yellowstoneraft.com

SHOPPING
Babione's Wilson Boot Company
5237 US 89 S.
www.wilsonboots.com
Tolle von Hand gefertigte Cowboystiefel.

Cowboy Connections
110 S. Main Street
Eine Fundgrube für Liebhaber von historischen Gegenständen aus der Zeit des Wilden Westens.

ESSEN
Yellowstone Valley Grill ❸❸❸❸
3840 US 89 S.
(in der Yellowstone Valley Lodge)
Tel. 1 406 3 33 41 62
Zur vorzüglichen saisonalen Küche gibt es gratis einen sensationellen Blick auf die Absarooka Mountains. Stars auf der Speisekarte sind Tamarind-Lamm, Filet vom Black Angus und Bachforelle.

ÜBERNACHTEN
The Murray Hotel ❸❸❸
201 W. Park Street, Livingston, MT
Tel. 1 406 2 22 15 30
www.murrayhotel.com
Herrlich altmodisches und gemütliches Hotel von 1904, dessen 30 Gästezimmer mit viel dunklem Holz ausgestattet sind.

The Blue Winged Olive B & B ❸❸❸
5157 Highway 89, Livingston, MT
(ca 3 mi/5 km südlich der Stadt)
Tel. 1 406 2 22 86 46
www.bluewingedolive.net
Ausgesprochen gemütliche kleine Unterkunft mit vier Gästezimmern.

Miles City

E 22

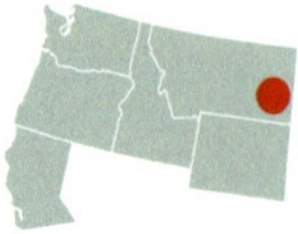

Region: Custer County
Einwohner: 8600
Höhe: 722 ü. d. M.

Die Stadt Miles City wuchs im besten Grasland Montanas recht schnell heran. Die Viehzucht ist bis heute der alles bestimmende Faktor.

Indianerland wird Rancherland

Vor der Ankunft der Europäer gehörte dieses Land den Crow und den Cheyenne, deren Hauptbeschäftigung die Büffeljagd war. Nach der Schlacht am Little Bighorn baute die Armee neue Festungen, um die übrigen noch freien Indianer zu »befrieden«. Einer dieser Armeeposten, **Fort Keogh**, wurde 1877 in der Nähe der Mündung des Tongue River in den Yellowstone River errichtet. Aus einem nahen Camp entwickelte sich eine Siedlung, die nach dem komman-dierenden **General Nelson A. Miles** benannt wurde. Wenig später hat man die letzte der großen durch die Region ziehenden Büffelherden abgeschlachtet und das Grasland so für extensive Rinderzucht freigemacht. Bereits im Jahr 1881 erreichte die **Northern Pacific Railroad** Miles City, das alsbald zum bedeutendsten Viehmarkt der Region avancierte.

Miles City erleben

AUSKUNFT

Miles City Area Chamber of Commerce
511 Pleasant Street
Miles City, MT 59301
Tel. 1 406 2 34 28 90
www.milescitychamber.com

EVENT

Bucking Horse Sale
Am 3. Mai-Wochenende kommen Rodeo-Veranstalter aus den ganzen USA nach Miles City, um die besten Rodeo-Pferde zu begutachten bzw. zu erwerben. Im Rahmenprogramm: Rodeos, ein Umzug auf der Main Street, Schießwettbewerbe und Barbecue.

ESSEN

Hole in the Wall €€
602 Main Street
Tel. 1 406 2 34 98 87
In historischem Backstein-Ambiente werden saftige Steaks, leckere Fischgerichte und feine Salate serviert.

ÜBERNACHTEN

Best Western War Bonnet Inn €€€
1015 S. Haynes Ave., Miles City, MT
Tel. 1 406 2 34 45 60
www.bestwestern.com
Verlässliche Qualität, 57 nüchtern eingerichtete Zimmer; diverse Restaurants in der Nähe sind zu Fuß erreichbar.

Von Weitem und besonders in der Dämmerung sehen die Medicine Rocks aus wie versteinerte menschliche Gesichter.

SEHENSWERTES IN MILES CITY UND UMGEBUNG

Im einstigen Wasserreservoir der Stadt hat man heute die Natur Montanas darstellende Gemälde, eindrucksvolle Skulpturen und vielerlei sonstige kunsthandwerkliche Objekte in Szene gesetzt.
❶ Waterplant Rd., Mai.–Sept.Di.–So. 9.00–17.00, sonst 13.00–17.00 Uhr, Eintritt frei, Spende erbeten, http://ccac.milescity.org

Water Works Art Museum

Dieses Wildwest-Museum wurde 1939 gegründet und zeigt Alltagsgegenstände von Nachfahren der Pioniersiedler aus der Zeit um 1880. Besondere Beachtung verdient das »Herz des Museums«, ein Blockhaus, in dem u. a. **herrliche alte Patchwork-Decken** und Damensättel ausgestellt sind. Die Waffensammlung präsentiert mehr als 400 **Gewehre und Revolver** verschiedenster Bauart.
❶ 435 L. P. Anderson Rd., April–Okt. witterungsabhängig tgl. 8.00–18.00 Uhr, Eintritt 5 $, www.rangeridersmuseum.org

*Range Riders Museum & Bert Clark Gun Collection

Ca. 100 mi / 160 km südwestlich von Miles City (via US 12 u. MT 7) erreicht man die hügelige und schütter bewachsene Felslandschaft der Medicine Rocks, in der die Cheyenne einstmals ihre Vorfahren um Jagdglück gebeten haben. Diese **stark erodierten und löchrigen Sandsteinfelsen** sehen vor allem in der Dämmerung tatsächlich aus wie versteinerte menschliche Gesichter.

*Medicine Rocks State Park

Missoula

✹ E 14

County: Missoula County
Einwohner: 69 000
Höhe: 978 m ü. d. M.

Missoula ist zurzeit die am schnellsten wachsende Stadt Montanas. Das Klima ist mild, die Bergwelt schön. Über dem historischen Zentrum hängt der Duft von Capuccino und Biscotti und auf den Bürgersteigen flanieren mehr Menschen in Sneakers als in Cowboystiefeln.

Urbane Idylle

Für junge Familien, die wohl in Montana, aber nicht ohne die Annehmlichkeiten einer Großstadt leben wollen, ist die Stadt am Clark Fork River ein Kompromiss. Angehörige der University of Montana sorgen für eine liberale Grundströmung in der Stadt. Stellenweise wirkt sie schon fast europäisch: Alte Bäume säumen die Straßen in den Wohnvierteln, es gibt sogar Geh- und Radwege. Etliche Galerien mit »Cowboy Art« und interessante Western-Museen erinnern in dieser urbanen Idylle an eine dramatische Vergangenheit.

Schaurige Geschichte

Denn der Salish-Name »Missoula« bedeutet **»Fluss der schlimmen Hinterhalte«**. Die Salish, die durch dieses Tal zu ihren Jagdgründen in den Plains zogen, wurden im **Hells Gate Canyon**, an dessen Eingang Missoula liegt, so häufig von feindlichen Blackfoot überfallen, dass die ersten franko-kanadischen Trapper diese Stelle angesichts der vielen herumliegenden Knochen als **»Porte de l'Enfer«** (dt. Tor zur Hölle) bezeichneten. So ließ die Besiedlung des Tales auf sich warten, auch wenn Landentdecker **Lewis und Clark** 1806 und **David Thompson** 1812 hier durchkamen.

Erst mit der Errichtung eines **Handelspostens** anno 1860 sowie mit dem Bau eines Sägewerks und einer Getreidemühle kam die Entwicklung in Gang. Die Fertigstellung der **Straße von Fort Benton nach Walla Walla** im Bundesstaat Washington, die Ankunft der **Northern Pacific Railroad** anno 1883 sowie die Eröffnung der **University of Montana** 1895 waren entscheidende Meilensteine für Missoula.

Nach dem Zweiten Weltkrieg gesellte sich die **Holz- und Papierindustrie** dazu. Heute sind die Universität mit 14 000 Studierenden sowie der Tourismus wichtige wirtschaftliche Stadbeine.

> **? BAEDEKER WISSEN**
>
> *Per Pedales*
>
> Wussten Sie schon, dass das in den 1890er-Jahren im Fort Missoula untergebrachte und mehrheitlich aus Farbigen bestehende 25th Infantry Regiment den militärischen Nutzen von Fahrrädern auf vielen Zweirad-Expeditionen untersucht hat?

Missoula • MT

Missoula erleben

AUSKUNFT
Destination Missoula
101 E. Main Street
Missoula, MT 59802
Tel. 1 406 5 32 32 50
www.destinationmissoula.org

AKTIVITÄTEN
Radfahren
Adventure Cycling
150 E. Pine Street, Missoula, MT
Tel. 1 406 7 21 17 76
www.adventurecycling.org
Abwechslungsreiche Touren in der näheren und weiteren Umgebung der Stadt.

Rafting
Montana River Guides
Am I-95, Exit 70
(35 Min. westl. von Missoula)
Tel. 1 406 7 22 72 38
www.montanariverguides.com
Feucht-fröhliche Vergnügen auf Bitterroot River und Clark Fork River.

ESSEN
Scotty's Table ❸❸❸❸
131 N. S. Higgins Avenue
Tel. 1 406 5 49 27 90
Im alten Wilma Theater wird das Beste aufgetischt, was die Ranches, Farmen und Gärten der Umgebung hergeben – raffiniert zubereitet, versteht sich.

HuHot Mongolian Grill ❸❸
3521 Brooks Street
Tel. 1 406 8 29 88 88
Man sucht sich die Zutaten an der »Fresh Food Bar« und gibt sie dem Grillmeister zur weiteren Bearbeitung.

ÜBERNACHTEN
Gibson Mansion B & B ❸❸❸
823 39th Street, Missoula, MT
Tel. 1 406 2 51 13 45
www.gibsonmansion.com
In einer eleganten Villa am Stadtrand gibt es vier gemütliche Gästezimmer. Das Frühstück ist hervorragend.

Campus Inn ❸
744 E. Broadway
Tel. 1 406 5 49 51 34
www.campusinnmissoula.com
Das Haus (81 Z., Pool) ist beliebt, weil in Uni-Nähe gelegen und wegen seiner günstigen Preise.

SEHENSWERTES IN MISSOULA

Historic Downtown, Clark Fork River
Die historische Altstadt breitet sich an einer Biegung des Clark Fork River aus. Dieser Fluss, einer der wasserreichsten Flüsse Montanas, entspringt im Südwesten des Bundesstaats und fließt fast 800 km später in den Lake Pend d'Oreille in Nord-Idaho. Seine Uferlinie, die sog. **Clark Fork Riverfront**, begleitet durch das historische Zentrum, wo sich auch eine kleine, umtriebige Kunstszene angesiedelt hat.

Historical Museum at Fort Missoula
Das Fort im Südwesten der Stadt wurde 1877 während des Konflikts mit den Nez Perce gebaut, doch die Indianer umgingen es Fort. Während des Zweiten Weltkriegs waren hier italienisch- und japanisch-

stämmige US-Bürger interniert. Ein Museum informiert über die historischen Ereignisse rund um das Fort.

❶ 3400 Captain Rawn Way, Ende Mai – Anf. Sept. Mo. – Sa. 10.00 – 17.00, So. 12.00 – 17.00, übrige Zeit: Di. – So. 12.00 – 17.00 Uhr, Eintritt 3 $, http://fortmissoulamuseum.org

Missoula Art Museum (MAM) Das im Jahr 1973 eröffnete Museum beherbergt u.a. die mit über hundert Objekten größte Sammlung zeitgenössischer indianischer Künstler der USA.

❶ 335 N. Pattee St., Di. – Fr. 10.00 – 17.00, Sa., So. 10.00 – 17.00 Uhr, Eintritt frei, Spende erwünscht, www.missoulaartmuseum.org

Montana Museum of Art & Culture Das aus zwei Galerien bestehende Kunstmuseum der University of Montana ist im modernen Glasgebäude des Performing Arts & Radio Television Center auf dem Campus angesiedelt. Es zeigt in erster Linie Werke, die den Pioniergeist des Amerikanischen Westens zum Thema haben.

❶ 32 Campus Drive, Di. – Do. 11.00 – 15.00, Fr., Sa. 16.00 – 20.30 Uhr, Eintritt frei, www.umt.edu/montanamuseum

Chicago, Milwaukee & St. Paul Railroad Depot Ein unübersehbares **Wahrzeichen von Missoula** ist das im Jahr 1910 in neuromanisch-maurischem Stil Eisenbahndepot mit seinen beiden Türmen. Bis 1960 wurden hier Fahrgäste abgefertigt. Danach diente es noch eine Zeit lang als Frachtumschlagsplatz.

Heute residiert in dem Gebäudekomplex der **Boone & Crocket Club,** ein Verein von Waidmännern, der im alten Depot eine naturkundliche Präsentation aufgebaut hat, die auch präparierte, in Montana vorkommende Wildtiere umfasst.

❶ 250 Station Drive, Nähe Higgins Bridge, Mo. – Fr. 8.00 – 17.00 Uhr, Eintritt frei, Spende erwünscht, www.boone-crockett.org

Smokejumper Center Smokejumper (Fallschirm-Feuerwehrmänner) springen über unzugänglichen Wildnisgebieten ab, um Waldbrände an vorderster Front zu bekämpfen. Eines ihrer Trainingscamps befindet sich auf dem Flughafen von Missoula 6 mi/10 km außerhalb. Das Besucherzentrum dokumentiert ihre Tätigkeit mit dramatischen Filmen, Bildern und Vorträgen echter Smokejumper.

❶ 5765 W. Broadway, Mai – Sept. Mo. – Fr. 8.30 – 17.00 Uhr, Eintritt frei, www.fs.fed.us/fire/people/smokejumpers/missoula

Rocky Mountain Elk Foundation Diese Stiftung kümmert sich um den Erhalt der Wapiti-Populationen in der der Region. Sie unterhält ein modernes **Besucherzentrum**, in dem man sich über diese Tiere und deren Lebensraum informieren kann.

❶ 5705 Grant Creek Rd., Mai – Dez. Mo. – Fr. 8.00 – 17.00, Sa. 10.00 – 17.00, Sa., So. 9.00 – 18.00 Uhr, Eintritt frei, www.rmef.org

UMGEBUNG VON MISSOULA

Diese ca. 200 mi / 320 km lange Rundfahrt erschließt die landschaftlichen und historischen Höhepunkte nordwestlich von Missoula. Zunächst geht es auf dem I-90 am **Clark Fork River** abwärts bis **St. Regis**. Dabei passiert man die **Alberton Gorge**, die begeisterte Rafter und Wildwasser-Kanuten anzieht. Danach laden die Thermen von **Quinn's Hot Springs** zum erholsamen Bad ein. Dann folgt man dem Hwy. 200 in östlicher Richtung zur **National Bison Range** und zum **Flathead Lake** und erreicht schließlich den in der ▶Flathead Indian Reservation gelegenen Ort **St. Ignatius**). Auf dem US 93 geht es südwärts zurück nach Missoula.

*Clark Fork Tour

Three Forks

✳ F 16

Region: Gallatin County
Einwohner: 1800
Höhe: 1242 m ü. d. M.

Gelegentlich schafft es Montanas spannende Geschichte, von der spektakulären Natur rings umher abzulenken. So auch in Three Forks, wo drei Flüsse aus den Bergen zum Missouri zusammenfließen und wo Indianer, Trapper und Abenteurer einst wichtige Akteure an der »Frontier« waren.

Einmal mehr waren es die Entdecker Lewis und Clark, mit denen im Madison Valley die moderne Zeitrechnung begann. 1805 kampierten sie unweit der Stelle, wo drei Flüsse den Missouri bilden und benannten sie nach Jefferson, Madison und Gallatin (dem damaligen US-Präsidenten, seinem Außen- und seinem Finanzminister). Bei der Ankunft der Expedition jagten hier u. a. die Shoshone, Flathead, Crow und Blackfoot. Der nahe Madison Buffalo Jump wurde bis weit ins 18. Jh. für die Büffeljagd benutzt. Das Three-Forks-Gebiet war auch die **Heimat von Sacajawea**, der jungen Shoshone, die maßgeblich zum Erfolg der Expedition beigetragen hat. Sie wurde hier um 1800 von feindlichen Hidatsa gekidnappt, ins heutige South Dakota verschleppt und dort an einen frankokanadischen Trapper verkauft. Wegen ihrer Sprach- und Ortskenntnisse wurden beide von Lewis und Clark engagiert. Im Herbst 1805 kehrte Sacajawea mit Lewis und Clark in die Gegend um Three Forks zurück und stellte den Kontakt zu ihrem Stamm her. 1810 errichteten zwei frühere Expeditionsmitglieder einen Pelzhandelsposten, den sie jedoch wegen Attacken feindlicher Indianer bald wieder aufgaben. Danach ließen sich einige berühmte Trapper sehen, darunter Jedediah Smith, Kit

Beginn mit Lewis & Clark

Carson und Jim Bridger. In den 1840er-Jahren begann die Missionierung der Crow und Flathead. Die moderne Entwicklung von Three Forks begann im Jahre 1908 mit der Ankunft der **Milwaukee Railroad**. 1980 zog sich die Eisenbahngesellschaft jedoch aus Three Forks zurück und stürzte den Ort in eine Krise. Inzwischen hat das zwei Autostunden nordwestlich vom Yellowstone National Park (▶Wyoming, S. 537) gelegene Städtchen erfolgreich auf Tourismus umgesattelt, nicht zuletzt dank seiner verkehrsgünstigen Lage an der Kreuzung von I-90 und US 287.

SEHENSWERTES IN THREE FORKS UND UMGEBUNG

Headwaters Heritage Museum
Gezeigt werden vor allem Gegenstände aus der Pionierzeit, so ein Amboß von 1810 aus dem ersten Pelzhandelsposten sowie die größte jemals in Montana gefangene Forelle.
❶ 202 Main St., Juni – Sept. Mo. – Sa. 9.00 – 17.00, So. 11.00 – 15.00 Uhr, Eintritt frei, www.tfhistory.org

Missouri Headwaters State Park
Via I-90 erreicht man 3 mi/5 km nordöstlich der Stadt jene Stelle, wo Jefferson, Madison und Gallatin River den Missouri River bilden. Kurze Trails, hübsche Picknickplätze und mit Hinweistafeln versehene Aussichtspunkte sind angelegt.

Hier vereinigen sich der Jefferson River, der Madison River und der Gallatin River zum Missouri.

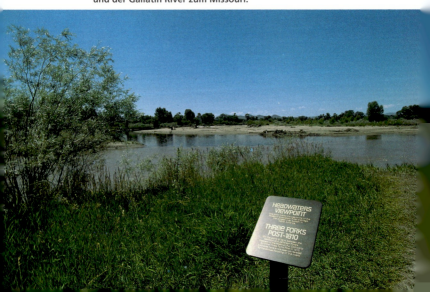

Three Forks erleben

AUSKUNFT
Three Forks Chamber
205 Main Street
Three Forks, MT 59752
Tel. 1 406 2 85 47 53
www.threeforksmontana.com

ESSEN
Sacajawea Bar & Lounge ❷❷
(im Sacajawea Hotel)
5 N. Main Street
Tel. 1 406 2 85 65 15
Netter Treff von Touristen und Einheimischen. Hier gibt es leckere Burger, Steaks und Chicken Wings. Wandgemälde zeigen Porträts von Lewis & Clark und ihrer indianischen Begleiterin Sacajawea.

ÜBERNACHTEN
Fort Three Forks Motel ❷❷
124 Elm Street
Tel. 1 406 2 85 32 33
www.fortthreeforksmotel.com
Einfaches Motel mit 24 sauberen Gästezimmern und »Frontier Village« für Kinder.

Madison Buffalo Jump State Park

Von der weithin sichtbaren **steilen Felsklippe** bietet sich ein herrlicher Blick über das weitläufige Tal des Madison River. In einem kleinen **Besucherzentrum** erfährt man, wie es die Indianer schafften, ganze Büffelherden auf das Plateau zu lotsen und über die Kante in den Tod zu treiben.

❶ via I-90 ostwärts, dann bis 6990 Buffalo Jump Road, tgl. tagsüber zugänglich, Eintritt 5 $ pro Fahrzeug, http://stateparks.mt.gov/madison-buffalo-jump

*Lewis & Clark Caverns

20 mi/ 36 km westlich von Three Forks erstreckt sich diese grandiose unterirdische Märchenwelt. **Stalagmiten** und **Stalatiten** wie aus dem Bilderbuch und **bunt gebänderte Kalksteinformationen** lohnen eine Entdeckungstour.

❶ am Hwy. 2, Führungen Mai – Sept. tgl. 9.00 – 16.30, Hochsommer bis 18.30 Uhr, Eintritt 10 $, http://stateparks.mt.gov/lewis-and-clark-caverns

West Yellowstone

▶Wyoming, Yellowstone National Park

Oregon

OREGON

Fläche: 255 026 km²
Einwohnerzahl: 4 Mio.
Hauptstadt: Salem
Beiname: Beaver State

Oregon ist »Nord-Kalifornien ohne Rummel«. Tatsächlich resultieren die wildromantische, kaum erschlossene Küste und das nicht minder naturbelassene Binnenland aus der fortschrittlichsten Landnutzungspolitik der Vereinigten Staaten. Denn in Oregon gehören erbitterte Debatten zwischen Umweltschützern und Regierung zum Alltag.

Regenwälder und Vulkane, endlose Sandstrände und nebelverhangene Steilküsten, fruchtbares Agrarland und abweisende Hochwüsten: Oregon hat viele Gesichter. Im Norden bildet der **Columbia River** die Grenze mit Washington, im Osten markiert der **Snake River** die mit Idaho, und im Süden berührt Oregon Kalifornien und Nevada. Zwei Gebirgszüge, die steilen **Coastal Mountains** und die vulkanischen **Cascade Mountains** – höchster Berg ist mit 3426 m der ▶Mount Hood – prägen den Bundesstaat. Dazwischen liegt4 das dicht besiedelte, landwirtschaftlich intensiv genutzte **Willamette Valley**. Die Great Basin Desert prägt mit trockenen Flussbetten den flachen Südosten Oregons. In der Nordostecke steigt das Land wieder an und färbt sich dabei grün – und weiß: Die bis zu 3000 m hohen **Wallowa Mountains** bleiben bis weit in den Sommer hinein mit Schnee bedeckt.

Vielfältige Landschaften

Ansteckungskrankheiten, Kriege, Arbeitslosigkeit: Oregons **Indianer** teilen das Schicksal der übrigen Ureinwohner Nordamerikas. Rund 80 Stämme lebten einst in Oregon. Die westlich der Cascade Mountains siedelnden Stämme waren sesshafte Fischer und Händler. Die Stämme in den Trockengebieten östlich der Cascades dagegen folgten den Büffelherden. Heute leben nur noch neun verbliebene Stämme in sechs Reservaten.

Geschichte

Bis zum späten 18. Jahrhundert suchten spanische, englische und amerikanische Kapitäne auch an Oregons Küste nach der legendären Nordwestpassage. Am Ende war es der **Pelzhandel**, der das entlegene Territorium in den Blickpunkt ruckte. Während kanadische Trap-

Der 71 Meter hohe Haystack Rock am Cannon Beach ist der drittgrößte Monolith der Erde.

per von Norden aus nach Oregon vordrangen, erreichten **Meriwether Lewis** und **William Clark** auf ihrer berühmten Expedition (1804 – 1806) Ende 1805 die Mündung des Columbia River und begründeten so den Anspruch der USA auf dieses Gebiet. Doch in den folgenden 20 Jahren beherrschte die britische **Hudson's Bay Company** von ihrem (gegenüber dem heutigen Portland gelegenen) Stützpunkt Fort Vancouver aus den Pelzhandel im gesamten Nordwesten. Im Jahr 1829 wurde **Oregon City** gegründet, bis 1851 Hauptstadt des Oregon-Territoriums.

Bis 1850 kamen fast 55 000 Siedler auf dem **Oregon Trail** hierher, die größte Wanderbewegung in der amerikanischen Geschichte. Mit im Gepäck: Land für jeden, gesetzlich verbrieft, insgesamt 640 acres (ca. 2,5 km²) pro Nase. Dies hatte u. a. die schnelle Verdrängung der Ureinwohner zur Folge.

Der Goldrausch in Kalifornien machte Oregon zu einem wichtigen **Holz- und Getreidelieferanten**. Städte schossen quasi über Nacht aus dem Erdboden, und das fruchtbare Willamette Valley avancierte zum Brotkorb Kaliforniens.

Nach dem Goldrausch in der Sierra Nevada setzten **Goldfunde** in Südwest-Oregon den Boom fort, doch am Ende war es das Nein der Oregonians zur Sklaverei, das die Aufnahme in die Union beschleunigte. 1859 trat Oregon als 33. Staat den USA bei.

Während der letzten Jahrzehnte des 19. Jahrhunderts erlebte Oregon blutige Auseinandersetzungen zwischen landhungrigen Farmern und Indianern. Im Osten des Landes brachen **Weidekriege** zwischen Rinder- und Schafzüchtern aus, in deren Folge viele neu gegründete Städte wieder aufgegeben wurden. Westlich der Cascade Mountains setzte sich der Boom fort.

Auch sozial- und umweltpolitisch begründete Oregon seinen Ruf als fortschrittlicher Bundesstaat. So **erhielten die Frauen 1912 das Wahlrecht**. Heute demonstrieren Oregonians u. a. für die 35-Stunden-Woche.

Die **Weltwirtschaftskrise** und der **Zweite Weltkrieg** schoben die Entwicklung des Landes weiter voran. Gewaltige Arbeitsbeschaffungsmaßnahmen zu Gunsten von Großprojekten wie den neuen Wasserkraftwerken am Bonneville Dam und den neuen Werften in Portland, die jede Menge Kriegsschiffe vom Stapel laufen lassen sollten, brachten Lohn, Arbeit und Zukunftsperspektiven.

BAEDEKER WISSEN

? Ouragan oder Orejon?

Über die Herkunft des Namens Oregon gibt es zwar zahlreiche Theorien, doch letztlich blieb bis heute ungeklärt, woher dieser Name stammt. Die aussichtsreichsten Kandidaten sind: »Ouragan« (franz.: Sturm, Orkan), »Orejon« (so bezeichneten die Spanier die durch große Ohrringe größer erscheinenden Ohren der Salish-Indianer) und »Ouaricon« (ein Druckfehler auf einer französischen Karte aus dem frühen 18. Jahrhundert).

Oregon • OR

Highlights Oregon

▶ **Columbia River Gorge**
Entlang des Historic Columbia River High- ways zeigt sich der bis zu 1300 Meter tiefe Canyon von seiner schönsten Seite.
▶Seite 325

▶ **Crater Lake National Park**
Inmitten des kreisrunden, tiefblauen Kratersees erhebt sich ein zauberhaftes Inselchen.
▶Seite 334

▶ **Hells Canyon**
Mit dem Kajak oder Jetboat geht's auf dem Snake River durch eine bis zu 2438 Meter tiefe Schucht.
▶Seite 350

▶ **Portland**
Die charmante und liebenswürdige »Rose City« präsentiert sich mit wunderschönen Parks und Gartenanlagen.
▶Seite 376

In den 1990er-Jahren entdeckte die kalifornische **Hard- und Software-Branche** den nördlichen Nachbarstaat Oregon als günstigen Standort. So ist der in Portland angesiedelte Halbleiterhersteller **Intel** Oregons größter privater Arbeitgeber.

Wirtschaft
Oregons traditionell rohstoffbasierte Wirtschaft mit den zuletzt stark gebeutelten Sektoren Holzindustrie und Fischfang hat sich in der jüngeren Vergangenheit erfolgreich umorientiert.
Die **verarbeitende Industrie** umfasst heute diverse kreative Zukunftsbranchen wie **Biotech-Unternehmen** und Softwarehersteller sowie **Sportartikel-Giganten** wie Nike und Columbia.
Doch noch immer beschäftigt die **Forstwirtschaft** mehrere Zehntausend Menschen, und Oregons **Landwirtschaft** blüht ohne Unterlass: Über 200 Produkte werden im weitläufigen Willamette Valley angebaut, mehr als 140 000 Menschen stehen hier in Lohn und Brot. Zudem ist Oregon mit über 300 Weingütern der **drittgrößte Weinproduzent der USA**.
Seit Jahren erfolgreich ist man auch auf dem Sektor **Tourismus**. Hier verzeichnet man beträchtliche Zuwachsraten. 2012 wurden rund 3,4 Millarden $ erwirtschaftet. Im selben Jahr gab es im Tourismusgewerbe von Oregon über 132 000 Arbeitsplätze.

Bevölkerung
Drei Viertel der Oregonians leben im Willamette Valley. Das **größte Ballungsgebiet ist Portland** mit rund 2,3 Millionen Einwohnern. Mit über 85 Prozent ist Oregon einer der »weißesten« US Bundesstaaten; ein Viertel der Bevölkerung hat deutsche Vorfahren. 90 Prozent der rund 40 000 Ureinwohner leben in Städten, der Rest in Reservaten.

Ashland

J 5

Region: Jackson County (Südwest-Oregon)
Einwohnerzahl: 20 400
Höhe: 578 m ü.d.M.

Während der Weltwirtschaftskrise führte ein Englischlehrer in den Foothills der rauen Siskiyou und Cascade Mountains in einem Zelt Shakespeare auf. Heute trinkt man hier Espresso und genießt elegante Vernissagen: Ashland ist die kultivierteste Stadt im Umkreis von 400 Kilometern.

»Shakespeare-Stadt« Die Anfänge hingegen sahen so hemdsärmelig aus wie die der meisten anderen Städte der Region. 1852 als Versorgungsstation für die Goldgräber am nahen Jackson Creek gegründet, erhielt Ashland alsbald einen Bahnanschluss nach Portland und San Francisco, den wichtigsten Absatzmärkten für das hier angebaute Obst und Gemüse. In den 1920er-Jahren begannen die Eisenbahngesellschaften Ashland links liegen zu lassen, dann kam auch noch die Weltwirtschaftskrise. Angus Bowmer ahnte zu diesem Zeitpunkt nicht, dass seine Aufführung von »Was Ihr wollt« im Jahr 1935 die Wende für Ashland herbeiführen würde. Shakespeare sei Dank ist der Tourismus heute Ashlands größte und verlässlichste Einnahmequelle. Über 350 000 Besucher kommen alljährlich hierher, um von Februar bis Oktober die im Rahmen des landesweit hoch angesehenen **Oregon Shakespeare Festivals** stattfindenden Aufführungen zu genießen. Natürlich ist der englische Dichterfürst auch am eleganten Lifestyle der Westküsten-Metropole »schuld«. Boutiquen, Restaurants, Cafés und Musikkneipen konzentrieren sich an der schönen, von viktorianischen Stadthäusern gesäumten Main Street – und hier vor allem an der sogenannten Plaza, einer dreieckigen Fußgängerzone im Westen der Innenstadt. Die Studenten der Southern Oregon University und zahlreiche Weinläden – vor den Toren der Stadt werden feine Syrahs und Cabernet Sauvignons angebaut – verstärken das Bohème-Gefühl. Fastfood-Restaurants und Neonreklame fehlen fast völlig.

SEHENSWERTES IN ASHLAND

Lithia Park Ein Spaziergang auf den schattigen Wegen dieses schönen, mitten in Ashland liegenden Parks stimmt nicht nur auf den Theaterbesuch ein, sondern führt auch durch ein Kapitel Stadtgeschichte. 1907 fand man unweit von hier eine **lithiumhaltige Quelle**, doch die Hoffnung des Unternehmers Jesse Winburne auf ein luxuriöses Kursanatorium wurde von der Depression zunichte gemacht. Immerhin ließ er das

Ashland erleben

AUSKUNFT
Ashland Chamber of Commerce
110 East Main Street
Ashland, OR 97520
Tel. 1 541 4 82 34 86
www.ashlandchamber.com

AKTIVITÄTEN
Adventure Center
40 North Main Street
Tel. 1 541 4 88 28 19
www.raftingtours.com
Die Berge, Flüsse und Wälder in der Umgebung sind ein Mekka für Outdoor-Freunde. Deren verlässlichster Anlaufpunkt ist seit Langem das »Adventure Center«. Hier werden u. a. Angeltrips und Mountainbike-Touren organisiert sowie das notwendige Equipment vermietet).

ESSEN
Alex's ❸❸
35 North Main (an der Plaza)
Tel. 1 541 4 82 88 18
Elegant und bezahlbar, bietet dieses hübsche Bistro-Restaurant leichte, kalifornisch angehauchte Küche. Besonders gut schmecken der Birnen- und Gorgonzola-Salat und die Lamm-Gerichte.

Amuse ❸❸❸❸
15 N. 1st Street
Tel. 1 541 4 88 90 00
Hier gibt es saisonale Nordwestküsten-Cuisine. Vortrefflich schmecken die Wildgerichte.

ÜBERNACHTEN
Ashland Springs Hotel ❸❸❸
212 East Main Street
Tel. 1 541 4 88 17 00
www.ashlandspringshotel.com
Das elegante City-Hotel mit großen Fenstern zur Main Street liegt nur ein paar Minuten vom Lithia Park entfernt. Die 70 Gästezimmer sind zeitgemäß ausgestattet.

---

nach Schwefel schmeckende Wasser in den Park leiten und die Springbrunnen der Stadt damit speisen. Heute ist der dem Ashland Creek folgende Park mit seinen naturbelassenen Waldstreifen, Teichen, Redwoods und Feigenbäumen ein Muss für jeden Besucher.

Schneider Museum of Art

Auf **zeitgenössische Künstler aus aller Welt** spezialisiert, hat dieses hervorragende Kunstmuseum bereits des Öfteren mit gewagten Ausstellungen provoziert. Die Grenzen der Kreativität zu testen, auszudehnen und zum Nachdenken anzuregen ist die »raison d'être« der Kuratoren.
❶ 1250 Siskiyou Blvd., Mo. – Sa. 10.00 – 16.00 Uhr, Eintritt 5 $, http://web.sou.edu/sma/

*Oregon Shakespeare Festival

Die Zeit war günstig damals: Das »Chautauqua Movement«, eine von der Methodisten-Kirche initierte Bewegung für Erwachsenenbildung, brachte in den 1920er- und 1930er-Jahren erfolgreich auch

Kultur aufs Land. Davon angespornt, regte 1935 in Ashland der Englischlehrer Angus Bowmer an, den 4. Juli mit der Aufführung der Shakespeare-Komödie »Was ihr wollt« zu feiern – und mit einem Boxkampf, um sich regen Zuspruchs auch völlig sicher zu sein. Der Rest ist, wie es so schön heißt, Geschichte. Heute gehört das Oregon Shakespeare Festival zu den renommiertesten Events des Landes. Längst wurde das Repertoire um Stücke anderer Dichter erweitert. Gespielt wird auf drei Bühnen, die sich im **Festival Courtyard** am Südostrand des Lithia Park befinden.

Im offenen **Elizabethan Theatre**, einem 1200-Sitze-Nachbau des Londoner Fortune Theatre aus dem frühen 17. Jh., wird ausschließlich Shakespeare gegeben.

Im **Angus Bowmer Theatre**, dem mit 600 Sitzen zweitgrößten Theater, unterstützt modernste Kulissentechnik die Schauspieler. Das intime **New Theatre** ist auf experimentelle Stücke spezialisiert. Weil sich das »OSF« großer Beliebtheit erfreut, müssen Tickets so weit wie möglich im Voraus reserviert werden.

❶ 15 S. Pioneer St., Aufführungen Mitte Feb.Ende Okt., Spielplan und Tickets Tel. 1 800 2 19 81 61, www.osfashland.org.

Astoria

 E 4

Region: Clatsop County (Nordküste)
Einwohnerzahl: 9 500
Höhe: 7 m ü.d.M.

Steile Straßen, die meisten viktorianischen Häuser nördlich von ▶San Francisco, eine tolle Lage und ein für Oregon biblisches Alter: Die schöne Stadt an der Mündung des Columbia River in den Pazifik hat alle Trümpfe in der Hand.

Kunst-Städtchen am Columbia River

Wasser, wohin man blickt. Der Columbia River ist hier mehrere Kilometer breit, der Pazifik eine blassblaue Wasserwüste. Dort, wo sich die Wassermassen treffen, liegt die alte Downtown auf einem schmalem Uferstreifen komprimiert und die Wohnbezirke an den Uferhängen aufgeschichtet, Astoria, die riesigen, stromaufwärts ziehenden Containerschiffe aus aller Welt stets im Blick. Die 1966 eröffnete, sechseinhalb Kilometer lange Megler Bridge verbindet die Stadt mit dem nördlich anschließenden Nachbarstaat Washington. Lange ein blühender **Fischer- und Umschlagshafen** mit mehreren Dutzend Fischverarbeitungs- und Holzfabriken, wurde Astoria in den 1960er-Jahren von Portland überflügelt. Für den Handel im Columbia Basin blieb man jedoch bedeutsam, und der Tourismus sowie eine kleine, aber feine Kunst- und Kulturszene hauchten der vorübergehend er-

Astoria ereben

AUSKUNFT
Astoria & Warrenton Area Chamber of Commerce
111 W Marine Drive. P. O. Box 176
Astoria, OR 97103-0176
Tel. 1 503 3 25 63 11
www.oldoregon.com

NACHTLEBEN
Shanghaied in America
279 W. Marine Drive
Tel. 1 503 3 25 61 04
www.shanghaiedinastoria.com
Der abendliche Bummel durch Downtown Astoria führt früher oder später auch am Haus der berühmten »Astor Street Opry Company« vorbei. Die Truppe führt seit nunmehr 30 Jahren »Shanghaied in America« auf. In dem vaudevilleartig produzierten Melodram geht es um Liebe, Hass und jede Menge Drama, wobei die Zuschauer den Helden beklatschen und den Bösewicht ausbuhen.

Liberty Theatre
1203 Commercial Street
Tel. 1 503 3 25 59 22
www.liberty-theater.org
Unweit davon liegt das altehrwürdige Theater, eine gern genutzte Bühne für Konzerte und Festivals.

ESSEN
Columbian Café ❷❷
1114 Marine Drive
Tel. 1 503 3 25 22 33
Winziges Lokal, bekannt für Crêpes, vegetarische Spezialitäten und Seafood.

Mary Todd's Workers Bar & Grill ❷
281 W Marine Drive
Tel. 1 503 3 38 72 91
Fischer- und Hafenkneipe, in der gern »Yucca«, ein Cocktail aus Wodka und Sirup, getrunken wird.

ÜBERNACHTEN
Cannery Pier Hotel ❷❷❷❷
10 Basin Street
Tel. 1 503 3 25 49 96
www.cannerypierhotel.com
Boutique-Hotel in alter Fischfabrik; von vielen der 46 sauberen Gästezimmer hat man inen tollen Blick auf das Mündungsgebiet des Columbia River.

Hotel Elliott ❷❷❷
357 12th Street
Tel. 1 503 3 25 22 22
www.hotelelliott.com
Das 1924 eröffnete 30-Zimmer-Haus bietet nostalgisches Interieur, viel Mahagoni in der Lobby und Marmorkamine in den 32 Zimmern.

---

starrten Hafenstadt neues Leben ein. Mit leerstehenden Lagerhäusern und Arbeiterkneipen am Wasser präsentiert sich Astoria heute als kunstsinniges Städtchen mit rauen Kanten.

Auch Hollywood mag Astoria: In zahlreichen **Blockbustern**, darunter die »Free-Willy«-Filme und »Into the Wild« (2007), spielte die fotogene historische Stadt amerikanische Kleinstadt-Idylle.

OR • **Astoria**

Geschichte Sie ist die älteste amerikanische Stadt westlich der Rocky Mountains: Museen, historische Marker und eine imposante Gedenksäule hoch über der Stadt zeigen, dass sich Astoria seiner historischen Bedeutung wohl bewusst ist. Seit Menschengedenken war hier ein Handelsplatz der Nordwestküsten-Indianer. **Meriwether Lewis** und **William Clark** erreichten Ende 1805 als erste Weiße die Flussmündung auf dem Landweg. Nach einem entbehrungsreichen Winter, den sie in **Fort Clatsop** (▶S. 317) verbrachten, kehrten sie, ebenfalls auf dem Landweg, nach St. Louis (Missouri) zurück. Sechs Jahre später errichtete die Pacific Fur Company des deutsch-amerikanischen Pelzhändlers **Johann Jakob Astor** einen befestigten Handelsposten an der Flussmündung und untermauerte damit amerikanische Besitzansprüche. Im Jahr 1812 fiel Astoria jedoch den Briten zu, und der Pelzhandel in der Region wurde während der nächsten Jahrzehnte von der Hudson's Bay Company kontrolliert. Mit der Konsolidierung des Oregon-Territoriums entwickelte sich Astoria jedoch zu einem Gateway ins Landesinnere. Im Jahr 1876 wurde der erste Bürgermeister eingestellt, um die Jahrhundertwende war Astoria, auch dank der Zuwanderung skandinavischer Fischer, die zweitgrößte Stadt Oregons. Über der Hafengegend mit den Kneipen und Bordellen bauten sich wohlhabende Reeder und Schiffskapitäne schöne, aufs Meer blickende Residenzen. Im Jahr 1966 wurde die Megler Bridge eröffnet, wenig später entdeckten Touristen und Künstler die authentische Hafenstadt. Tagsüber und abends ist auf der parallel zum Wasser verlaufenden Commercial Street am meisten los.

SEHENSWERTES IN ASTORIA

*Astoria Column Der Fluss, die Brücke und der Ozean, die Stadt und das endlose, wellige Hinterland: Von der Spitze der 38 Meter hohen Astoria Column, die sich auf dem Coxcomb Hill dem Himmel entgegenstreckt, genießt man eine **herrliche 360-Grad-Aussicht**. An der Außenwand der Säule beschreiben spiralförmig nach oben ziehende Wandgemälde die Entdeckungsgeschichte des Ortes. In Erinnerung an die einst hier vollendete West-Expansion der USA bauten 1926 die Astor-Familie und die Great Northern Railroad die Säule, in der 164 Stufen zu einer Plattform hinaufführen. Übrigens: Das Souvenirgeschäft am Parkplatz verkauft u. a. zusammensteckbare Balsaholz-Gleiter, die man von der Turmspitze aus auf die Reise schicken darf.
❶ 16th St., dann Jerome Ave. u. 15th St. bis Coxcomb Dr., nur bei Tageslicht zugänglich, Eintritt 1 $, www.astoriacolumn.org

6th Street Riverpark Dem Columbia River am nächsten kommt man am Ende der geradewegs auf den Fluss zusteuernden und am Ende zwischen restaurierten Lagerhäusern versickernden 6th Street. An Boutiquen, Galerien und einer Kaffeestube vorbei schlendert man auf Holzplanken zu einem zweistöckigen Turm, von dem aus man die vorbeiziehenden Ozeanriesen beobachten kann.

Columbia River Maritime Museum

Hier erfährt mann alles über die christliche Seefahrt in diesem Küstenabschnitt und über die unzähligen Schiffsunglücke, die dem von Untiefen und gefährlichen Strömungen unsicher gemachten Mündungsgebiet bei Seeleuten einen einschlägigen Ruf bescherten. Das Museum ist nicht zu übersehen: Das Gebäude am Marine Drive wird von einem Wellenkämmen nachempfundenen Dach gekrönt.
❶ 1792 Marine Dr., tgl. 9.30 – 17.00 Uhr, Eintritt 12 $, www.crmm.org

*Flavel House

Das 1886 von **Kapitän George Flavel** im verspielten Queen-Ann-Stil erbaute Haus ist die schönste Erinnerung an Astorias goldenes Zeitalter. Das Haus mit dem roten Dach ist ein extravagantes Ensemble aus Balkonen und Veranden mit einem Turm darüber. Von dort aus wachte Flavel, der als Lotse auf dem Columbia River begonnen und später sein Vermögen im Transportgeschäft gemacht hatte, über das Kommen und Gehen seiner Ladungen im nahen Hafen. Das Innere besticht durch seine herrlichen Holzarbeiten.
❶ 441 8th St.; Öffnungszeiten: Mai – Sept. tgl. 10.00 – 17.00, sonst tgl. 11.00 – 16.00 Uhr, Eintritt 6 $, www.cumtux.org

*Fort Clatsop National Memorial

Der Parkplatz, die Busse, die makellos geteerte Anfahrtstraße: Lewis und Clark würden sich wohl im Grab umdrehen ... Am 7. November 1805 hatte das **»Corps of Discovery«** der beiden Forschungsreisen den nach 6400 km sein Ziel, den Pazifik, so gut wie erreicht. Angesichts des schlechten Wetters und des drohenden Winters beschlossen sie, am geschützteren Südufer eine Stelle zum Überwintern zu suchen. Etwas südlich vom heutigen Astoria bauten sie am heutigen Lewis and Clark River das nach dem dort heimischen Indianerstamm benannte Fort Clatsop, eine Ansammlung kleiner, von einem Palisadenzaun geschützter Blockhütten.

Winterquartier der Entdecker Lewis und Clark in Fort Clatsop

Die heutigen Rekonstruktionen vermitteln zwar einen guten Eindruck, wirken aber viel zu sauber. Lewis und Clark erlebten damals den nassesten Winter seit Menschengedenken. Schlamm, Feuchtigkeit, Kälte, Gestank: In den rekonstruierten **»cabins«** wären die beiden Entdecker sicher länger geblieben.

❶ Mitte Juni – Anf. Sept. tgl. 9.00 – 18.00, sonst nur bis 17.00 Uhr, Eintritt 3 $, www.nps.gov/lewi

UMGEBUNG VON ASTORIA

Seaside Das ca. 20 mi/32 km südlich von Astoria gelegene 6500-Einwohner-Städtchen ist Oregons ältestes Küstenresort und mit seinen Souvenirläden, Motels und Fast-Food-Imbissen die Ausnahme unter den sonst unaufgeregt-idyllischen Küstenstädtchen. Während des berüchtigten »Spring Break« (Uni- und Collegeferien im Frühsommer) vervierfacht sich die Einwohnerzahl: Partywütige Studierende aus Portland überschwemmen den Ort. Die »Action« findet auf dem geradewegs zum Strand führenden Broadway statt. Hier frönt Seaside dem Touristenrummel mit Nepp und Nippes. Am sog. **Turnaround**, einer blumengeschmückten Sackgasse mit Sicht auf Strand und Pazifik, blicken Lewis und Clark, Amerikas berühmteste Entdecker und in Bronze gegossen, visionär auf den Pazifik. Gleich dahinter verläuft parallel zum Strand die **»The Prom«** genannte, gut vier Kilometer lange Promenade. Sie ermöglicht, allen Apartmentblocks zum Trotz, einen angenehmen Spaziergang und einen schönen Blick auf das im Süden aufragende, 360 m hohe Vorgebirge **Tillamook Head**.

*Cannon Beach Oregons Antwort auf Kaliforniens Carmel liegt rund 8 mi/13 km südlich von Seaside: Cannon Beach (1680 Einw.) ist das Nobel-Resort an der Küste Oregons. Kleine, aber feine Galerien locken kaufkräftige Urlauber aus ▶Portland und ▶San Francisco herbei, in viel gelobten Restaurants speisen Pärchen in eleganter Freizeitkleidung und gehen dann in den netten Läden rund um die Kreuzung Hemlock und 2nd Sts. zum Shoppen. Am Strand erhebt sich der 71 m hohe **Haystack Rock** (▶Abb. S. 308). Er gilt als drittgrößter Monolith der Welt und ist bei Ebbe zu Fuß zu erreichen.
Durch dunkles, fast undurchdringliches Dickicht führt etwas nördlich von Cannon Beach die Zufahrtsstraße vom Hwy. 101 zu verschwiegenen, von Felsen geschützten Stränden ***Ecola State Park**. Kurze Trails enden an herrlichen, nicht totzufotografierenden Aussichten über den Strand von Cannon Beach, etwas längere u. a. am hufeisenförmigen **Indian Beach**, der bei Surfern beliebt ist. Auf den Felsen vor der Küste sonnen sich Seelöwen.
Der 8,5 mi/14 km südlich von Cannon Beach liegende **Oswald West State Par**k bewahrt einen Küstenabschnitt im Urzustand. Mächtige alte Redwood-Bäume streben hier himmelwärts, den steil zum **Short Sands Beach**, einem beliebten Surferstrand, abfallenden Waldboden bedecken Moose, Farne und duftende Waldlilien. Zwei weit in den

Eine Bilderbuchlandschaft in Oregon: Cannon Beach

Pazifik ragende Vorgebirge, **Cape Falcon** und **Neakhanie Mountain**, machen den Strand zu einem dem Alltag wunderbar entrückten Biotop für Surfer und junge Familien.

Baker City

G 10

Region: Baker County (Nordost-Oregon)
Einwohnerzahl: 10 000
Höhe: 1050 m ü.d.M.

Das von den Wallowas und Elkhorn Mountains umgebene niedlich Städtchen blickt auf eine raue Vergangenheit zurück. Damals wimmelte es hier von Goldgräbern, Schafhirten und Freudenmädchen – und den Pionieren, die auf dem »Oregon Trail« hier durchkamen.

Die beiden größten Ereignisse in der Geschichte von Baker City definieren die Stadt bis heute. Straßennamen weisen auf sie hin, das hiesige Branchenverzeichnis listet unverhältnismäßig viele Unternehmen mit »Pioneer« und »Gold« im Firmennamen auf. In den Jahren 1840 bis 1870 kamen **über 50 000 Siedler** auf dem »Oregon Trail« hier durch. Ernsthafte Siedlungsversuche gab es jedoch erst in den 1860er-Jahren. Ein kurzer **Goldrausch**, der manche noch kurzlebigere Boomtown im County gebar, machte auch Siedler auf die

Geschichte

Baker City erleben

AUSKUNFT
Baker County CVB
490 Campbell Street
Baker City, OR 97814
Tel. 1 541 5 23 58 55
www.visitbaker.com

AKTIVITÄTEN
Angeln
Der Grande Ronde River ist berühmt für seine Regenbogenforellen. Ein hübscher Ort, die Leinen auszuwerfen, ist der Red Bridge State Park in den Blue Mountains am OR Hwy. 244 etwas westlich von La Grande.

Rafting
Den Grande Ronde River, der in Eagle Cap Wilderness entspringt und durch das uralte Stammesgebiet der Nez-Percé-Indianer fließt, charakterisieren tiefe, von lichten Nadelwäldern bestandene Canyons. Eine Handvoll Outfitter bieten auf ihm und anderen Flüssen ein- und mehrtägige Raftingtouren an, u. a. »All Star Rafting« (Tel. 1 800 9 09 72 38, www.asrk.com).

ESSEN
Barley Brown's Brew Pub ●●
2190 Main Street
Tel. 1 541 5 23 42 66
Die einzige Minibrauerei im Ort bietet in ihrer rustikalen Gaststube neben Selbstgebrautem solides »Pub Grub« wie Hamburger, Pasta, Salate und Hühnchen.

Haines Steak House ●●
Hwy. 30, Haines, OR
Tel. 1 541 8 56 36 39
Die 15-minütige Autofahrt von Baker City nach Haines lohnt sich: Die Steaks sind die besten der Gegend.

ÜBERNACHTEN
Geiser Grand Hotel ●●●●
1996 Main Street
Tel. 1 541 5 23 18 89
www.geisergrand.com
Historisches 30-Zimmer-Hotel aus der Goldgräberzeit mit dem hervorragenden Restaurant »Geiser Grill«.

Union Hotel ●
326 N Main Street
Union, OR (nördlich von Baker City)
Tel. 1 541 5 62 61 35
www.thehistoricunionhotel.com
Das 1921 eröffnete Stadthotel bietet 16 geschmackvoll eingerichtete Zimmer; Frühstück und Dinner gibt's im dazugehörigen hübschen »Fireside Café & Pub«.

Stelle am Powder River aufmerksam. Viele der schönen **viktorianischen Steinhäuser** in der restaurierten, von breiten, sorgfältig begrünten Straßen geprägten Altstadt stammen aus jener Zeit. Das Besucherzentrum gibt eine Broschüre mit einer Tour heraus, auf der neben den schönsten Häusern – über 100 Gebäude stehen im National Register of Historic Places – auch die meisten Cafés, Restaurants und Galerien der Old Town eingezeichnet sind. Reisende, die den südlichen ▶Hells Canyon im Visier haben, nutzen Baker City gern als »Basislager«.

SEHENSWERTES IN BAKER CITY UND UMGEBUNG

Für ein »normales« Museum ist er wohl zu kostbar: der hühnereigroße **Armstrong Nugget**, der 1913 gefunden wurde und an die alten Boomzeiten erinnert.

US National Bank of Oregon

● 2000 Main St., Mo. – Fr. 10.00 – 17.00 Uhr, www.visitbaker.com

Das Museum am Geiser Pollman Park ist bekannt für seine **Mineraliensammlung**, die als eine der besten im Nordwesten gilt. Desweiteren befasst sich die Ausstellung mit den hier ansässig gewesenen Indianern und der Pionierzeit. Zum Museum gehört das um 1900 gebaute **Adler House**, das einem beliebten Philanthropen gehörte und zu einer Zeitreise in die »Kindertage« des Städtchen einlädt.

Baker Heritage Museum

● 2480 Grove St., MärzOkt. tgl. 9.0016.00 Uhr, Eintritt 6 $,
www.bakerheritagemuseum.com

Ca. 6 mi/10 km östlich von Baker City liegt auf dem **Flagstaff Hill** die größte Attraktion der Region. Nicht umsonst wurde dieser Ort für das **Informationszentrum** gewählt: Genau hier zogen vor 160 Jahren die Planwagen der von Osten kommenden Siedler vorbei – eines der großen amerikanischen Epen. Gut ausgebaute Trails führen von hier aus zu schönen Aussichten, historisch relevanten Punkten – und zu Stellen, wo die Wagenspuren der Ochsenkarren noch immer zu sehen sind. **Schlüsselszenen vom Treck**, in lebensgroßen Dioramen präsentiert und von Sound- und Lightshows begleitet, ziehen den Besucher unwiderstehlich in jene gefährlichen Zeiten hinein.

*National Historic Oregon Trail Interpretive Center

● 22267 Hwy. 86, April – Okt. tgl. 9.00 – 18.00, sonst nur bis 16.00 Uhr, Eintritt 8 $, www.blm.gov/or/oregontrail

Planwagen aus dem 19. Jh. vor dem Oregon Trail Interpretive Center

Elkhorn Drive Scenic Byway	Die 170 km lange Rundfahrt mit dem Etikett »Scenic« führt durch die zu den Wallowas gehörenden Elkhorn Mountains. Dazu geht es von Baker City aus zunächst auf dem Hwy. 30 nach Süden, dann auf den Hwys. 7, 24 und 73 durch die Berge. Wegen der vielen schönen Aussichten und goldrauschrelevanten Sehenswürdigkeiten sollte man sich einen Tag Zeit nehmen. Besonders einrucksvoll ist die **Geisterstadt Sumpter**.
La Grande	Die andere größere Stadt am alten Oregon Trail: Frankokanadische Trapper nannten das obere Ende des Tals »La Grande Ronde«, weil hier die schneebedeckten Berge der Blue und Wallowa Mountains ein weitläufiges Rund bilden. Die auf dem Oregon Trail nach Nordwesten ziehenden Siedler pflegten hier eine Pause einzulegen, bevor sie sich mit ihren Ochsenkarren auf die schwere Etappe durch die steilen **Blue Mountains** begaben. In La Grande erinnert ein abstraktes Denkmal an die Unentwegten. Nicht wenige von Ihnen blieben indes hier, bestellten den fruchtbaren Talboden und machten aus La Grande das landwirtschaftliche Zentrum des Nordostens. Heute ist das freundliche 13 000-Einwohner-Städtchen am Grande Ronde River ein angenehmer Ort zum Ausruhen und ein idealer Ausgangspunkt für Unternehmungen in den Blue Mountains und im nordöstlich gelegenen ▶Hells Canyon. Oregon-Trail-Fans wird das 13 mi/21 km westlich von La Grande gelegene **Blue Mountain Interpretive Center** interessieren (I-84, Exit 248). Auf mehreren Parkplätzen weisen Schilder auf die bis heute gut erkennbaren Wagenspuren der Pioniere hin.

* Bend

G 6

Region: Deschutes County (Zentral-Oregon)
Einwohnerzahl: 80 000
Höhe: 1104 m ü.d.M.

Die größte Stadt in der dünn besiedelten Mitte des Staates ist die am schnellsten wachsende Stadt Oregons. Am Ostrand des Deschutes National Forest und der Cascade Mountains gelegen, ist sie eine gute Basis für Outdoor-Unternehmungen in der Umgebung.

Boomtown am Deschutes River	Die Lage macht's: Die im Übergangsbereich zwischen den Cascade Mountains und der Great Basin High Desert gelegene Stadt am Deschutes River genießt **mehr als 250 Sonnentage im Jahr** und ein angenehm trockenes Klima, das viele junge Familien und Rentner aus Kalifornien anzieht. Während der letzten 25 Jahre hat sich die

Bend erleben

AUSKUNFT
Visit Bend
750 N. Lava Rd., Suite 160
Bend, OR 97701
Tel. 1 541 3 82 80 48
www.visitbend.com

AKTIVITÄTEN
Wandern
In den National Forests Deschutes und Ochoco westlich und östlich von Bend gibt es viele Wanderwege. Einer der schönsten ist der 7 km lange »Mt. Bachelor Trail« hinauf zum 2755 m hohen Mt. Bachelor (ab Sunshine Lodge, Hwy. 46/Cascades Lakes Hwy.).

Mountainbiking
Mountainbiker aus allen Ecken der USA toben sich auf den Single Tracks rund um Bend aus. Infos: Central Oregon Trail Alliance (www.cotamtb.com).

Rafting
Piloten dicker Gummiflöße schätzen die wilden Wassern des Deschutes River mit seinen von Lavaströmen in den Flusslauf gedrückten Stromschnellen. Andere gute Rafting-Flüsse sind der Owyhee River mit seinen tiefen Canyons sowie der McKenzie River, der von den Westhängen der Cascades herunterstürzt. Viele Rafting-Veranstalter bieten in Bend ihre Dienste an.

Skilaufen
Der Mt. Bachelor im Deschutes National Forest ist nicht nur Bends »Hausberg«, sondern zugleich auch eines der besten Skireviere im Nordwesten.

ESSEN
Pine Tavern Restaurant €€
967 NW Brooks Street
Tel. 1 541 3 82 55 81
Das Restaurant ist berühmt für seine Prime Ribs und Scones mit Honigbutter.

Deschutes Brewery & Public House €€
1044 NW Bond Street
Tel. 1 541 3 82 92 42
Erstklassiges »Pub Grub« – Steaks, Sandwiches und Burger – in hemdsärmeliger Atmosphäre. Brauerei im Haus, süffiges Pale Ale!

ÜBERNACHTEN
Lara House €€€
640 NW Congress Street
Tel. 1 541 3 88 40 64
www.larahouse.com
Sechs gemütliche Gästezimmer am Drake Park in Downtown.

Seventh Mountain Resort €€€
18575 SW Century Drive
Tel. 1 877 7 65 15 01
www.seventhmountain.com
Modernes Vier-Jahreszeiten-Resort 10 km westlich von Bend im Deschutes National Forest mit 240 Zimmern und einigen Cottages.

McMenamins Old St. Francis School Hotel €€
700 NW Bond Street
Tel. 1 541 3 82 51 74
www.mcmenamins.com
In der ehem. katholischen Schule sind 19 Gästezimmer eingerichtet. Überdies gibt es im »Old St. Francis« eine kleine Brauerei, einen Pub und eine Bäckerei.

Einwohnerzahl deshalb nahezu verdoppelt, doch die Dynamik hat ihren Preis: Das alte Oregon versteckt sich in einem Brei aus gesichtslosen Vorstädten, durch die sich der US-97 in Nord-Süd-Richtung schneidet. **Das Herz von Bend pulsiert am Deschutes River**. Am Flussufer gibt es schöne Parks und gute Restaurants in alten Häuserblocks aus der Zeit um 1900. Die Stadt selbst ist kaum älter als hundert Jahre. Die ersten Weißen an der Biegung des Deschutes River waren von Peter Skene Ogden geführte amerikanische Trapper. Heute unterhalten zahlreiche nationale und internationale Firmen Niederlassungen in Bend. Größter Arbeitgeber ist indes der **Tourismus**. Allein die nahen Cascade Mountains haben sich in kürzester Zeit zu einem überaus beliebten Vier-Jahreszeiten-Spielplatz entwickelt.

SEHENSWERTES IN BEND

Deschutes Historical Center and Museum

Das am Ostrand der Downtown in einem alten Schulgebäude untergebrachte Heimatmuseum erinnert an die Pionierzeit im 19. Jh., als frankokanadische und amerikanische **Trapper** in den Cascades Pelztieren nachstellten. Andere Räume widmen sich den **Holzfällern** und **Eisenbahn-Baronen** des frühen 20. Jahrhunderts.
❶ 129 NW Idaho Ave., Di. – Sa. 10.00 – 16.30 Uhr, Eintritt 5 $, www.deschuteshistory.org

High Desert Museum

Ein paar Blocks weiter südlich liegt dieses hochinteressante Museum zur **Kultur, Geschichte und Natur der Region**. In tierfreundlichen Gehegen erwarten Wildtiere aus den Cascades und der Wüste, u. a. Wildkatzen, Reptilien, Otter und Stachelschweine, den Besucher. Ein schöner Spazierweg führt durch einen lichten Kiefernwald.
❶ 59800 South Hwy. 97, Mai – Okt. tgl. 9.00 – 17.00, Nov. – April tgl. 10.00 bis 16.00 Uhr, Eintritt 15 $, www.highdesertmuseum.org

Pilot Butte State Scenic Viewpoint

Die größte Attraktion des Parks im Osten der Stadt ist der 150 m hohe Pilot Butte, ein uralter, **allein stehender Aschekegel**. Von seiner Spitze bietet sich ein schöner Blick auf die Cascade Range.

UMGEBUNG VON BEND

*Newberry National Volcanic Monument

Das 11 mi/18 km südlich von Bend gelegene Wildnisgebiet schützt 200 km² Szenerie aus erkalteten Lavaströmen und Seen. Einer der landschaftlichen Höhepunkte ist die **Lava Butte**, ein perfekt geformter, 150 m hoher Aschekegel. Weitere Sehenswürdigkeiten sind **Lava River Cave**, **Lava Cast Forest** und **Newberry Crater**.
Lava Lands Visitor Center: 58201 S Hwy.97, Mai – Okt. tgl. 9.00 – 17.00 Uhr, Eintritt 5 $ pro Fahrzeug, www.fs.usda.gov

Nordwestlich von Bend erheben sich die »Three Sisters«

Diese 140 km lange Aussichtsstraße führt von Bend als OR-46 längs durch den **Deschutes National Forest** und passiert dabei einige schöne Aussichten auf die schneebedeckten **Cascade Mountains**. Dabei kreuzt sie auch die Wege berühmter Pfadfinder und »mountain men«: Im 19. Jh. erkundeten amerikanische Heldengestalten wie Kit Carson und John C. Frémont diese Gegend. Namensgeber des Highways sind ein halbes Dutzend malerischer Seen, u. a. Todd Lake, Hosmer Lake und Little Lava Lake.

*Cascades Lakes Scenic Highway

Ca. 22 mi/35 km nordwestlich von Bend liegt das hübsche 1600-Seelen-Städtchen Sisters zu Füßen seines Namensgebers, des von ewigem Schnee bedeckten Bergmassivs **Three Sisters**. Einst Station auf der Route der Pioniere Richtung Willamette Valley, atmet Sisters trotz starker Kommerzialisierung dank seiner Westernfassaden und hölzernen Gehwege noch immer Frontier-Atmosphäre. Outdoorfans nutzen Sisters als Basis. Beliebteste Aktivitäten sind Hiking, Mountainbiking, Angeln und im Winter Skilanglauf. Am zweiten Wochenende im Juni feiert Sisters seine Frontier-Tradition mit dem »Sisters Rodeo« (www.sistersrodeo.com).

Sisters

** Columbia River Gorge

✳ F 5-7

Counties: Multnomah, Hood River, Wasco
Länge: 130 km

Der Schicksalsstrom des amerikanischen Nordwestens schneidet tief durch die Cascade Range, bevor er bei ▶Astoria majestätisch in den Pazifik mündet. Ein 130 km langer, besonders schöner Abschnitt des bis zu 1300 m tiefen Canyons wurde zur National Scenic Area erhoben.

OR • Columbia River Gorge

Vulkanische und seismische Kräfte formten diese Schlucht vor Jahrmillionen. Ihr heutiges Aussehen verdankt sie den **Gletschern der letzten Eiszeit**, die sie bis vor rund 12 000 Jahren in die Bergkette der Cascade Range fräste. Seit der Altsteinzeit dient die bis 1,5 km breite Schlucht dem Menschen als Verkehrskorridor und stets wohl gefüllter »Supermarkt«: Die Stämme der Nordwestküste reisten auf dem Columbia River landeinwärts, um sich in The Dalles mit den Stämmen aus dem Innern des Kontinents zum Tauschhandel zu treffen. Lewis und Clark sahen schon 1805 europäische und asiatische Handelsware im Gepäck ihrer einheimischen Gastgeber. Die Ankunft weißer Siedler während der zweiten Hälfte des 19. Jh.s signalisierte den Anfang vom Ende der reichen Stammeskulturen in der Schlucht. Der **Bau von Staudämmen** im frühen 20. Jh. entzog ihnen zudem die Nahrungsgrundlage: Seit Jahrtausenden hatte man vom **Fischfang**, vor allem Lachs, gelebt.

Noch vor dem Ersten Weltkrieg begann der **Tourismus** mit Erholung suchenden Familien aus Portland, die auf dem **Columbia River Highway** (US-30) zu Aussichtspunkten und Picknickplätzen rollten. Seit den 1950er-Jahren macht die das Oregon-Ufer begleitende I-84 den Verkehr in der Schlucht schneller. Seit ein paar Jahren gibt es

Columbia River Gorge

1 Cape Horn Viewpoint
2 Portland Women's Forum State Park
3 Crown Point State Park
4 Waterfall Area: Latourel, Shepperds Dell, Bridal Veil, Wakheena
5 Beacon Rock
6 Multnomah Falls
7 Oneonta Gorge
8 Horsetail Falls Trail
9 Eagle Creek Trail

Essen
❶ Brian's Pourhouse ❷ The Baldwin Saloon

Columbia River Gorge • OR

Bestrebungen, die alte Uferstaße und viele der alten Tankstellen und Diner zu restaurieren und als »Historic Columbia River Highway« zu bewerben. Auch die Erhebung des 130 km langen Abschnitts zwischen Troutdale unweit ▶Portlands und der Mündung des Deschutes River zur »National Scenic Area« gehört dazu. Denn mit **über 70 Wasserfällen**, von denen viele vom Historic Columbia River Highway aus zu sehen sind, und immer wieder neuen »vistas« auf die schneebedeckten Gipfel der Cascade Range zeigt sich Oregon von seiner besten Seite. Im Übrigen lohnt es sich, die historische Uferstraße in den Mount Hood Loop (▶S. 364) einzubinden.

SEHENSWERTES AM HISTORIC COLUMBIA RIVER HIGHWAY

Der ***Portland Women's Forum State Scenic Viewpoint** gehört zu den schönsten Aussichten über den Strom hinweg und in die Schlucht hinein. Er liegt ca. 9 mi/15 km östlich von **Troutdale**. Bei guter Sicht zu sehen: Crown Point und Vista House und sogar die Mauern des Bonneville Dam.

Großartige Aussicht

10 Bonneville Loch and Dam	14 Mosier Twin Tunnels	17 Columbia Hills State Park
11 Bridge of Gods	15 Catherine Creek	18 Marghill Museum
12 Dog Mountain Trail	16 Tom McCall	19 Deschutes River State
13 Drano Lake	Nature Preserve	Recreation Area

Übernachten
① Columbia Gorge Hotel ② Hood River Hotel

Columbia River Gorge

AUSKUNFT

Hood River County COC
720 E. Port Marina Drive
Hood River, OR 97031
Tel. 1 541 3 86 20 00
www.hoodriver.org

The Dalles Area COC
404 W. 2nd Street
The Dalles, OR 97058
Tel. 1 541 2 96 22 31
www.thedalleschamber.com

ESSEN

❶ Brian's Pourhouse ❹❹❹❹
606 Oak St., Hood River
Tel. 1 541 3 87 43 44
Fusion Cuisine, eine der besten im Nordwesten.

❷ The Baldwin Saloon ❹❹
205 Court St., The Dalles
Tel. 1 541 2 96 56 66
Im Jahr 1876 eröffnet, war dieser Saloon zwischendurch auch Bordell, Sattlerei und Sarglager. Hier gibt's die besten Burger und Steaks der Stadt.

ÜBERNACHTEN

❶ Columbia Gorge Hotel ❹❹❹❹
4000 Westcliff Drive, Hood River
Tel. 1 541 3 86 55 66
www.columbiagorgehotel.com
Das »Waldorf of the West«, 1921 eröffnet, bietet seinen Gästen 40 urgemütliche Zimmer.

❷ Hood River Hotel ❹❹❹
102 Oak Avenue, Hood River
Tel. 1 541 3 86 19 00
www.hoodriverhotel.com
Zentral gelegenes altes Stadthotel mit 41 modern eingerichteten Zimmern und »Pasquale's Ristorante«.

Vista House, Crown Point
15 mi/24 km östlich von ▶Portland erhebt sich eine **220 m hohe Basaltklippe** über der Schlucht des Columbia River. Das **Besucherzentrum** »Vista House« am **Aussichtspunkt** »Crown Point«, ein trutziges Art-Noveau-Bauwerk, wurde 1916 bis 1918 zum Gedenken an die Pioniere Oregons errichtet. Heute kann man sich hier über die geologischen Verhältnisse sowie über Geschichte der Kultivierung der Columbia Gorge informieren.
Vista House: 40700 E. Historic Columbia River Hwy., Ende Mai – Anf. Nov. tgl. 9.00 – 18.00, sonst 10.00 – 16.00 Uhr, Eintritt frei, Spende erwünscht, http://vistahouse.com.

*Latourell Falls
Über eine moosüberwachsene Basaltklippe stürzt im **Guy W. Talbot State Park** das Wasser des Latourell Creek 75 Meter in die Tiefe. Dies ist wahrlich die schönste Einführung für all jene, die der Wasserfälle wegen die Columbia Gorge besuchen kommen. Vom Parkplatz ist es ein 1,5 km langer Spaziergang zum Fuß der **Latourell Falls**.

*Bridal Veil Falls
Unweit des Milepost 28 präsentiert sich im **Bridal Veil Falls State Park** der gleichnamige Wasserfall. Das vom Larch Mountain herun-

terfließende Wasser schießt in zwei 30 bzw. 9 Meter hohen Stufen über scharfe Basaltkanten. Kurze und schön angelegte Wege führen durch eine üppige Vegeation zu verschiedenen Aussichten zum Wasserfall hin.

Wenige Autominuten weiter östlich: Gespeist von unterirdischen Quellen auf dem Mount Larch, sind die Multnomah Falls mit fast 200 Metern die **höchsten Fälle in der Columbia Gorge**. Schwindelerregende Blicke auf die zweistufigen Fälle bietet u. a. die **Benson Footbridge**. Jenseits der eleganten, 14 Meter langen Brücke folgt der »Larch Mountain Trail« dem Multnomah Creek bis zum **Larch Mountain Lookout** – und zu unvergesslichen Blicken über die Fälle und die Columbia Gorge.

*Multnomah Falls

Die 87 m hohen Elowah Falls gehören zu den weniger besuchten Wasserfällen der Columbia Gorge. 1,5 km vom Parkplatz entfernt, stürzt das Wasser in dünnem Strahl in einen von Moosen und Farnen »eingemauerten« Felsen Pool, über dem eine Gischtwolke hängt.

Elowah Falls

43 mi/70 km östlich von ▶Portland thront dieses beschauliche 1100-Seelen-Städtchen auf einer felsigen Landzunge zwischen Flussufer und I-84. Im Jahr 1937 wurde etwas stromabwärts der **Bonneville Dam** eröffnet, ein Komplex aus Schleusen, einem Staudamm und einem Wasserkraftwerk. Dies war seinerzeit die größte Arbeitsbeschaffungsmaßnahme der Regierung. Hinter dem Damm staute sich der **Bonneville Lake** und überflutete ältere Schleusenanlagen aus dem späten 19. Jh. Mit zwei zusätzlichen Kraftwerken produziert der Bonneville Dam heute rund eine Million Kilowatt elektrischen Strom.

*Cascade Locks

Im Haus des Schleusenwärters widmet sich das **Cascade Locks Historical Museum** der Stadtchronik und dem Transport auf dem Fluss. Stolz ist man auf das »Oregon Pony«, die erste an der Pazifikküste gebaute Dampflok, die 1862 in Dienst gestellt worden ist. Im **Marine Park** ankert der Schaufelraddampfer »Columbia Gorge«, der täglich Touren auf dem Fluss unternimmt.

Romantisch: die Latourell Falls

Alles über den Bonneville Dam, die Kraftwerke und die neue Fischtreppe (WebCam vorhanden) erfährt man flussabwärts im mitten im Fluss liegenden **Bradford Island Visitor Center**.
Cascade Locks Historical Museum: Marine Park Port House, Mai – Sept. tgl. 12.00 – 17.00 Uhr, Eintritt frei, Spende erwünscht, http://portofcascadelocks.org
Bradford Island Visitor Center: tgl. 9.00 – 17.00 Uhr, Eintritt frei, Führungen tgl. 11.00, 13.00, 15.00 Uhr, www.nwp.usace.army.mil/Locations/ColumbiaRiver/Bonneville.aspx
Columbia Gorge Stern Wheeler: Mai – Okt. Di. u. Do. – So. ab 11.00 Uhr, Fahrten ab 28 $, www.portlandspirit.com

Hood River
Das 7300-Einwohner-Städtchen wirkt ungeheuer dynamisch – dafür sorgen die vielen braungebrannten Gestalten auf der Oak Street. Die schöne, von alten Backsteinhäusern gesäumte Hauptstraße läuft geradewegs auf den Columbia River zu. Dort sieht man den Grund für die Popularität der Stadt: Dutzende, oft sogar Hunderte **Windsurfer** flitzen mit atemberaubender Geschwindigkeit über die weißbemützten Wellen. Anfang der 1980er-Jahre entdeckte die Windsurfer-Gemeinde die für ihren Sport idealen Windbedingungen in der Columbia Gorge. Hood River, bis dahin ein schläfriger Ort kleiner Farmer und Obstbauern, entwickelte sich über Nacht zum internationalen Hotspot von »boardheads« aus aller Welt. Doch selbst wenn der Wind einmal nicht mitspielt, gibt es genug zu tun in Hood River.
Die einnehmende Downtown bietet neben zahlreichen Coffeeshops und Outdoor-Geschäften das interessante, der Siedlungsgeschichte gewidmete **Hood River County Historical Museum**.

Hood River: Hotspot der Windsurfer

Den besten Eindruck von Stadt und Umgebung vermittelt ein Ausflug mit der **Mount Hood Railroad**. Die vierstündige »Parkdale Excursion« bringt die Passagiere bis zum Fuß des allein stehenden, ungemein fotogenen Vulkans ▶Mount Hood. Die in allen Souvenirshops zu findende Postkartenansicht des schneebedeckten Mt. Hood mit tiefblauem See im Vordergrund erlebt man am besten selbst, und zwar am **Lost Lake**, der von Hood River aus auf der SR-281 erreicht wird.
Hood River County Historical Museum: 300 E. Port Marina Drive, Mo. – Sa. 11.00 – 16.00 Uhr, Eintritt frei, www.co.hood-river.or.us

Mount Hood Railroad: 110 Railroad Ave., Ende April – Ende Okt. Fr., Sa., Mai, Juni, Sept. Do. – Sa., Juli, Aug. Mi. – Sa. ab 11.00 Uhr, Tickets ab 30 $, www.mthoodrr.com

The Dalles

Rund 22 mi/36 km weiter östlich, im bereits sichtbar trockeneren Teil der Schlucht, liegt die um 1800 gegründete 13 800-Einwohner-Stadt. Damals zwangen Stromschnellen rote wie weiße Händler, ihre Fracht über Land an diesem Verkehrshindernis vorbeizuschleppen. Auch der Oregon Trail endete hier: Die Siedler kalfaterten ihre Planwagen und setzten ihre Reise auf dem Columbia River fort. Zwangsläufig wurde der in einer weiten Uferebene liegende Ort ein Handelsmittelpunkt, später profitierten auch Farmer und Rancher von seiner Lage. Im 20. Jh. erlebte The Dalles so manchen Tiefschlag wie die Stilllegung seiner Aluminiumfabriken und Sägewerke. Im Zentrum erinnern viele alte Bauten an die aufregende Vergangenheit.

Sehenswert ist v. a. das weitläufige **Columbia Gorge Discovery Center**, das in ansprechend inszenierten Ausstellungen alle Aspekte der Schlucht behandelt.

Das **Fort Dalles Museum** im Surgeon's Quarter des früheren Forts, dokumentiert die Pionierzeit: Das längst abgerissene Fort wurde 1850 errichtet, um die Siedler vor Indianerüberfällen zu schützen.

Columbia Gorge Discovery Center: 5000 Discovery Drive, tgl. 9.00 bis 17.00 Uhr, Eintritt 9 $, http://gorgediscovery.org
Fort Dalles Museum: 500 W. 15th St., Mo. – Fr. 10.00 – 17.00, Sa., So. 13.00 – 16.00 Uhr, Eintritt 5 $, http://fortdallesmuseum.org

Columbia Valley Wine Country

Flussaufwärts von The Dalles werden seit dem frühen 20. Jh. beiderseits des Flusses – in Oregon und im Bundesstaat Washington – immer ausgedehntere Flächen mit Reben bestockt und gute Weine ausgebaut. Die bevorzugten Sorten sind Merlot, Cabernet Sauvignon, Chardonnay, Sauvignon blanc, Riesling, Gewürztraminer, Semillon, Pinot gris, Chenin blanc und Syrah.

Coos Bay

H 3

Region: Coos County (Südküste)
Einwohnerzahl: 16 000
Höhe: 3 m ü.d.M.

Sägewerke, Container-Stapel und eine auch sonst recht rustikale »What you see is what you get«-Atmosphäre: Das einzige Kunstmuseum an der Küste hat sich ausgerechnet den nüchternsten Ort ausgesucht. Einen schönen Kontrast bilden die drei südlich anschließenden State Parks.

SEHENSWERTES IN COOS BAY UND UMGEBUNG

»Bay Area« Einheimische nennen die Bucht und ihre drei Orte Coos Bay, North Bend und Charleston selbstbewusst »Bay Area«. Mit dem kulturgetränkten Ballungsraum von San Francisco hat diese jedoch kaum etwas zu tun. Wer von Norden her anreist, möchte angesichts der Sägewerke und haushohen Späneberge am liebsten gleich durchfahren – auch oder gerade wegen des Mill Casino zur Rechten, das in einer ausgemusterten Sägemühle untergebracht wurde und v. a. Bustouristen anlockt. Allerdings bietet Coos Bay, um 1850 gegründet und zeitweilig landesweit der größte Verladehafen für Holz, zwischen seinen renovierungsbedürftigen Häuserzeilen eine angenehme Überraschung: Im alten Postamt, seinerzeit ein sehenswertes Art-déco-Gebäude, residiert das **Coos Art Museum**. Klein, aber fein, stellt es junge und etablierte Künstler der Nordwestküste aus und wagt sich hin und wieder auch an umweltpolitische Themen.

❶ 235 Anderson Ave., Di. – Fr. 10.00 – 16.00, Sa. 13.00 – 16.00 Uhr, Eintritt 5 $, www.coosart.org

Boardwalk Von hier zum Boardwalk sind es nur ein paar Minuten zu Fuß. Dort werfen Einheimische und Urlaubsgäste ihre Leinen nach Lachs und Heilbutt aus.

Cape Arago Highway Südlich der Stadt führt der Cape Arago Highway zu drei herrlichen Naturschauspielen.

Sunset Bay State Park Der in Coos Bay vom Hwy. 101 abzweigende Cape Arago Highway führt westlich vom Fischerhafen Charleston zunächst zu diesem in einer Felsenbucht liegenden Sandstrand. Dessen geschützte Lage und

Coos Bay erleben

AUSKUNFT
Bay Area Chamber of Commerce
145 Central Avenue
Coos Bay, OR 97420
Tel. 1 541 2 66 08 68
www.oregonsbayarea.org

ESSEN
Blue Heron Bistro ❷❷
100 Commercial Street
Tel. 1 541 2 67 39 33
Das »Blue Heron« serviert solide deutsche Küche in urbaner Bistro-Atmosphäre. Richtig lecker sind die »Rouladen with Spaetzle«.

ÜBERNACHTEN
Edgewater Inn ❷❷
275 E. Johnson Avenue
Tel. 1 541 2 67 04 23
www.theedgewaterinn.com
Motelartige Unterkunft mit Blick aufs Wasser. Die 82 Zimmer sind modern eingerichtet, viele mit Kitchenette.

Von Felsklippen duchsetzte Pazifikküste vor Bandon

noch weit draußen nur hüfttiefes Wasser ermöglicht den Gang ins Wasser – an Oregons Küste sonst nur etwas für Eisbären.

1,5 km südlich vom Sunset Bay State Park taucht ein herrlicher, hoch über dem Pazifik liegender botanischer Garten auf. Einst ein Teil der **Sommerfrische des Holzbarons Louis J. Simpson**, bietet die Anlage beschauliche Spazierwege durch Rosen-, Tulpen- und Rhododendron-Gärten. Von der 20 m hohen Kante der Klippe – früher stand hier das Simpson'sche Heim – bietet sich ein herrlichen Blick auf den Ozean. Und mit etwas Glück sieht man Wale vorbeiziehen. **Shore Acres State Park**

Am Ende der Straße, 15 mi/24 km südwestlich von Coos Bay, liegt das wildromantische, von Nadelwald nur dürftig bedeckte Cape Arago. Angeblich ging der englische **Freibeuter Sir Francis Drake** (1540 bis 1596) einmal hier vor Anker. Vom Parkplatz führen zwei schöne Trails zu Stränden, Gezeitenpools und Aussichten auf die Robben- und Seelöwenkolonien auf der vorgelagerten **Shell Island**. **Cape Arago State Park**

Das rund 20 mi/32 km südlich von Coos Bay gelegene Städtchen Bandon (3300 Einw.) nennt einen der fotogensten, von Kliffs und Klippen bewachten Strände Oregons sein Eigen. Die im Schachbrettmuster zu Füßen eines kleinen Hügels angelegte **Altstadt** lädt mit hübschen Galerien und netten Cafés und Restaurants zu einem Bummel ein. Einen umfassenden Überblick über das Kunstschaffen an der Nordwestküste bietet die **Second Street Gallery**, die größte Galerie an der Küste Oregons. Hier sind rund 200 einheimische Künstler ausgestellt **Bandon**

❶ 210 2nd St. SE, tgl. 10.00 – 17.30 Uhr, Eintritt frei, http://secondstreetgallery.net

Beach Loop Auf der Beach Loop Road geht's zur Küste. Die hier Spalier stehenden Felsen sind Bandons Visitenkarte: Dunkel, meerumspült und von Seevögeln bewohnt, ähneln viele von ihnen in der Bewegung erstarrten Tieren und Märchengestalten. Den besten Blick auf diese schöne Szenerie hat man vom **Coquille Point** am Ende der 11th Street. Dort führt eine Treppe zum Strand hinunter.

Bandon Marsh National Wildlife Refuge Das Wildnisgebiet etwas nördlich von Bandon beschützt die letzten unberührten Salzwassermarschen des Coquille River. Das Feuchtgebiet unweit der Flussmündung ist Heimat von Seeadlern, Kranichen und Pelikanen. In jüngerer Vergangenheit hat man hier Reste einer rund 4500 Jahre alten paläoindianischen Siedlung entdeckt.
❶ Hwy. 101, Abzweig Riverside Dr., Einfahrt frei, Parkraum begrenzt, www.fws.gov/oregoncoast/bandonmarsh

* Crater Lake National Park

H/J 5

Counties: Jackson, Klamath (SW Oregon)
Fläche: 649 km²

Es muss eine Show gewesen sein, gegen die der Ausbruch des Mount St. Helens im Jahr 1980 ein Kindertheater war. Übrig blieb ein gigantisches, mit tiefblauem Wasser gefülltes, fast kreisrundes Loch in der Landschaft, das alljährlich eine halbe Million Besucher in Entzücken versetzt.

Crater Lake National Park

AUSKUNFT
Crater Lake National Park
P. O. Box 7 Crater Lake, OR 97604
Tel. 1 541 5 94 30 00
www.nps.gov/crla

ÜBERNACHTEN
Die Übernachtungsmöglichkeiten in Park und Umgebung sind begrenzt. In Rim Village im Park gibt es zwei Hotels und zwei Campingplätze.
Die meisten Besucher unternehmen den Abstecher hierher als Tagestour von Klamath Falls (s. S. 355) oder von Medford aus.

Crater Lake Lodge ❸❸❸
Rim Village
Tel. 1 888 7 74 27 28
www.craterlakelodges.com
Die 1915 unmittelbar am Kraterrand eröffnete Lodge mit 70 Gästezimmern hat das Flair der alten Grand Hotels. Man sollte weit im Voraus buchen!

Resultat einer gewaltigen Explosion: der Crater Lake

Zauberhafter Kratersee

Der Kratersee des im Südwesten Oregons liegenden Nationalparks ist 589 m tief, hat einen Durchmesser von etwa neun Kilometern und eine 43 km lange Uferlinie, deren Lavaklippen bis zu 610 m in die Höhe ragen. Geologisch ist der Crater Lake die wassergefüllte Caldera des prähistorischen Mt. Mazama, eines erloschenen, einst 3650 m hohen Vulkans. Vor fast 7000 Jahren höhlten anhaltende Eruptionen die Spitze des Vulkans aus, sie stürzte in sich zusammen und hinterließ den heute sichtbaren Kessel. Spätere Ausbrüche hinterließen in dem Krater einen Vulkankegel: **Wizard Island**. Als vor rund 4000 Jahren die vulkanischen Aktivitäten nachließen, füllte sich das Kraterbecken allmählich mit Regen- und Schmelzwasser.

Heute führt die 55 km lange **Rim Road** auf dem Kraterrand zu vielen schönen Aussichtspunkten. Zahlreiche Trails beginnen am Straßenrand, ein einziger, der **Cleetwood Cove Trail**, reicht bis zum Wasser. Dort starten im Sommer anderthalbstündige Bootstouren, die u. a. auch auf Wizard Island anlegen.

Eugene

G 4

Region: Lane County (NW Oregon)
Einwohnerzahl: 158 000
Höhe: 131 m ü.d.M.

In den 1960er-Jahren war die Stadt ein Zentrum des Protests gegen den Vietnamkrieg und bis heute atmet die freundliche Stadt am Südende des Willamette Valley den Geist der Gegenkultur.

OR • **Eugene**

Liberaler Geist Dem Besucher fällt dies auf den ersten Blick auf: Die Größe der Stadt – Eugene ist die zweitgrößte Stadt Oregons – geht nicht wie anderswo Hand in Hand mit einer uniform in dunkle Anzüge und Kostüme gekleideten (Büro-)Angestelltenschaft. Selbst in den Chefetagen gibt man sich sehr leger, und wichtige Geschäftsenscheidungen werden nicht nur im Büro, sondern auch gern einmal im Coffeeshop an der

Eugene erleben

AUSKUNFT
Eugene, Cascades & Coast – Travel Lane County
754 Olive Street
Eugene, OR 97401
Tel. 1 541 4 84 53 07
www.eugenecascadecoast.org

SHOPPING
Fifth Street Public Market
296 E. Fifth Avenue
Mo. – Sa. 10.00 – 19.00, So. 10.00 bis 17.00 Uhr
Lokale und regionale Gärtner und Farmer, Künstler und Handwerker bieten hier ihre Waren und Werke an.

Saturday Market
8th Street, Oak Street
April – Okt. Sa. 10.00 – 17.00 Uhr
Feine Leckereien, gesundes Obst und Gemüse, schönes Kunsthandwerk und viel handgemachte Musik.

EVENT
Oregon Bach Festival
Ende Juni bis Anfang Juli
www.oregonbachfestival.com
Über zwei Dutzend Konzerte von weltberühmten Bach-Interpreten.

ESSEN
Oregon Electric Station ●●●●
27 E. 5th Avenue
Tel. 1 541 4 85 44 44
Beste Steaks und Ribs der Stadt in einem historischen Eisenbahnergebäude.

Beppe & Gianni's Trattoria ●●
1646 E. 19th Avenue
Tel. 1 541 6 83 66 61
Nach wie vor der beste Italiener der Stadt bietet neben Traditionellem auch neue italo-amerikanische Kreationen. Hübsche Terrasse.

Sundance Natural Foods ●
748 E. 24th Street
Tel. 1 541 3 43 91 42
Früher ein kleiner Hippie-Laden, heute einer der größten Biokost-Versorger im Willamette Valley mit einem tollen Büfett und einer feinen Salatbar.

ÜBERNACHTEN
Valley River Inn ●●●●
1000 Valley River Way
Tel. 1 541 7 43 10 00
www.valleyriverinn.com
257 Zimmer und 12 Suiten, modern eingerichtet, warme Farben; viele mit Blick auf den Willamette River.

Timbers Motel ●
1015 Pearl Street
Tel. 1 541 3 43 33 45
www.timbersmotel.net
Preiswerte Unterkunft 55 zwar einfach, aber zweckmäßig ausgestatteten Zimmern in Downtown.

Sommerlicher Farmer Mark am City Park

Ecke getroffen – oder auch mal auf einer Bank in einem der vielen schonen Parks.

Als Sitz der liberalen, für ihre progressiven Kunst- und Architekturfakultäten bekannten University of Oregon war Eugene in den 1960er-Jahren eine **Bastion der Hippie-Kultur**. Jugendliche aus allen Landesteilen probten hier in Kommunen den zivilen Ungehorsam, Drogenkonsum und Anti-Vietnam-Demonstrationen inklusive. Der Schriftsteller und Gegenkultur-Guru **Ken Kesey** (1935 – 2001), der lange hier lebte, genießt bis heute Ikonen-Status. Nirgendwo im Nordwesten, von ▶Portland einmal abgesehen, gibt es mehr Bioläden und als Kooperativen betriebene Geschäfte, nirgendwo mehr umweltpolitische Initiativen und rollstuhlfreundliche Fußwege als hier am Zusammenfluss von Willamette und McKenzie River.

Nicht schlecht also für eine Stadt, die 1846 als Handelsposten begann und nach dessen Besitzer Eugene Skinner anfangs **Skinner's Mudhole** (Skinners Schlammgrube) genannt wurde. Ihre Vision eines kulturellen Mittelpunkts für alle Bürger realisierten Eugenes Stadtväter früh.

Schon 1873 öffnete die **University of Oregon** ihre Tore, und seitdem gehört die Hochschule, dicht gefolgt von einer blühenden Software-Industrie, zu den größten Arbeitgebern der Stadt. Der Uni-Campus und die von 5th und 10th Avenue sowie Charnelton und High Street begrenzte charmante Downtown sind die touristischen Epizentren.

SEHENSWERTES IN EUGENE UND UMGEBUNG

Wie Eugene tickt, erleben Besucher am besten in diesem in einer alten Futterfabrik untergebrachten Markt. Im Atrium spielen hiesige Musiker auf.

Fifth Street Public Market

Hult Center for the Performing Arts

Zwei Blocks weiter westlich beherbergt ein imposantes, aus gläsernen Pyramiden und einem mächtigen Klotz bestehendes Gebäude das kulturelle Herz der Stadt. Das »Hult« ist Sitz von sieben auch international renommierten Ensembles, u. a. der **Eugene Ballet Company** und der **Eugene Opera**. In der Silvia Concert Hall finden 2500 Konzertbesucher Platz. Die unter der Lobby liegende **Jacobs Gallery** stellt, programmatisch unbelastet, die Werke junger Künstler aus der Region vor.

❶ 1 Eugene Center, Ticket Office Di. – Fr. 12.00 – 16.00, Sa. 11.00 – 15.00 Uhr und 1 Std. vor Veranstaltungsbeginn, http://hultcenter.org

University of Oregon

Der Campus der Universität liegt ein paar Häuserblocks südöstlich der Downtown und wird von Alder und Moss Street begrenzt. Mit über 17 000 eingeschriebenen Studenten und einem großzügig subventionierten Haushalt ist die University of Oregon (UO) eine der Top-Adressen im US-amerikanischen Lehr- und Forschungsbetrieb, doch auf dem parkähnlichen Campus geht es überraschenderweise eher beschaulich zu. Die ältesten Gebäude, efeuumrankte viktorianische Schmuckstücke, stammen noch aus dem 19. Jahrhundert. **Deady Hall** beispielsweise wurde im Jahr 1876 eröffnet. Zu einer Campus-Tour gehört auch der Bummel durch den Grabsäulenwald des **Pioneer Cemetery**, auf dem auch viele Teilnehmer des Bürgerkriegs liegen.

Unbedingt lohnend ist der Besuch des *UO Museum of Natural History. Das dem traditionellen Langhaus der Nordwestküsten-Indianer nachempfundene Museum zeigt die regional besten Sammlungen zu den Kulturen der nordamerikanischen Ureinwohner und hier gefundenen Fossilien.

❶ tgl. 9.00 – 17.00 Uhr, Eintritt 5 $, http://natural-history.uoregon.edu

Lane County Historical Museum

Das drei Blocks südwestlich der Downtown liegende Lane County Historical Museum erzählt äußerst spannende Geschichten aus der Ära der Trapper und Pioniere. Die historischen Fotografien der ausgezehrten, aber ungebrochenen Siedlerfamilien sind zutiefst beeindruckend.

❶ 740 W. 13th Ave., Di. – Sa. 10.00 – 16.00 Uhr, Eintritt 5 $

Silvan Ridge Winery

Seit über 30 Jahren produziert die 15 mi/24 km südwestlich von Eugene am hügeligen **Südrand des Willamette Valley** liegende Silvan Ridge Winery hervorragenden Riesling, besten Pinot Noirs und noch etliche andere Weine. Eine zünftige Weinprobe im rustikalen »vine tasting room« sollte man nicht versäumen. Mit einem Picknick auf der hübschen Veranda lässt sich der Besuch des Weingutes bestens abrunden.

❶ 27012 Briggs Hill Rd., Weinproben tgl. 12.00 – 17.00 Uhr, www.silvanridge.com

Florence

H 3

Region: Lane County (Nordküste)
Einwohnerzahl: 8500
Höhe: 4 m ü.d.M.

Von der Talfahrt der Fischerei schwer gebeutelt, erlebt das Hafenstädtchen an der Mündung des Siuslaw River heute einen Mini-Boom als Alterssitz und als Basis für die Erkundung der Sanddünen und Steilküsten, die gleich hinter der Stadtgrenze liegen.

SEHENSWERTES IN FLORENCE UND UMGEBUNG

Egal, aus welcher Richtung man anreist: Florence hat einen starken Auftritt. Von Norden her kurvt man auf dem Hwy. 101 von hohen Klippen aus dem träge auf breitem Sandstrand liegenden Städtchen entgegen, von Süden her sieht man die gerade 100 Jahre alte »Altstadt« von der **Siuslaw River Bridge** aus, einer eleganten Brücke mit Art-déco-Elementen. Die Nähe zum Willamette Valley – ▶Eugene liegt nur eine Autostunde entfernt –, das milde Klima und vor allem die überaus fotogene Küste beiderseits der Stadt haben Florence während der letzten Jahre zu einer beliebten Residenz bei Wochenendurlaubern und Senioren gemacht.

Beliebter Ausflugsort

Sehenswert ist indes nur die **Old Town** unterhalb der Brücke. Aufmerksam restauriert, erinnert sie mit – etwas zu sauberen – alten Häusern, Molen und Plankenwegen an die »gute alte Zeit«, als Florence noch vom Fischfang und Verladen der Hölzer des Inlands leben konnte. Eine Handvoll netter Restaurants und Coffeeshops sowie günstige Unterkünfte machen das Herz der Stadt jedoch zu einer einnehmenden Basis für Unternehmungen in der Umgebung.

Einen zweiten Blick wert ist das in einem altem Schulhaus residierende **Siuslaw Pioneer Museum**, das sich mit indianischen Artefakten und Exponaten aus der Pionierzeit dem Alltag vor mehr als 150 Jahren widmet.

❶ 278 Maple St., Feb. – April u. Okt. – Dez. Di. – So. 12.00 – 16.00, Mai – Sept. tgl. 12.00 – 16.00 Uhr, Eintritt 3 $,
www.siuslawpioneermuseum.com

3 mi/5 km südlich von Florence zeigt dieses Schutzgebiet bereits die für die Oregon Dunes typische Dünenlandschaft: Berge aus Sand, so weit das Auge reicht, mit dichtem, die Hänge bedeckendem Rhododendrongebüsch. Die beiden Süßwasserseen **Lake Cleawox** und **Lake Woahink** sind beliebte Badeseen.

Jessie M. Honeyman Memorial State Park

OR • **Florence**

*Oregon Dunes National Recreation Area
Die Dünenlandschaft der Oregon Dunes beginnt gleich südlich von Florence und reicht bis zum 80 km entfernten ▶Coos Bay. Die Recreation Area reicht bis zu fünf Kilometer tief landeinwärts, oft treibt der Wind den Sand auch über den Hwy. 101. Biologen haben zwar über 400 verschiedene Pflanzenarten in dieser Mini-Sahara entdeckt, doch seit die Regierung diese Landschaft – die größten Dünen sind bis zu 150 m hoch – als »Recreation Area« freigegeben hat, dient die Hälfte der Fläche als Tummelplatz für Dune Buggys und Motocross-Räder. Fans dieser Sportarten können in **Reedsport** und **Winchester** entsprechende Gefährte ausleihen. Den besten Überblick über die Dünenlandschaft hat man vom **Oregon Dunes Overlook** südlich von Carter Lake. Ein Trail führt von hier aus zum Pazifik.
Oregon Dunes NRA Visitor Information Center: 855 Highway Ave., Reedsport, Mo. – Fr., im Sommer auch Sa. 8.00 – 16.30 Uhr, Eintritt frei, www.fs.usda.gov/recarea/siuslaw/recreation

Sea Lion Caves
Die 10 mi/16 km nördlich von Florence tief unterhalb des Hwy. 101 liegende Grotte ist das 12 Stockwerke hohe »Wohnzimmer« der einzigen Kolonie von Stellerschen Seelöwen in den Lower 48. Rund 200 dieser beeindruckenden und immer lauten Tiere ziehen in der gischtumbrandeten Höhle ihre Jungen auf. Vom **Besucherzentrum** führt ein Fahrstuhl 60 m in die Tiefe
❶ 91560 Hwy. 101, tgl. 9.00 – 17.30, im Winter nur bis 16.00 Uhr, Eintritt 14 $, www.sealioncaves.com

Florence erleben

AUSKUNFT
Florence Area Chamber of Commerce
290 Highway 101
Florence, OR 97439
Tel. 1 541 9 97 31 28
www.florencechamber.com

ESSEN
Mo's ❶
1436 Bay Street
Tel. 1 541 9 97 21 85
Die Fischrestaurantkette »Mo's« ist eine Institution an der Oregon-Küste: Ihr Markenzeichen ist »clam chowder« à la Neuengland – eine mit Kartoffeln zubereitete Muschelsuppe.

ÜBERNACHTEN
Blue Heron Inn ❶❶❶
6563 Highway 126
Tel. 1 541 9 97 40 91
www.blue-heroninn.com
Fünf hübsch altmodisch eingerichtete Zimmer in einem alten Haus am Siuslaw River, etwa 5 km landeinwärts.

River House Inn ❶❶
1202 Bay Street
Tel. 1 541 9 97 39 33
www.riverhouseflorence.com
Modernes Motel mit Blick auf den Fluss und die Brücke in der Nähe der Altstadt; 40 zweckmäßig eingerichtete Gästezimmer.

Eine imposante Dünenlandschaft: die Oregon Dunes

Das wenig nördlich der Sea Lion Caves gelegene und zu den schönsten Leuchtfeuern der Pazifikküste zählende **Hecata Head Lighthouse** kündigt sich schon früh an: Autofahrer auf dem Hwy. 101 halten – verbotenerweise – auf offener Straße zum Fototermin an, sobald eine Kurve eine schöne Aussicht bietet. Der offizielle **»Viewpoint«** befindet sich im **Devil's Elbow State Park**, der an der Mündung des Cape Creek in einer hübschen kleinen Bucht liegt. Von hier aus führt ein kurzer Trail zu dem 1894 in Betrieb genommenen, auf einer Felsenkanzel hoch über dem schäumenden Pazifik thronenden Leuchtturm. Ein Trail zur Nordseite des Heceta Head führt zu phantastischen Aussichten auf das 10 mi/16 km weiter nördlich liegende **Cape Perpetua**.

Gold Beach

Region: Curry County (Südküste)
Einwohnerzahl: 1900
Höhe: 15 m ü.d.M.

Der Name ist irreführend: Es gibt hier keinen gelben Strand, und Gold findet man auch keines. Dennoch muss man sich Gold Beach merken. Das Städtchen an der Mündung des Rogue River genießt bei Lachsanglern und Jetboat-Fans einen guten Ruf.

SEHENSWERTES IN GOLD BEACH UND UMGEBUNG

Beschauliches Hafenstädtchen

Ein Hafen in der Flussmündung, ankernde Lachstrawler, eine Fischfabrik und die überschaubare, schläfrige Hauptstraße **Ellensburg Avenue** mit einem kleinen Wohngebiet dahinter, das sich an die wenige Meter landeinwärts ansteigenden Hänge schmiegt: Der Blick von der **Patterson Bridge** auf Ort und Flussmündung ist eine nette Überraschung. Während der 1850er-Jahre fanden besonders unentwegte Abenteurer ein bisschen Goldstaub in dem hier allgegenwärtigen schwarzen Sand. Die Aktivitäten der immer zahlreicher werdenden Weißen war ein Mitauslöser der sog. **Rogue River Wars** (1855 – 1857), in deren Verlauf hier ansässige Indianer der Takelma, Shasta und Coquille die landhungrigen Siedler – vergebens – bekämpften. Mehr darüber erfährt man im **Curry County Historical Museum.** Um 1900 entdeckten Sportangler den Rogue als Lachsfluss. Heute bieten zahlreiche flussaufwärts liegende River Lodges Anglerferien an. Am Nordufer des Flusses, im Gebäude von »Jerry's Rogue Jets« (▶Gold Beach erleben)i nformiert ein kleines Museum über die Natur des Rogue River.
Curry County Historical Museum: 29419 Ellensburg St., Di. – Sa. 10.00 bis 16.00 Uhr, Eintritt 2 $, www.curryhistory.com

Cape Sebastian

Etwa 7 mi/11 km südlich von Gold Beach liegt dieses nach dem spanischen Seefahrer Sebastián Vizcaíno benannte Vorgebirge, der im Jahr 1602 in diesen Gewässern kreuzte. Über 200 m hoch, ist es das höchste mit dem Pkw erreichbare Kap der Küste und liefert bei klarer Sicht tolle Ausblicke.

Vom Cape Sebastian aus sieht man sie schon: die endlos scheinenden, von bizarren Felsklötzen und Felsnadeln bewachten Strände des **Pistol River State Park**. Während der Rogue River Wars fand hier ein blutiges Gefecht statt, und der Soldat, der hier seine Pistole verlor, steht für die Namensgebung dieses wildromantischen Küstenabschnitts. Die beiden Parkplätze entang des Highway 101 teilt man sich mit den verbeulten Vehikeln der Surfergemeinde: Die Windsurfbedingungen sind hier so gut, dass man die Boys und Girls vor allem von Juni bis Anfang September von morgens bis abends beim Spiel in den Wellen beobachten kann.

> **? BAEDEKER WISSEN**
>
> *Bigfoot & Sasquatch*
>
> Halb Mensch, halb Affe, streifen diese zotteligen Wesen – sehr zur Freude der Medien – v. a. in der Saure-Gurken-Zeit durch die Wälder des Nordwestens: Die Legende vom Bigfoot bzw. Sasquatch scheint unausrottbar. Die rastlosesten Sasquatch-Fans stellen alle relevanten Informationen ins Netz, inklusive ständig aktualisierter Karten mit »Sasquatch Sightings«; die beste Website ist www.oregonbigfoot.com.

Gold Beach erleben

AUSKUNFT

Gold Beach Visitor Center
94080 Shirley Lane
Gold Beach, OR 97444
Tel. 1 541 2 47 75 26
www.goldbeach.org

BOOTSAUSFLÜGE

Jerry's Rogue Jets
Tel. 1 800 4 51 36 45
www.roguejets.com
Mai – Mitte Okt. tgl. ab Jetboat Dock am Südufer des Rogue River; Tickets ab 50 $

ESSEN

***Port Hole Café* €€**
29975 Harbor Way
unterhalb der Patterson Bridge)
Tel. 1 541 2 47 74 11
Gradlinige Küche in alter Fischfabrik, spezialisiert auf »Ocean Stuff«. Zudem wird ein schöner Blick auf den Hafen geboten.

***Gold Beach Books Biscuit Coffeehouse & Art Gallery* €**
29707 Ellensburg Avenue
Tel. 1 541 2 47 24 95
Nettes Café mit umfangreicher Buchhandlung im Rücken; serviert werden hier die besten Cappuccinos und Coffee Cakes dieses Küstenabschnitts.

ÜBERNACHTEN

***Rogue River Lodge at Snag Patch* €€€€**
94966 North Bank Rogue River Road
Tel. 1 541 9 44 44 55
www.rogueriverlodge.com
Urgemütliches Luxusherge mit acht Gästezimmern, etwas landeinwärts am Nordufer des Rogue River.

***Sand Dollar Inn* €**
29399 Ellensburg Avenue
Tel. 1 541 2 47 66 11
Angenehme Unterkunft mit 25 Zimmern, nur ein paar Gehminuten vom Strand entfernt.

Rogue River

Der Fluss entspringt 360 km landeinwärts im ►Crater Lake National Park und stürzt durch die **Cascade Mountains** dem Pazifik entgegen. Die isolierten Siedlungen am unteren Abschnitt versorgt seit über 100 Jahren ein Postschiff von Gold Beach aus. Heute ist es ein PS-starkes **Jetboat**, das auch Touristen mitnimmt. Den rasanten Ritt durch Stromschnellen und 200 Meter tiefe Schluchten bieten »Jerry's Rogue Jets« an (►Gold Beach erleben).

Brookings

Der Küstenort an der Grenze zu Kalifornien, ca. 30 mi/48 km südlich von Gold Beach, ist mit seinen grellen Werbetafeln eine eher unansehnliche Angelegenheit. Hübsche State Parks in der Umgebung und ein ungewöhnlich warmes Klima machen den durchwachsenen ersten Eindruck jedoch wieder wett. Das milde Klima, das selbst im Winter eine Durchschnittstemperatur von 23 °C schafft, hat Brookings (6300 Einw.) sogar den Titel »Banana Belt of Oregon« einge-

Urlaub bei Bigfoot und Pumas

Wo der Waldmensch hustet

Seitdem die Waldbrandbekämpfung von Flugzeugen aus geschieht, haben die Feuerwachttürme im Südwesten Oregons – fast – ausgedient. Heute bieten sie Gästezimmer in bester, wenn auch einsamer Lage.

»Nachts um zwei Uhr knirscht es plötzlich. Das Bett bewegt sich, zugleich verdunkeln dunkle Wolken den Mond. Tiefblaue Schatten legen sich über die Bergkämme, die bis dahin fahles Licht beschien. Wieder knirscht es, dieses Mal genau unter dem Kopfkissen. Schliefe ich zu ebener Erde, ich würde mich nach einer Weile einfach auf die andere Seite drehen und weiter schlafen. Doch dieses Bett steht auf dünnen Planken, und darunter gähnt der Abgrund: Ich residiere auf einer rundum verglasten Plattform an der Spitze eines 15 Meter hohen, hölzernen Feuerwachtturms, der mit fast 50 Jahren auch nicht mehr der Allerjüngste ist ...«

»Hotel« in luftiger Höhe

Der **Quail Prairie Lookout** ist einer von etwa 40 Feuerwachttürmen im **Siskiyou National Forest**, die das US Department of Agriculture (USDA) in Oregon noch betreibt. Früher thronten über 200 »fire towers« bzw. »fire lookouts« auf den Bergkämmen und -gipfeln der Region. Anfang der 1960er-Jahre ging die Fire-tower-Ära zu Ende. Seit 1964 werden Waldbrände in Oregon nur noch aus der Luft geortet. Der USDA Forest Service hat seitdem die meisten Türme ausgemustert und abgerissen, das Schicksal der übrigen ist ungewiss. Derzeit dienen sie als Gästezimmer in allerbester Lage. Wer das vorhersagbare Übernachtungseinerlei in den Kettenhotels leid ist, kann sich für rund 60 US_Dollar pro Nacht vom USDA ein garantiert unvergessliches Übernachtungserlebnis fernab menschlicher Behausungen sichern.

Die in luftiger Höhe angebrachten Beobachtungsplattformen, in denen die Wächter einst ausharrten, sind spartanisch eingerichtete Unterkünfte, die zwei bis vier Personen Platz bieten. Am Boden muss ein Plumpsklo reichen. Eine Dusche ist in den meisten Fällen Fehlanzeige. Schlafsack, Wasser und Proviant müssen mitgebracht werden.

Urlaub im Lookout

Die Aussicht vom 15 m hohen »Quail Prairie Lookout« über diesen **Kalmiopsis Wilderness** genannten Teil des Siskiyou National Forest ist phantastisch. Bis zu 2000 Meter hohe, teils arg zerklüftete Höhenzüge legen sich kreuz und quer über das Land. Bekannt für ihre stark eisenhaltigen Felsen und unfruchtbaren Böden, hat die Kalmiopsis Wilderness jedoch eine einzigartige Flora hervorgebracht, deren Arten erst im Laufe der 1940er-Jahre vollständig erfasst und dokumentiert worden sind. So ist die rot blühende Kalmiopsis leachiana ein voreiszeitliches Relikt und das älteste aller Heidekräuter. Periodische Waldbrände sorgen für den Fortbestand der Kalmiopsis-Flora. Der letzte war im September 1987, als innerhalb von zwölf Stunden mehr als 500 Blitze einschlugen und die gesamte Region in Brand setzten. Bei der Bekämpfung spielte der Quail Prairie Lookout damals eine Schlüsselrolle: Allein in seinem Kontrollbereich waren zeitweise 1800 Feuerwehrleute rund um die Uhr im Einsatz. Es dauerte zwei Monate, bis das größte Feuer in der Geschichte Oregons endgültig unter Kontrolle gebracht worden war.

Pumas und Waschbären

Eintragungen im Gästebuch schwärmen von Waschbären und Hirschen auf der Lichtung unterhalb des Turms. Ein Gast glaubte, abends vom Balkon aus einen Puma (Berglöwen) gesehen zu haben, ist sich aber nicht sicher: »Jedenfalls sah der Schatten, der um mein Auto strich, so aus.«

Die letzte Stunde vor dem Zubettgehen verbringe ich auf dem umlaufenden Balkon der Plattform. In der Berglöwen-Broschüre von Oregon State Parks steht, was bei einer Begegnung mit dieser gefährlichen Wildkatze zu tun ist: »Bleiben Sie ruhig. Laufen Sie nicht weg, das könnte den Angriffsinstinkt der Katze auslösen. Strecken Sie Ihre Arme in die Höhe, um größer auszusehen.«

Prompt – und ungelogen – dringt vom Waldrand ein lang gezogenes, hustenähnliches Geräusch herüber. Das mit dem Ruhigbleiben ist so eine Sache. Steigen Berglöwen Treppen hinauf? Ich schließe doch lieber die Bodenluke und stelle sicherheitshalber noch eine schwere Kiste darauf. Anschließend suche ich den Waldrand mit dem Fernglas ab. Noch einmal dringt das raue Husten herüber, unheimlich klingt das. Vielleicht ist es gar kein Berglöwe. Vielleicht ist es ein Sasquatch, ein Bigfoot, der legendäre Waldmensch? Die Einsamkeit in der Wildnis regt die Phantasie an. Nachts stieben Sternschnuppen weiß über den Himmel, und ein lauer Wind streicht um den Turm.

Auch im Siskiyou National Forest kann plötzlich ein »Bigfoot« auftauchen.

Auskunft:
Rogue River – Siskiyou
National Forest
340 Biddle Road
Medford, OR 97504
Tel. 1 541 6 18 22 00
www.fs.fed.us/r6/rogue-siskiyou
bitte anklicken:
»Recreational Activities«

tragen. Ein kleines Heimatmuseum, das **Chetco Valley Historical Society Museum**, präsentiert die 150-jährige Stadtgeschichte
- 15461 Museum Rd., n. V., Tel. 1 541 4 69 66 51, www.chetcomuseum.org

Mt. Emily Bombsite — Brookings interessanteste Sehenswürdigkeit liegt 15,5 mi/25 km landeinwärts an den Hängen des **Mount Emily** und erfreut sich ungebrochenen Interesses. Im September 1942 warf ein von einem japanischen U-Boot aufgestiegenes Flugzeug hier zwei schwere Brandbomben ab mit dem Ziel, einen Waldbrand zu entfachen. Das Vorhaben misslang jedoch, und so ging diese Episode lediglich als einziger japanischer Angriff auf das amerikanische Festland in die Geschichtsbücher ein. Heute führt der **Mount Emily Bombsite Trail** zur Einschlagsstelle (via Chetco South Bank Road und Wheeler Creek Road).

***Samuel H. Boardman State Park** — Der Samuel H. Boardman State Park beginnt wenige Meilen nördlich von Brookings und schützt rund 12 mi/20 km wohl schönsten Küstenabschnitts Oregons. Zahlreiche Abfahrten führen vom Highway 101 zu Picknickplätzen und Aussichten an der grandiosen Steilküste. Herausragende Sehenswürdigkeiten sind der abgeschirmte Strand der **Lone Ranch Picnic Area**, wo man in flachen Gezeitenbecken sogar schwimmen kann, sowie das bei Walbeobachtern als Aussichtspunkt beliebte **Cape Ferrelo** und der **Natural Bridge Viewpoint**, von wo aus sich die Küste von ihrer dramatischsten Seite zeigt.

Wilde Pazifik-Steilküste im Boardman State Park

Grants Pass

J 4

Region: Josephine County (Südwest-Oregon)
Einwohnerzahl: 35 000
Höhe: 293 m ü.d.M.

Zwei Aktivposten setzten die erfrischend normale Kleinstadt im Rogue River Valley auf die To-do-Liste der Outdoor-Fans: das milde Klima und der Rogue River, auf den sich das Freizeitangebot von Grants Pass konzentriert.

SEHENSWERTES IN GRANTS PASS UND UMGEBUNG

Irgendwann hatten die mächtigen Holzfirmen ein Einsehen. Die Abholzung der umliegenden Berge quotiert oder ganz gestoppt. Viele verloren dadurch ihre Jobs. Inzwischen hat sich jedoch der Tourismus als neuer Wirtschaftszweig etabliert. **Downtown**, der älteste Abschnitt der Main Street wurde vor ein paar Jahren aufgehübscht, Bäume und schön altmodische Straßenlaternen inklusive, so dass man erahnen kann, wie Grants Pass früher ausgesehen hat.
Frankokanadische Trapper im Dienst der Hudson's Bay Company waren um 1820 hier die ersten Weißen. In den 1840er-Jahren folgten amerikanische Siedler, wenig später gab es einen Halt für kalifornische Postkutschen auf dem Weg ins Willamette Valley. 1865 eröffnete das Postamt, kurz zuvor hatte man die Ansammlung von Häusern an der staubigen Main Street Grants Pass genannt – aus Anlass des Sieges von Bürgerkriegsgeneral **Ulysses Grant** in Vicksburg.

Von der Holzwirtschaft zum Tourismus

Die Kuratoren des Grants Pass Museum of Art konzentrieren sich vor allem auf regionale Künstler und aktuelle Themen wie die Darstellung der Weinkultur Oregons und die Spannungen zwischen Umweltschutz und Urbanisierung .
❶ 229 SW G St., Di. – Sa. 12.00 – 16.00 Uhr, Eintritt frei, Spende erbeten, www.gpmuseum.com

Grants Pass Museum of Art

13,5 mi/22 km westlich von Grants Pass werden kranke oder im Straßenverkehr zu Schaden gekommene Wildtiere wieder aufgepäppelt und dann wieder in die Freiheit entlassen. Für Besucher mit begrenztem Zeitbudget die wohl einzige Gelegenheit, Schwarzbären, Pumas, Steinadler und andere **Tiere der nahen Kalmiopsis Wilderness** einmal ganz aus der Nähe zu sehen.
❶ 11845 Lower River Rd., Führungen Mai – Sept. tgl. 9.30, 11.30, 13.30, 15.00 Uhr, Ticket 12 $, www.wildlifeimages.org

Wildlife Images Rehabilitation and Education Center

Grants Pass erleben

AUSKUNFT
Grants Pass & Josephine County Chamber Office & Visitor Center
1995 NW Vine Street
Grants Pass, OR 97526
Tel. 1 541 4 76 77 17
www.grantspasschamber.org

EINKAUFEN
Grower's Market
4th Street, F Street
Sa. 9.00 – 13.00 Uhr
Hier bieten die Farmer und Bio-Gärtner zu Livemusik und Straßenkunst ihre Produkte an.

WEIN
Bridgeview Vineyard
4210 Holland Loop Road
(östlich von Cave Junction)
www.bridgeviewwine.com
Weinproben tgl. 11.00 – 17.00 Uhr
Riesling und Gewürztraminer, Pinot Noir und Muscat: Das von einer deutsch-amerikanischen Familie betriebene Weingut erzeugt beste Tropfen.

RAFTING
Der Rogue gilt mit seinen Klasse-IV-Stromschnellen als einer der besten Wildwasserflüsse Nordamerikas. Zahlreiche Outfitter in Grants Pass und dem benachbarten Merlin können von den wassersportverrückten Fans aus ganz Amerika hervorragend leben.
Man kann sich einer geführten Tour anschließen und im Team einen Tag auf dem Rogue verbringen oder aber selbst ein Kajak oder Schlauchboot mieten. Der über 60 km lange Wildwasser-Abschnitt beginnt hinter Graves Creek bei Sunny Valley.

Orange Torpedo White Water Rafting Trips
210 Merlin Road, Merlin, OR
Tel. 1 541 4 79 50 61
www.orangetorpedo.com
Einer der profiliertesten Anbieter von Rafting-Touren der Region führt Touren aller Schwierigkeitsklassen durch.

ESSEN
The Laughing Clam ●●
121 SW G Street
Tel. 1 541 4 79 11 10
Im »Laughing Clam« gibt's solide Pub- und Fischgerichte, dazu eine große Auswahl von Bieren aus Mikrobrauereien der Gegend.

Wild River Brewing & Pizza Company ●●
E Street & Mill Street
Tel. 1 541 4 71 74 87
Der Pub mit eigener Brauerei serviert die besten Pizzen der Stadt.

ÜBERNACHTEN
Out ‚n' About Treehouse ●●●●
300 Page Creek Road
Cave Junction, OR 97523
Tel. 1 541 5 92 22 08
www.treehouses.com
Schlafen in urgemütlichen Baumhäusern hoch über dem Waldboden in der Nähe von Takilma.

Riverside Inn Resort ●●●
986 SW 6th Street
Tel. 1 541 4 76 68 73
www.riverside-inn.com
Schöne Unterkunft am Rogue River mitten in Grants Pass. Alle 63 Zimmer haben Balkons zum Fluss.

Grants Pass • OR

Etwa 13,5 mi/22 km nördlich von Grants Pass erinnert in **Sunny Valley** ein kleines Besucherzentrum an die weniger bekannte **Südroute des Oregon Trail** und die Opfer, die von den Pionieren erbracht wurden. Zu sehen sind einige Gräber, eine alte Blockhütte und regelmäßig stattfindende »re-enactments«.

Applegate Trail Interpretive Center

❶ 500 Sunny Valley Loop, Mai – Anf. Juni Do. – So. 10.30 – 16.30, Anf. Juni bis Okt. tgl. 10.30 – 16.30, Nov. Fr. – So. 10.30 – 16.30 Uhr, Eintritt frei, Spende erbeten, www.rogueweb.com/interpretive

Das einnehmende Städtchen zu Füßen der bis weit in den Sommer schneebedeckten **Siskiyou Mountains** ist der beste Ausgangspunkt für Entdeckungstouren zum nahe gelegenen **Oregon Caves National Monument**. Seit den späten 1960er-Jahren wird rund um Cave Junction Wein angebaut; einige der größten Weingüter Oregons liegen vor den Toren der Stadt.

Cave Junction

Der vor wenigen Jahren begonnene **Art Walk** (im Sommer an jedem zweiten Freitag) hat einen unaufgeregten Tourismus angekurbelt: In den kleinen Galerien und Kunsthandwerksläden präsentieren die Künstler ihre Werke dann höchstpersönlich.

Zwei interessante Sehenswürdigkeiten liegen ein paar Autominuten außerhalb: Der **Great Cats World Park** zeigt einheimische und exotische Großkatzen.

Das **Kerbyville Museum**, mit über 60 000 Artefakten prall gefüllt, erinnert an die raue Goldgräber- und Pionierzeit vor 150 Jahren.

B & B und Sehenswürdigkeit zugleich ist das **Out 'n' About Treehouse** 16 km südlich von Cave Junction.

Great Cats World Park: 27919 Redwood Hwy., Mitte März – Ende Mai tgl. 11.00 – 16.00, Ende Mai – Anf. Sept. tgl. 10.00 – 18.00, Anf. Sept. – Okt. tgl. 11.00 – 16.00, Nov., Feb. Sa., So. 11.00 – 16.00 Uhr, Uhr, Eintritt 14 $, http://greatcatsworldpark.com

Kerbyville Museum: US-199 u. Redwood Hwy., April – Okt. tgl. (außer Mi.) 11.00 – 15.00 Uhr, Eintritt 10 $,
www.cavejunctionoregon.us/content/kerbyville-museum

Von Cave Junction aus führt die enge und kurvenreiche SR-46 (für Wohnmobile ungeeignet) zu dem 20 mi/32 km östlich in den dicht bewaldeten **Siskiyou Mountains** gelegenen Höhlensystem. Es wurde 1874 entdeckt und besteht aus einer knapp 5 km langen Serie miteinander verbundener Kammern. Auch ein unterirdischer Fluss, der **Styx**, rauscht hier durch. 1909 wurde die Höhle wegen ihres Formenreichtums zum National Monument befördert. Für die stündlich stattfindenden **»Cave Tours«** sollte man sich warm anziehen: Die Temperatur liegt ganzjährig bei 7 °C.

*Oregon Caves National Monument

❶ Führungen Ende März – Ende Mai tgl. 10.00 – 16.00, Ende Mai – Anf. Sept. tgl. 9.00 – 18.00, Anf. Sept. – Anf. Okt. tgl. 9.00 – 17.00, Anf. Okt. bis Anf. Nov. tgl. 10.00 – 16.00 Uhr, Eintritt 8,50 $, www.nps.gov/orca

** Hells Canyon

F 11

Region: Nordost-Oregon, Idaho
Fläche: 2640 km²

Mit dem Kajak oder Jetboat durch eine Super-Schlucht: Der Hells Canyon (dt. Höllenschlucht) ist mit über 2400 Metern Tiefe Nordamerikas abgründigste von einem Fluss geschaffene Schlucht. Im Bereich des Devil Peak beträgt der Höhenunterschied zwischen Berggipfel und dem Grund des Snake River gar 2863 Meter.

Hotspot für Wildwasserfans

Ein Paradies ist es nicht, durch das der **Snake River** an der Grenze zum Bundesstaat ▶Idaho in Richtung Columbia River fließt. Die Sommer sind unerträglich heiß in diesem Abschnitt der **Wallowa Mountains**, allein die Unzugänglichkeit dieser rauen Bergwelt soll schon manchen Wanderer entnervt haben.

Trotzdem – oder wohl gerade deswegen – treibt der Snake River, von steilen, zerklüfteten Basaltwänden in die Zwangsjacke des Hell Canyon gepresst, jedem ernsthaften Rafter Tränen des Glücks in die Augen. Durchschnittlich rund 1600 m tief, erreicht er im Abschnitt zwischen **Hells Canyon Dam** und **Dug Bar** nahe der Mündung des Imnaha River seine größte Tiefe.

Für begeisterte Rafter, Kajak- und Jetboat-Piloten beginnen nach dem Staudamm die spannendsten 110 Kilometer Wildwasser Nordwestamerikas. Von hier bis nach Lewiston in Idaho bewältigt der Snake River einen Höhenunterschied von fast 400 Metern – »Action« in Form von Stromschnellen, Wirbeln und selbst veritablen Wasserfällen ist garantiert.

Ein Blick in die Erdgeschichte

Vor etwa 300 Mio. Jahren, im **Karbon**, waren die heutigen Wallowa Mountains noch eine Inselwelt vor der Pazifikküste. Dies belegen Fossilien von Meereslebewesen, die man in der heutigen »Höllenschlucht« findet. Bewegungen in der Erdkruste und damit zusammenhängender Vulkanismus ließen diese Inselwelt ostwärts in Richtung Festland driften.

Vor rund 120 Mio. Jahren, in der **Kreide**, kollidierten die Inseln mit dem Festland. Währenddessen schob sich die ozeanische Platte unter die Nordamerikanische Kontinentalplatte. Dabei wurden die Idaho Mountains, die Blue Mountains und der bereits in Rudimenten vorhandene Hells Canyon emporgehoben. In dieser Zeit kam es auch zu starken Magma-Ergüssen.

> Nordamerikas tiefster Abgrund ist der Hells Canyon
> im Nordosten des Bundesstaates Oregon.

Vor rund 50 Mio. Jahren, im **Eozän** (2. Zeitabschnitt des Tertiärs), herrschte an der nordamerikanischen Pazifikküste enorme vulkanische Aktivität. Es entstanden Oregons Küstengebirge und weiter landeinwärts die Cascades. Die Senke zwischen den beiden Gebirgszügen füllte sich mit einem riesigen See.

Beginnend vor etwa 16 Mio. Jahren, im **Miozän** (4. Zeitabschnitt des Tertiärs) kam es erneut zu lang anhaltendem Vulkanismus. Es wurden gewaltige Mengen Lava, Aschen und Basalte ausgestoßen. Am Ende waren die Schichten vulkanischen Materials über drei Kilometer mächtig.

Im **Pliozän** (5. Zeitabschnitt des Tertiärs), beginnend vor rund 6 Mio. Jahren, flaute der Vulkanismus ab und endete schließlich, aber die tektonischen Bewegungen der Erdkruste hielten an, was Besonders die Küstengebirge betraf. In dieser Zeit begann sich der Snake River in die vulkanische Plateaulandschaft einzufräsen.

Während der letzten 1 Mio. Jahren, im **Eiszeitalter (Pleistozän)**, stießen Festland-Eismassen mehrfach vor. Entscheidend für die besondere Eintiefung des Hell Canyon war die letzte Eiszeit, die vor rund 10 000 Jahren endete. Gletschervorstöße und -rückzüge formten Berge und hobelten Täler aus. Danach sorgten Regenfälle und Winde für starke Erosion – der Hells Canyon wurde immer tiefer. Zudem ereignete sich vor etwa 15 000 Jahren eine Flutkatastrophe biblischen Ausmaßes: Der eiszeitliche **Lake Bonneville**, der seinerzeit weite Teile des Nordwestens bedeckt hat und dessen Rest der heutige Große Salzsee in Utah ist, floss an seinem Nordufer großenteils aus. Über Wochen rauschten ungefähr 5000 Kubikkilometer Wasser durch das Tal des Snake River, wuschen es aus und vertieften es, wobei die alten Basalte an den Talwänden zum Vorschein kamen.

Flora und Fauna

Dank seiner extremen Höhenunterschiede präsentiert die »Höllenschlucht« eine besonders facettenreiche Tier- und Pflanzenwelt. Sonnenblumen sind ebenso vertreten wie Kakteen, und es gibt hier Bären, **Pumas**, Adler und Fischotter. Auch wimmelt es hier von **Klapperschlangen** und **giftigen Spinnen.**

Indianerland

Bereits im 5. vorchristlichen Jahrtausend überwinterten **Paläoindianer** in der Umgebung des Hells Canyon. Nachfolgende Stämme betrachteten die zwar gebirgige, aber klimatisch begünstigte sowie an Fischen und jagdbarem Wild reiche Gegend sozusagen als neutrales Land, in dem auch mehrere Stämme gleichzeitig in Frieden leben konnten. Die **Nez Perce** nannten es **»Wah-Lah-Wah«**, ein Ausdruck, der sich im heutigen Begriff »Wallowa Mountains« wiederfindet. Zur Zeit der Eroberung Nordamerikas durch die Weißen kam es jedoch am Snake River vermehrt zu schlimmen blutigen Auseinandersetzungen von Indianerstämmen. Deshalb wurde die Schlucht »Hells Canyon« genannt.

Hells Canyon erleben

AUSKUNFT
Hells Canyon NRA Headquarters
Wallowa Mountains Visitor Center
88401 Highwa 82
Enterprise, OR 97828
Tel. 1 541 4 26 55 46
www.fs.fed.us/hellscanyon

Hells Canyon Chamber of Commerce
P. O. Box 841
Halfway, OR 97834
Tel. 1 541 7 42 42 22
www.hellscanyonchamber.com

AKTIVITÄTEN
In den umliegenden Ortschaften bieten über ein Dutzend Outfitter Wander-, Kajak- und Jetboat-Touren an.

Hells Canyon Adventures
Oxbow, OR
Tel. 1 541 7 85 33 52
www.hellscanyonadventures.com

Canyon Outfitters
Halfway, OR
Tel. 1 541 7 42 72 38

ESSEN
Outlaw Restaurant & Saloon ❸❸
108 N. Main Street
Joseph, OR
Tel. 1 541 4 32 43 21
Hier gibt's dicke Steaks und Hamburger, Kartoffelbrei und Salate: gute amerikanische Küche in hemdsärmeliger Atmosphäre.

Old Town Café ❸
8 S. Main Street
Joseph, OR
Tel. 1 541 4 32 98 98
Frühstück und Lunch bis 14.00 Uhr, bei gutem Wetter auch im Garten.

ÜBERNACHTEN
Wallowa Lake Lodge ❸❸❸❸
60060 Wallowa Lake Highway
Joseph, OR
Tel. 1 541 4 32 98 21
www.wallowalake.com
Historische Lodge aus den 1920er-Jahren mit 20 Gästezimmern und 8 Cottages: rustikale Eleganz mit viel dunklem Holz, dicken Teppichen und viel Gemütlichkeit.

Indian Lodge Motel ❸
201 S. Main Street
Joseph, OR, Tel. 1 541 4 32 26 51
www.indianlodgemotel.com
Einfache Unterkunft mit 16 Zimmern in der Nähe aller sehenswerten Galerien.

Jetboat im Hells Canyon

Lohnende Wanderungen Rund 1500 km Wanderwege führen von trockenen Wüsteneien zu alpinen Wildblumenwiesen. Das Nest **Imnaha** am Rand der Recreational Area – zu erreichen von der Siedlung Joseph aus auf dem Highway 350 – ist Ausgangspunkt für Wanderungen im schönsten Teil dieser isolierten Wildnis. Dort strebt eine 38 km lange, stellenweise recht steile Schotterstraße zum **Hat Point**. Unterwegs passiert die Strecke zahlreiche beeindruckende Aussichten. Vom **Hat Point Lookout** (2122 m ü.d.M.) hat man schließlich einen fantastischen Blick auf den tief unten fließenden Snake River und das Bergmassiv der **Seven Devils Mountains** in Idaho.

UMGEBUNG DES HELLS CANYON

Joseph In der isolierten, verkehrstechnisch schwer erschließbaren Nordostecke Oregons sind Siedlungen vor allem eines: funktional. Eine Ausnahme ist Joseph im Wallowa Valley, das Tor zum Hells Canyon. Das hübsche 1000-Seelen-Städtchen zu Füßen der schneebedeckten Wallowa Mountains schaffte den Übergang vom Holzfällercamp zur blühenden **Künstlerkolonie**. Die in den gut erhaltenen Frontierhäusern untergebrachten Galerien an der Main Street zeigen »**Western Art**«: Pferde in der Koppel, schneebedeckte Berge und ledergesichtige Cowboys und Indianer, gemalt von Künstlern aus der Region. Sieben große Bronzeplastiken an der Main Street weisen auf die Arbeit der vier hiesigen Gießereien hin.

Lohnend ist der Besuch des **Wallowa County Museum**, das sich u. a. mit der Geschichte des Orts beschäftigt: 1877 war das Tal Schauplatz blutiger Auseinandersetzungen zwischen weißen Siedlern und Nez-Percé-Indianern.

Einen wunderschönen Blick auf Joseph hat man an Bord der winzigen Kabinen der **Wallowa Lake Tramway** hinauf auf den 2492 m hohen **Mount Howard**. Von der Gipfelstation führen schöne Trails zu Aussichten auf den Hells Canyon und die Seven Devils im benachbarten Idaho.

Wallowa County Museum: 110 S. Main St., Ende Mai – Anf. Sept. tgl. 10.00 – 16.00 Uhr, Eintritt 4 $, www.co.wallowa.or.us/community_services/museum

Wallowa Lake Tramway: 59919 Wallowa Lake Hwy., Betriebszeiten Ende Mai – Mitte Juni u. Mitte – Ende Sept. tgl. 10.00 – 16.45, Mitte Juni – Mitte Sept. tgl. 9.00 – 17.45 Uhr, Tagesticket 28 $, http://wallowalaketramway.com

Halfway Das am Südrand der Wallowa Mountains in pastoraler Idylle liegende, charmante 300-Seelen-Nest Halfway ist das zweite Gateway in den Hells Canyon und verfügt über ein paar einfache Unterkünfte und Restaurants. Während des Dotcom-Booms sorgte es landesweit für Schlagzeilen, als es seinen Namen für 100 000 Dollar in »Half.com, Oregon« änderte. Zwei Jahre später wurde das Unternehmen »Half.com« jedoch von eBay gekauft, und aus den Ankündigungen, für Arbeitsplätze im Ort zu sorgen, wurde nichts.

In den 1880er-Jahren erlebte der Ort einen kurzen Goldrausch, danach wurde er buchstäblich von allen guten Geistern verlassen. Heute ist Cornucopia in den **Eagle Mountains** nördlich von Halfway eine **Geisterstadt** mit erstaunlich gut erhaltenen Häusern.

Klamath Falls

J 6

Region: Klamath County (Südwest-Oregon)
Einwohnerzahl: 21 000
Höhe: 1249 m ü. d. M.

Nach dem Niedergang der Forstwirtschaft erlebt die krisengewohnte nahe an der kalifornischen Grenze gelegene Kleinstadt in jüngerer Zeit ihren dritten Frühling als Altersruhesitz. Viele andere profitieren von ihrer Nähe zu herrlichen Wildnisgebieten.

SEHENSWERTES IN KLAMATH FALLS UND UMGEBUNG

Noch in den 1990er-Jahren verzeichnete das hier nur »K-Falls« genannte Städtchen am Link River für die USA ungewohnte Horrorzahlen: die höchste Arbeitslosenquote, das niedrigste Durchschnittseinkommen im Westen. Doch dann erinnerten sich die Stadtväter des trockenen Klimas und der niedrigen Lebenshaltungskosten und priesen – erfolgreich – ihre Stadt bei kalifornischen Ruheständlern als attraktiven Alterssitz an. Naturfreunde haben Klamath Falls derweil als Basis für Ausflüge in die Wildnisgebiete der Umgebung entdeckt. Bespielsweise gelten die Flüsse, Seen und Feuchtgebiete des Klamath Basin bei Vogelbeobachtern und Petrijüngern zu den besten Revieren Oregons. Von dem so in die Stadt gelangten Kapital hat auch die Downtown proftiert. Die einnehmenden Ziegelhäuser an **Main Street** und **Klamath Avenue** beherbergen heute interessante Galerien und gemütliche Coffeeshops.

Das **Klamath County Museum** stellt umfassend die Geologie, Natur und Geschichte der Region vor. Die Darstellung des Modoc-Krieges – das traditionelle Stammesgebiet der Modoc liegt nur wenige Kilometer weiter südlich – ist erfreulich kritisch.

Cornucopia

Aufblühendes Touristenstädtchen

OR • **Klamath Falls**

Mehr über die Ureinwohner der Region erfährt man im hervorragenden **Favell Museum**.

Wie es in der Stadt um 1900 aussah, zeigen die von Maud Baldwin angefertigten Fotografien im **Baldwin Hotel Museum**, das von 1908 bis 1977 als Hotel in Betrieb war.

Klamath County Museum: 1451 Main St., Di. – Sa. 9.00 – 17.00 Uhr, Eintritt 5 $, www.co.klamath.or.us/museum/

Favell Museum: 125 W. Main St., Di. – Sa. 10.00 – 17.00 Uhr, Eintritt 10 $, www.favellmuseum.org

Baldwin Hotel Museum: 31 Main St., Ende Mai – Anf. Sept. Mi. – Sa. 10.00 – 16.00 Uhr, Eintritt 4 $, www.co.klamath.or.us/museum

Lower Klamath NWR
Das zu diesem Wildschutzgebiet gehörende Marschgebiet **Klamath Marsh** ist im Frühjahr und Herbst ein wichtiger Rastplatz für Zug-

Klamath Falls erleben

AUSKUNFT
Discover Klamath
205 Riverside Drive
Klamath Falls, OR 97601
Tel. 1 541 8 82 15 01
www.discoverklamath.com

EVENT
Klamath Tribes Restoration Celebration Pow Wow
4. Wochenende im August
In Chiloquin unweit von Klamath Falls feiern die indianischen Ureinwohner der Region. Das farbenfrohe, von Tanzwettbewerben und einem Rodeo begleitete Fest erinnert an das Jahr 1986, als die hiesigen Stämme endlich auch offiziell als solche anerkannt worden sind.

ESSEN
Mia & Pia's Pizzeria & Brewhouse €€
3545 Summers Lane
Tel. 1 541 8 84 48 80
Immer gut besuchte Kantine: Hühnchen, Steaks und Burger, dazu gibt's die selbstgebrauten Biere.

Red's Roadhouse & BBQ €€
3435 Washburn Way
Tel. 1 543 8 83 21 75
Netter Einheimischen-Treff mit üppig portionierten Steaks, Sandwiches und Salaten.

ÜBERNACHTEN
Lodge at Running Y Ranch €€€€
5500 Running Y Road
Tel. 1 541 8 50 55 00
www.runningy.com
Elegant-rustikales Resort im Western-Stil mit Lodge, Golfplatz, Restaurant und zahllosen Freizeitmöglichkeiten, nur wenige Fahrminuten nordwestlich von Klamath Falls gelegen.

Vagabond Inn Klamath €€€
4061 S. 6th Street
Tel. 1 541 8 82 12 00
www.vagabondinn.com/Hotels/Klamath-Falls-OR/Overview/441
Nettes modernes Kettenhotel der Mittelklasse mit 52 freundlich ausgestatteten Zimmern.

vögel auf der **Pacific Flyway** genannten Vogelzugroute. Aber auch während der Sommermonate kann man neben Seeadlern, Pelikanen und Kranichen 350 weitere Arten leicht beobachten.

Das Lower Klamath National Wildlife Refuge liegt etwa 50 mi/80 km nördlich von Klamath Falls und ist über den gut ausgebauten Highway 97 zu erreichen.

Lakeview

Region: Lake County (Süd-Oregon)
Einwohnerzahl: 2700
Höhe: 1463 m ü.d.M.

Die Einwohnerdichte im größten County Oregons beginnt mit einer Null vor dem Komma. Und Lakeview ist die einzige Stadt, die diese Bezeichnung verdient. Damit ist das Zweitwichtigste gesagt. Das Wichtigste: Die Umgebung ist baumlos, wild und schön – mit Canyons, Mesas und Plateaus.

SEHENSWERTES IN LAKEVIEW UND UMGEBUNG

Viel zu sehen gibt es nicht in Lakeview. Auch den See, der dem Ort den Namen gab, gibt es nicht mehr. Dafür ist Lakeview der **höchstgelegene Ort Oregons** – ein Titel, den es bei jeder Gelegenheit erwähnt. Zudem ziehen rund 100 000 Stück Vieh durch die kahle Hochwüste. Rinderzucht hat Tradition hier. Mehr Aufmerksamkeit verspricht Lakeviews neuester Titel »Hang Gliding Capital of the West«: Verlässliche Westwinde und in Nord-Süd-Richtung verlaufende, natürliche »Startrampen« bietende Höhenzüge haben Lakeview zu einem Treffpunkt der amerikanischen Gleitschirmflieger-Gemeinde gemacht. Lakeviews Hausberg, der Black Cap Hill, dient den bunten Fliegern den gesamten Sommer über als Übungsberg.

»Hang Gliding Capital of the West«

Einen Besuch lohnt das **Schmink Memorial Museum**. Die ersten Weißen in dieser Hochwüste waren frankokanadische Trapper im Dienst der Hudson's Bay Company. Der im Nordwesten allgegenwärtige Pelzhändler Peter Skene Ogden folgte wenig später, und John Frémont sowie sein Scout Kit Carson zogen 1843 hier durch. In den 1860er-Jahren kamen die Siedler. Zusammenstöße mit den hier wohnenden Paiute-Indianern ließen nicht lange auf sich warten. 1878 wurden die Überlebenden des Paiute-Bannock-Aufstands in Reservate abgeschoben. 1889 wurde Lakeview gegründet und beliefert seitdem die Fastfood-Nation mit Rindfleisch. Dies und andere spannende Geschichten erzählt das kleine Schmink Memorial Museum,

Lakeview erleben

AUSKUNFT
Lakeview County Chamber of Commerce
126 North E. Street
Lakeview, OR 97630
Tel. 1 541 9 47 60 40
www.lakecountychamber.org

EVENT
Festival of Free Flight
Anfang Juli
Fest der Gleitschirmflieger mit Feuerwerk, Radrennen und BBQ.

ESSEN
Geyser Grill Restaurant €€€
(im Hunter's Hot Springs Resort)
Herzhafte amerikanische Küche, v. a. Steaks und Ribs, in enormen Portionen.

Eagles Nest Food & Spirits €€
117 N. E Street
Tel. 1 541 9 47 48 24
Im »Adlernest« wird deftige amerikanische Küche aufgetischt.

ÜBERNACHTEN
Hunter's Hot Springs Resort €€€
18088 Hwy. 395 N.
Tel. 1 541 9 47 42 42
www.huntersresort.com
Hier kann man im Wasser des »Old Perpetual« baden.

Best Western Skyline Lodge €€
414 N. G Street
Tel. 1 514 9 47 21 94
www.bestwestern.com
Moderne Unterkunft (38 Z.) mit Pool.

das zudem eine wunderbare Sammlung von Gegenständen aus dem Pionier-Alltag vor 150 Jahren präsentiert.
❶ 128 South E St., Mai. – Okt. tgl. 13.00 – 15.00 Uhr, Eintritt 3 $, www.lakecountyor.org/links/museum.php

Old Perpetual Geyser Nur 1 mi nördlich von Lakeview schießt dieser Geysir sein siedend heißes Wasser alle 90 Sekunden bis zu 20 m in die Höhe. Im Pool des Hunter's Hot Spring Resort (s. oben) kann man darin baden.

Abert Rim Ca. 15 mi/24 km nördlich von Lakeview ragt die **Felswand** 600 m über den Abert Lake. Damit ist diese geologische Verwerfung die höchste ihrer Art in den USA. Schotterstraßen zweigen vom Hwy. 395 ab und führen zu dem gewaltigen Felsenmonument.

***Christmas Valley** Der Abstecher in das Wüstennest 53 mi/85 km nördlich von Lakeview lohnt wegen zweier Naturschauspiele. Gleich außerhalb liegt **Crack-in-the-Ground**, eine dreieinhalb Kilometer lange, bis zu 21 m tiefe und 4 m breite Spalte im Basalt. Ein schmaler Pfad ermöglicht den wohl ungewöhnlichsten Spaziergang in diesem Teil Oregons. Die **Christmas Valley Sand Dunes** liegen etwas weiter nördlich. Die Dünen in dieser rund 120 km² großen Mini-Sahara werden bis zu 18 m hoch.

McMinnville

✳ F 4

Region: Yamhill County (Nordwest-Oregon)
Einwohnerzahl: 32 600
Höhe: 48 m ü.d.M.

Rund einhundert Weingüter im County machen McMinnville am oberen Ende des Willamette Valley zum Zentrum der Weinproduktion Oregons. Der von hier stammende Pinot Noir verwies die Roten aus Burgund schon öfter auf die Plätze.

SEHENSWERTES IN MCMINNVILLE

Wein wird hier schon länger angebaut als in Kalifornien. Nach der Prohibition erinnerte man sich im Süden jedoch schneller an die profitable Branche und baute Napa und Sonoma Valley zu internationalen Markennamen auf. Die Weine aus Oregon hatten das Nachsehen und begannen erst in den späten 1970er-Jahren mit der Aufholjagd, doch das erfolgreich: Weinkenner halten die **Rotweine** aus dem Yamhill County für komplexer als die aus dem Napa Valley. Und nachdem die hiesigen **Pinot Noirs** bei europäischen Wettbewerben abräumten, nutzen selbst französische Weinbauern das milde Klima und die fruchtbaren Böden rund um McMinnville, um hier ihre Reben anzubauen – und in Frankreich zu verkaufen.

Oregons Weinbauzentrum

Herbstliche Laubfärbung in den Weingärten des Willamette Valley

McMinnville erleben

AUSKUNFT
McMinnville Area Chamber
417 NW Adams Street
McMinnville, OR 97128
Tel. 1 503 4 72 61 96
www.mcminnville.org

WEINPROBEN
www.mcminnvilleava.org
Einen ersten Überblick über das Angebot verschafft man sich auf der Website der McMinnville AVA Winegrowers Association. Es werden acht Weingüter aus der Region vorgestellt, Ferner werden die Unterschiede zwischen den hiesigen Gewächsen und den Weinen aus dem kalifornischen Napa Valley erklärt. Vorzügiche Weine probiert man i.d.R. zwischen 11.00 und 17.00 Uhr u.a. bei:

Brittan Vineyards
McMinnville, OR 97128
Tel. 1 503 9 89 25 07
www.brittanvineyards.com

Coeur de Terre Vineyard
21000 SW Eagle Point Road
McMinnville, OR 97128
Tel. 1 503 8 83 41 1
www.cdtvineyard.com

Hyland Estates Winery
20890 NE Niederberger Road
Dundee, OR 97115
Tel. 1 503 5 54 42 00
www.hylandestateswinery.com

NW Wine Company
20890 NE Niederberger Road
Dundee, OR 97115
Tel. 1 503 4 76 02 03
www.nwwineco.com

Yamhill Vineyards
16250 SW Oldsville Road
McMinnville, OR 97128
Tel. 1 503 8 43 31 00
www.yamhill.com

Youngberg Hill Vineyards & Inn
10660 SW Youngberg Hill Road
McMinnville, OR 97128
Tel. 1 503 4 72 27 27
www.youngberghill.com.

ESSEN
Bistro Maison ●●●●
729 NE 3rd Street
Tel. 1 503 4 74 18 88
Relaxtes Bistro-Restaurant mit wunderbaren »Moules Frites«.

Nick's Italian Café ●●●
512 NE 3rd Street
Tel. 1 503 4 34 44 71
Seit über 30 Jahren einer der besten Italiener Oregons.

ÜBERNACHTEN
Mattey House ●●●
10221 NE Mattey Lane
Tel. 1 503 4 34 50 58
www.matteyhouse.com
Vier wunderschöne Gästezimmer sind in einer viktorianischen Villa eingerichtet.

McMenamin's Hotel Oregon ●●●
310 NE Evans Street
Tel. 1 503 4 72 84 27
www.mcmenamins.com
Traditionsreiches Haus mit über 40 gemütlichen Gästezimmern, einem beliebtem Pub und einer gut besuchter Bar auf dem Dach.

McMinnville • OR

Downtown Historic District

McMinnville, anfangs ein eher funktional-nüchterner Mittelpunkt der Farmer der Umgebung, hat von den Verschönerungseffekten, die diese edle Industrie mit sich zu bringen pflegt, profitiert. Der Downtown Historic District rund um die **Third Street** gilt als Musterbeispiel einer gelungenen Altstadtrestaurierung. Hier gibt es zahlreiche feine Restaurants, Cafés und Kunstgalerien.

Lawrence Gallery

Vor dem Besuch der umliegenden Weingüter – Broschüren mit Touren-Vorschlägen hält die Chamber of Commerce bereit – sollte man sich zwei Orte ansehen: Die Lawrence Gallery, die **größte Galerie Oregons**, zeigt in ihrer Niederlassung in McMinnville Werke von bis zu 150 Künstlern der Nordwestküste.
❶ Hwy. 18, tgl. 11.00 – 17.00 Uhr, Eintritt frei, www.lawrencegallery.net

*Evergreen Aviation Museum

Das Evergreen Aviation Museum, ein hervorragendes Museum historischer Flugzeuge, wurde praktisch um das **größte Transportflugzeug der Welt** herumgebaut: Hier verbringt das von dem exzentrischen Milliardär Howard Hughes während des Zweiten Weltkriegs entworfene und ganz aus Holz gebaute Wasserflugzeug **Hughes H-4 Hercules**, besser bekannt als **»Spruce Goose«**, seinen »Lebensabend«. Die »Spruce Goose« hätte, wäre sie in Dienst gestellt worden, rund 750 Soldaten transportieren können.
❶ 500 NE Capt. Michael King Smith Way, tgl. 9.00 – 17.00 Uhr, Eintritt 25 $, http://evergreenmuseum.org

Ganz aus Holz: die »Spruce Goose« von Howard Hughes

* Mount Hood

F 6

Counties: Clackamas, Hood River (NW Oregon)
Höhe: 3426 m ü.d.M.

Oregons höchster Berg wird auch »Amerikas Fudschijama« genannt, und wer ihn schneeweiß und unendlich schön in der Ferne aufragen sieht, weiß warum: Der spitzkegelige Vulkan ist ein »Feuerberg«, wie er im Buche steht.

Stratovulkan

Seismologen haben bestätigt, dass der Mount Hood keineswegs erloschen ist. Der letzte große Ausbruch ereignete sich kurz vor der Ankunft von Lewis und Clark. Kleinere, noch im 80 km entfernten ▶Portland sichtbare Eruptionen gab es 1859, 1865 und 1903. Seitdem liegt der Gigant in einem von den Experten des US Geological Survey (USGS) rund um die Uhr überwachten Schlaf. Die Wahrscheinlichkeit eines Ausbruchs innerhalb der nächsten 30 Jahre schätzt die Regierungseinrichtung mit 5 Prozent relativ niedrig ein. Die Entstehungsgeschichte des von den Indianern »Wy'east« genannten Vulkans reicht ungleich weiter zurück: Er ist Teil einer vom ▶Mt. Rainier bis zum ▶Mt. St. Helens reichenden Vulkan-Kette in den Cascade Mountains und entstand vor rund 500 000 Jahren. Wie Japans Fudschijama und Italiens Vesuv ist er ein **Schicht- oder Stratovulkan**: Relativ kaltes Magma und ein hoher Gasanteil bewirken explosionsartige Ausbrüche, bei denen Asche und Lava einander abwechseln. Abgelagert und erkaltet, kommt so die charakteristische Schichtung zustande.

Heute ist der Vulkan die fotogene Visitenkarte des **Mount Hood National Forest**. Skiresorts und Wanderwege durchziehen diese herrliche Wildnis. Doch die meisten Besucher kommen allein des Berges wegen. Kletterer können ihn auf sechs verschiedenen Routen ersteigen; Trails führen zu grandiosen Aussichtspunkten, von wo aus sich herrliche Blick auf einen der zwölf Gletscher eröffnen.

> ! **BAEDEKER TIPP**
>
> *Hinauf auf den Mount Hood*
>
> Die beste Zeit, den Gipfel des Mount Hood zu erklimmen, sind die Monate Juni und Juli. Bei sehr guter Kondition kann man die Besteigung von der Timberline Lodge aus an einem langen Tag schaffen und abends wieder zurück sein. Die vier bei der Lodge beginnenden Routen erfordern Steigeisen, Seil und Eispickel. Unerfahrene Kletterer können den Berg auch im Rahmen einer geführten Tour bezwingen, u. a. mit Timberline Mountain Guides in Bend, OR, Tel. 1 541 3 12 92 42, www.timberlinemtguides.com.

Ein malerisches Panorama: der schneebedeckte Vulkan Mount Hood wacht über frühlingsbunte Tulpengärten und Obstbaumwiesen.

Mount Hood erleben

AUSKUNFT
Mt. Hood Chamber of Commerce
65000 E. Hwy. 26; P. O. Box 819
Welche, OR 97067
Tel. 1 503 6 22 30 17
www.mthoodchamber.com

AKTIVITÄTEN
Relativ einfache Trails bieten sich im Zigzag Ranger District (via Hwy. 26), z. B. der »Mirror Lake Trail« (7 km), der zu schönen Ausblicken auf den Mt. Hood und das Zigzag Valley führt. Bei der Timberline Lodge beginnt der anspruchsvollere, 65 km lange »Timberline Trail«. Die 3-bis-5-Tage-Wanderung führt u. a. durch hochalpine Wildblumenwiesen.

ESSEN
Am Hwy. 26 zwischen Sandy und Government Camp gibt es zahlreiche Restaurants, Imbisse und Fastfood-Buden.

Ice Axe Grill ©©
87304 E. Government Camp Loop
Tel. 1 503 2 72 31 72
Mit Brie, Tacos und frischem Gemüse aus dem Hood Valley veredeltes Fastfood in rustikalem Hütten-Ambiente. Eigene Brauerei.

Rendezvous Grill & Tap Room ©©
67149 E. Hwy. 26, Welche, OR
Tel. 1 503 6 22 68 37
Das Restaurant serviert sog. Fusion Cuisine mit herzhafter Note, z. B. Steak mit Guajillo-Chili-Sauce.

ÜBERNACHTEN
Timberline Lodge ©©©©
Timberline, OR 97028
Tel. 1 503 2 72 33 11
www.timberlinelodge.com
Ebenso wildromantisch wie der hinter ihr aufragende Mount Hood. Angeboten werden urgemütliche Zimmer, mehrere Restaurants und zahlreiche Freizeitmöglichkeiten.

Huckleberry Inn ©©
88611 E. Government Camp Loop
Tel. 1 503 2 72 33 25
Auf aktive Gäste zugeschnittene Unterkunft mitten in Government Camp. Ein gutes Restaurant gibt es hier ebenfalls.

Am bequemsten ist freilich der **Mount Hood Loop**. Die 257 km lange Rundfahrt besteht aus den Highway-Segmenten 26, 35 und 30 (Historic Columbia River Highway, ▶S. 327) und kann von ▶Portland aus in einem, besser jedoch in zwei oder drei Tagen unternommen werden.

SEHENSWERTES AUF DEM MOUNT HOOD LOOP

Zigzag In dem winzigen Ort zweigt die Lolo Pass Rd. vom Hwy. 26 zu einem 11 km langen Abstecher zu den 36 m hohen **Ramona Falls** ab. Der Ramona Falls Trail, ein schöner Rundwanderweg, führt vom Parkplatz zum Sandy River, der am Scheitelpunkt des Trails über fünf, sechs nach unten breiter werdende Terrassen stürzt. **Old Salmon River Trail** Der 7 km lange Rundwanderweg beginnt gleich hinter Zigzag am **Green Canyon Campground** und führt durch alten Waldbestand am Salmon River entlang, wo man während der Laichzeit im Spätsommer Lachse im flachen Wasser sehen kann.

Unglaublich: Die 8 mi/13 km östlich von Zigzag liegende Steigung überwanden die Siedler, unterwegs auf dem Oregon Trail, 1846 mit Ochsenkarren. **Laurel Hill**
Ungefähr fünf Autominuten weiter östlich liegt die **Timberline Lodge**. Das legendäre Berghotel wurde in den 1930er-Jahren während der Depression als Arbeitsbeschaffungsmaßnahme gebaut. Wanderern und Bergsteigern dient es als Ausgangspunkt: Vier Kletterrouten auf den Gipfel beginnen hier, dazu zahlreiche Wanderwege. Im Sommer transportiert der **Magic-Mile-Skilift** des Hotels fußmüde Besucher zu grandiosen Aussichten auf den Mt. Hood.

* Newport

Region: Lincoln County (Nordküste)
Einwohnerzahl: 10 000
Höhe: 40 m ü.d.M.

Newport, Heimathafen der größten Fischereiflotte Oregons, ist eine sympathische Melange aus Fischfabriken, Souvenirläden, alten Kneipen und Kantinen.

Zwar hat die überall an der Küste grassierende Verschönerungswut auch vor Newport nicht haltgemacht. Doch im Hafenviertel zu Füßen der Yaquina Bay Bridge, gleich hinter den Dünen von Nye Beach, zeigt das alte Newport standhaft Flagge. In den Kneipen und Kantinen sitzen noch immer knorrige Gestalten in aufgeriebenen Pullovern. Gabelstapler wuchten mit Fisch und Hummer schwer beladene Kisten auf Lastwagen. Die Luft ist erfüllt vom Möwengeschrei und heiseren Gebell der Seelöwen unterhalb der Pier. **Sympathisches Fischerstädtchen**
Tatsächlich lebt Newport vom Meer, seit die nach einem Sturm im Jahr 1852 gestrandete Mannschaft des Seglers »Juliet« sich an diesem Gestade mit süß schmeckenden Austern durchschlug. Die Fischereikrise scheint Newport gut abgefedert zu haben: Mit dem Bau neuer, Fischpaste für den Fernen Osten produzierender Fabriken haben die Stadtväter zeitig auf die Herausforderungen der letzten Jahre reagiert. Auch der Bau des **Oregon Coast Aquarium**, eines der besten der USA, ist Teil dieser Strategie.

Newport erleben

AUSKUNFT
Greater Newport Chamber of Commerce
555 SW Coast Highway
Newport, OR 97365-4934
Tel. 1 541 2 65 88 01
www.newportchamber.org

AKTIVITÄTEN
Marine Discovery
345 SW Bay Boulevard
Tel. 1 541 2 65 62 00
www.marinediscovery.com
Wale, Seelöwen und Delfine kann man an Bord der »Discovery« beobachten.

Agate Beach
Surfer und Windsurfer werden den herrlichen Strand etwas nördlich von Newport mögen.

ESSEN
April's at Nye Beach ❸❸❸
749 NW 3rd St. Tel. 1-541-265-68 55
Das »April's« bietet leckeres Seafood, zubereitet nach mediterranen Rezepten, in »lifestyligem« Ambiente ganz in der Nähe des »Sylvia Beach Hotel«.

Rogue Ales Public House ❸❸
748 SW Bay Boulevard
Tel. 1 541 265 31 88
Netter Pub mit eigener Brauerei. Verdiente Trinker haben an der Theke eigene, mit Namensschildchen markierte Plätze.

ÜBERNACHTEN
Moolack Shores Motel ❸❸❸
8835 N. Coast Highway 101
Tel. 1 541 2 65 23 26
www.moolackshores.com
Freundliches und familiäres kleines Motel zwischen Newport und Depoe Bay mit individuell einerichteten Gästezimmern.

Sylvia Beach Hotel ❸❸❸
267 NW Cliff Street
Tel. 1 541 2 65 54 28
www.sylviabeachhotel.com
Bücher überall, zwanzig nach Autoren benannte Zimmer und ein Schlafsaal: Das historische Sylvia Beach in Nye Beach ist Jugendherberge und Luxus-B & B in einem.

Der Highway 101 ist Newports Hauptverkehrsader. Westlich davon liegt **Nye Beach**, Newports altes Strandviertel.
Östlich des von Geschäften gesäumten Highways beginnt das alte Newport mit dem **»Bayfront«** genannten Hafenviertel.

SEHENSWERTES IN NEWPORT

*Oregon Coast Aquarium **Keiko**, der Killer-Wal aus den »Free-Willy«-Filmen, lebte hier, bevor er 1998 vor Island ausgesetzt wurde. Doch auch ohne den berühmten Wal ist das am Südufer der Yaquina Bay liegende Aquarium ein Muss. Schwerpunkt ist die Unterwasserwelt vor der Küste: Quallen schweben schwerelos in kunstvoll illuminierten Zylindern, ein 60

Meter langer Glastunnel bietet einen Blick auf Korallen, Klippen und Haie. Draußen tummeln sich u. a. Seelöwen und es gibt auch eine große Seevogel-Voliere.

❶ 2820 SE Ferry Slip Rd., Ende Mai – Anf. Sept. tgl. 9.00 – 18.00, Anf. Sept. bis Ende Mai tgl. 10.00 – 17.00 Uhr, Eintritt 18,95 $, http://aquarium.org

Das Leben der Seefahrer, Walfänger und Fischer vor mehr als hundert Jahren wird in ansprechenden Ausstellungen der Lincoln County Historical Society präsentiert.

Pacific Maritime & History Center

❶ 333 SE Bay Blvd., Ende Mai – Anf Sept. Di. – So. 10.00 – 17.00, Anf. Sept. bis Ende Mai Do. – So. 11.00 – 16.00 Uhr, Eintritt 5 $, www.oregoncoast.history.museum

Dieses Haus wurde 1895 im Queen-Anne-Stil erbaut und enthält auch noch Stücke des gründerzeitlichen Mobiliars. Heute dient es als lokalhistorisches Museum, das sich u.a. mit der Entwicklung von Wirtschaft, Verkehr und Mobilität im Raum Newport beschäftigt.

Burrows House

❶ 545 SW Ninth St., Ende Mai – Anf Sept. Di. – So. 10.00 – 17.00, Anf. Sept. – Ende Mai Do. – So. 11.00 – 16.00 Uhr, Eintritt frei, Spende erbeten, www.oregoncoast.history.museum

Der **Bay Boulevard** am Nordufer der Yaquina Bay und zu Füßen der Yaquina Bay Bridge ist das alte Herz der Stadt. Scheinbar unbeeindruckt von unsäglichen »Attraktionen« wie **»Ripley's Believe it or not«** und dem Wachsfigurenkabinett **»The Wax Works«** (beide Nr. 250) warten hier alte Seemannskantinen und Fischsuppe anbietende **»Chowder Houses«** auf Gäste. Fischfabriken präsentieren Kunst: Ihre Fassaden zieren überdimensionale Wale und maritime Motive. Ein paar Galerien stellen Künstler aus der Umgebung aus, und auf den Plankenwegen am Ufer werfen Angler die Leinen aus, während unten auf den schwimmenden Pontons **Seelöwen** dösen. Vor allem abends ist der Bay Boulevard ein reizvolles Pflaster.

Bayfront

Im Hafen von Freeport dösen Seelöwen auf Pontons in der Sonne.

Nye Beach Bereits um 1900 war Newports Strandviertel Nye Beach eine beliebte Sommerfrische. Vor allem wohlhabende Portlander pflegten sich hier zu erholen. Von deren viktorianischen Luxus-Cottages sind allerdings nur wenige übrig geblieben, zweistöckige Strandkondominiums und leider auch zwei, drei grässliche, den Strandblick verstellende Hotelkästen traten an ihre Stelle.

Die Eröffnung des **Newport Visual Arts Center**, das vom Leben am Pazifik inspirierte Werke zeigt, dämpfte die drohende Kommerzialisierung, indem es Nye Beach zu einem auch Künstler anziehenden Viertel machte.

❶ 777 NW Beach Drive, Di. – So. 11.00 bis 17.00 Uhr, Eintritt ab 6 $ (je nach Event), www.coastarts.org

> **BAEDEKER TIPP**
>
> **!** *Wal-Fahrten*
>
> Walen in ihrem eigenen Element begegnen kann man von Depoe Bay aus an Bord eines Walbeobachtungsschiffes, u. a. von Dockside Charters (270 Coast Guard Place, Tel. 1 541 7 65 25 45, www.docksidedepoebay.com) und Tradewinds Charters (234 S. Hwy. 101, Tel. 1 800 4 45 87 30, www.tradewindscharters.com).

Yaquina Bay State Park Am Südrand der Stadt, kurz vor der Yaquina Bay Bridge, warnt das **Yaquina Bay Lighthouse** die Schifffahrt seit 1871. Längst automatisiert, beherbergt sein kleines Leuchtturmwärterhäuschen – angeblich spukt es hier – eine nette Ausstellung über den Alltag der Leuchtturmwärter.

❶ Hwy. 101, Ende Mai – Sept. tgl. 11.00 – 17.00 Uhr, Eintritt frei, Spende erbeten, www.yaquinalights.org

*Yaquina Head Outstanding Natural Area Fotogen thront das 1873 gebaute **Yaquina Head Lighthouse** auf dem höchsten Punkt des fünf Kilometer nördlich von Newport in den Pazifik ragenden Yaquina Head. Mit 28 Metern ist es Oregons höchster Leuchtturm; 114 Stufen führen hinauf zu herrlichen Aussichten. Übrigens: Auf dem **Colony Rocky**, einem die Brandung teilenden Monolithen vor Yaquina Head, lebt eine Papageientaucher-Kolonie.

Gesamtes Schutzgebiet: tgl. 8.00 – 17.00 Uhr, Parkgebühr 7 $ pro Fahrzeug, www.blm.gov/or/resources/recreation/yaquina/
Interpretive Center: tgl. 10.00 – 16.30 Uhr, Eintritt frei
Yaquina Head Lighthouse: Führungen Do. – Di. 12.00 – 15.00 Uhr, Gratis-Pässe im Interpretive Center ab 10.00 Uhr erhältlich

UMGEBUNG VON NEWPORT

Depoe Bay Der Morgennebel hängt ziemlich schwer über den schwarzen Basaltklippen. Durch einen engen Kanal schwappt der Pazifik unter dem Highway 101 hindurch in die kleine Bucht, wo alte Fischkutter ne-

Newport • OR

ben teuren Yachten ankern. Depoe Bay (1350 Einw.), knapp 15 mi/24 km nördlich von Newport, flirtet mit den Touristen, ohne sich selbst zu verleugnen. Der inoffiziell **»Main Street«** genannte Abschnitt des Highway 101 wird von windschiefen Häuschen mit kleinen Tante-Emma-Läden gesäumt – die einfach geschlossen werden, wenn ihre Besitzer lieber zum Fischen gehen. Der Bummel über diese Promenade – den Pazifik zur einen Seite, Depoe Bay zur anderen – ist deshalb ein erholsam untouristisches Vergnügen.

Die Attraktion des Ortes ist das **Wal-Informationszentrum**. Es bietet alles Wissenswerte über die riesigen Meeressäuger und organisiert auch Whale-Watching-Touren. Von der Galerie sieht man mit etwas Glück bereits die eine oder andere Rückenflosse: Vor Depoe Bay lebt eine sesshafte Herde Grauwale.

Whale Watching Center

❶ 119 SW Hwy. 101, Ende Mai – Anf. Sept. tgl. 9.00 – 17.00, Anf. Sept. bis Ende Mai Mi. – So. 10.00 – 16.00 Uhr, Eintritt frei, www.oregonstateparks.org

Ein anderer hervorragender Ort, um Wale zu beobachten, ist der Boiler Bay State Scenic Viewpoint unmittelbar nördlich von Depoe Bay. Die heftig umbrandete Felsenbucht verfügt über zahlreiche lohnende Aussichtspunkte.

Boiler Bay State Scenic Viewpoint

Selbst bei strahlendem Sonnenschein ahnt man die Naturgewalten, die zu jeder Jahreszeit über dieses fotogene Vorgebirge hereinbrechen können. Kapitän Cook, der es an einem stürmischen Märztag im Jahr 1778 als erster Europäer sichtete, nannte es deshalb **Cape Foulweather**. Bei klarem Wetter reicht der Blick von dem 150 Meter hohen, knapp 4 km südlich von Depoe Bay liegenden Kap über 60 Kilometer grandios-wilde Küstenlinie. Der »Lookout Shop«, der auf der Felsenkante sitzt wie ein Adlerhorst, ist allein schon wegen seiner dramatischen Fensterblicke einen Besuch wert.

*Otter Crest State Scenic Viewpoint

Viel zu sehen gibt's in **Waldport** (2100 Einw.) zwar nicht, doch erholsam ist das 16 mi/26 km südlich von Newport gelegene Städtchen an der Mündung des Alsea River in den Pazifik auf alle Fälle: Fluss und Bucht sind ein wahres Anglerparadies.
Lohnend ist ein Besuch des **Alsea Bay Bridge Historical Interpretive Center**. Das zugleich als Besucherzentrum fungierende Museum enthält interessante Ausstellungen u.a. zu den Alsea-Indianern, auf deren

> **BAEDEKER TIPP**
>
> ### Angel-Touren
>
> Der kleine Hafen von Waldport ist ein beliebter Ausgangspunkt für Angeltouren zu den Forellen- und Lachsrevieren des Alsea River. Alles, was man dazu braucht (Motorboot inklusive), kann bei einem Dutzend kleiner Ausrüster auf dem Hafengelände gemietet werden, u. a. bei:
> Dock of the Bay, 1245 NE Mill St., Tel. 1 541 5 63 20 03

Stammesland Waldport gegründet wurde, und zum Bau der 1991 eingeweihten Brücke, die den kleinen Küstenort dominiert

❶ 620 NW Spring St., Ende Mai – Anf. Führungen tgl. 14.00 Uhr, Eintritt frei, Spende erbeten, www.oregonstateparks.org

Seal Rock State Recreation Park
Der fotogene Küstenabschnitt liegt knapp 4 mi/6 km nördlich von Waldport. Mit seinem breiten Strand, den sich bei Ebbe herausschälenden Gezeitentümpeln und bizarren, den Strand bewachenden Felsformationen ist dieser Naturraum ein Erholungsgebiet für fast jeden Geschmack.

Yachats
Der 680 Einwohner zählende Ort Yachats – der indianische Name bedeutet **»Dunkles Wasser am Fuße des Berges«** – liegt 8 mi/13 km südlich von Waldport an einer flachen Bucht des Pazifiks.
Bereits vor dem Ersten Weltkrieg entdeckten Touristen aus dem Willamette Valley den Erholungswert des kleinen hübschen Fischerhafens, der sich mit netten Restaurants und Kaffeehäusern auf einem handtuchbreiten Küstenstreifen drängt. Der Highway 101 führt um die Bucht herum und fungiert als geschäftige, von Läden und Lokalen gesäumte Main Street. Kleine Stichstraßen führen in die engen Wohngebiete auf der sandigen Landzunge und landeinwärts die Hänge hinauf.
Die bedeutendste Attraktion Yachats' (gesprochen: Ya-hots) ist im wahrsten Sinne des Wortes überragend: das fast 250 Meter hohe, südlich anschließende **Cape Perpetua**. Etwa 25 mi/40 km Wanderwege, eine tosende Brandung und phantastische Blicke auf – bei gutem Wetter – 200 Kilometer Küstenlinie. Der riesige Klotz vulkanischen Ursprungs, der sich gleich südlich von Yachats dem Hwy. 101 in den Weg legt, fordert eine eingehende Besichtigung geradezu heraus. Unterhalb des Besucherzentrums führen Trails zu Aussichten auf die Brandung. Vis-à-vis des **Visitor Center** biegt die Overlook Road vom Highway 101 ab und führt kurvenreich zum Parkplatz des **Cape Perpetua Viewpoint**.

Pacific City

F 4

Region: Tillamook County (Nordküste)
Einwohnerzahl: 1100
Höhe: 4 m ü.d.M.

Das alte Fischernest Pacific City liegt zu Füßen der gewaltigen Cape-Kiwanda-Düne an der Pazifikküste. Der kleine Ort besitzt auch einen herrlichen Strand, der einen Stopover wirklich lohnt.

Pacific City • OR

SEHENSWERTES IN PACIFIC CITY UND UMGEBUNG

Eine Kreuzung, deren rote Ampel die Einheimischen nicht einmal tagsüber respektieren, weil kaum Verkehr herrscht, ein paar Reihen winziger Holzhäuser aus der Zeit um 1900 und ein schier endloser Strand: Pacific City, südlicher Endpunkt des **Three Capes Scenic Loop**, zeigt sich an vielen Stellen noch so wie vor fünfzig Jahren. Damals lebte der Ort vom **Lachsfang**. Seither sind die Lachsbestände dramatisch zurückgegangen, doch wer sich nicht scheut, morgens um 6 Uhr zum Strand hinunterzugehen, wird dem alten Ritual persönlich beiwohnen können: Die letzten Lachsfänger des Orts fahren ihre flachen Fangboote, die **»dories«**, im Trailer auf den Strand und lassen sie dort zu Wasser. Kurz vor Sonnenuntergang kommen sie zurück, wobei sie ihre Boote mit Vollgas so weit wie möglich den Strand hinaufgleiten lassen – ein Spektakel, das sich Einheimische und Touristen nicht entgehen lassen.

Ansonsten gibt es nicht allzuviel zu sehen, doch das ist in Pacific City auch nicht weiter schlimm. Denn: Der Strand ist das Ziel und »Life's a beach«.

»Life's a beach«

Pacific City erleben

AUSKUNFT
Pacific City – Nestucca Valley Chamber
P. O. Box 75
Cloverdale, OR 97112
Tel. 1 503 3 92 43 40
www.pcnvchamber.org

ESSEN
Pelican Pub & Brewery ❸❸
33180 Cape Kiwanda Drive
Tel. 1 503 9 65 70 07
Leckere Fish ,n' Chips, Steaks, Ribs und selbstgebrautes Bier gibt es direkt am Strand.

Sportsman Bar ❸
34975 Brooten Road
Tel. 1 503 9 65 99 91
Schummrige Bastion des alten Oregon mit antiker Jukebox, Bildern verdienter Trinker und Livemusik am Wochenende.

ÜBERNACHTEN
Inn at Cape Kiwanda ❸❸❸❸
33105 Cape Kiwanda Drive
Tel. 1 888 9 65 70 01
www.yourlittlebeachtown.com
Alle Zimmer dieses schönen und gepflegten Motels haben Strandblick – Für kalte Tage gibt es Kamin und extra dicke Decken.

Inn at Pacific City ❸❸❸
35215 Brooten Road
Tel. 1 503 9 65 63 66
www.innatpacificcity.com
Hübsches, schindelgedecktes Motel in Strandnähe. Die Zimmer sind mit einer Kitchenette ausgestattet.

OR • **Pacific City**

***Dune of Cape Kiwanda** Die über 50 Meter hohe Nadelbäume auf ihren Gipfeln tragende Cape-Kiwanda-Düne liegt zehn Gehminuten nördlich von Pacific City auf dem Strand wie ein auf Grund gelaufener Ozeandampfer. Allein der Anblick ihrer steilen Südflanke reizt zum Aufstieg. Oben erwartet Unverzagte ein **herrlicher Blick auf die Küste**.

Robert Straub State Park Südlich des Orts liegt der Robert Straub State Park, ein herb-schönes Stillleben aus Sand, Pazifik und Dünen – ein **Mekka für Surfer und Strandspaziergänger**.

Tillamook Ca. 26 mi/42 km nördlich von Pacific City liegt das Städtchen Tillamook im fruchtbaren, von sieben Flüssen durchzogenen gleichnamigen Tal. Hier produzieren rund 25 000 Kühe jährlich 70 Mio. Liter Milch, die u. a. für den **Tillamook Cheddar**, die landesweit verkaufte Delikatesse, verwendet werden. So ist auch die **Tillamook Cheese Factory** die Hauptattraktion der Stadt. Bei einer Besichtigung der Fabrikhalle werden die verschiedenen Etappen der Käseherstellung erläutert, ein **Museum** dokumentiert die Geschichte der Käseproduktion in Tillamook.

Während des Zweiten Weltkriegs errichtete die US-Marine in Tillamook zwei gewaltige Hangars für Luftschiffe, die zur Überwachung der Küste vor japanischen Angriffen eingesetzt wurden. Einer dieser Hangars brannte 1992 nieder, der andere, mit 325 m Länge, 63 m Breite und 58 m Höhe eine der größten Holzkonstruktionen der Welt, beherbergt das **Tillamook Air Museum**. Zu sehen sind eine Reihe historischer Kampfflugzeuge, darunter eine P-38 »Lightning« und eine P-51 »Mustang«. Nicht minder beeindruckend ist die Ausstellung zur Rolle der hier einst stationierten Luftschiffe.

Das mit über 35 000 Exponaten vollgestopfte **Tillamook County Pioneer Museum** widmet sich der Natur- und Kulturgeschichte des Countys und bietet ansehnlich inszenierte Ausstellungen u. a. zur Kultur der Ureinwohner und zum harten Alltag der Pioniere.

Tillamook Cheese Factory: 4175 Hwy. 101, Mai – Mitte Juni. tgl. 8.00 bis 18.00, Mitte Juni – Sept. tgl. 8.00 – 20.00 Uhr, Eintritt frei, www.tillamook.com/cheesefactory

Tillamook Air Museum: 6030 Hangar Rd., tgl. 9.00 – 17.00 Uhr, Eintritt 12 $, www.tillamookair.com

Tillamook County Pioneer Museum: 2106 2nd St., Di. – So. 10.00 bis 16.00 Uhr, www.tcpm.org

*Three Capes Scenic Loop Die 61 km lange Three Capes Road zweigt in Tillamook vom Highway 101 in Richtung Pazifik ab und führt durch eine ländliche Küstenregion, bis sie in dem Weiler Cloverdale wieder auf den Highway 101 trifft. Unterwegs passiert sie unaufgeregte Nester wie Oceanside, Netarts und Tierra del Mar, in denen auf Gemeindeversammlungen noch per Handzeichen abgestimmt wird und der General Store zu-

Vom Cape Meares Lighthouse bieten sich tolle Küstenblicke.

gleich als Tankstelle und Postamt fungiert. 10 mi/16 km westlich von Tillamook bietet der **Cape Meares State Scenic Viewpoint** neben herrlichen Blicken auf die Küste das fotogene, in ein reizendes kleines Museum verwandelte **Cape Meares Lighthouse** sowie schöne Trails zu weiteren Aussichtspunkten. Beliebt bei Wanderern, Strandläufern und Muschelsuchern ist der **Cape Lookout State Park** weiter südlich. Er liegt auf einer sandigen, weit in den Pazifik ragenden Landzunge und besteht vor allem aus lichtem Wald und endlosem Strand.

Cape Meares Lighthouse: April – Okt. tgl. 11.00 – 16.00 Uhr, Eintritt frei, www.capemeareslighthouse.org

Pendleton

F 9

Region: Umatilla County (Nordost-Oregon)
Einwohnerzahl: 17 000
Höhe: 366 m ü.d.M.

In einer Wildwestkulisse steiler Hügel und endloser Weizenfelder ist dies die einzige nennenswerte Stadt im Umkreis von 300 Kilometern – genau der richtige Ort also für das berühmte Pendleton Round-Up.

Das zu den berühmtesten Rodeos der USA zählende **Pendleton Round-Up** findet an vier Tagen der zweiten Septemberwoche statt und lockt rund 50 000 Schaulustige an. Der sonst eher ruhige, vom

Rodeo-Stadt

Umatilla River zerschnittene Ort zeigt dann sein anderes Gesicht: Pick-ups mit tätowierten Cowboys und Cowgirls paradieren über die Main Street, aus allen Fenstern dudelt Country-Musik, und Touristen tragen stolz ihre nagelneuen Stetsons und Halstücher spazieren. Im Jahr 1843 ließen sich die ersten Siedler im Stammland der Umatilla-Indianer nieder. 1851 öffnete ein Handelsposten, ein Postamt folgte 1865, drei Jahre später wurden die vier, fünf Häuser in der Wildnis nach einem Senator namens George H. Pendleton benannt. 20 Jahre später war es nicht viel größer, aber dank seiner 32 Saloons und unzähligen Freudenhäuser die Entertainment City der Region. 1910 fand erstmals das Pendleton Round-Up statt. Während der ersten Dekaden pflegte bei den Umzügen die örtliche Abteilung des Ku-Klux-Klan in den charakteristischen weißen Roben mitzureiten. Die rassistische Organisation war so einflussreich, dass Katholiken, Juden, Chinesen und Afroamerikaner bis weit in die 1960er-Jahre hinein kein öffentliches Amt bekleiden konnten. Bezeichnenderweise konnte auch das Rotlicht-Viertel, das sich über vier Häuserblocks in der Altstadt erstreckte, erst in dieser Zeit aufgelöst werden.

Heute präsentiert sich das Städtchen vor der Kulisse der in der Ferne aufragenden **Blue Mountains** als so sauber und ordentlich, dass es einmal im Jahr fast schon über die Stränge schlagen muss.

SEHENSWERTES IN PENDLETON

Downtown

Das **historische Stadtzentrum**, längst ein liebevoll restauriertes Schmuckstück, liegt im Kreuzungsbereich von Main Street und Dorion Avenue.

Round-Up Hall of Fame

Die besten »Bull Rider«, »Steer Wrestler«, »Calf Roper« und »Wild Cow Miker«: Hier wird die »königliche« Familie der Rodeowelt Amerikas geehrt. Und zwar mit tollen Actionbildern und interessanten Biografien hiesiger Originale.

❶ 1114 SW Court Ave., gegenüber Rodeo-Stadion, Mo. – Sa. 10.00 – 16.00 Uhr, http://pendletonhalloffame.com

Pendleton Woolen Mills

Gleich in der Nachbarschaft befindet sich jene Wollfabrik, aus der die berühmten Pendleton-Hemden stammen – jene karierten, unverwüstlichen Cowboyhemden, die zum Westen gehören wie Planwagen und Sporenklirren.

Während einer Führung durch die aus dem späten 19. Jh. stammende **Pendleton Blanket Mill** erfährt man alles über diese Erfolgsgeschichte, die 1909 mit der Herstellung von Wolldecken mit indianischen Mustern begann.

❶ 1307 SE.Court Place, Führungen: Mo.Fr. 9.00, 11.00, 13.30 u. 15.00 Uhr, Eintritt frei, www.pendleton-usa.com

Pendleton erleben

AUSKUNFT

Pendleton Chamber of Commerce
501 S. Main Street
Pendleton, OR 97801
Tel. 1 541 2 76 74 11
www.pendletonchamber.com

ESSEN

Great Pacific €€
403 S. Main Street
Tel. 1 541 2 76 13 50
Urbane Küche in historischem Freimaurer-Haus: Es gibt Pasta in allen denkbaren Variationen.

Rainbow Café €
209 S. Main Street
Tel. 1 541 2 76 41 20
Regionale Berühmtheit wegen seiner jovialen Western-Atmosphäre und auch wegen seines kalorienreichen Frühstücks.

ÜBERNACHTEN

The Pendleton House €€€
311 N. Main Street
Tel. 1 541 2 76 85 81
www.pendletonhousebnb.com
Elegante Villa aus der Zeit um 1900 mit sechs nostalgisch eingerichteten Zimmern und einem schönen englischen Garten.

Rugged Country Lodge €
1807 SE Court Avenue
Tel. 1 541 9 66 68 00
www.ruggedcountrylodge.com
Die gemütliche Lodge (29 Zimmer) bietet viel Unterkunft für wenig Geld.

Umatilla County Historical Society Museum

Das im alten Eisenbahndepot untergebrachte Umatilla County Historical Society Museum zeigt wechselnde Ausstellungen zur oft **dramatischen Geschichte der Region**.

❶ 108 SW Frazer St., Di. – Sa. 10.00 – 16.00 Uhr, Eiontritt 2 $, www.heritagestationmuseum.org

Pendleton Underground Tours

Eine der interessantesten Touren Oregons führt unter Tage. In den 1880er-Jahren gruben chinesische Arbeiter – die an der Oberfläche nicht gern gesehen waren – ein **weitläufiges Tunnelsystem**. Später profitierten legale und illegale Geschäfte von den unterirdischen Passagen. Während der Prohibition wurden hier Spirituosen versteckt, fanden wilde Partys statt, trafen sich »ehrenwerte« Herren mit »leichten Mädchen«. Die von kostümierten Guides geführten Touren sind, wenngleich familiengerecht zusammengestellt, interessante Abstecher in ein wenig bekanntes Kapitel der amerikanischen Geschichte.

❶ Start: 31 S.W. Emigrant Ave., Führungen: n. V., Tel. 1 541 2 76 07 30, Tour-Ticket 15 $, www.pendletonundergroundtours.org

Tamastslikt Cultural Institute

Dieses etwas östlich von Pendleton unweit des »Wildhorse Resort & Casino« gelegene, **von den Umatilla-Indianern betriebene Kulturzentrum** beschreibt die Geschichte des Oregon Trail aus der Perspektive der Ureinwohner. Den hiesigen Indianern hinterließen die Pioniere leer gefischte Lachsflüsse, Ansteckungskrankheiten und abgeholzte Wälder. Wechselnde Ausstellungen dokumentieren eindring-lich die traditionellen Kulturen und zeigen den Columbia River vor über 120 Jahren.

❶ 72789 Hwy. 331, April – Sept., tgl. 9.00 – 17.00, Okt. – März Mo. – Sa., Eintritt 8 $, www.tamastslikt.org

* Portland

F 5

Region: Nordwest-Oregon
Einwohnerzahl: 603 000
Höhe: 0 – 15 m ü.d.M.

Sie demonstrieren gegen Junkfood-Automaten in den Schulen und begrünen ihre Dächer: Die Einwohner Portlands sind für ihr Engagement bekannt – entsprechend lebens- und liebenswert ist ihre Stadt.

Engagierte Bürgerschaft

Man geht kaum hundert Meter, ohne ein Flugblatt in die Hand gedrückt zu bekommen. Resultate des bürgerlichen Engagements und Sich-Einmischens sind zu sehen, vor allem am **Pioneer Courthouse Square**. Den schönen alten Platz trotzten die Bürger dem Big Business ab, das Bürohäuser aufstellen wollte. Die Namen der Streiter von damals wurden in signierten Pflastersteinen verewigt. Dazu passt auch, dass die Stadt ihre Parks und Gärten als größte Attraktionen listet und das **Portland Rose Festival** als wichtigstes Fest.

Die ersten Siedler legten der Stadt am Zusammenfluss von Willamette und Columbia River die Entschlossenheit und den Idealismus der Pioniere in die Wiege. Die von der Ostküste stammende Geschäftswelt steuerte Weltoffenheit bei. Vielleicht war Portland deshalb von Anfang an eine menschenfreundliche Stadt. Jedenfalls sind die Entfernungen in ihr gering, strenge Baugesetze schützen alte Gemäuer, das öffentliche Verkehrsnetz gilt an der ohnehin progressiven Westküste als vorbildlich. Und seit den 1980er-Jahren fließt ein Prozent der städtischen Einnahmen in die Finanzierung öffentlicher Kunstwerke.

Hinzu kommt die Lage: Portland ist mit Postkartenansichten auf den ▶Mount Hood gesegnet, verfügt über einen Tiefseehafen und ist nur jeweils eine Autostunde vom Pazifik, den Weinanbaugebieten des Willamette Valley und der ▶Columbia River Gorge entfernt.

Ein Blickfang: die Arlene Schnitzer Concert Hall im Stadtzentrum von Portland

Geschichte — Zunächst ein Handelstreffpunkt der Chinook-Indianer, ließen sich in den 1820er-Jahren am Zusammenfluss von Willamette und Columbia River frankokanadische Trapper nieder. Zu seinem Namen kam der Ort im Winter 1844/1845, als zwei aus Neuengland stammende Siedler darum würfelten, die Stelle ihres Claims benennen zu dürfen: Der aus Portland (Maine) stammende »Spieler« gewann. Danach ging es mit der bis dahin nur aus einer Sägemühle, einer Schmiede und ein paar Häusern bestehenden Siedlung steil aufwärts. Der Goldrausch im baustoffhungrigen Kalifornien verwandelte das durch seinen Tiefseehafen begünstigte Portland quasi über Nacht in eine boomende, Holz exportierende Großstadt. Das 20. Jh. begann Portland 1905 mit der **»Lewis and Clark Centennial Exposition«**, einer Leistungsschau, die drei Millionen Besucher verzeichnete und die 250 000-Einwohner-Stadt unwiderruflich zur Nummer eins Oregons machte.

»Rose City« — Heute ist die »Rose City« das wirtschaftliche und kulturelle Zentrum des Bundesstaats; u. a. haben hier über tausend Hightech-Firmen ihren Sitz. Herausragende Sehenswürdigkeiten besitzt die gedrängt gebaute, oft europäisch wirkende Stadt allerdings nicht – stattdessen punktet sie mit Charme und Liebenswürdigkeit.

Bedingt durch die Schleife des Willamette River, ist Portland nicht in vier, sondern in fünf »Quadranten« unterteilt: Northwest, Southwest, Northeast, Southeast und North. Die fußgängerfreundliche **Downtown** mit traditionsreichen Hotels und Kaufhäusern liegt in **Southwest**, besser bekannt auch als auch **Westside. Northwest**, einst das etwas feinere Wohngebiet, wimmelt vor Boutiquen, Cafés und Straßenmusikern.

Im Osten des Nordwest-Quadranten liegt der **Pearl District**, Portlands Trendviertel, wo Jungunternehmer alte Lagerhäuser in Lofts, Galerien und Zeitgeist-Restaurants verwandelt haben. Das interessanteste Stadtviertel ist **Southeast**; hier wohnen auch die meisten »Portlander«.

DOWNTOWN

*Pioneer Courthouse Square — Der von Yamhill, 6th Avenue, Morrison Street und Broadway umgebene, von hohen Kaufhäusern und Bürogebäuden umrahmte Platz ist eines der soziokulturellen Nervenzentren von Oregons Metropole Portland – mit über 300 verschiedenen Veranstaltungen im Jahr. Dazwischen verdienen sich hier Straßenkünstler ihr Geld, Musiker zeigen ihr Können im Halbkreis eines kleines Amphitheaters und Touristen fotografieren ungewöhnliche Skulpturen wie **»Allow me«**, die Statue eines regenschirmbewehrten, ein Taxi rufenden Geschäftsmanns.

Portland erleben

AUSKUNFT
Travel Portland Visitor Information Center
701 SW 6th Avenue
Pioneer Porthouse Square
Portland, OR 97204
Tel. 1 503 2 75 83 55
www.travelportland.com
Mo. – Fr. 8.30 – 17.00,
Sa. 10.00 – 16.00,
Mai – Okt. auch So. 10.00 – 14.00 Uhr

VERKEHR
Flughafen
Portland International Airport
9 mi/15km nordöstlich vom Zentrum; tgl. Direktverbindung nach Frankfurt. Airport-Shuttles verkehren von 5.00 bis 24.00 Uhr zwischen Airport und allen großen Hotels im Zentrum.
Auch Busse und S-Bahnen der TRI-MET bedienen den Flughafen.

ÖPNV
TRI-MET Transit Agency
www.trimet.org
Den öffentlichen Personennahverkehr regelt die städtische Verkehrsgesellschaft. In Downtown profitiert man vom kostenlosen »Fareless Square«: Im Bereich zwischen I-405, Willamette River und NW Hoyt Street ist die Benutzung der MAX-Straßenbahnen gratis. Erst Fahrten jenseits dieses Bereichs sind kostenpflichtig.

EVENTS
www.portlandguide.com/ entertainment/festivals.php
Unter dieser Internet-Adresse findet man umfassende Informationen über alle Festivitäten in der Stadt.

Portland Rose Festival
Juni (3 Wochen)
www.rosefestival.org
Das »Rosenfestival« ist das mit Abstand größte und populärste Fest der Stadt. Dabei geht es längst nicht mehr nur um die edlen Blumen: Umzüge, Feuerwerke und Drachenbootrennen sorgen für Nonstop-Spektakel.

SHOPPING
Pioneer Courthouse Square
Portlands Haupteinkaufszone breitet sich mit 600 Geschäften und Kaufhäusern rund um diesen Platz aus.

Portland Saturday Market
SW Naito Boulevard
(unter der Burnside Bridge)
März – Dez. Sa. 10.00 – 17.00,
So. 11.00 – 16.30 Uhr
Eine charmante und ziemlich wuselige Mischung aus Wochenmarkt, Entertainment und Kunstbasar, ist der größte Markt dieser Art in den USA.

THEATER, KONZERTE
www. oregonlive.com/oregonian
www.wweek.com
Was wo passiert, steht in der Tageszeitung »Oregonian« und in der gratis ausliegenden »Willamette Week«

Portland Center for the Performing Arts
1111 SW Broadway
www.pcpa.com
Tickets am PCPA-Schalter (Mo. – Sa. 10.00 – 17.00 Uhr) und bei Ticketmaster (Tel. 1 503 2 24 44 00, www.ticketmaster.com)

Portland • Downtown

Essen
1. Ox
2. Paley's Place
3. Besaw's Café
4. Marco's Café & Espresso Bar

Übernachten
1. Hotel Vintage
2. Sentinel Hotel
3. Hotel Lucia
4. Northwest Silver Cloud Inn

Ausgehen
1. McMenamin's Crystal Ballroom
2. North 45
3. Mississippi Studios
4. Teardrop Lounge

Portland • OR

Theaterstücke, Opern, Musicals und Rockkonzerte auf vier Bühnen.

Portland Center Stage, Gerding Theatre at the Armory
128 NW 11th Avenue
Tel. 1 503 4 45 37 00
www.pcs.org
Das größte Theaterensemble der Stadt spielt zeitgenössische Stücke.

Do Jump! Echo Theatre
1515 SE 37th Avenue
Tel. 1 503 2 31 12 32
www.dojump.org
Von den zahlreichen Tanzensembles in Portland ragt das im »Echo Theatre« beheimatete »Do Jump! Extremely Physical Theatre« heraus. Die Tänzer und Tänzerinnen der Truppe kommentieren in einer kreativen Mischung aus Akrobatik, Humor und Tanz das Zeitgeschehen.

AUSGEHEN

❶ McMenamin's Crystal Ballroom
1332 W. Burnside Street
Tel. 1 503 2 25 00 47
Weitläufiger Tanzboden in historischem Ballsaal von 1914 mit Disko und Live-Musik. Hier trat schon die Creme des Blues & Soul auf, zum Beispiel Etta James, Marvin Gaye und James Brown.

❷ North 45
517 NW 21st Avenue
Tel. 1 503 2 48 63 17
Beliebter Single-Treff in Northwest mit schöner Terrasse zum Draußensitzen und »Leutegucken«. Nach 22.00 Uhr: Abtanzen zu Oldies.

❸ Mississippi Studios
3939 N Mississippi Avenue
Tel. 1 503 2 88 38 95
Für viele der beste Ort für Live-Musik und spontane Jam Sessions. Große Namen und noch wenig bekannte Independent-Gruppen.

❹ Teardrop Lounge
1015 NW Everett Street
Tel. 1 503 4 45 81 09
Das elegante Etablissement im Pearl District rühmt sich der besten Cocktails im Nordwesten.

ESSEN

❶ Ox €€€€ – €€€
2225 Martin Luther King Jr Blvd
Tel. 1 503 2 84 33 66
Ein sehr beliebtes Steakhouse mit qualitativ hochwertigen Speisen.

❷ Paley's Place €€€€ – €€€
1204 NW 21st Avenue
Tel. 1 503 2 43 24 03
Intimes Bistro mit eleganter regionaler Cuisine; serviert werden Spezialitäten wie Aragula-Salat mit Ziegenkäse und in Lavendelsauce geschmortes Lamm.

❸ Besaw's Café €€€
1545 NW 21st Avenue
Tel. 1 503 2 28 26 19
Gemütlicher Nachbarschaftstreff. Auf der Karte stehen Burger und fashionable Gerichte wie Lachs in Limonenbutter. Nicht zu verachten auch das Brunch-Angebot.

❹ Marco's Café & Espresso Bar €€€
7910 SW 35th Avenue
Tel. 1 503 2 45 01 99
Meisterhafte Fusion Cuisine aus asiatischen, europäischen und eigenen Rezepten.

ÜBERNACHTEN

❶ *Hotel Vintage* ❸❸❸❸
422 SW Broadway
Tel. 1 503 2 28 12 12
www.vintageplaza.com
Traditionsreich und urban-elegant zugleich, eine ideale Basis für die Erkundung der Stadt.

❷ *Sentinel Hotel* ❸❸❸ – ❸❸❸❸
614 SW 11th Avenue
Tel. 1 503 2 24 34 00
www.sentinelhotel.com
Luxuriöses Hotel in einem historischen Gebäude downtown.

❸ *Hotel Lucia* ❸❸❸
400 SW Broadway
Tel. 1 503 2 25 17 17
www.hotellucia.com
Zentral gelegenes Haus mit 127 freundlichen Gästezimmern.

❹ *Northwest Silver Cloud Inn* ❸❸❸
2426 NW Vaughn Street
Tel. 1 503 2 42 24 00
www.silvercloud.com
Ruhige Unterkunft mit 82 modern eingerichteten Zimmern mitten in Nob Hill.

Portland Art Museum Spektakuläre Wanderausstellungen internationaler Künstler und vorzügliche Dauerausstellungen, u. a. über die Kulturen der Nordwestküsten-Indianer und über asiatische Kunst, sichern diesem Museum gegenüber vom Oregon History Center einen vorderen Platz unter den Kunstschreinen im Westen.
◉ 1219 SW Park Ave., Di. – Sa. 10.00 – 17.00, Do., Fr. bis 20.00, So. 12.00 bis 17.00 Uhr, Eintritt 15 $, www.portlandartmuseum.org

Oregon History Center Die Oregon Historical Society hat ein hervorragend komponiertes Museum zur Geschichte des Bundesstaats geschaffen. Es umfasst die Zeitspanne von der voreuropäischen Zeit über den Oregon Trail bis zur progressiv orientierten Gegenwart.
◉ 1200 SW Park Ave., Mo. – Sa. 10.00 – 17.00, So. 12.00 – 17.00 Uhr, Eintritt 11 $, www.ohs.org

Portland Building Anfangs für seine ungewöhnlich kräftigen Farben und Stilelemente heftig kritisiert, ist das entfernt an die Mega-Kasinos von Las Vegas erinnernde 15-stöckige Bürogebäude inzwischen der akzeptierte Anker der Innenstadt. Im zweiten Stockwerk des Portland Buildings befindet sich das **Metropolitan Center for Public Art**, das u. a. Broschüren mit Touren zu den öffentlichen Kunstwerken Portlands herausgibt (1120 SW 5th Ave.).

*Washington Park Der westlich der Downtown in den West Hills liegende Park beherbergt die beiden Top-Attraktionen von Portland und gilt als Juwel des ausgedehnten Parksystems der Stadt. Der **International Rose Test Garden** (400 SW Kingston Ave.) wurde 1917 von der American Rose Society angelegt, um dort mit neuen Arten zu experimentieren.

Heute blühen hier vor allem im Juni über 10 000 Rosen aus rund 400 verschiedenen Arten.

Auf einer Terrasse weiter westlich sind die ***Japanese Gardens** angelegt. Als einer der schönsten Gärten seiner Art gelobt – Teiche, Brücken, Sand- und Steinskulpturen laden zum Meditieren ein –, müssen diese wunderschönen Anlagen selbst auf ihren »Fudschijama« nicht verzichten: Bei klarem Wetter ist der schneebedeckte ▶Mount Hood von hier aus zu sehen.

❶ Hwy. 26, Exit 72, dann der Beschilderung folgen, 611 Kingston Ave., April bis Sept. Mo. 12.00 – 19.00, Di. – So. 9.00 – 19.00, Okt. – März Mo. 12.00 bis 16.00, Di. – So. 12.00 – 16.00 Uhr, Eintritt 9,50 $, http://japanesegarden.com

Im Sommer geht's mit dem »Zoo Train« vom Rosengarten im Washington Park zum Zoo. Über 1000 Tiere von **etwa 200 verschiedenen Arten** warten hier auf große und kleine Besucher. Im Winter verwandeln die »Zoolights« den Zoo in ein »Wunderland« mit beleuchteten Bäumen und Tierfiguren. Im Sommer finden auf den Rasenflächen hin und wieder Konzerte statt.

Oregon Zoo

❶ 4001 SW Canyon Rd., 6. Jan – Feb. 10.00 – 16.00, März – Ende Mai 9.00 bis 16.00, Ende Mai – Anf. Sept. 9.00 – 18.00, Anf. Sept. – 5. Jan 9.00 bis 16.00 Uhr, Eintritt 11,50 $, www.oregonzoo.org

Ganz in der Nähe können die kleinen Portland-Besucher im Children's Museum basteln, bauen, Theater spielen und vieles, vieles mehr, vor allem aber: Spaß haben.

Children's Museum

❶ 4015 SW Canyon Road, Di. – So. 9.00 – 17.00 Uhr, Eintritt 10 $, www.portlandcm.org

Alles über Bäume, Wälder und Holz erfährt man gleich nebenan im bereits 1964 gegründeten World Forestry Center. Zu ihm gehören auch ein forstwissenschaftliches Institut, mehrere Baumschulen und vor allem auch ein hochinteressantes ***Museum** im Washington Park. Dort kann man kleine Wälder aller Kontinente aus allen Blickwinkeln erkunden. Außerdem werden tolle Mitmach-Programme geboten.

World Forestry Center

❶ 4033 SW Canyon Rd., tgl. 10.00 – 17.00 Uhr, Eintritt 9 $, www.worldforestry.org

PEARL DISTRICT

Es war ein ideenreicher Reisejournalist, der dem alten, aus ungenutzten Lagerhäusern bestehenden Viertel zwischen W. Burnside Street, Willamette River, NW Broadway und 405 Freeway seinen Namen gab: außen rau wie eine Muschel, innen ein Schatz. Seitdem jedoch

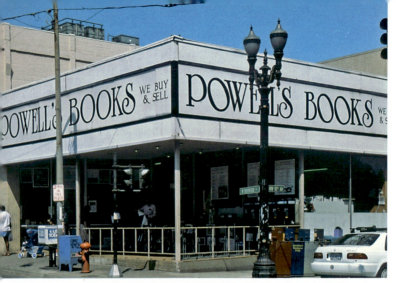

Powell's City of Books ist die größte Buchhandlung der Welt.

Software-Hersteller, Künstler, Musiker und andere kreative Branchen hier eingezogen sind, ist auch die einst raue Schale restaurierten viktorianischen Fassaden gewichen. Beste Zeit für eine Besichtigungs-Tour: einer der im Sommer stattfindenden **»First Thursday Art Gallery Walks«**, bei dem alle Galerien des Viertels von 18.00 bis 21.00 Uhr geöffnet haben.
- www.firstthursdayportland.com

Powell's City of Books Am Südrand des Viertels residiert Powell's City of Books. Die einen ganzen Häuserblock einnehmende Buchhandlung gilt als **größte unabhängige Buchhandlung der Welt** und beherbergt auf drei Etagen bzw. 6500 m² mehrere Millionen Bücher.
- 1005 W Burnside St., tgl. 9.00 – 23.00 Uhr, Eintritt frei, www.powells.com

Oregon Maritime Museum Das Museum zur Schifffahrt auf dem Columbia und dem Willamette River, eingerichtet auf dem historischen Schaufelrad-Schlepper »Portland«, ankert im Tom McCall Waterfront Park.
- 115 SW Ash St., Mi., Fr., Sa. 11.00 – 16.00 Uhr, Eintritt 7 $, www.oregonmaritimemuseum.org

NORTHWEST PORTLAND

Nob Hill Hier geht Portland essen: Studenten mit etwas mehr Taschengeld, Jungmanager und Yuppies ohnehin. Das Viertel liegt nördlich der Burnside Avenue zwischen der NW 18th und NW 27th Avenue und ist das Resultat eines gelungenen Faceliftings: In viktorianische Ziegelsteinhäuser an schmalen Straßen zogen angesagte Kunstgalerien, Boutiquen und Restaurants – so viele, dass NW 21st und NW 23rd Avenues, die Nervenzentren des Viertels, **»Trendyfirst and Trendythird«** genannt werden. Die schönen Stadthäuser in den Seitenstraßen, schattigen Alleen mit Ostküsten-Feeling, sind die heißesten Immobilien Portlands. Besucher schwärmen von den Straßencafés in Nob Hill als idealen Orten zum »Leutegucken«.

NORTHEAST PORTLAND

Das jenseits des Willamette River liegende Wohnviertel ist am besten über die Steel Bridge, die schöne Blicke auf Portlands Downtown ermöglicht, zu erreichen.
Sehenswert ist hier vor allem **The Grotto**, ein katholischer, von einem herrlichen botanischen Garten umgebener Schrein mit einer 1925 aus dem Basalt gehauenen Grotte. »The National Sanctuary of Our Sorrowful Mother« wird alljährlich von Hunderttausenden Pilgern besucht.

Wohnquartier

❶ 8840 NE Skidmore St., tgl. 9.00 – 18.00 Uhr, Eintritt frei, Spende erbeten, www.thegrotto.org

SOUTHEAST PORTLAND

Der Südostsektor der Stadt erstreckt sich vom Ostufer des Willamette River bis zu den historischen Wohnvierteln Hawthorne und Belmont. Ursprünglich war dies eine Arbeitergegend und später bei Hippies, Wehrdienstverweigerern und anderen Vertretern der amerikanischen Gegenkultur beliebt; heute entdecken auch gut Betuchte das relativ preiswerte Leben rund um den Hawthorne Boulevard.

Rund um den Hawthorne Boulevard

Sehenswert in Southeast ist v. a. das **Oregon Museum of Science and Industry**. In dem interaktiven Museum kann man in fünf thematisch voneinander abgegrenzten Hallen und acht Laboratorien selbst Hand anlegen – von der Brücke eines Frachtschiffs aus, im U-Boot »SS-58«1 oder im NASA-Kontrollzentrum in Houston während einer Gemini-Mission.

> **BAEDEKER TIPP !**
>
> *Gemütliches Kaffeehaus*
>
> Das mit Buchregalen und gemütlichen Sitzecken vollgestopfte »Palio Coffee and Dessert House« im Hawthorne District ist für viele Portlander der schönste Ort für einen Kaffeeklatsch. Dazu gibt's ein Stück leckeren Erdnussbutterkuchen. Adresse: 1996 SE Ladd Ave., Tel. 1 503 2 32 94 12

❶ 1945 SE Water Ave., Di. – So. 9.30 – 17.30 Uhr, Eintritt 13 $, www.omsi.edu

UMGEBUNG VON PORTLAND

*Oregon City

Als **Endpunkt des Oregon Trails** und erste Hauptstadt des Landes blickt Oregon City (33 000 Einw.), ca. 15 mi/24 km südlich von Portland, auf eine bewegte Geschichte zurück. Wie um ihre historische Bedeutung zu unterstreichen, rauschen mitten in der Stadt die **Willamette Falls** 12 m tief über die Basaltkante. Oregon Citys Geschichte begann 1829, als **John McLoughlin**, der Bevollmächtigte der Hudson's Bay Company in Fort Vancouver, an dieser Stelle eine Sägemühle baute. 1840 zog er selbst hierher und half den auf dem Oregon Trail ankommenden Siedlern mit Nahrungsmitteln und Baumaterialien. Schon bald entwickelte sich Oregon City zum Zentrum verschiedener verarbeitender Industrien. Von 1849 bis 1851 war es die Hauptstadt des amerikanischen »Oregon Territory«. Heute bietet die Stadt, in der sich v. a. Hightechfirmen und Versicherungsunternehmen angesiedelt haben, interessante Einblicke in eine Phase der amerikanischen Geschichte, die noch gar nicht so lange her ist.

> **! BAEDEKER TIPP**
>
> *Raddampfer-Tour*
>
> An Bord des Raddampfers »Belle of the Falls« erlebt man den Willamette River, die Willamette Falls und die Schleusen aus nächster Nähe. Abfahrtszeiten: Mai bis Sept. Do. – So. 11.00, 13.00 u. 15.00 Uhr, Ticket 20 $, http://willamettefalls.org/LockBelle

Das nördlich der Willamette Falls gelegene **Museum of the Oregon Territory** bietet einen wahren Rundumschlag: Die Themen der Ausstellungen reichen von der Ur- über die Pionierzeit bis heute.

Hoch auf einer Basaltklippe über dem Willamette River thront das Wohnhaus von **John McLoughlin**, dem »Vater von Oregon«, der hier bis zu seinem Tod im Jahr 1857 gewohnt hat. Es ist heute als John McLoughlin House National Historic Site ausgewiesen.

Trotz des mitschwingenden Pathos ist das **End of the Oregon Trail Interpretive Center** ein lohnenswertes Ziel: Wechselnde Ausstellungen und ein 30-minütiger Film liefern Informationen zu allen Aspekten dieser größten Binnenwanderung der amerikanischen Geschichte. Der Platz für dieses Informationszentrum wurde nicht zufällig gewählt. Früher gehörte dieses Land **George Abernethy**, dem ersten Gouverneur Oregons. Der ließ die neu angekommenen Siedler hier campieren, bevor sie zu ihren Claims weiterzogen.

Museum of the Oregon Territory: 211 Tumwater Dr., Mi. – Sa. 11.00 bis 16.00 Uhr, Eintritt frei, www.clackamashistory.org

John McLoughlin House National Historic Site: 713 Center St., Mi. – Sa. 10.00 – 16.00, So. 13.00 – 16.00 Uhr, Eintritt frei, www.stateparks.com

End of the Oregon Trail Interpretive Center: 1726 Washington St., Ende Mai – Anf. Sept. Mo. – Sa. 9.30 – 17.00, So. 10.30 – 17.00, Anf. Sept. bis Ende Mai sonst Mo. – Sa. 11.00 – 16.00, So. 12.00 – 16.00 Uhr, Eintritt 9 $, www.historicoregoncity.org

Port Orford

J 3

Region: Curry County (Südküste)
Einwohnerzahl: 1200
Höhe: 18 m ü.d.M.

Unverstellte Blicke auf endlose Strände und meerumtoste Felsenklippen: Experten haben der westlichsten Ansiedlung der Lower 48 schon vor Jahren einen Tourismusboom prophezeit. Doch bislang ist es nicht dazu gekommen…

SEHENSWERTES IN PORT ORFORD UND UMGEBUNG

Port Orford hat kein erkennbares Zentrum und auch keine deutlich identifizierbare Stadtgrenze. Zu weit auseinander und oft von Gebüsch und Bäumen verdeckt stehen die einfachen Häuschen auf der weit in den Pazifik ragenden Landzunge. Gewerbe findet am Highway 101 statt: ein, zwei Tankstellen, ein paar einfache Restaurants, ein kleiner Supermarkt und in der Bucht eine Pier mit drei, vier Kuttern. Die Blütezeit als Fischer- und Holzverladehafen ist längst vorbei. Eine Handvoll kleiner Hotels, B & Bs und Galerien bereitet sich auf eine verheißungsvolle Zukunft im Tourismus vor: Einige der schönsten State Parks der Küste sind nur einen Katzensprung entfernt. Doch bis es so weit ist, bleibt der **Battle Rock** die einzige nen-

Port Orford erleben

AUSKUNFT
Port Orford & North Curry County Chamber
P. O. Box 637
Port Orford, OR 97465
Tel. 1 541 3 32 80 55
www.portorfordchamber.com

ESSEN
Paradise Café ❷❷
1825 Oregon Street
Tel. 1 541 3 32 81 04
Solide Küche in Wohnzimmer-Atmosphäre, gemütliche Theke.

The Crazy Norwegian's Fish & Chips ❷
259 Highway 101
Tel. 1 541 3 32 86 01
Bei den Einheimischen beliebte und recht einfache Fischkantine.

ÜBERNACHTEN
Castaway by the Sea Motel ❷❷
545 5th Street
Tel. 1 541 3 32 45 02
www.castawaybythesea.com
Schöner Meerblick aus jedem der 13 modern eingerichteten Zimmer.

nenswerte Sehenswürdigkeit im Ort. Der mächtige, halb im Wasser, halb auf dem Strand der Stadt sitzende Fels war 1851 Schauplatz blutiger Gefechte zwischen weißen Siedlern und Tututni-Indianern. Zwei Wochen belagerten die Indianer den Felsen, auf den sich die Siedler nach ihrem vergeblichen Versuch, sich hier niederzulassen, zurückgezogen hatten, dann gelang ihnen im Schutz der Dunkelheit die Flucht. Der Fels kann bestiegen werden, doch Vorsicht: Manchmal ist die Flut so hoch, dass sie ihn zur Insel werden lässt.

Cape Blanco State Park Warum es der Spanier Martin d'Anguilar, der es 1603 sichtete, »blanco« (weiß) nannte, ist nicht bekannt. Bekannt hingegen ist, dass das weit in den Pazifik ragende Vorgebirge einer der westlichsten Punkte der Lower 48 ist und den südlichsten Leuchtturm Oregons trägt. Das 1870 fast 80 m über dem Ozean gebaute Leuchtfeuer war auch bitter nötig. Schon auf der rund zehn Kilometer langen Anfahrt durch einen lichten Wald ahnt man die Wucht der Winterstürme, die auf das Kap einprügeln. 64 Stufen führen hinauf auf die Spitze des Turms; ein kleines **Museum** erinnert an das harte Leben der Leuchtturmwärter.
❶ April – Okt. Di. – So. 10.00‑15.30 Uhr, Eintritt 5 \$, Parkgebühr 7 \$ pro Fahrzeug, www.oregonstateparks.org

*Humbug Mountain State Park Der mit 530 m **höchste Berg der Küste** ragt so steil aus dem Pazifik, dass die Ingenieure den Hwy. 101 an seinen Rücken verlegen mussten. Woher der Name stammt, weiß niemand. Erlen, Ahornbäume, uralte Douglasien, Myrtlewood – eine lorbeerähnliche, nur in Südwest-Oregon heimische Baumart – und zwölf verschiedene Farnarten wachsen an seinen Hängen. Ein kurzer Trail führt vom Campingplatz zu einem verschwiegenen Sandstrand. Der 5 km lange **Humbug Mountain Trail** beginnt ebenfalls hier und führt, vorbei an phantastischen Aussichten auf die Küste, hinauf auf den Gipfel.

* Salem

G 4

Region: Marion County (Nordwest-Oregon)
Einwohnerzahl: 158 000
Höhe: 47 m ü.d.M.

Die im nördlichen Willamette Valley gelegene Hauptstadt konzentriert sich voll und ganz aufs Regieren. Da mögen selbst die offiziellen Broschüren nicht von einer aufregenden Stadt schwärmen.

Hauptstadt Oregons Meist pflegen Amerikas Städte ihre Besucher mit einem ansehnlichen, liebevoll restaurierten Zentrum für das deprimierende Einerlei

Im Jahr 1938 eingeweiht: das Oregon State Capitol

aus Malls und Parkplätzen an ihren Peripherien zu entschädigen. Salem bleibt selbst das schuldig, trotz seiner schönen Lage am Willamette River. Es mag an den vielen grauen, über die Innenstadt verstreuten Regierungsgebäuden liegen, die Nüchternheit ausstrahlen und einen gewissen Konservatismus. Es mag auch an den »Genen« dieser Stadt liegen, die ihr Ernsthaftigkeit gewissermaßen in die Wiege legten. Denn an dem Ort, den die Kalapuya-Indianer einst **»Ort der Ruhe«** – ein Zufall? – nannten, gründete der Methodisten-Prediger Jason Lee 1841 eine Mission mit dem Ziel, die – natürlich ungefragten – Ureinwohner zu erziehen und ihnen damit ein besseres Leben zu ermöglichen. Da dem hehren Unterfangen kein rechter Erfolg beschieden war, beschloss Lee, eine Stadt zu gründen. Den Erlös aus dem Verkauf des zur Mission gehörenden Grund und Bodens investierte er 1842 in das Oregon Institute, der Keimzelle der **Willamette University** und damit ältesten Lehranstalt westlich des Mississippis. 1844 ist das Gründungsjahr der Stadt, 1851 wurde Salem Hauptstadt. Seither sind Regierung und Lehrbetrieb die größten Arbeitgeber der heute drittgrößten Stadt Oregons. Dabei bietet sie, und das mag den Besucher ein wenig versöhnen, mit weitläufigen Parks und dem Universitätscampus schöne Oasen der Ruhe, in denen man nach der Besichtigung der wichtigsten Sehenswürdigkeiten gerne relaxt.

SEHENSWERTES IN SALEM

Das ebenso wie der größte Teil der Stadt auf dem Ostufer des Willamette River liegende, 1938 eingeweihte State Capitol weist eine für amerikanische Regierungssitze ungewöhnliche Architektur auf. Statt der sonst typischen Kuppel sitzt eine Rotunde auf einem schachtel-

*State Capitol

Salem erleben

AUSKUNFT
Salem Convention & Visitors Association
181 High St. SE
Salem, OR 97301
Tel. 1 503 5 81 43 25
www.travelsalem.com

EVENT
Oregon State Fair
2. Augusthälfte
www.oregonstatefair.org
Mix aus Leistungsschau und Rummel, präsentiert dem Besucher ein unterhaltsam inszeniertes Schaufenster in die Wirtschaft des Bundesstaats. Das hochklassige Rahmenprogramm bestreiten landesweit bekannte Entertainer und Popstars.

ESSEN
Croissant & Company €€€
190 High St. SE
Tel. 1 503 3 62 73 23
Salate, Sandwiches, Geflügel, alles frisch: Zum Saturday Market ist es nicht weit.

Boon's Treasury €€
888 Liberty St. NE
Tel. 1 503 3 99 90 62
Von den bierbrauenden McMenamin-Brüdern betriebener, gemütlicher Pub im alten Schatzamt der Stadt. Hin und wieder gibt's Live-Musik.

ÜBERNACHTEN
Phoenix Inn Suites €€
4370 Commercial St. SE
Tel. 1 503 5 88 92 20
www.phoenixinn.com
Das beste Hotel der Stadt bietet 90 modern eingerichtete Zimmer und Suiten sowie einen Swimming Pool.

ähnlichen Gebäude, errichtet aus weißem Vermont-Marmor und verziert mit Art-déco-Elementen.

Eine sieben Meter große, vergoldete **Statue des »Oregon Pioneer«** thront auf der Rotunde. Drinnen führen **große Wandgemälde** das Pionier-Thema mit Schlüsselszenen von der Entdeckung und Erschließung Oregons fort.

❶ 900 Court St. NE, Eintritt frei, Führungen Mo. – Fr. 9.00 – 15.00 Uhr, www.oregonstateparks.org

Hallie Ford Museum of Art Untergebracht im früheren, bunkerähnlichen Gebäude einer Telefongesellschaft, beherbergt das »Jewel Box« genannte, zur Uni gehörende Museum einige der besten Kunstsammlungen des Nordwestens. Über fünfzig Künstler aus Oregon und dem benachbarten Washington von 1880 bis heute sind hier ausgestellt. Ferner ist die **»Confederated Tribes of Grande Ronde Gallery«** für ihre herrlichen indianischen Flechtarbeiten landesweit berühmt.

❶ 700 State St., Di. – Sa. 10.00 – 17.00, So. 13.00 – 17.00 Uhr, Eintritt 6 $, https://willamette.edu

Das Freilichtmuseum bietet mit drei historischen Wohnhäusern, einer Kirche und acht weiteren Gebäuden der 1889 gegründeten Thomas Kay Woolen Mill einen Einblick in die Gründungszeit Salems.
❶ 1313 Mill St., SE; Mo. – Sa. 10.00 – 17.00 Uhr, Eintritt 6 $, www.willametteheritage.org

*Mission Mill Museum

Der von State, Winter, Bellevue und 12th Sts. eingerahmte Campus der WU prägt die Stadt ähnlich stark wie die Hochschulen Neuenglands ihre Städtchen. Besonders schön ist der **Martha Springer Botanical Garden** mit zwölf kleineren, kunstvoll angelegten Gärten.

Willamette University

UMGEBUNG VON SALEM

Salems sympathischer **Vergnügungspark**, 6 mi/10 km südlich der Stadt, ist das Werk eines einzelnen Mannes – und wohltuend anders als seine größeren, moderneren Konkurrenten. 1971 eröffnete Bill Tofte sein selbst gezimmertes, von Zwergen, Feen und sprechenden Tieren bewohntes Märchenland. Inzwischen um Attraktionen wie Wasserrutschen und Achterbahnen bereichert, hat es seinen naiven Charme bewahrt.
❶ 8462 Enchanted Way, via I-5, Exit 248, Letzte Märzwoche tgl. 10.00 bis 17.00, April – Mitte Mai Sa., So. 10.00 – 17.00, Mitte Ma – iAug. tgl. 10.00 bis 17.00 bzw. 18.00, im Hochsommer bis 19.00, Sept. Sa., So. 10.00 bis 17.00 bzw. 18.00 Uhr, Eintritt 10,75 $, www.enchantedforest.com

Enchanted Forest

Das knapp 20 mi/32 km südlich von Salem gelegene Städtchen (52 000 Einw.) am Zusammenfluss von Calapooia und Willamette River ist mit fast **400 viktorianischen Häusern** ein hübsches Schaufenster in die Pionierzeit. Sehenswert ist v. a. das 1849 erbaute **Monteith House**. Das älteste Haus der Stadt beherbergt u. a. die Originalküche und ein Klavier, das einst die 3200 km lange Anreise über Land im Ochsenkarren absolvierte
Im **Monteith District**, zwischen Elm und Ellsworth Streets, stehen weitere fotogene Heime alter Pioniere.
Die Ausstellungen im **Albany Regional Museum** werfen informative Schlaglichter auf die Geschichte des Raumes Albany.

*Albany

Viktorianische Architektur in Albany

Salem • OR

Im Übrigen genießt Albany einen guten Ruf als Dorado für Antiquitäten-Fans.

In der Umgebung warten gut vier Dutzend **Covered Bridges** auf Fotografen und Verliebte. Seit dem Kinoerfolg »Die Brücken am Fluss« (1995) mit Clint Eastwood und Meryl Streep weiß man ja, dass diese Brücken ihre Dächer nicht nur trugen, um das Holz darunter vor den Unbilden des Wetters zu schützen. Fünf »gedeckte Brücken« gibt es bei dem Weiler **Scio** ein paar Autominuten nordöstlich von Albany zu bewundern. Die meisten stammen aus den 1930er-Jahren.

Moonteith House: 518 2nd SW, Mitte Juni – Mitte Sept. Mi. – Sa. 12.00 bis 16.00 Uhr, Eintritt 2 $, Spende erbeten,
http://albanyvisitors.com/historic-albany/museums/monteith-house/
Albany Regional Museum: 136 Lyon St. SW, Di. – Fr.. 12.00 – 16.00, Sa. 10.00 – 14.00 Uhr, Eintritt 2 $, Spende erbeten, www.armuseum.com

Corvallis

Etwa 15 mi/24 km südwestlich von Albany liegt Corvallis (54 000 Einw.). In den amerikanischen Rankings der lebenswertesten Städte rangiert das Universitätsstädtchen am Willamette River immer weit oben. Der weitläufige Campus der **Oregon State University** bedeckt nahezu ein Fünftel des Stadtgebiets und geht östlich von der 11th Street nahtlos in die Downtown mit schönen alten Stadthäusern und schattigen Alleen über. Rund 20 000 Studenten sind an der OSU eingeschrieben, die Universität ist damit der größte Arbeitgeber der Stadt. Geschäfte, Buchläden und Cafés prägen das Gesicht der intensiv begrünten Downtown. Herausragende Sehenswürdigkeiten gibt es zwar nicht, doch ein ausgiebiger Bummel über den parkähnlichen, von Monroe St. und Western Blvd. begrenzten Campus – das säulenbewehrte **Memorial Union** ist das eindruckvollste Gebäude – lohnt sich allemal.

*Silver Falls State Park

Zehn bis zu 55 Meter hohe Wasserfälle in den unteren, von immergrünem Wald aus Douglasien und Hemlock-Tannen bedeckten Hängen der Cascade Mountains sind die Hauptattraktion des **größten State Park Oregons**. 25 mi/40 km nordöstlich von Salem gelegen, bietet er schöne Wanderwege, auf denen auch weniger sportliche Besucher erholsame Spaziergänge unternehmen können.

❶ Hwy. 213, tgl. 7.00 – 21.00 Uhr, Eintritt 5 $, Parkgebühr 7 $ pro Fahrzeug, www.oregonstateparks.org

Einer der wildromantischen Wasserfälle im Silver Falls State Park nordöstlich von Salem

Washington

WASHINGTON

Fläche: 184 665 km²
Einwohnerzahl: 7 Mio.
Hauptstadt: Olympia
Beiname: The Evergreen State

Der Bundesstaat in der Nordwestecke der USA führte lange Zeit ein Mauerblümchen-Dasein. Doch in Zeiten dicht bevölkerter Städte und immer heißer werdender Sommer ziehen schneebedeckte Vulkane und mysteriös-nebelverhangene Regenwälder immer mehr Besucher an.

Der »Evergreen State« steht für Vielfalt – in jeder Hinsicht. Kaum sonst wo in den USA sind Klima- und Vegetationszonen so scharf voneinander abgegrenzt wie im Bundesstaat Washington. So teilt die örtlich über 4000 m hohe, von Nord nach Süd streichende **Cascade Range** den Bundesstaat in einen feuchteren, vom Küstengebirge dominierten Westen und einen trockenen Osten. Schnee- und eisbedeckte Vulkankegel, darunter der 4395 m hohe **Mount Rainier**, charakterisieren die Kaskaden-Gebirgskette. Manche dieser Vulkane sind hoch aktiv, so etwa der 2549 m hohe **Mount St. Helens**. 1980 ereignete sich hier ein besonders heftiger Ausbruch, bei dem Asche- und Gaswolken 18 km hoch in die Stratosphäre geschleudert wurden und der nördliche, ursprünglich 2950 m hohe Gipfel bergab rutschte.

Die Cascades teilen den Staat auch politisch. Während man an der Küste und in den Städten im liberalen Westen traditionell demokratisch wählt, ist der ländlich geprägte Osten konservativ und ein verlässliches Stimmenreservoir der Republikaner. Und so blickt Washington einerseits auf eine lange Tradition sozialliberaler Politik zurück, die stolz auf ihre Gewerkschaftsvergangenheit und Verbraucherschutzgesetze ist. Lange zurück reicht aber auch der latente Rassismus, unter dem die asiatischen und afroamerikanischen Minderheiten zu leiden haben.

Politische Teilung

Lachs, Heilbutt, Schalentiere und Wale, ein **unendlich scheinender Vorrat an Holz** und Heilpflanzen: Dank ihres Reichtums an natürlichen Ressourcen war die Küste des heutigen Staates Washington bis zur Mündung des Columbia River dicht besiedelt und **Heimat wohl-**

Geschichte

Höchst imposant präsentiert sich Seattle, die Metropole des Bundesstaates Washington, bei abendlicher Beleuchtung.

Highlights Washington

► **Grand Coulee Dam**
Bereits seit 1942 ist das größte Wasserkraftwerk der USA in Betrieb.
►Seite 408

► **Mount Rainier**
Der imposante Feuerberg lockt nicht nur Vulkanologen, sondern auch Naturfreunde und passionierte Bergwanderer an.
►Seite 421

► **Olympic National Park**
Einzigartige gemäßigte Regenwälder und wildromantische Küstenabschnitte ziehen Besucher aus aller Welt an.
►Seite 437

► **Seattle**
ist das wirtschaftliche und kulturelle Zentrum des Nordwestens.
►Seite 448

habender **indianischer Kulturen**. Neuere Forschungen haben erbracht, dass hier schon seit mindestens 13 000 Jahren Menschen leben. Die bekanntesten der überwiegend sesshaften, große Langhäuser bauenden und kunstvolle Totempfähle schnitzenden Nordwestküstenindianer waren die **Chinook**, **Makah** und **Yakima**. Sie haben differenzierte Wirtschaftsformen und Gesellschaften hervorgebracht, in denen auch Frauen wichtige Ämter übernahmen. Ihre Handelsbeziehungen reichten weit nach Süden und tief ins Landesinnere.

Die **Ankunft der Weißen** Mitte des 19. Jh.s bedeutete das traumatische Ende der jahrtausendealten indianischen Kulturen. Die Nachkommen der durch Waffengewalt und Krankheiten dezimierten indianischen Ureinwohner leben heute in rund 20 Reservaten.

Zunächst war es die **Suche nach der Nordwestpassage**, die spanische und englische Seefahrer an die Nordwestküste Amerikas lockte. Doch schon bald erkannte man das wirtschaftliche Potenzial der starken Population von Pelztieren. Rasch blühte der **Pelzhandel** zwischen Indianern, Trappern und weißen Kaufleuten auf.

Anno 1775 beanspruchte der Entdecker **Bruno Heceta** diesen Küstenabschnitt für Spanien, 1778 sichtete **James Cook** das am Eingang zur Strait of Juan de Fuca liegende Cape Flattery. 1790 einigten sich England und Spanien auf eine gemeinsame Nutzung der Küste und öffneten diese damit auch den Amerikanern. 1792 erkundete der Engländer George Vancouver den Puget Sound. Im gleichen Jahr entdeckte der amerikanische Kapitän **Robert Gray** die Mündung des Columbia River.

Ab 1800 interessierte sich auch die englisch-kanadische **Hudson's Bay Company** für die an Pelztieren reiche Gegend. Von ihrem Stützpunkt Fort Vancouver aus beherrschte diese Gesellschaft während der nächsten zwei Jahrzehnte den Pelzhandel im gesamten Nordwesten Amerikas und richtete auch im Gebiet des heutigen Bundesstaates Washington zahlreiche Handelsplätze ein. Doch erst **Lewis und Clark** vermochten die Nordwestküste ins Blickfeld der jungen amerikanischen Politik rücken. Ihre Expedition erreichte das Gebiet des heutigen Bundesstaates Washington im Oktober 1805 auf dem Landweg. 1811 baute der deutschstämmige Pelzhändler **Johann Jakob Astor** an der Mündung des Columbia River den Handelsposten Astoria und – tief im Landesinnern – ein Fort am Zusammenfluss von Columbia und Okanogan River. Weitere Handelsposten folgten, in deren Umgebung auch Siedlungen entstanden. 1846 gaben die Briten ihren Anspruch auf das auch Washington umfassende Oregon auf und zogen sich im Oregon-Vertrag hinter den 49. Breitengrad als neuer Grenze zurück. Größere Siedlungen gab es damals nur im südlichen Teil des Territoriums, in Oregon. Salem war die Hauptstadt des Nordwestens der USA, der 1848 als **»Oregon-Territorium«** offiziell den USA angegliedert wurde und auch Idaho und Teile Montanas umfasste. Erst als bebaubares Land im Willamette Valley in Oregon knapp zu werden begann, überquerten Siedler in größerer Zahl den Columbia-Fluss. **Tumwater**, die erste amerikanische Siedlung in Washington, entstand bereits 1845 am Puget Sound. 1851 folgten Seattle und Port Townsend, beide als **Holzumschlagplätze** für das seit dem Goldrausch boomende Kalifornien.

Doch noch als Washington 1853 von Oregon getrennt wurde, hatte das nunmehr eigenständige Territorium gerade mal 4000 zwischen Pazifik und Rocky Mountains verstreute Einwohner. Der erste Gouverneur des Territoriums, **Isaac I. Stevens**, verlor deshalb keine Zeit und schloss mit den unruhig gewordenen Indianerstämmen Verträge, die eine durchgehende Erschließung ermöglichen sollten. Dennoch kam es bis 1858 zu mehreren blutigen Auseinandersetzungen zwischen Indianern und weißen Siedlern. Die Besiedlung Washingtons und die Anbindung an die übrigen Vereinigten Staaten sollte sich erheblich verzögern. Erst die **Ankunft der Eisenbahn** gegen Ende des 19. Jh.s brachte den Bundesstaat Washington entscheidend voran, der 1889 als 42. Bundesstaat der Union beigetreten war. Die damit einhergehende politische Stabilität förderte das Wirtschaftswachstum: **Weizenanbau** und **Viehzucht** im Osten, **Holzwirtschaft** und **Fischfang** im Westen. Der Goldrausch am Klondike im kanadischen Yukon-Territorium machte Seattle zum wichtigsten Hafen an der Nordwestküste. Die Bevölkerung des Staates Washington wuchs in dieser Zeit von 75 000 auf 1,2 Mio. Menschen.

> **? BAEDEKER WISSEN**
>
> *Wussten Sie schon ...*
>
> ... dass 1942 rund 18 000 Amerikaner mit ostasiatischen Wurzeln aus ihren Häusern geholt und in abgelegenen »War Relocation Camps« in Montana und Idaho interniert wurden? Nach Pearl Harbor hegte die US-Regierung Zweifel an der Loyalität ihrer aus Ostasien stammenden Bürger. Erst 1988 entschuldigte sich die Regierung für ihr Vorgehen.

Im **20. Jahrhundert** setzte sich der Boom fort, unterstützt durch **Staudamm-Projekte** entlang des Columbia River. Das ermöglichte den Aufbau einer leistungsstarken **Aluminiumproduktion** und **Flugzeugindustrie**. Die Firma Boeing in Seattle wurde alsbald zum größten Arbeitgeber im Bundesstaat. Nach dem Angriff auf Pearl Harbor im Dezember 1941 wurde Bremerton innerhalb von nur zwei Jahren zum **Schiffsbauzentrum** und Heimathafen der nördlichen Pazifikflotte ausgebaut.

Nach dem Zweiten Weltkrieg entwickelten die gesamte Puget Sound Area sowie das Tal des Columbia River zu Kernräumen der wirtschaftlichen Entwicklung mit einem geradezu explosionsartigen Bevölkerungswachstum. Nicht nur der Flugzeugbauer **Boeing** sorgte regelmäßig für gute Nachrichten, sondern auch der aus Seattle gebürtige **Bill Gates** (▶Berühmte Persönlichkeiten), der 1975 zusammen mit **Paul Allen** das heute weltweit führende Software-Unternehmen **Microsoft** gründete.

Die stürmische wirtschaftliche Entwicklung forderte aber auch ihren Tribut: Durch die Verbauung des Columbia River mit Staudämmen verschwanden beispielsweise die Lachse, die erst seit dem nachträglichen Einbau von Fischtreppen wieder flussaufwärts ziehen können. Prekär ist die Umweltsituation am Puget Sound sowie entlang des Columbia River, wo sich inzwischen zahlreiche Initiativen für eine nachhaltige, umweltfreundliche Wirtschaftsweise einsetzen.

* Bellingham

C 5

Region: Whatcom County
Einwohnerzahl: 82 000
Höhe: 0 – 210 m ü.d.M.

Selten ist eine Stadt so einnehmend wie diese alten Hafenstadt am nördlichen Puget Sound bzw. am Ende der inselübersäten Georgia Strait. Denn außer dem schneebedeckten Mount Baker im Rücken und dem blaugrünen Pazifik vor der Haustür bietet Bellingham auch eine aktive Kulturszene und jede Menge Lebensart.

! **BAEDEKER TIPP**

Chuckanut Drive

Von Bellingham führt der »Chuckanut Drive« (alte Rte. 11) zunächst ins Skagit Valley und dann hinauf in die Chuckanut Mountains. Oben in den Bergen gibt es herrliche Aussichtspunkte, von denen man einen tollen Blick auf die San Juan Islands hat.

Die vielen tollen Möglichkeiten zum Wandern, Kajakfahren und Skilaufen locken vor allem junge Familien und qualifizierte Arbeitskräfte an die Bellingham Bay. Auch die

Bellingham bietet viel Lebensqualität – auch für passionierte Freizeitkapitäne.

Western Washington University mit ihren mehr als 12 000 Studierenden verjüngt das Straßenbild und nährt eine kulturelle Szene mit zahlreichen Galerien, Theaterbühnen und Buchläden.

Anno 1792 benannte der britische Entdecker **George Vancouver** die hiesige Bucht nach **Sir William Bellingham**, der seine Expedition ausgerüstet hatte. Die ersten Weißen ließen sich 1854 nieder; 1903 erfolgte die Gründung der Stadt. Im Laufe ihres kurzen Bestehens hatte sie mancherlei Unbilden zu erleiden. Nach dem dramatischen Rückgang der Lachsbestände in den 1930er-Jahren hat man die Fischfabriken aufgegeben. Zu Beginn des 21. Jh.s wurde Bellingham erneut gebeutelt: Der Alcoa-Konzern schloss seine hiesige Aluminiumfabrik, eine Papierfabrik wurde ebenfalls geschlossen. Und die Ereignisse vom 11. September 2001 sorgten für einen dramatischen Einbruch des grenzüberschreitenden Tagesbesucherverkehrs.

Geschichte

SEHENSWERTES IN BELLINGHAM

Untergebracht im spätviktorianischen einstigen Rathaus sowie drei weiteren Gebäuden, beherbergt das Museum interessante Ausstellungen zur **Stadtgeschichte** und zum **Kulturschaffen** in der Umgebung. Besondere Beachtung wird dem Bootsbau geschenkt.

Whatcom Museum of History & Art

❶ 121 Prospect St., Di. – So. 12.00 – 17.00 Uhr, Eintritt 10 $, www.whatcommuseum.org

Bellingham erleben

AUSKUNFT
Bellingham · Whatcom CVB
904 Potter Street
Bellingham, WA 98229
Tel. 1 360 6 71 39 90
www.bellingham.org

BOOTSAUSFLÜGE
San Juan Cruises
355 Harris Ave., Bellingham, WA
Tel. 1 360 7 38 80 99
www.whales.com
Im Sommer legen Ausflugsboote vom Bellingham Cruise Terminal zu Touren (auch Walbeobachtung) durch die San Juan Islands ab.

WANDERN
Bellingham Trail Guide
www.cob.org/services
Das gebirgige Hinterland von Bellingham wird von schönen Wanderwegen erschlossen. Karten und Infos enthält der oben genannte Führer.

KAJAK FAHREN
Moon Dance Sea Kayak Adventures
2385 Forest View, WA
Tel. 1 360 7 38 76 64
www.moondancekayak.com
Paddeln ist die umweltfreundlichste Art, sich den Schönheiten im Pazifik zu nähern. Es werden ein- und mehrtägige geführte Trips zu verschiedenen Inseln inklusive Übernachtung im Zelt organisiert.

ESSEN
Anthony's at Squalicum Harbor ❹❹❹❹
25 Bellwether Way
Tel. 1 360 6 47 55 88
Frische Fische und Meeresfrüchte, zubereitet mit Gemüse und Früchten aus der Region.

Old Town Café ❹
316 W. Holly Street
Tel. 1 360 6 71 44 31
So sympathisch wie sein unprätentiöser Name; solide vegetarische Küche; der Klassiker: Tofu Scramble.

ÜBERNACHTEN
Chrysalis Inn & Spa ❹❹❹❹
804 10th Street
Tel. 1 360 7 56 10 05
www.thechrysalisinn.com
Elegantes Wellness-Hotel an der Bay, mit wunderhübschem Interieur aus Holz und Glas. Alle 43 Zimmer mit Meerblick.

DeCann House B&B ❹
2610 Eldridge Avenue
Tel. 1 360 7 34 91 72
www.decannhouse.com
Wahrlich eine »Victorian Beauty« mit tollem Panoramablick

Spark Museum of Electrical Innovation Dieses mit großer Sachkenntnis inszenierte Museum verfolgt die Erforschung und Nutzbarmachung der Elektrizität bis zum Siegeszug des Radios in den 1930er-Jahren. Besonders eindrucksvoll ist der nachgebaute **Radioraum der »Titanic«**.
❶ 1312 Bay St., Mi. – So. 11.00 – 17.00 Uhr, Eintritt 6 $, www.sparkmuseum.org

Bellingham • WA

Bellingham Railway Museum

Das Museum zeichnet die Geschichte des Eisenbahnwesens im Nordwesten der Vereinigten Staaten nach. Besonders interessant sind die Modelle der bulligen **Lumber Trains**, die zeigen, wie man an der Schwelle vom 19. zum 20. Jh. in dieser Gegend Holzwirtschaft betrieben hat.

❶ 1320 Commercial St., Di.–Sa. 12.00–17.00 Uhr, Eintritt 4 $, www.bellinghamrailwaymuseum.org

Mindport

Das Konzept dieser ungewöhnlichen Ausstellung heißt **»interactive art«**: Kunst, die reagiert, wenn man sie berührt, und mit dem Betrachter kommuniziert. Erreicht wird dies mittels einer Reihe konventionelle Grenzen und Formen sprengender Skulpturen und Gerätschaften, die größtenteils von Künstlern aus dem »Evergreen State« angefertigt wurden.

❶ 210 W. Holly St., Mi.–Fr. 12.00–18.00, Sa. 10.00–17.00, So. 12.00–16.00 Uhr, Eintritt 2 $, www.mindport.org

Squalicum Harbor

Diese Marina für 1800 Boote liegt am Nordrand der Bellingham Bay bzw. am Westrand des Stadtzentrums. Am mehr als 700 m langen Boardwalk liegen einige der besten Restaurants und Hotels der Stadt. Das **Marine Life Center** zeigt die Unterwasserwelt des nordöstlichen Pazifik.

❶ 1801 Roeder Ave., Juni–Aug. tgl. 10.00–18.00, sonst 11.00–17.00 Uhr, Eintritt frei, www.marinelifecenter.org

UMGEBUNG VON BELLINGHAM

Anacortes

Das nach Anna Curtis, der Frau des ersten Siedlers auf der vorgelagerten Insel benannte 15 000-Einwohner-Städtchen fungiert zugleich als Tor zu den ▶San Juan Islands. Es liegt am Nordende des hügeligen, mit dem Festland durch eine Brücke verbundenen **Fidalgo Island** und gewährt von den Aussichtspunkten im **Washington Park** schöne Blicke auf die im Puget Sound »schwimmenden« San Juan Islands.

Einen Besuch lohnt das orts- und regionalgeschichtlich orientierte **Anacortes History Museum**.

❶ 1305 8th St., Di.–Sa. 10.00–16.00, So. 13.00–16.00 Uhr, Eintritt frei, Spende erbeten, http://museum.cityofanacortes.org

*Lower Skagit River Valley

Historische Städtchen, die sich im Wasser spiegeln, Beerenplantagen und Tulpenfelder am Unterlauf des Flusses: Im ländlichen **Mount Vernon** (32 000 Einw.), rund 25 mi/40 km südlich von Bellingham, blühen während des **Tulip Festival«** im April mehr Tulpen als sonstwo in den USA. Auch im einstmals sumpfigen Hinterland werden großflächig Tulpenzwiebel kultiviert.

Wenige Kilometer weiter westlich liegt der malerische Fischerhafen **La Conner**. 1869 kaufte ein gewisser John Conner den Handelsposten im Norden der Skagit Bay, gab ihm seinen Namen und stellte diesem die Initialen seiner Frau Louise Anne voran. Die gut erhaltenen, aus den 1880er-Jahren stammenden Häuserzeilen am Swinomish-Kanal ziehen nicht nur Künstler an, sondern auch Besucher aus den nahen Städten.

Das feine, nur »MoNA« genannte **Museum of Northwest Art** (MoNA) zeigt Arbeiten vieler talentierter Künstler von der Nordwestküste.

Das **Skagit County Historical Museum** befasst sich u. a. mit der Kultur der indianischen Ureinwohner.

Liebhaber kunstvoll verzierter Patchworkdecken sind im **La Conner Quilt Museum** am Ziel ihrer Wünsche.

Museum of Northwest Art: 121 S. 1st St., Di.–Sa. 10.00–17.00, So., Mo. 12.00–17.00 Uhr, Eintritt 6 $, www.monamuseum.org

Skagit County Historical Museum: 501 4th St., Di.–So. 11.00–17.00 Uhr, Eintritt 5 $, www.skagitcounty.net

La Conner Quilt Museum: 703 S. 2nd St., Mi.–So. 11.00–17.00 Uhr, Eintritt 7 $, www.laconnerquilts.com

*Mount Baker

Ca. 50 km östlich von Bellingham erhebt sich der von den Indianern **»Großer Weißer Wächter«** genannte Mount Baker (3285 m ü.d.M.). Der weithin sichtbare, von Ausbrüchen und der letzten Eiszeit gezeichnete Stratovulkan ist stark vergletschert. Nach einigen kleinen Eruptionen im 19. Jh. zählt der mehrere Gipfel aufweisende Vulkan zu den sog. »Schläfern«. Eisfelder bedecken den Gipfelbereich; größter Gletscher ist der 5 km² umfassende **Coleman Glacier**. 1792 schaffte es der Mount Baker erstmals auf eine Landkarte, als ihn eine britische Expedition unter dem Kommando von Kapitän George Vancouver sichtete und nach ihrem Leutnant Joseph Baker benannte. 1984 wurde die wildromantische Region zwischen dem Highway 20 und der kanadischen Grenze mit seinen Douglasien- und Hemlocktannenbeständen als **Mount Baker Wilderness Area** ausgewiesen.

> **BAEDEKER WISSEN**
>
> *Jede Menge Schnee*
>
> Der Mount Baker ragt in der schneereichsten Ecke der USA auf. Die nahezu ungehindert vom Pazifik hereinkommenden Wolken bringen ungewöhnlich hohe Niederschläge. Im Winter 1999/2000 fielen hier sage und schreibe 28 Meter Schnee!

Zahlreiche **Wanderpfade** führen zu herrlichen Aussichtspunkten auf die Gipfel. Die Basisplätze für Gipfelbesteigungen erreicht man von Bellingham aus am besten über den Highway 542. Besonders zu empfehlen sind der rund 10 mi/16 km lange Rundwanderweg zum idyllisch gelegenen **Lake Ann**, der Trail zum 1730 m hoch gelegenen Aussichtspunkt **Excelsior Peak** und der

Abendstimmung am Mount Baker vom Artist Point aus gesehen

bei **Heather Meadows** beginnende, 10 km lange **Chain Lakes Loop**. Letzterer lohnt sich vor allem im Hochsommer, wenn die Wildblumenwiesen blühen. Zum Greifen nah scheint der Mount Baker am Ende des 7 km langen **Heliotrope Trail**. Dieser Pfad führt über die Baumgrenze bis zum Coleman Glacier.

Obwohl **klettertechnisch nicht allzu anspruchsvoll**, ist der Mount Baker wegen seiner **jähen Wetterumschwünge** und auch wegen seiner **vielen Gletscherspalten** berüchtigt. Anfänger sollten diesen Gipfel keinesfalls im Alleingang erklimmen wollen; die beiden meistbegangenen Routen überqueren den Coleman Glacier (via Heliotrope Trail) und den Roosevelt Glacier (weitere Informationen: Glacier Public Service Center).

Den *****Mount Baker Highway** (Highway 542), die vielleicht schönste Panoramastraße im Nordwesten der USA hat man nicht für sich allein. Außerdem sind die letzten 7 km nur von Juli bis etwa Anfang Oktober befahrbar. Selbst im Hochsommer muss man hier oben mit Schneefällen rechnen. Dennoch lohnt sich dieser Ausflug sehr.

Gleich hinter dem 100-Seelen-Nest **Glacier** – hier gibt es ein paar einfache Restaurants und Unterkünfte – schlängelt sich die Straße bergan durch dichten Nadelbaum-Urwald. Es geht vorbei an den tosenden **Nooksack Falls**, die über drei Stufen in die Tiefe stürzen. Dann windet sich die Straße in atemberaubenden Serpentinen durch die **Baker Ski Area** bergauf. Ca. 25 mi/40 km hinter Glacier erreicht man den absoluten Höhepunkt dieser Fahrt, den ****Artist Point**. Der Name könnte nicht besser gewählt sein, denn von hier aus genießt man einen grandiosen Panoramablick auf den geradezu majestätisch wirkenden Mount Baker, den Mount Shuksan und die Gipfel in der westkanadischen Provinz British Columbia.

Centralia · Chehalis

✲ E 5

Region: Lewis County
Einwohnerzahl: 23 400 (insgesamt)
Höhe: 49 – 74 m ü.d.M.

Die beiderseits des stark befahrenen Interstate 5 gelegenen und zu einem regionalen Zentrum zusammengewachsenen Städte Centralia und Chehalis sind ein guter Ausgangspunkt für Erkundungen der noch relativ wenig bekannten Südwestecke des Bundesstaates Washington.

Geschichte
Während der zweiten Hälfte des 19. Jh.s gegründet, wuchsen die beiden Städtchen vor allem dank der um die vorige Jahrhundertwende boomenden Holzwirtschaft heran. Der gesamte Südwesten des Bundesstaates war seinerzeit von uralten Regenwäldern bestanden, wie man sie heute noch auf der ▶Olympic Peninsula sieht.

SEHENSWERTES IN CENTRALIA, CHEHALIS UND UMGEBUNG

Centralia
Über ein Dutzend gelungener **Murals** (Bilder auf Hauswänden) erinnern in der adretten Altstadt von Centralia an jene Sturm-und-Drang-Zeit Anfang des 20. Jh.s, als viel zu niedrige Löhne und schlechte Arbeitsbedingungen die meist aus Skandinavien stammenden Arbeiter den Gewerkschaften zutrieben.

Chehalis
Das südlich an Centralia grenzende Chehalis besitzt ebenfalls eine hübsche Altstadt mit roten Ziegelbauten. Holzwirtschaft, Gartenbau, etwas Landwirtschaft und verarbeitende Industrie sind hier die Haupteinnahmequellen. Im historischen **Northern Pacific Railway Depot** ist das **Lewis County Historical Museum** untergebracht.

Centralia · Chehalis erleben

AUSKUNFT
Centralia · Chehalis Chamber of Commerce
500 NW Chamber Way
Chehalis, WA 98532
Tel. 1 360 7 48 88 85
www.tourlewiscounty.com

SHOPPING
Centralia Factory Outlet Center
1342 Lum Road (I-5, Exit 82)
Mo. – Sa. 9.00 – 20.00, So. 10.00 bis 19.00 Uhr
Markenwaren (u. a. Helly Hansen, Samsonite) zu günstigen Preisen

Hier wird die Geschichte der Region u. a. mit historischen Fotos und Landschaftsmodellen illustriert.

Im **Veterans Memorial Museum** kann man sich eine Dosis amerikanischen Patriotismus abholen. Ausgestellt sind zahlreiche Erinnerungen aus allen Kriegen, in denen Soldaten aus dem Bundesstaat Washington gefochten haben, plus eine 20 x 30 m große US-Flagge vom Flugzeugträger »USS Abraham Lincoln«.

Lewis County Historical Museum: 599 N.W. Front Way, Chehalis, Di. – Fr. 10.00 – 16.00, Sa. 10.00 – 14.00 Uhr, Eintritt 5 $,
http://lewiscountymuseum.org

Veterans Memorial Museum: 100 SW Veterans Way, Chehalis, Di. – Sa. 10.00 – 17.00, Juni – Sept. auch So. 13.00 – 17.00 Uhr,
Eintritt 6 $, www.veteransmuseum.org

Diese über 100 mi/160 km lange Panoramastraße beginnt zehn Autominuten südöstlich von Chehalis in Mary's Corner und führt durch den **Gifford Pinchot National Forest** sowie den **Mount Baker-Snoqualmie National Forest** nach Naches. Unterwegs windet sich die Straße auch über die Südflanke des ▶ Mount Rainier. Dieser Vulkan und viele andere Gipfel der Cascade Range sind von zahlreichen Aussichtspunkten aus zu sehen.

*White Pass Scenic Byway

Colville National Forest

✦ D 8

Region: NE Washington
Fläche: 4452 km²

In der abgelegenen Nordostecke Washingtons sagen sich Wölfe und Grizzlybären gute Nacht. Outdoor-Fans erleben hier ein noch wenig gestörtes Naturparadies.

Der 1907 eingerichtete Colville National Forest reicht im Süden bis zur Colville Indian Reservation, im Westen und Osten markieren der Okanogan River bzw. der Columbia River seine Grenzen. Seine Nordgrenze ist zugleich Staatsgrenze zu Kanada. Das Landschaftsbild des riesigen Schutzgebietes wird geprägt von drei Gebirgszügen, der **Okanogan Range**, der **Kettle River Range** und der **Selkirk Range**, deren Gipfel von eiszeitlichen Gletschern rundgeschliffen wurden. Die drei großen Täler von Columbia River, Pend Oreille River und San Poil-Curlew River wurden von eiszeitlichen Gletscherzungen ausgehobelt. Innerhalb des Colville National Forest wurden einige Sonderbereiche zum Schutz seltener Pflanzen und Tiere ausgewiesen; sog. **»recovery areas«** sind Refugien für Grizzlybären und die letzten Karibus südlich des 48. Breitengrades.

Refugium für Grizzlys und Karibus

WA • Colville National Forest

Republic Sattgrüne Matten und dunkle Wälder, grauer Fels und leuchtende Schneefelder: Der von der Kettle River Range umrahmte 1000-Seelen-Ort liegt inmitten einer herrlichen Bergwelt. Seinen Namen verdankt er der 1896 eröffneten **Republic Gold Mine**, in der noch heute nach Gold gesucht wird. Die belebte Hauptachse des Ortes ist die Main Street, die von hübscher Frontier-Architektur gesäumt wird.
Im **Stonerose Interpretive Center** kann man gut erhaltene Versteinerungen von Pflanzen aus dem Eozän (vor ca. 50 Mio. Jahren) bestaunen. Auf der dazugehörigen **Boot Hill Fossil Site** dürfen Besucher selbst nach Fossilien suchen.
❶ 15 N. Kean St., April Mo. – Fr. 10.00 – 14.00, Mai – Anf. Sept. tgl. 8.00 bis 12.00 u. 13.00 – 17.00, Anf. Sept. – Okt. Mi. – So. 8.00 – 12.00 u. 13.00 – 17.00 Uhr, Eintritt 8 $, http://stonerosefossil.org

Curlew Lake State Park Der von Republic aus nordwärts nach Kanada führende Highway 21 schlängelt sich durch den landschaftlich reizvollen Curlew Lake State Park, der im Sommer mit netten Badeplätzen aufwartet.

Curlew Die 20 mi/32 km nördlich von Republic gelegene, um 1900 gegründete Siedlung ist heute fast schon eine Geisterstadt. Obwohl sie in der Vergangenheit mehrfach ins Blickfeld von Eisenbahnern und Spekulanten geriet, konnte sie sich nie richtig entwickeln.

Colville National Forest erleben

AUSKUNFT
Colville National Forest
765 S. Main Street
Colville, WA 99114
Tel. 1 509 6 84 70 00
www.fs.fed.us/r6/colville

Grand Coulee Dam Area Chamber of Commerce
306 Midway Avenue
Grand Coulee, WA 99133
Tel. 1 509 6 33 30 74
www.grandcouleedam.org

Grand Coulee Visitors Center
in Dammnähe, am Hwy. 155
Ende Mai – Juli tgl. 8.30 – 23.00, Aug bis 22.30, Sept. bis 21.30, sonst 9.00 bis 17.00 Uhr Informationen über den Staudammbau; Führungen zu den 140 m tiefer gelegenen Generatoren.

ESSEN
Hudson Bay Steak & Seafood Restaurant ❷❷
Highway 395 Barneys, Kettle Falls
Tel. 1 509 7 38 61 64
Einfach, aber herzlich; hier gibt es leckere Steaks und Fischgerichte.

ÜBERNACHTEN
Best Value Inn Kettle Falls ❷
205 E. 3rd St. (Hwy. 395); Kettle Falls
Tel. 1 509 7 38 65 14
www.americasbestvalueinn.com
Das freundliche kleine Motel bietet 24 helle Zimmer und Suiten sowie Sauna und Swimming Pool.

Das restaurierte und mit Mobiliar der vorigen Jahrhundertwende ausgestattete **Ansorge Hotel Museum** in der Ferry Street erinnert an die Gründerzeit.

❶ Führungen Sa., So. 12.00 – 16.00 Uhr, Eintritt frei, Spende erbeten, www.ferrycounty.com/tag/ansorge-hotel-museum/

SEHENSWERTES IM COLVILLE NATIONAL FOREST

Der **Sherman Pass National Forest Scenic Byway** (Hwy. 20) führt von Republic in den östlich gelegenen Ort Kettle Falls (1600 Einw.). Nicht weit vom **Sherman Pass** (1694 m)kreuzt der ca. 50 km lange **Kettle Crest Trail** den Highway. Der Pfad erschließt einige Aussichtspunkte, von denen aus man tolle Panoramablicke über die Bergwelt genießt. In Kettle Falls erinnert das **Kettle Falls Historical Center** an die Kultur der indianischen Urbevölkerung. **Kettle Falls**

❶ US 395 u. St. Paul Mission, Mitte Mai – Mitte Sept. Okt. tgl. 11.00 – 17.00 Uhr, Eintritt frei, Spende erbeten, www.kettle-falls.com

Der mit 5000 Einwohnern nach ▶Spokane größte Ort im Nordosten Washingtons liegt 10 mi/16 km südöstlich von Kettle Falls und lebt von Forstwirtschaft, Bergbau und verarbeitender Industrie. Im **Keller Heritage Center** mit Tipis, Trapper-Hütte und Fort kann man sich mit der Geschichte der Gegend vertraut machen, in der sich Indianer, Pelztierjäger und weiße Siedler miteinander arrangierten. **Colville**

❶ 700 N. Wynne St., Mai – Sept. tgl. 9.00 – 17.00 Uhr, Eintritt 4 $, www.stevenscountyhistoricalsociety.org

Ca. 13 mi/21 km südöstlich von Colville liegt dieses 1939 vor allem zum Schutz von Zugvögeln ausgewiesene Gebiet. Hier lockt der **McDowell Lake** Wat- und Wasservögel an. Mit etwas Glück kann man in der Dämmerung Bartkäuze beobachten und Wölfe heulen hören (Anfahrt: Highway 20; Beschilderung beachten). **Little Pend Oreille National Wildlife Refuge**

Dieses über 166 km² umfassende Schutzgebiet liegt in der äußersten nordöstlichen Ecke des Bundesstaates und besteht aus zwei den **Selkirk Mountains** zugerechneten Höhenzügen. Höchster Berg ist der **Salmo Mountain** (2075 m ü.d.M.). Hier gibt es große »Old Growth«-Bestände. Mächtige Rot-Zedern, Hemlock-Tannen und Douglasien blieben bis heute von Kettensägen verschont. Die Urwälder der Salmo-Priest Wilderness bieten Grizzly- und Schwarzbären, Berglöwen und Karibus einen geschützten Lebensraum. ***Salmo-Priest Wilderness**

Südlich des Colville National Forest und der Colville Indian Reservation staut der Grand Coulee Dam den Columbia River auf einer Länge von etwa 250 km zum 337 km² großen **Franklin D. Roosevelt** ****Grand Coulee Dam**

Grand Coulee Dam

Größtes Wasserkraftwerk der USA

Das drittgrößte Wasserkraftwerk der Welt und das größte der USA wurde 1933 bis 1941 errichtet und 1966 bis 1974 erweitert. An der größten Betonstaumauer Nordamerikas sind 4 Kraftwerke mit insgesamt 33 Generatoren installiert, die 6400 Megewatt Strom erzeugen.

Führungen: Tgl. 9.00 – 17.00 Uhr

❶ Staumauer
Sie ist 167 Meter hoch und hat eine Kronenlängevon 1592 Metern.

❷ Third Powerhouse
Dieses noch ziemlich neue Kraftwerk kann im Rahmen von Führungen besichtigt werden.

❸ Powerhouse
An der Staumauer bestehen noch zwei ältere Kraftwerke.

❹ Druckleitungen
Durch 4 Druckrohre mit einem Durchmesser von 12,2 Metern wird Wasser auf die Turbinen geleitet.

❺ Lake Roosevelt
Die Talsperre staut einen See mit einer Oberfläche von 336 km² auf, der bis zu 11,5 Mrd. m³ Wasser enthalten kann.

❻ Columbia River
Das Wasser dieses mächtigen Flusses wird nicht nur zur Stromerzeugung genutzt, sondern auch für Bewässerungszwecke gebraucht.

❼ Turbine
Das Wasser wird durch ein Leitwerk auf das Schaufellaufrad einer Kaplan-Turbine geführt.

❽ Generator
Dieser besteht aus Rotor und Stator. Er erzeugt 700 Megawatt Strom.

❾ Turbinenwelle
Turbine und Generator sind durch eine Welle miteinander verbunden.

Das Grand-Coulee-Stauwerk mit seinen leistungsstarken Wasserkraftwerken aus der Vogelschau

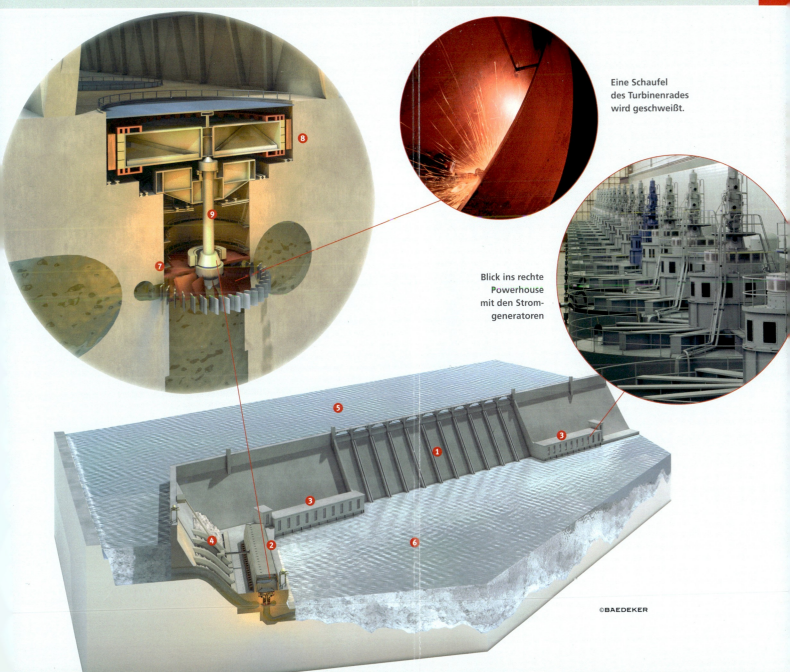

Lake auf. 168 m hoch und 1592 m breit, bildet die von 1933 bis 1941 errichtete Talsperre die **größte Beton-Staumauer Nordamerikas**. Ihre drei Kraftwerke produzieren rund 6800 Megawatt Strom. Heute ist der Grand Coulee Dam zudem zentraler Bestandteil eines den Columbia River regulierenden Systems aus insgesamt elf Dämmen, das den trockenen Osten des Bundesstaates mit Wasser versorgt. Die in den Columbia gesetzten zehn Millionen Kubikmeter Beton hatten jedoch auch negative Folgen. So war die Staumauer zu hoch, um Lachsleitern anzulegen. Die Folge: Millionen von Lachsen und anderen Süßwasserlaichern verloren ihre Laichplätze. Dies wiederum beendete die traditionelle, auf dem Lachsfang basierende Lebensweise der als Colvilles zusammengefassten Nez-Perce-, Okanogan- und Sanpoil-Indianer. Ihre daraufhin bei der Regierung eingereichten Klagen beantwortete Washington erst in den 1990er-Jahren mit einer pauschalen Abfindung von rund 50 Mio. Dollar.

Die touristische Bedeutung der Talsperre und ihres Stausees wurde bereits 1946 erkannt. Damals wurde die **Lake Roosevelt National Recreation Area** ausgewiesen. An Sommerabenden kommen an der Staumauer gut gemachte Licht- und Klangspektakel zur Aufführung.

Grays Harbor

D/E 3/4

Region: Grays Harbor County
Höhe: Meereshöhe

Nur eine Autostunde südwestlich von den hektischen Ballungsgebieten am Puget Sound öffnet sich diese Bucht zum Pazifik. Von der modernen Entwicklung überholt, erleben einst blühende Hafenstädtchen dieser Tage ihren zweiten Frühling.

Namensgeber **Robert Gray** musste noch ums Kap Hoorn reisen, um hierher zu gelangen. Der amerikanische Kapitän ankerte 1792 in der Bucht und etablierte später mit seiner Entdeckung und Benennung des Columbia River den Anspruch der USA auf diese Weltgegend. Hafenstädte wuchsen neben Fischfabriken heran, so auch **Aberdeen** (17 000 Einw.), heute wirtschaftliches Zentrum der Bucht, und **Hoquiam** (9000 Einw.), das zwar mit Aberdeen zusammengewachsen ist, aber noch seinen eigenen Charakter bewahrt hat. In den 1880er-Jahren nahmen die ersten Sägewerke die Arbeit auf, bis zum Ersten Weltkrieg waren es bereits drei Dutzend. Die Weltwirtschaftskrise der 1930er-Jahre sorgte jedoch für ein jähes Ende der Blütezeit am Gray Harbor. Seitdem dümpeln Aberdeen, Hoquiam und die übrigen Fischersiedlungen an der Bucht im Windschatten der boomenden Puget Sound Area einer ungewissen Zukunft entgegen. Gerade aber das langsamere Tempo verhilft Gray Harbor dieser Tage zu einer kleinen Renaissance. Immer mehr Leute kommen hierher und erholen sich an den endlosen Pazifikstränden oder lassen sich gleich ganz hier nieder.

Der landschaftlich schönere Teil der Bucht ist der North Beach genannte, etwas dramatischere nördliche Küstenstreifen. Hier endet die Küstenstraße 109 in **Ocean Shores** (4000 Einw.), der beliebtesten Strandsiedlung des Bundesstaates Washington. Wer weiter nach Norden in Richtung ▶Olympic National Park fährt, wird mit einer grandiosen landschaftlichen Szenerie belohnt. **North Beach**

Die South Beach genannte südliche Küste zwischen Westport and Tokeland besteht aus flachen Stränden, an denen vier State Parks ausgewiesen sind. Deren schönster ist der **Twin Harbors State Park**. Hauptort dieses Küstenabschnitts ist **Westport** (2200 Einw.), ein quirliger Sportfischerhafen. **South Beach**

SEHENSWERTES AM GRAYS HARBOR

Eine Attraktion in Aberdeen ist dieser Hafen, in dem man u. a. den eleganten Zweimaster **»Lady Washington«** sehen kann. Der Nachbau jenes Schiffes, mit dem Robert Gray einst vor dieser Küste kreuzte, ist hochseetauglich und steht für Ausflüge zur Verfügung. ***Grays Harbor Historical Seaport**
i 712 Hagara St., Tickets ab 40 $, Tel. 1 800 2 00 52 39, www.historicalseaport.org

Freizeitvergnügen hoch zu Ross am North Beach von Grays Harbor

Grays Harbor erleben

AUSKUNFT
Greater Grays Harbor Inc.
506 Duffy St., Aberdeen, WA 98520
Tel. 1 360 5 32 19 24
www.graysharbor.org

HOCHSEETOUREN
Ocean Charters
Westport, WA
Tel. 1 360 2 68 91 44
www.oceanchartersinc.com
Geboten werden Hochsee-Angeltouren und von Februar bis April auch »Whale Watching«-Touren.

ESSEN
Breakwater Seafood & Chowder House ❷❷
306 S. F St., Aberdeen, WA
Tel. 1 360 5 32 56 93
In der hemdsärmeligen Fischerkneipe am Wasser treffen sich Einheimische und Touristen.

ÜBERNACHTUNG
Quinault Beach Resort & Casino ❸❸❸
78 State Route 115, Ocean Shores
Tel. 1 360 2 89 94 66
www.quinaultbeachresort.com
Modernes Strandhotel mit 160 zeitgemäß eingerichteten Zimmern, Restaurant, Bar und Spielkasino.

Ocean Avenue Inn ❷
275 West Ocean Ave., Westport
Tel. 1 360 2 68 94 00
www.oceanavenueinn.com
11 einfach ausgestattete Zimmer und ein Cottage direkt am Strand.

Polson Museum
Dieses in einer repräsentativen Villa von 1924 in Hoquiam untergebrachte lokalhistorische Museum informiert u. a. mit weit über 2500 alten Fotografien über den **Beginn des Holzbooms** am Grays Harbor und in dessen Hinterland.
❶ 1611 Riverside Ave., April – Dez. Mi. – Sa. 11.00 – 16.00, So. 12.00 bis 16.00 Uhr, Eintritt 4 $, www.polsonmuseum.org

Ocean Shores Interpretive Center
Eine Seepferdchen-Plastik am Eingang stimmt gut auf den Besuch des lehrreichen Zentrums ein, das die **Naturgeschichte** dieses Abschnitts der Pazifikküste erläutert. Zu sehen gibt es u. a. das Innenohr eines Wales und Wechselausstellungen zu verschiedenen maritimen Themen.
❶ 1033 Catala Ave. SE, April – Sept. tgl. 11.00 – 16.00, sonst Sa., So., Fei. 11.00 – 16.00 Uhr, Eintritt frei, www.interpretivecenter.org

Westport Maritime Museum
Im alten Haus der U. S. Coastguard wird man über den harten Alltag Küstenwache am nordöstlichen Pazifik und vor allem auch über die gefährliche Arbeit am South Beach informiert.
❶ 2201 Westhaven Dr., April – Sept. Fr. – Mo. 10.00 – 16.00, Okt., Nov. Fr. – Mo. 12.00 – 16.00 Uhr, Eintritt 5 $,
www.westportmaritimemuseum.com

Gleich in der Nähe kann man den anno 1898 erbauten Leuchtturm besteigen, der mit fast 33 Metern Höhe der höchste im Bundesstaat Washington ist. **Grays Harbor Lighthouse**

❶ April – Sept. Fr. – Mo. 10.00 – 16.00, Okt., Nov. Fr. Mo. 12.00 – 16.00 Uhr, Eintritt 5 $, www.westportmaritimemuseum.com

Long Beach Peninsula

✧ E 3

Region: Pacific County
Bewohner: 23 000
Höhe: Meereshöhe

Über 60 km weißer, breiter Strand: Damit ist das Wichtigste über die sandige Halbinsel nördlich der Columbia-Mündung bereits gesagt. Das Zweitwichtigste: Nicht vom Rummel abschrecken lassen – ruhige Plätze abseits der Massen gibt es hier noch immer.

Long Beach Peninsula erleben

AUSKUNFT
Long Beach Peninsula Visitors Bureau
3914 Pacific Way
Seaview, WA 98644
Tel. 1 360 6 42 24 00
www.funbeach.com

EVENT
Washington State International Kite Festival
3. Augustwoche
Abertausende bunter Drachen steigen bei Long Beach in die Lüfte.

REITEN
Skippers Equestrian Center
Sid Snyder Drive, Long Beach
Tel. 1 360 6 42 36 76
Es werden herrliche Ausritte über den Strand organisiert.

ESSEN
42nd Street Café ❷❷
4201 Pacific Way, Seaview, WA
Tel. 1 360 6 42 23 23
Typisch amerikanisches Roadside-Restaurant mit Bildern hiesiger Künstler an den Wänden. Es gibt eine riesige Auswahl an Fischgerichten und eine gute Weinkarte.

ÜBERNACHTEN
Our Place at the Beach ❷❷❷
1309 S. Ocean Beach Blvd. Long Beach
Tel. 1 360 6 42 37 93
www.ourplacelongbeach.com
26 gemütliche Zimmer in Strandnähe.

Seaview Motel & Cottages ❷
3728 Pacific Way, Seaview, WA
Tel. 1 360 6 42 80 08
www.seaviewmotelandcottages.com
12 nette Zimmer in kleinen Cottages. Der Strand ist gut zu Fuß erreichbar.

Strand Highway So mancher Besucher aus Europa wird schlucken, sobald er am Strand die Tempo-Limit-Schilder sieht: Höchstgeschwindigkeit 25 mph (40 km/h). Die Straßenverkehrsordnung des Bundesstaates Washington stuft den Strand als State Highway ein. Tatsächlich rühmt das hiesige Fremdenverkehrsbüro den vom Pazifik steinhart geklopften Sandstrand von der Ortschaft **Long Beach** bis zum **Leadbetter Point State Park** als den längsten für den Autoverkehr freigegebenen Strand der Welt. Gleichwohl ist das Fahrerlebnis unvergesslich, besonders im Abendlicht. Anders dagegen die Tour auf dem **Pacific Highway** (Hwy. 103). An landschaftlich reizvollen Plätzen sind nette, letztlich aber charakterlose Rentner-Resorts wie Klipsan Beach und Ocean Park entstanden und – vor allem in Long Beach und Seaview – die üblichen Rummelplatz-Attraktionen für Wochenend-Touristen. Aus der Gründerzeit der 1880er-Jahre, als Austern das große Geschäft waren, sind dort nur wenige Gebäude geblieben. Lediglich an der **Wilapa Bay** an der Ostseite der Halbinsel findet das ermüdete Auge etwas Trost. In den Ortschaften **Oysterville** und **Nahcotta** scheinen die Uhren etwas langsamer zu gehen.

SEHENSWERTES AUF DER LONG BEACH PENINSULA

Ilwaco Das Städtchen an der Mündung des Columbia River, ein »Hotspot« für Sportangler, liegt im Windschatten eines ansehnlichen Vorgebirges. Den tückischen Strömungsverhältnissen in der Flussmündung

Der Hafen von Ilwaco an der Mündung des Columbia River

Long Beach Peninsula • WA

sind schon Hunderte Schiffe zum Opfer gefallen. Im Jahr 1805 zogen hier die beiden Kundschafter Lewis und Clark ihr Kanu an Land. Diesen und anderen historischen Ereignissen widmet sich das hiesige **Columbia Pacific Heritage Museum**.
Weiter südwestlich erstreckt sich **Cape Disappointment State Park**, der nach Captain John Meares benannt ist. Der britische Seefahrer war 1788 sehr enttäuscht, hier nicht die Nordwest-Passage gefunden zu haben. Im Park befindet sich auch das **Lewis & Clark Interpretive Center**, das sich dem Aufenthalt der beiden Forscher am Columbia River widmet. Auf einer hohen Klippe über dem Pazifik thront das **North Head Lighthouse**. Die Aussicht über Küste und Mündung von hier oben ist überwältigend! Doch Vorsicht: Das Cape Disappointment gilt als einer der windigsten Punkte der Pazifikküste!

> **BAEDEKER TIPP**
>
> ### Nicht ganz Hawaii
>
> Unterhalb des North Head Lighthouse liegt der von Felsen geschützte Waikiki Beach. Hier kann man gut sehen, wie Herbst- und Frühjahrsstürme die See aufbrausen lassen. Im Sommer hingegen ist dieser Platz einer der wenigen zum Baden geeigneten Strände weit und breit. Der Untergrund ist sandig und es gibt keine gefährlichen Strömungen. Doch was die Temperaturen betrifft, ist man hier gewiss nicht auf Hawaii!

Columbia Pacific Heritage Museum: Z15 S.E. Lake St., Di.–Sa. 10.00–16.00, So. 12.00–16.00 Uhr, Eintritt 5 $, http://columbiapacificheritagemuseum.org
Lewis & Clark Interpretive Center: Cape Disappointment State Park, Juli bis Sept. tgl. 10.00–17.00 Uhr, Eintritt 5 $, www.parks.wa.gov
North Head Lighthouse: Führungen: Mai–Sept. tgl. 10.00–17.30 Uhr, Eintritt 2,50 $, www.parks.wa.gov

Long Beach

Die heute vom Highway 103 durchschnittene Strandsiedlung begann in den 1880er-Jahren als beschaulicher Ferienort. Heute steht sie ganz im Zeichen eines stark kommerzialisierten Strandtourismus mit den obligatorischen Souvenir- und Beachwear-Läden. Sehenswert ist indes das **World Kite Museum & Hall of Fame**, in dem man die tolls-ten Windgleiter sehen kann. Außerdem ist die gut 2000-jährige Geschichte vom Drachenfliegen dokumentiert.
Dagegen dreht sich im **Cranberry Museum** der Pacific Coast Cranberry Research Foundation alles um die begehrten roten Beeren.
Draußen am Strand mag man den **Long Beach Dunes Trail** genießen und auf dem knapp 700 m langen Boardwalk die Schilder zur Naturgeschichte dieses Küstenabschnitts studieren. Mancher wird hier den meisten Spaß auf dem Pferderücken haben, denn der endlose Strand inspiriert zu erholsamen Ausritten.
Oysterville wurde bereits 1854 an der Willapa Bay gegründet. Die einst Wohlstand bescherende Austernfischerei ist längst Geschichte. Heute lebt Oysterville vor allem von seiner Vergangenheit: In dem

komplett unter Denkmalschutz stehenden hübschen Ort glaubt man sich in die Zeit von Oma und Opa zurückversetzt.
World Kite Museum & Hall of Fame: Sid Snyder Dr., Mai – Sept. tgl. 11.00 – 17.00, sonst Fr. – Di. 11.00 – 17.00 Uhr, Eintritt5 $, http://kitefestival.com
Cranberry Museum: 2907 Pioneer Rd., April – Mitte Dez. tgl. 10.00 – 17.00 Uhr, Eintritt frei, http://cranberrymuseum.com

Leadbetter Point State Park Dichte, vom unablässig wehenden Wind landeinwärts gebogene Wälder und endloser Strand: Wie die Long Beach Peninsula einst überall ausgesehen hat, zeigt dieser schöne, von Spazierwegen durchzogene State Park im äußersten Nordwesten der Halbinsel.

* Methow Valley

C 7/8

Region: Okanogan County
Einwohnerzahl: 2000
Höhe: 3 – 650 m ü. d. M.

Winzige Nester wie aus einem Western, mit Kneipen, die »Three-Fingered Jack's Saloon« und »Grubstake & Co.« heißen, in einem wildromantischen Tal, das wirklich so weit entfernt von allem ist, wie es sich anfühlt: Dieses Tal ist eine Zeitmaschine. Und ein Paradies für Outdoor-Enthusiasten.

Eine Landschaft zum Erholen Es ist unübersehbar: Die Ostseite der North Cascades ist trockener als ihre westlich vom Washington Pass liegenden Ausläufer. Berühmt wurde das Tal in den 1940er-Jahren, als man hier den ersten »Lassie«-Film mit der damals noch blutjungen **Elizabeth Taylor** drehte. Die über 2000 m hohen Berge sind bis in den Frühsommer hinein mit Schnee bedeckt, und der Methow River, ein Nebenfluss des großen Columbia River, schimmert türkisblau. Ferienhäuser lugen zwischen Douglasien und Ponderosakiefern hervor und in den Siedlungen im Tal hat ein (noch) unaufdringlich wirkender Tourismus Fuß gefasst. Im Sommer sind Wanderer, Mountainbiker und Wildwasserfahrer unterwegs, im Winter die Skilangläufer.

SEHENSWERTES IM METHOW VALLEY

*Harts Pass Wer von Westen her das Tal ansteuert, kommt gleich zu Beginn in den Genuss einer der Höhepunkte in der östlichen **Cascade Range**. Es ist der 1883 m hohe Harts Pass, der höchste mit dem Auto befahrbare Pass weit und breit. Dieser bietet dem passionierten Autofahrer

Noch kaum berührt: das Methow Valley

nicht nur kräftige Adrenalinstöße auf unbefestigten, oft haarsträubend schmalen Pisten, sondern auch fantastische Ausblicke über die Gipfel der Cascade Range bis weit in die kanadische Provinz British Columbia hinein. Die Abzweigung vom Highway 20 im Weiler **Mazama** ist nicht ausgeschildert, und das ist gut so: Allzu viele Touristen verirren sich nicht auf diese knapp 20 mi/32 km lange Strecke.

Vom Meer in die Berge und zurück: Der spektakuläre, 400 mi/640 km lange »Cascade Loop« ist **eine der schönsten Panoramastrecken** im Nordwesten der USA. Er beginnt nördlich von ▶Seattle in Everett und führt durch die Cascade Range sowie das Methow Valley zum Columbia River. Weitere Infos: www.cascadeloop.com

**Cascade Loop

Am Südeingang zum Methow Valley liegt die von Espenwäldern umgebene **Wildwest-Siedlung** Winthrop, in dem die Zeit seit 1870 stillzustehen scheint. Hohe hölzerne Bürgersteige, Häuser mit »falschen« Fassaden, Wellblechdächern und handgemalten Anzeigen für Werkzeug und Kopfschmerztabletten: Willkommen in der guten alten Zeit. Hier stört es auch nicht weiter, dass diese Westernkulisse erst mit dem Highway 20 in den 1970er-Jahren nach Winthrop kam und eine Idee findiger Geschäftsleute war.

Winthrop

Das **Shafer Museum** ist in einem alten Blockhaus (»The Castle«) untergebracht. Hier informiert man sich über die Ortsgeschichte, die mit einem 1891 eröffneten General Store für die in der Umgebung lebenden Goldsucher und Farmer begann.

In den 1930er-Jahren wurde in Winthrop die Idee geboren, bei Waldbränden Fallschirmspringer, sog. **Smokejumper**, als Feuerwehrleute

Das Methow Valley erleben

AUSKUNFT
Winthrop Chamber
202 Highway 20
Winthrop, WA 98862
Tel. 1 509 9 96 21 25
www.winthropwashington.com

Twisp Chamber
201 S. Methow Way
Twisp, WA 98856
Tel. 1 509 9 97 20 20
www.twispinfo.com

Methow Valley Sport Trails Association
309 Riverside Avenue
Withrop, WA
Tel. 1 509 9 96 32 87
www.mvsta.com

AKTIVITÄTEN
Reiten
Mazama ist Ausgangspunkt erlebnisreicher Ausritte in die North Cascades. Vor allem die von Schwarzbären und Bergziegen bewohnte »Pasayten Wilderness« steht bei vielen Outfittern auf dem Programm.

Skilanglauf
Mit mehr als 200 km herrlichen Loipen ist das Methow Valley im Winter eines der größten Skilanglauf-Reviere in den USA.

Rafting
Mit sicheren und zuverlässigen Schlauchbooten durch die Stromschnellen und Strudel des Methow River brausen: ein feucht-fröh-licher Spaß, den gleich mehrere Veranstalter im Methow Valley anbieten.

ESSEN
Three Fingered Jack's Saloon €€
176 Riverside Avenue
Winthrop, WA
Tel. 1 509 9 96 24 11
Im ältesten Saloon des Bundesstaates Washington – natürlich noch mit Schwingtüren ausgestattet – gibt es riesige Steaks, leckeres Roastbeef, frische Salate und vor allem sehr süffiges Bier.

Twisp River Pub €
201 Highway 20
Twisp, WA
Tel. 1 509 9 97 68 22
Das gut besuchte Lokal wirbt für sein »real food«, was hier soviel bedeutet wie Burger, Sandwiches, Steaks und Ribs.

ÜBERNACHTEN
The Chewuch Inn €€€
223 White Avenue
Winthrop, WA
Tel. 1 509 9 96 31 07
www.chewuchinn.com
Vier nette Zimmer und drei sehr gemütliche Hütten mit Wildwest-Atmosphäre.

Mazama Country Inn €
15 Country Road
Mazama, WA
Tel. 1 509 9 96 26 81
www.mazamacountryinn.com
18 gemütliche Zimmer im Haupthaus und mehreren Cabins – eben rustikale Gemütlichkeit am Rand der »Pasayten Wilderness«; im Speisesaal respektive Restaurant speist man gut.

einzusetzen. Die **Smoke Jumpers Base** liegt auf dem Weg nach Twisp und informiert in einem Museum über den ziemlich gefährlichen Beruf.

Shafer Museum: 285 Castle Ave., Mai – Sept. tgl. 10.00 – 17.00 Uhr, Eintritt frei, Spende erbeten, www.shafermuseum.com
Smokejumper Base: Airport Rd., Juni – Okt. tgl. 10.00 – 17.00 Uhr, Eintritt frei, www.northcascadessmokejumperbase.com

An der Mündung des Twisp River in den Methow River liegt dieser sympathische Ort mit einer erstaunlich aktiven Kunstszene und einigen hervorragende Galerien. Im **Confluence Gallery & Art Center,** einem äußerst kreativen Zentrum, zeigen Künstler aus der Region ihre Arbeiten. — Twisp

❶ 104 Glover St., Mi. – Fr. 10.00 – 17.00, Sa. 9.00 – 15.00 Uhr, Eintritt frei, www.confluencegallery.com

✱ Mount Adams

✥ E 6

Region: Yakima County)
Höhe: 3751 m ü.d.M.

Unübersehbar steht er da, ein nicht ganz kegelförmiger Stratovulkan, und wacht über die südlichen Ausläufer der Cascade Range. Doch die zauberhafte Stille trügt: Der Gigant schläft nur ...

Mount Adams erleben

AUSKUNFT
Mt. Adams Ranger District
2455 Highway 141
Trout Lake, WA
Tel. 1 509 3 95 34 00
www.fs.fed.us/gpnf/recreation/mount-adams

ÜBERNACHTEN
Trout Lake Valley Inn ❸
2300 Highway 141
Trout Lake, WA
Tel. 1 509 3 95 23 00
www.troutlakevalleyinn.com

Viel solides Holz, Trapper-Atmosphäre und eine gute Basis für Tagestouren in die Wildnis am Mount Adams.

The Farm ❸
490 Sunnyside Road
Trout Lake, WA
Tel. 1 509 3 95 24 88
www.thefarmbnb.com
Gemütliche Unterkunft mit Familienanschluss auf einer idyllischen Farm mit Blick auf den Mount Adams.

Majestätisch erhebt sich der mit Eis und Schnee bedeckte »Feuerberg« Mount Adams über seine Umgebung.

Naturgeschichte

Der Mount Adams ist nach dem Mount Rainier und dem Mount Shasta (▶S. 162) der dritthöchste Vulkan im Nordwesten der USA. Jünger als die übrigen Vulkane der Cascade Range, entstand er erst im mittleren Pleistozän vor rund 275 000 Jahren.

Die letzten Eruptionen ereigneten sich vor 2500 bis 3500 Jahren. Als erste Weiße sahen den Vulkan wohl die Mitglieder der Lewis & Clark-Expedition im Jahr 1805. Erst zu Beginn des 20. Jh.s wurden die 16 km² umfassenden Gletscher im Gipfelbereich benannt.

SEHENSWERTES AM MOUNT ADAMS UND UMGEBUNG

Mount Adams Wilderness Area

Der Mount Adams, einer der schönsten Vulkane des Kaskadengebirges, kann auch von Anfängern bestiegen werden. Seine Ostflanke ist Teil der **Yakama Indian Reservation** und für die Öffentlichkeit nicht zugänglich.

Die rund 100 km² große **Mount Adams Wilderness Area** auf der Westseite des Vulkans bietet **Bergpfade** aller Schwierigkeitsgrade. Sie erschließen **spektakuläre Aussichten** auf den Vulkan und seine Gletscher, auf Wildbäche und erkaltete Lavaströme.

Der längste der insgesamt 14 Trails über die Süd- und Westflanke des Vulkans ist ein 80 km langer Abschnitt des **Pacific Crest National Scenic Trail**, der kürzeste ist der lediglich 1,1 km lange **High Camp Trail**. Der wegen seiner grandiosen Ausblicke beliebteste Wanderweg ist der 13,2 km lange **Around-the-Mountain Trail**.

Der leichteste **Klettersteig** hinauf zum Gipfel ist die **South Climb Route**; es gibt aber auch anspruchsvolle Routen für erfahrene Alpinisten. Man sollte auch die leichteren Trails mit Umsicht begehen. Jähe Wetterstürze können unvermittelt lebensgefährliche Situationen heraufbeschwören. Wer über die 2100-m-Höhenmarke wandern will, muss einen sog. **Cascades Volcano Pass** erwerben, den man bei der Mount Adams Ranger Station in Trout Lake bekommt. Hier erhält man auch detaillierte Wanderkarten.

Nur wenige Besucher finden den Weg in diese abgelegene Region: Trout Lake (1000 Einw.), die einzige nennenswerte Siedlung weit und breit, liegt südlich des Mount Adams und kann vom Columbia River aus auf dem Highway 141 erreicht werden oder – aber nur im Sommer – vom nordwestlich gelegenen Randle aus auf der schmalen US 23. Trout Lake ist **Ausgangspunkt für Wander- und Klettertouren** am Mount Adams und bietet einfache Übernachtungsmöglichkeiten (▶Mount Adams erleben, S. 419).

Trout Lake

** Mount Rainier

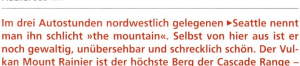

E 6

Region: Pierce und Lewis Counties
Höhe: 1000 – 4392 m ü.d.M.
Fläche: 953 km²

Im drei Autostunden nordwestlich gelegenen ▶Seattle nennt man ihn schlicht »the mountain«. Selbst von hier aus ist er noch gewaltig, unübersehbar und schrecklich schön. Der Vulkan Mount Rainier ist der höchste Berg der Cascade Range – und der Nationalpark um ihn herum ein einzigartiges Outdoor-Paradies.

Der Mount Rainier ist ein Stratovulkan mit »Gardemaß«: 4392 m vom »Scheitel« bis zur »Sohle«. Und auch sonst geizt er nicht mit Superlativen. Er ist auch der am stärksten vergletscherte Vulkan der Cascade Range. Fast 100 km² des von zwei Hauptkratern geprägten Feuerberges liegen unter Ewigem Eis. Entstanden ist der Mount Rainier vor etwa 1 Mio. Jahren. Die letzten größeren Ausbrüche wurden im 19. Jh. registriert. Seither herrscht relative Ruhe, der Vulkan wird als »schlafend« eingestuft.

Berg aus Feuer und Eis

Mount Rainier

Ruheloser Feuerberg

Südöstlich von Seattle erhebt sich dieser aktiver Feuerberg mit seiner dicken Mütze aus ewigem Eis und Schnee 4392 Meter hoch. Er ist über 2000 Meter höher als die Berge in seiner Umgebung. Der Schichtvulkan ruht derzeit. Mit einem neuerlichen Ausbruch ist jederzeit zu rechnen.

❶ Magmakammer
Heiße Gesteinsschmelze steigt in Schloten an die Erdoberfläche.

❷ Riss, Spalte
Durch Risse und Spalten dringen heiße vulkanische Gase nach oben.

❸ Krater
Gesteinsbrocken, Fetzen geschmolzenen Gesteins, Lava, Aschen und Gase werden aus dem Krater ausgestoßen.

❹ Eruptionssäule
Vulkanisches Material wird mehrere Kilometer hoch in die Atmosphäre geschleudert.

❺ Bombe
Gesteinsbrocken und Glutfetzen werden als »vulkanische Bomben« aus dem Krater ausgeworfen.

❻ Ascheregen, Saurer Regen
Aus der Eruptionswolke fallen Ascheregen und saure Niederschläge auf die Erde.

❼ Lavaströme
Glühende Gesteinsschmelze wälzt sich bergab.

❽ Lahar
Eine heiße Schlammlawine aus Schmelzwasser, Geröll, Erde und vulkanischem Material fließt rasch zu Tal.

❾ Lavadom
An einem Nebenschlot wächst ein Lavadom heran.

❿ Erdrutsch
Die rasche Gletscherschmelze bewirkt großflächige Erdrutsche.

⓫ Fumarolen
Heiße vulkanische Gase und Wasserdampf treten aus.

⓬ Grundwasser

Mächtig erhebt sich der Mount Rainier mit seiner dicken Eiskappe aus dem Kaskadengebirge.

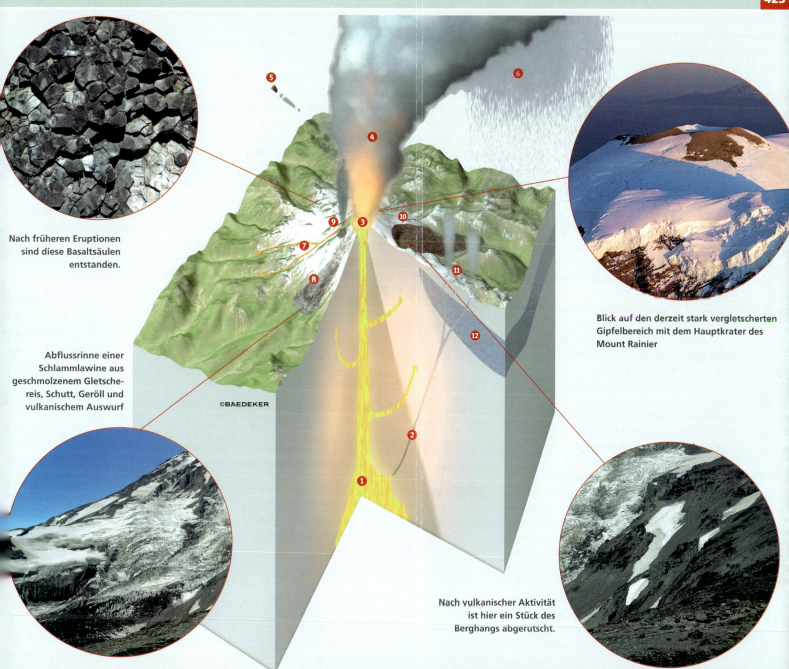

Nach früheren Eruptionen sind diese Basaltsäulen entstanden.

Abflussrinne einer Schlammlawine aus geschmolzenem Gletschereis, Schutt, Geröll und vulkanischem Auswurf

Blick auf den derzeit stark vergletscherten Gipfelbereich mit dem Hauptkrater des Mount Rainier

Nach vulkanischer Aktivität ist hier ein Stück des Berghangs abgerutscht.

WA • Mount Rainier

Nationalpark 1792 erblickte Kapitän **George Vancouver** den Berg vom Puget Sound aus und benannte ihn nach einem befreundeten Admiral. Im Jahr 1870 wurde der Mount Rainier erstmals bestiegen. Schon wenig später wurden Stimmen laut, die sich für den Schutz des Vulkans bzw. seiner Wälder stark machten. Die Gründung des Mt. Rainier National Park erfolgte 1899.

Zur **Flora**: Von Nadelhölzern – vor allem Douglasien, Hemlocktannen, Sitkafichten, Rotzedern und mehrere Hundert Jahre alten, mit Moos überzogenen Riesenlebensbäumen – dominierter Mischwald bedeckt die Hänge bis auf eine Höhe von 1500 m ü. d. M. Die Baumgrenze verläuft etwa bei 1900 m ü. d. M., wo nur noch Zirbelkiefern und Krummhölzer gedeihen. Im Sommer leuchten über 40 verschiedene Arten von Blütenpflanzen auf den Bergwiesen.

Artenreich ist auch die **Fauna**. Die größten Säugetiere sind Schwarzbären, Berglöwen, Wapitihirsche und Bergziegen. Vogelkundler können hier tagsüber u. a. Adler und Falken und in der Dämmerung Eulen und Käuzchen beobachten.

Mount Rainier National Park erleben

AUSKUNFT
Mount Rainier National Park
55210 238th Avenue East
Ashford, WA 98304
Tel. 1 360 5 69 22 11
www.nps.gov/mora

Henry M. Jackson Memorial Visitor Center
Paradise, WA
Tel. 1 360 5 69 65 71
www.nps.gov/mora
Juni – Sept. tgl. 9.00 – 16.30, Okt. – Mai Fr., Sa., So. 10.00 – 16.30 Uhr

ÜBERNACHTEN/ESSEN
Paradise Inn ❸❸❸
Mt. Rainier Reservations
55106 Kernahan Road East
Ashford, WA
Tel. 1 360 5 69 22 75
www.mtrainierguestservices.com
Tolle Lodge mit 121 gemütlichen Zimmern. Im Dining Room wird amerikanische und internationale Küche gereicht.

National Park Inn ❸❸
Mt. Rainier Reservations
55106 Kernahan Road
East Ashford WA
Tel. 1 360 5 69 22 75
www.mtrainierguestservices.com
Die Herberge ist von lichtem Nadelwald umgeben. Es gibt 25 einfache Zimmer, ein Restaurant und eine gemütliche Lounge mit Kamin.

Packwood Inn ❸❸
13032 Highway 12
Packwood, WA
Tel. 1 360 4 94 55 00
www.innofpackwood.com
Im »Packwood Inn« sind 34 mit viel Kiefernholz ausgestattete Gästezimmer und ein Wellnessbereich eingerichtet.

SEHENSWERTES IM MT. RAINIER NATIONAL PARK

Die vier Parkeingänge – Nisqually (Südwestecke; Hwy. 706), Carbon River (Nordwestecke; Carbon River Rd., via Hwy. 165), Ohanapecosh (Südostecke, Hwy. 123) und White River (Nordosteingang; Mather Memorial Parkway, Hwy. 410) – ermöglichen den Zugang aus allen vier Himmelsrichtungen. Am stärksten frequentiert wird der Nisqually-Eingang, über den man auch die einzigen Hotels innerhalb des Parks in Longmire und Paradise erreicht. Die Nisqually Paradise Road ist die einzige das ganze Jahr über geöffnete Straße im Nationalpark. Die übrigen Straßen sind oft schon ab Anfang Oktober bis in den Frühsommer geschlossen. **Zugänge**

Die **Carbon River Road** führt durch diesen Eingang in den entlegenen Nordwesten des Nationalparks. Die dunkelgrünen Urwälder konnten bis zur Stunde vor Kahlschlägen bewahrt werden. Vor lauter Bäumen sieht man hier aber kaum den Mount Rainier. Dafür erschließt der **Rain Forest Loop Trail** den am weitesten im Landesinneren gelegenen kühl-gemäßigten Regenwald Nordamerikas mit seinen moosbehangenen Baum-Methusalems. Lohnend ist auch der 7 mi/11 km lange ***Carbon Glacier Trail**, der zum rund 1000 m ü. d. M. gelegenen unteren Ende des Carbon Glacier führt. **Carbon River Entrance**

Der Highway 123 führt durch den Südosteingang über die Osthänge des Vulkans nordwärts und trifft am 1431 m hohen **Cayuse Pass** auf den Highway 410. Unterwegs eröffnen sich immer wieder herrliche Blicke auf den Mt. Rainier und Governors Ridge. Hinter dem Eingang beginnen am Ohanapecosh Visitor Centre der ca. 1,5 mi/2,4 km lange Trail in den ***Grove of the Patriarchs** mit uralten Douglasien, Hemlocktannen und Rotzedern und der knapp 1 km lange **Hot Springs Nature Trail** zu einer kleinen Thermalquelle. **Ohanapecosh Entrance**

Der **Mather Memorial Highway** und die anschließende **White River/Sunrise Road** führen von der Nordostecke des Nationalparks zum Sunrise-Abschnitt an der Nordostflanke des Mt. Rainier und bieten am ****Sunrise Point** einen grandiosen Panoramablick, der vom ▶Mt. Baker bis zum ▶Mt. Hood reicht. Am **Sunrise Visitor Center** beginnen etliche Trails durch hochalpine Kulisse zu Aussichtspunkten auf die Gletscher des Mount Rainier. **White River Entrance**

Die von ▶Seattle aus leicht zu erreichende Südwestecke des Nationalparks ist der meistbesuchte Abschnitt des Schutzgebietes. Hier ist auch die landschaftliche Szenerie besonders vielgestaltig. Auf dem Weg nach **Paradise** bzw. zum **Henry M. Jackson Memorial Visitor Center** führt die **Nisqually-Paradise Road** (Hwy. 706) an mehreren Aussichtspunkten vorbei, von denen man tolle Postkartenblicke auf **Nisqually Entrance** den Mount Rainier genießen kann. Ca. 3 mi/5 km nach dem Parkeingang erreicht man **Longmire** (840 m ü. d. M.) mit einem Besucherzentrum und einem Museum, das die Naturgeschichte der Gegend erläutert. Hier sind auch die Nationalparkverwaltung und das meist ausgebuchte »National Park Inn« angesiedelt.

Hinter Longmire windet sich die Straße bergan bis nach ****Paradise** (1600 m ü. d. M.). Im Sommer leuchten auf den hiesigen Bergwiesen Wildblumen in allen Farben. Der altehrwürdige, im Jahre 1916 eröffnete »Paradise Inn« (▶S. 424) lädt zu Speis und Trank und auch zum Übernachten ein. Im **Henry M. Jackson Memorial Visitor Center** (▶S. 424) erfährt man alles Wissenswerte über den Feuerberg Mount Rainier. Hier beginnt auch der **Nisqually Vista Trail**, von dem aus man einen herrlichen Blick auf den vom Mount Rainier herunterfließenden **Nisqually Glacier** hat.

**Wonderland Trail

Sozusagen die »Mutter aller Wanderwege« am Mount Rainier ist der knapp 150 km lange, ganz um den Vulkan herumführende »Wonderland Trail«. Zu Beginn des 20. Jh.s zur Förderung des Bergtourismus angelegt, führt er durch alle Vegetationszonen des Berges.

Gipfeltouren

Für eine erfolgreiche Gipfelbesteigung ist Erfahrung im Bergsteigen und Eisklettern unbedingt erforderlich. Die Besteigung nimmt, je nach Tempo, zwei bis drei Tage in Anspruch. Dabei überwinden die Trails einen Höhenunterschied von mehr als 2700 Metern. Die beliebteste Bergsteiger-Route beginnt in Paradise; nähere Informationen gibt's bei der Nationalparkverwaltung.

* Mount St. Helens

E 5

Region: Skamania, Cowlitz & Lewis Counties
Fläche: 445 km²
Höhe: 950 – 2550 m ü. d. M.

Die Bilder vom Ausbruch dieses Vulkans gingen um die Welt: Am 18. Mai 1980 um 8.32 Uhr explodierte er und zerstörte mit Schlammlawinen und Druckwellen eine Fläche von ca. 600 Quadratkilometern. Derzeit »schläft« der als National Volcanic Monument uasgewiesene Mount St. Helens und darf sogar bestiegen werden.

Die Katastrophe von 1980

Dass in dieser entlegenen, nur dünn besiedelten Region im Südwesten Washingtons 57 Menschen starben sowie 250 Häuser, 27 Brücken und rund 300 km Straßen zerstört wurden, verdeutlicht das Ausmaß dieser Katastrophe. Unmittelbar nach dem Ausbruch raste der größ-

Am 18. Mai 1980 explodierte der Mt. St. Helens und sprengte seinen nördlichen Gipfel ab. Inzwischen wächst ein neuer »Dom« heran.

te je von Menschen beobachtete **pyroklastische Strom** aus heißem Gesteinsmaterial, Staub, Asche und Gasen zu Tal: Noch in 11 km Entfernung fegte die heiße Lawine über das Toutle Valley hinweg und staute die dem Columbia River zufließenden Cowlitz und Toutle River. Die **Druckwelle** bewegte sich knapp unter Schallgeschwindigkeit nach Norden und mähte dort Hunderte Quadratkilometer Wald nieder. Dann stieg eine Gas- und Aschewolke in den Himmel, wie man sie zumindest in den USA bislang nicht gesehen hatte: Eine halbe Stunde nach dem Ausbruch erreichte sie eine Höhe von 18 km und eine Ausdehnung von 64 x 48 Kilometern. Einen ganzen Tag dauerte das Inferno. Als der Staubvorhang zusammenfiel, präsentierte sich die einstmals makellose Schönheit von **»Amerikas Fujiyama«** nunmehr von tiefen Rissen und Narben entstellt. Der Mount St. Helens war jetzt mit 2549 Metern um 400 Meter niedriger als zuvor und an der Nordseite klafft seither ein mehrere Hundert Meter breiter Riss.

Der Mount St. Helens ist der jüngste und aktivste Vulkan der Cascade Range. Die ältesten Ascheablagerungen wurden auf 40 000 v. Chr. datiert, seitdem konnten nicht weniger als neun große Eruptionsphasen identifiziert werden. Seit 1980 werden immer wieder Erdbeben am Gipfel registriert. Ein kleinerer Ausbruch, in dessen Folge sich im Krater ein neuer Lavadom heraushob, ereignete sich am 1. Oktober 2004. Am 9. März 2005 produzierte der Mt. St. Helens eine noch in ▶Seattle sichtbare 11 km hohe Rauchsäule.

Jüngster und aktivster Vulkan der Cascade Range

WA • Mount St. Helens

Mount St. Helens National Volcanic Monument
Der Vulkan wurde 1792 von George Vancouver nach dem britischen Diplomaten Baron St. Helens benannt. 1982 wurden der Vulkan und sein unmittelbares, gut 1500 m tiefer liegendes Umland zum Schutzgebiet erklärt. Hier sind heute schöne Wanderwege angelegt, auf denen man die erstaunlich schnelle Regenerierung der Natur beobachten kann. Auf der Südseite führen mehrere Trails bis zum Kraterrand.

SEHENSWERTES AM MOUNT ST. HELENS

Anfahrt
Am meisten frequentiert ist die Anfahrt von Westen her. Der **Spirit Lake Memorial Highway** (Hwy. 504), die einzige ganzjährig befahrbare Straße, führt von Castle Rock aus durch das Toutle Valley bis zum ca. 50 mi/80 km entfernten **Johnston Ridge Observatory**. Von dort blickt man durch den Riss im Kraterrand direkt auf den Schlot des Mt. St. Helens.

*Ape Caves
Mit rund 4 km Gesamtlänge gehören diese Höhlen, **Lavatunnel** an der Südwestflanke des Mount St. Helens, zu den weltweit längsten seiner Art. Sie sind während einer Eruption vor ca. 2000 Jahren entstanden. Damals floss ein Lavastrom hangabwärts, dessen Oberfläche rasch erstarrte. Nach dem Abfluss des noch glutflüssigen inneren Materials blieben Hohlräume übrig. Die Tunnel wurde 1946 von einer Pfadfindergruppe namens »St. Helens Apes« entdeckt.
❶ FS Road 83/ 8303, unweit Cougar, Führungen Juni – Sept. tgl. 10.00 – 17.30 Uhr, Parkgebühr 5 $ pro Fahrzeug, http://mountsthelens.com/ape-caves.html

Hoffstadt Bluffs
Hier heben die Hubschrauber zu Rundflügen (▶Baedeker Wissen) um den Vulkan ab. Im **Hoffstadt Bluffs Visitor Center** lohnt sich auch der Besuch einer **Schauglasbläserei**.
❶ 15000 Spirit Lake Highway, Toutle, WA 98649, Mai – Sept. tgl. 9.00 – 20.00, sonst Do. – So. 9.30 – 16.00 Uhr, Eintritt frei, www.hoffstadtbluffs.com

Wie Mutter Natur aller Unbill zum Trotz ein Comeback feiert, wird in diesem interessanten **Forest Learning Center** gezeigt.
❶ Hwy. Milepost 33, Juni – Aug. tgl. 10.00 – 18.00, Mai, Sept., Okt. tgl. 10.00 – 17.00 Uhr, Eintritt frei, http://mountsthelens.com/Forest-Learning-Center.html

> **BAEDEKER TIPP**
>
> *Mt. St. Helens Tours*
>
> Ein Hubschrauberflug über die noch immer von den Spuren der Verwüstung gezeichnete Landschaft und den zerfetzten Krater des Mt. St. Helens gehört zu den Höhepunkten jeder Reise in den Nordwesten der USA. Beim Hoffstadt Bluffs Visitor Center heben Hubschrauber zu 30-minütigen Flügen ab. Tickets ab 130 $, Tel. 1 360 2 74 52 00
> www.mt-st-helens.com/helicopter

Mount St. Helens • WA

Mount St. Helens erleben

AUSKUNFT
Mt. St. Helens National Volcanic Monument Headquarters
42218 N.E. Yale Bridge Road
Amboy, WA
Tel. 1 360 4 49 78 00
www.fs.fed.us/gpnf/mshnvm

ESSEN
Rose Tree Restaurant & Lounge ❷❷
1300 Mt. St. Helens Way N.E.
Castle Rock, WA
Tel. 1 360 2 74 61 22
In dem Lokal wird schmackhafte und kalorienreiche amerikanische Küche in munterer Atmosphäre geboten.

19 Mile House ❷
9440 Spirit Lake Highway
Toutle, WA
Tel. 1 360 2 74 87 79
Nettes, kleines Lokal mitten im Ort; hier gibt es schmackhafte Burger und hausgemachte Kuchen mit Vanilleeis.

ÜBERNACHTEN
Timberland Inn & Suites ❷❷
1271 Mt. St. Helens Way
Castle Rock, WA
Tel. 1 360 2 74 60 02
www.timberland-inn.com
24 einfache Motelzimmer im Stil der 1950er-Jahre.

Coldwater Ridge Visitor Center

Dieses Besucherzentrum liegt rund 43 mi/70 km östlich von Castle Rock am Highway 504 und bietet ausgezeichnete Blicke auf das obere Toutle River Valley, den Coldwater Lake, die Johnston Ridge sowie auf Krater und Schlot des Mount St. Helens. Ein Film dokumentiert die Naturkatastrophe und zeigt, wie es kurz danach unterhalb des Besucherzentrums ausgesehen hat.
❶ Hwy. 504, Milepost 43, Mai – Okt. tgl. 10.00 – 18.00, sonst Do. – Mo. 10.00 – 16.00 Uhr, Eintritt frei, www.fs.usda.gov

*Johnston Ridge Observatory

»Vancouver, Vancouver, this is it!« Die letzten Worte des jungen Geologen **David A. Johnston**, die er am 18. Mai 1980 seiner Zentrale funkte, gingen um die Welt. Im Dienst des United States Geological Survey (USGS) hatte er schon wochenlang auf dem Coldwater Ridge kampiert und den 11 km weiter südlich gelegenen Mount St. Helens aus vermeintlich sicherer Entfernung beobachtet. Dann wurde er von einer pyroklastischen Wolke mitgerissen.
Das »Johnston Ridge Observatory« liegt unweit seines damaligen Camps. Eine **Multi-Media-Präsentation** dokumentiert die spannende, mit Augenzeugenberichten und preisgekrönten Filmen angereicherte Vorgeschichte der sehr dramatischen Eruption und deren Folgen.
❶ Hwy. 504, Milepost 53, Mitte Mai – Ende Okt. tgl. 10.00 – 18.00 Uhr, Eintritt 8 $, www.fs.usda.gov

Wanderungen, Gipfeltouren

An der **Coldwater Ridge** und der **Johnston Ridge** beginnen mehrere kurze Trails zu Aussichtspunkten und Stellen von geologischem Interesse. Alle Trails findet man auf der Homepage der Parkverwaltung. Für eine Besteigung des Vulkans sind eine gute Kondition und und ein wenig Übung im Klettern erforderlich.

Die beliebteste Route ist die **Monitor Ridge Route** an der Südflanke. Sie beginnt beim Trailhead Campers Bivouac unweit der Ortschaft Cougar an der Route 8303 und endet unmittelbar am Kraterrand. Der Auf- und Abstieg dauert im Sommer 10 bis 12 Stunden; von Mai bis Oktober wird die Zahl der Gipfelstürmer auf 100 pro Tag begrenzt. Vor einer Gipfeltour sollte man sich allerdings bei der Parkverwaltung erkundigen, ob der Vulkan zur Besteigung freigegeben ist, da sämtliche Trails im Falle erhöhter seismischer Aktivitäten umgehend geschlossen werden.

★ North Cascades National Park

C 6/7

Region: Whatcom County
Fläche: 2020 km²
Höhe: 270 – 2781 m ü.d.M.

Die North Cascades, gelegentlich auch die »Alpen der USA« genannt, gehören zu den am wenigsten berührten Regionen der Vereinigten Staaten. Für Wanderer und Angler ist diese Wildnis kurz vor der kanadischen Grenze ein Paradies.

Einsame Wildnis

Tatsächlich ist der Vergleich mit den europäischen Alpen nicht weit hergeholt: Von ewigem Eis und Schnee bedeckte Gipfel mit eiszeitlich geformten Tälern, Schluchten und Wasserfällen wachen über eine tiefgrüne Wildnis. **Über 300 Gletscher** – insgesamt rund 160 km² Eis – und zahllose Seen bereichern das Landschaftsbild. Zeichen menschlicher Zivilisation sind nur sporadisch zu sehen. So einsam und unberührt ist der nördliche Teil der Cascade Range, dass hier Grizzly- und Schwarzbären, Berglöwen, Luchse, Vielfraße, Elche und Steinadler einen kaum gestörten Rückzugsraum fanden.

Der North Cascades National Park besteht aus einem noch weitgehend unberührten Nordteil, einem bereits besser erschlossenen Südteil, dem Bereich um den **Ross Lake** und der **Lake Chelan National Recreation Area**. Hinzu kommen mehrere als »Wilderness« ausge-

Die hochalpine Bergwelt der North Cascades ist ein Paradies für passionierte Hiker.

North Cascades National Park erleben

AUSKUNFT

Lake Chelan Chamber
102 E. Johnson Avenue
Chelan, WA 98816
Tel. 1 509 6 82 35 03
www.lakechelan.com

North Cascades National Park
Park Superintendent's Office
810 State Road 20
Sedro-Woolley, WA 98284
Tel. 1 360 8 56 57 00
www.nps.gov/noca

Stehekin Heritage
P. O. Box 1, Stehekin, WA 98852
www.stehekinvalley.com

BOOTSAUSFLÜGE

Lady of the Lake
1418 W. Woodin Avenue
Chelan, WA
Tel. 1 509 6 82 45 84
www.ladyofthelake.com
Von Mai bis Oktober verkehren zwei Ausflugsschiffe auf dem Lake Chelan.

ESSEN

***Buffalo Run Restaurant* €€**
60084 Hwy. 20, Marblemount, WA
Tel. 1 360 8 73 24 61
Wie der Name sagt: Es gibt Büffelfleisch als Burger, Chili oder Steak, und zwar aus dem eigenen Gehege.

***Watson's Alpenhorn Cafe* €**
7600 S Lakeshore Road, Chelan, WA
Tel 1 509 6 87 99 99
Seit über einem halben Jahrhundert eine feste Größe: die besten Hamburger und Sandwiches am See.

ÜBERNACHTEN

***North Cascades Lodge at Stehekin* €€€**
P. O. Box 3, Stehekin, WA
Tel. 1 509 6 82 44 94
www.stehekinlanding.com
Rustikale Herberge mit 28 geräumigen und gemütlichen Zimmern, Restaurant sowie umfangreichem Freizeitangebot.

***Ross Lake Resort* €€**
503 Diablo Street
Highway 20 (Nähe Diablo Dam)
Tel. 1 206 3 86 44 37
www.rosslakeresort.com
15 gemütliche Hütten an einem See. Das Anwesen ist nur zu Fuß oder per Wassertaxl zu erreichen. Da es dort kein Restaurant gibt, muss die Verpflegung mitgebracht werden.

wiesene Gebiete. Straßen und befahrbare Wege gibt es hier kaum. Nicht zuletzt deshalb – und wohl auch wegen des ziemlich launischen Wetters – erkunden pro Jahr gerade einmal 20 000 Besucher das große Naturschutzgebiet. Die meisten durchqueren es auf dem North Cascades Highway (Hwy. 20; Mitte Nov. – Mitte April geschlossen) von Marblemount bis Mazama. Von Süden her ist er nur per Boot auf dem Lake Chelan nach Stehekin zu erreichen.

Abenteuerwanderungen nur mit Genehmigung! Am Highway 20 beginnen etliche Trails. Für mehrtägige Expeditionen in die Bergwelt wird ein **»backcountry permit«** benötigt. Diese Genehmigung

ist nebst detaillierten Wanderkarten und aktuellen Wettervorhersagen im **Wilderness Information Center** in Marblemount erhältlich.
❶ Anf. Mai – Juni Fr., Sa. 7.00 – 18.00, So. – Do. 8.00 – 16.30, Juli – Anf. Sept. Fr., Sa. 7.00 – 20.00, So. – Do. 7.00 – 18.00, Anf. Sept. – Mitte Okt. Fr., Sa. 7.00 – 18.00, So. – Do. 8.00 – 16.30 Uhr, Eintritt frei,
Tel. 1 360 8 54 72 45, www.nps.gov/noca

SEHENSWERTES IM NORTH CASCADES NATIONAL PARK

Fast 30 mi/50 km lang begleitet der Highway 20 den Skagit River auf seinem Weg durch dichte Nadelwälder, durch die sich hin und wieder ein schneebedeckter Gipfel sehen lässt. Etwas östlich von Newhalem staut der fast 120 m hohe **Diablo Dam** den türkisfarbenen **Lake Diablo**. Dieser ist Teil des den Ballungsraum ▶Seattle mit elektrischem Strom versorgenden und aus insgesamt drei Staudämmen bestehenden »Skagit River Hydroelectric Project«. Der nördlich der Straße gelegene **Ross Lake** ist von der Straße aus nur zu Fuß (ca. 1 Std.) auf einem Wanderpfad zu erreichen. 37 km lang und bis zu 3 km breit, verläuft der See in Nord-Süd-Richtung beiderseits der US-amerikanisch-kanadischen Grenze. Die über dem schönen See aufragenden Bergriesen mit abenteuerlichen Namen wie **Desolation Peak** und **Hozomeen Mountain** sorgen für eine wildromantische Kulisse. Im Sommer ist der See ein beliebtes Ziel von Campern und Freizeitkapitänen.

*Ross & Diablo Lakes

> **BAEDEKER TIPP**
>
> ### Diablo Dam Tours
>
> Wer sich für die Baugeschichte des Diablo Dam und das Wasserkraftwerk interessiert, dem seien die von »Seattle City Light« organisierten Touren empfohlen.
> Reservierungen:
> Tel. 1 360 8 54 25 89
> www.seattle.gov/light/tours/skagit

Einer der schönsten Wanderwege durch diese Wildnis ist der etwas über 3 mi/5 km lange **Cascades Pass Trail**. Stetig zum Pass hinaufsteigend, bietet er herrliche Aussichten auf Eldorado, Johannesburg, Mixup, Magic und McGregor Mountain.

Der fjordähnliche, etwa 90 km lange, 2 km breite und bis zu 500 m tiefe Lake Chelan im Südosten des Nationalparks, den die Salish-Indianer einst **»Tsi Laan«** (»Tiefes Wasser«) nannten, wird im Norden von schneebedeckten Zweieinhalbtausendern der North Cascades bewacht. Nur die südliche Hälfte des Sees ist durch Uferstraßen erschlossen. Danach beginnt straßenlose Wildnis.
Vor den Toren des vielbesuchten Touristenortes **Chelan** (3600 Einw.) am Südende des Sees dreht sich alles um Spaß und Sport auf dem blauen Gewässer.

*Lake Chelan

Stehekin Allein dass es so etwas noch gibt im Autofahrerland USA, ist den Besuch wert: Um in den **völlig isoliert am Nordufer des Lake Chelan** gelegenen Ort Stehekin zu gelangen, braucht man ein Boot oder ein Wasserflugzeug. Oder man wandert durch die **grandiose Wildnis** des North Cascades National Park. Bis heute hat das **Ensemble aus weit verstreuten Häusern und kleinen Farmen** gerade mal rund 100 Einwohner: Park Ranger und ihre Familien, Outfitter und ein paar Lebenskünstler. Im Sommer vervielfacht sich diese Zahl jedoch, wenn die Schneeschmelze die zahllosen Trails rund um den Ort wieder freigelegt hat.

Anreise: Die **Boote** »Lady of the Lake II« und die »Lady Express« verkehren in den Sommermonaten zwischen Chelan und Stehekin. Die Fahrt ca. 3 – 4 Stunden. Schneller geht es mit dem **Wasserflugzeug**. Ganze 30 Minuten dauert der Trip mit einer »Beaver« oder »Cessna« von Chelan Seaplanes. Ein Hotel, mehrere Bed-&-Breakfast-Unterkünfte und Campingplätze bieten Übernachtungsmöglichkeiten, müssen allerdings rechtzeitig gebucht werden.

Lady of the Lake: 1418 W Woodin Ave, Chelan, WA 98816, April Mo., Mi., Fr., Sa., So. 10.00 – 16.00, Mai – Mitte Okt. tgl. 8.30 – 18.00, Mitte bis Ende Okt. Mo., Mi., Fr., Sa., So. 10.00 – 16.00, Nov. – März Mo., Mi., Fr. 10.00 – 16.00 Uhr, Einfache Fahrt 37 $, Roundtrip (hin und zurück) 61 $, Tel. 1 509 6 82 54 84, www.ladyofthelake.com

Chelan Seaplanes: MitteMai – Mitte Okt. tgl ab 8.30 Uhr, Einfache Strecke 90 $, Roundtrip (hin und zurück) 180 $, Tel. 1 509 6 82 55 55 www.chelanseaplanes.com

Olympia

 D 5

Region: Thurston County
Einwohnerzahl: 48 000
Höhe: 29 m ü.d.M.

Dass Matt Groening gerade hier mit der Zeichentrickfigur Homer Simpson den typischen Durchschnittsamerikaner erfand, ist wohl kaum ein Zufall. Denn die kleine Hauptstadt des US-Bundesstaates Washington ist nicht nur nett und sauber, sondern auch recht selbstkritisch und progressiv.

Stützpunkt für Ausflüge An Olympia führt wahrlich kein Weg vorbei. Zwischen dem Feuerberg Mount Rainier und oft nebelverhangenen Olympic National Park gelegen, ist die Stadt am Budd Inlet bzw. am Südende des Puget Sound ein hervorragender **Ausgangspunkt für tolle Ausflüge**. Dank des 1971 gegründeten Evergreen State College findet man hier nicht die ansonsten für Provinzhauptstädte typische Steifheit.

Olympia erleben

AUSKUNFT
Olympia CVB
103 Sid Snyder Ave. SW
Olympia, WA 98507
Tel. 1 360 7 04 75 44
www.visitolympia.com

SHOPPING
Über 100 Geschäfte, Galerien und Restaurants – zumeist in historischen Mauern an schattigen Alleen – machen einen Einkaufsbummel durch die übersichtliche Downtown zu einem angenehmen Erlebnis

Farmers Market
700 Capitol Way North
April – Okt. Do. – So. 10.00 – 15.00,
Nov., Dez. Sa., So 10.00 – 15.00 Uhr
Hier kann man Obst, Gemüse und Molkereiprodukte aus der Region erwerben und sich am Ende des Markttages in den Bäckereien und hübschen Restaurants stärken. Zudem präsentieren sich hier zwei Dutzend profilierte Künstler aus der Region.

HAFENRUNDFAHRTEN
Budd Bay Charters
Percival Landing
Tel. 1 360 5 39 89 81
www.buddbaycharters.com
Olympia mit dem Mt. Rainier im Hintergrund ist ein äußerst beliebtes Fotomotiv, das jedoch nur vom Wasser aus im Rahmen einer Hafenrundfahrt zu erhaschen ist.

THEATERPROGRAMME
State Theater,
Harlequin Productions
Tel. 1 360 7 86 01 51
www.harlequin productions.org
Kompagnien wie »Capital Playhouse«, »Olympia Family Theater«, »Theater Artists Oympia« und »Olympia Little Theater« treten im historischen State Theater auf. Infos, Programme und Tickets gibt es bei Harlequin Productions.

ESSEN
Gardner's Seafood &
Pasta ❸❸❸❸
111 W. Thurston Avenue
Tel. 1 360 7 86 84 66
Seit vielen Jahren die Nr. 1 in der Stadt bei Steaks und Ribs. Lecker sind auch Pasta und Penne.

Budd Bay Cafe ❸❸
525 N. Columbia Street,
Percival Landing
Tel. 1 360 3 57 69 63
In dem beliebten Restaurant gibt es leckere Fischgerichte und einen schönen Blick aufs Wasser und die Stadt.

ÜBERNACHTEN
Phoenix Inn Suites ❸❸❸
415 Capitol Way N.
Tel. 1 360 5 70 05 55
www.phoenixinnsuites.com
Modernes Haus mit 102 freundlichen und hellen Zimmern, Pool und Fitnessraum.

Golden Gavel Motel ❸
909 Capitol Way S.
Tel. 1 360 3 52 85 33
Nette Herberge mit 27 gemütlichen Zimmern mitten in der Downtown.

Geschichte Die ersten Siedler erreichten den Budd Inlet bereits in den 1840er-Jahren und verdrängten die hier lebenden Indianerstämme der Nisqually, Chehalis und Duwamish. Da sich seinerzeit in Oregon Siedler dunkler Hautfarbe nicht niederlassen durften, zog die erste von einem afroamerikanischen Pionier namens George Bush geführte Gruppe in das zu dieser Zeit noch britisch dominierte nördlich des Columbia River. Bereits im Jahre 1853 wurde Olympia zur **Hauptstadt des Territoriums** erhoben. Danach blühten der Handel und die Austernfischerei auf. Eine kleine Dampferflotte verband Olympia mit den übrigen Häfen am Puget Sound.

SEHENSWERTES IN OLYMPIA

*Washington State Capitol Das Kapitol des Bundesstaates Washington thront unübersehbar inmitten schöner Grünanlagen auf einem Hügel im Süden der Innenstadt. Es wurde 1922 bis 1928 nach Plänen der beiden New Yorker Architekten Walter Wilder und Harry White erbaut. Mit 87,47 Metern Höhe gehört dieser Kuppelbau zu den höchsten seiner Art auf der Welt.
❶ 416 Sid Snyder Avenue SW, Capitol Campus, Mo. – Fr. 7.00 – 17.30, Sa., So. 11.00 – 16.00, Fei. (außer Thanksgiving, Weihnachten und Neujahr) 11.00 – 16.00, Führungen tgl. 11.00 – 15.00 Uhr, Eintritt frei, www.des.wa.gov

Capitol Conservatory Im nördlichen Bereich der Parkanlage um das Washington State Capitol sind wunderschöne Gartenanlagen mit tropischen und subtropischen Blütenpflanzen bestockt.
Ein steiler Zickzackweg führt vom Justizpalast durch den **Heritage Park** hinunter zum **Capitol Lake**.

State Capital Museum Sieben Blocks vom Kapitol entfernt zeigt das in der prachtvollen einstigen Villa eines Bankiers untergebrachte Museum Exponate, Fotos und Dokumente aus jener Zeit, als der Bundesstaat Washington allmählich seine Konturen annahm
❶ 211 W. 21st Ave., Di. – Sa. 10.00 – 16.00, Eintritt 2 $, www.washingtonhistory.org

Old State Capitol Während die Politiker auf ihr neues Kapitol warteten, tagten sie in diesem klobigen, im Jahre 1892 im neoromanischen Stil errichteten Gebäude, dem Old State Capitol. Da die Wartezeit immerhin 24 Jahre betragen hat, ranken sich zahllose Geschichten und Geschichtchen um die Räumlichkeiten, die man am besten im Rahmen einer Führung besichtigt.
❶ 600 Washington St., Führungen Mo. – Fr. 8.00 – 17.00 Uhr, Eintritt 5 $, www.k12.wa.us

In den alten Hangars des Olympia Regional Airport warten sie auf Liebhaber: Jagdflugzeuge aus dem Zweiten Weltkrieg (u.a. BAC-167 Strikemaster, FG1D Corsair) sowie Jets und Helikopter aus der jüngeren Vergangenheit.

Olympic Flight Museum

● 7637-A Old Hwy. 99 SE, Tumwater, WA, Jan.–April Mi.–So. 11.00 bis 17.00, Mai–Sept. tgl. 11.00–17.00, Okt.–Dez. Di.–Sa. 11.00–17.00 Uhr, Eintritt 7 $, www.olympicflightmuseum.com

Von den vielen Parks der Stadt ist der Japanische Garten sicher der schönste. Entstanden nach 7-jähriger Planung und 2-jähriger Ausführung, symbolisiert er doch die japanisch-amerikanische Völkerfreundschaft.

Yashiro Japanese Garden

● 1010 Plum St. SE, tgl. 10.00–22.00 Uhr, Eintritt frei, http://olympiawa.gov

UMGEBUNG VON OLYMPIA

Grizzlybären, Pumas, Wölfe, Elche und viele andere typische Tiere aus dem Nordwesten der USA leben in diesem großen Wildpark. Er liegt etwa eine halbe Autostunde östlich von Olympia. Während einer Fahrt mit dem Parkbähnchen (ca. 1 Std.) kann man viele dieser Tiere in naturnaher Umgebung beobachten.

Northwest Trek Wildlife Park

● 1610 Trek Dr. E., Eatonville, WA, 6. Jan.–Mitte März Fr.–So. 9.30–15.00, Mitte März–Ende Juni Mo.–Fr. 9.30–16.00, Sa., So. 9.30–17.00, Ende Juni–Anf. Sept. tgl. 9.30–18.00, Anf. Sept.–Anf. Okt. Mo.–Fr. 9.30 bis 16.00, Sa., So. 9.30–17.00, Anf. Okt.–23. Dez. Fr.–So. 9.30–15.00, 26. Dez.–4. Jan. tgl. 9.30–15.00 Uhr, Eintritt 18,25 $, www.nwtrek.org

** Olympic National Park

✈ C/D 3/4

Region: Clallam & Jefferson Counties
Fläche: 3678 km²
Höhe: 0 – 2428 m ü.d.M.

Umspült vom Pazifik und der Juan-de-Fuca-Straße, beherbergt die Olympic Peninsula die größten und schönsten Regenwälder der USA. Isoliert vom Rest des Kontinents konnte sich hier eine einzigartige Flora und Fauna entwickeln.

Der westlich von ▶Seattle gelegene Nationalpark ist wegen seiner einzigartigen Landschaft seit 1981 als **UNESCO-Weltnaturerbe** ausgewiesen. Während und nach der letzten Eiszeit erhielt die Olympics-Halbinsel ihren »letzten Schliff«. Steile Täler, Moränen, nackter Granit und U-förmige Täler zeugen von einer extremen Vergletsche-

Eindrucksvolle Landschaft

Üppiger Regenwald auf der Olympic-Halbinsel, dessen Bäume mit Flechten und Moosen behangen sind

rung während der letzten Eiszeit. Die isolierte Lage der Halbinsel während der Eiszeit hat auch zur Entstehung endemischer Pflanzen- und Tierarten geführt. Dazu zählen etwa die rot blühende Olympic-Kastillea, das Olympic-Murmeltier und die Beardslee-Forelle. Mit rund 3,5 Mio. Besuchern pro Jahr ist er auch eines der beliebtesten Wildnisgebiete des Landes. Dabei sind weite Teile das Nationalparks nur schwer zugänglich: Besucher bleiben meist auf den Aussichtsstraßen. Doch wer genug Zeit hat, sollte unbedingt einen der vielen Trails begehen und so die höchst abwechslungsreiche Bergwelt zwischen der felsigen Pazifikküste und dem 2428 m hohen **Mount Olympus** erforschen.

SEHENSWERTES AUF DER OLYMPIC PENINSULA

Wanderungen

Trails unterschiedlicher Länge und Schwierigkeitsgrade durchziehen den gesamten Nationalpark. Die meisten beginnen bereits an den vom US 101 abzweigenden Straßen. Die schönsten Trails, die an der Hurricane Ridge Road beginnen, sind der **Hurricane Hill Trail** mit herrlichen Ausblicken auf den Mt. Olympus und die Strait of Juan de Fuca sowie der **Grand Ridge Trail**, der die Hurricane Ridge mit dem Obstruction Point verbindet. 14 km westlich von Port Angeles zweigt die Elwha River Road ab. An dieser beginnt u. a. der 45 km lange **Elwha Trail**, der quer durch den Nationalpark führt. Die schönsten Trails im Westen beginnen beim »Hoh Rain Forest Visitor Center«, das man über die Hoh River Road erreicht. Der beliebteste Weg ist hier der **Hall of Moss Trail**. Er führt durch ein immergrünes, mit Moosen und Farnen sagenhaft wirkendes Stück Regenwald.

**Olympic Peninsula Drive (US 101)

Diese insgesamt 450 km lange Panoramastraße beginnt in ▶Olympia und folgt über weite Strecken der Küste der Halbinsel durch farn- und moosbedeckte Regenwälder zu entlegenen, von den Wogen des Pazifischen Ozeans hartgehämmerten Sandstränden und hinauf zu alpinen Matten.

*Port Angeles

Als Tor zum Nationalpark gilt das an der Nordküste gelegene Hafenstädtchen Port Angeles (19 000 Einw.), wo es auch zahlreiche Unterkünfte für Touristen gibt.
Einen Besuch lohnt das **Museum der Clallam County Historical Society** mit Ausstellungen zur Natur-, Kultur- und Sozialgeschichte der Region.
Unten am Wasser informiert das **Olympic Coast Discovery Center** über die Flora und Fauna des vorgelagerten **Olympic Coast National Marine Sanctuary**
Die alternativ gesprenkelte Kunstszene der Halbinsel konzentriert sich in avantgardistisch-provozierenden Ausstellungen des **Port Angeles Fine Arts Center**.
Clallam County Historical Society Museum: 207 S. Lincoln St., Mi. – Sa. 13.00 – 16.00 Uhr, Eintritt frei, www.clallamhistoricalsociety.com
Olympic Coast Discovery Center: 115 Railroad Ave. E., Mai – Sept. Mi. bis So. 11.00 – 17.00 Uhr, Eintritt frei, http://olympiccoast.noaa.gov
Port Angeles Fine Arts Center: 1203 E. Lauridsen Blvd., März – Okt. Mi. bis So. 11.00 – 17.00, sonst 10.00 – 16.00 Uhr Eintritt frei, www.pafac.org

*Lake Crescent

Von der Route 101 führen Stichstraßen ins gebirgige Innere des Nationalparks und auch zu einsamen, wildromantischen Stränden. Höhepunkte an der Strecke sind der fotogene Bergsee Lake Crescent, ca. 20 mi/32 km westlich von Port Angeles. Gleich in der Nähe findet man die zauberhaften 27 Meter hohen **Marymere Falls**.

WA • Olympic National Park

Olympic National Park

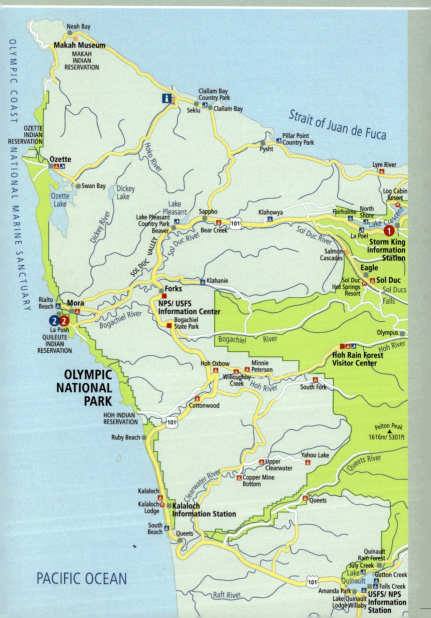

Olympic National Park • WA 441

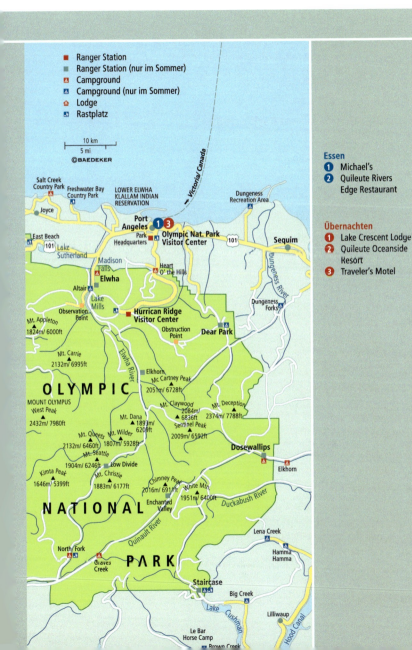

WA • Olympic National Park

***Hurricane Ridge Lodge** Von Port Angeles führt eine ca. 20 mi/32 km lange Panoramastraße hinauf zur 1585 m ü.d.M. gelegenen Hurricane Ridge Lodge. Von hier oben eröffnet sich ein **grandioser Blick über die vergletscherte Bergwelt** der Olympics und über die Juan-de-Fuca-Straße. Beim Visitor Center beginnen Wanderwege, die tolle Aussichtspunkte erschließen.

Olympic National Park erleben

AUSKUNFT
Olympic National Park
600 East Park Avenue
Port Angeles, WA 98362-6798
Tel. 1 360 5 65 31 30
www.nps.gov/olym

Port Angeles Visitor Information
121 E. Railroad Avenue
Port Angeles, WA 98362
Tel. 1 360 4 52 23 63
www.portangeles.org

Port Townsend Visitor Information
440 12th Street
Port Townsend, WA 98368
Tel. 1 360 3 85 27 22
www.enjoypt.com

BOOTSAUSFLÜGE
Puget Sound Express
227 Jackson Street
Port Townsend, WA
Tel. 1 360 3 85 52 88
www.pugetsoundexpress.com

ESSEN
❶ *Michael's* €€€€
117 B East 1st Street
Port Angeles, WA
Tel. 1 360 4 17 69 29
Top-Adresse im Bundesstaat Washington: Alles, was der Pazifik und das gebirgige Hinterland zu bieten haben, wird hier ideenreich und gekonnt zubereitet.

❷ *Quileute Rivers Edge Restaurant* €€€
41 Main Street, La Push, WA
Tel. 1 360 3 74 32 36
Fisch und Meeresfrüchte gibt es hier mit schönem Blick auf den Fluss.

ÜBERNACHTEN
❶ *Lake Crescent Lodge* €€€
416 Lake Crescent Road
Port Angeles, WA
Tel. 1 360 9 28 32 11
www.lakecrescentlodge.com
Eine der schönsten alten Lodges auf der Halbinsel mit 52 einfach eingerichteten Zimmern und tollem Blick auf den See.

❷ *Quileute Oceanside Resort* €€€
330 Ocean Drive La Push, WA
Tel. 1 360 3 74 52 67
www.quileuteoceanside.com
72 Zimmer, davon 42 in gemütlichen Hütten; direkt am Strand gelegen, bietet das Resort Erholung abseits des Massenbetriebs.

❸ *Traveler's Motel* €
1133 E. 1st Street
Port Angeles, WA
Tel. 1 360 4 52 23 03
www.travelersmotel.net
Freundliches Motel mit 11 gemütlichen Zimmern aus der guten alten Zeit.

Wilde Romantik pur: Urtümlich präsentiert sich die von Wind und Wellen zerzauste Küste der Olympic-Halbinsel.

Forks

Lange lebte das sich mitten im Nationalpark an den Highway 101 klammernde 3000-Einwohner-Städtchen Forks von der Holzwirtschaft. Das **Timber Museum** erinnert mit der kleinen Dampflok namens »Steam Donkey« und historischen Fotos an alte Zeiten.
Die zahlreichen in der Umgebung von Forks in den Pazifik mündenden Flüsse und Bäche sind **beste Lachs- und Forellenreviere**. Nähere Infos gibt es bei der Forks Chamber of Commerce.
Timber Museum: 1421 S. Forks Ave., April–Okt. tgl. 10.00–16.00 Uhr, Eintritt 3 $, www.forkstimbermuseum.org

**Hoh Rain Forest

Der schönste Regenwald des Nationalparks, zu erreichen von Port Angeles aus über den Highway 101, bedeckt die Hänge einiger in den Pazifik mündender Flusstäler. Über 5000 mm Niederschlag pro Jahr lassen hier eine üppige, tiefgrüne Vegetation gedeihen mit bis zu 100 m hohen Bäumen, v. a. Douglasien, Sitka-Fichten und Hemlocktannen. Am Boden wuchern dicke Moosteppiche und dichtes Farngebüsch. In dem Urwaldgebiet sind zahlreiche Wanderpfade ausgewiesen, darunter der 14 mi/22 km lange **Queets River Trail** und der anspruchsvolle Trail von North Fork nach Whiskey Bend.

**Pazifikküste

Einsame, von Treibholz übersäte Sandstrände prägen die Pazifikküste der Olympic Peninsula ebenso wie scharfe Klippen, Felsenbögen und jäh aus dem Meer ragende Felsen. Der nördliche Küstenabschnitt ist durch Stichstraßen erschlossen, am südlichen führt ein **Scenic Drive** von Ruby Beach bis nach Queets. Am **Ruby Beach** kommen Naturfreunde voll auf ihre Kosten, denn sie können hoch in den Lüften kreisende **Weißkopf-Seeadler** beobachten, ebenso diverse Robben, die sich am Strand ausruhen, und Grauwale, die draußen auf dem Meer vorbeiziehen.

In dem Ort **La Push** an der Pazifikküste werben die Herbergen damit, keine Fernseher in den Zimmern zu haben. Ruhe und Erholung ist also angesagt in dieser winzigen Strandgemeinde am Ende einer vom Hwy. 101 zum Pazifik abzweigenden Stichstraße. La Push ist eine Fischersiedlung inmitten der **Quileute Indian Reservation**. Hier gibt es einige Geschäfte, ein Restaurant und – am schönsten Strand des Reservats – das moderne »Oceanside Resort«. Ein Abendspaziergang auf dem von Felsnadeln in der Brandung bewachten **First Beach** gehört zu den romantischen Höhepunkten dieses Küstenabschnitts.

> **BAEDEKER TIPP**
>
> *Grauwale sichten*
>
> Näher geht's nicht: Während ihrer Wanderungen im Frühjahr und im Herbst ziehen Grauwale so dicht am Strand von La Push vorbei, dass man sie sogar beim Ausstoßen ihrer Atemfontäne hören kann.

Port Townsend
Das hübsche 9200-Einwohner-Städtchen im Nordosten der Olympic-Halbinsel lebt vor allem vom Tourismus und vom Bootsbau. Im denkmalgeschützten **Historic District** gibt es prächtige Häuser aus viktorianischer Zeit. Am meisten los ist auf der von Geschäften, Restaurants und Cafés gesäumten **Water Street**. Hier informiert auch das **Jefferson County Historical Society Museum** über die bewegte Geschichte von Port Townsend.

❶ 540 Water St., tgl. (im Winter nur Sa., So.) 11.00 – 16.00 Uhr, Eintritt 4 $, www.jchsmuseum.org

∗ San Juan Islands

C/D 5

Region: San Juan County
Bewohnerzahl: 15 000
Höhe: 0 – 735 m ü.d.M.

Was für ein Blick! Welch ein Hochgefühl von Weltferne und -nähe zugleich! der schneebedeckte Mount Baker kontrolliert den Horizont, geheimnisvoll lockt ein Insellabyrinth, in dem jede Kayak-Tour die Begegnung mit den schönen Orcas verspricht.

Inselparadies
»247 Tage Sonnenschein und nur halb so viel Regen wie in Seattle« – mit solchen Slogans lockt das Fremdenverkehrsamt der San Juan Islands Urlauber nicht nur aus dem regnerischen Seattle an: Zu verlockend ist der Gedanke an Inselromantik und das kleine B & B in

San Juan Islands erleben

AUSKUNFT
San Juan Islands Visitors Bureau
Friday Harbor, WA 98250
Tel. 1 888 4 68 37 01
www.visitsanjuans.com

ANREISE
Washington Ferries
Tel. 1 888 8 08 79 77
www.wsdot.wa.gov/ferries
Von Anacortes mehrmals tgl. Fähren nach Lopez Is., Orcas Is. u. San Juan Is.

RADFAHREN
Lopez Bicycle Works
2847 Fisherman's Bay Road
Lopez Island, WA
Tel. 1 360 4 68 28 47
www.lopezbicycleworks.com

Island Bicycles
380 Argyle Ave., Friday Harbour
Tel. 1 360 3 78 49 41
www.islandbicycles.com

KAJAKTOUREN
Lopez Kayaks
2845 Fisherman's Bay Road
Lopez Island, WA
Tel. 1 360 4 68 28 47
www.lopezkayaks.com

Orcas Outdoor Kayaking
8292 Orcas Rd., Orcas Island
Tel. 1 360 3 76 46 11
www.orcasoutdoor.com

WHALE WATCHING
Orcas Island Eclipse Charters
Deep Harbor, Orcas Island, WA
Tel. 1 360 3 76 65 66
www.orcasislandwhales.com

Bon Accord Wildlife Charters
Friday Harbor, San Juan Island, WA
Tel. 1 360 3 78 66 70

ESSEN
The Place Bar & Grill ❸❸❸❸
1 Spring St., Friday Harbor,
San Juan Island
Tel. 1 360 3 78 87 07
Beste »Northwest Cuisine«, berühmt für Fisch und Meeresfrüchte.

Boardwalk on the Water ❸
8292 Orcas Road
Orcas Island Ferry Landing
Tel. 1 360 3 76 29 71
Leckere Burger, Sandwiches und Salate, schöner Blick aufs Meer.

ÜBERNACHTEN
Orcas Hotel ❸❸❸❸
18 Orcas Hill Road
Eastsound Orcas Island
Tel. 1 360 3 76 43 00
www.orcashotel.com
12 sehr gemütliche Zimmer und 2 Suiten mit Jacuzzi.

The Edenwild ❸❸❸
Lopez Village, Lopez Island
Tel. 1 360 4 68 32 38
www.edenwildinn.com
Viktorianische Villa mit 8 hübsch ausgestatteten Zimmern.

Discovery Inn ❸
1016 Guard St., Friday Harbor
San Juan Island
Tel. 1 360 3 78 20 00
www.discoveryinn.com
20 einfache, aber sehr geräumige Zimmern in einem Park

der einsamen Bucht, an die Erkundung unbewohnter Eilande und die Begegnung mit lächelnden Insulanern, die hier ihr ganz persönliches Paradies gefunden haben. In der Tat hat der Tourismus die San Juan Islands fest im Griff. Doch ebenso schnell dünnt er abseits der drei, vier belebten Zentren wieder aus.

Der San-Juan-Archipel besteht aus mehr als **450 Inseln und Inselchen**. Die meisten davon liegen als »Gulf Islands« bereits in kanadischen Gewässern. Die USA nennen immerhin 172 ihr Eigen, davon werden ganze vier von Anacortes aus angelaufen: **Lopez**, **San Juan**, **Orcas** und **Shaw Island**.

Hügelig, mit felsigen Küsten sowie Sand- und Kieselstränden, bedeckt von immergrünen, an den Küsten windzerzausten Nadelwäldern, sind die San Juan Islands eine für diesen Küstenabschnitt typische Insel- und Schärenwelt. Jede der Hauptinseln hat ihren eigenen Charakter. Die beliebtesten Aktivitäten sind Kayaking, Radfahren und Wale beobachten. Vor allem die zwischen den Inseln schwimmenden Orcas (Schwertwale) stehen auf dem Programm der Besucher ganz oben. Auch Grauwale, Seelöwen und Seeelefanten sowie die größte Seeadler-Population südlich des 49. Breitengrads locken viele Naturfreunde an.

SEHENSWERTES AUF DEN SAN JUAN ISLANDS

Lopez Island Auf der mit 77 km² drittgrößten Insel des Archipels leben ca. 2200 Menschen. Hinter schroffen Felsenküsten breitet sich relativ flaches und landwirtschaftlich intensiv genutztes Land aus, das idyllische Sträßchen kreuz und quer durchmessen. Der Tourismus hat hier bislang noch nicht groß Fuß gefasst.

Hauptort der Insel ist ein Ensemble aus Häuschen, Tankstelle, Bank und Galerien namens **Lopez Village**. Er liegt an der Fisherman's Bay im Nordwesten der Insel. Das **Lopez Island Historical Society Museum** dokumentiert mit alten Fotos die Geschichte der Insel.

❶ Weeks Rd., Mi. – So. 12.00 – 16.00 Uhr, Eintritt 5 $, http://lopezmuseum.org

Orcas Island Auf der mit knapp 150 km² größten Insel des San-Juan-Archipels leben etwa 4500 Menschen. Die landschaftlich überaus reizvolle Insel ist Ziel vieler Städter, die sich hier exklusive Wochenendhäuser auf Felsklippen über dem Meer errichtet haben.

Hauptort der Insel ist **Eastsound** am Ende der gleichnamigen Bucht im Norden von Orcas Island. Hier informiert das **Orcas Island Historical Museum** mit alten Pioniershütten und indianischen Kulturzeugnissen ausführlich über die Inselgeschichte.

❶ 181 N. Beach Rd., Juni – Sept. Mi. – So. 11.00 – 16.00, sonst Mi. – Sa. 12.00 – 15.00 Uhr, Eintritt 5 $, www.orcasmuseum.org

Ausgesprochen relaxed ist die Atmosphäre in Friday Habor auf San Juan Island.

Ein Muss für jeden Inselbesucher ist die 5 mi/8 km lange Fahrt auf den ***Mount Constitution**. Der Blick vom Aussichtsturm über Orcas Island und auf die im diesigen Blau liegende Inselwelt ist fantastisch. Der Berg ist Teil des wildromantischen **Moran State Park**, der Wanderfreunden ein zirka 30 mi/52 km umfassendes Wanderwegenetz bietet. Ein Postkartenmotiv ist der 30 Meter hohe **Cascade Fall** zwischen Cascade und Moraine Lake. Man erreicht ihn leicht von der Bergstraße aus.

San Juan Island ist die westlichste der großen San Juan Islands, mit 142 km² die zweitgrößte und mit knapp 7000 Einwohnern die bevölkerungsreichste Insel. Den Ostteil charakterisiert eine sanfte, landwirtschaftlich genutzte Hügellandschaft mit hübschen kleinen Farmen und dichten Wäldern. Über dem raueren Westen erhebt sich der 330 m hohe **Mount Dallas** als höchste Erhebung.

San Juan Island

Friday Harbor (2000 Einw.) an der Ostküste ist die einzige Stadt im Archipel. Der zweitgrößte Ort ist **Roche Harbor** im Nordwesten; an der **Haro Strait** gelegen, gilt die windgeschützte Felsenbucht als einer der besten Häfen im Archipel.

Der sich auf beiden Inselhälften ausbreitende **San Juan Island National Historical Park** widmet sich dem sog. **Pig War**. Auf dem Höhepunkt dieses tragikomischen Konfliktes um ein totes Schwein – im Grunde ging es um Grenzstreitigkeiten zwischen den USA und Kanada – standen sich Mitte des 19. Jh.s britische und amerikanische Truppen gegenüber. Heute zeigen das English Camp (im Nordwesten) und das American Camp (im Süden) restaurierte Gebäude, in denen die englischen bzw. amerikanischen Soldaten während des

Konfliktes untergebracht waren. Informationszentren dokumentieren den Verlauf der Ereignisse. Noch mehr Lokalgeschichte wartet im **San Juan Historical Museum.**

Alles über die Orcas erfährt man im **Whale Museum**. Das in einem der ältesten Gebäude der Inseln untergebrachte Museum engagiert sich auch für den Schutz der interessanten Meeressäuger.

Das hier erworbene Wissen findet sicherlich Anwendung im **Lime Kiln Point State Park** an der Westküste. Die fotogene Steilküste des Schutzgebiets besitzt die besten Aussichtspunkte zur Beobachtung der Orcas.

San Juan Island National Historical Park: American Camp Visitor Center Ende Mai – Anf. Sept. tgl. 8.30 – 17.00, sonst Mi. – So. 8.30 – 16.30 Uhr, Eintritt frei, English Camp Visitor Center Ende Mai – Anf. Sept. tgl. 9.00 – 17.00 Uhr, sonst geschl., Eintritt frei, www.nps.gov/sajh/

San Juan Historical Museum: 405 Price St., Friday Harbor, Mai – Sept. Mi. bis Sa. 10.00 – 16.00, So. 13.00 – 16.00, April u. Okt. nur Sa. 13.00 – 16.00 Uhr, Eintritt 5 $, http://sjmuseum.org

Whale Museum: 62 1st St., Friday Harbor, Ende Mai – Sept. tgl. 9.00 bis 18.00, Okt. – Ende Mai tgl. 10.00 – 16.00 Uhr, Eintritt 6 $, http://whalemuseum.org

Lime Kiln Point State Park: tgl. 8.00 Uhr bis Sonnenuntergang, Parkgebühr 10$ pro Fahrzeug, www.parks.wa.gov

✱✱ Seattle

✧ D 5

Region: King County
Einwohnerzahl: 652 000 (Metropolitan Area: 3,6 Mio.)
Höhe: 0 – 158 m ü. d. M.

Die an der Elliott Bay bzw. am südlichen Ende des Puget Sound gelegene größte Stadt im Nordwesten der USA ist zugleich wirtschaftliches und kulturelles Zentrum dieses Raumes. Seattle hat einen positiven und einen eher negativen Beinamen: »Emerald City« (Smaragdstadt) steht für viel Grün im Stadtbild, »Rain City« (Regenstadt) für die relativ zahlreichen Regentage. Warum Seattle in den 1990er-Jahren zum Inbegriff der »Hip City« wurde, hat andere Gründe. Einer mag die reizvolle Lage am Meer quasi zu Füßen des mächtigen ▶Mount Rainier sein.

Trend City   Ein anderer ist die Firma **Microsoft**. Der Software-Gigant hat in Redmond unweit der Stadt sein Hauptquartier; **Bill Gates** (▶Berühmte Persönlichkeiten) und Paul Allen, die beiden Gründer, sind hier zu Hause. Der Hightech-Boom der 1980er-Jahre und später das

Imposant: die Skyline von Seattle mit der »Space Needle« und dem schneebedeckten Mount Rainier im Hintergrund

Internet schwemmten weitere Software-Entwickler und Zubringer-Industrien in die Stadt. Die vormals konservative »Emerald City« mutierte zur progressiven, neue Trends definierenden Stadt.
In aller Welt wurde Seattle Ende der 1980er-Jahre als **Heimat der Rockbands »Nirvana« und »Pearl Jam«** sowie als **Wiege des Grunge**-Musikstils bekannt, mitbegründet durch **Kurt Cobain**, der sich 1994 das Leben genommen hat.
Und nicht nur dies: 1999 erlebte sie während der Welthandelskonferenz schwere, als **Battle of Seattle** in die Geschichte Amerikas eingegangene Blockaden und Straßenschlachten zwischen 40 000 Globalisierungsgegnern, Polizei und Nationalgarde.
Den Höhenflug der schnell wachsenden Stadt im pazifischen Nordwesten der USA konnte dieses Ereignis jedoch ebensowenig aufhalten wie ein schweres Erdbeben zwei Jahre später und die Verlegung der Hauptverwaltung des Flugzeugbauers Boeing, des anderen großen Arbeitgebers der Stadt, nach Chicago.

Geschichte

Seattle ist wenig mehr als 150 Jahre alt. Vor der Ankunft der Weißen siedelten Salish sprechende Nordwestküstenindianer vom Stamm der Duwamish in der Elliott Bay. Unter der Führung ihres Häuptlings **Noah Seattle** (1786 – 1866; ▶Berühmte Persönlichkeiten) empfingen sie die ersten weißen Siedler freundlich und hielten sich aus Konfrontationen zwischen diesen und Nachbarstämmen heraus. Im Ge-

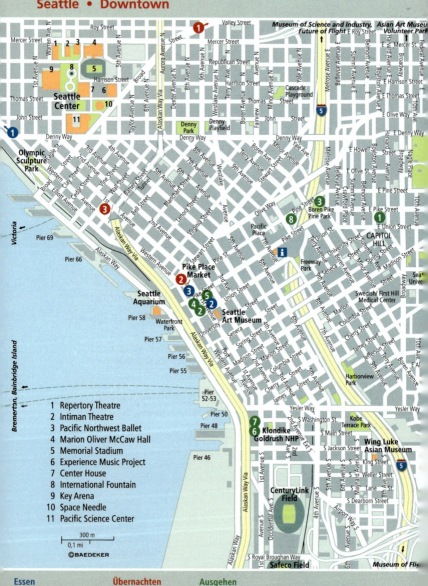

Seattle erleben

AUSKUNFT
Visit Seattle
701 Pike Street, Suite 800
Seattle, WA 98101
Tel. 1 206 4 61 58 00
www.visitseattle.org

VERKEHR
Metro Transit
http://metro.kingcounty.gov
Das Unternehmen betreibt die Buslinien in Seattle und King County.

Monorail
http://seattlemonorail.com
Sie verbindet Downtown mit dem Seattle Center.

HAFENRUNDFAHRTEN
Argosy Cruises
ab Pier 55/56, Seneca Street
Tel. 1 206 6 23 14 45
www.argosycruises.com
Die Hafenrundfahrten führen zu den Werften und an den aus dem Film »Schlaflos in Seattle« bekannten Hausbooten vorbei durch die Hiram Chittenden Locks zum Lake Union.

Alki Kayak Tours
1660 Harbor Avenue SW
Tel. 1 206 9 53 02 37
www.kayakalki.com
Auch vom Kajak aus kann man die Skyline Seattles genießen.

SHOPPING
Seattle ist geradezu ein Paradies für Shopper. Das Angebot reicht von Karl-Marx-Schriften und Zauberer-Zubehör (auf dem Pike Place Market) bis zu hochwertiger Trendware in den Konsumpalästen im Rechteck zwischen 1st und 6th Avenue. Hier befinden sich neben vielen Spezialgeschäften die Kaufhäuser Nordstrom, Macy's und Pacific Place.

AUSGEHEN
Seattle gilt noch immer als das kulturelle Zentrum der Nordwestküste der USA und als Mekka der Nachtschwärmer. Was geht, steht u. a. in der Stadtzeitung Seattle Weekly (www.seattleweekly.com) und im tgl. Veranstaltungskalender der Seattle Times (http://seattletimes.com).

Seattle Opera, Seattle Center
Spielplan/Tickets: Tel. 1 800 4 26 16 19
www.seattleopera.org
Die Seattle Opera pflegt ein internationales Renommee, viele Produktionen wurden mit Preisen überhäuft. Im Seattle Center bringt die Seattle Opera Klassiker und auch junge amerikanische Künstler auf die Bühne.

Pacific Northwest Ballet
Spielplan/Tickets: Tel. 1 206 4 41 24 24
www.pnb.org
Das ebenfalls hier angesiedelte, hoch dekorierte Pacific Northwest Ballet bietet mit Musicals und Schwanensee ein höchst niveauvolles Programm.

Rock und Pop
Die Geburtsstadt von Jimi Hendrix ist auch ein Hotspot der Rock- und Popmusik. Blues Bars, Lounges, Irish Pubs und angesagte Diskotheken: Selbst die verwöhnten Kalifornier loben das hiesige Nachtleben, das sich in Capitol Hill (muntere Schwulenszene), rund um den Pioneer Square (junges, partyfreudiges Publikum)

und in weiteren Vierteln wie Belltown und Ballard (klassische Musik-Kneipen) konzentriert.

❶ Honeyhole Sandwiches
703 E. Pike Street
Tel. 1 206 7 09 13 99
Winzige Bar, die besten Sandwiches der Stadt, kitschiges Dekor, fröhliche Kundschaft.

❷ Pike Pub
1415 1st Avenue
Tel. 1 206 6 22 60 44
Traditionsreiche Trinkstube mit den besten vor Ort gebrauten Bieren. Treff von Einheimischen und Touristen gleichermaßen.

❸ Baltic Room
1207 Pine Street
Tel. 1 206 6 25 44 44
Hier legen die Top-DJs der Westküste auf. Desöfteren kann man hier aber auch tolle Live-Musik hören.

❹ Alibi Room
85 Pike Street
Tel. 1 206 6 23 31 80
Hippe Bar unter dem gleichnamigen Restaurant, mit exotischen Cocktails und Disco-Gewummer. Das Lokal ist immer voll.

❺ Showbox at the Market
1426 1st Avenue
Tel. 1 888 9 29 78 49
Mehrere Bühnen vor Art-Deco- Kulisse, große Tanzfläche; derzeit einer der besten Plätze der Stadt für Live-Musik

❻ Central Saloon
207 First Avenue South
Tel. 1 206 6 22 02 09
Das soll einer mal nachmachen: Seit über 100 Jahren im Geschäft, ist der kantige Central Saloon bis heute ein Epizentrum der Live-Musik-Szene von Seattle.

❼ J & M Café
201 1st Avenue South
Tel. 1 206 4 02 66 54
Tagsüber eine beliebte Burger-Bar, nachts gibt es hier heiße Party zu Rock ‚n' Roll Music.

❽ Century Ballroom
915 Pine Street
Tel. 1 206 3 24 72 63
Gesellschaftstanz ist gerade angesagt in Seattle, Standard ebenso wie Modetänze.

ESSEN
❶ Canlis ●●●●
2576 Aurora Avenue North
Tel. 1 206 2 83 33 13
Eine Institution in Sachen Fisch und Meeresfrüchte

❷ Japonessa ●●●●
1400 – 1st Avenue
Tel. 1 206 9 71 79 79
Traditionelle Sushi ebenso wie japanische Tapas und weitere Kreuzungen zwischen Fernost und Lateinamerika.

❸ Matt's in the Market ●●
94 Pike Street (Pike Place Market)
Tel. 1 206 4 67 79 09
Diese Seafood-Kantine bietet leckere »daily specials« frisch aus dem Pazifik.

ÜBERNACHTEN
❶ Deca ●●●●
4507 Brooklyn Avenue NE
(University District)

Tel. 1 206 6 34 20 00
www.hoteldeca.com
Hübsches Art-déco-Hotel hoch über der Downtown. Gemütliche Lobby mit Kamin, 158 freundliche Zimmer mit schönem Blick auf die Stadt.

❷ *Inn at the Market* ❹❹❹❹
86 Pine Street
Tel. 1 206 4 43 36 00
www.innatthemarket.com

Boutique-Hotel (40 Z.), von dem aus alle wichtigen Sehenswürdigkeiten der Stadt leicht zu Fuß erreichbar sind.

❸ *Ace Hotel* ❹❹❹
2423 1st Avenue,
Tel. 1 206 4 48 47 21
www.theacehotel.com
Viel Stil für wenig Geld: schicke Herberge (28 Z.) mit jungem Flair.

genzug benannten die Weißen ihre 1852 an der Elliott Bay gegründete Siedlung nach dem Häuptling. Ein wichtiges Ereignis in der frühen Stadtgeschichte war in den 1860er-Jahren die Ankunft zweier Trecks mit Frauen: Bis dahin war Seattle reine Männersache gewesen. Den nächsten Wachstumsschub machte Seattle mit dem Wiederaufbau nach dem Stadtbrand von 1889 und der Ankunft der **Northern Pacific Railroad** im Jahre 1893. Einen entscheidenden Impuls erhielt die Stadtentwicklung 1897, als das Segelschiff »Portland« in Seattle Anker warf mit einer Fracht, die die ganze Welt aufhorchen ließ: **Gold aus dem Klondike River**, im Yukon, hoch im kanadischen Norden! Binnen weniger Wochen wurde Seattle für Zehntausende von Glücksrittern das Tor zu den Goldvorkommen am Klondike. Seattle rüstete sie aus und brachte es dank Yukon-Gold zum Banken- und Vergnügungszentrum.

Bis 1910 versechsfachte sich die Bevölkerung. Die Stadt erlebte einen Bauboom sondergleichen und veranstaltete 1909 ihre erste Weltausstellung. Die **Eröffnung des Hafens** im Jahre 1911, die **Inbetriebnahme der Boeing-Flugzeugwerke** 1916 sowie die beiden Weltkriege machten Seattle zu einem bedeutenden Handels- und Industriestandort. Kurz nach dem Zweiten Weltkrieg zählte man in der Stadt bereits eine halbe Million Einwohner.

Das nächste Schlüsselereignis war die **Weltausstellung 1962**. Damals wurde die bis heute das Stadtbild prägende Space Needle errichtet und eine futuristische Einschienenbahn (Monorail) als Nahverkehrsmittel gebaut. Gerald Baldwin, Gordon Bowker und Zev Siegl beglücken seit 1971 von Seattle aus die Welt mit **»Starbucks«** und machten sich vor allem um die US-Kaffeekultur verdient. In den 1980er-Jahren erkor **Bill Gates** (▶Berühmte Persönlichkeiten) das vor den Toren liegende Redmond zum Sitz seiner Softwarefirma Microsoft. Zu Beginn des dritten Jahrtausend erweisen sich IT und Bio-Tech sowie die Luft- und Raumfahrtindustrie als maßgebende Kräfte in der Stadt.

DOWNTOWN

Lage Seattles Downtown erstreckt sich auf einer schmalen Landenge zwischen Puget Sound und Lake Washington. Die meisten Attraktionen sind leicht zu Fuß oder per Monorail erreichbar. Gut zu Fuß sollte man auf jeden Fall sein: Die Innenstadt ist ziemlich hügelig.

Pioneer Square Historic District Der aus 20 Blocks viktorianischer Backsteinhäuser bestehende historische Stadtkern liegt heute rund um den Pioneer Square am Südrand von Downtown. Die ältesten dieser Gebäude haben noch die Abenteurer auf ihrem Weg zum Klondike gesehen. Das Quartier präsentiert sich heute sehr touristisch mit zahlreichen preiswerten Restaurants, Souvenirgeschäften und Kunstgalerien.

Die Geschichte des Goldrausches am kanadischen Klondike und seine Auswirkungen auf die Entwicklung der Stadt Seattle wird in einem historischen Gebäude erzählt. Die Ausstellung nennt sich **Klondike Gold Rush - Seattle Unit.**

❶ 319 2nd Ave. S., Ende Mai – Anf. Sept. tgl. 9.00 – 17.00, Anf. Sept. – Ende Mai tgl. 10.00 – 17.00 Uhr, Eintritt frei, www.nps.gov/klse/

*Pike Place Market Über 100 Farmer und Fischhändler verkaufen hier zwischen Pike Street, Pine Street und First Street auf zwei Etagen ihre Waren. Hinzu kommen rund 150 Künstler und Kunsthandwerker, die ihre Arbeiten ausstellen. Dieser Markt entstand 1907, nachdem sich Hausfrauen über die von profitgierigen Händlern hochgetriebenen Preise beklagt hatten. Imbissbuden mit exotischen Köstlichkeiten und hübsche Restaurants lassen einen hier leicht den ganzen Tag verbummeln. Dabei nicht achtlos an der Starbucks-Filiale vorbeigehen: Es ist **das erste Starbucks-Café überhaupt**, eröffnet 1971.

Mehr über die manchmal dramatische Geschichte und einige schillernde Charaktere des Marktes erfährt man während einer spannenden **Market Heritage Tour.**

❶ Mi. – Fr. 11.00 Uhr, online buchen unter www.publcmarkettours.com

Den reich bestückten Pike Place Market gibt es seit 1907.

Im **Seattle Aquarium** an Pier 59 kann man die Unterwasserflora und -fauna des Puget Sound studieren, am anschaulichsten und lebendigsten im »Underwater Dome« und im Großbecken »Window on Washington Waters«, wo auch Taucher zur Fütterung unterwegs sind. Und auch auf den Pazifischen Riesenoktopus kann man einen Blick werfen. Publikumslieblinge aber sind die Seehunde und Seelöwen.

> **BAEDEKER TIPP**
>
> *Schlaflos in Seattle*
>
> Wer sich schon vor seiner Reise nach Seattle ein Bild von dieser Stadt machen will, dem sei der Film »Schlaflos in Seattle« der Regisseurin Nora Ephron mit Tom Hanks und Meg Ryan in den Hauptrollen empfohlen. Einige Szenen wurden u. a. hier im Hafen aufgenommen.

❶ 1483 Alaskan Way, tgl. 9.30 – 17.00 Uhr, Eintritt 24,95 $, www.seattleaquarium.org

*Seattle Art Museum

Vor dem jüngst mit viel Aufwand renovierten und erweiterten Seattle Art Museum (SAM) schwingt **Jonathan Borofskys »Hammering Man«** sein Werkzeug. Es zeigt Kunst und Kunsthandwerk aus aller Welt und allen Epochen, darunter auch Totempfähle, Langhäuser und Masken der Nordwestküstenindianer, ein **»Urteil des Paris« von Lucas Cranach** bis hin zu zeitgenössischer Kunst.

❶ 1300 1st Ave., Mi. – Mo. 10.00 – 17.00, Do. bis 21.00 Uhr, Eintritt 19,95 $, www.seattleartmuseum.org

Olympic Sculpture Park

Dieser verschönert ein ehemaliges Industriegelände am Ufer der Elliott Bay am Nordrand von Downtown Richtung Seattle Center, indem er die **Koexistenz von Kunst, Natur und Mensch** zelebriert. Etwa zwei Dutzend moderne Skulpturen sowie ein herrlicher Blick auf den Puget Sound und hinüber zu den Olympic Mountains locken die Besucher an.

❶ 2901 Western Ave., tgl. Sonnenauf- bis Sonnenuntergang, Eintritt frei, www.seattleartmuseum.org

** SEATTLE CENTER

Futuristische Strukturen

Als Seattle zum Gastgeber der Weltausstellung 1962 gekürt wurde, verfiel es in einen Zukunftsrausch, bei dem u. a. das hässliche Lagerhausviertel nördlich von Downtown zugunsten eines Ensembles futuristischer Strukturen weichen musste. Es entstanden riesige Ausstellungshallen, die Themenparks mit optimistischen Namen wie »The World of Science« und »The World of Tomorrow« zeigten. Einige haben, restauriert, erweitert oder völlig neu erbaut, bis heute überdauert und beherbergen einige von Seattles bedeutendsten Kultur-Institutionen, darunter die Seattle Opera, das Pacific Northwest Ballet und verschiedene renommierte Theater.

*Space Needle

Die 184 Meter hohe **»Weltraum-Nadel«** (Bild S. 449) – eines der Wahrzeichen der Stadt und architektonischer Mittelpunkt der Weltausstellung – verleiht der Skyline ihren hohen Wiedererkennungswert. Damals ein Symbol für den Aufbruch in die Zukunft, wirkt der filigrane Turm im postmodernen Informationszeitalter auf charmante Weise »retro«.

Vom **Aussichtsrestaurant** hat man abends einen grandiosen Blick über die Stadt auf den im Abendlicht schimmernden, weiß bemützten Gipfel des Mount Rainier.

❶ 400 Broad St., Mo.–So. 8.00–24.00, Eintritt ab 16 $; Dinner im Restaurant: Mo.–So. 17.00–21.45, www.spaceneedle.com

**Experience Music Project

Jimi-Hendrix-Fan und Microsoft-Mitbegründer **Paul Allen** wollte zunächst dem berühmten Sohn der Stadt **Jimi Hendrix** (▶Berühmte Persönlichkeiten) ein architektonisch höchst bemerkenswertes Denkmal setzen. Daraus wurde ein multimedialer, mit Tonstudios, Bildschirmen und Fotogalerien die Entwicklung der Nordwestküsten-Rock-Musik und der amerikanischen Pop-Musik dokumentierender Tempel vom Reißbrett des Stararchitekten **Frank O. Gehry**. Das mit Memorabilia amerikanischer Science-Fiction-Filme vollgestopfte **Science Fiction Museum & Hall of Fame** innerhalb des EMP enthält vom Raumschiff Enterprise bis zum bissigen Ungeheuer aus »Alien« alles, was die Herzen eingefleischter Science-Fiction-Fans höher schlagen lässt.

❶ 325 5th Ave., tgl. 10.00–17.00 Uhr, Eintritt 20 $, www.empmuseum.org

Pacific Science Center

Im besten Sinne »amerikanisch« gibt sich diese populärwissenschaftliche Einrichtung: selbst erfahren, viel »hands on«, vor allem für Kinder. Themen sind Dinosaurier, Insekten und andere Tiere, aber auch die Frage, wie der eigene Körper funktioniert oder **wie ein 3D-Film entsteht,** wird geklärt. Ein **Planetarium** und der **Laser Dome** runden das Erlebnis ab.

❶ 200 2nd Ave. N., Mo.–Fr. 10.00–17.00, Sa., So., Fei. bis 18.00 Uhr, im Winterhalbjahr Di. geschlossen, Eintritt ab 18 $, www.pacificsciencecenter.org

CAPITOL HILL

*Szeneviertel

Das zu den am dichtesten besiedelten Neighbourhoods der Stadt gehörende, östlich von Downtown Seattle liegende Capitol Hill ist das Schwulen- und Künstlerviertel der Stadt. Einst das »Biotop der Oberschicht«, erinnern prächtige viktorianische Stadthäuser an Straßen

Ein Blickfang: das Gitarren-Arrangement im Experience Music Project von Frank O. Gehry

WA • Seattle

wie der **»Millionaire's Row«** 14th Avenue East an die ersten Millionäre der Stadt. Heute dagegen hat Capitol Hill dank seines fröhlichen Bevölkerungsmixes aus Alt-Hippies, Künstlern, Musikern und allerlei Lebenskünstlern ein Flair wie das legendäre Haight-Ashbury im kalifornischen ▶San Francisco. »People Watching« (Leutegucken) ist daher ein überaus lohnender Zeitvertreib hier. Urbane Legenden wollen wissen, dass die **Grunge Music** Anfang der 1980er-Jahre in den hiesigen Kellern geboren wurde. Beweisbar dagegen ist, dass 1999 die Globalisierungsgegner von Capitol Hill aus weiter protestierten, nachdem Polizei und Nationalgarde eine gut vierzig Häuserblocks tiefe Sicherheitszone um die im Washington **State Convention & Trade Center** stattfindende WTO-Ministerkonferenz gebildet hatte.

Angesagte Plätze Sich ziellos treiben lassen ist wohl die beste Art und Weise, Capitol Hill näherzukommen. Besonders lebhaft geht es an der **E. John Street** und auf dem **Broadway** zu – beide bieten zahllose Cafés, Geschäfte und Tante-Emma-Läden.

Am trendigsten ist Capitol Hill am Südende des Broadway, am sog. **Pike/Pine Corridor** zwischen 12th und 9th Avenue. Hier findet man die coolsten Bars und Musikkneipen der Stadt, ein Paradies also für Nachtschwärmer.

Volunteer Park Am Nordrand des Viertels liegt, hoch über der Stadt, der gepflegte Volunteer Park. Einst der erste Friedhof Seattles, wurde er bald in einen Park umgewidmet. Heute ist er ein beliebtes Naherholungsgebiet, dessen alter Wasserturm von 1906 schöne Blicke auf Stadt und Bay bietet. Seinen Namen erhielt der Park 1901 zu Ehren der Freiwilligen im Spanisch-Amerikanischen Krieg.

> **! BAEDEKER TIPP**
>
> *Outdoor Equipment*
>
> Der »Flagship Store« des legendären, mit vielen Filialen in den USA vertretenen Outfitters REI ist ein Paradies für alle, die viel Zeit in der Natur verbringen und dafür die geeignete Kleidung bzw. Ausrüstung benötigen. Man kann auch gleich an der hauseigenen Kletterwand üben Die Adresse lautet:
> REI, 222 Yale Avenue North, Tel. 1 206 2 23 19 44
> www.rei.com

Das in Sichtweite stehende, in einem schönen Art-déco-Gebäude untergebrachte **Seattle Asian Art Museum** zeigt ausgesuchte Sammlungen japanischer, chinesischer und koreanischer Kunst.
❶ 1400 E. Prospect St., Mi. – So. 10.00 bis 17.00, Do. bis 21.00 Uhr, Eintritt 9 $, www.seattleartmuseum.org

Lakeview Cemetery Auf dem nördlich anschließenden Friedhof sind u. a. der berühmte **Chief Seattle** (▶Berühmte Persönlichkeiten) und Karate-Star **Bruce Lee** begraben.

WEITERE SEHENSWÜRDIGKEITEN

Das Museum of History & Industry (MOHAI) in McCurdy Park nördlich von Capitol Hill beschäftigt sich in erster Linie mit den Einwohnern von Seattle und ihren Geschichten: Tragödien und Heldenmut während des »Great Fire« von 1889, die erste in Seattle gebaute Boeing, **die ersten Wasserflugzeuge** und ihre waghalsigen Piloten.
❶ 860 Terry Ave. N, tgl. 10.00 – 17.00, Do. bis 20.00 Uhr, Eintritt 14 $, www.mohai.org

Museum of History & Industry

Der interessante Zoo im Norden der Stadt gilt als einer der Pioniere für artgerechte Tierhaltung. Primaten aus Afrika, Eisbären aus Alaska, ein Lachsfluss und Braunbären in einem weitläufigen Gehege sind nur einige der vielen Attraktionen.
❶ 601 N. 59th St., Mai – Sept. tgl. 9.30 – 18.00 Uhr, Eintritt 19,95 $, Okt. – April tgl. 9.30 – 16.00 Uhr, Eintritt 13,75 $, www.zoo.org

Woodland Zoo Park

Das zur Smithsonian Institution gehörende Museum südlich von Downtown ist das führende Museum des Landes zum Thema asiatisch-pazifische Kulturen in den USA.
❶ 719 S. King St., Führungen Di. – So. 10.00 – 17.00 Uhr, Tickets ab 14,95 $, www.wingluke.org

Wing Luke Asian Art Museum

William Boeing (▶Berühmte Persönlichkeiten) konstruierte seine ersten Flugzeuge in einer alten Werft am Duwamish River, der »Red Barn«. Sie wurde vor dem Abriss gerettet, in den Süden der Stadt

***Museum of Flight**

Boeing ist der größte Arbeitgeber von Seattle.

verfrachtet und bildet heute das Zentrum des Museum of Flight beim King County International Airport. Hier geht es allerdings nicht nur um Boeing, sondern um die Geschichte der zivilen und militärischen Luftfahrt überhaupt. Am beeindruckendsten sind natürlich die über 50 Originalflugzeuge in zwei riesigen Hallen und auf dem Freigelände, darunter eine SR-71 Blackbird, eine Concorde, die allererste Boeing 747, die erste strahlgetriebene Air Force One und über zwei Dutzend Kampfflugzeuge aus dem Ersten und Zweiten Weltkrieg.

❶ 9404 East Marginal Way S, tgl. 10.00 – 17.00 Uhr, Eintritt 19 $, www.museumofflight.org

UMGEBUNG VON SEATTLE

**Future of Flight Aviation Center & Boeing Tour

Wie werden Verkehrsflugzeuge gebaut? Wie groß müssen die Montagehallen sein? Wie viele Techniker sind dazu nötig? Antworten auf diese und viele andere Fragen bekommt man natürlich während einer Führung durch die größte Flugzeug-Montagehalle der Welt. Sie liegt 32 mi/48 km nördlich im Vorstadt Mukilteo.

❶ 8415 Paine Field Blvd., Führungen: tgl. 9.00 – 15.00 Uhr, Ticket 20 $, Reservierungen Tel. 1-800-464-14 76 oder www.futureofflight.org

*Tillicum Village

Einen ersten Eindruck vom Reichtum der uralten Kulturen der Nordwestküstenindianer können Seattle-Besucher gleich vor den Toren der Metropole gewinnen. Auf der südwestlich von der Elliott Bay im Puget Sound gelegenen Blake Island hat man in Gestalt des Tillicum Village ein Indianerdorf nachgebaut mit Langhaus, Kulturzentrum und sonstigen Einrichtungen. Während einer 4-stündigen Tour genießt man traditionell zubereiteten Lachs mit wildem Reis und Tanzvorführungen der Duwamish-Indianer.

❶ Abfahrt: Pier 55, 1101 Alaskan Way, Tickets ab 79 $, Reservierungen Tel. 1 206 9 33 86 00, www.tillicumvillage.com

*Bremerton

Auf der gegenüber von Seattle gelegenen Kitsap Peninsula befindet sich der Marinestützpunkt Bremerton (40 000 Einw.), dessen Attraktion das **Puget Sound Navy Museum** ist. Dieses dokumentiert die Geschichte des nahen Puget Sound Naval Shipyard, die bis heute Schiffe für die US-Pazifikflotte überholt und modernisiert und sich auch auf das Abwracken atomgetriebener Schiffe spezialisiert hat. Gleich neben dem Fähranleger ankert die **USS Turner Joy**. Der 1959 in Dienst gestellte Zerstörer (heute Museumsschiff) war am sog. Tonkin-Zwischenfall beteiligt, der den Vietnamkrieg ausgelöst hat.

Puget Sound Navy Museum: 251 1st St., Mo. – Sa. 10.00 – 16.00, So. 13.00 – 16.00 Uhr, Eintritt frei, www.pugetsoundnavymuseum.org

USS Turner Joy: 300 Washington Beach Ave., Mai – Sept. tgl. 10.00 bis 17.00, sonst Fr. – So. 10.00 – 16.00 Uhr, Eintritt 12 $, http://ussturnerjoy.org

* Spokane

✧ D 10

Region: Spokane County
Einwohner: 210 000
Höhe: 721 m ü.d.M.

Der Pazifik ist weit, weit weg, die Rockies dagegen sind so nah: Spokane orientiert sich landeinwärts. Mit seinen Parks, seiner Altstadt und seinen guten Restaurants ist die größte Stadt zwischen Seattle und Minneapolis ein sympathischer Zwischenstopp auf dem Weg nach ▸Idaho.

Dass man die Mitte des Nordwestens erreicht hat, fällt schon bei der Überquerung der Stadtgrenzen ins Auge: Schilder heißen den Besucher im »Metropolitan Center of the Inland Northwest« willkommen, von der Stadt herausgegebene Broschüren preisen sie als wirtschaftliches und medizinisches Zentrum einer Region an, die den Osten Washingtons, Oregon, Idaho, Montana und den Süden der kanadischen Provinzen Alberta und British Columbia umfasst. Die Geografie untermauert Spokanes regionale Bedeutung: Nach Seattle sind es 443 km, nach Idaho hingegen nur 32 km.

Zentraler Ort im Landesinnern

Lebensader der Stadt ist der Spokane River. Parkanlagen sowie Rad- und Spazierwege begleiten den Fluss auf seinem Weg. Mitten in der Stadt stürzt er heftig tosend – und Strom erzeugend – über zwei Felsenstufen. Bereits wenige Kilometer außerhalb der Stadt gebärdet er sich wieder so wild und ungezähmt wie vor der Ankunft des weißen Mannes.

Spokane River

Bis die ersten weißen Siedler Anfang des 19. Jh.s auftauchten, lebten Salish sprechende Indianer an den Ufern des Spokane River vom Lachsfang und Beerensammeln. 1810 errichtete die Northwest Company aus dem kanadischen Montréal bei den hiesigen Wasserfällen einen **Pelzhandelsposten**, der später von der Hudson's Bay Company übernommen wurde. Den Pelzhändlern folgten Missionare, doch bis weit in die 1870er-Jahre wurde die Besiedlung der Region durch Indianerkriege verzögert, so auch durch den sog. Plateau Indian War (1855 – 1858), der von vereinten Stämmen gegen die US-Armee ausgefochten wurde. Erst die Goldfunde bei Coeur d'Alene in Idaho und die Ankunft der Eisenbahn im Jahre 1883 brachten die Entwicklung

Geschichte

> **? BAEDEKER** *Fliederfarbene Stadt*
>
> Wussten Sie schon, dass die Stadt Spokane auch »Lilac City« genannt wird? Der Grund dafür: Im Frühling blühen hier die Fliederhaine in zartem Lila.

der Siedlung an den Spokane-Wasserfällen entscheidend voran. Nach dem Feuer von 1889 wurde die Stadt wieder aufgebaut – jetzt ganz in Stein. Ihre Bedeutung als Marktplatz und regionale Verkehrsdrehscheibe ließ die Stadt im 20. Jh. langsam aber stetig wachsen. 1974 erlebte Spokane als Gastgeber einer Weltausstellung ein Facelifting, das vor allem die Innenstadt verschönerte und mittendrin den Riverfront Park als markanteste Erinnerung hinterließ.

Spokane erleben

AUSKUNFT
Spokane Regional CVB
801 W. Riverside Ave., Suite 301
Spokane, WA 99201
Tel. 1 509 6 24 13 41
www.visitspokane.com

SHOPPING
Spokane bietet sowohl landesweit bekannte Warenhäuser wie Macy's und Nordstrom am River Park Square als auch unabhängige Geschäfte mit ausgefallenerem Sortiment. Letztere finden sich vor allem in Downtown.

Steam Plant Square
159 Lincoln Street
Ein besonderes Shopping-Erlebnis bietet eine in einem alten Kraftwerk untergebrachte Mall mit diversen Lokalen.

AUSGEHEN
❶ Checkerboard
1716 E Sprague Avenue
Tel, 1 509 5 35 40 07
Seit 1933 feste Institution für bierselige Abende und tolle Live-Musik.

EVENTS
Bloomsday Run
www.bloomsdayrun.org
Im Mai treffen sich bis zu 50 000 sportlich Ambitionierte zu einem Volkslauf über 12 Kilometer.

ESSEN
❶ Mizuna Restaurant & Wine Bar ❹❹❹❹
214 N. Howard Street
Tel. 1 509 7 47 20 04
Das Mizuna ist ein elegantes vegetarisches Restaurant und liegt in der Downtown von Spokane.

❷ Steam Plant Grill ❹❹❹
159 S. Lincoln Street
Tel. 1 509 7 77 39 00
Originelles Lokal in einem ehemaligen Kraftwerk, das geschmackvoll zubereitete Gerichte aus aller Welt in großzügigen Portionen bietet.

ÜBERNACHTEN
❶ Davenport Hotel ❹❹❹❹
10 S. Post Street
Tel. 1 509 4 55 88 88
www.thedavenporthotel.com
Das altehrwürdige Luxushotel mit seinen 283 eleganten und behaglichen Gästezimmern wurde 1914 im Davenport Arts District eröffnet.

❷ Hotel Lusso ❹❹❹
808 W. Sprague Avenue
Tel. 1 509 7 47 97 50
Diese freundliche Herberge im italienischen Renaissance-Stil bietet über 48 nett eingerichtete Gästezimmer.

Spokane • WA

Essen
1. Mizuna Restaurant & Wine Bar
2. Steam Plant Grill

Übernachten
1. Davenport Hotel
2. Hotel Lusso

Ausgehen
1. Checkerboard

SEHENSWERTES IN SPOKANE UND UMGEBUNG

Die **Expo '74** machte aus dem hässlichen Industriegebiet am Spokane River eine echte Attraktion: Hübsche **Spazierwege** durchziehen gepflegte Gartenanlagen, es gibt etliche Spielplätze, einen **Eispalast** und unaufdringliches **Amüsement** wie das bereits im Jahr 1909 in Dienst gestellte »Looff Carrousel«, mehrere Zuckerwatte-Stände und sogar eine **Gondelbahn** namens »Skyride«, die dicht über die tosen-

*****Riverfront Park**

Mit dem »SkyRide« über die Spokane Falls

den, 23 Meter hohen **Spokane Falls** schwebt. Und auch ein **IMAX-Kino** ist vorhanden.

Riverfront Park: 507 N. Howard St., tgl. 5.00 – 24.00 Uhr, Eintritt grundsätzlich frei, aber gebührenpflichtige Tickets für einzelne Attraktionen, Tagespass für die Nutzung mehrerer Attraktionen 48,50 $, http://spokaneriverfrontpark.com

Spokane Falls SkyRide: Frühling Fr., Sa., So. 11.00 – 17.00, Sommer tgl. 10.00 – 18.00, Herbst/Winter Sa., So. 11.00 – 16.00 Uhr, Ticket 4,50 $, http://spokaneriverfrontpark.com

Looff Carousel: Frühling Fr., Sa., So. 11.00 – 17.00, Sommer tgl. 11.00 – 19.00, Herbst Fr., Sa., So. 11.00 – 17.00 Uhr, Winter geschlossen, Ticket 2 $, http://spokaneriverfrontpark.com

IMAX Kino: Riverfront Park, Frühling Do. – So., Sommer tgl., Herbst Do. bis So. ab 11.00 Uhr, Eintritt 8,50 $, http://spokaneriverfrontpark.com

*Old Town Gleich südlich schließt sich die kontinuierlich restaurierte, aus roten Ziegeln erbaute Altstadt an. Ihr kulturelles Herz ist mit seinen vielen Galerien, Restaurants und einem pulsierenden Nachtleben der **Davenport Arts District**. Dutzende kleiner Geschäfte, Galerien und Restaurants, historische Hotels und in altem Glanz wieder auferstandene Theater und Bühnen wie das **Fox Theatre**, das nun die Spokane Symphony beherbergt, machen den Charme des Viertels zwischen Spokane River und Second Avenue aus. Kunstsinn überall: Selbst die für müde Fußgänger aufgestellten Bänke sind von hiesigen Kreativen entworfene Kunstobjekte.

Bing Crosby Memorabilia Room In den Kneipen von Spokane sammelte **Bing Crosby** (►Berühmte Persönlichkeiten) erste Erfahrungen, bevor er nach Hollywood aufbrach und der – gemessen an den Verkaufszahlen – bislang erfolgreichste Sänger der Welt wurde. Das auf dem Campus der Gonzaga University nordöstlich der Downtown liegende Crosby Student Center präsentiert im »Crosbyana Room« Trophäen des bis heute beliebten Sängers und Entertainers: Goldene und Platin-Schallplatten, Fotos und Golfschläger, die »er« berührt hat, und sogar eine Mausefalle mit seinem Autogramm.

❶ Crosby Student Center, 502 E. Boone Ave., Mo.–Do. 7.30–24.00, Fr. 7.30–20.00, Sa., So. 11.00–20.00 Uhr, Eintritt frei, www.gonzaga.edu

Northwest Museum of Arts & Culture

Die in einem modernen Gebäude aus Holz und Glas westlich von Downtown Spokane untergebrachte Ausstellung gilt als eine der besten ihrer Art hinsichtlich des Themas **Nordwestküsten-Indianer**. Weitere Ausstellungen beschäftigen sich mit der Geschichte der gesamten Region.

❶ 2316 W. First Ave., Mi.–So. 10.00–17.00 Uhr, Eintritt 10 $, http://northwestmuseum.org

Riverside State Park

Dieses landschaftlich reizvolle Schutzgebiet liegt rund 10 mi/16 km nordwestlich von Downtown am Spokane River. Hier überspannt eine Hängebrücke eine spektakuläre Schlucht, stille Spazierwege führen rund um das **Spokane House Interpretive Center**. Dieses steht auf den Fundamenten des 1810 von **David Thompson** gebauten Handelspostens.

Thompson arbeitete seinerzeit als Pelzhändler und Landerkunder für die Northwest Company in Montréal. Im Alleingang kartografierte er den gesamten Nordwesten Amerikas. Eine kleine Ausstellung zeigt Haushalts- und sonstige Gegenstände aus dem frühen 19. Jahrhundert. Schautafeln schildern die ersten Kontakte zwischen dem Roten und dem Weißen Mann.

❶ Hwy. 291, Sommer tgl. 6.30 Uhr bis Sonnenuntergang, Winter tgl. 8.00 bis Sonnenuntergang, Tagespass 10 $, www.parks.wa.gov

Tacoma

✦ D 5

Region: Pierce County
Einwohner: 202 000
Höhe: 0–74 m ü.d.M.

Die drittgrößte Stadt des Bundesstaates Washington ist wirklich ein wahres Stehaufmännchen. Noch vor drei Jahrzehnten als hässliche Industriestadt von Touristen gemieden, hat sich Tacoma inzwischen quasi runderneuert und konkurriert selbstbewusst mit der wesentlich berühmteren Nachbarstadt ▶Seattle.

WA • Tacoma

Stadt im Aufbruch Tacoma liegt eine halbe Autostunde südlich von ▶Seattle auf einer Halbinsel zwischen Commencement Bay und dem südlichen Ende des Puget Sound. Die meiste Zeit im 20. Jh. hatte Tacoma unter seinem schlechten Ruf als übel riechende Hafen- und Industriestadt zu leiden: Containerhalden, so weit das Auge reichte, über den Papierfabriken und Holzverarbeitungsbetrieben Wälder aus Schornsteinen, aus denen Tag und Nacht der Gestank der Zellstoffproduktion quoll und als Dunstglocke über der Stadt hing.

Und heute? Wer noch Anfang der 1980er-Jahre zum letzten Mal in Tacoma war, erkennt die Stadt nicht wieder, denn seitdem geschah einiges. Die allmählich verödende Innenstadt wurde aufgemotzt, Künstler und Musiker zogen zu, die ausufernde Kriminalität wurde erfolgreich bekämpft, die Museen wurden entstaubt, und ein neues Theaterviertel entstand.

Geschichte Noch vor wenig mehr als 150 Jahren war Tacoma (Salish-Begriff für »Mutter der Wasser«) Heimat des Indianerstammes der **Puyallup**. Ihr heutiges Reservat, die von einer modernen Vorstadt kaum zu unterscheidende Puyallup Indian Reservation, liegt an der Peripherie von Tacoma. Im Jahre 1792 sichtete der mit George Vancouver segelnde **Peter Puget** als erster Weißer den heute nördlich von Downtown gelegenen **Point Defiance**. 1852 bauten schwedische Einwanderer an der Commencement Bay ein erstes Sägewerk. Die Ankunft der Northern Pacific Railroad 1873 löste ein boomartiges Wachstum aus. Weitere Sägewerke schossen aus dem Boden, hinzu kamen Getreidemühlen, Hochöfen und weiter landeinwärts Kohlebergwerke. Im November 1885 ereignete sich ein **Chinesen-Pogrom.** Damals wurden mehrere Tausend Chinesen von einem weißen Mob gewaltsam aus ihren Wohnungen entfernt und in Züge Richtung Süden gesetzt. Ihre Quartiere wurden tags darauf niedergebrannt, ein Vorgehen, das als »Tacoma-Methode« berühmt-berüchtigt werden sollte. Bis heute ist Tacoma die einzige Großstadt der Westküste ohne Chinesen-Viertel.

Die Ankunft des aus Rheinhessen gebürtigen Holzbarons **Frederick Weyerhaeuser** (1834–1914) im Jahre 1900 sollte Tacoma für die nächsten acht Jahrzehnte prägen: Weyerhaeuser Timber wurde größter Arbeitgeber der Stadt. Bis heute unterhält der Holz- und Papiergigant sein Hauptquartier unweit der Stadt.

SEHENSWERTES IN TACOMA

Port of Tacoma Tacoma liegt an einem von Point Defiance geschützten Naturhafen mit **einem der größten Container-Umschlagplätze der Welt.** 2013 wurden hier fast 2 Mio. Container von Seeschiffen auf Eisenbahnwaggons und umgekehrt umgesetzt. Die vor allem aus China,

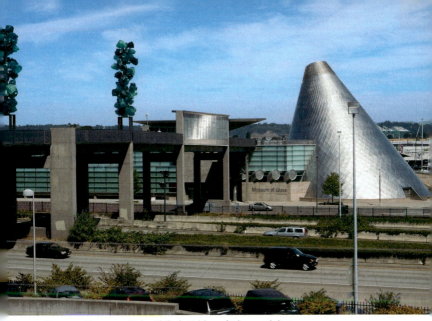

Das neue Tacoma mit der Chihuly Bridge of Glass und dem hypermodernen Kegel des Museum of Glass

Japan und Malaysia importierten Waren werden dann per Bahn weiter in den Mittleren Westen und an die Ostküste transportiert. Umgekehrt werden in Tacoma große Mengen Getreide verschifft, die per Bahn aus den großen US-amerikanischen Anbaugebieten kommen. Der Hafenbetrieb sorgt derzeit für mehr als 113 000 Arbeitsplätze.
Gratis-Hafentouren per Bus: an diversen Terminen ab Fabulich Center, 3600 Port of Tacoma Rd., Reservierungen Tel. 1 253 3 83 94 63 oder per e-mail: bustours@portoftacoma.com

Südlich an den Hafen schließt Downtown Tacoma mit der Commerce Street und dem Broadway als Hauptverkehrsachsen und der historischen, sich rund um die North 30th Street konzentrierenden Altstadt.

Downtown

Jeweils nur einen Katzensprung voneinander enfernt, bilden drei im Herzen von Downtown gelegene und teilweise miteinander verbundene Museen den sog. Museum District.

Museum District

An der Wiederauferstehung Tacomas im letzten Viertel des 20. Jahrhunderts waren diese Museen wesentlich beteiligt, allen voran das höchst eindrucksvolle ***Museum of Glass**. Dieses 2002 eröffnete hypermoderne Bauwerk mit seiner markanten, fast 30 Meter hohen und schräg gestellten Rotunde ist Museum und Erlebnis zugleich, denn hier kann man nicht nur Glasbläsern bei der Arbeit zuschauen, sondern auch viele hervorragende Glaskunstwerke bestaunen, darunter natürlich auch Arbeiten des bekannten in Tacoma lebenden Künstlers **Dale Chihuly**

Die **Chihuly Bridge of Glass**, eine 152 m lange Fußgängerbrücke mit farbenprächtigen Schöpfungen von Dale Chihuly überspannt den Interstate 705 und verbindet das Glasmuseum mit Downtown.

Ein wichtiges Ziel in Downtown ist das **Washington State History Museum** mit einer umfassenden und sehr ansprechenden Präsentation der wichtigsten Themen der Natur- und Kulturgeschichte des Bundesstaates Washington.

Von hier aus ist es nicht weit bis zum ebenfalls an der Pacific Avenue gelegenen **Tacoma Art Museum**. Hier sind Meisterwerke amerikanischer und europäischer Künstler ebenso zu sehen wie ein eindrucksvoller Querschnitt durch das künstlerische Schaffen im pazifischen Nordwesten.

Glass Museum: 1801 E. Doch St., Ende Mai – Anf. Sept. tgl., sonst nur Mi. bis Sa. 10.00 – 17.00, So. 12.00 – 17.00 Uhr, Eintritt 12 $, http://museumofglass.org

Washington State History Museum: 1911 Pacific Ave., Mi. – So. 10.00 bis 17.00 Uhr, Eintritt 9,50 $, www.washingtonhistory.org

Tacoma Art Museum: 1701 Pacific Ave., Mi. – So. 10.00 – 17.00 Uhr, Eintritt 10 $, www.tacomaartmuseum.org

Job Carr Cabin Museum

Etwas für Geschichte-Fans: Die rekonstruierte Blockhütte mitten in der Altstadt ist die **Wiege Tacomas**. Der Siedler Job Carr baute sie 1864 in der Hoffnung auf die Ankunft der Northern Pacific Railroad. Wie einfach der spätere Bürgermeister Tacomas hier lebte, zeigen das Mobiliar und die alten Fotos in dem Holzhaus.

❶ 2350 N. 30th St., Mi. – Sa. 12.00 – 16.00 Uhr, Eintritt frei, www.jobcarrmuseum.org

Point Defiance Park

Der auf Point Defiance zulaufende Park nördlich von Downtown Tacoma hat schöne Spazierwege, Gartenanlagen, Wälder und Strände zu bieten.

Eine besondere Attraktion ist **Point Defiance Zoo & Aquarium**, in dem man Tiere aus aller Welt sehen kann, z.B. Leoparden aus Süostasien, Eisbären aus der arktischen Tundra, Wölfe, Seeotter usw. Im North Pacific Aquarium leben nicht nur Lachse, sondern u.a. auch ein riesiger Oktopus. Und South Pacific Aquarium lassen sich Haie aus nächster Nähe beobachten.

❶ 6. Jan – Feb. Do. – Mo. 9.30 – 16.00, März – EndeApril tgl. 9.30 – 16.00, Ende April – Mitte Mai tgl. 9.30 – 17.00, Mitte Mai – Anf Sept. tgl. 9.30 bis 18.00, Anf.Sept. – Ende Sept. tgl. 9.30 – 17.00, Ende Sept. – Okt tgl. 9.30 bis 16.00, Nov – Mitte Dez. Do. – Mo. 9.30 – 16.00, Mitte Dez.4.Jan. tgl. 9.30 bis 16.00 Uhr, ZOOLIGHTS Ende Nov. – Anf. Jan. tgl. 17.00 – 21.00 Uhr, Eintritt 15 $, www.pdza.org

Tacoma erleben

AUSKUNFT
Tacoma Regional CVB
1119 Pacific Avenue
Tacoma, WA 98402
Tel. 1 253 6 27 28 36
www.traveltacoma.com

SHOPPING
Gut einkaufen kann man in der Altstadt an der McCarver Street und am Ruston Way). Als »Antique Row« bezeichnet man eine Reihe von Antiquitätenläden an Broadway und St. Helens Avenue (zwischen S. 7th und S. 9th Street). Von Juni bis Oktober findet donnerstags ein farbenfroher Farmers' Market auf dem Broadway zwischen 9th und 11th Street statt.

ESSEN
Over the Moon Café ❸❸❸❸
709 Opera Alley
Tel. 1 253 2 84 37 22
Feine »Northwest Cuisine« mit italienischen und französischen Akzenten: saftige Steaks und Tranchen vom wilden Lachs, raffinierte Salate und leckere Desserts.

The Lobster Shop ❸❸❸
4015 Ruston Way
Tel. 1 253 7 59 21 65
Hummer und Chowder satt; schöne Terrasse am Wasser.

ÜBERNACHTEN
Die meisten Herbergen in Tacoma sind Kettenhotels und liegen am Pacific Highway im Stadtteil Fife im Osten der Stadt.

Silver Cloud Inn Tacoma ❸❸❸❸
2317 Ruston Way
Tel. 1 253 2 72 13 00
www.silvercloud.com
Das einzige am Wasser gelegene Hotel der ist auch eines der besten: Alle 90 elegant eingerichteten Zimmer haben Meerblick.

Days Inn Tacoma North ❸
3021 Pacific Highway E.
Tel. 1 253 9 22 35 00
www.daysinn.com
Preiswertes Mittelklassehotel mit 190 zweckmäßig eingerichteten Zimmern.

Nicht weit von hier erinnert das mehrfach restaurierte Fort Nisqually an die Zeit des Pelzhandels: Anno 1833 errichtete die Hudson's Bay Company diesen mit Wachturm und Palisaden bewehrten Posten, in dem heute **»living history«** mit Trappern, Indianern und Angestellten der Company geboten wird. Man kann auch zusehen, wie früher Hausarbeiten wie Kochen, Nähen usw. bewältigt wurden. Und das ganze Jahr über gibt es festliche Ereignisse mit viel Musik, so etwa »Queen Victoria's Birthday«.

Fort Nisqually

❶ Jan. – April Mi. – So. 11.00 – 16.00, Mai Mi. – So. 11.00 – 17.00, Ende Mai bis Anf. Sept. tgl. 11.00 – 17.00, Sept Mi. – So. 11.00 – 17.00, Okt. – Dez. Mi. bis So. 11.00 – 16.00 Uhr, Eintritt 6,50 $,
http://www.metroparkstacoma.org/fort-nisqually-living-history-museum

Vancouver

F 5

Region: Clark County
Einwohner: 166 000
Höhe: 52 m ü.d.M.

Am Nordufer des Columbia River – gegenüber von ▶Portland, der Metropole von Oregon – liegt Vancouver, das trotz seiner interessanten Sehenswürdigkeiten von Reisenden meist übersehen wird.

Grenzstadt Diese Stadt an der Südgrenze des Bundesstaates Washington sollte man von Norden her erkunden, denn reist man von ▶Portland, OR, an, so besteht die Gefahr, dass man vor einer der beiden Brücken über den Columbia River im Verkehrsstau stecken bleibt.

Wirtschaft Vancouvers Wirtschaft basierte einst auf Pelzhandel, Forstwirtschaft und Schiffbau. Heute arbeiten die meisten im High-Tech- und Dienstleistungsgewerbe.

Geschichte In voreuropäischer Zeit lebten am Nordufer des Columbia River Angehörige der Chinook und Klickitat, zweier sesshafter Indianerstämme. Ihre Zahl war bereits ziemlich dezimiert durch Masern und Pocken, die weiße Schiffsbesatzungen mitgebracht hatten, als die kanadische Hudson's Bay Company 1824 hier das **Fort Vancouver** für den **Pelzhandel** errichteten. Die beiden Weltkriege versetzten Vancouver in einen Wirtschaftsboom: Werften und Industriebetriebe produzierten praktisch Tag und Nacht Kriegsschiffe und -material. Gegen Ende des Zweiten Weltkriegs war die Einwohnerzahl von 20 000 auf 80 000 hochgeschnellt. Derzeit bemühen sich die Stadtväter um die Revitalisierung der westlich vom Interstate 5 an Main Street und Broadway gelegenen Downtown.

Vancouver erleben

AUSKUNFT

Vancouver USA Regional Tourism Office
101 E. 8th St, Suite 240
Vancouver, WA 98660-3294
Tel. 1 360 7 50 15 53
www.southwestwashington.com

ÜBERNACHTEN /ESSEN

Heathman Lodge ❸❸❸
7801 N.E. Greenwood Drive
Vancouver, WA 98662
Tel. 1 360 2 54 31 00
www.heathmanlodge.com
140 angenehme Gästezimmer; Leckeres gibt es in »Hudson's Pub«.

SEHENSWERTES IN VANCOUVER

Der Geschichtspark besteht aus mehreren, über die ganze Stadt verteilten Gebäuden. Sie unterstreichen die historische Bedeutung dieser Stelle am Nordufer des Columbia River. Kernstück ist die **Fort Vancouver National Historic Site**. Zwischen Highways und modernen Gebäudekomplexen hat man den Pelzhandelsposten der Hudson's Bay Company rekonstruiert. Bis 1860 taten hier bis zu 600 Angestellte Dienst und kontrollierten den Handel zwischen dem damals russischen Alaska und dem mexikanischen Kalifornien.

*Vancouver National Historic Reserve

❶ E. Evergreen Blvd., April – Okt. tgl. 9.00 – 17.00, sonst Mo. – Sa. 9.00 – 16.00, So. 12.00 – 16.00 Uhr), Eintritt 3 $, www.nps.gov/fova/

Nicht weit von hier erreicht man den Officer's Row National Historic District mit fast zwei Dutzend zwischen 1849 und 1906 i**m viktorianischen Stil erbauten Villen**, die einst an Offiziere der US-Armee vermietet wurden. Viele spätere US-Präsidenten residierten hier oder gingen hier zumindest spazieren, wie man auf Info-Tafeln lesen kann

Officer's Row National Historic District

Zur Besichtigung freigegeben ist allerdings nur das Marshall House. Es wurde nach **US-Außenminister George Marshall** benannt, der den segensreichen Plan zum Wiederaufbau Nachkriegseuropas ersonnen hat. Marshall wohnte von 1936 bis 1938 in dem im Queen-Anne-Stil gehaltenen Haus.

❶ 1301 Officers Row, Mo. – Fr. 9.00 – 17.00, Sa. – So. 11.00 – 18.00 Uhr, Eintritt 5 $, www.visitvancouverusa.com

Ebenfalls zum Historic Reserve gehört das Pearson Air Museum. Das anschließende **Pearson Field** wurde 1905 in Betrieb genommen und ist damit eine der ältesten durchgehend benutzten Start- und Landebahnen der Welt. Das in alten Hangars untergebrachte Museum dokumentiert die Geschichte der Fliegerei im Nordwesten. Es wird auch an die drei sowjetischen Piloten erinnert, die im Jahr 1937 nach dem ersten Trans-Pazifik-Flug von Russland nach Amerika hier landeten und von US-Außenminister Marshall in seinem Haus bewirtet wurden.

Pearson Air Museum

❶ 1115 E. 5th St., Sommer Mi. – Sa. 10.00 – 17.00, Winter Mi. – Sa. 10.00 – 16.00 Uhr, Eintritt 3 $, www.pearsonairmuseum.org

Ein malerisches Ensemble – besonders im Herbst – bilden die 1876 erbaute und vor einigen Jahren restaurierte Getreidemühle sowie eine »gedeckte Brücke« am Cedar Creek wenige Meilen nördlich von Vancouver. Die Mühle selbst ist heute als **»working museum«** zugänglich.

Cedar Creek Grist Mill

❶ Sa. 13.00 – 16.00, So. 14.00 – 16.00 Uhr, Eintritt frei, Spende erbeten, www.cedarcreekgristmill.com

Walla Walla

E 9

Region: Walla Walla County
Einwohner: 32 000
Höhe: 287 m ü.d.M.

Viele denken bei der Nennung des Namens Walla Walla vielleicht an Hinterwäldlertum oder Ähnliches. Und dabei präsentiert sich die Stadt im äußersten Südosten des Bundesstaates Washington mit ihren hübschen viktorianischen Bauten als recht kultiviert.

Insel guten Lebens
Bereits bei der Anreise glaubt man, auf eine **Insel des guten Lebens** in der Endlosigkeit Südost-Washingtons zu kommen: Spargelbeete und riesige Zwiebelfelder, dazu Apfelplantagen und große Rebflächen. Und mehrere Flüsse und Bäche streben dem Walla Walla River zu. Nicht umsonst bedeutet der Ortsname soviel wie »viele Flüsse«. In Walla Walla selbst geht es ebenfalls recht gediegen zu. Etliche Weinhandlungen, gute Restaurants und hübsche Cafés – Espresso-Maschinen gehören in diesem Teil der Welt sonst keineswegs zum Alltag – säumen vor allem Rose und Main Street. Hinzu kommen nette Galerien und unverhältnismäßig viele junge Gesichter im Straßenbild, denn auch zwei feine Colleges sind hier angesiedelt. Auch noch charakteristisch: die vielen zu Alleen zusammengewachsenen und für diese Gegend untypischen Bäume, die die ersten Siedler aus dem Osten mitgebracht haben, um sich in der neuen Heimat wohler zu fühlen.

Geschichte
Die Stadtgeschichte beginnt allerdings mit einem Gemetzel. Elf Jahre nach ihrer Ankunft im Jahre 1836 wurde das Missionarehepaar Marcus und Narcissa Whitman samt seinen Helfern von einheimischen Cayuse-Indianern ermordet. Danach dauerte es noch einmal mehr als zehn Jahre bis zur Stadtgründung.
Im Jahr 1856 entstand Fort Walla Walla, sechs Jahre später war der offizielle Gründungstermin. Die junge Siedlung wurde Etappenziel von Einwanderern auf ihrem Weg nach Westen sowie von Abenteurern, die von einem kurzlebigen Goldrausch ins benachbarte Idaho gelockt wurden.

Wirtschaft
Der **Weizenanbau** im Walla Walla Valley begann in den 1870er-Jahren. Bis heute ist das Walla Walla Valley eines der landwirtschaftlich produktivsten Gebiete im Nordwesten der USA.
Mit dem **Weinbau** begann man in den 1970er-Jahren. Heute produzieren rund 60 Weingüter gute Tropfen, vor allem Syrah, Sangiovese, Merlot und Cabernet Sauvignon.

Im Fort Walla Walla wird die Pionierzeit lebendig.

SEHENSWERTES IN WALLA WALLA UND UMGEBUNG

Das historische Stadtzentrum mit zahlreichen repräsentativen Bauten aus den 1890er-Jahren breitet sich um den Kreuzungsbereich von Second Avenue und Main Street aus.

Historic Downtown

Wo früher einmal das Fort Walla Walla stand, befindet sich heute ein weitläufiger **historischer Themenpark** zur Stadt- und Regionalgeschichte. In fünf großen Ausstellungshallen sieht man Zeugnisse aus der Pionierzeit, u. a. komplette Ochsenkarren. 17 zu einem Dorf zusammengestellte Hütten und Häuschen machen die schwierigen Anfänge Walla Wallas erfahrbar. Selbstverständlich wird auch viel »living history« geboten.
❶ 755 Myra Rd., April – Okt. tgl. 10.00 – 17.00, Nov. – März tgl. 10.00 – 16.00 Uhr, Eintritt 7 $, www.fortwallawallamuseum.org

*Fort Walla Walla Museum

Korinthische Säulen und griechische Knabenköpfe über den Fenstern: Die repräsentative Residenz, die sich Rancher William Kirkman in den 1870er-Jahren erbauen ließ, ist eines der schönsten Häuser der Region. Von der Familie wurde es bis 1919 bewohnt, das originale Mobiliar blieb erhalten. Man wird in die Zeit um vorletzte Jahrhundertwende versetzt, als der Wilde Westen allmählich gezähmt wurde.
❶ 214 N. Colville St., Sommer Mi. – Sa. 10.00 – 16.00, So. 13.00 – 16.00 Uhr, Winter nur Fr., Sa., Eintritt 5 $, www.kirkmanhousemuseum.org

Kirkman House Museum

7 mi/11 km westlich von Walla Walla erinnert diese historische Stätte an die **Missionare Marcus und Narcissa Whitman**. 1847 wurden sie ermordet, was den sog. **Cayuse War** auslöste, eine blutige Auseinandersetzung zwischen Weißen und Indianern, die bis 1855 währen

Whitman Mission National Historic Site

und den Siedleralltag auf dem Columbia-Plateau noch Jahrzehnte später prägen sollte. Ausgelöst wurden die Feindseligkeiten zwischen weißen Siedlern und Indianern zum einen durch interkulturelle Missverständnisse, zum anderen durch den Ausbruch einer Masernepidemie, der viele rund um die Missionsstation lebende Cayuse-Indianer zum Opfer fielen. Die Cayuse warfen den Missionaren vor, ihren Stamm zu vergiften. Sie brachten die Whitmans und einige ihrer Helfer um. Die folgende kriegerische Auseinandersetzung endete wie andere auch: Entrechtet, dezimiert und entwurzelt, wurden die hiesigen Indianer in die Umatilla Indian Reservation in der Nähe von Pendleton (▶Oregon) abgeschoben. Ein Besucherzentrum informiert über diese schrecklichen Vorkommnisse und ein Lehrpfad führt zu den inzwischen ausgegrabenen Fundamenten und Obstplantagen der damals zerstörten Missionsstation und dem Massengrab, in dem auch die Missionare bestattet sind.

❶ 328 Whitman Mission Rd, Feb.–Ende Mai Di.–Sa. 10.00–16.00, Ende Mai–Aug. Mi.–So. 9.00–16.00, Sept., Okt. Di.–Sa. 9.00–16.00 Uhr, Eintritt frei, Spende erwünscht, www.nps.gov/whmi/

Walla Walla erleben

AUSKUNFT
Walla Walla Visitor Kiosk
26 E Main Street
Walla Walla, WA99362
Tel. 1 877 9 98 47 48
www.wallawalla.org

WEIN-EVENTS
Walla Walla Wine
3. Juni-Wochenende
http://wallawalla.org/wineries/wine-events.html
Über 70 Winzer aus der Gegend um Walla Walla präsentieren ihre Erzeugnisse, darunter auch den noblen Syrah.

Holiday Barrel Tasting
1. Dez.-Wochenende
http://wallawalla.org/wineries/wine-events.html
In vorweihnatlicher Atmosphäre kann man diverse Weine direkt vom Fass verkosten.

ESSEN
The Marc €€€€
6 W. Rose Street
Tel. 1 509 5 25 22 00
Das Restaurant im »Marcus Whitman Hotel« ist wohl die beste Adresse der gesamten Region in Sachen »Northwest Cuisine«. Ausgewählte Produkte aus dem Umland werden raffiniert zubereitet.

ÜBERNACHTEN
Walla Faces Inn at Historic Downtown €€€
214 Main Street
Walla Walla, WA 99362
Tel. 1 877 3 01 11 81
www.wallawallainns.com
Elegantes Stadthotel im historischen Zentrum von Walla Walla, in dessen Nähe es einige sehr gute Geschäfte, Weinhandlungen, Kunstgalerien etc. gibt.

Wenatchee River Valley

✴ C/D 7

Region: Chelan County
Höhe: 200 – 2500 m ü.d.M.

Die Kontraste könnten kaum größer sein: Eine hochalpine Wildnis mit den zerklüfteten Bergriesen des zentralen Kaskadengebirges im Westen präsentiert sich am Oberlauf des Wenatchee River als Paradies für Bergwanderer, Bergsteiger, Kajaker und Mountainbiker. Ganz anders am Unterlauf des Flusses: Hier herrscht ein fast schon mediterranes Klima, allerhand Obst gedeiht hier prima. Und mitten drin: eine bayerische Connection.

Der Übergang ist bemerkenswert. Folgt man dem US 2 von den Bergen hinunter nach Wenatchee, so wird es fast im Minutentakt wärmer. Fast ebenso schnell ändert sich das Landschaftsbild. Die dunklen Nadelwälder der zentralen Cascades bleiben zurück, im Vorblick öffnet sich ein immer breiter werdendes, von lichtem Mischwald bedecktes Tal. Man folgt dem über Felsblöcke springenden Wenatchee River in die grau-gelb flimmernde Ebene des Columbia Plateau folgt. Von Douglasien und Hemlocktannen im Hochgebirge über Ahorn- und Eichenbäume im klimatisch begünstigten Wenatchee-Tal bis zu typischen Wüstenpflanzen wie dem blassgrünem Salbei auf dem Columbia Plateau – und all' das in ein paar Stunden.

Abwechslungsreiches Landschaftsbild

Einst war der Wenatchi River (Salish-Begriff für »der Fluss, der aus den Canyons kommt«) für die hier lebenden Indianer eine wichtige Lebensader, zumal es darin auch reichlich **Lachse** gab. Als erste Weiße drangen 1811 **Pelzhändler** der kanadischen Northwest Company ins Wenatchee-Tal vor. Ein halbes Jahrhundert später kamen **Missionare**, **Holzfäller** und **Bergarbeiter**, noch vor der Jahrhundertwende auch die Great Northern Railway. Doch bis zur Gründung der ersten Orte dauerte es noch einmal zwei Jahrzehnte. Inzwischen gibt es kaum noch Bergbau in der Gegend und auch mit den Wäldern geht man sorgsamer um. Dafür hat der Tourismus stark an Bedeutung gewonnen, vor allem seit 1964, als Geschäftsleute die einstige Bergwerks- und Holzfällersiedlung Leavenworth zu einem Stück Oberbayern in der Neuen Welt machten.

Geschichte

> **? BAEDEKER** *Deutschstämmig*
>
> Wussten Sie schon, dass heute rund ein Drittel der Einwohner des oberbayerisch anmutenden Städtchens Leavenworth im Tal des Wenatchee River Deutsche und deutsch-stämmige Amerikaner sind?

Alpenländisches Ambiente lockt das ganze Jahr über Touristen ins Gebirgsstädtchen Leavenworth.

SEHENSWERTES IM WENATCHEE RIVER VALLEY

*Leavenworth — Leavenworth, WA, 2000 Einwohner – ein Stück Oberbayern im US-Bundesstaat Washington State: »Willkommen to your Bavarian Getaway« steht auf dem Schild. Im **Nussknacker Haus** (735 Front St.) kann man handgefertigte Nussknacker erstehen. Einige Schritte weiter gibt es Kuckucksuhren und süddeutsches Volksliedgut auf CD gebrannt sowie solide »Steins« (Bierkrüge aus Steingut). Es gibt sogar eine **Alpenhof Mall** und einen **Tannenbaum Shoppe**. Man sieht Gamsbärte, Dirndl und Sepplhosen. Dabei fing Leavenworth 1890 als Holzfällercamp und Bergwerkssiedlung an. Eine Weile ging es dem Ort ganz gut, doch dann zog sich die Eisenbahn zurück, Leavenworth drohte zur Geisterstadt zu werden. 1964 hatte ein findiger Geschäftsmann eine Idee: Er nahm sich die dänische Kunststadt Solvang in Kalifornien zum Vorbild und ließ mehrere Häuser mit alpenländischen Fassaden versehen. Diese Strategie erwies sich als höchst erfolgreich: »Washington's Bavarian Village« wurde zum angesagten Touristenziel, das inzwischen jährlich über 2,5 Mio. Besucher anzieht, die in rustikalen, holzvertäfelten Restaurants Schweinshaxn, Sauerkraut, »Pretzel« und »Wuerstel« genießen, beim »Oktoberfest« das Bier in Strömen fließen lassen und auf dem »Christkindlmarkt« typisch bayerische Souvenirs erstehen.

Das Wenatchee River Valley entdecken

AUSKUNFT
Wenatchee Valley CVB
5 S. Wenatchee Avenue
Wenatchee, WA 98801
Tel. 1 800 5 72 77 53
www.wenatcheevalley.org

EVENT
Wenatchee River Salmon Festival
Ende September
www.salmonfest.org
Auf dem Gelände der Leavenworth National Fish Hatchery wird die Rückkehr der Lachse gefeierte.

BERGWANDERN
Rund um Leavenworth beginnen zahlreiche Trails, die allerdings nur gut trainierten Hikern zu empfehlen sind. Besonders beliebte Pfade in der alpin anmutenden Bergwelt sind:

Dirty Face Trail
10 mi/16 km, Hwy. 207 bis zur Lake Wenatchee Ranger Station

Eightmile & Trout Lake Loop
18 mi/28 km, via Icicle Creek Road und Forest Service Road 7601

Enchantment Lakes Trail
30 mi/48 km; via Icicle Creek Road
Der tollste der hiesigen Trails führt in die Alpine Lakes Wilderness. Für diese Tour durch eine hochalpine Postkarten-Landschaft müssen drei bis vier beschwerliche Tage eingeplant werden.

WILDWASSERFAHREN
Der Wenatchee River ist ein Paradies für Wildwasserfahrer, vor allem sein 36 km langer Oberlauf vom Lake Wenatchee bis fast nach Leavenworth. Outfitter in Leavenworth bieten Touren an, so auch:

Osprey Rafting Company
Icicle Rd. & Hwy. 2
Tel. 1 509 5 48 68 00
www.ospreyrafting.com

WINTERSPORT
Leavenworth, der Ort im Bayern-Look, der gelegentlich schon als »amerikanisches Garmisch« apostrophiert wurde, verfügt über zwei ausgezeichnete Skigebiete in den hier bis zu 2500 m hohen und schneesicheren Cascades und über eine 90-m-Skisprungschanze.

ESSEN
Andreas Keller Restaurant €€€
829 Front St., Leavenworth, WA
Tel. 1 509 5 48 60 00
Schweinshaxen, Jägerschnitzel, Hendl vom Grill, Spätzle und Sauerkraut im Wilden Westen – Herz, was begehrst du mehr?

Visconti's Ristorante Italiano €€
1737 N. Wenatchee Ave. Wenatchee
Tel. 1 509 6 62 50 13
Bester Italiener im Tal. Traditionelle Gerichte, Gemüse und Obst aus organischem Anbau.

Gustav's €
Front St. & Hwy. 2, Leavenworth
Tel. 1 509 5 48 45 09
Der Berg ruft: hübsches Schnellrestaurant mit Blick auf die Berge. Spezialitäten sind »Gustav Burger« und »German Sausages«.

ÜBERNACHTEN

Run of the River Inn & Refuge ❸❸❸❸
9308 E. Leavenworth Road
Leavenworth, WA
Tel. 1 509 5 48 71 71
www.runoftheriver.com
Mit viel Holz eingerichtet – eben rustikal und gemütlich – sind die 7 Gästezimmer. Von der Lodge bietet sich ein schöner Blick auf die Berge und den Icicle Creek.

Cedars Inn ❸❸❸
80 9th Street NE
East Wenatchee, WA
Tel. 1 509 8 86 80 00
www.eastwenatcheecedarsinn.com
Moderne Lodge mit 92 freundlich eingerichteten Zimmern; es bietet sich ein toller Ausblick auf die Berge und den Columbia River.

Hotel Pension Anna ❸❸
926 Commercial Street
Leavenworth, WA
Tel. 1 509 5 48 62 73
www.pensionanna.com
Freundliche Herberge im »Faux«-Bayern-Stil, mit 16 urigen, »Pfaffenwinkl« usw. genannten Zimmern.

Econo Lodge ❸
232 N. Wenatchee Avenue
Wenatchee, WA
Tel. 1 509 6 63 71 21
www.econolodge.com
Nette Herberge mit 37 Zimmern unweit der Ohmw Gardens.

Doch Leavenworth kann auch anders. Der den Wenatchee River begleitende **Waterfront Park** bietet herrliche Spazierwege durch erfrischende Wäldchen und zu sandigen Uferbereichen, an denen man im Sommer baden kann.

Südlich der Stadt werden in der **Leavenworth National Fish Hatchery** jährlich 1,5 Mio. Lachse gezüchtet, die im Frühjahr im nahen Icicle Creek ausgesetzt werden, um ihre Wanderung zum Pazifik anzutreten. Im Juni und Juli kehren die erwachsenen Lachse wieder hierher zurück zum Laichen. Diese Fischzucht ist Teil des Grand Coulée Dam Project (▶Colville National Forest): Die durch den Dammbau stark reduzierten Lachsbestände sollen durch Fischzuchten an den Nebenflüssen wieder vergrößert werden.

❶ 12790 Fish Hatchery Rd., Mai–Sept Mo.–Fr. 8.00–16.00, Sa., So. 8.00–14.30 Uhr, sonst n.V., Tel. 1 509 5 48 76 41, Eintritt frei, www.fws.gov/leavenworth

Alpine Lakes Wilderness
Die sich südlich und westlich von Leavenworth ausbreitende Alpine Lakes Wilderness ist eine grandiose, von der letzten Eiszeit geformte Bergwelt mit Trogtälern, heute von Seen erfüllten Karen und Gletscherzungenbecken und tiefen Schluchten. Von dicht bewaldete Tälern blickt man hinauf zu rauen Felsenkämmen und zerklüfteten Bergspitzen, die über Schnee- und Eisfeldern ragen. In dieser Bergwildnis sind mehrere Hundert Kilometer meist schwerer Trails für konditionsstarke Hiker ausgewiesen.

Wenatchee River Valley • WA

Ca. 20 mi/32 km nördlich von Leavenworth (Anfahrt via Route 207) liegt der Lake Wenatchee State Park. Der See, aus dem der Wenatchee River fließt, wird von den Gletschern der umliegenden Bergriesen gespeist. Der Fluss teilt das Schutzgebiet in einen weniger entwickelten Nordteil mit lichten Wäldern und schönen Wanderwegen und einen mit touristischer Infrastruktur (u. a. Campingplatz, Badeplätze, Spazierwege) versehenen Südteil.
Lake Wenatchee State Park

Folgt man dem Wenatchee River weiter talabwärts, ändert sich das Landschaftsbild massiv. Aus den rauen Central Cascade Mountains werden runde Foothills, die steilen, inzwischen kaum noch bewaldeten Berghänge treten zurück und geben die Sicht frei auf endlose Apfelbaumreihen. Trotz fruchtbarer Erde konnte man mit der Kultivierung wegen des trockenen Klimas erst nach der Eröffnung des **Highland Canal** (1903) beginnen. Seither ist Wenatchee, WA ein Synonym für Apfel und alles, was mit diesen zubereitet werden kann: Gut die **Hälfte der Apfelernte von Washington State** stammt aus dem Wenatchee River Valley. Viele Sorten, u. a. Granny Smith, Gala, Braeburn und Golden Delicious, sind auch in Deutschland beliebt. Wenatchee präsentiert sich heute als geschäftige 36 000-Einwohner-Stadt am Zusammenfluss von Wenatchee und Columbia River. Dank seiner Nähe zur alpinen Bergwelt, der »Apfel-Connection« und der preiswerten Hotels und guten Restaurants ist Wenatchee eine ideale Basis für Unternehmungen in der Umgebung, in der neuerdings auch Wein angebaut wird.
Wenatchee

Im **Wenatchee Valley Museum & Cultural Center** erfährt man viel Interessantes über die Kulturen der indianischen Ureinwohner der Region, über den hiesigen Obstbau und den ersten Trans-Pazifik-Flug.

Alles über den modernen Apfelanbau erfährt man im **Washington Apple Commission Visitors Center** nördlich vom Wenatchee River am Nordrand der Stadt.

Ein Fest für die Sinne ist **Ohme Gardens County Park** Auf einer aussichtsreichen Felsenkanzel hoch über Wenatchee sind wunderschöne Gärten mit kleinen Wasserfällen, moosüberwachsenen Felsen, uralten Zedern und Fichten ein Fest für die Sinne.

Wenatchee Valley Museum & Cultural Center: 127 Mission St., Di.–Sa. 10.00–16.00 Uhr, Eintritt 5 $, www.wenatcheewa.gov

Washington Apple Commission Visitors Center: 2900 Euclid Ave., Mo. bis Fr. 8.00–17.00, Sa.–So. 10.00–16.00 Uhr, Eintritt frei, www.bestapples.com

Ohme Gardens County Park: 3327 Ohme Rd. (Nähe Kreuzung US 2/US 97A), Mitte April–Mitte Okt. tgl. 9.00–18.00, im Sommer bis 19.00 Uhr, Eintritt 7 $, www.ohmegardens.com

Wyoming

WYOMING

Fläche: 253 326 km²
Einwohnerzahl: 580 000
Hauptstadt: Cheyenne
Beiname: Equality State

Wem Menschenmassen ein Gräuel sind, der besuche den Bundesstaat Wyoming. Hier leben gerade mal zwei Menschen auf einem Quadratkilometer! Die Plains treffen hier auf die Rockies, die gleich zur Hochform auflaufen. Mit Seen, Gletschern und Nadelwäldern, mit modernen Siedlungen, die ihre Wildwest-Vergangenheit nicht verleugnen können.

Als **John Colter,** ein Mitglied der Lewis-& Clark Expedition, als erster Weißer von der grandiosen Gegend um den Yellowstone berichtete, hielt man ihn zunächst für einen Lügner. Selbst der Besucher von heute, der Wyoming bequem im Auto bereist, staunt über die verschwenderische Natur. Tiefe, lichtlose Schluchten arbeiten sich durch Gebirge mit ewigem Schnee. Aus **Geysiren** schießt kochend heißes Wasser in den Himmel. In den dichten Wäldern erinnern tiefe Kratzspuren an den Bäumen daran, dass hier nicht Menschen, sondern **Grizzlybären** an der Spitze der Nahrungskette stehen.

Verschwenderische Natur

Highlights in Wyoming

- **Black Hills**
  Reizvolles Waldgebirge mit dem Mount Rushmore als besonderem Highlight
  ▶Seite 484

- **Cody**
  Die Stadt des Buffalo Bill
  ▶Seite 500

- **Devils Tower**
  Naturwunder am Rande der Plains
  ▶Seite 504

- **Grand Teton National Park**
  Grandiose Hochgebirgswelt und Paradies für Bergwanderer und Wintersportler mit dem Cowboy-Ort Jackson als Brennpunkt
  ▶Seite 511

- **Yellowstone National Park**
  Im ältesten Nationalpark der USA bewegt man sich auf unruhiger Erdkruste, die hier einige Naturwunder aufzuweisen hat.
  ▶Seite 537

Bis zu 50 Meter hoch schießen die Fontänen des Geysirs »Old Faithful« im Yellowstone National Park.

WY • Wyoming

Wyoming, Outdoorparadies und Balsam für die Seele! Die Nachbarn: Montana im Norden, South Dakota und Nebraska im Osten, Colorado im Süden, Utah im Südwesten und Idaho im Westen – auch sie für ihre verschwenderische Natur bekannt. Hinsichtlich seiner Fläche ist Wyoming der zehntgrößte US-Bundesstaat – und zugleich der am dünnsten besiedelte. Das Wichtigste des 444 km hohen und 603 km breiten, einst mit dem Lineal gezogenen Rechtecks: Hier treffen die Plains des Mittleren Westens auf die Rocky Mountains. Im Osten bestimmen von Badlands durchsetzte, bis zu 1800 m hohe Grasländer das Bild. Im Nordosten ragen die Black Hills und der spektakuläre Devils Tower aus der Prärie. Im Südosten erheben sich die Laramie und Sierre Madre Ranges. Herzstück des US-Bundesstaates ist das **Wyoming Basin**, ein durchschnittlich 1900 – 2000 m ü. d. M. gelegenes Becken, das von einzelnen Ketten der Rocky Mountains umrahmt wird.

Ganz im Nordwesten liegt das **Yellowstone Plateau** mit seinen zahlreichen postvulkanischen Erscheinungen, deren spektakulärste die berühmten Geysire sind. Südwärts schließt die wild zerklüftete **Teton Range** an, die ihrer wilden Schönheit wegen wohl meistfotografierte Bergkette im amerikanischen Westen.

Höchster Berg von Wyoming ist der **Gannet Peak** (4208 m) in der **Wind River Range**. Das Gebirge in Zentral-Wyoming mit seinen rund 40 Viertausendern wird großenteils vom National Park Service verwaltet.

Geschichte **Frankokanadische Trapper** waren Ende des 18. Jh.s zwar die ersten Weißen im Land der Prärieindianer, doch es war John Colter, der 1807 erstmals große Teile des heutigen Bundesstaates Wyoming beschrieben hat. Mitte des 19. Jh.s folgten Siedlertrecks dem **Oregon-Trail** westwärts. 1863 wurde in der Gegend um Bozeman Gold entdeckt, 1867 kam die Eisenbahn – und mit ihr noch mehr Weiße. Der sich über Wyoming ergießende Siedlerstrom hatte tiefgreifende Folgen für die hier lebenden **Indianerstämme** der Arapaho, Shoshone, Kiowa, Gros Ventre, Lakota-Sioux, Cheyenne und Crow. Waren die Beziehungen anfangs noch freundlich gewesen, schlug die Stimmung angesichts der um Nahrung konkurrierenden, unersättlich erscheinenden Siedlertrecks schnell um. Schon 1848 schickte die US-Regierung Truppen nach **Fort Laramie**, um den Oregon Trail vor Indianerüberfällen zu schützen.

Als auch in Montana Gold gefunden wurde, kam es erneut zu Reibereien. Der vom Oregon Trail nach Norden abzweigende **Bozeman Trail**, 1864 eröffnet, führte geradewegs durch das Gebiet am Powder River, dessen Integrität den Indianern 1851 zugesichert worden war. Die **Überfälle auf Goldsucher und Siedler** häuften sich, die Regierung schickte Truppen. 1865 wurden zunächst die Arapaho in der Schlacht am Tongue River im heutigen Sheridan County besiegt. Als im Jahr darauf während der Verhandlung frische Truppen in Fort Laramie eintrafen, verließen die kompromissbereiten Sioux unter ihrem Häuptling Red Cloud unter Protest die Verhandlungen. Der als **Red Cloud's War** in die amerikanische Geschichte eingegangene Krieg tobte danach zwei Jahre in der Region und endete 1868 mit dem – einstweiligen – Sieg der Indianer. Die US-Armee brach daraufhin alle am Bozeman Trail errichteten Stützpunkte ab und zog sich nach Fort Laramie zurück. Red Cloud unterzeichnete den Gründungsvertrag der heute bis nach South Dakota hinein reichenden Great Sioux Reservation und ließ sich mit seinen Sioux dort nieder. Aus den sich zehn Jahre später um **Gold in den Black Hills** (Wyoming/South Dakota) entzündenden Konflikten in der Region hielt er seine Gruppe heraus.

Die restaurierte Kommandantur von Fort Laramie

Im Jahre 1868 wurde Wyoming Territorium. Ein Jahr später erhielten die Frauen als erste in den USA das Wahlrecht. 1872 wurde der Yellowstone National Park gegründet, der erste in den USA.

Der Streit zwischen kleinen Farmern und großen Ranchern um Wasser und immer knapper werdendes Land mündete 1892 in den sog. **Johnson County War**. Die blutigen Schießereien und Lynchmorde dieses Weidekrieges, in dem sich auf beiden Seiten Revolverhelden und gesuchte Killer hervortaten, endeten erst mit der Ankunft von Truppen der US-Armee. Die Ereignisse lieferten auch den Stoff für Legenden und Geschichten vom Wilden Westen.

Wirtschaft

Bereits 1908 erlebte der Staat seinen ersten **Ölboom**. Mit **Erdgas** und **Kohle** wird bis heute ebenfalls viel Geld verdient. 2012 wurde allein im Great Divide Basin Erdöl und Erdgas aus weit über 1000 Bohrlöchern gefördert. Die Wirtschaft von Wyoming steht und fällt heute mit den Weltmarktpreisen für fossile Energieträger. Die meisten Einwohner sind in der Energiebranche bzw. in verwandten Industriezweigen beschäftigt.

Zwar schwindet die Bedeutung der früher weit verbreiteten extensiven **Viehzucht** seit längerer Zeit, doch die Rancher- und Cowboykultur prägt Wyoming bis heute. Der **Tourismus** hat sich in den letzten beiden Jahrzehnten zur wichtigsten Einnahmequelle neben der Energiewirtschaft entwickelt.

Black Hills

H 23/24

Region: N.E. Wyoming/W. South Dakota
Höhe: 760 – 2350 m ü.d.M.

Für die Lakota sind die Black Hills der Mittelpunkt der Welt. Wer sich ihnen nähert, versteht auch warum: In der Endlosigkeit der Great Plains sind sie der Anker, der das orientierungslose Auge festhält. An vielen Stellen wird an die dramatische Vergangenheit erinnert. Auch Naturliebhaber kommen auf ihre Kosten.

Heiliges Land der Indianer Der isolierte Gebirgszug im Grenzgebiet vonn Wyoming und South Dakota, der im 2207 Meter hohen **Harney Peak** gipfelt, ist geprägt von dunklen, mit Nadelwäldern bedeckten Berghängen, die von ferne wahrlich schwarz aussehen. Einige ihrer Attraktionen sind weltberühmt: die monumentalen, in den Fels des **Mount Rushmore** geschlagenen Porträts amerikanischer Präsidenten, das nicht minder beeindruckende **Crazy Horse Memorial** zu Ehren des berühmten Lakota-Häuptlings, und **Sturgis**, das weltberühmte Nest an den Nordosthängen der Black Hills, in dem alljährlich im August das legendäre Treffen der Harley-Davidson-Fans stattfindet.

Die allermeisten Attraktionen und Sehenswürdigkeiten der Black Hills beziehen sich indes direkt oder indirekt auf die turbulente Ereignisse in der Vergangenheit, die bis heute Folgen zeitigen. Denn für die nördlichen Cheyenne, die Omaha und die Oglala-Lakota waren die Black Hills heilig. Die **Lakota** nannten sie »Paha Sapa«, »das Herz von allem, das ist«. Alle Lakota-Schöpfungsmythen haben hier ihren Urpsrung, hier wurde ihr Volk geboren. Das Zeremonialjahr der Lakota begann im Frühjahr, wenn die **Büffel** von den Berghängen durch das Buffalo Gap (bei der heutigen Ortschaft Hot Springs) getrieben wurden. Den Sommer über pflegten sie den Büffelherden bis zum ▶Devils Tower zu folgen, um anschließend, mit ausreichend Fleisch für den Winter, zu ihren Winterrevieren zu Füßen der Black Hills zurückzukehren. Die Berge selbst wurden von den Indianern nur zur Ausübung von Zeremonien aufgesucht. Die amerikanische Regierung respektierte den Anspruch der Lakota auf die Black Hills zunächst. Im 1851 geschlossenen **ersten Vertrag von Fort Laramie** garantierte sie den Lakota die Unversehrtheit eines 60 Mio. Acres großen Gebietes in den Black Hills. Gerüchte über Gold- und Silbervorkommen ließ jedoch alsbald Abenteuer und Siedler einsickern, zu deren Schutz die Regierung Festungen bauen ließ. 1868 wurde deshalb im zweiten Fort Laramie Treaty das den Lakota zugesagte Gebiet auf 20 Mio. Acres verkleinert. Diesen Vertrag, der die Grundlage der bis heute anhaltenden Auseinandersetzungen um die Rückgabe der

Black Hills ist, unterzeichneten nur wenige Lakota-Führer. Im Jahr 1874 erlaubte die Bundesregierung General George Armstrong Custer, in den Black Hills nach einer günstige Stelle für ein Fort zu suchen. In Custers Gefolge befanden sich auch Geologen, die prompt alten Gerüchte bestätigten: Im Indianerland gab es **Gold**! Angesichts des unmittelbar darauf einsetzenden Goldrausches versuchte die Regierung, den Lakota die restlichen 20 Mio. Acres abzukaufen. Als diese ablehnten, enteignete Washington – Verträge hin oder her – das umstrittene Gebiet kurzerhand und öffnete damit die Black Hills den

Die Black Hills erleben

AUSKUNFT
Black Hills Visitor Information Center
I-90, Exit 61
Rapid City, SD
Tel. 1 605 3 55 37 00
www.blackhillsbadlands.com

EVENTS
Sturgis Bike Week,
Sturgis Motorcycle Rally
Alljährlich im August treffen sich Hunderttausende von Harley- Davidson-Piloten in dem kleinen Ort Sturgis am Rande der Black Hills. Eine Woche lang tuckern tätowierte Biker samt Anhang mit ihren schweren Maschinen durch die Main Street, nehmen an einer Rally teil und zelebrieren ihren besonderen Lebensstil. Auch das Bier fließt in Strömen.
Weitere Infos: www.sturgis.com
www.sturgismotorcyclerally.com/

ESSEN
Delmonico Grill ❸❸❸❸
609 Main St., Rapid City, SD
Tel. 1 605 7 91 16 64
Derzeit die beste Adresse am Platz. Es gibt leckere Steaks, Lamm mit Rosmarin und Basilikum. Gute Weinkarte.

Firehouse Brewing Co. ❸
610 Main St., Rapid City, SD
Tel. 1 605 3 48 19 15
Urige Micro Brewery in einer alten Feuerwache. Zum Essen gibt es große Portionen.

ÜBERNACHTEN
Hotel Alex Johnson ❸❸❸
523 6th St., Rapid City, SD
Tel. 1 888 7 29 07 08
www.hisegalodge.net
Erstes Haus am Platz mit 140 gediegen eingerichteten Zimmern und Suiten

Sweetgrass Inn B & B ❸❸❸
9356 Neck Yoke Rd.
Rapid City, SD
Tel. 1 605 3 43 53 51
www.sweetgrassinn.com
Hübsche Villa mit antik möblierten Zimmern

Hisega Lodge ❸❸
23101 Triangle Trai
Rapid City, SD
Tel. 1605 3 42 84 44
www.hisegalodge.net
Herrliches altes Blockhaus mit drei Kaminen und acht urgemütlichen Zimmern in ruhiger Lage

Goldgräbern. Der **Sioux War** (1876/1877), mit dem die noch freien Sioux während dieser Zeit in die Reservate gezwungen werden sollten, wurde daraufhin noch erbitterter geführt, endete letztlich aber doch mit der Niederlage der Indianer.

In den 1970er-Jahren begannen die Anwälte des Stammes, die Black Hills zurück zu fordern. Heute dreht sich alles um die Frage, ob im 19. Jh dem Stamm widerrechtlich genommenes, heiliges Land im 21. Jh. ge- und verkauft werden kann. 1980 erkannte der Supreme Court in Washington das **Recht der Lakota auf die Black Hills** an. Doch anstelle der Rückgabe des Landes folgte ein Kompensationsangebot über 570 Mio. Dollar. Mit dem Hinweis, die Black Hills könnten nicht gekauft werden, lehnten die Lakota dankend ab. Und kämpfen bis heute weiter.

SEHENSWERTES IN DEN BLACK HILLS

**Mount Rushmore National Memorial

Ursprünglich sollte Cary Grant im linken Nasenloch von Lincoln einen Niesanfall bekommen, doch Hitchcock ließ diese Idee wieder fallen. Was blieb, war eine fulminante Verfolgungsjagd kreuz und quer über die Monumentalskulptur, die den Krimi »Der unsichtbare Dritte« zum Klassiker machte und die vier über 20 Jahre in den Fels gehauenen US-Präsidenten **George Washington**, **Thomas Jefferson**, **Abraham Lincoln** und **Theodore Roosevelt** zur weltbekannten Touristenattraktion.

Schöpfer des auch als »Schrein der amerikanischen Demokratie« verehrten Freiluft-Kunstwerkes war der dänischstämmige Gutzon Borglum. Von 1927 bis 1941 arbeiteten er und 400 Helfer mit Meißeln, Bohrern und jeder Menge Dynamit, bis die fast 20 m hohen Konterfeis der Präsidenten am Vorabend des Kriegseintritts Amerikas fertig war. Ein Besucherzentrum und das Atelier des Bildhauers informieren über die Entstehung dieser gewaltigen, jährlich von rund 3 Mio. Touristen besuchten Felsskulptur südwestlich von Keystone.

Park: Ende März – Sept. tgl. 5.00 – 23.00, sonst tgl. 5.00 – 20.00 Uhr, Parkgebühren: 11 $ pro Fahrzeug
Visitor Center: Juni – Sept. tgl. 8.00 – 22.00, Okt. – Mai tgl. 8.00 – 17.00 Uhr, Eintritt frei, www.nps.gov/moru

*Peter Norbeck Scenic Byway

Vom Mount Rushmore führt diese herrliche, über 100 km lange und abenteuerlich mit Tunnels und Brückenbauwerken angelegte Bergstraße durch die Black Hills und in den Custer Sate Park. Unterwegs bieten sich tolle Ausblicke auf graue Granit-Dome. Für die Fahrt sollte man 3 Std. einplanen.

*Crazy Horse Memorial

Nicht entgehen lassen sollte man sich diese monumentale Felsskulptur 4 mi/6 km nördlich der Ortschaft Custer bzw. 17 mi/27 km süd-

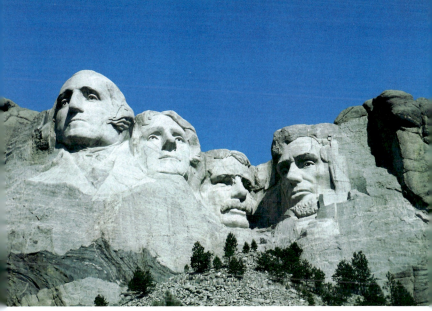

Mount Rushmore: George Washington, Thomas Jefferson, Theodore Roosevelt und Abraham Lincoln (von links nach rechts)

westlich von Mount Rushmore. Von den Lakota-Ältesten 1942 in Auftrag gegeben, wird das neun Stockwerke hohe, in die Gipfelkuppe des Thunderhead Mountains geschlagene **Abbild des einen Mustang reitenden Indianerhäuptlings** bei seiner Fertigstellung das größte Monument der Welt sein. Klar zu erkennen ist bislang jedoch erst der Kopf des legendären Chief. Der Fortgang der Arbeiten hängt von eingehenden Spendengeldern ab. Im **Visitor Center** kann man sich über die Entstehung des Memorials informieren.

❶ US 16/385, tgl. 8.00 – 17.00 Uhr, Eintritt 10 $, http://crazyhorsememorial.org

In diesem 287 Quadratkilometer großen State Park südöstlich der Ortschaft Custer kommen vor allem Tierfotografen auf ihre Kosten, denn hier grasen derzeit rund 1500 **Bisons**. Außerdem bekommt man hier Wapitis, Dickhornschafe, Pronghorn-Antilope und Wildesel vor die Linse. In Acht nehmen sollte man sich jedoch vor den ebenfalls hier lebenden Pumas (Berglöwen).
Drei schöne Aussichtsstraßen, darunter die besonders schöne, bizarrer Felsformationen wegen **Needles Highway** genannte Strecke, führen durch das waldreiche Gebirge.
Ende September findet hier das jährliche **Buffalo Round-up** statt: Cowboys und Park Ranger treiben die Bisons dann zur Impfung zusammen.

*Custer State Park

WY • Black Hills

*Jewel Cave National Monument

Ca. 13 mi/20 km westlich der Ortschaft Custer erstreckt sich ein riesiges Höhlensystem. Bislang sind etwa 230 km unterirdischer Passagen kartografiert. Im Jahr 1900 per Zufall entdeckt, wurden sie bereits wenige Jahre später unter Schutz gestellt. Ein kleiner Teil dieser Hohlenwelt ist touristisch erschlossen. Sehenswert sind die herrlichen **Kalkspat-Kristalle**, die wie Juwelen glitzern.

ℹ 11149 US Highway 16 B-12, Custer, SD, Führungen tgl. 8.00 – 19.00 Uhr, im Winter kürzer, Eintritt 8 $, www.nps.gov/jeca

Hot Springs

Der kleine Thermalkurort im Süden der Black Hills präsentiert sich in hübscher viktorianischer Frontier-Architektur. **Evans Plunge** rühmt sich, eines der größten Thermalbäder der USA zu sein und bietet außer heilkräftigem Thermalwasser auch einen Health Club, eine Riesenwasserrutsche und adäquate Gastronomie.

*The Mammoth Site ist eine viel besuchte paläontologische Ausgrabungsstätte. Jämmerlich verendeten hier vor rund 26 000 Jahre eiszeitliche Mammuts, die in einen von Thermalwasser, Schlick und Schlamm erfüllten Tümpel abrutschten. In den Sedimenten dieses mittelrweile ausgetrockneten eiszeitlichen Tümpels hat man nicht nur die Überreste von **Mammuts**, sondern auch von vielen anderen Tieren jener Epoche gefunden.

Evans Plunge: 1145 N. River St., Mo. – Fr. 8.00 – 19.00, Sa., So. 10.00 – 19.00 Uhr, Eintritt12 $, www.evansplunge.com

The Mammoth Site: 1800 US 18 Bypass, Führungen Mitte Mai – Mitte Aug. tgl. 8.00 – 19.00 Uhr, übrige Zeit nur bis 17.00 Uhr, Ticket 10 $

*Wind Cave National Park

10 mi/16 km nördlich von Hot Springs erstreckt sich eines der größten Karsthöhlensysteme der Welt über mehrere Etagen. Ein Teil des Wind Cave National Parks ist für Besucher erschlossen. Berühmt sind die Hohlräume für ihre **wabenförmigen Kalkspat-Formationen** und ihre feingliedrigen Deckentropfsteine. Auf dem »Dach« der Höhlen grasen Hunderte Bisons.

ℹ US 385, Führungen: Mai, Okt. tgl. 8.00 – 17.00, Juni – Sept. tgl. 9.00 – 18.00 Uhr, Ticket 9 $, www.nps.gov/wica

Black Hills Wild Horse Sanctuary

12 mi/20 km südlich von Hot Springs erreicht man ein Schutzgebiet, in dem noch wie vor 300 Jahren wilde Mustangs grasen. Hier werden Bustouren, Abenteuertouren und Foto-Safaris nach frühzeitiger Voranmeldung angeboten.

ℹ State Road 71 Tel. 1 605 7 45 59 55, www.wildmustangs.com

Sturgis

Den kleinen Ort im Nordosten der »Hills« kennt jeder Harley-Davidson-Besitzer. Alljährlich im August treffen sich hier Abertausende Freunde des legendären Motorrads, um die **Sturgis Motorcycle Rally** (www.sturgismotorcyclerally.com) gebührend zu feiern.

ℹ ▸ Black Hills erleben S. 485

Harley-Fans auf dem Weg nach Sturgis

Deadwood

Die alte Boomtown (1400 Ew.) liegt westlich von Sturgis und besteht aus einer liebevoll restaurierten **Main Street** und gleich dahinter aufsteigenden, nur sparsam bewaldeten Berghängen.
Im Jahr 1876 wurde **Wild Bill Hickock** hier beim Poker erschossen. Er und seine nicht minder waffentüchtige Gefährtin **Calamity Jane** liegen hier begraben. Im **Old Style Saloon 10** (657 Main St.), dessen Interieur an die Saloons des 19. Jh.s erinnert, kann man sich auch heute noch einen Schluck Whisky genehmigen.
Zuvor sollte man sich den **Mount Moriah Cemetery** anschauen, auf dem außer den beiden oben Genannten noch weitere berühmt-berüchtigte Personen bestattet sind .

❶ Oberes Ende der Lincoln St. Zugang Mai – Sept. tgl. 8.00 – 20.00 Uhr, sonst kürzer, Eintritt 1 $

*Tatanka: Story of the Bison

Hoch über Deadwood hat Hollywood-Star **Kevin Costner** den Kulturen der Plains-Indianer ein großartiges Denkmal gesetzt. Tatanka: Story of the Bison, ein modernes Besucherzentrum, erklärt die spirituelle und praktische **Bedeutung der Büffel für die Plains-Indianer**, wie Buffalo Jumps funktionierten und wie später eine Büffeljagd zu Pferde ablief. Eindrucksvoll ist auch die Bronzeskulptur vor dem Besucherzentrum: Sie zeigt drei Indianer zu Pferde, die 14 Bisons über eine Klippe in den Tod treiben.

❶ 100 Tatanka Dr., Deadwood, SD,, Mitte Mai – Sept. tgl. 9.00 – 17.00 Uhr, Eintritt 7,50 $, www.storyofthebison.com

Rapid City

Die 1876 gegründete und mit rund 70 000 Einwohnern größte Stadt im Umkreis von 560 km ist das touristische Gravitationszentrum der

Black Hills. Hotels und Restaurant gibt es in ausreichender Zahl und auch an die vielen internationalen Gäste wird gedacht, denn Entfernungen werden hier auch in Kilometern angegeben! Um 1900 hatte die Siedlung am Rapid Creek das Ende des Goldrausches überlebt und sich als zentraler Ort etabliert. Während der nächsten Jahrzehnte profitierte Rapid City von der Eröffnung der Ellsworth Air Base und der Stationierung von Raketen.

Seit den 1980er-Jahren lebt die Stadt vor allem von dem sicht rund um die geschäftige **Main Street** (Galerien, Läden aller Art) konzentrierenden Tourismus.

Der alte Westen ist noch lebendig. Der Einheimischen liebste Kleidung sind Jeans, karierte Hemden und Lederjacken sowie Cowboystiefel, bevorzugte Fortbewegungsmittel ist der Allzweck-Pick-up.

Im **Journey Museum** ist die Natur- und Kulturgeschichte der Black Hills aufbereitet. Es gibt reichhaltige Sammlungen u.a. zur Geologie, Kultur der Lakota-Sioux und der Pionierzeit.

❶ 222 New York St., Ende Mai – Anf. Sept. tgl. 9.00 – 17.00, sonst Mo. – Sa. 10.00 – 17.00, So. 13.00 – 17.00 Uhr, Eintritt 8,25 $, www.journeymuseum.org

Bear Country USA Etwas außerhalb, auf dem Weg zum Mount Rushmore, kann man im **Bear Country USA** Schwarzbären, Wölfe und andere Wildtiere aus der Nähe fotografieren

❶ 13820 Hwy. 16, Mai – Sept. tgl. 8.00 – 18.00, Mai, Sept., Okt., Nov. tgl. 9.00 – 16.00 Uhr, Eintritt 16 $, www.bearcountryusa.com

Buffalo

G 21

Region: Johnson County
Einwohner: 5000
Höhe: 1416 m ü.d.M.

Red Cloud's War, Johnson County War – Geschichten von Mord, Totschlag und gebrochenen Verträgen: Die Siedlung in den Vorbergen der Bighorn Mountains war früher ein ganz typisches Wildwest-Städtchen und gefällt sich auch heute noch als solches.

Ein Ladenbesitzer in Jeans und kariertem Holzfällerhemd fegt den Bürgersteig. Zerbeulte Trucks fahren auf der historischen Main Street auf und ab, ihre Fahrer tragen Cowboy-Hüte und grüßen einander lässig per Handzeichen. Amerikanische Kleinstadtidylle »western style«. Heute ist Buffalo Etappenziel einer Reise durch die Wildnis und Ausgangspunkt für allerhand Outdoor-Aktivitäten.

Buffalo • WY

Die dramatische Vergangenheit, in der es härter zuging als in jedem Clint-Eastwood-Western, ist noch nah. Schilder an Häuserwänden erinnern an Schießereien, Spazierwege führen zu Schlachtfeldern. Das zum Schutz der auf dem **Bozeman Trail** reisenden Siedlern gebaute **Fort Phil Kearney** wurde während seiner nur zweijährigen Existenz fast wöchentlich von Indianern angegriffen. Unweit davon: die Stätte des **Fetterman Massakers**, bei dem 1866 Sioux, Cheyenne und Arapaho 80 Soldaten töteten. Erst 1877 wurde diese Gegend zur Besiedlung freigegeben, doch Ruhe kehrte noch nicht ein. 1884 wurde Buffalo offiziell gegründet. In den späten 1880er-Jahren lieferten sich kleine Farmer und große Rancher blutige Auseinandersetzungen. Im **Johnson County War** (1892) ging es um Wasser, Land, gestohlenes Vieh usw. Die Wyoming Stock Growers Association der

Härter als in jedem Western

Buffalo erleben

AUSKUNFT
Buffalo Chamber of Commerce
55 N. Main St., Buffalo, WY 82834
Tel. 1 307 6 84 55 44
www.buffalowyo.com

EVENT
Johnson County Rodeo
In der ersten Augustwoche findet das Johnson County Rodeo statt.

WILDNISTRIPS
South Fork Mountain Lodge & Outfitters
US 16 West, Buffalo, WY 82834
Tel. 1 307 2 67 26 09
www.southfork-lodge.com
Die Bighorn Mountains sind ein wahres Outdoor-Paradies. Bei der Erkundung der Berge zu Fuß oder hoch zu Ross hilft der erfahrene Outfitter 15 mi/24 km westlich von Buffalo.

ESSEN
The Virginian Restaurant ❸❸❸
10 N. Main Street
Tel. 1 307 6 84 04 51
Sehr gut speist man im Restaurant des Occidental Hotel, das noch mit Mobiliar aus der Gründerzeit eingerichtet ist. Ausgesprochen lecker: das »Filet Mignon«.

Deerfield Boutique & Espresso Bar ❸
7 N. Main Street
Tel. 1 307 6 84 77 76
Im alten Theater gibt es leichte Küche mit frischen Zutaten.

ÜBERNACHTEN
Occidental Hotel ❸❸❸
10 N. Main Street
Tel. 1 307 6 84 04 51
www.occidentalwyoming.com
Das historisches Hotel bietet reichlich Wildwest-Ambiente in allen 23 Zimmern und Suiten.

Z-Bar Cabins & Motel ❸
626 Fort St./Hwy. 16
Tel. 1 307 6 84 55 35
www.zbarcabinsandmotel.com
22 freundliche Cabins und ein hübsches Motel in einem Wäldchen.

Rinderbarone entsandte »Invaders« genannte Killer, um Viehdiebe und aufmüpfige Farmer umzubringen. Schießereien, in die auch der Sheriff und rund 200 Bürger von Buffalo verwickelt waren, endeten mit der Umzingelung der »Invaders«, die nur von US-Truppen aus dem Fort McKinney gerettet werden konnten. Heute arbeiten die meisten Einwohner im Dienstleistungsbereich bzw. im öffentlichen Sektor. Seit Kurzem erlebt Buffalo einen Boom dank der Methangas-Produktion im nahen Powder River Basin.

SEHENSWERTES IN BUFFALO UND UMGEBUNG

Main Street Die historische, zwischen zwei Hügeln über den Clear Creek führende Main Street markiert das Zentrum der Stadt, in dem man noch ein wenig Wildwest-Atmosphäre schnuppern kann. Selbst wenn man nicht hier absteigt – das geschichtsträchtige **Occidental Hotel** an der Main Street sollte man sich nicht entgehen lassen. Buffalo Bill Cody schlief hier, Butch Cassidy und Sundance Kid ebenso, die berüchtigte Calamity Jane kippte hier ihren Whiskey, später übernachteten hier auch Generäle und US-Präsidenten. Alles begann 1879 mit einem Zelt, doch schon ein Jahr später stand ein properes Holzhaus, das zu einem komfortablen Ziegelbau heranwuchs. In Lobby und Saloon hat sich seither kaum etwas verändert.

Jim Gatchell Memorial Museum Ein Planwagen wie aus einem John-Wayne-Film stimmt auf den Besuch ein: Das interessante Museum zeigt in drei kleinen Gebäuden Erinnerungen an die Zeit der Indianerkriege, den Johnson County War und den rauen Alltag an der »Frontier« im Wilden Westen. Nicht minder interessant ist die Geschichte des Mannes, dessen Name das Museum trägt: Der Apotheker **Jim Gatchell** war als Medizinmann bei den Indianern der Umgebung geschätzt. Aus seiner Sammlung indianischer Kulturzeugnisse ist dieses Museum hervorgegangen.
❶ 100 Fort St., Juni – Aug. tgl. 9.00 – 18.00, sonst Mo. – Sa. 9.00 – 17.00 Uhr, Eintritt 5 $, www.jimgatchell.com

Clear Creek Trail Der 10 mi/16 km lange, mit einem Büffel-Logo markierte Weg beginnt im Osten der Stadt, folgt dem Clear Creek und führt zu zahlreichen historischen Stätten wie dem Occidental Hotel und dem ehemaligen Fort McKinney.

Fort Phil Kearney State Historic Site In der Geschichte dieser nur zwei Jahre lang existierenden Festung 15 mi/24 km nördlich von Buffalo spielten Indianer, Auswanderer, Abenteurer und Soldaten die Hauptrollen in Episoden, die Historiker als Vorspiel zur Schlacht am Little Bighorn zehn Jahre später deuten. Heute ist von dem Ende 1866 errichteten Fort nichts mehr zu sehen.

Eine Fahrt durch den Ten Sleep Canyon ist eine Reise durch die Erdgeschichte.

Die Cheyenne-Indianer brannten es nieder, kaum dass es nach dem Vertrag von Fort Laramie 1868 geräumt worden war. Schildchen markieren die Grundrisse der früheren Gebäude. Im **Visitor Center** werden die Ereignisse dargestellt.

❶ 528 Wagon Box Rd., via I-90, Mai – Sept. tgl. 8.00 – 18.00 Uhr, Eintritt 4 $, www.fortphilkearny.com

2 mi/3 km weiter südlich erinnert eine Gedenktafel auf einem grasbewachsenen Hügel an das Fetterman Massacre. Am 21. Dezember 1866 setzte hier der junge **Colonel William Fetterman** mit 80 Soldaten einer Gruppe fliehender Sioux, Cheyenne und Arapaho nach, nicht ahnend, dass diese ihn in unübersichtlichem Gelände in eine Falle lockten. Denn kaum hatte seine Truppe den Kamm der Lodge Trail Ridge erreicht, sah sie sich einer Übermacht von 2000 feindlichen Indianern gegenüber. Kein Weißer überlebte. Bis zur Schlacht am Little Bighorn war das die für die US-Armee verlustreichste Schlacht während der Indianerkriege (I-90, Exit 44).

Fetterman Massacre

Die ca. 63 mi/100 km lange Panoramastraße führt als US 16 von Buffalo aus westwärts durch die landschaftlich reizvollen südlichen Bighorn Mountains. Einer der Höhepunkte ist der schroffe **Ten Sleep Canyon**, in dem man eine Zeitreise durch Jahrmillionen der Erdgeschichte unternimmt. Der Höhenunterschied zwischen Beginn und Ausgang der Schlucht beträgt rund 1000 Meter. Hinweistafeln an den aus unterschiedlichen Gesteinen bestehenden Felswänden erläutern, in welcher Periode der Erdgeschichte man sich gerade befindet. Außerdem sind die Felsen des Schluchttals bei Kletterern sehr beliebt.

*Cloud Peak Scenic Skyway

Casper

J 21

Region: Natrona County
Einwohner: 58 000
Höhe: 1560 m ü. d. M.

Wyomings zweitgrößte Stadt ist ein traditionelles Zentrum der Rinderzucht und seit einiger Zeit auch Boomtown in Sachen Erdöl und Kohle. Sie verfügt über alle Annehmlichkeiten, die sonst nur große Städte auszeichnen. Doch dies ist Wyoming und deshalb beginnt das große Abenteuer im Freien gleich hinter dem Coffee Shop.

Stadt in der Steppe

Casper liegt in der vom **North Platte River** durchflossenen Steppenlandschaft am Nordfuß der bis zu 3130 m hohen **Laramie Mountains**. In dieser Gegend hat die Rinderzucht eine lange Tradition hat. Hier isst man viel Fleisch und in den Restaurants werden die Speisen so gut zubereitet, dass man sich in Trendlokalen am Pazifik wähnt. Dies liegt an den Zuzüglern, die von florierende Energiebranche von überall her angelockt wurden.

Geschichte

Einwanderer-Trecks setzten hier im 19. Jh. über den Fluss und folgten dem Bozeman Trail, dem Oregon Trail und dem Mormon Trail weiter in den Wilden Westen. Eine Mitte des 19. Jh.s errichtete Brücke wurde durch das **Fort Casper** geschützt, auch eine Siedlung entstand.Den entscheidenden Wachstumsimpuls erhielt Casper im Jahr 1889, als man am Salt Creek auf **Erdöl** stieß. Noch vor dem Ersten Weltkrieg entstand eine erste Raffinerie. In jüngerer Zeit wurde Casper dank toller Freizeitmöglichkeiten in der Umgebung zum Touristenziel.

> **? BAEDEKER WISSEN**
>
> *Schnelle Reiter*
>
> Die Betreiber des Pony Express beschäftigten ledige junge Männer als Postreiter (Durchschnittsalter: 19 Jahre, der Jüngste war 13). Für die 3200 km lange Strecke von St. Joseph am Mississippi nach Sacramento in Kalifornien wurden 75 Pferde eingesetzt. Ein Reiter hatte 75 bis 100 Meilen zurückzulegen, bis er ausgewechselt wurde. Geritten wurde Tag und Nacht. Eine Sendung konnte binnen zehn Tagen zugestellt werden. Berühmtester Pony-Express-Reiter war Buffalo Bill (▶ S. 499).

SEHENSWERTES IN CASPER

Im denkmalgeschützten ***Fort Casper** wird die Geschichte der Siedlung am North Platte River nachgezeichnet, von den indianischen Ureinwohnern über die Siedlertrecks des 19. Jh.s bis zum Ölboom. Zu sehen gibt es u. a. den Nachbau einer alten Fähre, mit der

die Pioniere seinerzeit über den Fluss setzten, sowie ein Modell des Flussübergangs mit Brücke und Fort im Jahre 1865.
- 4001 Fort Casper Rd., Mai u. Sept. tgl. 8.00 – 17.00, Juni – Aug. tgl. 8.00 – 19.00, übrige Zeit Di. – Sa. 8.00 – 17.00 Uhr, Eintritt 4 $, www.casperwy.gov

Wie war es, in einem Planwagen durch das Flussbett des North Platte River zu rumpeln? Eine Computersimulation im National Historic Trails Interpretive Center beantwortet diese Frage auf beeindruckende Weise. Mehrere Ausstellungen widmen sich den **Siedlertrecks**, die bei Casper den Fluss überquert haben. Beachtung verdient die Beschreibung des **Pony Express**, jener legendären Reiterstafette, die ab 1860 die Eilpost vom Mississippi bis ins kalifornische Sacramento befördert hat.

National Historic Trails Interpretive Center

- Mai – Aug. Di. – Sa. 8.00 – 16.30, Sept. – April Di. – Sa. 9.00 – 16.30 Uhr, Eintritt 6 $, www.blm.gov/wy/st/en/NHTIC.html

Das in einem Industriegebäude aus dem frühen 20. Jh. untergebrachte Nicolaysen Art Museum beschäftigt sich in erster Linie mit Kunst aus der Region, wobei die Moderne im Vordergrund steht. Die Sammlungen umfassen Gemälde, Zeichnungen, Fotografien, Drucke, Skulpturen und Textiles Kunsthandwerk.

Nicolaysen Art Museum

- 400 E. Collins Dr., Di. – Sa. 10.00 – 17.00, So. 12.00 – 17.00 Uhr, Eintritt 5 $, www.thenic.org

Casper erleben

AUSKUNFT
Casper Area CVB
992 N. Poplar St., Casper WY 82601,
Tel. 1 307 2 34 53 62
www.casperwyoming.info

SHOPPING
Eastridge Mall
601 SE Wyoming Blvd.
Mo. – Sa. 10.00 – 21.00, So.
11.00 – 18.00 Uhr
Die größte Mall im Umkreis von fast 300 km beherbergt neben Filialen von Macy's und Sears auch etliche einheimische Spezialgeschäfte (u. a. Wildwest-Outfit), mehrere Restaurants, Cafés und Kinos.

ESSEN
Poor Boy's Steakhouse
739 N. Center St.
Tel. 1 307 2 37 83 25
Die Nummer 1 der Stadt, was Steaks und Ribs betrifft.

ÜBERNACHTEN
Best Western Ramkota
800 N. Poplar St.
Tel. 1 307 2 66 60 00
www.casper.ramkota.com
Gut geführte Herberge mit 230 geräumigen Zimmern, Swimming Pool, Café und Taverne.

*Cheyenne

— ✹ K 23

Region: Laramie County
Einwohner: 62 000
Höhe: 1850 m ü. d. M.

Breite Straßen, keine Parkplatzprobleme und freundliche, manchmal auch etwas raue Menschen, die »Howdy« statt »How Do You Do« sagen: Wyomings Hauptstadt ist trotzdem eine gute Gastgeberin. Warum sie gerade hier in den endlosen Plains gegründet wurde, erschließt sich nicht auf Anhieb.

Geschichte | Eine Version besagt, die Bautrupps der **Union Pacific Railroad** hätten sie gewählt, weil sich hier mehrere Trails im Indianerland kreuzten. Beliebter ist jedoch die Version, wonach sich Eisenbahn-Scouts auf der Suche nach einem günstigen Standort eines Abends erschöpft zu Boden fallen ließen und verkündeten, diese Stelle sei so gut wie jede andere. Am 4. Juli 1867 steckten Landvermesser der Union Pacific Railroad das Gelände für die neue Stadt ab. Kurz darauf erreichten die Schienen den Ort, bejubelt von zahlreichen Ranchern und Siedlern, die sich vom »Dampfross« große Vorteile versprachen. Allerdings brachte die Bahn auch weniger hart arbeitende Zeitgenossen. Schon bald galt die nach dem Indianerstamm der Cheyenne benannte Stadt als schlimmer Sündenpfuhl mit extrem bleihaltiger Luft. Ihre Bedeutung als Umschlagplatz für Vieh sorgte dafür, dass die Rinderbarone bald das Sagen in Cheyenne hatten. Ihre mächtige **Wyoming Stock Growers Association** kontrollierte als »Cheyenne Club« nicht nur das kulturelle Leben, sondern auch die hiesigen Zeitungen und spielte eine tragende Rolle in dem als **Johnson County War** bekannten Weidekrieg von 1892 (▶Buffalo). Die Eisenbahn brachte auch Feingeistiges: Opern- und Show-Ensembles auf dem Weg nach San Francisco gastierten in Cheyenne. Auch die neuesten Mode-Trends fanden ihren Weg in die Plains. 1890 wurde Cheyenne Hauptstadt von Wyoming. Bald überholten die Verwaltung sowie das Finanz- und Dienstleistungsgewerbe die Viehzucht als wichtigste Arbeitgeber. Rindern und Pferden blieb Cheyenne dennoch verbunden: Während der **Frontier Days** im Juli wird die Stadt von Cowboys und -girls förmlich überschwemmt.

SEHENSWERTES IN CHEYENNE UND UMGEBUNG

*Wyoming State Capitol | Ungewöhnlich für einen Regierungssitz im Wilden Westen: Das Kapitol von Wyoming wurde 1890 am Nordrand von Downtown im korinthischen Stil fertiggestellt. Der repräsentative Sandsteinbau

Wie seinerzeit im Wilden Westen geht es alljährlich Ende Juli in Cheyenne zu bei den Frontier Days.

wird von einer 43 m hohen, mit Blattgold überzogenen Kuppel überragt. Das Innere zieren kunsthandwerkliche Meisterwerke aus Kirschbaumholz. Beachtung verdient auch ein mächtiger ausgestopfter Bison. Ein Standbild zeigt Chief Washakie, jenen Shoshonen-Häuptling, der in mehreren Verträgen den Schutz des traditionellen Lebensraumes seines Volkes am Wind River erreicht hat.

❶ Capitol Ave., zwischen 24th u. 25th. Sts., Führungen: Mo. – Fr. 8.00 – 17.00 Uhr, Eintritt frei, www.cheyenne.org

Das im Barrett Building des Capitol-Komplexes untergebrachte Museum beleuchtet die **Siedlungs- und Kulturgeschichte** Wyomings. Dabei wird auf die Bisonjagd der Indianer vor der Ankunft der Weißen ebenso eingegangen wie auf die Gesetze, die den Frauen des Territoriums als ersten der USA das Wahlrecht zugesichert haben. **Wyoming State Museum**

❶ 2301 Central Ave., Mai. – Okt. Mo. – Sa. 9.00 – 16.30, übrige Zeit Mo. – Fr. 9.00 – 16.30, Sa. 10.00 – 14.00 Uhr, Eintritt frei, http://wyomuseum.state.wy.us

Die Residenz des Gouverneurs von Wyoming, die als solche von 1905 bis 1976 genutzt wurde, hat man anlässlich ihres 100-jährigen Bestehens renoviert und als historisches Baudenkmal wiedereröffnet. **Governor's Mansion**

❶ 300 E. 21st St., Mo. – Sa. 9.00 – 17.00, So. 13.00 – 17.00 Uhr, Sept. – Mai So., Mo., Di., Fei. geschlossen, Eintritt frei, www.cheyenne.org

Alles, was man über **Plains-Indianer, Cowboys und Outlaws** wissen muss, erfährt man hier. Vielerlei Zeugnisse indianischer Kultur sind ebenso ausgestellt wie Handfeuerwaffen aus dem 19. Jh. und Bildwerke, die Szenen aus dem Wilden Westen zeigen. **Nelson Museum of the West**

❶ 1714 Carey Ave., Mai – Okt. tgl. 9.00 – 16.30 Uhr, Eintritt 8 $, www.nelsonmuseum.com

Cheyenne erleben

AUSKUNFT
Visit Cheyenne
121 W. 15th St., Suite 202
Cheyenne, WY 82001
Tel. 1 307 7 78 31 33
http://cheyenne.org

EVENT
Cheyenne Frontier Days
Während der Cheyenne Frontier Days Ende Juli (▶Bild S. 497) steht die Stadt Kopf: Rodeos, Live-Konzerte und eine Leistungsschau der US Air Force locken Hunderttausende an.

SHOPPING
Wrangler
1518 Capitol Street
Wo Cowboys kaufen: Jeans für die Ewigkeit, Stetsons, Laredo-Stiefel, Gürtel mit Bullenkopf-Schnallen und Lederjacken – Wrangler bietet Western Couture vom Feinsten.

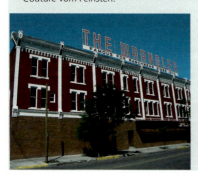

Cowgirls of the West
205 W. 17th Street Dieses Geschäft bietet nicht nur tragbare Western-Mode für die Damenwelt der Plains, sondern auch allerhand Nippes.

ESSEN
❶ *The Albany* €€€
1506 Capitol Avenue
Tel. 1 307 6 38 35 07
Eine Institution: solide amerikanische Küche (Burger, Ribs und Steaks) in sympathisch altmodischer Atmosphäre.

❷ *Tortilla Factory* €
2706 South Greeley Hwy.
Tel. 1 307 6 37 88 50
Preiswertes mexikanisches Restaurant, das ehrliche, leckere Speisen in freundlicher Atmosphäre anbietet. So. geschl.

ÜBERNACHTEN
❶ *The Plains Hotel* €€€
1600 Central Avenue
Tel. 1 307 6 38 33 11
www.theplainshotel.com
In dem Grand Hotel (131 Z.) von 1911 stiegen einst die Rinderbarone ab.

❷ *Microtel Inn & Suites* €€
1400 W Lincolnway
Tel. 1 307 6 34 32 00
www.microtelinn.com
Neues und sehr gut ausgestattetes Haus im Südwesten der Stadt

Union Pacific Depot Im renovierten alten Bahnhof von Cheyenne wird die Bedeutung der Eisenbahn für die Entstehung und Entwicklung der Hauptstadt Wyomings verdeutlicht.
❶ 121 W. 15th St., Mai – Sept. Mo. – Fr. 9.00 – 18.00, Sa. 9.00 – 17.00, So. 11.00 – 17.00, Okt. – April Mo. – Sa. 9.00 – 17.00, So. 11.00 – 15.00 Uhr, Eintritt 7 $, www.cheyennedepotmuseum.org

Cheyenne

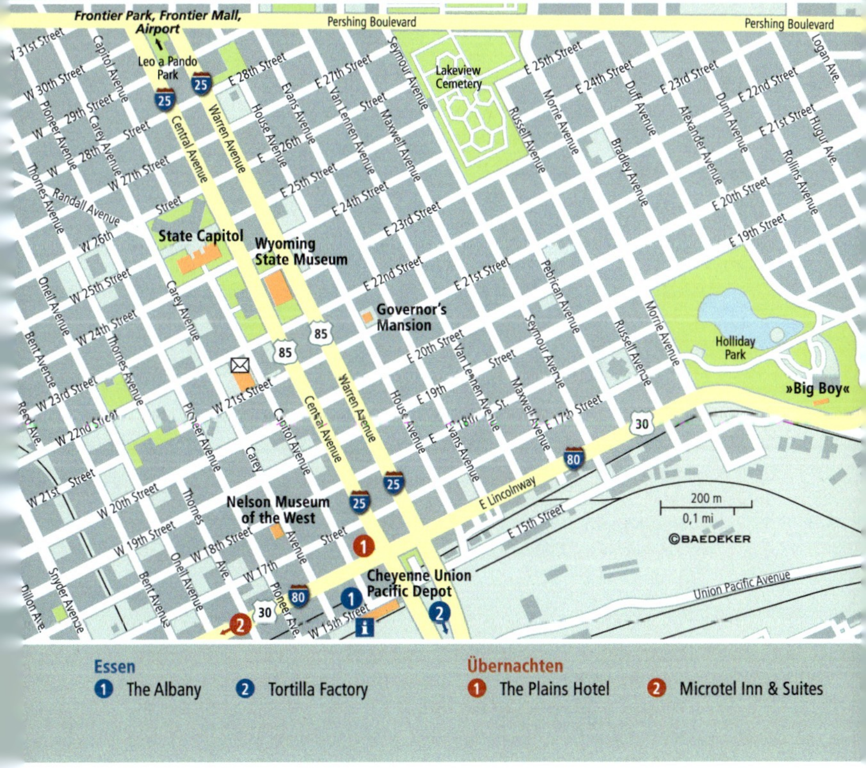

Essen
1. The Albany
2. Tortilla Factory

Übernachten
1. The Plains Hotel
2. Microtel Inn & Suites

Gleich neben dem Gelände, in dem im Juli die Rodeos der »Frontier Days« zu sehen sind, erinnern Tausende Exponate an die rauen Kindertage der Stadt. Dazu gehören natürlich auch Planwagen der frühen Siedler.

Old West Museum

❶ 4610 Carey Ave., Frontier Park, tgl. 10.00–17.00 Uhr, Eintritt 10 $, www.oldwestmuseum.org

In den gepflegten Gartenanlagen im Lions Park lernt der Besucher nicht nur die Pflanzenwelt der Plains und der Rocky Mountains kennen, sondern auch mancherlei Exoten.

Cheyenne Botanical Gardens

❶ 710 S. Lions Park Dr., Mo.–Fr. 8.00–16.30, Sa., So. 11.00–15.30 Uhr, Eintritt frei, www.botanic.org

»Big Boy«	Die schwerste (548 t) und stärkste (6290 PS) Dampflok der Welt (es wurden 25 Exemplare gebaut), die von 1941 bis 1957 schwere Güterzüge durch die Plains und über die Rocky Mountains geschleppt hat, kann heute im Holliday Park am Lincoln Way besichtigt werden.
F. E. Warren Air Force Base	An der westlichen Peripherie der Stadt erstreckt sich das weitläufige Gelände der Francis E. Warrren Air Force Base. Diese strategische höchst bedeutsame Luftwaffen- und Interkontinentalraketen-Basis hat ihren Ursprung in jenem alten Fort, das im 19. Jh. die Bahnarbeiter vor Indianerübergriffen schützen sollte.
Curt Gowdy State Park	Dieses Schutzgebiet liegt 22 mi/36 km westlich von Cheyenne am alten Highway 210, der sich hier durch Ausläufer der Laramie Mountains schlängelt. Zwei Seen und markante Granitblöcke machen das Schutzgebiet zu einem beliebten Ziel von Anglern und Wanderern. ❶ 1319 Hynds Lodge Rd., tgl. 7.00 – 22.00 Uhr, Eintritt 6 $, http://wyoparks.state.wy.us

✶ Cody

G 18

Region: Park County
Einwohner: 10 000
Höhe: 1524 m ü.d.M.

Von William F. »Buffalo Bill« Cody gegründet, ist das Städtchen heute das östliche Tor zum 50 mi/80 km entfernten Yellowstone National Park. Der legendäre Büffeljäger und Showman drückt dem Städtchen bis heute seinen Stempel auf: Es gibt einige gute Western-Museen und zahlreiche Souvenir-Shops, die nicht einmal vor dem Verkauf pinkfarbener Cowboyhüte zurückscheuen.

Im Winter gehört Cody jedoch den Einheimischen. Sie treffen sich in der Bar im **»Hotel Irma«** – Buffalo Bill ist überall. Er baute auch das Erste Haus am Platz und benannte es nach seiner Tochter – ist dann einer der wärmsten Orte in der Stadt und schenkt heiße Schokolade aus. Die wunderbare Theke aus dunklem Kirschholz hat man dann fast für sich allein. Angeblich ist sie ein Geschenk von Queen Victoria, die sich damit für die Wildwest-Show bedankte, die Buffalo Bill in London aufgeführt hatte.

Geschichte	Das erste Mal kam **William F. Cody** alias **Buffalo Bill** in den 1870er-Jahren in diesen Teil des Big Horn Basin. Das landwirtschaftliche und touristische Potenzial der Gegend erkennend, kehrte er 1896 als

BAEDEKER WISSEN

❓ Buffalo Bill

Wohl der berühmteste Wildwestheld ist der aus Iowa gebürtige William Frederick Cody (Buffalo Bill; 1846 – 1917), der als junger Mann Reiter für den Pony Express war und danach in den Rocky Mountains nach Gold suchte. Er kämpfte gegen die Sioux und die Cheyenne und schoss während des Eisenbahnbaus an die Pazifikküste binnen 17 Monaten über 4000 Büffel ab. Weltberühmt wurde Cody durch viel gelesene Groschenhefte, in denen der Schriftsteller Ned Buntline das Leben und die Heldentaten von Buffalo Bill verherrlichte und so den Western-Mythos begründete. 1883 stellte der geschäftstüchtige Cody eine viel beachtete Show zusammen und reiste mit ihr durch die USA und Europa. Mitwirkende waren u. a. der Indianerhäuptling Sitting Bull und die Kunstschützin Annie Oakley. Cody starb 1917 auf seiner Ranch in Wyoming

gemachter Mann zurück – seit seiner **»Wild West Show«** war er ein Weltstar – und gründete unweit des Shoshone Canyon seine Stadt. Straßen wurden vermessen und nach Freunden benannt, 1902 eröffnete das »Hotel Irma« und Cody erhielt seinen Bahnanschluss. Wenig später wurde die Straße zum Osteingang des Yellowstone National Park gebaut. William Codys Freundschaft mit US-Präsident Theodore Roosevelt, einem passionierten Naturliebhaber, brachte den Buffalo Bill Dam & Reservoir und damit die künstliche Bewässerung des Landes auf den Weg. Cody erkannte schon früh, dass die einzigartige Fauna und Flora in dieser Gegend geschützt werden musste. So ist ihm die Ausweisung des Shoshone National Forest ebenso zu verdanken wie der Bau der ersten Ranger Station in Wapiti. Nach Buffalo Bills Tod setzte die Stadt weiter auf Natur und »Western Culture«.

Heute ist Cody nicht nur das Tor zum weltberühmten Yellowstone National Park, sondern dank seiner interessanten Museen und Galerien durchaus ein Ziel für sich.

SEHENSWERTES IN CODY UND UMGEBUNG

**Buffalo Bill Center of the West

Sechs erstklassige, dem Stadtgründer und der Geschichte des Wilden Westens gewidmete Sammlungen unter einem Dach bietet dieses kulturhistorische Zentrum an der Sheridan Avenue.

Das **Buffalo Bill Museum** zeigt Schätze aus dem persönlichen Hab und Gut von Buffalo Bill, dazu Erinnerungen an die Scharfschützin Annie Oakley. Sie war Star in der Wild West Show von Buffalo Bill.

Das **Cody Firearms Museum** präsentiert eine beeindruckende Winchester-Sammlung, den Revolver von Codys Freund »Wild Bill« Hickok sowie 3000 weitere Feuerwaffen aus vier Jahrhunderten.

Im **Draper Museum of Natural History** bereitet eine spannende Inszenierung samt virtueller Expedition durch die Rocky Mountains auf die Weiterreise in den Yellowstone National Park vor.

Das **Plains Indian Museum** zeigt Kulturzeugnisse der indianischen Arapaho, Cheyenne, Blackfoot, Crow und Shoshone, darunter auch Zeremonialgegenstände und festlichen Kopfschmuck.

In der **Whitney Gallery of Western Art** schließlich sind die schönsten Werke berühmter Maler ausgestellt, die im Westen Inspiration fanden. Dazu zählen u. a. Albert Bierstadt, George Catlin, Frederic Remington und Joseph Henry Sharp.

❶ Mai – 1.Hälfte Sept. tgl. 8.00 – 18.00, 2.Hälfte Sept. – Okt. tgl. 8.00 bis 17.00, Nov. 10.00 – 17.00, Dez. – April Do. – So. 10.00 – 17.00 Uhr, Ticket für alle Ausstellungen 19 $, http://centerofthewest.org.

Old Trail Town

3 mi/5 km westlich vom Stadtzentrum liegt die aus alten Frontierhäusern zusammengestellte Trail Town am US 14/16/20. Sie vermittelt einen Eindruck davon, wie es früher im Wilden Westen ausgesehen hat. Zu sehen ist u. a. eine Hütte, in der sich die beiden Zug- und Bankräuber Butch Cassidy und Sundance Kid versteckt haben sollen.

❶ Mai – Sept. tgl. 8.00 – 19.00 Uhr, Eintritt 8 $, http://oldtrailtown.org

*Chief Joseph Scenic Byway

Wo 1877 die Nez Percé unter Chief Joseph auf der Flucht vor der US-Armee den Yellowstone National Park durchquerten, führt der nach dem Häuptling benannte ca. 50 mi/80 km lange Highway 296 (via Hwy. 120) durch weitläufige Bergwiesen und dichte Nadelwälder. Vom **Dead Indian Pass** (2453 m) genießt man tolle Ausblicke.

Buffalo Bill State Park

6 mi/10 km westlich von Cody erstreckt sich dieser Park. Touristischer Brennpunkt ist der Stausee des 1910 vollendeten **Buffalo Bill Dam**, auf dem sich im Sommer Wassersportler tummeln. Vor allem Windsurfer finden auf dem Stausee hervorragende Bedingungen vor. Im **Visitor Center** erfährt man alles über die Baugeschichte des Damms und die Bedeutung des Stausees

❶ Mai – Aug. Mo. – Fr. 8.00 – 20.00, Sa., So. 8.00 – 18.00 Uhr, Eintritt 6 $, http://wyoparks.state.wy.us

Cody erleben

AUSKUNFT
Cody Chamber
836 Sheridan Avenue
Cody, WY 82414
Tel. 1 307 5 87 27 77
www.codychamber.org

EVENT
Plains Indian Pow Wow
Ende Juni treffen sich verschiedene Stämme der Plains-Indianer im Buffalo Bill Center of the West und bieten farbenprächtige Vorführungen.

SHOPPING
Die meisten Geschäfte gibt es an der Sheridan Avenue, Western-Ausstatter (Stetsons, Jeans und Lederkleidung) dominieren. Daneben gibt es auch etliche Kunsthandwerkerläden, die auf indianischen Schmuck spezialisiert sind.

ESSEN
Cassie's Supper Club & Dance Floor ❸❸❸❸
214 Yellowstone Avenue
Tel. 1 307 5 27 55 00
»The Place« in Cody seit seiner Eröffnung im Jahr 1922: beste Steaks und Ribs, dazu Live-Musik am Wochenende und große Tanzfläche

Zapata's ❸❸
1362 Sheridan Avenue
Tel. 1 307 5 27 71 81
Nette Alternative zu Steaks und Ribs: verfeinerte Küche aus New Mexico, sehr gut die Burritos und Margaritas

ÜBERNACHTEN
Irma Hotel ❸❸❸
1192 Sheridan Avenue
Tel. 1 307 5 87 42 21
www.irmahotel.com
Das denkmalgeschützte »Erste Haus am Platz« mit 40 komfortablen Gästezimmern bietet neben dem »Silver Saddle Saloon« und der »Buffalo Bill Bar« alle zeitgemäßen Annehmlichkeiten.

An einigen Abenden im Sommer werden hier noch »echte« Revolver-Duelle geboten. Auskunft: www.codygunfighters.com

Schmalz Red Pole Ranch & Motel ❸❸
574 Stagecoach Trail
Tel. 1 307 5 87 59 29
www.redpoleranch.com
Wenige Meilen westlich von Cody gibt es noch richtiges »Western Feeling«.

Big Bear Motel ❸
139 W. Yellowstone Avenue
Tel. 1 307 5 87 31 17
www.bigbearmotel.com
Angenehmes Motel mit 42 Zimmern und Pool

* Devils Tower National Monument

— ✳ G 23

Region: Crook County
Fläche: 545 ha
Höhe: 1560 m ü.d.M.

Den Indianervölkern der Kiowa, Arapaho und Shoshone ist er heilig. Kletterer schwärmen von seinen senkrechten Wänden, Fotografen von seiner markanten Präsenz. Sogar Außerirdische mögen ihn.

Weithin sichtbare Landmarke

Dunkel und geheimnisvoll ragt der 386 m hohe und 305 m breite Felsturm auf aus der Hochebene westlich der ▶Black Hills. Die Plains-Indianer sahen seinerzeit im Devils Tower den **Wohnsitz eines mächtigen Grizzlybären**. Die tiefen horizontalen Rillen an den Flanken des Monolithen erinnern sie an Kratzspuren, die der Bär vor langer Zeit mit seinen Krallen hinterließ. Andere Indianervölker, darunter sogar die weit entfernt lebenden Kootenai und Salish, haben religiöse Ehrfurcht vor dem Felsturm.

Die ersten Weißen, die über Devils Tower berichteten, waren Mitglieder der Yellowstone-Expedition von 1859. Bereits im Jahre 1906 wurde der aus der Ferne wie ein gewaltiger Holzstumpf aussehende Monolith als **erstes National Monument der USA** ausgewiesen. Schon zuvor hatten Menschen versucht, ihn zu erklettern. Der Rancher William Rogers machte 1893 den Anfang. Danach schwoll die Zahl der Kletterer stark an. George Hopkins machte 1941 Schlagzeilen, als er mit dem Fallschirm auf der Spitze des Felsens landete, dann aber sein Seil zum Abseilen verlor. Der National Park Service brauchte fast eine Woche, um Hopkins aus seiner misslichen Lage zu befreien.

> **? BAEDEKER WISSEN**
>
> *Wussten Sie schon ...*
>
> ... dass 1977 im Schatten des mächtigen »Teufelsturms« ein Treffen stattfand, das von der ganzen Welt mit atemloser Spannung verfolgt wurde? Erstmals in der Geschichte der Menschheit nahmen Außerirdische mit Erdlingen Kontakt auf. Tatsächlich hätte sich Regisseur Steven Spielberg keinen besseren Hintergrund für seinen Science-Fiction-Film »Unheimliche Begegnung der Dritten Art« aussuchen können.

Wie der »Teufelsturm« entstand

Dort, wo heute dieser Felsklotz die hügelige, von Ponderosapinien bewachsene Landschaft am Belle Fourche River wie ein gigantischer Wachturm überragt, dehnte sich in der **Trias** vor ca. 225 – 195 Mio. Jahren ein flaches Binnenmeer aus, in dem Tone und eisenhaltige Sedimente abgelagert wurden. Im **Jura**, d. h. vor 195 – 135 Mio Jah-

Als mächtiger natürlicher Wachturm überragt der »Teufelsturm« die Landschaft im Nordosten von Wyoming.

ren, kamen weitere sandige und tonige Ablagerungen dazu, darunter auch Gips. Gegen Ende des Erdmittelalters zog sich der See zurück. Im **Tertiär**, vor 60 – 50 Mio. Jahren, kam die Erdkruste im heutigen Nordamerika in Bewegung: Die Black Hills und die Rocky Mountains wurden herausgehoben. Damals quoll auch **Magma** westlich der Black Hills in Richtung Erdoberfläche, blieb jedoch im anstehenden Sedimentgestein stecken. Das aufgeschmolzene Gestein kühlte rasch ab, wobei sich das Gesteinsmaterial zusammenzog und eng aneinanderliegende, zumeist **hexagonale Säulen** bildete.

In der Folgezeit wurde das relativ weiche Sedimentgestein um diesen Magmapfropfen von Wasser, Wind und Wetter abgetragen, aber der **graugrüne Härtling** aus erkalteter Gesteinsschmelze blieb erhalten und ragt heute wie ein Pfahl aus dem Untergrund. Inzwischen greift die Erosion aber auch den Felsturm selbst an, so dass es nur noch eine Frage der Zeit ist – wahrscheinlich in den nächsten 10 000 Jahren –, bis die letzte Steinsäule heruntergebrochen ist.

Zu Füßen des Felsturms ist ein **Visitor Center** eingerichtet, in dem man sich über die Erdgeschichte sowie über Flora und Fauna dieser Gegend informieren kann.

❶ April Mi. – So. 9.00 – 17.00, Mai tgl. 9.00 – 17.00, Juni – Aug. tgl. 8.00 – 19.00, Sept. – Okt. tgl. 9.00 – 17.00, sonst Mi. – So. 9.00 – 17.00 Uhr, Eintritt 10 $, www.nps.gov/deto

WY • Devils TowerNational Monument

Devils Tower erleben

AUSKUNFT
Devils Tower National Monument
P. O. Box 10
Devils Tower, WY 82714-0010
Tel. 1 307 4 67 52 83
www.nps.gov./deto/

EVENT
Sun Dance
Im Juni treffen sich hier Indianer zur Ausübung von Ritualen und Zeremonien. Dazu gehört auch der Sun Dance (Sonnentanz).

AKTIVITÄTEN
Klettern
Pro Jahr erklimmen Hunderte Kletterer den Devils Tower auf unterschiedlich schwierigen Routen. Nur im Juni, wenn die Indianer hier ihre Zeremonien feiern, darf nicht geklettert werden.

Wandern
Der knapp 2 km lange und einfach zu begehende Tower Trail umrundet den Devils Tower. Etwas steiler ist der etwa 3 km lange Joyner Ridge Trail, der einige tolle Aussichtspunkte erschließt. Der ca. 5 km Red Beds Trail führt durch eine rote Felsenlandschaft zu schönen Ausblicken auf den Devils Tower.

ESSEN
Aro Family Restaurant ❸
205 Cleveland Avenue
Sundance, WY
Tel. 1 307 2 83 20 00
Hier fühlen sich amerikanische Familien mit Kindern wohl. Schmackhafte Steaks, Ribs und Burritos sowie köstliche kalorienreiche Desserts.

ÜBERNACHTEN
Best Western Inn at Sundance ❸❸
2719 E. Cleveland Avenue
Sundance, WY
Tel. 1-307-283-28 00
Bestes Haus am Ort mit 44 freundlichen, hellen und sauberen Zimmern. Auch Pool ist vorhanden.

UMGEBUNG VON DEVILS TOWER

Thunder Basin National Grassland Straßen bis zum Horizont, im Wind wogt das Gras, keine Menschenseele weit und breit: Das 2216 km² große Naturschutzgebiet westlich vom Devils Tower ist ein **Meer aus Gras**, in dem eine Handvoll kleiner Siedlungen, in denen die 1950er-Jahre stehengeblieben zu sein scheinen, wie Inseln menschlicher Zivilisation wirken. Dabei ist dieses Grasland alles andere als unberührt. Ende des 19. Jh.s ließen sich Farmer aus dem Osten hier nieder. Schlechte Böden und schlimme Dürren machten diesen Plan jedoch zunichte. Binnen Kurzem verwandelte sich das Grasland in ein von Staubstürmen heimgesuchtes Trockengebiet. Aufgegeben und verlassen, präsentiert sich die Landschaft heute wieder im ursprünglichen Zustand. Die beste Möglichkeit, diesen faszinierend leeren Hinterhof des Bundesstaates Wyoming zu erleben, bieten die Highways 116 und 450.

Douglas

✦ J 22

Region: Converse County
Einwohner: 6300
Höhe: 1474 m ü.d.M.

Auch durch die Geschichte des Städtchens im Tal des North Platte River geistern Glücksritter und Revolverhelden. Dass es hier weniger Schießereien gab als anderswo, mag am einheimischen Sinn für Humor liegen.

Wappentier der Stadt ist ein Jackalope. Inzwischen, so berichten Einheimische, sei dieses im hiesigen Grasland lebende Tier selten geworden. Schuld daran seien fotografierwütige Touristen, die den scheuen Jackalopes erbarmungslos nachspürten. Wie so ein Jackalope aussieht, zeigt eine Skulptur auf dem Jackalope Square im Stadtzentrum: Es ist ein **Prariehase** (Jackrabbit) mit langen Läufen, dunklen Augen und dem Geweih einer Antilope zwischen den Löffeln. Als in den 1930er-Jahren zwei Tierpräparatoren aus Jux einem gerade ausgestopften Hasen ein Antilopengeweih aufsetzten, dachten sie nicht im Traum daran, dass dieses Fabelwesen zum beliebten und allgegenwärtigen Maskottchen ihrer Stadt werden würde.

Douglas, das 1867 als **Zeltstadt im Schatten von Fort Fetterman** begann, wurde 1886 gegründet und diente als **Versorgungsstation für die Union Pacific Railroad** und die Viehzüchter. Viehdiebstahl war damals eine solche Plage, dass die Rancher beschlossen, den berüchtigsten »Rustler« für sich arbeiten zu lassen. Bei der wundersamen Vermehrung der Viehherden seiner Arbeitgeber ging George Pike so professionell vor, dass er, dem nie etwas nachgewiesen werden konnte, wegen seiner Klugheit und Loyalität sogar als Held gefeiert wurde. In den 1970er-Jahren wurde der **Kohlebergbau** in der Umgebung reaktiviert. Seit einigen Jahren wird hier auch **Erdöl** und **Erdgas** durch heftig umstrittenes »Fracking« gefördert.

Heimat des Jackalope

SEHENSWERTES IN DOUGLAS UND UMGEBUNG

Diese Ausstellung im Wyoming State Fair Park beleuchtet mit vielerlei Dokumenten und Exponaten die **Erschließung des Wilden Westens im 19. Jh. durch weiße Pioniersiedler.** Um den Hauptbau gruppieren sich einige historische Bauten, darunter zwei Schulgebäude, eine Schrotmühle, ein Schuppen sowie allerlei landwirtschaftliche Gerätschaften zu einem Freilichtmuseum.

*Wyoming Pioneer Museum

❶ 400 West Center St., Mo.–Fr. 8.00–17.00, Sa. 13.00–17.00 Uhr, Eintritt frei, http://wyoparks.state.wy.us

WY • Douglas

Fort Fetterman State Historic Site

Die 7 mi/11 km nordwestlich von Douglas auf einem Plateau hoch über dem North Platte River und dem La Prele Creek liegende Gedenkstätte umfasst die Fundamente einer im Jahr 1867 errichteten Festung sowie zwei noch erhaltene Bauten. Das Fort spielte während der **Kriege gegen die Sioux** in den Black Hills eine bedeutende Rolle. Eine Ausstellung zeigt Waffen aus jener Zeit und informiert über die damalige Machtkonstellation. Das Fort ist benannt nach **Captain William Fetterma**n, der im Kampf gegen die Indianer ums Leben kam.

❶ Hwy. 93, via I-25, Mai – Sept. tgl. 9.00 – 17.00 Uhr, Eintritt 6 $, http://wyoparks.state.wy.us

Ayres Natural Bridge

11 mi/18 km westlich von Douglas findet man unweit abseits des I-25 eine altbekannte Natursehenswürdigkeit. Hier hat der La Prele Creek ein natürliches Amphitheater mit einer 15 Meter weiten und 10 Meter hohen **Naturbrücke** ausgewaschen. Die ersten weißen Pioniere, die in diese Gegend kamen, schützten sich hier vor Angriffen der Indianer. Die umliegenden Höhlen wurden von Trappern als Schlafplätze genutzt. Mitte des 19. Jh.s legten Mormonen hier eine kleine Siedlung aus Holzhäusern an.

❶ I-25, dann Natural Bridge Rd., Apr. – Okt. tgl. 8.00 – 20.00 Uhr, Parkgebühr 8 $, http://conversecounty.org

Douglas erleben

AUSKUNFT

Douglas Area Chamber
121 Brownfield Road
Douglas, WY 82633
Tel. 1 307 3 58 29 50
www.jackalope.org

EVENT

Wyoming State Fair & Rodeo
Anfang August lockt dieses Mega-Ereignis Besucher aus dem gesamten Westen der USA an.

ESSEN

Plains Trading Post ❸
628 E. Richards Street
Tel. 1 307 3 58 44 84
Hier gibt es handfeste Hausmannskost, naürlich auch Steaks und Apple Pie.

ÜBERNACHTEN

Morton Mansion B & B ❸❸
425 E. Center Street
Tel. 1 307 3 58 21 29
www.mortonmansion.com
Bestens schläft man in den fünf sehr geschmackvoll eingerichteten Gästezimmern der im Jahre 1903 im Queen-Anne-Stil erbauten Villa einer wohlhabenden Rancherfamilie.

La Bonte Hotel ❸
206 Walnut Street
Tel. 1 307 3 58 43 43
www.hotellabonte.com
Das inzwischen 100 Jahre alte Haus verfügt über 22 Zimmer, zwei Saloons und ein Restaurant. An manchen Abenden gibt es flotte Live-Musik.

Versteinerungen von Pflanzen und Fischen, die vor 50 Mio. Jahren in einem See im Bereich der heutigen Fossil Butte gelebt haben

✶ Fossil Butte National Monument

✧ K 17

Region: Lincoln County
Fläche: 33 km²
Höhe: 2218 m ü.d.M.

Wo heute selbst im Sommer ein scharfer und kühler Wind über die relativ hoch gelegene Wüstenei aus Fels und Geröll fegen kann, breitete sich vor etwa 50 Mio. Jahren eine subtropische Seenlandschaft aus. Welche Pflanzen und Tiere damals gelebt haben, kann man in den bestens erhaltenen Versteinerungen studieren.

Im Eozän, d. h. vor ca. 50 Mio. Jahren, dehnte sich im Südwesten des heutigen Bundesstaates Wyoming eine **amphibische Landschaft mit Seen, Zypressenwäldern und Palmen** aus, wie man sie heute in Florida und Louisiana antrifft. Vielerlei Süßwasserfische, Schildkröten und Krokodile tummelten sich in den Fluten. Einmal verendet, sanken sie auf den Boden des Sees und wurden von kalkhaltigen Sedimenten überdeckt.

Dieser Prozess dauerte einige Hunderttausend Jahre. Dann wurde das Land im Zuge der **Heraushebung der Rocky Mountains** emporgehoben, die Seen trockneten aus. Im ehemaligen Fossil Lake blieb eine Erhebung (»butte«) stehen, die sich als wahrhaftige Schatzkammer erwies. Hier wurden bestens erhaltene, in hellbraunen Kalkstein gebettete Fossilien gefunden. Was zu dem regelrechten Massensterben geführt hat, ist bislang nicht geklärt. Vielleicht spielten auch Faulgase oder austretende Kohlensäure eine Rolle.

Ein Blick in die Landschaftsgeschichte

WY • Fossil Butte National Monument

Die Landschaft heute — Nur noch abgehärtete Überlebenskünstler wie der blassgrüne Salbeistrauch und harte, im Wind knisternde Gräser wachsen auf den gelblich-braunen Felsen, die Sedimente der Green-River-Formation, **Kalkstein, Dolomit, Ölschiefer und Steinkohle** beinhalten. Durch das Gebiet, dessen Kohlevorkommen beim **Eisenbahnbau** in den 1870er-Jahren abgebaut wurden, streifen heute Koyoten und scheue Antilopen.

Visitor Center — Schönste Fossilien, z. B. von urzeitlichen Barschen, Reptilien und Libellen, sind im Visitor Center zu bestaunen. Hier kann man sich auch umfassend über die Naturgeschichte dieses paläontologischen Fundplatzes informieren.

❶ Mai – Sept. tgl. 9.00 – 1730, Okt., Nov. tgl. außer Fei. 8.00 – 16.30, Dez. – Anf. März Di. – So. außer Fei. 8.00 – 16.30, Anf. März – April tgl. außer Fei. 8.00 – 16.30 Uhr, Eintritt frei, www.nps.gov/fobu/i

Historic Quarry Trail — Dieser ca. 2,5 mi/4 km lange Naturlehrpfad windet sich etwa 200 m hinauf zur historischen **Fundstätte auf der Fossil Butte.** Hier oben sieht man gelegentlich Wissenschaftlern bei ihren Grabungen zuschauen kann. Hinweistafeln im Gelände informieren über die geologischen Formationen sowie über die Pflanzen und Tiere, die man in dieser Landschaft heute antreffen kann.

Chicken Creek Nature Trail — Dieser knapp 1,5 mi/2,5 km lange Pfad am Chicken Creek durchmisst ein Stück **Sagebrush-Steppe** und einen Bestand an Zitterpappeln. Auch an einem Biberdamm kommt man vorbei. Lehrtafeln erklären geologische Verhältnisse sowie Pflanzen- und Tierwelt.

Aussichtspunkte — Zwei kurze Stichstraßen führen zu den Aussichtspunkten Cundick Ridge und Ruby Point, von denen sich herrliche Panoramen bieten.

Fossil Butte erleben

AUSKUNFT
Fossil Butte National Monument
P. O. Box 592 Kemmerer, WY 83101
Tel. 1 307 8 77 44 55
www.nps.gov/fobu/

ESSEN
The Hams Fork
307 Hwy. 189, Kemmerer, WY
Tel. 1 307 8 77 88 48
Einfaches »Family Restaurant« mit anspruchsloser Speisekarte, aber großen Portionen

ÜBERNACHTEN
Fossil Butte Motel
1424 Central Avenue
Kemmerer, WY
Tel. 1 307 8 77 39 96
www.fossilbuttemotel.com
Die leicht nostalgische Herberge verfügt über 15 saubere Gästezimmer.

Wie im Bilderbuch: Die Zacken der Grand-Teton-Gruppe spiegeln sich in einem Bergsee.

** Grand Teton National Park

G/H 17

Region: Northwest Wyoming
Fläche: 1255 km²
Höhe: 1901 – 4198 m ü.d.M.

Als herrliche alpine Hochgebirgswelt präsentiert sich der Grand Teton National Park, dessen Herzstück die viel fotografierten gezackten Gipfel der Teton Range bilden. Zu Füßen dieses Hochgebirgszuges blinken zahlreiche größere und kleinere Bergseen im Sonnenlicht. Outdoor-Freaks jeglicher Couleur kommen auf ihre Kosten.

Das Naturschutzgebiet, dessen Herzstück die 64 km lange und bis zu 23 km breite **Teton Range** bildet, schließt südlich an den ▶Yellowstone National Park an. Höchster Berg ist der 4198 m hohe **Grand Teton**. Gut ein Dutzend weitere Gipfel sind höher als 3600 Meter. Die Bezeichnung dieser Bergwelt stammt von frankokanadischen Fallenstellern. Sie fühlten sie sich beim Anblick der steil himmelwärts ragenden Berggipfel an »grands tétons« (»große Brüste«) erinnert. In den 1950er-Jahren wurde der Nationalpark um das vom Snake River durchflossene Hochtal **Jackson Hole** erweitert.

Attraktives Schutzgebiet

WY • Grand Teton National Park

Ein Blick in die Erdgeschichte

Die stark zerklüftete Teton Range erhebt sich ziemlich unvermittelt etwa 2000 Meter aus einem eher flachen Umland, in dem sich vor rund 85 Mio. Jahren noch ein Binnensee ausbreitete. Vor etwa 60 Mio. Jahren verschwand der See und die Rocky Mountains wurden allmählich emporgehoben. Vor 15 bis 10 Mio. Jahren entstand entlang der Ostflanke des heutigen Gebirgszuges ein tiefer Riss in der Erdkruste. Starke Erdbeben erschütterten das Land. Dabei wurden auf der einen Seite **über 4000 m hohe Berge aufgetürmt**, auf der anderen Seite wurde der einstige Talboden des **Jackson Hole** um mehr als 5000 m abgesenkt.

Mit Beginn des letzten Eiszeitalters vor rund 2 Mio. Jahren setzte die Modellierung der heutigen Landschaft ein. **Gletscher** hobelten U-förmige Täler aus, schufen Kare und Moränen. Mehrfach flossen gewaltige Eismassen vom Yellowstone Plateau ins damals noch tiefe Tal von Jackson Hole hinunter und verfüllten es mit Sedimenten. Auch von den Höhen der Teton Range schoben sich Gletscher talwärts, formten **Trogtäler und Gletscherzungenbecken**, die heute von Seen ausgefüllt sind.

Ihren Feinschliff erhielt die attraktive Landschaft danach durch die erodierenden Kräfte von Eis, Schnee, Wasser, Wind und Wetter. Gezackte Bergspitzen, tiefe Schluchten und eher weiche Moränenhügel bildeten sich aus.

Doch das Land im Bereich der Tetons ist noch nicht zur Ruhe gekommen: Das letzte starke Erdbeben ereignete sich vor 7000 bis 5000 Jahren. Weitere können folgen.

Bergwelt für Aktiv-Urlauber

Der Nationalpark zieht jährlich weit **über 2,5 Mio. Besucher** an. Wandern, Angeln und Kanufahren auf dem Snake River gehören zu den bevorzugten Aktivitäten. Geübte Bergsteiger können verschiedene attraktive Routen begehen und auch Wintersportler kommen voll auf ihre Kosten.

Besucherzentren, Zufahrten

Der Nationalpark ist ganzjährig geöffnet. Besucherzentren gibt es in Colter Bay, Flagg Ranch, Jenny Lake und Moose. Der Osteingang befindet sich bei Moran Junction am Highway 26/287. Im Süden überquert man die Parkgrenze auf dem Highway 26/89/191 beim Touristenort Jackson.

Saison

Beste Besuchszeit ist von Juni bis September. Hochsaison ist im Juli und August, dann pflegt es eng zu werden: Unterkünfte sind am teuersten und trotzdem lange im Voraus ausgebucht, Outfitter und andere Dienstleister ebenso.

Im Winter haben außer dem Moose Visitor Center, wo sich auch die Parkverwaltung befindet, alle Einrichtungen geschlossen. Hotels stehen in Colter Bay zur Verfügung, zelten kann man auf einigen im Park verstreuten Campingplätzen.

Grand Teton National Park erleben

AUSKUNFT
Grand Teton National Park
Superintendent, P. O. Drawer 170
Moose, WY 83012-0170
Tel. 1 307 7 39 33 00
www.nps.gov/grte/

Jackson Hole Chamber of Commerce
990 W Broadway, P. O. Box 550
Jackson, WY 83001
Tel. 1 307 7 33 33 16
www.jacksonholechamber.com

AKTIVITÄTEN
Wandern
Im Nationalpark sind mehr als 400 km Wanderwege aller Schwie-rigkeitsgrade ausgewiesen, die zu grandiosen Aussichten und beschaulichen Idyllen führen. Die beliebtes-ten Pfade führen um die schönsten Berg-seen des Gebietes. Einige anstrengendere Trails führen hinauf in die Berge. Besonders empfehlenswerte Wanderpfade sind der Death Canyon Trail (11 km) vom Phelps Lake hinauf in den Death Canyon und der Paintbrush Trail (30 km) vom Leigh Lake hinauf in den Paintbrush Canyon.

Mountainbiking
Teton Mountain Bike Tours
Tel. 1 307 7 33 07 12
www.tetonmtbike.com
Dieser Anbieter in Jackson organisiert Touren sowohl im Grand Teton als auch im nördlich benachbarten Yellowstone National Park.

Wildwasserfahren
Lewis & Clark River Expeditions
335 North Cache Street
Jackson, WY
Tel. 1 800 8 24 53 75
www.lewisandclarkriverrafting.com
Sowohl geruhsames Dahingleiten auf einem ruhigeren Abschnitt als auch Wildwasserabenteuer werden organisiert.

WINTERSPORT
Snow King Ski Area
Der Town Hill von Jackson ist im Winter der Brennpunkt aller möglichen Aktivitäten. Hier werden Skikurse gegeben, hier kann man auch abends bei Flutlicht Ski laufen. Ferner gibt es ein Areal, auf dem man per Schlauchboot den Hang hinuntersausen kann.

Jackson Hole Mountain Resort
Diese 11 mi/18 km nordwestlich oberhalb von Jackson bei Teton Village angelegte Station für Alpinskiläufer umfasst einige der längsten und steilsten Abfahrtsstrecken Nordamerikas. Es gibt 2 Seilbahnen und 8 Sessellifte.

Grand Targhee Resort
Eine gute Autostunde von Jackson erreicht man eine der besten Alpinski-Stationen der Vereinigten Staaten. Gleich mehrere Dutzend Skipisten werden hier präpariert. Tiefschnee-Fans gelangen per Snowcat zu unberührten Skihängen.

ESSEN
Blue Lion ❸❸❸
160 N. Millward Street
Jackson, WY

Tel. 1 307 7 33 39 12
In kunstsinnigem Ambiente werden fein zubereitete Speisen serviert, darunter natürlich auch hervorragende Lammgerichte.

***The Gun Barrel Steak & Game House* €€**
862 W. Broadway Jackson, WY
Tel. 1 307 7 33 32 87
Hier gibt es Zünftiges: Steaks, Ribs, Bratwurst und sogar »Bison Carpaccio«. Und an den Wänden hängen alte Flinten sowie diverse Jagdtrophäen.

ÜBERNACHTEN

***Rusty Parrot Lodge & Spa* €€€€**
175 N. Jackson Street
Jackson, WY
Tel. 1 307 7 33 20 00
www.rustyparrot.com
Modernes Western-Hotel mit 32 Gästezimmern und -suiten, Spa, Gourmet-Restaurant »Wild Sage« und herrlichem Blick auf die Grand Tetons.

***Painted Buffalo Inn* €€€**
400 W. Broadway, Jackson, WY
Tel. 1 307 7 33 43 40
www.paintedbuffaloinn.com
Nur drei Blocks vom Town Square entfernt steht dieses moderne Motel mit 140 gut ausgestatteten Zimmern

***Antler Inn* €**
43 W. Pearl Street, Jackson, WY
Tel. 1 307 7 33 25 35
www.townsquareinns.com/antler-inn/
Gemütliche Herberge im Zentrum von Jackson (in der Nähe des Town Square); viele der 110 Zimmer mit behagliche Wärme ausstrahlenden Kaminen.

Tierwelt Im Hochtal Jackson Hole leben Elche, Wapiti- und Maultierhirsche. Unweit vom Buffalo Entrance pflegt eine Bisonherde zu weiden. Im Süden grenzt der Park an das National Elk Refuge, wo die größte Wapiti-Herde der USA überwintert. Bären und Berglöwen treten eher selten in Erscheinung. An den Gewässern kann man Trompeterschwäne und weiße Pelikane ebenso beobachten wie Wildgänse und Fischadler. Auch Biber hat man hier schon gesichtet.

SEHENSWERTES IM GRAND TETON NATIONAL PARK

***Panoramastraßen** Von dem am Ufer des Jackson Lake entlangführenden **Rockefeller Parkway** bieten sich wunderschöne Postkartenblicke auf die Schneegipfel der Teton Range. Die 22 mi/36 km lange **Teton Park Road** beginnt am Moose Visitor Center im Süden, passiert Jenny Lake und Jackson Lake sowie Signal Mountain und endet bei Jackson Lake Junction im Norden. Fotografieren ist an zahlreichen Stellen (»turnouts«) möglich. 2 mi/3 km nördlich von Moose führt die **Antelope Flats Road** durch eine weitläufige, mit Salbeibüschen bedeckte Ebene, auf der man mit etwas Glück Bisons, Elche und Pronghorn-Antilopen sehen kann. Die verlassenen, »Mormon Rows« genannten

Grand Teton National Park • WY

Scheunen wurden einst von mormonischen Siedlern gebaut und sind, mit der Teton Range im Hintergrund, ein beliebtes Fotomotiv. Der **Jenny Lake Scenic Drive** beginnt am Nordende des Jenny Lake und führt in südwestlicher Richtung am Ufer entlang zu einigen der schönsten Aussichten auf Grand Teton, Teewinot und Mount Owen. Die 5 mi/8 km lange **Signal Mountain Summit Road** beginnt etwas südlich der Signal Mountain Lodge und führt hinauf zu einem 2353 m hohen Aussichtspunkt, von dem man einen grandiosen Panoramarundblick auf die gesamte Teton Range genießen kann.

Dieses 1925 bei Moose an der Teton Park Road in Blockhütten-Bauweise errichtete Verklärungskirchlein erfreut sich größter Beliebtheit als Hochzeitskapelle. Auch der Blick durch die Fenster auf die majestätische Teton Range macht so manchen Besucher andächtig.
Chapel of the Transfiguration

Von der Chapel of the Transfiguration führt ein kurzer Weg zu einer Gruppe windschiefer Gebäude, die von einem Pionier namens William Menor in den 1890er-Jahren errichtet worden sind. Hauptattraktion ist eine rekonstruierte Kabelfähre über den Snake River. Von Juni bis August kann man mit ihrer Hilfe den Fluss überqueren.
Menor's Ferry Historic District

6 mi/10 km südlich von Moran Junction, am Jackson Hole Highway, trifft man auf die Fundamente der 1885 gegründeten **Bar Flying U Ranch** des Pioniersiedlers John Pierce Cunningham. Eine Blockhütte ist wiederhergestellt. Hier wird der Siedleralltag gezeigt. Achtung! Auf dem Gelände streifen Bisons umher.
Cunningham Cabin Historic Site

Im Colter Bay Visitor Center sind Kunsthandwerk, Kleidungsstücke und Werkzeuge der im Bereich der Rocky Mountains und der Plains lebenden Indianer zu sehen.
Indian Arts Museum
❶ Oxbow Bend, nördl. Jackson Lake Junction, Mai – Sept. tgl. 8.00 – 17.00, in der Hochsaison bis 19.00 Uhr, Eintritt frei, www.nps.gov/grte

An dieser Flussschlinge namens Oxbow Bend östlich von Jackson Lake kann man weiße Pelikane, Kraniche, Trompeterschwäne und Fischadler beobachten. Auch Elche und Biber sind hier öfters zu sehen (östlich von Jackson Lake Junction, Highway 89/191/287).
Oxbow Bend

Das Fernglas gezückt und die sumpfige Ebene bzw. den Feuchtwald dahinter ins Blickfeld gerückt: Die **Willow Flats** sind ein ideales Elch-Biotop, und tatsächlich lassen sich die Könige des Waldes vor allem

> **BAEDEKER TIPP**
>
> *Fotografen, aufgepasst!*
>
> Passionierte Fotografen schätzen bei strahlendem Sonnenschein die stille Wasseroberfläche am Oxbow Bend. Denn auf ihr spiegelt sich der schneebedeckte, 3842 m hohe Mount Moran höchst malerisch.

Das Wildweststädtchen Jackson ist eines der beliebtesten Ziele von Wintersportlern in den Rocky Mountains.

frühmorgens und am späten Nachmittag sehen (nördlich von Jackson Lake Junction, Hwy. 89/191/287).

*Jenny Lake Vor rund 60 000 Jahren als Gletscherzungenbecken entstanden, trägt dieser tiefblaue Bergsee zu Füßen des Teewinot Mountain den Namen der indianischen Frau eines Trappers namens »Beaver« Dick Leigh. Der malerische, bis zu 79 m tiefe See ist Ausgangspunkt zahlreicher Trails. Ein wunderschöner Wanderweg umrundet den gesamten See. Vom **Jenny Lake Visitor Center** aus gelangt man per Boot zum gegenüber liegenden Ufer. Der dort beginnende Cascade Canyon Trail führt zum **Inspiration Point**, von dem aus man einen wunderbaren Ausblick genießen kann, und weiter zu den 24 Meter hohen **Hidden Falls** (Teton Park Rd., etwa halbwegs zwischen Moose und Jackson Lake).

Jackson Lake 1911 durch den Bau des **Jackson Lake Dam** erweitert, ist dieser See der größte des Nationalparks. Er ist 25 km lang, bis zu 11 km breit und bis 134 m tief, wird vom Snake River gespeist und ist besonders fischreich: Mehrere Forellenarten, Hechte und Lachse locken Angler an. Marinas sind angelegt.

*Jackson Das knapp 10 000 Einwohner zählende Wildweststädtchen am Südeingang des Nationalparks ist heute **einer der angesagtesten Wintersportorte der USA**. 1938 wurde hier der Jackson Hole Ski Club gegründet, dem der Ort seine stürmische Entwicklung zu verdanken hat. Zudem ist Jackson **Versorgungszentrum** der gesamten Region. Der **Flughafen** von Jackson ist durch Direktflüge mit Großstädten wie Chicago, Denver und Los Angeles verbunden.

Rancher und Touristen kaufen in den Geschäften rund um den belebten **Town Square** ein. Außerdem gibt es in dem Städtchen eine Vielzahl von Resorts, Hotels, Restaurants, Lounges, Bars und Wellness-Einrichtungen.

Im **Museum der Jackson Hole Historical Society** ist die Erforschung der Grand Teton Range ebenso dokumentiert wie der Alltag der Pioniere, die im 19. Jh. in die Gegend kamen. Auch erfährt man, dass es hier sogar einmal einen weiblichen Sheriff gab.

Das *****National Museum of Wildlife Art** füllt eine interessante Nische aus, denn sie zeigt Bildwerke namhafter Künstler, die sich mit der Flora und Fauna der Rocky Mountains beschäftigt haben. Darunter befinden sich auch etliche **Meisterwerke von George Catlin und Albert Bierstadt.**

Jackson Hole Historical Society & Museum: 225 North Cache St., Di.–Sa. tgl. 10.00–17.00 Uhr, Eintritt 5 $, www.jacksonholehistory.org
National Museum of Wildlife Art: 2820 Rungius Rd., ca. 3 mi/5 km nördlich vom Stadtzentrum, Mo.–Sa. 9.00–17.00, So. 11.00–17.00 Uhr, Eintritt 12 $, www.wildlifeart.org

Lander

✷ J 19

Region: Fremont County
Einwohner: 7700
Höhe: 1633 m ü.d.M.

Früher bekannt als der Ort, »where rails end and trails begin« (wo die Schienen enden und die Wege durch die Wildnis beginnen), konzentriert sich das Städtchen am Südostfuß der Wind River Range seit der Stilllegung der Eisenbahn auf seine landschaftlich reizvolle Umgebung und seine traditionellen Stärken.

Letztere sieht man dem Ort auch nach umfangreichen Verschönerungsmaßnahmen (Boutiquen, Coffeeshops, Restaurants) entlang der vierspurigen Main Street noch an. Trucks und Pick-ups mit ledergesichtigen Farmern rumpeln vorbei, Geschäftsleute hetzen vorüber, das Handy am Ohr. Die Gegenwart vibriert, doch die Vergangenheit ist lebendig.

Lander entwickelte sich ab dem Jahre 1869 im Schatten von **Camp Auger**, das die weißen Siedler schützen sollte. Die Rinderzucht schob das Wachstum an. Anno 1906 wurde Lander Endstation der neuen Chicago & North Western Railway. Die geplante Fortsetzung der Strecke in Richtung Pazifikküste kam allerdings nicht zustande.

Geschichte

Lander erleben

AUSKUNFT
Lander Area Chamber
160 N. 1st Street
Lander, WY 82520
Tel. 1 307 3 32 38 92
www.landerchamber.org

EVENTS
Indian Pow Wows
In der Wind River Indian Reservation finden zahlreiche Pow Wows statt. Die beiden größten sind das Chief Yellow Calf Memorial Pow Wow (Ende Mai) zum Gedenken an den letzten Arapaho-Häuptling und das Northern Arapaho Pow Wow (Anfang August).

ESSEN
Cowfish ●●
128 Main Street
Tel. 1 307 3 32 82 27
Weltoffene Cuisine in urbanem »Ziegelwand-meets-Retro-Chic«. Wunderbar schmecken der Wildlachs aus Alaska und die Linguini mit Spinat.

Gannett Grill ●
126 Main Street
Tel. 1 307 3 32 82 28
In dem beliebten Lokal gibt es knusprige Pizza, knackige Salate sowie schmackhafte Ribs und Burger.

ÜBERNACHTEN
Outlaw Cabins ●●●
2411 Squaw Creek Road
Tel. 1 307 3 32 96 55
www.outlawcabins.com
Außerhalb der Stadt gibt es auf einer historischen Ranch zwei urgemütliche Blockhütten, in denen je zwei Personen übernachten können.

The Bunk House ●●●
2024 Mortimore Lane
Tel. 1 307 3 32 56 24
www.landerllama.com
Urig schlafen in einer echten, mit allen modernen Annehmlichkeiten ausgestatteten Trapperhütte. Gleich nebenan: die Lamas des Besitzers, die als Lasttiere bei Wanderungen zum Einsatz kommen.

Den Eisenbahnverkehr hat man 1972 eingestellt. Die befürchtete wirtschaftliche Talfahrt verlief glimpflich, nicht zuletzt dank Landers Lage zu Füßen der bei Abenteuerurlaubern geschätzten Wind River Range. Im Jahre 1965 gründete der Alpinist **Paul Petzold** hier seine **National Outdoor Leadership School**, an der bis heute mehrere Tausend professionelle Outdoor Guides ausgebildet wurden.

UMGEBUNG VON LANDER

Wind River Indian Reservation Die Grenzen dieses Indianerreservats nördlich von Lander wurden bereits 1864 festgelegt. In dem von Wind River Range, Absarola Mountains und Owl Creek Mountains eingefassten Gebiet leben rund 25 000 **Arapaho** und **Shoshone**.

Die größte der neun Siedlungen in diesem Gebiet ist **Riverton** mit rund 9000 Einwohnern. Der Rat beider Stämme residiert in **Fort**

Lander • WY

Washakie. Bedeutendste Arbeitsgeber im Reservat sind die hiesigen Spielkasinos.

Das **Shoshone Tribal Cultural Center** informiert über die Kultur und Geschichte dieses Indianerstammes. Hier erfährt man auch, dass die Indianerin **Sacajawea**, die die Lewis-&-Clark-Expedition begleitet hat, nicht schon 1812, sondern erst 1884 in Fort Washakie starb und bis dahin an zahlreichen Verhandlungen als Übersetzerin teilgenommen hat.

Nur ein paar Gehminuten vom Cultural Center entfernt liegt der **Chief Washakie Cemetery**, auf dem der letzte Häuptling der Shoshone im Jahre 1900 mit allen militärischen Ehren beigesetzt worden ist. Während seiner 60-jährigen Herrschaft war Chief Washakie stets bedacht, ein für beide Seiten erträgliches Einvernehmen mit den in das Indianerland vordringenden Weißen auszuhandeln.

7 mi/11 km östlich von Fort Washakie, in **Ethete** (Arapaho-Begriff für »gut«), ist das **Northern Arapaho Cultural Museum** in der alten St. Michael's Mission untergebracht. Es vermittelt einen guten Einstieg in das Verständnis der traditionellen Arapaho-Kultur.

Shoshone Tribal Cultural Center: 2?31 Black Coal St.; Öffnungszeiten: Mo. – Fr. 9.00 – 16.00 Uhr, Eintritt 6 $, www.wyomingtourism.org

Northern Arapaho Cultural Museum: Ethete Rd., tgl. 10.00 – 17.00 Uhr, Eintritt frei, Spende erbeten, www.windriver.org

45 mi/72 km nordöstlich von Lander, bei der Ortschaft **Shoshoni**, beginnt diese 34 mi/54 km lange Panormastraße, die als Teilstück des Hwy 20/789 von den semiariden Plains durch den spektakulären **Wind River Canyon** nach Thermopolis führt. Mit ihren bis zu 600 m hohen Felswänden gehört die enge Schlucht zu den Highlights der Natur in Wyoming. Ein oft fotografiertes Naturdenkmal ist der **Chimney Rock**.

Wind River Canyon Scenic Byway

Am Nordausgang des Wind River Canyon liegt das altbekannte Thermalbad Thermopolis (3200 Einw.) mit seinem altmodischen **State Bath House** (tgl. 8.00 – 17.30 Uhr), in dem man sich von der anstrengenden Fahrt erholen kann.

Thermopolis

Eine besondere Attraktion von Thermopolis ist das *Wyoming Dinosaur Center, in dem über zwei Dutzend in der näheren Umgebung ausgegrabene Saurierskelette aufgebaut sowie Überreste und Abdrücke sonstiger Urwelttiere zu sehen sind.

● 110 Carter Ranch Rd., tgl. 10.00 bis 17.00 Uhr, Eintritt 10 $,
www.wyodino.org

> **BAEDEKER TIPP**
>
> *Dinos ausgraben*
>
> Das Wyoming Dinosaur Center hat ein tolles Angebot: eine sog. Dig Site Tour. Per Bus geht es zu Ausgrabungsstätten in der Umgebung, wo man den Paläontologen bei der Arbeit im Gelände zusehen und auch selbst mitanpacken darf. Infos: www.wyodino.org/programs

Sinks Canyon State Park

Ca. 6 mi/10 km südlich von Lander verschwindet der durch ein schluchtartiges Tal fließende **Popo Agie River** in einer Karsthöhle und tritt nach kurzem unterirdischem Lauf im »**the rise**« genannten Quelltopf wieder zutage. Da hier das Angeln verboten ist, tummeln sich Prachtexemplare von Regenbogenforellen im Wasser. Spazier- und Wanderwege begleiten den Flusslauf.

❶ 3079 Sinks Canyon Rd., via Hwy. 131, Sommer tgl. 9.00 – 16.00, Winter tgl. 13.00 – 16.00 Uhr, Eintritt 6 $, http://sinkscanyonstatepark.org

*Red Canyon

24 mi/39 km südlich von Lander führt der Highway 28 an den Red Canyon heran, ein bis zu 100 m tiefes Tal mit spärlicher Vegetation und eindrucksvollen, **ziegelrot leuchtenden Eisensandsteinfelsen**, dessen Verlauf vor zirka 60 Mio. Jahren bei der Heraushebung der Wind River Range angelegt worden ist.

Atlantic City

27 mi/43 km südlich von Lander bietet sich vor allem in der Dämmerung ein schaurig-schönes Bild: Die meisten Häuser dieser Siedlung mit klangvollem Namen stehen leer. Zuletzt lebten hier zwei Dutzend Menschen. 1868 fanden Digger im nahen **Rock Creek** Gold. Im Handumdrehen schoss Atlantic City aus dem Erdboden. Doch der Boom war bald zu Ende, 1920 schloss die letzte Mine. Seither dämmert Atlantic City vor sich hin. 1867 hat man ein paar Meilen weiter südwestlich am Willow Creek Gold gefunden. Schon im Jahr darauf standen hier 250 Häuser. Wenig später war der Boom jedoch schon wieder zu Ende. 1949 verließen die letzten Einwohner **South Pass City**. Heute ist die Geisterstadt eine Touristenattraktion.

* Laramie

K 22

Region: Albany County
Einwohner: 32 000
Höhe: 2185 m ü.d.M.

Dafür hat Hollywood gesorgt. Laramie, Wyoming: Bis heute klingt das nach Sheriffs und Banditen und wüsten Ballereien. Dabei ist der Wilde Westen längst nur eine von vielen Facetten im Stadtbild. Eine andere ist die Kunstszene. Denn Laramie ist das kulturelle Zentrum von Wyoming.

Uni-Stadt mit hohem Freizeitwert und Wildwest-Erbe

Auch der dritte für einen hohen Lebensstandard als unentbehrlich geltende Faktor ist unübersehbar: eine alpine Bergwelt, die zu vielerlei Outdoor-Aktivitäten (Wandern und Reiten, Ski und Rodel) einlädt, mit den Laramie Mountains im Osten und der majestätischen Snowy Range bzw. dem Medicine Bow National Forest im Westen.

Laramie selbst ist, während es sein Wildwest-Erbe weiterhin pflegt, überaus kunstsinnig. Galerien und Boutiquen mit hochwertigem Angebot säumen die Bürgersteige, über denen der Duft von Espresso und feinem Gebäck hängt. Dieser überraschend urbane Lifestyle ist wohl den beiden Hochschulen zu verdanken. Allein an der **University of Wyoming** sind 10 000 Studierende eingeschrieben. Der nicht allzu teure Lifestyle lockt zukunftsträchtige Unternehmen und junge Familien an.

Vom Taufpaten der Stadt ist wenig mehr bekannt als der Name. **Jacques La Ramie** war ein frankokanadischer Trapper, der in dieser Gegend zu Beginn des 19. Jh.s umherstreifte. 1821 verschwand er spurlos, angeblich von Arapaho-Indianer getötet. Die Stadt selbst erwuchs Mitte der 1860er-Jahre aus einer Zeltsiedlung am sog. **Overland Trail**, jener Planwagen-Route, die von Omaha (Nebraska) nach Fort Hall in Idaho führte. 1868 kam die Eisenbahn, mit ihr Unternehmer, Siedler und Glücksritter. Laramie erlebte Schießereien und lynchwütige Bürgerwehren, die Recht und Ordnung in die Hand nahmen. Ruhe kehrte erst mit der Etablierung des Territoriums Wyoming ein. Bereits 1887 öffnete die University of Wyoming ihre Pforten. Fortan an wuchs Laramie zu einem wirtschaftlichen Zentrum heran, in dem die Holzindustrie, die Viehzucht und das Verkehrsgewerbe wichtige Stützen wurden.

Lebensgroßes Modell eines Tyrannosaurus Rex vor dem Geologischen Museum der Universität

SEHENSWERTES IN LARAMIE

Hauptverkehrsachse der Stadt ist die Grand Avenue. Die meisten Sehenswürdigkeiten findet man rund um den Campus der University of Wyoming. Alle sind leicht zu Fuß erreichbar.

Wie es im Wilden Westen ausgesehen hat, erfährt man im Centennial Complex der University of Wyoming. **Fotografien aus der Pionierzeit** und vielerlei Exponate lassen das 19. Jh. zwischen Prärie

*American Heritage Center

und Rocky Mountains wieder lebendig werden. Auch die Entwicklung der darstellenden Künste wird gezeigt.

❶ 2111 Willett Dr., Mo. 8.00 – 21.00, Di. – Fr. 8.00 – 17.00 Uhr, Eintritt frei, www.uwyo.edu/ahc

Laramie erleben

AUSKUNFT
Albany County Tourism Board
210 East Custer Street
Laramie, WY 82070
Tel. 1 899 4 45 53 03
www.visitlaramie.org

SHOPPING
Die nettesten Geschäfte, Galerien und Cafés gibt es rund um den Landmark Square zwischen Ivinson Avenue und Grand Avenue in der Nähe der Universität.

NACHTLEBEN
Buckhorn
114 Ivinson Avenue
Tel. 1 307 742 35 54
Die älteste Bar von Laramie wurde bereits 1890 eröffnet und ist bis heute die erste Adresse der Stadt in Sachen Nachtleben. Auch heute noch tanzt man hier zu Live-Musik.

ESSEN
Sweet Melissa Café ❷❷
213 South First Street
Tel. 1 307 7 42 96 07
Auch Veganer und Vegetarier kommen neuerdings im »Wilden Westen« auf ihre Kosten. Und es gibt nicht nur Linsengerichte!

Altitude Chophouse & Brewery ❷❷
320 S. 2nd Street
Tel. 1 307 7 21 40 31
Freundlicher Pub im Stadtzentrum mit Hausbrauerei, der leckere Steaks, frischen Fisch und hausgemachte Pasta bietet.

ÜBERNACHTEN
Old Corral Hotel & Steak House ❷❷❷
2750 Highway 130
Centennial, WY
Tel. 1 307 7 45 59 18
www.oldcorral.com
Aus von Hand behauenen Rundhölzern errichtet und wundervoll nach Baumharz duftend verströmt diese rustikalkomfortable Herberge nicht nur angenehme Behaglichkeit, sondern auch noch ein wenig vom »Spirit« des Wilden Westens.

Laramie Comfort Inn ❷❷❷
3420 Grand Avenue
Tel. 1 307 7 21 88 56
www.comfortinn.com
Das Haus mit seinen 55 großen und modern eingerichteten Zimmern, Swimming Pool und Fitnessraum steht nicht weit entfernt vom Stadtzentrum.

Gas Lite Motel ❷
960 N. 3rd Street
Tel. 1 307 7 42 66 16
Hier gibt es viel Unterkunft (30 Gästezimmer) für wenig Geld, Wildwest-Kunsthandwerk eingeschlossen.

Laramie • WY

Das in der viktorianischen Residenz eines der ersten Siedler von Laramie untergebrachte Museum entführt mit seinem eleganten zeitgenössischen Interieur in den **Alltag der damaligen Oberschicht**.

Laramie Plains Museum

❶ 603 East Ivinson Ave., Di. – Sa. 13.00 – 16.00 Uhr, Eintritt 10 $, www.laramiemuseum.org

Die **Saurier-Sammlung** dieses Museums im Nordwesten des Uni-Campus genießt Weltruhm. Ein Highlight der Ausstellung ist ein versteinerter flügelloser Riesenvogel namens **Diatryma gigantea**, der vor 55 Mio. Jahren im heutigen Wyoming gelebt hat. Natürlich kann man hier auch einen Allosaurus und einen Tyrannosaurus Rex bestaunen und auch einige schöne Mineralien.

**UW Geological Museum (▸Bild S. 521)

❶ 1000 E. University Ave., Mo. – Sa. 10.00 – 16.00 Uhr, Eintritt frei, www.uwyo.edu/geomuseum/visit

Die kleine, aber feine Ausstellung des Anthropologischen Instituts der University of Wyoming befasst sich mit der Geschichte und Kultur der Plains-Indianer. Ein Schwerpunkt ist die **soziale Organisation von Stammesgesellschaften**, ein anderer der dramatische Wandel der indianischen Gesellschaften während der vergangenen drei Jahrzehnte.

Anthropology Museum

❶ Anthropology Building, 14th & Ivinson Sts., Mo. – Fr. 8.00 – 16.30 Uhr, Eintritt frei, www.uwyo.edu/anthropology/museum.html

Das 1872 errichtete Gefängnis hatte seinerzeit wesentlichen Anteil an der »Befriedung« der Stadt. Auf der Tour durch die dunklen Korridore besichtigt man Gefängniszellen und auch den Frauentrakt. Eine besondere Ausstellung informiert über berühmt-berüchtigte Insassen wie den gefürchteten Robert Leroy Parker alias **Butch Cassidy**, Viehdieb, Bank- und Zugräuber sowie Bandenführer.

Wyoming Territorial Prison State Historic Site

❶ 975 Snowy Range Rd., Mai – Okt. tgl. 8.00 – 19.00 Uhr, Eintritt 5 $, www.wyomingterritorialprison.com

Der 30 mi/48 km westlich von Laramie in der Snowy Range (Medicine Bow National Forest) gelegene Erholungsort Centennial ist mit Hotels, Restaurants und Dude Ranches ein idealer Ausgangspunkt für Wanderungen, Ausritte und Wintersport in der landschaftlich reizvollen Bergwelt. Entlang des Highway 130 gibt es etliche Parkplätze, an denen lohnende Trails für Bergwanderer beginnen.

Centennial

Ein besonders beliebtes Ziel für Bergwanderer ist der 3662 m hohe **Medecine Bow Peak**.

> **? BAEDEKER**
>
> *Wertvolle Hölzer*
>
> Wussten Sie, dass die Medicine Bow Mountains für die Indianer heilig waren? Der Grund: Die aus dem Holz der in den hiesigen Wäldern gedeihenden Zedern geschnitzten Bögen und Pfeile genossen besondere Wertschätzung.

✱ Pinedale

✧ J 18

Region: Sublette County
Einwohner: 1500
Höhe: 2190 m ü.d.M.

Die an der Westflanke der Wind River Range bzw. am Osteingang zur Jackson Hole Area gelegene Kleinstadt Pinedale hat alle Annehmlichkeiten der Zivilisation, die ein moderner Abenteuerurlauber so braucht. Ist er doch in einer Wildnis unterwegs, in der mehr Bären und Wölfe als Menschen leben.

Land der Mountain Men Die **Trapper** von einst hätten gute Chancen, die Gegend wiederzuerkennen. Sublette County, knapp 13 000 km² groß und von gerade einmal 7000 Menschen bewohnt, steht nach wie vor für **spektakuläre Natur** und tägliche Begegnungen mit anderswo nur noch aus Er-

Pinedale erleben

AUSKUNFT
Sublette County Chamber
19 E. Pine Street
Pinedale, WY 82941
Tel. 1 307 3 67 22 42
www.sublettechamber.com

EVENT
Green River Rendezvous Days
Am 2. Wochenende im Juli galoppieren in Leder gekleidete Trapper und Indianer die Pine Street auf und ab und stellen als historisch verbürgte Charaktere Schlüsselszenen aus der großen Zeit des Pelzhandels nach.

WILDNISABENTEUER
In der Gegend sind Hunderte Trailkilometer für Hiker, Reiter etc. ausgewiesen. Die Schönsten führen durch die Wind River Range, die Jim Bridger Wilderness, die Gros Ventre Wilderness Area und die Wyoming Range. Hiesige Outfitter helfen weiter.

ESSEN
Lakeside Lodge Restaurant ❸❸❸
3,5 mi/6 km nördlich von Pinedale
Tel. 1 307 3 67 35 55
Saftige Steaks und kreativ zubereitete Fischgerichte gibt es mit Blick auf den schönen Fremont Lake.

ÜBERNACHTEN
Baymont Inn & Suites ❸❸
1624 W. Pine Street
Tel. 1 307 3 67 83 00
Eher nüchterne Unterkunft mit über 80 großen Zimmern; ein Pool ist vorhanden.

Chambers House B & B ❸❸
111 W. Magnolia Street
Tel. 1 307 3 67 21 68
www.chambershouse.com
Urgemütliches Blockhaus mit fünf Gästezimmern (teils mit Kamin) und Gemeinschaftsraum.

Ein Hauch von Wildem Westen ist auch heute noch
in Pinedale zu verspüren.

zählungen bekannten Wildtieren, gefürchtete Grizzlybären eingeschlossen. Wapitihirsche, Bergziegen und Schwarzbären lassen sich hin und wieder sogar im Stadtgebiet von Pinedale sehen.
Der Ort selbst ist ländlich geprägt. Die Viehwirtschaft der umliegenden Ranches schob seine Entwicklung an, nachdem das Fallenstellen unrentabel geworden war. Das war um 1850. Bis dahin war die Gegend des späteren Sublette County die Domäne der Mountain Men gewesen, Trappern, die zwischen 1820 und 1840 diesen Abschnitt der Rockies erkundeten und der Besiedlung den Weg bereiteten. Viele von ihnen wurden zu Legenden: **Jim Bridger, Kit Carson, Thomas Fitzpatrick und William Sublette**. Ihren Namen begegnet der Besucher in Orts- und Straßennamen.

SEHENSWERTES IN PINEDALE UND UMGEBUNG

An die **»Männer der Berge«** erinnert dieses Museum. Mit viel Liebe zu historischen Details lassen spannende Ausstellungen die Zeit der großen Begegnungen wieder aufleben, zu denen sich Mountain Men, **frankokanadische Trapper und einheimische Indianer** einmal im Jahr an bestimmten Stellen in den Rockies trafen, um Handel zu treiben, Neuigkeiten auszutauschen und zu feiern. Besonders interessante Einzelstücke sind das Gewehr von Jim Bridger, Pfeile und Bögen der Shoshone sowie farbenprächtige Gewänder, die die Indianer bei Pow Wows und heiligen Zeremonien getragen haben.

***Museum of the Mountain Men**

❶ 700 E. Hennick Rd., Mai – Sept. tgl. 9.00 – 17.00, Okt. Mo. – Fr. 9.00 bis 16.00, Sa. 10.00 – 16.00 Uhr, Eintritt 5 $,
www.museumofthemountainman.com

Father De Smet Monument

16 mi/20 km nordwestlich von Pinedale, beim Ort Daniel, erinnert ein Denkmal über der Mündung des Horse Creek in den Green River an den belgischen **Jesuitenpater Pierre Jean De Smet**, der im Juli 1840 hier oben die **erste Heilige Messe in Wyoming** gefeiert hat. Damals kamen Indianer, Trapper und Pelzhändler aus einem weiten Umland zusammen. Dabei waren auch Flathead-Indianer, die den Geistlichen in ihre Heimat im heutigen Oregon begleiteten. Die gleich nebenan im Wind flatternde US-Flagge steht für die herausragende Bedeutung dieses Rastplatzes am seinerzeit stark frequentierten **Oregon Trail**. De Smet gilt als der Begründer der Indianermission in Nordwestamerika.

> **! BAEDEKER TIPP**
>
> *Aktuelles von Meister Isegrim*
>
> Pinedale liegt mitten im »Wolfsland«. Der Schutz der hiesigen Wolfspopulation wird von Ranchern, Farmern und Naturschützern sehr kontrovers diskutiert. Die Wolfexpertin Cat Urbigkit hat alle Fakten über die Wölfe dieser Region ins Internet gestellt unter: www.pinedaleonline.com/wolf/

Old Fort Bonneville

5 mi/8 km weiter wurde 1832 das Fort am Westufer des Green River zur Sicherung der Handelsrouten und Siedlertrecks errichtet. Von den hiesigen Trappern geringschätzig als »Fort Nonsense« bezeichnet, wurde es schon wenige Jahre später wieder aufgegeben, da selbst die Indianer diese unwirtliche Gegend im Winter verließen.

Der 17 mi/27 km lange ***Skyline Scenic Drive** beginnt in Pinedale am östlichen Ende der Pine Street und führt als gut ausgebaute Straße zu Aussichtspunkten, von denen aus man herrliche Panoramablicke auf die von ewigem Eis und Schnee bedeckte Wind River Range genießen kann. Frühmorgens und kurz vor Sonnenuntergang lassen sich hier auch Wapitis, Elche und andere Wildtiere beobachten.

Rock Springs

K 18

Region: Sweetwater County
Einwohner: 24 000
Höhe: 1947 m ü.d.M.

Die wie auf links gedreht wirkenden Berge signalisieren bis heute unmissverständlich: Rock Springs wurde auf Kohle gebaut. Die Bevölkerung ist international, die Vergangenheit war dramatisch.

Auf fossilen Energiequellen gebaut

Früher Kohle, heute Öl und Gas: Die natürlichen Ressourcen unter der Stadt waren schon immer deren Antriebskräfte. Die Siedlung wurde 1862 an einer Felsenquelle am Overland Trail gegründet. Mit

In der Umgebung von Rock Springs kann man noch etliche der ansonsten sehr scheuen Gabelantilopen beobachten.

der Ankunft der **Union Pacific Railroad** sechs Jahre später beschleunigte sich das Siedlungswachstum enorm, denn hier konnte oberflächennah Kohle geschürft werden, die u. a. zur Befeuerung der Dampfloks benötigt wurde. Siedler aus halb Europa arbeiteten im hiesigen Kohlebergbau.

Im Jahr 1885 erlebte die Stadt das folgenschwere **Rock Springs Massacre**. Kohlekumpel europäischer Abstammung zogen – aufgeheizt von lange schwelendem Rassismus und der Angst um Arbeitsplätze – ins Chinesenviertel, brachten 28 chinesische Kontraktarbeiter um und setzten zahlreiche Häuser und Hütten in Brand. Dieser Pogrom beeinträchtigte vorübergehend die Handelsbeziehungen zwischen den USA und China. Die heutige Bevölkerung der Stadt setzt sich aus über 50 Nationalitäten zusammen. Kulturelle Einrichtungen wie das Community Fine Arts Center nehmen der Stadt die rauen Kanten.

SEHENSWERTES IN ROCK SPRINGS UND UMGEBUNG

Das im früheren Rathaus, einem Gebäude von 1894, untergebrachte **Stadt- und Regionalmuseum** beschäftigt sich in erster Linie mit der Geschichte und Bedeutung des hiesigen Kohlebergbaus. — *Historic Museum*
- 201 B St., Mo. – Sa. 10.00 – 17.00 Uhr, Eintritt frei, www.rswy.net

Alles, was im heutigen Wyoming Basin vor 60 bis 180 Mio. Jahren wuchs, kreuchte und fleuchte, ist im Naturkundemuseum des **Western Wyoming Community College** – zumeist in Lebensgröße – ausgestellt. Besonders eindrucksvoll sind die Saurierskelette im Innern des Hauses sowie die nachgebauten Saurier im Außenbereich. — *Natural History Museum*
- 2500 College Dr., tgl. 9.00 – 22.00 Uhr, Eintritt frei, www.wwcc.wy.edu/visit/naturalhistory.htm

WY • Rock Springs

*Community Fine Arts Center
Die rund 500 Gemälde, Drucke und Fotografien umfassende Kollektion gehört zu den besten ihrer Art im Bereich der Rocky Mountains und der Plains. Hier sind **Arbeiten großer Amerikaner** zu sehen, unter ihnen Norman Rockwell, Grandma Moses, Loren McGiver, Elliott Orr, Raphael Soyer und Rufino Tamayo. Selbstverständlich sind auch Kunstschaffende aus Wyoming vertreten.
● 400 C Street, Mo.–Do. 10.00–18.00, Fr.–Sa. 12.00–17.00 Uhr, Eintritt frei, www.cfac4art.com

*Pilot Butte Wild Horse Scenic Loop
Von den rund 6000 **wilden Pferden** Wyomings grasen rund 2500 in der Steppe rund um Rock Springs. Die lange Mähne und der lange, bis zum Boden reichende Schweif weisen sie als Nachkommen der einstmals von den Spaniern eingeführten Pferde aus. Auf der rund 80 km langen Rundfahrt (CR 4-14 via I-80; großenteils unbefestigte Piste) bekommt man bestimmt einige dieser Tiere zu sehen.

Killpecker Sand Dunes
Etwa 25 mi/40 km nordöstlich von Rock Springs (erreichbar via US 191) verläuft eine viele Kilometer lange und bis zu 30 m hohe Sanddünenkette. Die Dünenlandschaft ist Lebensraum der nur hier anzutreffenden, hochspezialisierten **Wüsten-Wapitis**.

Rock Springs erleben

AUSKUNFT
Rock Springs Chamber
1897 Dewar Drive
Rock Springs, WY 82902
Tel. 1 307 3 62 37 71
www.rockspringswyoming.net

Green River Chamber
1155 W. Flaming Gorge Way
Green River, WY 82935
Tel. 1 307 8 75 57 11
www.grchamber.com

WILDWASSERFAHREN
Rafting-Veranstalter organisieren ein- und mehrtägige Wildwasser-Touren auf dem Green River.

ESSEN
Ted's Supper Club
9 Purple Sage Road
Tel. 1 307 3 62 73 23
Mit seiner äußerst beliebten Cocktailbar ist das Lokal seit über vier Jahrzehnten eine Institution. Steaks und Hühnchen werden hier ebenso zubereitet wie Fischgerichte und Salate.

ÜBERNACHTEN
Rock Springs Homewood Suites by Hilton
60 Winston Drive
Tel. 1 307 3 82 07 64
www.homewoodsuites1.hilton.com
Geboten werden 84 bestens ausgestattete Suiten, Pool und Fitnessraum.

Americas Best Value Inn – The Inn
2518 Foothill Boulevard
Tel. 1 307 3 62 96 00
147 große und modern ausgestattete Zimmer, freundlicher Service.

Ein Frühaufsteher genießt die Morgensonne hoch über der
»Flammende Schlucht« bei Rock Springs.

Green River

Das adrette Städtchen (13 000 Einw.) entstand als Etappe auf dem Overland Trail und wurde offiziell 1868 gegründet. Ein Jahr später startete Major **John Wesley Powell**, der Erforscher des Grand Canyon, von hier aus zu seiner Expedition. Heute ist Green River, dessen Westrand von der mächtigen, rötlich-gelben Felsformation namens »Toll Gate and the Palisades« bewacht wird, Ausgangspunkt für Wander-, Boots- und Mountainbike-Touren in die weiter südlich gelegene Flaming Gorge.
Im Ort selbst lohnt die Sammlung historischer Fotografien im **Sweetwater County Historical Museum** einen Besuch.
❶ 3 E. Flaming Gorge Way, Mo.–Sa. 10.00–18.00 Uhr, Eintritt frei,
www.sweetwatermuseum.org

*Flaming Gorge National Recreation Area

Südlich von Green River hat der gleichnamige Fluss zwei imposante Canyons geschaffen, die **Flaming Gorge** und den **Red Canyon**. 1964 wurde hier ein Staudamm fertiggestellt, der das heute 145 km lange **Flaming Gorge Reservoir** aufstaut, der auch ein Stück weit in den südlich benachbarten Bundesstaat Utah hineinreicht. Seine Ufer sind als Erholungsgebiet ausgewiesen und mit entsprechender touristischer Infrastruktur ausgestattet. Auf den Highways 191 und 530 kann man vom I-80 aus die Flaming Gorge umrunden. Von ihnen führen Stichstraßen an den Canyon heran. Der 152 m hohe **Flaming Gorge Dam** liegt am Highway 191 bei Dutch John (Utah).
Das **Red Canyon Vista & Visitor Center** am Highway 44 bei Manila (Utah) bietet spektakuläre Blicke in den rund 300 m tiefen Canyon. Die **roten Sandstein-Felswände** der »Flammenden Schlucht« leuchten besonders schön bei tief stehender Morgen- bzw. Abendsonne. An einigen Stellen ragen die Felswände bis zu 450 m auf.
❶ Mai–Sept. tgl. 10.00–17.00 Uhr, Eintritt frei,
www.flaminggorgecountry.com/Red-Canyon-Overlook

Rawlins Rawlins (111 mi / 178 km östlich von Rock Springs) war in den 1870er-Jahren ein gesetzloses Ensemble von Häusern, Saloons und Bordellen, bis die Einwohner eine Bürgerwehr aufstellten und eine Reihe Banditen gleich lynchten. Davon und von Lilian Heath, der ersten Ärztin Wyomings, erzählt das **Carbon County Museum**.
Eine Führung durch das bis 1981 betriebene **Wyoming Frontier Prison** kann Beklemmungen auslösen: der »Punishment Pole«, an dem Unruhestifter ausgepeitscht wurden, die Dunkelzellen – und die Gaskammer.
Carbon County Museum: 904 W. Walnut St., Mai – Sept. Di. – Sa. 10.00 – 18.00, sonst Di. – Sa. 13.00 – 17.00 Uhr, Eintritt frei, Spende erbeten, www.carboncountymuseum.org
Wyoming Frontier Prison: 500 W. Walnut St., Mo. – Do. 9.00 – 12.00 u. 13.00 – 17.00, Führungen 10.30 u. 13.30 Uhr, Eintritt 8 $ www.wyomingfrontierprison.org

Sheridan

✴ G 21

Region: Sheridan County
Einwohner: 18 000
Höhe: 1140 m ü. d. M.

Moderne Wildwest-Stadt vor filmreifer Kulisse: Wenn spätnachmittags die Big Horn Mountains ihre Schatten auf die historische Altstadt werfen, paradieren die Boys auf ihren Harleys ein letztes Mal über die Main Street, die Girls laden ihre Einkäufe in ihre Pick-ups. Hier, wo die Prärie vor den Rockies endet, erinnert noch vieles an die Zeit der echten Kerle und mutigen Frauen.

Indianer und Planwagen Heute ist die nach dem Bürgerkriegsgeneral **Phil Sheridan** benannte Stadt als Ausgangspunkt für Outdoor-Aktivitäten in den **Bighorn Mountains** beliebt. Historisch Interessierte können tiefer in die dramatische Geschichte dieser Region eintauchen: Bis Anfang der 1860er-Jahre gehörte dieses Gebiet zu den letzten ungestörten Jagdgründen der Sioux, Cheyenne und Arapaho. Der 1863 von **John Bozeman** ausgekundschaftete Trail änderte das jedoch gründlich. Bis 1866 von fast 4000 Goldsuchern und Einwanderern benutzt, wurde der Trail in der Folgezeit Schauplatz so vieler Indianerüberfälle und Kämpfe mit Siedlern und Soldaten, dass er bald als »Bloody Bozeman« verrufen war und die US-Armee davon abriet, die Region mit weniger als 100 Planwagen zu durchqueren. So erbittert verteidigten die Indianer ihre Jagdgründe, dass die US-Armee sich 1868 vom Bozeman Trail zurückzog und alle zwischenzeitlich dort errichteten

Ein Lakota-Indianer in den Bighorn Mountains bei Sheridan

Forts aufgab. Die Entdeckung von Gold in den Black Hills im benachbarten South Dakota brachte eine neue Flut weißer Eindringlinge. In den 1870er-Jahren kam es zu zahlreichen weiteren Kämpfen, die in der berühmten **Schlacht am Little Bighorn** (▶S. 270) nördlich von Sheridan in Montana gipfelten. Sheridan, das 1873 mit einer Trapperhütte zu Füßen der Bighorn Mountains begonnen hatte, erhielt nach dem Ende der Indianerkriege einen Bürgermeister und einen Eisenbahnanschluss. Wohlhabende **»Cattle Barons«** gründeten riesige Ranches, die bis heute bedeutend für die lokale Wirtschaft sind. Im Laufe des 20. Jh.s wurde östlich von Sheridan Kohlebergwerke eröffnet und und erfolgreich nach Erdöl gesucht.

SEHENSWERTES IN SHERIDAN UND UMGEBUNG

Historic Sheridan Inn

Beim alten Eisenbahndepot repräsentiert das historische, mit 69 Giebeln versehene Hotel ein interessantes Kapitel Pioniergeschichte. Zahlreiche Prominente, darunter auch der Literat Ernest Hemingway und US-Präsident Herbert Hoover, stiegen hier ab. Von der Terrasse aus wählte Buffalo Bill Cody Darsteller für seine Wildwest-Show aus. Bei Führungen hört man vielerlei skurrile Anekdoten.
❶ 856 Broadway, Führungen tgl. 10.00 – 18.00 Uhr, Eintritt 2 $, www.sheridaninn.com

King's Historic Saddlery Museum

Sattelmacher **Don King**, eine lokale Berühmtheit, gründete seinen Laden in den 1940er-Jahren. Hinter dem Laden befindet sich eine schöne, nicht nur für Wildwest-Fans interessante Sammlung kunstvoll gefertigter Sättel und anderer Wildwest-Memorabilia.
❶ 184 N. Main St., Mo. – Sa. 8.00 – 17.00 Uhr, Eintritt 2 $, www.kingssaddlery.com

WY • Sheridan

Sheridan erleben

AUSKUNFT
Sheridan Travel & Tourism
P. O. Box 7155
Sheridan, WY 82801
Tel. 1 307 6 73 71 21
www.sheridanwyoming.org

SHOPPING
Corral West Ranchwear
150 N. Main Street
Cowboys und -girls sowie Touristen können sich hier neu einkleiden.

Bozeman Trail Gallery
190 N. Main Street
Wie der Wildwest-Mythos und der Alltag hier draußen die Kreativen der Region inspiriert, kann man sich in dieser Galerie anschauen.

WILDWASSERFAHREN
Die in Green River beheimateten Rafting-Veranstalter organisieren ein- und mehrtägige Wildwasser-Touren auf dem Green River.

ESSEN
Frackelton's ❸❸❸
55 N. Main Street
Tel. 1 307 6 75 60 55
Könnte auch irgendwo an der Ostküste sein: Urban und trendy eingerichtet ist der »Wilde Westen« hier ziemlich gezähmt. Besonders schmackhaft: Chicken Masala und Pasta Putanesca.

ÜBERNACHTEN
The Mill Inn ❸❸
2161 Coffee Avenue
Tel. 1 307 6 72 64 01
www.sheridanmillinn.com
Die 42 recht rustikal eingerichteten und daher sehr gemütlichen Gästezimmer befinden sich in einer ehemaligen Getreidemühle.

Sheridan County Museum Das Museum widmet sich mit Fotografien und allerlei Gegenständen der Geschichte der Rancher, Eisenbahner und Bergarbeiter. Auch die Lakota-Indianer der Gegend finden Beachtung.
❶ 850 Sibley Circle, Mai tgl. 13.00 – 17.00, Juni – Aug. tgl. 10.00 – 18.00, Sept. – Mitte Dez. tgl. 13.00 – 17.00 Uhr, Eintritt 4 $, http://sheridancountyhistory.org

Highway 14 Der nördlich von Sheridan in die Bighorn Mountains abzweigende Highway 14 erschließt einige tolle Aussichten. Auf den Feuchtwiesen kann man morgens und abends Wild (u. a. Elche) beobachten.

Connor Battlefield State Historic Site Heute ein Campingplatz an einer Biegung des Tongue River unweit Ranchester am I-90, war dies der Schauplatz der wichtigsten Schlacht des **Red Cloud's War** (1866 – 1868). Am 28. August überfiel ein Kontingent von Soldaten und verbündeter Pawnee unter dem Befehl von General **Patrick E. Connor** am frühen Morgen ein Lager der von **Black Bear** geführten Arapaho. Unter Verlusten gelang diesen der Rückzug und ein Gegenangriff.

Wegen ihrer hohen Verluste waren die Arapaho gezwungen, sich mit den Sioux und Cheyenne zu verbünden. Heute erinnert ein Steinmonument an die Schlacht.

5 mi/8 km westlich von Fort Phil Kearny wehrte am 2. August 1867, verschanzt hinter alten Planwagen, eine Abteilung der US-Kavallerie unter dem Kommando von Captain James Powell einen Angriff von mehreren Hundert Sioux und Cheyenne ab. Heute ist das Schlachtfeld eine Wiese unweit von Story am Highway 193. Ein mit Hinweisschildern versehener Trail führt über das Schlachtfeld.

Wagon Box Fight

Torrington · Fort Laramie

J 23

Region: Goshen County
Einwohner: 6800
Höhe: 1250 m ü.d.M.

Die Standardthemen der Tageszeitung »Torrington Telegram« sind das Wetter, die Preise für Schlachtvieh sowie die Geburts- und Todesanzeigen. Auf Touristen wartet das Städtchen am Highway 26 unweit der Grenze zum US-Bundesstaat Nebraska nicht gerade. Dabei haben die Ereignisse der Vergangenheit zahlreiche interessante Sehenswürdigkeiten in der Umgebung hinterlassen.

Schon lange, bevor Eisenbahner anno 1900 das Gelände für die neue Stadt absteckten, fungierte dieser Abschnitt des North Platte Valley als **Tor zum Westen**. Mitte der 1860er-Jahre jagten die Reiter des **Pony Express** hier durch. Zuvor zogen zahllose Planwagen-Karawanen von Einwanderern auf mehreren Überlandrouten hier vorbei. Etwa zwei Jahrzehnte lang nutzten **rund 350 000 Siedler** den North Platte River als Wegweiser ins gelobte Land im Westen, wobei sie einige der bedeutendsten historischen Sehenswürdigkeiten jener Ära hinterließen. Wenig später entdeckten Farmer und Rancher auch das wirtschaftliche Potenzial des im Windschatten der Winterstürme verlaufenden Flusstales. Wo Indianer schon seit Jahrhunderten Feldfrüchte angebaut hatten, machte die 1886 begonnene künstliche Bewässerung den Anbau von **Kartoffeln, Bohnen, Getreide und Alfalfa** zu einem guten Geschäft. Die Ankunft der Chicago, Burlington & Quincy Railroad schob die Entwicklung weiter an. Bis heute lebt man hier von Landwirtschaft und Viehzucht: Rund 200 000 im County gezüchtete **Rinder** werden jährlich verkauft.

Geschichte

SEHENSWERTES IN TORRINGTON UND UMGEBUNG

Homesteaders Museum
Die Erinnerung an die noch gar nicht lange zurückliegende Pionierzeit ist beinahe zwangsläufig lebendig. Das im alten Union Pacific Depot untergebrachte Museum zeigt u. a. die winzige Hütte eines der ersten Siedler, den Planwagen eines Schafzüchters und zahlreiche weitere Gegenstände aus dem Pionieralltag.

❶ ? 495 Main St., Juni – Aug. Mo. – Mi. 9.30 – 16.00, Do., Fr. 9.30 – 17.00, Sa. 12.00 – 16.00, sonst Mo. – Fr. 9.00 – 12.00 u. 13.00 – 16.00 Uhr, Eintritt frei, www.city-of-torrington.org

Lingle, Western History Center
Unterwegs nach Fort Laramie und Guernsey, sollte man im Western History Center im 500-Seelen-Nest Lingle vorbeischauen. Das moderne Museum beschäftigt sich mit der Natur- und Kulturgeschichte der Region. Ausgestellt sind Fossilien aus der Kreidezeit, Stoßzähne eiszeitlicher Mammuts, **altindianische Kulturzeugnisse** sowie allerlei Gegenstände aus der Pionierzeit.

❶ 265 Main St., Mo. – Sa. 10.00 – 16.00, So. 13.00 – 16.00 Uhr, Eintritt 2 $, www.wyomingtourism.org

*Fort Laramie
Pelzhandel, Indianerkriege und Wildwest-Mythos: Das gut erhaltene und als National Historic Site geschützte Fort am Zusammenfluss

---

Torrington · Fort Laramie erleben

AUSKUNFT
Goshen County Chamber
2042 Main Street
Torrington, WY 82240
Tel. 1 307 5 32 38 79
www.goshencountychamber.com

ESSEN
José Paizano's ❸
1918 Main Street
Torrington, WY
Tel. 1 307 5 32 48 22
Klassische Tex-Mex-Küche mit Tacos, Burritos und bestem Chili

ÜBERNACHTEN
Holiday Inn Express Hotel & Suites ❸❸
1700 E. Valley Road
Torrington, WY
Tel. 1 307 5 32 76 00
www.ichotelsgroup.com
67 moderne Standard-Gästezimmer und großer Pool gleich neben dem Highway

Americas Best Value Inn ❸
1548 Main Street
Torrington, WY
Tel. 1 307 5 32 71 18
www.americasbestvalueinn.com
Einfache und zeitgemäß ausgestattete Herberge mit 57 Zimmern

Torrington · Fort Laramie · WY

Fort Laramie

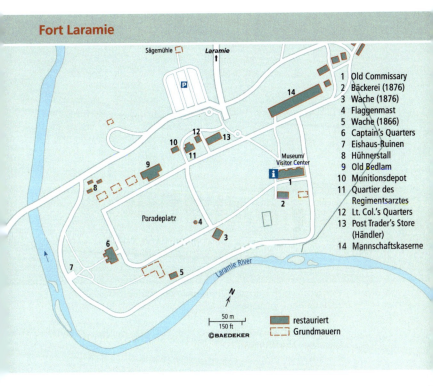

1 Old Commissary
2 Bäckerei (1876)
3 Wache (1876)
4 Flaggenmast
5 Wache (1866)
6 Captain's Quarters
7 Eishaus-Ruinen
8 Hühnerstall
9 Old Bedlam
10 Munitionsdepot
11 Quartier des Regimentsarztes
12 Lt. Col.'s Quarters
13 Post Trader's Store (Händler)
14 Mannschaftskaserne

restauriert
Grundmauern

von Laramie River und North Platte River nahm eine **Schlüsselstellung bei der Erschließung des Wilden Westens** ein. Es wurde 1834 zunächst einmal als Pelzhandelsstation gegründet. Angesichts der Indianerüberfälle auf die Planwagen-Kolonnen des Oregon Trails baute die US-Regierung das Fort ab 1849 aus. Fortan konnten sich Reisende hier ausruhen, ihre Vorräte auffüllen und Geleitschutz in Anspruch nehmen.

Im Jahr 1851 wurde unweit von hier der **1. Vertrag von Fort Laramie** ausgehandelt. Darin legte man die Grenzen und die Integrität der Territorien der Sioux, Shoshone, Arapaho, Cheyenne und anderer Plains-Stämme fest, und zwar »so lange, wie Flüsse fließen und Adler fliegen«. Der **2. Vertrag von Fort Laramie** beendete 1868 den zwei Jahre zuvor ausgebrochenen Red Cloud's War, schloss den Bozeman Trail für weiße Siedler und bestätigte den Sioux den Besitz der ▶Black Hills (heute in South Dakota).

Anno 1890 hatte die Geschichte Fort Laramie überholt. Die US-Armee zog aus und versteigerte viele der Gebäude. Die elf übrig geblie-

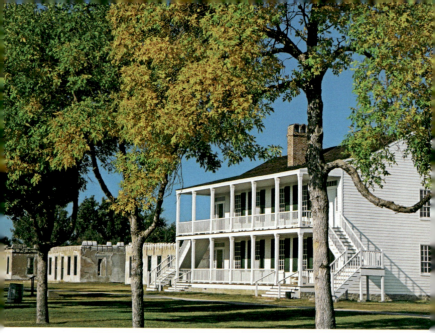

Vom geschichtsträchtigen Fort Laramie sind nur noch wenige Baureste übrig geblieben.

benen Häuser wurden restauriert und sind heute Kulisse für »Living History«-Darbietungen.

❶ Goshen County Rd., tgl. 8.00 Uhr bis Sonnenuntergang, Eintritt 3 $, www.nps.gov/fola

Guernsey Der unweit westlich von Fort Laramie am Eingang zum Platte River Canyon gelegene Ort Guernsey bietet mehrere Sehenswürdigkeiten aus der Pionierzeit. Im **Guernsey Visitors Center & Museum** kann man Habseligkeiten von Einwanderern begutachten.

Eindrucksvoll ist die **Oregon Trail Ruts State Historic Site** (South Wyoming Avenue) 3 mi/5 km südlich von Guernsey. Zehntausende von Planwagen haben von 1844 bis 1869 tiefe Spurrillen in den Sandstein gekerbt.

Eines kleines Stück weiter erinnert die **Register Cliff State Historic Site** (S. Wyoming Ave.) an die Siedler: Eine Tagesreise von Fort Laramie entfernt, kampierten sie am Ufer des North Platte River und ritzten ihre Namen samt Datum in den Fels. Hinweistafeln erläutern die Situation.

Guernsey Visitors Center & Museum: 90 S. Wyoming Ave., Mai – Sept. tgl. 9.00 – 18.00 Uhr, stündlich Führungen, Eintritt 4 $, www.wyomingtourism.org/thingstodo/detail/Guernsey-State-Park-Museum/3186

** Yellowstone National Park

 G 17/18

Region: Grenzgebiet von Wyoming, Idaho, Montana
Fläche: 8987 km²
Höhe: 2000 – 2500 m ü.d.M.

Erst nachdem Fotos von der geologischen Wunderwelt des Yellowstone Washington erreichten, war der Kongress überzeugt. Bis dahin hatte man die Berichte der Trapper und Entdeckungsreisenden von Geysiren und dampfenden, nach faulen Eiern riechenden Teichen als Jägerlatein abgetan. 1872 wurde das Gebiet in der Nordwestecke Wyomings zum ersten Nationalpark der USA erklärt.

Heute ist der Yellowstone National Park einer der meistbesuchten des Landes. Er liegt auf einem aus basaltischen Ergüssen bestehenden Hochplateau. Hier kam es zuletzt vor rund 640 000 Jahren zu gewaltigen Vulkanausbrüchen, die die klimatischen Verhältnisse weltweit nachhaltig verändert haben dürften. Nach der letzten Eruption und dem anschließenden Zusammenfallen des Kraters bildete sich eine **ca. 350 km² große Caldera**. Die tief darunter liegende riesige Magmakammer erzeugt nach wie vor Hitze. Zahllose postvulkanische Erscheinungen, die die Landschaft mit Dampfschwaden und ständigem Brodeln und Zischen überziehen, bestätigen dies. Dass man sich auf unruhigem Boden bewegt, beweisen auch die häufigen Erdbeben. Manche Wissenschaftler warnen bereits vor einem bevorstehenden weiteren Ausbruch dieses schlummernden Supervulkans.

Ein gefährlicher Supervulkan (▶Baedeker Wissen S. 20/21)

Die Flora und Fauna des Parks ist außerordentlich vielgestaltig. Die Palette der Pflanzenwelt reicht von wüstenhafter Vegetation am Nordeingang bis zu subalpinen Matten und Wäldern. Außer Bisons, Hirsch- und Rehwild, Dickhornschafen, Bibern und Murmeltieren kann man hier auch Elche, Gabelantilopen, Schwarz- und Grizzlybären sowie Koyoten beobachten. Die Wiederansiedlung von Wölfen scheint erfolgreich zu verlaufen. Am Himmel kreisen vielerlei Greifvögel, auf den Wasserflächen sieht man Trompeterschwäne, zahlreiche Entenarten und Pelikane.

Pflanzen und Tiere

Der Yellowstone National Park hat fünf Eingänge: Gardiner (Montana, Norden), West Yellowstone (Montana, Westen), Jackson (via Grand Teton National Park, Süden), Cody (Wyoming, Osten) und Cooke City (Montana, Nordosten). Die meisten vulkanischen Attraktionen sind bequem auf Plankenwegen erreichbar.

Reisewege und Zugänge

Hauptverkehrsader im Nationalpark ist die 143 mi/229 km lange **Grand Loop Road**. Sie berührt in Form einer großen Acht die bekanntesten Sehenswürdigkeiten.

Alle Parkstraßen sind von Mai bis Oktober für den Autoverkehr geöffnet. Nur die knapp 100 km lange Strecke von Gardiner nach Cook City (Montana) ist ganzjährig befahrbar.

Das Hauptquartier des Parks befindet sich in Mammoth Hots Springs in der Nähe des Nordeingangs.

Hinweis: Vor dem Besuch einzelner Geysirfelder sollte man sich unbedingt in einem der Besucherzentren **nach den Ausbruchzeiten erkundigen** und sich auch **über die Begehbarkeit der Plankenwege informieren**.

Überall blubbert, dampft und zischt es: unruhige Erdkruste im ältesten Nationalpark der Vereinigten Staaten.

Den Yellowstone National Park erleben

AUSKUNFT
Yellowstone National Park
Superintendent P. O. Box 168
Yellowstone, WY 82190
Tel. 1 307 3 44 73 81
www.nps.gov/yell

West Yellowstone
Visitor Information Center
30 Yellowstone Avenue West
Yellowstone, MT
Tel. 1 406 6 46 44 03
www.nps.gov/yell

BUSTOUREN
Von Ende Mai bis Ende September werden Touren in Oldtimer-Bussen angeboten. Diese beginnen und enden bei den großen Hotels. In der sommerlichen Hauptreisezeit ist eine rechtzeitige Reservierung angeraten. Weitere Infos: Tel. 1 866 4 39 73 75
www.travelyellowstone.com.

WANDERN
Der Nationalpark ist durch ein engmaschiges Plankenwegenetz erschlossen, das die Naturwunder nahe der Grand Loop Road und das weniger bekannte Backcountry erschließt. In letzterem Fall müssen Genehmigungen bei der Parkverwaltung beantragt werden. Neben Wanderungen zu den verschiedenen Geysiren und in allen Farben schillernden Thermalquell-teichen wird eine Wanderung auf den 3200 m hohen Avalanche Peak empfohlen (Avalanche Peak Trail, 3 mi/5 km, Ausgangspunkt unweit östlich vom Sylvan Lake). Eine Übernachtung im Zelt erfordert der knapp 25 mi/40 km lange Heart Lake – Mount Sheridan Trail. Dieser Pfad führt durch das momentan aktivste Thermalgebiet des Nationalparks. Unterwegs kann auch der 3133 m hohe Mount Sheridan erklommen werden.

ESSEN
Restaurants, Cafés und Schnellimbisse gibt es in den besser erschlossenen Gegenden des Parks, v. a. im Old Faithful Village im Westen, und im Canyon Village sowie im Lake Village im Ostteil des Parks. In allen größeren Hotels gibt es gute »dining rooms«, meist auch kleine Läden, die Lebensmittel bzw. Sandwiches, Burger und Salate feilbieten.

❶ *Lake Yellowstone Hotel & Dining Room* ●●●●
Lake Village Road
Lake Village, WY
Tel.1 866 4 39 73 75
Am vornehmsten – und besten – speist man im Speisesaal dieses altehrwürdigen Hotels. Spezialitäten des Hauses sind Wildgerichte (u.a. Wapiti, Bison). Die Weine sind bestens auf die Speisen abgestimmt.

ÜBERNACHTEN
❶ *Old Faithful Inn* ●●●
Old Faithful Village, WY
(Mitte Okt. – Mitte Mai geschlossen)
Tel. 1 307 3 44 73 11
www.travelyellowstone.com
Die rustikal-noble Herberge (324 Zimmer) mit ihrem geschichtsträchtigen, aus Rundhölzern gezimmerten und 1904 eröffneten Haupthaus wurde im Laufe der Jahre um mehrere An- und Nebenbauten erweitert.

❷ Grant Village Lodge ❸❸❸
Im Süden des Nationalparks
Tel. 1 307 3 44 73 11
www.travelyellowstone.com
Feriendorf mit sechs Gebäuden in einem Kiefernwäldchen. Die 300 Gästezimmer sind hell und freundlich eingerichtet.

❸ Roosevelt Lodge Cabins ❸❸
Bereich Tower – Roosevelt
(geöffnet Juni bis Anfang September)
Tel. 1 304 3 44 73 11
www.travelyellowstone.com
80 einfach ausgestattete Hütten scharen sich um ein rustikales Haupthaus mit Restaurant.

SEHENSWERTES IM YELLOWSTONE NATIONAL PARK

**Mammoth Hot Springs

An der Ostflanke des 2442 m hohen **Terrace Mountain** haben die Mammoth Hot Springs prächtige Terrassen aus bis zu 60 m hohen, stufenweise übereinander gelagerten Sinterbecken geschaffen. Die Temperaturen der rund 60 Thermalquellen schwanken zwischen 18 °C und 74 °C.

Ein herrlicher Anblick bietet sich im Licht der tief stehenden Morgen- bzw. Abendsonne, wenn die unterschiedlich mineralisierten Sedimente und die im Wasser lebenden Bakterien die Sinterterrassen in allen Farben leuchten lassen.

*Norris Geyser Basin

Das weiter südlich gelegene Norris Geyser Basin ist das erste Geysirfeld am Loop. Heißester Platz in diesem Bereich ist das **Porcelain Basin**. Etwa jede Stunde sprüht der **Echinus Geyser**. Außerdem befindet sich hier der größte Geysir der Erde, der **Steamboat Geyser**. Es vergehen oft Jahre, bis seine Fontänen bis zu 130 m hoch in die Luft schießen. Im Norris Museum wird die Funktionsweise der Geysire erklärt.

*Lower Geysir Basin

Weiter südwestlich erreicht man das Lower Geyser Basin mit dem **Fountain Paint Pot**, in dem heißer rötlicher Schlamm brodelt. Etwas südlich bietet der am Firehole Lake Drive gelegene **Great Fountain Geyser** etwa alle 11 Stunden ein großartiges Naturschauspiel.

Auf dem satten Grün der **Fountain Flat** sieht man vornehmlich frühmorgens und in der Abenddämmerung Bisons, Hirsche und Rehe.

Midway Geyser Basin

Im Midway Geyser Basin beeindruckt der gewaltige Krater des **Excelsior Geyser**, aus dem in jeder Sekunde etwa 250 Liter heißes Wasser quellen. Gleich in der Nähe trifft man auf die **Grand Prismatic Spring**, einen imposanten Thermalwasser-Quelltopf mit einem Durchmesser von 110 Metern.

Yellowstone National Park • WY

Ein viel fotografiertes Naturwunder ist der Morning Glory Pool, ein Quelltopf, in dem stark mineralisiertes Thermalwasser emporsteigt.

Upper Geyser Basin Im Upper Geyser Basin sprudeln die meisten Geysire. Deswegen herrscht hier auch ein starkes Besucheraufkommen. Von den gesicherten Plankenwegen kann man Ausbrüche von Old Faithful Geyser, Giantess Geyser, Beehive Geyser, Castle Geyser und Grand Geyser erleben. Man kommt an Quelltöpfen vorbei, die in allen erdenklichen Farben schimmern. Am Nordrand dieses Areals zieht der traumhaft schöne, nach der Blüte der Trichterwinde benannte **Morning Glory Pool die Besucher in seinen Bann.

Geysir Old Faithful Eine der Hauptattraktionen des Nationalparks ist der **Geysir Old Faithful (▶Bild S. 480), obwohl er nicht der größte und stärkste ist. Aber viele Jahrzehnte lang war er pünktlich wie ein Uhrwerk und ließ seine **Fontänen 35 bis 50 m hoch** emporschießen. Doch seit den letzten Erdbeben sind die Intervalle zwischen den einzelnen Ausbrüchen recht unregelmäßig geworden. Mitunter muss man schon mal zwei Stunden auf eine spektakuläre Fontäne warten. Die annähernd genauen Termine erfährt man im Visitor Center bzw. im **Old Faithful Inn**.

Yellowstone National Park • WY 543

In der Südhälfte des Nationalparks breitet sich dieser 355 km² große und bis knapp 100 m tiefe Yellowstone Lake aus. Der Seespiegel liegt 2357 Meter über NN. Auf dem Wasser und an den Ufern kann man viele seltene Vogelarten beobachten. Auch ist der fischreiche See ein wahres Anglerparadies.

Yellowstone Lake

Im Norden fließt der Yellowstone River aus dem See. Zunächst mäandriert er durch ein beschauliches Hochtal, auf dessen saftigen Wiesen sich Bisons sichtlich wohlfühlen. Nördlich des Hayden Valley stürzt er über die ***Yellowstone Falls,** zwei spektakuläre Wasserfälle in eine wildromantische Schlucht. An den gut zugänglichen Upper Falls stürzt der Yellowstone River über eine 33 m hohe Schwelle. Wenig später donnert er dann an den Lower Falls mit ohrenbetäubendem Getöse 94 m tief in den ***Yellowstone Canyon.** Die Wände der Schlucht schimmern in rötlichen bis gelben Farben, die durch chemische Reaktionen im Rhyolitgestein hervorgerufen werden. Tolle Blicke auf die Wasserfälle und in den Canyon bieten sich von den Aussichtspunkten **Artist Point, Lookout Point** und **Grandview Point** an der nördlichen Talkante beim Urlauberort **Canyon Village**. Wandert man flussabwärts, so entdeckt man erkaltete Lavaströme und bislang noch wenig bekannte Zonen geothermischer Aktivität. Zu ihnen zählen die Schlammvulkane des **Mud Vulcano** sowie der Schwefel spuckende **Sulphur Caldron**.

*Yellowstone River

> **BAEDEKER TIPP**
>
> *Nobel und günstig übernachten*
>
> Im renommierten »Old Faithful Inn« kann man auch für weniger als 100 $ die Nacht wohnen. Preiswert übernachtet, wer auf ein Bad im Zimmer verzichten und sich mit einem solchen »down the hall« begnügen kann.

Am Nordrand des Nationalparks liegt dieser kleine Touristenort mit der nach US-Präsident Theodore Roosevelt benannten Lodge. Beachtung verdienen hier der 40 m hohe **Tower Fall** und der **Petrified Tree** (versteinertes Holz). Südöstlich erstreckt sich die Specimen Ridge mit Resten übereinander abgelagerter fossiler Wälder.

Tower-Roosevelt

Dieser bereits in Montana gelegene Ort bewacht den Westeingang zum Yellowstone National Park. Zahlreiche Outfitter bieten von hier aus Touren in den Park an und auch was sehenswert ist, hat unmittelbar mit dem Nationalpark zu tun. Das **Yellowstone Imax Theater** informiert in stündlichen Vorstellungen über Geschichte, Fauna und Flora sowie die geothermischen Aktivitäten im Park und das **Yellowstone Historic Center** im Union Pacific Depot von 1909 erzählt alles über die Geschichte des Yellowstone-Tourismus. Im **Grizzly & Wolf Discovery Center** hält man Grizzly- und Kodiak-Bären sowie ein Rudel Wölfe in einem natürlichen Habitat. In Volieren leben die für das Yellowstone Plateau typischen Greifvögel.

West Yellowstone

PRAKTISCHE INFORMATIONEN

Wie komme ich in den Nordwesten der Vereinigten Staaten?
Wie ist es, falls man in den USA krank werden sollte? Wie viele
Liter sind eine Gallone? Wie ist das mit der Zeitumstellung?
Informieren Sie sich – am besten schon vor der Reise!

Anreise · Reiseplanung

Mit dem Flugzeug

Die wichtigsten internationalen **Flughäfen** im Nordwesten der USA sind San Francisco, Portland und Seattle sowie Vancouver in der nördlich benachbarten kanadischen Provinz British Columbia. Die allermeisten kleineren Flughäfen im Nordwesten der USA erreicht man von den oben genannten Airports aus.

Die **Flugtarife** sind so unterschiedlich, dass es sich lohnt, bei verschiedenen Fluggesellschaften und Reiseveranstaltern nachzufragen. Online-Reisebüros haben oft günstigere Angebote als die Fluglinien selbst. Manche günstigen Tickets innerhalb der USA bekommt man in Europa nur zusammen mit einem internationalen Flugticket.

> **Hinweis**
> Gebührenpflichtige Servicenummern sind mit einem Stern gekennzeichnet: *1 800 ...

Die in der **Star Alliance** zusammengeschlossenen nordamerikanischen und europäischen Fluggesellschaften (u.a. Lufthansa, United, Air Canada) bieten einen Airpass mit drei bis zehn Coupons an, der sich bestens für Rundreisen durch Nordamerika eignet. Voraussetzung ist, dass der Transatlantikflug ebenfalls mit einer dieser Fluggesellschaften erfolgt.

Mit dem Schiff

Etliche an der amerikanischen Pazifikküste operierende **Kreuzfahrtschiffe** laufen regelmäßig San Francisco, Portland, Seattle und die westkanadische Metropole Vancouver an. Auch einige **Frachtschiffe**, die in einem bestimmten Turnus Häfen an der US-amerikanischen Pazifikküste anlaufen, bieten Mitreisemöglichkeiten für Touristen an.

EIN- UND AUSREISEBESTIMMUNGEN

Vorab-Information

Wer eine Reise in die USA plant, sollte vorab unbedingt die tagesaktuellen Informationen von der US-Botschaft im jeweiligen Heimatland (▶Auskunft, Botschaften) einholen.

Reisedokumente

Deutsche, österreichische und schweizerische Staatsangehörige nehmen am **Visa Waiver Program (VWP)** teil und können als Touristen oder Geschäftsreisende **bis zu einer Dauer von 90 Tagen ohne Visum** einreisen, sofern sie mit einer regulären Fluglinie oder Schifffahrtsgesellschaft ankommen und ein Rückflugticket, gültig für maximal 90 Tage in die USA, vorweisen können.

Bei der Einreise werden digitale Abdrücke sämtlicher Finger sowie ein digitales Porträtfoto angefertigt. Auch bei der Ausreise werden Fingerabdrücke genommen. Die erlaubte **Aufenthaltsdauer** wird individuell festgelegt und soll dem Reisezweck entsprechen. Eine spätere Verlängerung ist nur für Personen möglich, die mit gültigem

Anreise · Reiseplanung • PRAKTISCHE INFOS

EUROPÄISCHE FLUGGESELLSCHAFTEN

Deutsche Lufthansa
Tel. 0 69 86 799 799 (D)
Tel. *1 800 6 45 38 80 (USA)
www.lufthansa.com

Air Berlin
Tel. *0 18 06 33 43 34 (D)
Tel. *1 866 2 66 55 88 (USA)
www.airberlin.com

Swiss
Tel. *08 48 70 07 00 (CH)
Tel. *1 877 3 59 79 47 (USA)
www.swiss.com

Austrian Airlines
Tel. 05 17 66 10 00 (A)
Tel. *1 800 8 43 00 02 (USA)
www.austrian.com

Air France
Tel. 0 69 29 99 37 72 (D)
Tel. *1 800 2 37 27 47 (USA)
www.airfrance.com

British Airways
Tel. 0 42 15 57 57 58 (D)
Tel. *1 800 2 47 92 97 (USA)
www.britishairways.com

NORDAMERIKANISCHE FLUGGESELLSCHAFTEN

American Airlines
Tel. 0 69 29 99 32 34 (D)
Tel. *1 800 4 33 73 00 (USA)
www.aa.com

Delta Air Lines
Tel. 0 69 29 99 37 71 (D)
Tel. *1 800 2 41 41 41 (USA)
www.delta.com

United
Tel. 0 69 50 07 03 87 (D)
Tel. *1 800 5 38 29 29 (USA)
www.united.com

SCHIFFSREISEN

Hapag Lloyd Kreuzfahrten
Tel. *0 18 03 41 21 41 (D)
www.hlkf.de

Carnival Cruise Lines
Tel. *1 800 7 64 74 19 (USA)
www.carnival.com

Frachtschiff-Touristik Kapitän Zylmann GmbH
Tel. 0 46 42 9 65 50 (D)
www.zylmann.de

Visum eingereist sind. Der Tag, an dem man spätestens die USA wieder verlassen muss, wird bei der Einreise in den Pass eingestempelt. Die US-Behörden akzeptieren nur noch **maschinenlesbare Pässe** für die visumfreie Einreise. Auch Kinder benötigen einen eigenen Pass; Kinderausweise oder Einträge in den Dokumenten der Eltern werden nicht anerkannt.

Staatsangehörige von Ländern, die am Visa Waiver Programm teilnehmen, müssen eine **elektronische Einreiseerlaubnis (ESTA)** vorweisen. Diese ist vor der Einreise gebührenpflichtig (derzeit 14 $ pro Antrag) im Internet unter **https://esta.cbp.dhs.gov** einzuholen und gilt für beliebig viele Einreisen innerhalb eines Zeitraums von zwei Jahren.

In folgenden Fällen ist ein **Visum** erforderlich: Personen, die nicht mit einem regelmäßigen Verkehrsmittel einreisen; Personen, die eine Ausbildungsstätte besuchen wollen, Teilnehmer an Austauschprogrammen, Personen, die eine (auch nur vor-übergehende) Tätigkeit ausüben wollen (auch Journalisten und Au-Pair-Mädchen!); Personen, die eine Forschungsarbeit durchführen; Personen, die in den USA heiraten und anschließend dort wohnen wollen.

Ausreichende Finanzmittel Bei der Grenzkontrolle müssen gegebenenfalls genügend finanzielle Mittel nachgewiesen werden können, um den Aufenthalt in den Vereinigten Staaten bestreiten bzw. ein Weiter- oder Rückreiseticket besorgen zu können.

Impfbestimmungen Ein Impfzeugnis wird nur dann verlangt, wenn man aus gefährdeten Gebieten einreist. Es ist ratsam, sich vor Reiseantritt beim zuständigen Konsulat über die neuesten Vorschriften zu erkundigen.

Haustiere Wer seinen **Hund** mitnehmen will, hat ein tierärztliches Gesundheits- und Tollwutimpfzeugnis vorzulegen, das mindestens einen Monat bzw. maximal 12 Monate vor der Abreise ausgestellt sein muss und nicht länger als ein Jahr gilt. Für alle anderen Haustiere wird ein tierärztliches Gesundheitszeugnis verlangt.

Nationaler Führerschein Wer selbst ein Auto steuern will, muss einen gültigen nationalen Führerschein vorweisen können. Der internationale Führerschein wird nur zusammen mit dem nationalen Führerschein anerkannt.

Sicherheitskontrollen Im Luft- und Seeverkehr werden äußerst penible Sicherheitskontrollen durchgeführt. Deshalb sollte man unbedingt genügend Zeit einplanen, um die Kontrollen rechtzeitig vor der Abreise passieren zu können.

ZOLLBESTIMMUNGEN

Einreise in die USA Bei der Einreise sind eine **Immigration Card** (Einreiseerlaubnis) und eine **Customs Declaration** (Zollerklärung) auszufüllen. Zollfrei eingeführt werden dürfen Gegenstände des persönlichen Bedarfs (u. a. Kleidungsstücke, Toilettenartikel), Foto- und Videokameras, Filme, Fernglas, Sportausrüstung; für über 21-Jährige 1 Quart (ca. 1 l) alkoholische Getränke, 200 Zigaretten oder 50 Zigarren oder 3 US-Pfund (lbs; ca. 1350 g) Tabak. Zusätzlich können pro Person Geschenke bis zum Gegenwert von 100 US-Dollar (Alkohol und Zigaretten sind davon ausgenommen) eingeführt werden.
Strengstens verboten ist die Einfuhr von Lebensmitteln, Pflanzen, Süßigkeiten und Obst.

Zollfrei sind alle in die Vereinigten Staaten von Amerika mitgenommenen persönlichen Gebrauchsgegenstände, ferner Reiseandenken bis zu einem Gesamtwert von 430 Euro (Reisende unter 15 Jahren 175 Euro). Darüber hinaus sind zollfrei: für Personen über 15 Jahre 500 g Kaffee oder 200 g Pulverkaffee und 100 g Tee oder 40 g Teeauszüge, 50 g Parfüm und 0,25 l Eau de Toilette sowie für Personen über 17 Jahre 1 l Spirituosen mit mehr als 22 Vol.-% Alkohol oder 2 l Spirituosen mit weniger als 22 Vol.-% Alkohol oder 2 l Schaumwein und 2 l Wein sowie 200 Zigaretten oder 100 Zigarillos oder 50 Zigarren oder 250 g Rauchtabak.
Wiedereinreise in EU-Staaten

Für die Schweiz gelten folgende Freimengengrenzen: 250 g Kaffee, 100 g Tee, 200 Zigaretten oder 50 Zigarren oder 250 g Rauchtabak, 2 l alkoholische Getränke bis 15 Vol.-% und 1 l alkoholische Getränke über 15 Vol.-%. Souvenirs dürfen bis zu einem Wert von 300 CHF zollfrei eingeführt werden.
Wiedereinreise in die Schweiz

REISEVERSICHERUNGEN

Problematisch für Touristen aus Europa können die **Kosten für eine medizinische Behandlung** werden. Vor allem ein Krankenhausaufenthalt kann extrem teuer werden. Behandlungen erfolgen gegen Vorkasse oder direkte Bezahlung. Eine Krankenversicherung unter Einschluss der USA wird ebenso dringend empfohlen wie eine belastbare Kreditkarte. In vielen Fällen ist es günstiger, nach Hause zurückzufliegen und sich dort behandeln zu lassen.
Kranken- und Unfallversicherung

Vor einer Reise in die Vereinigten Staaten von Amerika sollte man also unbedingt mit seiner Kranken- und Unfallversicherung Rücksprache halten, wie weit sich deren Schutz erstreckt. In den allermeisten Fällen empfiehlt sich der Abschluss einer Reisekranken- und einer Reiseunfallversicherung.

In den USA besteht Versicherungspflicht. Allerdings wird die heimische Haftpflichtversicherung nicht anerkannt. Man sollte sich um eine entsprechende Risikodeckung bei der Anmietung eines Mietwagens kümmern.
Kfz-Haftpflichtversicherung

Auskunft

Die USA betreiben zurzeit keine zentralen Fremdenverkehrsbüros in Deutschland, Österreich und der Schweiz. Doch es gibt eine Reihe von Marketing-Büros, die über den im vorliegenden Band beschriebenen Bundesstaat Kalifornien informieren. Hinweise für Reisen in
Keine Zentrale

die USA findet man auf der Website des **Visit USA Committee Germany e.V.** (▶Kasten unten), auf dem es Links zu allen Bundesstaaten sowie vielen Städten und Regionen gibt.

DIPLOMATISCHE VERTRETUNGEN

US-Botschaft in Deutschland
Pariser Platz 2
10117 Berlin
Postadresse:
Clayallee 170, 14191 Berlin
Tel. 03 08 30 50
Visa-Modalitäten:
Tel. 0 90 01 85 00 55
http://german.germany.usembassy.gov

US-Botschaft in Österreich
Boltzmanngasse 16
A-1090 Wien
Tel. 01 31 33 90
http://austria.usembassy.gov

US-Botschaft in der Schweiz
Sulgeneckstr. 19
CH-3007 Bern
Tel. 0 3 13 57 70 11
http://bern.usembassy.gov

Deutsche Vertretungen in den USA
Botschaft der Bundesrepublik Deutschland
4645 Reservoir Road NW
Washington, DC 20007
Tel.1 202 2 98 40 00
www.germany.info

Deutsches Generalkonsulat
1960 Jackson Street
San Francisco, CA 94109
Tel. 1 415 7 75 10 61
www.germany.info/sanfrancisco
Honorarkonsulate
in Portland und Seattle

Österreichische Vertretungen in den USA
Botschaft der Republik Österreich
3524 International Court NW
Washington, DC 20008
Tel. 1 202 8 95 67 00
www.austria.org

Österreichisches Konsulat
580 California Street, Suite 1500
San Francisco, CA 94104
Tel. 1 415 7 65 95 76
www.austrianconsulatesf.org
Honorarkonsulate
in Portland und Seattle

Vertretungen der Schweiz in den USA
Botschaft der Schweizerischen Eidgenossenschaft
2900 Cathedral Avenue NW
Washington, DC 20008-3499
Tel. 1 202 7 45 79 00
www.eda.admin.ch

Schweizerisches Generalkonsulat
456 Montgomery Street, Suite 1500
San Francisco, CA 94104-1233
Tel. 1 415 7 88 22 72
www.eda.admin.ch.sf
Honorarkonsulat in Seattle

AUSKUNFTSADRESSEN IN DEUTSCHLAND

Visit USA Committee Germany e.V
www.vusa-germany.de

www.usa.de
Reiseportal für die gesamten USA

Auskunft • PRAKTISCHE INFOS

www.usatipps.de
Reise-Infos und Tipps für die USA

California Tourism
c/o Marketing Services
International (MSI) GmbH
Frankfurter Str. 175
63263 Neu-Isenburg
Tel. 0 61 02 88 47 91 30
www.visitcalifornia.de

Idaho, Montana, Wyoming
Division of Travel Promotion and
Tourism Rocky Mountain International
Scheidswaldstr. 73
60385 Frankfurt
Tel. 0 69 25 53 82 30
www.rmi-realamerica.com

Oregon
Fremdenverkehrsamt von Oregon
Scheidswaldstr. 73
60385 Frankfurt
Tel. 0 69 25 53 82 40
www.traveloregon.de

Washington State
Fremdenverkehrsamt von
Washington State
Scheidswaldstr. 73
60385 Frankfurt
Tel. 0 69 25 53 82 40
www.experiencewa.com

AUSKUNFTSADRESSEN IN DEN USA
Welcome Centers
Jeder Bundesstaat unterhält an seinen Grenzen Informationszentren, die Kartenmaterial und Broschüren ausgeben und in jeglicher Weise weiterhelfen. Regionale oder lokale Auskunftsstellen:
▶Reiseziele von A bis Z

www.discoveramerica.com
Portal der US-Tourismuswirtschaft

NATIONALPARKS
www.nps.gov
Portal mit umfangreichen Informationen zu allen Nationalparks in den USA; viele Links

KALIFORNIEN
www.visitcalifornia.com
www.visitcalifornia.de
Website von California Tourism;
Infos zu allen Städten und Regionen, viele Links

www.ca.gov
Portal des US-Bundesstaates Kalifornien; Infos über Politik, Wirtschaft, Verwaltung, Bevölkerung, Kultur etc.

www.parks.ca.gov
Infos über alle State Parks im Bundesstaat Kalifornien

IDAHO
www.visitidaho.org
Website des Idaho Department of Commerce; Infos zu allen Städten und Regionen, viele Links

www.idaho.gov
Portal des US-Bundesstaates Idaho; Infos über Politik, Wirtschaft, Verwaltung, Bevölkerung, Kultur etc.

http://parksandrecreation.idaho.gov
Infos über alle State Parks in Idaho

MONTANA
http://visitmt.com
Website des Montana Office of Tourism mit vielen Links

www.mt.gov
Offizielle Website des Bundesstaates Montana; Infos über Politik, Wirtschaft, Verwaltung, Bevölkerung, Kultur etc.

http://stateparks.mt.gov
Infos über alle State Parks im Bundesstaat Washington

WASHINGTON

www.experiencewa.com
Website der Tourismusbehörde des Bundesstaates Washington

http://access.wa.gov
Offizielle Website des Bundesstaates Washington

www.parks.wa.gov
Infos über alle State Parks im Bundesstaat Washonton

WYOMING

www.wyomingtourism.org
Tourismus-Website von Wyoming

http://wyoming.gov
Offizielle Website des Bundesstaates Wyoming

http://wyoparks.state.wy.us/
Infos über alle State Parks in Wyoming

SONSTIGE INTERNET-ADRESSEN

http://travel.state.gov/visa
Visa-Informationen online

www.vusa-germany.de www.usa.de www.us-infos.de
Allgemeine Infos von Visit USA, dem Zusammenschluss von Mitgliedern der Reisebranche

www.usacitylink.com
Zugang zu sehr vielen auch kleineren Städten mit zahlreichen Möglichkeiten, z. B. Sehenswürdigkeiten, Unterkunft, Veranstaltungen etc.

www.buspass.de
Informationen und Verkauf von Bus- und Zugpässen in den USA

www.usatipps.de
Tipps und Informationen für einen gelungenen Aufenthalt

www.magazinusa.com
Internet-Reiseportal für die gesamten Vereinigten Staaten von Amerika

www.usa-reise.de
Austauschplattform von USA-Fans für USA-Fans

Mit Behinderung in den USA

Behindertenfreundlich ausgestattet

Die Vereinigten Staaten von Amerika gelten als ausgesprochen behindertenfreundlich. Öffentliche Gebäude, Gehwege, Verkehrsanlagen wie beispielsweise Flughäfen und Bahnhöfe, öffentliche Verkehrsmittel sowie Beherbergungsbetriebe und Restaurants sind **meist behindertengerecht** ausgestattet. Auch die allermeisten Museen, Vergnügungsparks und andere Attraktionen bieten spezielle Dienste für Handicapped People an. Überall gibt es besonders ausgewiesene Behindertenparkplätze.

Elektrizität

Die **Spannung** im US-amerikanischen Stromnetz beträgt für alle Geräte ausnahmslos 110 – 115 Volt (Wechselstrom, alternating current; AC). Bei europäischen Geräten muss man die richtige Spannung einschalten und bei der Rückkehr wieder umschalten!
Die **Frequenz** beträgt 60 Hertz (Hz; Deutschland 50 Hz). **Steckdosen** sind nur mit amerikanischen Blattsteckern (2 pin plug) verwendbar. Für europäische Elektrogeräte sind Adapter erforderlich (**am besten zu Hause besorgen**; in US-amerikanischen Drugstores oder Warenhäusern unter »appliances« erhältlich).

Adapter mitnehmen

Etikette

»Casual« kann man mit ungezwungen, lässig oder salopp übersetzen und so geben sich die meisten Westküsten-Amerikaner, angefangen von ihrem Gouverneur. Formelle Kleidung wird selten erwartet. Bei geschäftlichen Terminen ist es für Herren allerdings üblich, mit Jackett und Krawatte zu erscheinen. Einige Restaurants verlangen zumindest ein **Jackett**. Eine legere Grundhaltung heißt jedoch nicht, dass jede Kleidung willkommen ist. »No shoes, no shirt – no service« steht in einigen Badeorten an Restaurants – etwas mehr als Badehose oder Bikini sollten Gäste dann schon tragen. In Restaurants ist es unüblich, sich zu anderen an den Tisch zu setzen. Man bleibt da lieber unter sich. Zum Lebensstil der Westküste gehört auch, dass man sich schnell mit Vornamen anspricht, ohne dass man hieraus den Beginn einer tiefen Freundschaft ableiten darf. **»Small talk«**, ein unverbindliches Gespräch, ist an der Hotelbar, in einer Warteschlange oder auf einem Campingplatz schnell in Gang gekommen. Einem freundlichen Interesse am Touristen aus Europa sollte man nicht mit tief schürfenden Analysen über die wirtschaftliche und politische Lage beggenen, so weit gehen die Auskunftswünsche der amerikanischen Gesprächspartner nur selten. Wer auf die übliche Begrüßungsformel »How are you today?« (Wie geht's heute) nicht mit »Just great and how about you?« (Toll, und wie geht's dir) antwortet, sondern ausführlich die eigene Befindlichkeit ausbreitet, erntet meist keine größere Anteilnahme, sondern eher höflich distanzierte Blicke. Auch das hingeworfene »Kommen Sie doch mal bei uns vorbei« ist meist nicht mehr als eine nette Floskel.

Easy going

Alleinreisende, Männer wie Frauen, treffen im Westen der USA auf keine besonderen Schwierigkeiten, wenn sie Problemviertel meiden und die vergleichsweise höheren Übernachtungspreise – man zahlt

Allein unterwegs

meist das Zimmer und nicht pro Person – in Kauf nehmen. Das Fahren per Anhalter (»hitchhiking«) ist weniger üblich als früher und – wie überall auf der Welt – mit persönlichem Risiko verbunden. Es muss von jedem **individuell entschieden** werden.

Trinkgeld/ gratuity — In Hotels und Restaurants ist das Trinkgeld (tip), besser gesagt, das Bedienungsgeld, nur ganz selten im Endpreis enthalten. Angestellte in Restaurants und Hotels haben oft sehr geringe Löhne und sind auf Trinkgelder angewiesen.
Dem **Taxifahrer** gibt man ein Trinkgeld von 15 bis 20 Prozent des auf dem Taxameter anzeigten Betrags, bei kurzen Strecken gelegentlich auch mehr. **Friseurinnen und Friseure** erwarten ein Trinkgeld von 15 bis 20 Prozent. Dem **Schuhputzer** gibt man 50 Cents. **Busfahrer von Reisegruppen** erhalten pro Reisetag von jedem Gast 1,50 $, **Reiseleiter** 2,50 $.

Rauchen — Kalifornien ist einer der radikalsten **Anti-Raucher-Bundesstaaten** der USA. Auch die anderen Bundesstaaten im Nordwesten ziehen inzwischen nach. Inzwischen hat sich der Anteil der Raucher an Bevölkerung auf etwa ein Fünftel reduziert. An öffentlichen Plätzen, in Bürogebäuden, Restaurants und Bars oder auf Flughäfen darf nicht geraucht werden. Ausnahmen: im eigenen Auto, auf dem Gehweg oder in **Raucherklubs**, bei denen man eine kleine Eintrittsgebühr zahlt und damit für einen Tag Mitglied wird.

Geld

Währung — Die Währungseinheit der USA ist der US-$ (US-Dollar). Er teilt sich in 100 Cent. Außer Geldscheinen im Nennwert von 1, 2, 5, 10, 20, 50 und 100 US-Dollar (im internen Bankverkehr gibt es auch größere Noten) sind Münzen im Wert von 1 (Penny), 5 (Nickel), 10 (Dime) und 25 (Quarter) Cent, seltener von 50 Cent (half-dollar) und 1 US-Dollar im Umlauf.

> **? BAEDEKER**
> *Wechselkurse*
>
> 1 US-$ = 0,90 €
> 1 € = 1,11 US-$
> 1 US-$ = 0,98 sfr
> 1 sfr = 1,01 US-$
>
> Aktuelle Kurse u. a. bei:
> www.oanda.com
> www.reisebank.de

Zu beachten ist, dass alle US-amerikanischen Geldscheine **dieselbe Größe und Farbe** haben und sich nur durch den aufgedruckten Nennwert und die Motive auf der schwarz bedruckten Vorderseite und der grün bedruckten Rückseite voneinander unterscheiden.

Die **Geldwechselkurse** ändern sich täglich. Beim Umtausch in den USA muss man mit einem schlechteren Wechselkurs und höheren Bankprovisionen als in Europa rechnen. Man sollte **schon vor der Abreise in die USA** Euros bzw. Schweizer Franken in US-Dollar umzutauschen und sich mit **kleinen Scheinen** zum Bestreiten der ersten Ausgaben in Übersee zu versorgen. Nur ganz wenige Geschäfte nehmen ausländische Währungen an.

Die Ein- und Ausfuhr ausländischer und US-amerikanischer Zahlungsmittel unterliegt keinen besonderen Beschränkungen. Bei der Einfuhr von mehr als 10 000 US-Dollar in bar muss der Betrag in der im Flugzeug auszufüllenden Zollerklärung angegeben werden.

Devisenbestimmungen

In allen großen Einkaufszentren sowie in allen Flughäfen gibt es zumindest eine Bankfiliale und einen Geldautomaten (ATM). Die Bankfilialen sind in der Regel Mo. – Fr. 10.00 – 15.00, Do. oder Fr. bis 18.00 Uhr geöffnet. An Wochenenden und Feiertagen sind nur die Bankschalter in den internationalen Flughäfen geöffnet.

Geldautomaten

Es empfiehlt sich, vor dem Abflug nach Kalifornien für einen Teil der geplanten Ausgaben Reiseschecks (Traveller Checks) von American Express, Thomas Cook oder Barclay's zu kaufen (die Kaufgebühr der Reiseschecks beträgt ein Prozent des Ausgabewertes des Schecks), die anstandslos von Banken eingewechselt werden. Auch in vielen Hotels, Restaurants und in den meisten Geschäften werden Reiseschecks gegen Vorlage des Reisepasses wie Bargeld akzeptiert.

Reiseschecks

Empfehlenswert sind die u. a. von Mastercard, Visa und American Express ausgegebenen Kreditkarten. Sie ermöglichen die bargeldlose Begleichung von Rechnungen aller Art, beispielsweise von Flugtickets, in Hotels, Motels, Restaurants, Tankstellen und den meisten Geschäften. Die bei Anmietung eines Fahrzeugs (▶Mietwagen) notwendige Kaution wird üblicherweise nur per Kreditkarte abgewickelt. Mit einer Kreditkarte kann man an den meisten Geldautomaten (ATM) Bargeld abheben. Je nach Kreditinstitut können hierbei Gebühren anfallen. Auch mit der **BankCard** der heimatlichen Hausbank lässt sich an vielen Geldautomaten (Automatic Teller Machine, **ATM**) Bargeld bequem abheben, sofern sie mit einer Maestro-Funktion versehen ist. Sollte eine Kreditkarte oder BankCard verloren gehen, muss man sie unverzüglich **telefonisch sperren** lassen.

Kreditkarten, Bankkarten

> **? BAEDEKER WISSEN**
>
> *Karte verloren?*
>
> MasterCard: Tel. *1 800 6 27 83 72
> Visa: Tel. *08 00 8 11 84 40
> American Express:
> Tel. + 49 69 97 97 20 00
>
> Die Notfall-Nummer + 49 11 61 16 gilt für zahlreiche in Deutschland ausgegebene Bank-, Kredit-, Krankenversicherungs- und Handy-Karten.

Gesundheit

Apotheken (Drugstore, Pharmacy) Amerikanische Drugstores und Pharmacies ähneln eher deutschen Drogeriemärkten oder sind gar kleine Kaufhäuser. Frei zugänglich in Regalen findet man oft ein großes Sortiment an Medikamenten, die in Deutschland verschreibungspflichtig sind. USA-Touristen, die regelmäßig ein bestimmtes Medikament einnehmen müssen, sollten eine **Rezept-Kopie** mitführen, damit ein amerikanischer Arzt das Rezept notfalls erneuern kann.

Drugstores bzw. Pharmacies sind meist von 9.00 bis 18.00, einige bis 21.00 Uhr oder länger geöffnet. Rund um die Uhr sind Apotheken in den durchgehend geöffneten Supermärkten zugänglich. Außerhalb der normalen Ladenöffnungszeiten gibt es keine Not- oder Nachtdienste.

Ärztliche Hilfe ist teuer Ein Krankenhausaufenthalt oder auch nur der Besuch in der Notaufnahme kann das Reisebudget kippen. Man sollte daher tunlichst **vor Antritt einer USA-Reise eine Reisekrankenversicherung abschließen.** Ärzte und Krankenhäuser findet man auf den »Yellow Pages« (Gelbe Seiten) der örtlichen Telefonbücher. In akuten Fällen wählt man die **Notrufnummer 911 oder die Nummer 0 des Operators,** der mit dem nächst gelegenen Emergency Room (Notaufnahme) verbindet.

Literatur und Film

Bildatlas **DuMont Bildatlas Nr. 111:** Kalifornien
DuMont Reiseverlag, Ostfildern 2016
Der Sonnenstaat an der US-Pazifikküste in tollen Bildern von Christian Heeb und spannenden Texten von Axel Pinck.

Sachbücher **Werner Arens**, **Hans Martin Braun** (Hg.): Die Indianer
Verlag C. H. Beck, 2004
Geschichte und Kultur der nordamerikanischen Indianer von der präkolumbischen Zeit bis zur Gegenwart.

Dee Brown: Begrabt mein Herz an der Biegung des Flusses
Verlag Droemer Knaur, 2005
Dee Brown schilderte zum ersten Mal offen und kenntnisreich das Vordringen der weißen Siedler und Abenteurer in den amerikanischen Westen und das damit verbundene Unrecht an den Indianern. Er lässt die Indianer und ihre großen Häuptlinge zu Wort kommen lässt und setzte ihnen mit diesem Buch ein Denkmal.

Linda Granfield: Die Cowboys, Wahrheit und Legende
Verlag Hanser, 1994

R. B.Hassrick: Das Buch der Sioux
Weltbild Verlag, 1992

Christian Heeb u. a.: Der Westen. Ein umfassendes Länderporträt.
Bruckmann Verlag, 2009

Christian Heeb, **Friedrich Horlacher**: Indianerland.
Bucher Verlag, 2006
Bei den Cheyenne, Lakota und Blackfoot; die letzten Paradiese der Erde.

Heinrich Lienhard: Wenn Du absolut nach Amerika willst, so gehe in Gottesnamen!
Limmat Verlag, 2011
Der Autor blickt auf seine abenteurlichen Jahre in Kalifornien während des Goldrausches zurück.

Meriwether Lewis, **William Clark, Hg. von Hartmut Wasser:** Der Weite Weg nach Westen. Edition Erdmann, 2007
Die Tagebücher der Lewis & Clark-Expedition 1804 – 1806.

Ernest Callenbach: Ökotopia. Rotbuch, 2003   *Belletristik*
Drei Weststaaten haben sich von den USA unabhängig gemacht und eine Ökorepublik gegründet, in der die Bewohner alle Möglichkeiten alternativen Lebens ausprobieren.

Annie Dillard: Am Rand der Neuen Welt. Klett Cotta, 1995
Vor dem Hintergrund der gewalttätigen Schönheit der Natur des pazifischen Nordwestens wird die Geschichte einer verhängnisvollen Beziehung dreier Männer erzählt (nur antiquarisch erhältlich).

David Guterson: Schnee, der auf Zedern fällt. btb 1998
In dem 1999 auch verfilmten Roman geht es um die Aufklärung des Mordes an einem Fischer mit sehr einfühlsamen Schilderungen von Menschen und Natur im amerikanischen Nordwesten.

Jack Kerouac: Dharma Bums. Penguin Classics, 2000
Bereits erstmals 1958 erschienen ist diese autobiografische Erzählung des Kultautors. Die Handlung spielt großenteils an der Westküste.

Annie Proulx: Brokeback Mountain. btb, 2009
Die in Wyoming lebende Autorin schreibt in ihren Kurzgeschichten und Romanen über das Leben im US-amerikanischen Westen. Ihr

Werk »Brokeback Mountain« wurde im Jahr 2005 von Ang Lee erfolgreich verfilmt. 2014 wurde diese tragische Geschichte zweier Cowboys in Madrid als Oper uraufgeführt.

John Steinbeck: Meine Reise mit Charlie. dtv, 2002
Heitere und kritische Beobachtungen des Autors, der mit Wohnmobil und Hund durch den Nordwesten reist.

Filme **In der Mitte entspringt ein Fluss.** Spielfilm von Robert Redford (1992) nach dem gleichnamigen, semiautobiografischen Roman von Norman Maclean aus dem Jahr 1976 (Fischer, 2003). Eine »Hauptrolle« spielt die schöne Landschaft des Bundesstaates Montana.

Schlaflos in Seattle. Romantische Komödie von Nora Ephron (1993) mit Tom Hanks und Meg Ryan in den Hauptrollen.

Der Pferdeflüsterer. In Montana gedrehter Spielfilm von 1998 mit Robert Redford, der auch Regie führte, und Kristin Scott Thomas. Er basiert auf dem gleichnamigen Roman von Nicholas Evans (Goldmann, 2004).

Der mit dem Wolf tanzt. Mit sieben Oscars ausgezeichneter Western von und mit Kevin Costner (1990). Der Film erzählt die Geschichte eines US-Offiziers, der 1864 auf einen einsamen Posten im Land der Lakota versetzt wird und von der Annäherung zwischen ihm und den Indianern. Sehr authentisch ist die Darstellung der Indianer und ihrer Lebensweise. Gedreht wurde in South Dakota.

Vom Winde verweht. Viele der Szenen aus diesem Film mit Vivian Leigh und Clark Gable wurden in den Jahren 1938/1939 in der Region Shasta Cascade aufgenommen, in einer namenlosen Apfelbaumplantage der Stadt Paradise.

Mrs. Doubtfire. Das Haus von »Mrs. Doubtfire« in der Steiner Street No. 2640 in San Francisco ist immer noch ein Touristenmagnet. Hier wurde im Jahr 1993 der Film über das »stachlige Kindermädchen« gedreht mit Robin Williams, Sally Field und Pierce Brosnan in den Hauptrollen.

The Rock. Die Festung Alcatraz in der Bucht von San Francisco war Schauplatz dieses 1995 gedrehten Streifens. Eine Hauptrolle spielte Sean Connery.

2012. In Roland Emmerichs bereits im Jahr 2009 aufgenommenem Endzeit-Action-Drama bricht Kalifornien auseinander, sein westlicher Teil rutscht in den Pazifik.

Maße · Gewichte · Temperaturen

Längenmaße
1 inch (in; Zoll) = 2,54 cm
1 cm = 0,39 in
1 foot (ft; Fuß) = 30,48 cm
10 cm = 0,33 ft
1 yard (yd; Elle) = 91,44 cm
1 m = 1,09 yd
1 mile (mi; Meile) = 1,61 km
1 km = 0,62 mi

Flächenmaße
1 square inch (in²) = 6,45 cm²
1 cm² = 0,155 in²
1 square foot (ft²) = 9,288 dm²
1 dm² = 0,108 ft²
1 square yard (yd²) = 0,836 m²
1 m² = 1,196 yd²
1 square mile (mi²) = 2,589 km²
1 km² = 0,386 mi²
1 acre = 0,405 ha
1 ha = 2,471 acres

Raummaße
1 cubic inch (in³) = 16,386 cm³
1 cm³ = 0,061 in³
1 cubic foot (ft³) = 28,32 dm³
1 dm³ = 0,035 ft³
1 cubic yard (yd³) = 0,765 m³
1 m³ = 1,308 yd³

Flüssigkeitsmaße
1 gill = 0,118 l
1 l = 8,474 gills
1 pint (pt) = 0,473 l
1 l = 2,114 pt
1 quart (qt) = 0,946 l
1 l = 1,057 qt
1 gallon (gal) = 3,787 l
1 l = 0,264 gal

Gewichte
1 ounce (oz; Unze) = 28,35 g
100 g = 3,527 oz
1 pound (lb; Pfund) = 453,59 g
1 kg = 2,205 lb
1 stone = 6,35 kg
10 kg = 1,57 stone

Temperaturen
Umrechnung:
Fahrenheit = 1,8 x Celsius + 32
Celsius = 5/9 (Fahrenheit - 32)

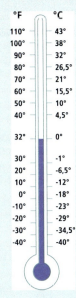

°F	°C
110°	43°
100°	38°
90°	32°
80°	26,5°
70°	21°
60°	15,5°
50°	10°
40°	4,5°
32°	0°
30°	-1°
20°	-6,5°
10°	-12°
0°	-18°
-10°	-23°
-20°	-29°
-30°	-34,5°
-40°	-40°

Medien

Fernsehen und Radio
In jedem Hotelzimmer steht ein Fernsehapparat zum Empfang der großen Fernsehanstalten NBC, ABC und CBS und vieler kleinerer und regionaler Sender. Die amerikanischen Radiosender sind über Mittelwelle (AM) zu empfangen. Sie sind die aktuellsten Informationsquellen über Wetter, Verkehr, Veranstaltungen etc. Auf UKW (FM) hört man Sender, die über die Region, einzelne Städte, Nationalparks etc. berichten.

Zeitungen und Zeitschriften
Bekannte überregionale Tageszeitungen (daily papers) sind »USA Today«, »New York Times«, »Wall Street Journal«, »Los Angeles Times« und »Washington Post«. Interessant sind vor allem die Wochenendausgaben mit **Veranstaltungskalendern**, Wetterbericht, Einkaufstipps sowie Fernseh-, Radio- und Kinoprogrammen der Tageszeitungen von San Francisco (»San Francisco Examiner and Chronicle«), Seattle (»Seattle Times«) und Portland (»The Oregonian«). Wichtige Wochenzeitschriften sind die **Nachrichtenmagazine** »Time« und »Newsweek« sowie die Wirtschaftsmagazine »Business Week« und »Forbes«. **Deutschsprachige Zeitungen** und Illustrierte sind meist nur in einigen gut sortierten Kiosken auf den internationalen Flughäfen erhältlich. Sie kommen jedoch oft mit erheblicher Verspätung auf den Markt.

Nationalparks

Naturschutzgebiete
In den Vereinigten Staaten stehen zahlreiche Flächen unter besonderem Schutz. Dabei wird unterschieden in **Naturparks bzw. Naturschutzgebiete** (National bzw. State Park, National bzw. State Forest usw.), **denkmalgeschützte Flächen** (National bzw. State Monument, Historic Site, Archaeological Site) und **Erholungspark** (National bzw. State Recreation Area). Die Schutzgebiete werden von **Parkaufsehern** (Park Ranger) betreut. Die geschützten Areale sind meist gut markiert. Vielerorts sind mitunter recht **hohe Eintrittsgebühren** (bis zu 25 $ pro Person bzw. Fahrzeug!) zu bezahlen. Die National Parks, National Monuments und National Recreation Areas sind im Internet unter folgender Adresse zu finden: **www.nps.gov**.

> **! BAEDEKER TIPP**
>
> *America The Beautiful Pass*
>
> Der »America The Beautiful Pass« gewährt zwei Insassen eines Fahrzeugs ein Jahr lang Eintritt in alle Nationalparks. Er kostet zur Zeit 80 $ und ist an den Parkeingängen bzw. in den Besucherzentren (Visitor Centers) erhältlich. Infos: http://store.usgs.gov/pass

Yosemite National Park: Mondaufgang am Merced River

In vielen Parks bestehen Übernachtungsmöglichkeiten in Motels, Lodges und Cabins (»Hütten«). **Rechtzeitige Reservierung** wird vor allem während der Hauptsaison im Juli und August empfohlen.

Übernachtung

Es ist nicht erlaubt, die vorgeschriebenen Wege und Straßen zu verlassen. **Campen** und **Feuer machen** ist nur an den dafür ausgewiesenen Plätzen gestattet; Abfälle dürfen nicht liegen gelassen und Wildtiere nicht gefüttert werden. **Jagen** ist verboten, **Angeln** nur mit Erlaubnis möglich. Es versteht sich von selbst, dass man keine Pflanzen oder gar Tiere mitnimmt.

Verhalten in geschützten Gebieten

Notrufe

IN DEN USA
Polizei, Ambulanz, Feuerwehr
Tel. 911 (alternativ: »0« für den Operator der Telefonzentrale

US-Automobilklub AAA
Tel. *1 800 AAA HELP
Tel. *1 800 2 22 43 57

ADAC-Notruf USA
Tel. *1 888 2 22 13 73

Notrufsäulen
gibt es entlang viel befahrener Fernverkehrsstraßen (Interstates)

NACH DEUTSCHLAND
Deutsche Rettungsflugwacht Stuttgart
Tel. + 49 711 70 10 70

DRK-Flugdienst Bonn
Tel. + 49 2 28 23 00 23

Post · Telekommunikation

Post — Der **United States Postal Service (USPS)** ist für die Brief- und Paketbeförderung zuständig. Der Telefon- und Telegrammdienst ist privaten Gesellschaften übertragen.

Briefmarken erhält man in USPS-Niederlassungen sowie an Automaten in Flughäfen, Bahnhöfen, Busstationen, Drogerien und Hotellobbys. Doch aufgepasst: An vielen in Hotels aufgestellten Automaten erhält man oft nicht den vollen Gegenwert in Briefmarken.

Postfilialen sind zu folgenden Zeiten geöffnet: Mo. – Fr. 9.00 – 16.30 bzw. 18.00, Sa. 8.00 – 12.00 Uhr. Kleinere Agenturen halten eine Mittagspause ein.

Postleitzahlen (ZIP Codes) stehen hinter dem Ortsnamen und dem abgekürzten Namen des Staates (für Kalifornien CA) und sind fünfstellig. Einige Geschäftsadressen haben zusätzlich noch vier Nummern, um den Sortiervorgang zu erleichtern. Portotabellen und eine Suchmaschine für Postleitzahlen findet man auch im Internet unter www.usps.com.

Briefkästen sind erkenntlich an ihrer blauen Farbe mit der Aufschrift »United States Postal Service« und einem stilisierten Adler.

TELEFON

Besonderheiten — Die Telefonwähltasten sind **auch mit Buchstaben** belegt, sodass viele Nummern als leicht zu merkendes Kennwort angegeben sind (z. B. landesweite Pannenhilfe: Tel. 1 800 AAA HELP).

Öffentliche Telefone — Die meisten öffentlichen Telefone funktionieren nur noch bargeldlos mit Telefonkarte (phone card) oder Kreditkarte (credit card). Wenige Münzfernsprecher gibt es noch für Ortsgespräche (local calls). Gespräche **von Hoteltelefonen** sollte man tunlichst vermeiden, da hier deftige Gebühren (surcharges) anfallen.

Gebührenfreie Nummern — Gespräche mit 800- oder 888-Nummern können nur innerhalb der USA geführt werden und sind gebührenfrei. Sie sind nicht mit 900-Nummern zu verwechseln, hinter denen sich oft recht teure kommerzielle Dienste verbergen.

So geht's — Bei Gesprächen innerhalb eines Telefonbezirks wählt man die »1« und nur die Teilnehmernummer. Innerhalb der USA wählt man zunächst die »1«, dann die Ortsvorwahl (Area Code) und schließlich die Teilnehmernummer. Für **internationale Gespräche** (international calls) gilt: Von Privatanschlüssen wählt man »011«, dann die Länder- und Ortsnetzkennzahl unter Weglassung der »0« und

PORTO

innerhalb USA
Postkarte normal: 32 Cents
Postkarte groß: 46 Cents
Standardbrief (1 oz): 46 Cents
(jede weitere oz + 28 Cents)

nach Europa
Postkarte oder Standardbrief bis 1 oz:
1,10 Cents

TELEFONVORWAHLEN

von Deutschland, Österreich und der Schweiz
in die USA: 001

von den USA
nach Deutschland: 0 11 49
nach Österreich: 0 11 43
in die Schweiz: 0 11 41

TELEFONAUSKUNFT

national
Tel. 411

international
Tel. 1 555 12 12

TELEFONGEBÜHREN

Ortsgespräch am Münztelefon
25 Cents

nach Mitteleuropa
3 Minuten: je nach Tageszeit
bis zu 15 $ (leicht ermäßigt:
17.00 – 23.00; stark ermäßigt:
23.00 – 8.00 Uhr und
an Wochenenden)

---

schließlich die Teilnehmernummer. In öffentlichen Telefonen wählt man die »0«. Es meldet sich der **Operator**, der alle weiteren Instruktionen erteilt. Für ein **R-Gespräch** wird ebenfalls die »0« gewählt, dann folgt die Rufnummer und es meldet sich der Operator.

Für internationale Telefongespräche empfehlen sich im Voraus bezahlte Telefonkarten (prepaid phone cards), die in Einkaufszentren, an Flughäfen, an Tankstellen usw. erhältlich sind. *Telefonkarten*

Die in Europa üblichen Dualband-Mobiltelefone funktionieren in den USA nicht. Wer ein Tri- oder ein Quad-Band-Telefon besitzt, das den US-Standard von 1900 MHz unterstützt, kann mit seinem heimischen Handy auch in den USA telefonieren, allerdings zu recht hohen Gebühren. Alternativ verleihen die US-Netzbetreiber auch ein passendes Gerät für die Reise. Außerdem lassen sich in den USA z. B. an internationalen Flughäfen für die Reisezeit Mobiltelefone mieten. Übrigens: Handys heißen in den USA »Mobile Phone«, »Cellular Phone« oder schlicht »Cell«. *Mobiltelefone*
Vor der Reise sollte man sich nach anfallenden Roaming-Gebühren, die astronomische Summen erreichen können, erkundigen. Ratsam ist eine SIM-Karte, die günstige Tarife für die USA anbietet, wie die Cellion USA-Handykarte (Infos: www.cellion.de). Alternativ schaltet man die internationale Datenübertragung ab.

Notfall-Telefon nach Deutschland — Bargeldloses Telefonieren ist im Notfall (z. B. bei Diebstahl der Geldbörse oder Ausweise) mit einem Gesprächspartner in Deutschland möglich über den **R-Talk** der Deutschen Telekom AG (früher R-Gespräch bzw. Deutschland-Direkt-Dienst). Dieser Telefondienst ist rund um die Uhr aus den USA erreichbar unter der Telefonnummer 1 800 29 20 04. Kommt ein Gespräch zustande, werden die Gebühren dem Empfänger nach dessen Einverständnis in Rechnung gestellt.

Internet — WLAN-Hotspots findet man häufig in Flughäfen und an anderen öffentlichen Plätzen, in Hotels oder Cafés. Ansonsten gibt es in allen größeren Orten Internet-Cafés. Copyshops wie FedEx Kinko's bieten zusätzlich – **häufig rund um die Uhr** – Internetzugang an. So können Urlauber auch während ihrer USA-Reise ihre E-Mails checken, im Internet surfen oder per Skype telefonieren.

Preise und Vergünstigungen

Nettopreise, Verkaufssteuern — Auf Preisschildern sind nur Nettopreise ohne Verkaufssteuer (sales tax) angegeben, die sich von Bundesstaat zu Bundesstaat unterscheidet. Städte, Gemeinden und Countys erheben noch eine **General Sales Tax** (zumeist 1 %), einzelne Orte außerdem eine **Tourism Development Tax**, die in etwa mit der deutschen Kurtaxe vergleichbar ist.

Vergünstigungen — In den Genuss von Vergünstigungen kommen vor allem Kinder, Schüler, Studenten und Personen über 60 Jahre (senior citizen). Die Palette reicht vom preisgünstigen Flug- und Bahnticket bis zu Sondertarifen in Hotels, Vergnügungsparks oder National- und Staatsparks. In jedem Fall lohnt es sich, bereits bei der Reiseplanung alle Anbieter touristischer Leistungen nach Sonderangeboten durchzugehen.

Coupons sammeln! — Den in Fremdenverkehrsbüros, Besucherzentren, Hotels, Tankstellen und Supermärkten ausliegenden Touristenbroschüren sind oft Coupons mit vielerlei Vergünstigungen beigeheftet, z. B. für besonders günstige Hotelübernachtungen bis zum Schnäppchen im nächsten Factory Outlet. Das lohnt hin und wieder durchaus.

Trinkgeld (tip) — Trinkgeld ist nicht im Endpreis enthalten. Da das **Bedienungspersonal** nur sehr bescheidene Löhne erhält und auf Trinkgeld angewiesen ist, gibt man üblicher Weise 15 % des Rechnungsbetrags vor Steuern. Der »tip« wird im Restaurant auf dem Tisch liegen gelassen bzw. auf dem Kreditkartenbeleg aufgerundet.

Hotelpagen erwarten 1 $ pro Koffer; Zimmermädchen bekommen 2 $ pro Tag. Man kann den Endbetrag beim Auschecken in einem Umschlag im Zimmer hinterlassen. Bietet ein Hotel oder Restaurant **Valet Parking** (Angestellte übernehmen das Parken des Wagens), so erhalten diese 1 $.

> **? BAEDEKER WISSEN**
>
> *Was kostet wieviel?*
>
> Becher Kaffee: ab 1,40 $
> Becher Softdrink: ab 1 $
> Frühstück: ab 5 $
> 3-Gänge-Dinner: ab 25 $
> Einfache Unterkunft: ab 40 $
> Gehobene Unterkunft: ab 120 $
> 1 Gallone (3,8 l) Benzin: ab 3,20 $
> 1 Gallone (3,8 l) Diesel: ab 3,10 $
> Mietwagen (1 Woche): ab 230 $

Reisezeit

Im Nordwesten der USA herrschen im Vergleich zu denselben Breitengraden in Europa größere Temperaturunterschiede. Dafür verantwortlich sind die **Cascade Range** und die **Rocky Mountains**, zwei Gebirgsketten mit weniger heißen Sommern und schneereichen Wintern. So bleibt es bis in den April hinein kalt. Im Winter stoßen polare Kaltluftmassen aus dem Norden weit nach Süden vor, im Sommer dagegen tropisch-feuchte Warmluftmassen in die umgekehrte Richtung. Sie sind außerdem eine Wetterscheide zwischen der feuchten und der trockenen Hälfte des pazifischen Nordwestens. Die Gebirgsketten sorgen dafür, dass die Niederschlagshäufigkeit von West nach Ost rasch abnimmt. Westlich der Cascade Range fallen noch ergiebige Niederschläge, wobei es in den beiden Städten Portland oder Seattle etwa soviel regnet wie im deutschen Voralpenland. Ganz anders ist das Klima östlich der Gebirgsketten: Jenseits der Rocky Mountains erstrecken sich Grasländer, Steppen und auch wüstenhaft ausgeprägte Areale. Man muss sich hier im Juli und August auf heiße Temperaturen einstellen (jedoch selten über 40 °C), während im Winter vor allem trockene Kälte herrscht mit Temperaturen bis auf -20 °C.

Klimafaktoren

An der Küste spürt man den **ausgleichenden Pazifikeinfluss** mit geringeren Temperaturunterschieden zwischen Tag und Nacht sowie Sommer und Winter. Im Sommer steigen die Temperaturen selten über 30 °C, im Winter sinken sie fast nie unter den Gefrierpunkt. Dafür ist vor allem in den Wintermonaten hier ein ganz leichter Nieselregen typisch. Nur bei Portland (OR) bewirken durch die Schlucht des Columbia River einströmende Luftmassen aus dem Landesinnern eine deutliche Absenkung bzw. Anhebung der Temperaturen. So gibt es hier im Vergleich zu Seattle (WA) im Winter ein paar Frosttage mehr, dafür sind die Sommerabende lauer.

Beste Reisezeit — Die geeignetste Reisezeit sind das Frühjahr und ganz besonders der Herbst, speziell die Monate Mai bzw. September, Oktober. In den Sommermonaten ist man vor allem westlich der Coast Range vor gelegentlichen Regenschauern und Nebelschwaden nicht gefeit. Je weiter nördlich man kommt, umso häufiger sind zwischen Mitte/Ende Oktober und Ende April/Anfang Mai viele Sehenswürdigkeiten und sogar Hotels geschlossen.

Sicherheit

Gefahren — Reisende laufen generell größere Gefahr, Opfer eines Taschendiebstahls oder eines Raubüberfalls zu werden. Aber abgesehen von den Risiken im Autoverkehr oder durch riskante Sportarten sind die USA ein recht sicheres Reiseland. In einer Notsituation wendet man sich an die nächste Polizeidienststelle, **Tel. 911**.

Einige Tipps — Geld am Automaten sollte man möglichst tagsüber und nur in belebten Gegenden abheben, überhaupt meidet man sicherheitshalber bei Dunkelheit schlecht oder gar nicht beleuchtete Viertel. Kameras oder Schmuck trägt man möglichst diskret. Wertsachen und größere Bargeldmengen werden im **Hotelsafe** deponiert (und liegen nicht offen im Zimmer!). Trotz Dollar-Reiseschecks und Kreditkarten empfiehlt es sich, immer eine kleinere Menge Bargeld (10–50 US-$) für den Notfall bei sich zu haben. Von der Mitnahme von **Anhaltern** ist dringend abzuraten. Auch parkt man sein Fahrzeug am sichersten auf gut ausgeleuchteten und einsehbaren Plätzen. Übernachten im Auto sollte man tunlichst unterlassen. Hat man sich verfahren und sucht Rat, steuert man einen Parkplatz vor einer Tankstelle oder einem Geschäft an. Vorsicht ist auch geboten, wenn man von hinten oder von der Seite angefahren wird. Nach Möglichkeit steuert man den nächsten gut **ausgeleuchteten und einsehbaren Parkplatz** einer Tankstelle oder eines Ladengeschäftes an, um von dort aus die Polizei (Tel. 911) zu rufen.

Sprache

Das amerikanische Englisch unterscheidet sich vom britischen Englisch und vom deutschen Schulenglisch nicht nur in Aussprache und Betonung, sondern auch im Wortschatz.

Amerikanisches Englisch

Auf einen Blick

Ja/Nein	Yes/No
Vielleicht.	Perhaps./Maybe.
Bitte	Please.
Danke./Vielen Dank!	Thank you./Thank you very much.
Gern geschehen.	You're welcome.
Entschuldigung!	Excuse me!
Wie bitte?	Pardon?
Ich verstehe Sie/Dich nicht.	I don't understand.
Ich spreche nur wenig ...	I only speak a bit of ...
Können Sie mir bitte helfen?	Can you help me, please?
Ich möchte ...	I'd like ...
Das gefällt mir (nicht).	I (don't) like this.
Haben Sie ...?	Do you have ...?
Wieviel kostet es?	How much is this?
Wieviel Uhr ist es?	What time is it?
Wie heißt dies hier?	What is this called?

Kennenlernen

Guten Morgen!	Good morning!
Guten Tag!	Good afternoon!
Guten Abend!	Good evening!
Hallo! Grüß Dich!	Hello!/Hi!
Mein Name ist ...	My name is ...
Wie ist Ihr/Dein Name?	What's your name?
Wie geht es Ihnen/Dir?	How are you?
Danke. Und Ihnen/Dir?	Fine thanks. And you?
Auf Wiedersehen!	Goodbye!/Bye-bye!
Gute Nacht!	Good night!
Tschüs!	See you!/Bye!

Auskunft/Unterwegs

links/rechts	left/right
geradeaus	straight ahead
nah/weit	near/far
Bitte, wo ist ...?	Excuse me, where's ..., please?
... der Bahnhof	... the train station
... die Bushaltestelle	... the bus stop

... der Hafen ... the harbour
... der Flughafen ... the airport
Wie weit ist das? How far is it?
Ich möchte ein Auto mieten. I'd like to rent a car.
Wie lange? How long?

Straßenverkehr

Ich habe eine Panne. My car's broken down.
Gibt es hier in der Nähe eine Is there a service station
Werkstatt? nearby?
Wo ist die nächste Tankstelle? Where's the nearest gas station?
Ich möchte ... I want
 Liter/Gallonen (3,8 l) ... ... liters/gallons of ...
... Normalbenzin. / ... Super. ... regular. / ... premium.
... Diesel. ... diesel.
... bleifrei. ... unleaded
Volltanken, bitte. Full, please.
Hilfe! Help!
Achtung! Attention!
Vorsicht! Look out!
Rufen Sie bitte ... Please call ...
... einen Krankenwagen. ... an ambulance.
... die Polizei. ... the police.
Es war meine Schuld. It was my fault.
Es war Ihre Schuld. It was your fault.
Geben Sie mir bitte Namen und Please give me your name
Anschrift. and address.
Vorsicht vor ... Beware of ...
Ortsumgehung (mit Straßennummer) Business (mit Straßennummer)
Umgehungsstraße Bypass (Byp)
Brücke, Pontonbrücke Causeway
Achtung! Vorsicht! Caution!
Bauarbeiten Construction
Kreuzung, Überweg Crossing (Xing)
Sackgasse Dead End
Umleitung Detour
Straße mit Mittelstreifen Divided Highway
Einfahrt verboten Do not enter
Ausfahrt Exit
Steigung/Gefälle/unübersichtlich Hill
 (Überholverbot)
Behindertenparkplatz Handicapped Parking
Kreuzung, Abzweigung, Einmündung Junction (Jct)
Abstand halten ... Keep off ...

Ladezone	Loading Zone
Einmündender Verkehr	Merge (Merging Traffic)
Schmale Brücke	Narrow Bridge
Parken verboten	No Parking
Überholen verboten	No Passing
Rechtsabbiegen bei Rot verboten	No Turn on Red
Wenden erlaubt	U Turn
Wenden verboten	No U Turn
Einbahnstraße	One Way
Ein- und Aussteigen erlaubt	Passenger Loading Zone
Fußgängerüberweg	Ped Xing
Zeitlich begrenztes Parken erlaubt	Restricted Parking Zone
Vorfahrt	Right of Way
Straßenbauarbeiten	Road Construction
Schleudergefahr bei Nässe	Slippery when wet
Langsam fahren	Slow
Straßenbankette nicht befestigt	Soft Shoulders
Geschwindigkeitsbegrenzung	Speed Limit
Benutzungsgebühr, Maut	Toll
Absolutes Parkverbot, Abschleppzone	Tow away Zone
Kreuzung, Überweg	Xing (Crossing)
Vorfahrt beachten	Yield

Einkaufen

Wo finde ich ... eine/ein ..?	Where can I find a ...?
Apotheke	pharmacy
Bäckerei	bakery
Kaufhaus	department store
Lebensmittelgeschäft	food store
Supermarkt	supermarket

Übernachtung

Können Sie mir ... empfehlen?	Could you recommend ... ?
... ein Hotel/Motel	... a hotel/motel
... eine Frühstückspension	... a bed & breakfast
Haben Sie noch ...?	Do you have ...?
... ein Einzelzimmer	... a room for one
... ein Doppelzimmer	... a room for two
... mit Dusche/Bad	... with a shower/bath
... für eine Nacht / ... für eine Woche	... for one night / ... for a week
Ich habe ein Zimmer reserviert.	I've reserved a room.
Was kostet das Zimmer	How much is the room
... mit Frühstück?	... with breakfast?

PRAKTISCHE INFOS • Sprache

Arzt

Können Sie mir einen guten Arzt empfehlen?	Can you recommend a good doctor?
Ich brauche einen Zahnarzt.	I need a dentist.
Ich habe hier Schmerzen.	I feel some pain here.
Ich habe Fieber.	I've got a temperature.
Rezept	prescription
Spritze	Injection/shot

Bank/Post

Wo ist hier bitte eine Bank?	Where's the nearest bank?
Geldautomat	ATM (Automated Teller Machine)
Ich möchte Euros in Dollars wechseln.	I'd like to change euros into dollars.
Was kostet ...	How much is ...
... ein Brief ... / ... eine Postkarte ... nach Europa?	... a letter ... / ... a postcard ... to Europe?

Zahlen

1	one	2	two
3	three	4	four
5	five	6	six
7	seven	8	eight
9	nine	10	ten
11	eleven	12	twelve
13	thirteen	14	fourteen
15	fifteen	16	sixteen
17	seventeen	18	eighteen
19	nineteen	20	twenty
21	twenty-one	30	thirty
40	forty	50	fifty
60	sixty	70	seventy
80	eighty	90	ninety
100	hundred	1000	one thousand
1/2	a half	1/3	a third
1/4	a quarter		

Restaurant

Wo gibt es hier ein gutes Restaurant?	Is there a good restaurant here?
Reservieren Sie uns bitte für heute Abend einen Tisch!	Would you reserve us a table for this evening, please?
Die Speisekarte bitte!	The menu please!

Auf Ihr Wohl! — Cheers!
Bezahlen, bitte. — Could I have the check, please?
Wo ist bitte die Toilette? — Where is the restroom, please?

Frühstück/Breakfast

Kaffee (mit Sahne/Milch)	coffee (with cream/milk)
koffeinfreier Kaffee	decaffeinated coffee
heiße Schokolade	hot chocolate
Tee (mit Milch/Zitrone)	tea (with milk/lemon)
Rühreier	scrambled eggs
pochierte Eier	poached eggs
Eier mit Speck	bacon and eggs
Spiegeleier	eggs sunny side up
harte/weiche Eier	hard-boiled/soft-boiled eggs
(Käse-/Champignon-)Omelett	(cheese/mushroom) omelette
Pfannkuchen	pancake
Brot/Brötchen/Toast	bread/rolls/toast
Butter	butter
Zucker	sugar
Honig	honey
Marmelade/Orangenmarmelade	jam/marmelade
Joghurt	yoghurt
Obst	fruit

Vorspeisen und Suppen/Starters and Soups

Fleischbrühe	broth/consommé
Hühnercremesuppe	cream of chicken soup
Tomatensuppe	cream of tomato soup
gemischter/grüner Salat	mixed/green salad
frittierte Zwiebelringe	onion rings
Meeresfrüchtesalat	seafood salad
Garnelen-/Krabbencocktail	shrimp/prawn cocktail
Räucherlachs	smoked salmon
Gemüsesuppe	vegetable soup

Fisch und Meeresfrüchte/Fish and Seafood

Kabeljau	cod
Krebs	crab
Aal	eel
Schellfisch	haddock
Hering	herring

Hummer	lobster
Muscheln	mussels
Austern	oysters
Barsch	perch
Scholle	plaice
Lachs	salmon
Jakobsmuscheln	scallops
Seezunge	sole
Tintenfisch	squid
Forelle	trout
Tunfisch	tuna

Fleisch und Geflügel/Meat and Poultry

gegrillte Schweinerippchen	barbecued spare ribs
Rindfleisch	beef
Hähnchen	chicken
Geflügel	poultry
Kotelett	chop/cutlet
Filetsteak	fillet
(junge) Ente	duck(ling)
Schinkensteak	gammon
Fleischsoße	gravy
Hackfleisch vom Rind	ground beef
gekochter Schinken	ham
Nieren	kidneys
Lamm	lamb
Leber	liver
Schweinefleisch	pork
Würstchen	sausages
Lendenstück vom Rind, Steak	sirloin steak
Truthahn	turkey
Kalbfleisch	veal
Reh oder Hirsch	venison

Nachspeise und Käse/Dessert and Cheese

gedeckter Apfelkuchen	apple pie
Schokoladenplätzchen	brownies
Hüttenkäse	cottage cheese
Sahne	cream
Vanillesoße	custard
Obstsalat	fruit salad
Ziegenkäse	goat's cheese

| Eiscreme | icecream |
| Gebäck | pastries |

Gemüse und Salat/Vegetables and Salad

gebackene Kartoffeln in der Schale	baked potatoes	Mais	sweet corn
Pommes frites	french fries	Paprika	peppers
Bratkartoffeln	hash browns	Spinat	spinach
Kartoffelpüree	mashed potatoes	Kürbis	pumpkin
gebackene Bohnen in Tomatensoße	baked beans	Maiskolben	corn-on-the-cob
Kohl	cabbage	Erbsen	peas
Karotten	carrots	Zwiebeln	onions
Blumenkohl	cauliflower	Pilze	mushrooms
Tomaten	tomatoes	Kopfsalat	lettuce
Gurke	cucumber	Lauch	leek
Knoblauch	garlic		

Obst/Fruit

Äpfel	apples	Birnen	pears
Aprikosen	apricots	Orange	orange
Brombeeren	blackberries	Pfirsiche	peaches
Kirschen	cherries	Ananas	pineapple
Weintrauben	grapes	Pflaumen	plums
Grapefruit	grapefruit	Himbeeren	raspberries
Zitrone	lemon	Erdbeeren	strawberries
Preiselbeeren	cranberries		

Getränke/Beverages

Bier (vom Fass)	beer (on tap)
Apfelwein	cider
Rotwein/Weißwein	red wine/white wine
trocken/lieblich	dry/sweet
Sekt, Schaumwein	sparkling wine
alkoholfreie Getränke	soft drinks
Fruchtsaft	fruit juice
gesüßter Zitronensaft	lemonade
Milch	milk
Mineralwasser	mineral water/spring water

Toiletten

Englisch und Spanisch
In den USA heißen Toiletten »Restrooms«, allerdings eher aus Prüderie, denn für Pausen (»rest«) sind sie wirklich nicht geeignet. Auch werden sie »men room« bzw. »ladies room« genannt. Überwiegend werden öffentliche Toiletten in Kalifornien regelmäßig und zufriedenstellend gewartet. Jeder kann Toiletten in Restaurants, Flughäfen, Bahnhöfen, Geschäften, Malls usw. nutzen, auch ohne dort Kunde zu sein. Auch wenn z.B. eine Einkaufsmall generell von Kameras überwacht wird, in den Restrooms sind keine zu finden. Das Wasser für die Waschbecken ist normalerweise kein Trinkwasser. Nicht selten finden man in den Damen- und Herrentoiletten Klapptische, um Babys die Windeln wechseln zu können.

Verkehr

Flughäfen
Die größten Flughäfen im Nordwesten sind San Francisco, Seattle-Tacoma und Portland. Von den letzen beiden bestehen meist tägliche Verbindungen nach Spokane (WA), Boise (ID), Billings (MT) und Gallatin Field (Bozeman, MT). Jackson Hole im Grand Teton NP ist der wichtigste Flughafen in Wyoming; er wird aber nicht direkt von der Nordwestküste aus angeflogen. Alle größeren Flughäfen sind bestens in die Straßennetze eingebunden und haben gute Nahverkehrsanschlüsse in die Stadtzentren bzw. in wichtige Orte des Hinterlands. Zahlreiche Hotels, Mietwagenfirmen usw. unterhalten einen **Airport Shuttle Service**. An den größeren Flughäfen sind alle namhaften Autovermieter vertreten.

Mit der Bahn
Den Bahnverkehr organisiert das Service-Unternehmen **Amtrak**, das für die Fahrgastbetreuung und die Fahrplangestaltung zuständig ist. Für das Streckennetz und das rollende Material sind diverse Gesellschaften verantwortlich.
Mit dem **USA Rail Pass**, angeboten mit 15, 30 oder 45 Tagen Gültigkeit, kann man das gesamte Streckennetz in den USA befahren. Alternativ dazu gibt es auch Mehrfahrtenkarten (Multi Ride Tickets). Im Nordwesten betreibt Amtrak drei Züge: den **Amtrak Cascades** (Seattle – Tacoma – Portland – Salem – Eugene), den **Coast Starlight** (Seattle – Portland – Los Angeles) und den **Empire Builder**. Letzterer fährt von Chicago nach Seattle bzw. Portland und hält an mehreren Stationen in Montana, Idaho, Oregon und Washington.

Mit dem Bus
Busse der Firma **Greyhound** Inc. befahren Linien zwischen allen wichtigen Städten und Touristenzentren. Der **Greyhound Discove-**

ry Pass, gültig für 7, 15, 30 oder 60 Tage ist auch für Rundreisen im Nordwesten geeignet.

Den Nordwesten erkundet man am besten mit einem Mietwagen. Einige Vermieter bieten ihre Fahrzeuge zu interessanten Preisen an, wobei die Wochenpauschalen besonders günstig sind. Man lasse sich jedoch nicht von den extrem niedrigen Grundmieten blenden. Vielmehr sollte man auf **ausreichenden Versicherungsschutz** (Haftpflicht, Kasko, Selbstbeteiligung) und Freimeilen achten. Versicherungspakete können recht teuer sein. Zudem fallen noch die Steuern des jeweiligen Staates und eventuell sogar Flughafensteuern (airport taxes) an, letztere jedoch nur bei Benutzung eines Airport Shuttle (Zubringerdienst) vom Flughafen zum Autohof des Vermieters. *Mietwagen*

Wer ein Fahrzeug anmieten will, muss einen nationalen oder international anerkannten **Führerschein (driver's licence)** vorlegen können und in der Regel **mindestens 21 Jahre alt** sein.

Fahrzeugübergabe: Zwar hat jede Mietwagenfirma ihren Schalter am Flughafen, das Auto selbst erhält man jedoch meist woanders. Vom Flughafen zur Mietstation wird man mit einem **Shuttle Bus** gebracht. Ist das bestellte Auto nicht verfügbar, hat man Anrecht auf ein Fahrzeug der nächsthöheren Klasse.

Die Fahrzeuge werden nur gegen eine **Kaution** abgegeben, die bei den meisten Vermietern nur durch Vorlage einer Kreditkarte als geleistet gilt.

Die Autovermieter bieten einen Wirrwarr unterschiedlicher **Versicherungen** an, die alle abzuschließen nicht unbedingt nötig ist: **CDW** (Collision Damage Waiver): Haftungsbefreiung für Unfallschäden am Fahrzeug (dringend empfohlen); **LDW** (Loss Damage Waiver): Haftungsbefreiung bei Verlust des Fahrzeugs; **PAI** (Personal Accident Insurance): Insassenunfallversicherung; **PEC** (Personal Effect Coverage): Reisegepäckversicherung; **LIS** bzw. **SLI**: Haftpflicht-Zusatzversicherung, mit der die Haftpflichtsumme der ohnehin bereits bestehenden gesetzlichen Haftpflichtversicherung noch erhöht wird.

MIT DEM AUTO UNTERWEGS

Jeder US-Bundesstaat hat neben bundesweiten auch eigene Verkehrsgesetze. Gegenüber den Bestimmungen in Europa bestehen ein paar Unterschiede. Nachstehend einige zu beherzigende Regelungen: **Vorfahrt:** Trotz allgemeinem Rechtsverkehr hat an ungeregelten Kreuzungen derjenige Vorfahrt, der zuerst da war. Nötigenfalls muss man sich verständigen. An vielen Kreuzungen sind alle Einmündungen mit Stoppschildern versehen **(4-Way Stop)**. Jeder Verkehrsteilnehmer muss hier anhalten. *Wichtige Regeln*

Geschwindigkeiten • Umrechnung

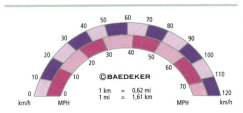

Gurtpflicht: In den meisten Bundesstaaten ist das Anschnallen Pflicht. Kinder unter vier Jahren dürfen in allen Staaten nur in einem speziellen Kindersitz mitfahren.

Höchstgeschwindigkeiten: In verkehrsberuhigten **Innenstädten** und **Wohngebieten** liegen die Höchstgeschwindigkeiten zwischen 20 mph / 32 km / h und 35 mph / 56 km / h; in der **Nähe von Schulen, Altenheimen und Krankenhäusern** beträgt die Höchstgeschwindigkeit 15 mph / 24 km/h! Auf **Ausfallstraßen und Überlandstraßen mit Gegenverkehr** darf man in der Regel bis zu 45 mph / 72 km/h schnell sein. Führt die Straße durch **Gebiete mit Wildwechsel**, sind bei Nacht nur noch 35 mph / 56 km/h erlaubt. Auf **mehrspurigen Straßen und Autobahnen (Highways)** darf man bis zu 55 mph / 88 km/h schnell sein, auf verkehrsarmen Abschnitten auch bis 70 mph / 112 km/h.

Die **Promillegrenze** liegt je nach Staat und County zwischen 0,0 und 1 Promille! »Driving under influence« wird hart geahndet. Angebrochene alkoholische Getränke dürfen nur im Kofferraum transportiert werden, in Wohnmobilen außerhalb der Reichweite des Fahrers. Unter 21-Jährige dürfen keine alkoholischen Getränke mit sich führen.

Schulbusse: Auf Straßen mit Gegenverkehr muss man anhalten, wenn ein Schulbus Kinder ein- und aussteigen lässt. Hält ein Schulbus auf einer durch einen Grünstreifen bzw. durch eine unüberwindbare Barriere vom Gegenverkehr getrennten Fahrbahn, so gilt diese Regelung nur für den in gleichen Richtung fließenden Verkehr.

In den USA **hängen Verkehrsampeln hinter (!) der Kreuzung**. Rechtsabbiegen trotz roter Ampel ist nach vollständigem Anhalten und bei Beachtung der Vorfahrt erlaubt. Verboten ist das Rechtsabbiegen bei Rot durch das Verkehrsschild »No turn on red«.

Abblendlicht: Bei tief stehender Sonne, bei Sichtweiten unter 300 m, bei Regen sowie auf langen, schnurgeraden Straßen mit Gegenverkehr muss mit eingeschaltetem Abblendlicht gefahren werden.

AUTOHILFE

American Automobile Association (AAA)
Tel. *1 800 AAA HELP
Tel. *1 800 2 22 43 57
www.aaa.com

ADAC
Tel. *1 888 2 22 13 73 (USA)
Tel. 0 11 49 49 89 22 22 22 (D)
www.adac.de

Entfernungen

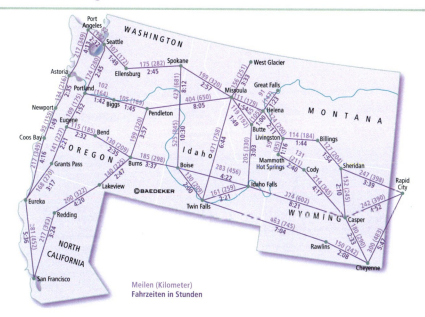

Meilen (Kilometer)
Fahrzeiten in Stunden

Parken: An Fernverkehrsstraßen außerhalb von Siedlungen, vor Hydranten und an Bushaltestellen ist Parken verboten.

Wenden ist auf den meisten Straßen verboten und durch das Verkehrszeichen mit der Aufschrift »No U Turns« markiert.

Rechts überholen: Auf Interstates und auch manchen Highways ist rechts überholen gestattet.

Durchgezogene Linien: Durchgezogene Doppellinien dürfen nicht überfahren werden, ebenso einfache durchgezogene Linien auf der Fahrerseite. Auf vielen Straßen sind Abbiegekorridore markiert.

Rush Hour: Auf mehrspurigen Straßen in Ballungsräumen sind Fahrspuren markiert, die im morgendlichen und abendlichen Stoßverkehr nur von Fahrzeugen mit zwei und mehr Insassen benutzt werden dürfen.

Xing (Crossing): Das englische »Crossing« (dt. = überqueren) wird sehr oft mit »Xing« abgekürzt. Ein Verkehrsschild mit der merkwürdigen Aufschrift »Ped Xing« (»Pedestrian Crossing«) kündigt also einen Fußgängerüberweg an.

Autostopp ist zwar erlaubt, aber auf Interstates und deren Zufahrten ist Anhalten per Handzeichen streng untersagt.

Verkehrszeichen

Vorschriftszeichen

Halt! Vorfahrt gewähren

Stopsignal für 4 Fahrspuren

Einfahrt verboten

Vorfahrt beachten

Falsche Richtung

Rechtsabbiegen verboten

Wenden verboten

Radfahrverbot

Höchstgeschwindigkeit

Voranzeige für Geschwindigkeitsbegrenzung

Kriechspur

Höchstgeschwindigkeit mit vorgeschriebener Mindestgeschwindigkeit

Einbahnstraße

Schulzone Höchstgeschwindigkeit

Getrennte Fahrbahn

Nur tangentiales Linksabbiegen gestattet

Bei Rot nicht abbiegen

Gefahrzeichen

Kreuzung

Einmündung

Voranzeige Getrennte Fahrspuren

Gegenverkehr

Verkehr • PRAKTISCHE INFOS

Engpass

Bahnübergang

Überholverbot

Schmale Brücke

Kurven

Doppelkurve rechts beginnend

Kurvenreiche Strecke

Voranzeige Stopstelle

Voranzeige Vorfahrt beachten

Schüler

Schulbereich

Fußgänger

Gefährliches Gefälle

Schleudergefahr

Maximale Höhe

Schwerverkehr

Achtung! Alligatoren

Wildwechsel

Viehtrieb

Straßenbauarbeiten

Voranzeige Signalisationsperson

Höchstgeschwindigkeit auf Autobahnausfahrten

Richtzeichen

©BAEDEKER

Rastplatz

Telefon

Krankenhaus

Campingplatz

Caravaning

FLUGGESELLSCHAFTEN (INLANDFLÜGE)

American Airlines
Tel. *1 800 4 33 73 00
www.aa.com

Delta Air Lines
Tel. *1 800 2 21 12 12
www.delta.com

United
Tel. *1 800 8 64 83 31
www.united.com

EISENBAHN
Amtrak
Tel. *1 800 USA RAIL
Tel. *1 800 8 72 72 45
www.amtrak.com

BUS
Greyhound
Tel. *1 800 2 31 22 22
www.greyhound.com

MIETWAGEN
Alamo
Tel. *1 877 2 22 90 75
www.alamo.com

Avis
Tel. *1 800 2 30 48 98
www.alamo.com

Budget
Tel. *1 800 5 27 07 00
www.budget.com

Dollar
Tel. *1 800 8 00 36 65
www.dollar.com

Hertz
Tel. *1 800 6 54 31 31
www.hertz.com

Thrifty
Tel. *1 800 8 47 43 89
www.thrifty.com

Interstates: Interstates mit geraden zweistelligen Nummern verlaufen in Ost-West-Richtung, solche mit ungeraden zweistelligen Nummern in Nord-Süd-Richtung. Dreistellige Nummern bezeichnen Ringautobahnen und Stadtumfahrungen.

Die **Highways** sind das Pendant zu den deutschen Bundesstraßen, im Gegensatz zu diesen jedoch in den meisten Fällen mehrspurig ausgebaut. Weiße Schilder kennzeichnen sie als Bundes- (z. B. US 6) oder Staatsstraßen (State Roads; z. B. OR 28 bzw. WA 28). Auch bei ihnen definiert die Nummer die grobe Himmelsrichtung. Mit »ALT« (alternative) oder »BUS« (business) werden Umgehungsstraßen bezeichnet. Der wichtigste Unterschied zwischen Highways und Interstates besteht darin, dass erstere – als mehrspurige Straßen – in den meisten Fällen **nicht kreuzungsfrei** sind.

Bei **Einmündungen** und beim **Linksabbiegen** ist daher besondere Vorsicht geboten.

Toll steht für eine Straßengebühr, die auf einigen Interstates und Highways sowie für die Benutzung von Brücken, Dammstraßen und Tunnels bzw. Unterführungen erhoben werden kann.

Ausfahrten: Auf Straßen mit baulich getrennten Fahrstreifen liegen die Ausfahrten normalerweise rechts. Bei beengten Verhältnissen kann sie sich aber durchaus auch auf der linken Seite befinden.

Angeboten werden **Diesel (»gasoil«)** und **bleifreies Benzin (»gas unleaded«)** in den Sorten **»Regular« (Normal)** und **»Premium« (Super)**. Um die Zapfsäule betriebsbereit zu machen, muss ein Hebel umgelegt oder eine Halterung nach oben gezogen werden. An vielen Tankstellen wird vor allem abends und nachts Vorauskasse verlangt.

Treibstoffe

Zeit

Für die im Reiseführer behandelten Staaten gelten die beiden **Zeitzonen** Mountain Time (Montana, Wyoming) bzw. Pacific Time (California, Oregon, Washington, Idaho).

Die **Sommerzeit** (Daylight Saving Time), während der die Uhren um eine Stunde vorgestellt sind, gilt in der Regel vom ersten Aprilsonntag bis zum letzten Oktobersonntag. In den Indianerreservaten gibt es keine Sommerzeit.

a.m./p.m. In den USA werden die Stunden nicht bis 24 durchgezählt. Von 0.00 Uhr (Midnight) bis 12.00 Uhr mittags (Noon) werden sie mit a. m. (ante meridiem) bezeichnet, ab 12.00 Uhr mittags bis Mitternacht mit p. m. (post meridiem).

Das **Datum** wird in der Reihenfolge Monat-Tag-Jahr angegeben, z. B. July 4, 2016 oder kurz 7-4-16.

Unterschiedliche Zeiten

Zeitzonen in den USA

Register

A
AAA **562**
Abblendlicht **576**
Abendessen **79**
Aberdeen **410**
Abgeordnetenhaus **28**
Absaroka Mountains **298**
Adapter **553**
Afro-Amerikaner **28**
Ahornsirup **78**
Ahwahnee-Indianer **214**
Albany **391**
Alberton Gorge **305**
Albion Mountains **254**
Alcatraz Island **210**
Alleinreisende **553**
Allen, Paul **398, 456**
Alltag **32**
Alpen der USA **430**
Alpine Lakes **478**
Alpine Lakes Wilderness **478**
Alsea Bay **369**
Alta California **134**
Aluminiumproduktion **398**
American Fur Company **281**
American River **177, 181**
Amtrak **574**
Anaconda **276**
Anacortes **401**
Angel Island **211**
Angeln **115**
Anhalter **566**
Anreise **546**
Antelope Flats Road **514**
Antelope Ridge **280**
Antilopen **25**
Ape Cave **428**
Apotheken **556**
Appaloosa-Pferd **245**
Arapaho **270, 482, 493, 504, 518, 530**
Arcata **140**
Architektur **57**
Armstrong Nugget **321**
Artist Point **403**
Ärzte **556**
Ashland **312**
Astoria **123, 129, 314, 397**
Astoria **314, 325**
Astor, Johann Jakob **316, 397**
Atlantic City **520**
ATM **555**
Atomtestgelände **238**
Aufenthaltsdauer **546**
Auskunft **549**
Ausreisebestimmungen **546**
Automatic Teller Machine (ATM; Geldautomat) **555**
Autostopp **577**
Avenue of the Giants **141, 171**
Ayres Natural Bridge **508**

B
Backcountry **109**
bacon **78**
Bahnverkehr **574**
Baker City **319**
Baker, Joseph **402**
Bakersfield **133**
Baker Ski Area **403**
Balancing Rock Trail **155**
Balch, Frederick Homer **59**
Balclutha (Schiff) **202**
Bald Eagle **26**
Bald Mountain **251**
Band **15**
Bandon **123, 333**
Bandon **333**
BankCard **555**
Bankfilialen **555**
Bank of America **195**
Bannack **278**
Bannack State Historic Park **278**
Banner Summit **232**
Bären **109**
Bar Flying U Ranch **515**
Basken **230**
Battery Point Lighthouse **176**
Battle of Seattle **52, 449**
Battle Rock **387**
Bay Region **182**
B&Bs **101**
Beach Loop **334**
Bearhat Mountain **285**
Bear Lake **245**
Bear Paw Mountains **258, 279, 293**
Beaverhead Mountains **249**
Beaverhead River **277**
Bed & Breakfast **101**
Behindertenhilfe **552**
Belle Fourche River **504**
Bellingham **398**
Ben **322**
Benzin **581**
Berglöwen **26, 284**
Bergziege **284**
Berkeley **213**
Berkeley Open Pit Mine **269**

Berry, Don **60**
Berühmte Persönlichkeiten **63**
Bevölkerung **28**
Biber **26**
Bierstadt, Albert **517**
Big Boy (Dampflok) **502**
Bigfoot (Sasquatch; Fabelwesen) **342**
Big Hole National Battlefield **278, 279**
Bighorn, Little **64**
Bighorn Mountains **17, 126, 530, 532**
Bighorn River **270**
Big Sky **266**
Bildende Kunst **55**
Billings, Frederick **260**
Billings (Stadt) **259**
Bisons **26, 280, 292, 305, 487, 488, 489, 515, 537**
Bitterroot Mountains **257**
Black Bear (Indianerhäuptling) **532**
Blackfoot (Indianer) **127, 284, 305**
Blackfoot River **229**
Blackfoot (Stadt) **227**
Black Hills **17, 64, 127, 484, 505**
Blake Island **460**
Blizzard **23**
Blue Mountains **322**
Blumenkinder **183**
Boardman State Park **346**
Bodega Bay **169**
Bodega **169**
Bodega Head **169**
Bodenschätze **34**
Bodie **223**
Bodie State Historic Park **223**
Boeing (Flugzeugwerke) **34, 398, 453**

Boeing, William **63, 459**
Boiler Bay **369**
Boise **127, 229**
Bonneville Dam **329**
Bonneville Lake **329**
Boot Hill Fossil Site **406**
Bora Peak **225**
Borglum, Gutzon **486**
Borofsky, Jonathan **455**
Botschaften **550**
Botta, Mario **202**
Bow Mountains **523**
Bozeman Hot Springs **266**
Bozeman, John **264, 530**
Bozeman (Stadt) **263**
Bozeman Trail **264, 482, 491**
Bradford Island **330**
Bremerton **398, 460**
Brennan, Sam **136**
Bridal Veil Falls State Park **328**
Briefkästen **562**
Briefmarken **562**
Brookings **343**
Brownlee Dam **240**
Buckelwale **27**
Budd Inlet **436**
Buffalo **26, 126, 490**
Buffalo Bill **500, 531**
Buffalo Bill Dam **502**
Buffalo Bill Museum **502**
Buffalo Bill State Park **502**
Buffalo Gap **484**
Buffalo Jump State Park **292**
Buffalo (Stadt) **490**
Büffel **26, 280, 292, 305, 484, 487, 488, 489, 515, 537**
Büffelgras **24**
Butteljagd **305**
Bumpass Hell **157, 158**
Busreisen **574**

Butch Cassidy **523**
Butte **126, 267**
Butte **267**

C

Cabins **103**
Cable Car **198**
Cabrillo, Juan Rodriguez **134**
Calamity Jane **296, 297, 489**
California **133**
California Academy of Science **208**
California Cuisine **75**
California Highway No. 1 **128**
California Trail **43**
Californios **38, 134**
Calistoga **136, 164**
Callenbach, Ernest **55**
Camino Real **38**
Camp Auger **517**
Camper **101**
Canary, Martha Jane (»Calamity Jane«) **297**
Cannon Beach **318**
Canoeing **113**
Cape Arago **333**
Cape Blanco **388**
Cape Disappointment **415**
Cape Falcon **319**
Cape Ferrelo **346**
Cape Foulweather **369**
Cape Kiwanda **123, 370, 372**
Cape Lookout State Park **373**
Cape Meares **373**
Cape Perpetua **341, 370**
Cape Sebastian **342**
Carbon Glacier Trail **425**
Carbon River Road **425**
Caribou National Forest **229**

Carr, Job **468**
Carson, Kit **41, 305, 325, 525**
Carson Valley **156**
Carson, William **139**
Carver, Raymond **60**
Cascade Locks **329**
Cascade Loop **417**
Cascades **16, 18, 120, 157, 162, 309, 312, 322, 395, 416, 421, 475**
Cascades Lakes Scenic Highway **325**
Cascades Pass **433**
Casper **494**
Castro District **183**
Cataldo Mission **234**
Cathedral Rock **220**
Cathedral Spires **220**
Catlin, George **517**
Cave Junction **349**
Cayuse (Indianer) **474**
Cayuse Pass **425**
Cayuse War **473**
Cedar Creek **471**
Centennial **523**
Centralia **404**
Central Valley **133**
Chain Lakes Loop **403**
Charleston **332**
Cheddar **372**
Chehalis **404**
Chelan **122, 124, 433**
Cheyenne **127, 270, 284, 482, 493, 496, 531, 533**
Cheyenne (Indianerstamm) **258**
Chicago, Burlington & Quincy Railroad **533**
Chicago & North Western Railway **517**
Chico Hot Springs **298**
Chief Joseph **242, 256, 258, 278**
Chief Joseph Scenic Byway **502**
Chief Mountain **284**
Chihuly, Dale **56, 468**
Chimney Rock **519**
Chinatown **193**
Chinesen-Pogrom **466, 527**
Chinook **23, 293**
Christmas Valley **358**
City of Rocks **254**
Clark Fork River **303, 305**
Clark Fork Tour **305**
Clark, William **39, 40, 68, 226, 250, 258, 263, 264, 289, 290, 296, 302, 305, 310, 316, 397, 415**
Clear Creek **492**
Cleetwood Cove Trail **335**
Cloud Peak Scenic Skyway **493**
Cloverdale **372**
Coast Range **15, 18, 133**
Cobain, Kurt **449**
Cobbler **75**
Cody, William F. **502**
Cody (Stadt) **500**
Cœur d'Alene **125, 226, 232**
Coit, Lillie **196**
Coldwater Lake **429**
Coldwater Ridge **430**
Coleman Glacier **402**
Coloma **148**
Colter, John **481**
Columbia **149**
Columbia Falls **288**
Columbia Plateau **16, 475**
Columbia River **15, 16, 41, 129, 309, 314, 331, 398, 413, 470**
Columbia River Gorge **325**
Columbia River Highway **326**

Colville **124, 407**
Colville Indian Reservation **405**
Colville National Forest **405**
Colville (WA) **407**
Connor Battlefield **532**
Connor, Patrick E. (General) **532**
Conrad, Charles F. **287**
Continental Divide **16**
Cook, James **39, 369, 396**
Coolidge **278**
Cooper, Gary **63**
Coos Bay **331**
Copperopolis **298**
Coquille River **334**
Cornucopia **355**
Corps of Discovery **40**
Corvallis **393**
Costner, Kevin **491**
Cougar **26**
Counties **29**
Country Inns **102**
Coupons **564**
Covered Bridges **393**
Cowboy Artists **56**
Cowboys **29, 55, 126, 272, 487**
Crater Lake National Park **123, 129, 334**
Crater Lake National Park **334**
Craters of the Moon National Monument **235**
Crazy Horse (Häuptling) **70, 270, 487**
Crazy Horse Memorial **17, 484, 486**
Crazy Mountains Loop **298**
Crescent City **171, 176**
Crocker Art Museum **181**

Crosby, Bing **63**, **464**
Crow Agency **270**
Crow (Indianerstamm) **258, 269, 482**
Crow Indian Reservation **269**
Crown Point **328**
Crystal Mountains **115**
Cuisine **76**
Cunningham, John Pierce **515**
Curlew Lake State Park **406**
Custer, George Armstrong (General) **64, 258, 270, 487**
Custer (Ort) **488**
Custer State Park **487**

D

Dale Chihuly **56**
Davis, H. L. **60**
Daylight Saving Time **581**
Dead Indian Pass **502**
Deadwood **489**
Deer Lodge **272**
Deer Valley **272**
de Fuca, Juan **38**
Del Norte County **176**
Depoe Bay **369**
Deschutes National Forest **322**
Deschutes River **322**
DeSmet, Pierre (Pater) **526**
Desolation Peak **433**
Desolation Wilderness **156**
Devil's Elbow State Park **341**
Devils Tower **127, 504**
Devisenbestimmungen **555**
Diablo Dam **433**
Dickhornschafe **25**

Diesel **581**
Die Vögel (Thriller) **169**
Dillon (Ort) **277**
Dillon, Sidney **277**
Dinner **79**
Dinner Shows **79**
Dinosaurier **519**
D.L. Bliss State Park **155**
Douglas **507**
Douglasien **24**
Douglas **507**
Drake, Sir Francis **38, 168, 333**
Drehkiefern **24**
Drugstores **556**
Duwamish **460**

E

Eagle **26**
Eastsound **446**
Eastwood, Clint **251**
Easy going **553**
Ecola State Park **318**
Einkaufen **95**
Einreisebestimmungen **546**
Eisenbahn **51, 397, 518, 574**
Eishockey **86**
Eiszeit **19, 283, 326, 352**
El Capitán **218, 220**
Elch **25**
Electric City **289**
Elektrizität **553**
Elk **25**
Elkhorn Scenic Byway **322**
Elkhorn Mountains **322**
Ellensburg **122**
Elliott Bay **460**
Elowah Falls **329**
Elwha River Road **439**
Elwha Trail **439**
Embarcadero Center **195**

Emerald Bay State Park **155**
Emerald City **448**
Emery Dye, Eva **59**
Emigrant Peak **298**
Energie **34**
Engelmannfichten **24**
Erdbeben **183**
Erdgas **34, 259, 483, 507, 526**
Erdgeschichte **18**
Erdöl **34, 259, 483, 494, 507, 526**
Espresso **75**
Essen **75**
Ethete **519**
Etikette **553**
Eugene **123, 127, 129, 335**
Eureka **138**
Evans Plunge **488**
Events **85**
Evergreen Aviation Museum **361**
Excelsior Geyser **540**
Excelsior Peak **402**
Experience Music Project **456**

F

Fakten **15**
Fallschirm-Feuerwehrmänner **304**
Family Restaurants **78**
Fanette Island **155**
Farmer, Frances **65**
Farmers' Markets **76**
Fast Food **79**
Feiertage **85**
Felsengebirge **16**
Ferndale **141**
Fernsehen **560**
Feste **85**
Fetterman Massacre **491, 493**
Fetterman, William **510**

Fidalgo Island **401**
Film **556**
Financial District **195**
Finanzkrise **53**
Fingerabdrücke **546**
Fische **27, 76**
Fischerei **29**
Fischfang **29**
Fisherman's Wharf **201**
Flagstaff Hill **321**
Flaming Gorge **127, 529**
Flathead **284**
Flathead Indian Reservation **279**
Flathead Lake **305**
Flathead Valley **257**
Flieder **461**
Fliegenfischen **115**
Florence **339**
Flughäfen **546, 574**
Flugverkehr **574**
Flugzeugindustrie **398**
Forellen **27, 77, 443**
Forks **443**
Forstwirtschaft **29**
Fort Assiniboine **293**
Fort Benton **281, 282**
Fort Bonneville **526**
Fort Bragg **142**
Fort Casper **495**
Fort Clatsop **317**
Fort Dalles **331**
Fort Fetterman State Historic Site **508**
Fort Hall **247**
Fort Keogh **300**
Fort Laramie **127, 482, 484, 535**
Fort Lincoln **65**
Fort Logan **298**
Fort McKinney **492**
Fort Missoula **303**
Fort Nisqually **469**
Fort Nonsense **526**
Fort Phil Kearney **491, 492**

Fort Ross State Historic Park **144**
Fort Sherman **234**
Fort Vancouver **470**
Fort Walla Walla **472, 473**
Fort Washakie **519**
Fosbury, Dick **71**
Fossil Butte National Monument **509**
Fountain Paint Pot **540**
Frachtschiffe **546**
Fremont, John C. **325**
Friday Harbor **447**
Friseure **554**
Fritz, Laura **56**
Frontier Days **496**
Front Range **17**
Frostperioden **22**
Frühling **23**
Frühstück **78**
Führerschein **548, 575**
Fuller Victor, Frances **59**

G

Gable, Clark **251**
Gallatin Valley **257, 266**
Gannet Peak **16, 482**
Garage Rock **61**
Garden Wall **284**
Gasoil **581**
Gate of Death **249**
Gates of the Mountains **296**
Gates, William (Bill) H. **65, 398, 448, 453**
Gay Community **183**
Gehry, Frank O. **58, 456**
Gelbkiefern **24**
Geld **554**
Geldautomaten **555**
Georgetown Lake **276**
Georgia Strait **398**
Geschäftszeiten **97**
Geschichte **37**
Gesundheit **556**

Gewichte **559**
Geysir **483, 540, 542**
Giant Sequoias **221**
Giant Springs Heritage State Park **290**
Gibson, Paris **289**
Gifford Pinchot National Forest **405**
Glacier **403**
Glacier National Park **16, 125, 283**
Glacier Point **220**
Glass Beach **143**
Gletscher **19, 430**
Gletscherzungenbecken **19, 283**
Going-to-the-Sun Road **284**
Gold **16, 17, 34, 146, 148, 177, 226, 229, 258, 259, 267, 278, 280, 294, 406, 453, 482, 485, 520**
Gold Beach **123, 129, 341**
Gold Bug Hot Springs **251**
Gold Country **146**
Golden Gate Bridge **129, 204, 205**
Golden Gate National Recreation Area **205**
Golden Gate Park **209**
Goldrausch **43, 71, 128, 135, 146, 226, 247, 278, 310, 319**
Gondwanaland **18**
Gothic Revival **58**
Gouverneur **28**
Grand Coulee Dam **407**
Grand Loop Road **538**
Grand Prismatic Spring **540**
Grand Teton National Park **127, 237, 511**
Granite **276**
Granite Peak **299**
Grant, Gary **251**

Register · ANHANG

Grant-Kohrs Ranch National Historic Site **276**
Grants Pass **123, 347**
Grant, Ulysses **347**
Grasländer **26**
Grasshopper Cree **278**
Grassteppe **17, 22**
Grass Valley **148**
Grauwale **27, 115, 369, 444, 446**
Graves, Morris **139**
Gray, Robert **396, 410**
Grays Harbor **410**
Grays Lake **229**
Great Basin **322**
Great Divide Basin **483**
Great Falls **41**
Great Falls **289**
Great Fountain Geyser **540**
Great Plains **17, 26, 37, 38, 257, 282, 484**
Great Rift of Idaho **236**
Green Canyon **365**
Greene, Stan **55**
Green River Basin **34**
Green River **526, 529**
Greifvögel **26**
Greyhound-Busse **574**
Grinnel Glacier **285**
Grizzlybären **26, 257, 280, 284, 405, 481, 504**
Grizzly Giant (Mammutbaum) **221**
Groening, Matt **66**
Große Ebenen **17**
Grove of the Patriarchs **425**
Grunge **61, 449, 458**
Guadalupe Hidalgo, Frieden von **135**
Gualala **144**
Guernsey **127, 536**
Gurtpflicht **576**
Guy W. Talbot State Park **328**

H

Haftpflichtversicherung **549**
Hagerman Fossil Beds National Monument **255**
Hagerman-Pferd **255**
Haley, Sally **56**
Half Dome **219, 220**
Halfway **354**
Hammering Man **455**
Handicapped People **552**
Harney Peak **484**
Harriman, Averell **251**
Harts Pass **416**
Haselnüsse **77**
Hash brown **78**
Hat Point **354**
Haustiere **548**
Havre **292**
Haystack Rock **318**
Heather Meadows **403**
Heavenly **156**
Hecata Head **341**
Helena **294**
Hellgate **279**
Hells Canyon **226, 239, 240, 320, 350**
Hells Gate State Park **240**
Hemingway, Ernest **251, 252, 531**
Hemlockstanne **23**
Hendrix, Jimi **63, 66, 456**
Hewlett-Packard **34**
Hidden Falls **516**
Hidden Lake Overlook **285**
High Desert **124**
High Plains **17, 24**
High Sierra **122, 221**
Highways **580**
Hiking **109**
Hintergrund **12**
Hippies **183, 212, 337**

Hispano-Amerikaner **28**
Hitchcock, Alfred **169**
Hitchhiking **554**
Hochgebirge **18**
Höchstgeschwindigkeiten **576**
Hoffstadt Bluffs **428**
Hoh Rain Forest **439**
Hoh River Road **439**
Höllenschlucht **350**
Holzindustrie **29**
Hood River **330**
Hoover, Herbert **531**
Hoquiam **410**
Hotel California **101**
Hot Springs **488**
Hozo-meen Mountain **433**
Hudson's Bay Company **42, 247, 310, 316, 396, 461, 469, 470**
Humboldt Bay **138**
Humboldt Redwoods State Park **171**
Humbug Mountain State Park **388**
Hundertwasser, Friedensreich **166**
Hurricane Ridge **439, 442**

I

Idaho **225**
Idaho City **230**
Idaho Falls **237**
Idaho Panhandle **232**
Idaho University **245**
Ilwaco **414**
Immigration Card **548**
Imnaha **354**
Impfbestimmungen **548**
Indian Beach **318**
Indian Caves **219**
Indianer **28, 37, 50, 126, 226, 270, 296, 309, 525**
Indianerkriege **46, 50**

Indianerschmuck 95
Indianische Kunst 55
Indie Rock 55, 61
Industrie 34
Inspiration Point 516
Intel 34
Internet 551, 552, 564
Interstates 580
Inverness 167

J
Jackalope 507
Jackson 516
Jackson Glacier 285
Jackson Hole 517, 524
Jackson Lak 516
Jackson 516
Japantown 200
Jean »Pompey« Baptiste Charbonneau 263
Jefferson, Thomas 486
Jenny Lake 515, 516
Jewel Cave 488
Jewett Bailey, Margaret 59
Johnson County War 483, 490, 491, 496
Johnston, David A. 429
Johnston Ridge 429
Joseph (Häuptling) 241, 293
Joseph (Ort) 354
Juan de Fuca 38
Juan-de-Fuca-Straße 437

K
Kalifornien 133
Kalifornisches Längstal 15
Kalispell 287
Kalktuff 223
Kalmiopsis Wilderness 347
Kaltluftvorstöße 22, 53
Kanadische Schild 18
Karibus 405
Kartoffeln 227, 228
Kaskadengebirge 16, 18
Kayaking 113
Keiko (Wal) 366
Kesey, Ken 60, 337
Ketchum 252
Kettengebirge 16
Kettle Falls 407
Kettle River Range 405
Killerwale 115
Killpecker Sand Dunes 528
Kinder 91
Kitsap Peninsula 460
Klamath Falls 334, 355
Klamath Marsh 356
Klapperschlangen 26
Klima 22
Klipsan Beach 414
Klondike 453
Knievel, Evel 67
Knigge 553
Knight, Lora Josephine 155
Kohle 483, 507, 526
Kohrs, Conrad 272, 276
Kolhaas, Rem 58
Konfektionsgrößen 97
Kontinentale Wasserscheide 16
Kootenai 279
Kordilleren 22
Kraniche 26
Krankenhaus 556
Krankenversicherung 549
Kreditkarten 555
Kreuzfahrtschiffe 546
Kriminalität 566
Krustenechsen 26
Küche 76
Kultur 55
Kunst 55
Kupfer 267
Kurzgrassteppe 24
Küstengebirge 18
Küstenmammutbäume 171

L
Lachs 27, 77, 443, 447, 461
Lachsbeere 77
La Conner 402
La Grande 322
Laguna Point 143
Lake Ann 402
Lake Bonneville 352
Lake Chelan 430
Lake Crescent 439
Lake Diablo 433
Lake McDonald 283
Lake Roosevelt National Recreation Area 410
Lake Tahoe 152
Lakeview 357
Lake Wenatchee State Park 479
Lakota 484
Lakota-Sioux 127, 270, 482
Lander 517
Landwirtschaft 29
Längstäler 15
La Prele Creek 510
La Push 444
Laramie 520
La Ramie, Jacques 521
Laramie Mountains 17, 494
Laramie 520
Lassen Peak 16, 156, 158
Lassen Volcanic National Park 128, 156
Last Chance Gulch 295
Latourell Creek 328
Latourell Falls 328
Laubmischwälder 24
Laurasia 18
Lava Beds National Monument 159
Lava Butte 324

Register · ANHANG

Lava Hot Springs 249
Lavaströme 237
Lavatunnel 237
Leadbetter Point State Park 414, 416
Leavenworth 476
Lemhi River 250
Lewis, Meriwether 39, 40, 68, 226, 250, 258, 289, 290, 296, 302, 305, 310, 316, 397, 415
Lewis & Clark Caverns 307
Lewis & Clark Discovery Center 240
Lewis & Clark Valley 239
Lewis Range 16
Lewiston 239
Lime Kiln Point State Park 448
Lincoln, Abraham 486
Linksabbiegen 580
Literatur 59, 556
Little Bighorn 64, 70, 126, 258, 270, 493, 531
Little Bighorn River 270
Little Pend Oreille National Wildlife Refuge 407
Livingston 296
Lodgepole Pines 24
Lodges 102
Logan Pass 285
Lombard Street 197
Londoner Vertrag 42
Lone Mountain 266
Long Beach 123
Long Beach Peninsula 413
Long Beach 414, 415
Longmire 426
Lopez Island 446
Lopez Village 446
Lost Coast 141
Louisiana Purchase 39, 258
Lower Klamath National Wildlife Refuge 356
Lunch 78

M

MacKerricher State Park 143
Madison Buffalo Jump State Park 307
Madison Valley 305
Magic Valley 254
Makah 398
Malakoff Diggins State Historic Park 148
Malls 95
Malmstrom Air Base 289
Mammoth Hot Springs 540
Mammutbäume 23, 169
Mammuts 488
Many Glacier 284
Many Glacier Road 284, 285
Many Glacier Valley 284
Marblemount 432, 433
Marionberry Pie 77
Mariposa 146
Mariposa Grove 220
Marlboro-Mann 263
Marshall, George 471
Marshall Gold Discovery State Historic Park 149
Marshall, James W. 148
Marymere Falls 439
Maße 559
Maultierhirsche 25
Mazama 417, 432
McCall, Tom 69
McDowell Lake 407
McLoughlin, John 386
McMinnville 359
Medecine Bow National Forest 523
Medecine Bow Peak 523
Medford 334

Medicine Bow Mountains 17
Medicine Bow National Forest 520
Medicine Lake Volcano 159
Medicine Rocks State Park 301
Medien 560
Medikamente 556
Medizinische Behandlung 549
Meeresfrüchte 76
Mehrwertsteuer 97
Mendocino 160
Merced Canyon 220
Merced Grove of Giant Sequoias 221
Merced River 219
Methow Valley 416
Microsoft 34, 66, 398, 448, 453
Mietwagen 575
Miles City 300
Miles, Nelson A. (General) 300
Milk River 292
Milner Dam 254
Mirror Lake 219
Mission Mountains 280
Mission San Francisco de Asis 204
Missoula 302
Missouri 257, 281, 289, 305
Missouri Breaks 283
Missouri Headwaters State Park 306
Mittagessen 78
Miwok-Indianer 168, 214
Mobiltelefone 563
Moccacino 75
Modoc Plateau 159
Monitor Ridge 430
Mono Lake 222

ANHANG • Register

Montana 257
Montana Cattle Kings 272
Montana State University 263
Montpelier 244
Moran State Park 447
Mormonen 226, 228, 237
Mormon Rows 514
Morning Glory Pool 542
Morris, Carl 56
Morrison Planetarium 208
Moscow 245
Motels 101
Mount Adams 419
Mountainbiking 112
Mountain Men 41, 226, 525
Mount Baker 402
Mount Baker Highway 403
Mount Constitution 447
Mount Dallas 447
Mount Hood 362
Mount Hood Loop 327, 364
Mount Hood Railroad 330
Mount Howard 354
Mount Larch 329
Mount Olympus 438
Mount Rainier 16, 122, 395, 421
Mount Rushmore 17, 127, 484, 486
Mount Shasta 16, 128, 134, 162
Mount Shasta (Stadt) 163
Mount Shuksan 403
Mount St. Helens 16, 122, 395, 426
Mount Tamalpais 171, 212
Mount Vernon 401
Mount Whitney 16
Mud Vulcano 543
Muir Beach 171
Muir, John 171, 218
Muir Woods National Monument 171, 212
Mule Deer 25
Multnomah Falls 329
Murmeltiere 26
Musik 61
Mustangs 488, 528
Myrna Loy 68
Myrtlewood 95

N

Nahcotta 414
Napa Valley 165
National Basketball Association 86
National Bison Range 280, 305
National Forests 112
National Hockey League 86
National Monuments 112
National Parks 560
Natur 15
Naturfreunde 109
Naturschutzgebiete 560
NBA 86
Neakhanie Mountain 319
Needles Highway 487
Netarts 372
Nevada City 147
Nevada Fall 220
New Age 163
Newberry National Volcanic Monument 324
Newhalem 433
Newport 123, 129, 365
Nez Perce (Indianer) 51, 226, 240, 242, 256, 258, 278, 352
Nez-Perce-Krieg 243, 257
Nez Perce National Historic Park 241
NHL 86
Niederschläge 22
Nike 34, 311
Ninepipe National Wildlife Refuge 280
Nirvana 61, 449
Nisqually-Paradise Road 425
Nooksack Falls 403
Nordamerikanischen Landmasse 18
Nordamerikanische Platte 18
Nordwestküstenindianer 460
Nordwestpassage 396
North Beach 411
North Bend 332
North Cascades National Park 430
Northern Arapaho Cultural Museum 521
Northern Pacific Railroad 260, 300, 302
North Platte River 494, 508, 535
North Platte Valley 533
North Star Mining 148
Northwest Company 42, 463
Northwest Contemporary 58
Northwest Trek Wildlife Park 437
Notrufe 561
Nye Beach 368

O

Oakville 166
Ocean Park 414
Ocean Shores 411

Oceanside **372**
Oceanside Resort **444**
O'Connor, Jack **240**
O'Hara, Mary **61**
Ohme Gardens **479**
Okanogan Range **405**
Okanogan River **405**
Ökotopia **55**
Old Faithful (Yellowstone National Park, Geysir) **480, 542**
Old Faithful (Geysir in Calistoga) **137**
Old Faithful Inn **542**
Olema **167**
Olympia **123, 434**
Olympic National Park **123, 437**
Olympic Peninsula **437**
Olympic Peninsula Drive **439**
Omak **124**
Operator **563**
Orcas **27, 115**
Orcas Island **446**
Orcas Island **446**
Oregon **39, 128, 309**
Oregon Caves National Monument **349**
Oregon City **310, 386**
Oregon Coast Aquarium **365, 366**
Oregon Dunes **340**
Oregon **309**
Oregon Pioneer **390**
Oregon-Territorium **397**
Oregon Trail **42, 244, 249, 310, 321, 322, 386, 482, 526**
Oregon-Vertrag **42**
Oswald West State Park **318**
Otter Crest **369**
Outdoors **109**
Overland Trail **526**
Owyhee Mountains **231**

Oxbow Bend **515**
Oysterville **414, 415**

P

Pablo **280**
Pacific City **370**
Pacific Crest National Scenic Trail **420**
Pacific Flyway **357**
Pacific Highway **414**
Paläoindianer **352**
Paläoindianischen Landnahme **37**
Palmen **509**
Palouse Horses **245**
Palouse Range **245**
Pangäa **18**
Panoramic Highway **212**
Paradise Ridge **245**
Paradise Valley **297**
Paradise Valley Loop **298**
Paradise **426**
Parken **577**
Paxson, Edgar **278**
Pazific City **370**
Pazifikküste **15, 22, 120, 443**
Pazifiklachse **27**
Pazifische Platte **18**
Pelikane **26**
Pelzhandel **39, 41, 309, 272, 396, 461, 465, 470**
Pend d'Oreilles (Indianer) **258, 279**
Pendleton, George H. **374**
Pendleton **373**
Persönlichkeiten, berühmte **63**
Petaluma Adobe State Historic Park **213**
Peter Norbeck Scenic Byway **486**
Petrified Forest (bei Calistoga) **138**

Petzold, Paul **518**
Pfeifhasen **26**
Pferdeflüsterer, der **264**
Pflanzen **23**
Philipsburg **276**
Pig War **447**
Pilot Butte **324**
Pilot Butte Wild Horse Scenic Loop **528**
Pinedale **524**
Pinot Noir **359**
Pioneer Mountain Range **278**
Pioneer Mountains Scenic Byway **278**
Pioneer Mountains Scenic Bywa **278**
Pioniere **57**
Pistol River State Park **342**
Plains **15, 17**
Planwagen **57, 321, 492, 521**
Plateau Indian War **461**
Plattenränder **18**
Platte River **507**
Platte River Canyon **536**
Pocatello **247**
Point Arena **145**
Point Bonita **212**
Point Cabrillo **162**
Point Defiance **468**
Point Reyes National Seashore **129, 167**
Pollock, Jackson **69**
Polson **280**
Pompey's Pillar National Monument **263**
Ponderosa Pines **24**
Ponderosa Pine Scenic Byway **232**
Pony Express **495, 533**
Porcelain Basin **540**
Port Angeles **439**
Portland **122, 128, 129, 311, 376**

Portman, John **195**
Port Orford **387**
Port Townsend **444**
Post **562**
Powder River Basin **34**
Powell, James **533**
Powell, John Wesley **529**
Powell's City of Books **384**
Praktische Informationen **546**
Präriehasen **507**
Prärieindianer **482**
Pray **298**
Preise **564**
Promillegrenze **576**
Pronghorn-Antilopen **25**
Puget, Peter **466**
Puget Sound **15**, **398**, **410**, **421**, **460**
Pumas **26**, **284**
Punkrock **61**
Puyallup **466**

Q
Queen Anne Style **58**
Quileute Indian Reservation **444**
Quinn's Hot Springs **305**

R
Radfahren **112**
Radio **560**
Rafting **113**
Rail Pass **574**
Rain City **448**
Rain Forest Loop **425**
Ramona Falls **364**
Rapid City **127**, **489**
Rassenunruhen **136**
Rauchen **554**
Rawlins **530**
Red Canyon **520**, **529**
Red Cloud **48**, **483**
Red Cloud's War **483**, **490**, **532**

Redding **133**, **162**
Redding, Otis **212**
Redford, Robert **264**, **296**, **297**
Redmond **453**
Red Sleep Mountain Drive **280**
Redwood Empire **169**
Redwood National Park **129**, **171**, **176**
Redwoods **24**, **142**, **171**
Reed, John **60**
Reedsport **340**
Regenwald **23**, **437**, **439**, **443**
Register Cliff State Historic Site **536**
Register Rock **249**
Reisedokumente **546**
Reisekrankenversicherung **556**
Reisepass **546**
Reiseplanung **546**
Reiseschecks **555**
Reiseversicherungen **549**
Reisezeit **120**, **565**
Relief **19**
Reptilien **26**
Republic **406**
Resorts **102**
Restaurants **79**
Rest Rooms **574**
R-Gespräch **563**
Riesensequoien **24**
Rimrock Cliffs **259**
Rinderbarone **492**, **496**
Rinderzucht **29**, **258**
Ring of Fire **16**
Riot Grrrl **61**
Riverton **518**
Robben **27**
Robbins, Tom **60**
Robert Straub State Park **372**
Roche Harbor **447**
Rock Creek **520**

Rockefeller Parkway **514**
Rock Springs **526**
Rock Springs Massacre **527**
Rocky Mountains **15**, **16**, **18**, **23**, **41**, **225**, **257**, **283**, **482**, **509**
Rogue River **341**, **342**, **347**
Roosevelt Glacier **403**
Roosevelt, Theodore **280**, **486**, **543**
Root Beer **79**
Rose City **378**
Rossiyanin **144**
Ross Lake **430**, **433**
Rubicon Trail **155**
Ruby Beach **443**
Rungius, Charles **57**
Rush Hour **577**
Russell, Charles **57**, **289**
Russian Hill **197**
Rutherford **164**

S
Sacajawea **40**, **59**, **250**, **263**, **305**, **519**
Sacramento **71**, **176**
Sacramento River **15**, **163**, **167**, **177**
Sagebrush-Steppe **510**
Salem **388**
Sales Tax **97**
Salish **279**, **461**
Salmon Mountain **407**
Salmonberry **77**
Salmon River **250**
Salmo-Priest Wilderness **407**
Salt Creek **494**
Samuel H. Boardman State Park **346**
San-Andreas-Verwerfung **167**, **182**
San Francisco **128**, **129**, **182**

Register ANHANG

San Francisco Bay 211
San Francisco Cable Car Museum 198
San Francisco Castro District 204
San Francisco Chinatown 193
San Francisco Embarcadero Center 195
San Francisco Fisherman's Wharf 201
San Francisco Golden Gate Park 208
San Francisco Japantown 200
San Francisco Lombard Street 197
San Francisco Maritime National Historical Park 202
San Francisco North Beach 196
San Francisco Pier 39 202
San Francisco Presidio 205
San Juan Islands 122, 444
San Juan Ridge 148
Sasquatch (Bigfoot; Fabelwesen) 342
Saurier 523
Sausalito 212
Sawtooth Range 226, 232
Schaefer, Jack 61
Schaffgotsch, Graf Felix 251
Schären 446
Schildkröten 26
Schlacht am Little Bighorn 270
Schlammlawinen 53
Schneeziegen 25
Schulbusse 576
Schwarzbären 26

Schwarze Berge 17
Schwertwal 27
Schwule 183
Scio 393
Seafood 76
Sea Lion Caves 340
Seal Rock State Recreation Park 370
Seaside 318
Seattle (Stadt) 52, 122, 124, 127, 448, 465
Seattle (Häuptling) 70, 449
Seaview 414
Seeadler 26, 446
Seelöwen 27, 143, 333, 446
Seeotter 27
Selkirk Mountains 407
Selkirk Range 405
Senat 28
Sentinel Dome 220
Sentinel Rock 220
Sequoia sempervirens 24, 171
Serra, Junipero 204
Shakespeare Festival 312
Shanahan, William T. 56
Sharkey Hot Springs 251
Shaw Island 446
Shell Island 333
Sheridan (Stadt) 126, 530
Sheridan, Phil 530
Sherman Pass National Forest Scenic Byway 407
Shopping 95
Shore Acres State Park 333
Short Sands Beach 318
Shoshone (Indianer) 40, 226, 236, 250, 284, 305, 482, 504, 518
Shoshone Falls 254

Shoshone Tribal Cultural Center 519
Sicherheit 548, 566
Sierra City 146
Sierra Nevada 16, 18, 128, 146, 214
Signal Mountain 515
Silber 231, 259
Silvan Ridge 338
Silver Bow Creek 267
Silver City 231
Silver Falls State Park 393
Silverwood Theme Park 234
Simpson, Louis J. 333
Simpsons, the (Comic-Figuren) 66, 434
Sinks Canyon 520
Sioux 127, 493, 508, 530, 533
Sioux War 486
Siskiyou Mountains 349
Sisters 325
Sitting Bull (Häuptling) 70, 270
Skagit County 402
Skagit River 401
Skilaufen 114
Skunk Train 143
Skyline Scenic Drive 526
Small talk 553
Smart Phone 563
Smith, Jedediah 134
Smokejumper 304, 417
Snake River 16, 41, 127, 238, 239, 254, 309, 350, 516
Snake River Canyon 254
Snowy Range 523
Sommer 23
Sommerzeit 581
South Beach 411
South Dakota 17
South Lake Tahoe 156

South Pass City 520
Space Needle 456
Spanish Peaks Wilderness 266
Spannung 553
Speisekarte 76
Spirit Lake Memorial Highway 428
Spokane 125, 461
Spokane Falls 464
Spokane River 461
Sprache 566, 574
Squaw Valley 152
Stammesgesellschaften 37
Starbucks 34, 96, 453, 454
Staudämme 326
Steaks 75
Steamboat Geyser 540
Stehekin 434
Steinadler 284
Steinhart Aquarium 208
Steuern 564
Stevens, Isaac I. 397
St. Helena 164
St. Ignatius 280, 305
St. Ignatius Mission 281
St. Mary 285
St. Mary Lake 285
Strait of Juan de Fuca 439
Straßenverkehr 575
Strauss, J. B. (Architekt) 205
Strauss, Levi 71
Streep, Meryl 393
Strom 553
Sturgis 488
Subduktion 18
Sublette, William 525
Subprime-Krise 53
Sugar Pine Point State Park 155
Sulphur Caldron 543
Sulphur Works 157
Summer of Love 183
Sumpter 322
Sunny Valley 349
Sunrise Point 425
Sunset Bay State Park 332
Sun Valley 115, 127, 227, 251
Sun Yat-sen 194
Sutter, Johann August 71, 177, 181
Sutter's Fort State Historic Park 177, 181
Swift Current Lake 287
Swift Current 284

T

Table-Bluff 139
Tacoma 465
Tahoe City 155
Tannen 24
Tatanka 489
Taxi 554
Taylor, Elizabeth 416
Teewinot Mountain 516
Telefon 562
Telegramm 564
Telegraph Hill 196
Telekommunikation 562
Temperaturen 22, 559
Tenaya Creek 219
Tenaya Lake 221
Ten Sleep Canyon 493
Teton Park Road 514
Teton Range 16, 237, 512
The Dalles 331
Thermopolis 519
Thompson, David 302
Three Capes Scenic Loop 371, 372
Three Forks 305
Three Sisters 127, 325
Thunder Basin National Grassland 506
Tierra del Mar 372
Tierwelt 25
Tillamook 123, 372
Tillamook Cheddar 372
Tillicum Village 460
Timberline Lodge 365
Tioga Pass 221
Tipi 38
Toiletten 574
Tokeland 411
Toll Roads 580
Tollwutimpfzeugnis 548
Tongue River 532
Torrington 533
Totempfähle 55
Tour 1 120
Tour 2 123
Tour 3 128
Touren 118
Tower-Roosevelt 543
Trails 109
Transamerica Pyramid 195
Trapper 38, 226, 322, 324, 482, 524, 525, 537
Traveller Checks 555
Trekking 109
Trinken 75
Trinkgeld 79, 554
Troutdale 327
Trout Lake 421
Tubb's Hill 234
Tumbleweed 25
Tumwater 397
Tuolumne 221
Tuolumne Meadows 221
Tuolumne River 222
Twain, Mark 152
Twin Falls 127, 254
Twin Harbors State Park 411
Twisp 419
Tyrannosaurus Rex 266

U

Übernachten 101
Umwelt 15

Register • ANHANG

Umweltschutz 35
Unfallversicherung 549
Union Pacific Railroad 251, 496, 498, 507, 527
United Aircraft Corporation 63
United States Postal Service (USPS) 562
University of Oregon 338
University of Wyoming 521
Unterkünfte 101
Upper Geyser Basin 542
Ureinwohner 28
Urlaub aktiv 109
USA Rail Pass 574
USPS 562
Utah & Northern Railroad 277

V

Vancouver (Stadt) 470
Vancouver, George 399, 402, 421
Veranstaltungskalender 85
Vergnügungsparks 92
Vergünstigungen 564
Verkaufssteuer 97
Verkehr 574
Verkehrsregeln 575
Vernal Fall 220
Versicherungspflicht 549
Viehzucht 483
Vikingsholm Castle 155
Virginia City 155
Visa Waiver Program 546
Visit USA Committee Germany e.V. 552
Visum 546, 548
Vizcaíno, Sebastián 342
Vögel 26
Vorfahrt 575
Vorwahlen 563

W

Wagon Box Fight 533
Währung 554
Waldport 369
Wale 27, 115, 169
Walla Walla 474
Walla Walla Valley 472
Wallowa Mountains 309, 350
Wandern 109
Wapiti 25
Wapitihirsche 25
War Relocation Camps 397
Wasatch Range 244
Waschbären 26
Washington (Bundesstaat) 395
Washington, George 486
Wasserscheide 16
Waterton-Glacier International Peace Park 283
Watson Cabin 155
Watt, Marie 55
Wawona Road 220
Wawona Tree 221
Wechselkurse 554
Weidekriege 310, 496
Wein 359
Weißkopf-Seeadler 26
Weißwedelhirsche 25
Welcome Centers 551
Wells Fargo Bank 195
Weltwirtschaftskrise 135, 310
Wenatchee 479
Wenatchee River Valley 475
Wenatchee 479
Weott 141
Westcoast Contemporary 58
Western Art 354
Western-Artikel 96

Western Overthrust Belt 34
Westport 411
Weyerhaeuser, Frederick 466
Whale Watching 115
Whitely, Opal 60
White Pass 405
White Water 113
Whitman Mission 473
WiFi 564
Wilapa Bay 414
Wilderness 112
Wildpferde 528
Willamette River 122
Willamette Valley 15, 127, 309, 335, 338, 359, 388
Willits 143
Willow Creek 520
Willow Flats 515
Winchester 340
Wind Cave National Park 488
Wind River Canyon 519
Wind River Indian Reservation 518
Wind River Range 16, 482, 517, 524, 526
Wintersport 114
Winthrop 417
Wirtschaft 28, 29
Wizard Island 335
WLAN 564
Wohnmobil 120
Wölfe 284
Wonderland Trail 426
Wood, Charles Erskine Scott 60
World Forestry Center 383
Wüsten-Wapitis 528
Wyoming 481
Wyoming Basin 17, 482
Wyoming Dinosaur Center 519

X
Xing **577**

Y
Yachats **370**
Yakama Indian Reservation **420**
Yakima **122, 396**
Yaquina Bay State Park **368**
Yaquina Head **368**
Yellowstone Canyon **543**
Yellowstone Falls **543**
Yellowstone Lake **543**
Yellowstone National Park **126, 127, 237, 259, 501, 537**
Yellowstone Plateau **16, 18, 482**
Yellowstone River **257, 296, 300, 543**
Yosemite Falls **219**
Yosemite National Park **128, 214**
Yosemite Valley **214, 218**
Yosemite Village **220**

Z
Zeit **581**
Zeitschriften **560**
Zeitungen **560**
Zeitzonen **581**
Zigzag Canyon **364**
ZIP Codes **562**
Zollbestimmungen **548**
Zugvögel **26**
Zuschauersport **86**
Zypressen **509**

Verzeichnis der Karten und Grafiken

Top-Reiseziele 2
Unruhige Erde (Infografik) 20
USA Nordwesten auf einen Blick
　(Infografik) 30
Expedition von Lewis und Clark 40
Go West! (Infografik) 44
Tourenübersicht 118
Tour 1 121
Tour 2 124
Tour 3 128
California (Lage) 133
Plenty of gold … (Infografik) 150
Redwood Highway 173
Die Riesen unter den Bäumen
　(Infografik) 174
Sacramento 178
San Francisco 184
San Francisco Metro 188
San Francisco Chinatown 193
Cable Car 198
San Francisco Fisherman's Wharf 201
Golden Gate Bridge (3D) 206
San Francisco Golden Gate Park 208
Yosemite National Park 216

Idaho (Lage) 224
Montana (Lage) 257
Billings 260
Cowboys (Infografik) 274
Oregon (Lage) 309
Columbia River Gorge 326
Portland 380
Washington (Lagekarte) 395
Grand Coulee Dam (3D) 408
Mount Rainier 422
Olympic National Park 440
Seattle 450
Spokane 463
Wyoming (Lage) 480
Cheyenne 499
Fort Laramie 535
Yellowstone National Park 541
Temperaturen 559
Geschwindigkeiten 576
Entfernungen 577
Verkehrszeichen 578
Zeitzonen 581

Bildnachweis

Braunger: 89, 90, 100, 103, 132, 227, 232, 235, 259, 267, 281, 288, 295, 299, 306, 321, 384
Drechsler-Marx: 5 (Mitte), 170
DuMont Bildarchiv/Frischmuth: 5 (unten), 6, 72, 77, 96, 113, 335, 367, 394, 408, 411, 414, 417, 420, 447, 454, 473, 476, U7
DuMont Bildarchiv/Hackenberg: 2, 108, 115, 431, 480, 538
DuMont Bildarchiv/Heeb: Umschlagklappe vorne, 3 (Mitte unten), 145, 197, 561
DuMont Bildarchiv/Leue: 4 (oben), 285, 353, 497, 542
f1 online: 203
f1 online/ Tovy: 212
Fan & Mross: 194
fotolia.com/cameraman: 32 (Mitte)
fotolia.com/pixinity: 32 (oben), U3 (oben)
fotolia.com/pmphoto: 5 (oben)
Gerth: 3 (unten), 19, 157, 219, 221
getty-images: 423 (oben links)
getty-images/Antonio Mo: 409 (Klappe)
getty-images/Aurora: 409 (oben)
getty-images/Bloomberg: 94
getty-images/Carl Weatherly: 246, 253
getty-images/CQ Roll Call/Tom Williams: 81 (oben), U3 (unten)
getty-images/CSM: 104
getty-images/Danita Delimont: Titelbild
getty-images/Denver Pos/Hyoung Chang: 80 (unten)
getty-images/Design Pics/Richard Cummins: 464
getty-images/education images/UIG: 138
getty-images/Elsa: 86
getty-images/ Gry J. Weathers: 319
getty-images/Harald Sund: 409 (unten), 423 (Klappe)
getty-images/Hulton Archive: 241
getty-images/James L. Amos: 509
getty-images/MCT: 81 (Mitte), 149
getty-images/Scott Olson: 489
getty-images/Steve Bly: 224
getty-images/Sunset Av. Productions: 423 (oben rechts)
getty-images/ULTRA.F: 80 (oben)
Heeb/laif: 1, 3 (oben), 4 (unten), 8, 10, 13, 14, 17, 29, 52, 84, 116, 160, 207 (unten), 211, 256, 271, 273, 291, 301, 317, 325, 330, 333, 346, 373, 399, 443, 449, 483, 511, 525, 527, 529, 531, 537, U8
Huber/ Ripani: 215, U2
iStock/dierick: 78
laif/Abban Ryan/Gallery Stock: 33 (unten)
laif/New York Times/Redux: 54
Linde: 3 (Mitte oben), 25, 27, 126, 422, 423 (unten links und rechts), 427, 438, 487, 493, 498, 501, 503, 505, 521, U4 (unten)
Martini/LOOK: 183, 544
mauritius-images: 99
mauritius-images/age: 135, 351
mauritius-images/Alamy: 32 (unten), 33 (oben, Mitte), 83, 92, 111, 130, 337, 341, 359, 361, 377, 391, 403, 467
mauritius-images/Danita Delimont: 362, 389
mauritius-images / foodanddrinkphotos: 81 (unten)
mauritius-images/imagebroker/gourmet-vision: 74
mauritius-images/Jeff O' Brien: 516
mauritius-images/SuperStock: 392
Modrow/laif: 207 (Klappe)
picture-alliance/akg: 43, 47, 57
picture-alliance/akg/TopFoto: 243, U4 (oben)
picture-alliance/akg/Werner Forman: 37

picture-alliance/dpa: 61, 457
picture-alliance/dpa-Bildarchiv: 60, 62, 64
picture-alliance/dpa-Bilderdienst: 459
picture-alliance/dpa/KPA: 36, 69
picture-alliance/dpa-Fotoreport: 67, 264
picture-alliance/Huber/Lawrence: 329
picture-alliance/KPA/TopFoto: 345
picture-alliance/maxppp: 153, 168
picture-alliance/newscom/Picture History: 41, 49, 65
picture-alliance/NHPA/photoshot: 308
picture-alliance/united-archives/mcphoto: 222
Piepenburg/laif: 9, 166, 177, 180, 206
Wieland/laif: 207 (oben)
Zakrzewski: 163
Titelbild: Getty Images/DanitaDelimont

BAEDEKER WISSEN

atmosfair

nachdenken · klimabewusst reisen

Reisen verbindet Menschen und Kulturen. Doch wer reist, erzeugt auch CO2. Der Flugverkehr trägt mit bis zu 10% zur globalen Erwärmung bei. Wer das Klima schützen will, sollte sich nach Möglichkeit für die schonendere Reiseform entscheiden (wie z.B. die Bahn). Gibt es keine Alternative zum Fliegen, kann man mit atmosfair klimafördernde Projekte unterstützen. atmosfair ist eine gemeinnützige Klimaschutzorganisation unter der Schirmherrschaft von Klaus Töpfer. Flugpassagiere spenden einen kilometerabhängigen Betrag und finanzieren damit Projekte in Entwicklungsländern, die den Ausstoß von Klimagasen verringern helfen. Dazu berechnet man mit dem Emissionsrechner auf www.atmosfair.de, wieviel CO2 der Flug produziert und was es kostet, eine vergleichbare Menge Klimagase einzusparen (z.B. Berlin – London – Berlin 13 €).
atmosfair garantiert die sorgfältige Verwendung Ihres Beitrags. Alle Informationen dazu auf www.atmosfair.de.
Auch der Karl Baedeker Verlag fliegt mit atmosfair.

Impressum

Ausstattung:
180 Abbildungen, 44 Karten und grafische Darstellungen, eine große Reisekarte
Text:
Ole Helmhausen mit Beiträgen von Reinhard Zakrzewski
Bearbeitung:
Baedeker-Redaktion (Manuela Hunfeld)
Kartografie:
Christoph Gallus, Hohberg; Franz Huber, München;
MAIRDUMONT Ostfildern (Reisekarte)
3D-Illustrationen:
jangled nerves, Stuttgart
Infografiken:
Golden Section Graphics GmbH, Berlin
Gestalterisches Konzept:
independent Medien-Design, München
Chefredaktion:
Rainer Eisenschmid, Baedeker Ostfildern

4. Auflage 2017

© KARL BAEDEKER GmbH, Ostfildern
für MAIRDUMONT GmbH & Co KG; Ostfildern
Der Name Baedeker ist als Warenzeichen geschützt. Alle Rechte im In- und Ausland sind vorbehalten. Jegliche – auch auszugsweise – Verwertung, Wiedergabe, Vervielfältigung, Übersetzung, Adaption, Mikroverfilmung, Einspeicherung oder Verarbeitung in EDV-Systemen ausnahmslos aller Teile des Werkes bedarf der ausdrücklichen Genehmigung durch den Verlag.

Anzeigenvermarktung:
MAIRDUMONT MEDIA
Tel. 0049 711 4502 0
Fax 0049 711 4502 1012
media@mairdumont.com
http://media.mairdumont.com

Printed in China

Trotz aller Sorgfalt von Redaktion und Autoren zeigt die Erfahrung, dass Fehler und Änderungen nach Drucklegung nicht ausgeschlossen werden können. Dafür kann der Verlag leider keine Haftung übernehmen.
Kritik, Berichtigungen und Verbesserungsvorschläge sind jederzeit willkommen.
Schreiben Sie uns, mailen Sie oder rufen Sie an:

Verlag Karl Baedeker / Redaktion
Postfach 3162
D-73751 Ostfildern
Tel. 0711 4502-262
info@baedeker.com
www.baedeker.com

Die Erfindung des Reiseführers

Als **Karl Baedeker** (1801 – 1859) am 1. Juli 1827 in Koblenz seine Verlagsbuchhandlung gründete, hatte er sich kaum träumen lassen, dass sein Name und seine roten Bücher einmal weltweit zum Synonym für Reiseführer werden sollten.

Das erste von ihm verlegte Reisebuch, die 1832 erschienene **Rheinreise**, hatte er noch nicht einmal selbst geschrieben. Aber er entwickelte es von Auflage zu Auflage weiter. Mit der Einteilung in die Kapitel »Allgemein Wissenswertes«, »Praktisches« und »Beschreibung der Merk-(Sehens-)würdigkeiten« fand er die klassische Gliederung des modernen Reiseführers, die bis heute ihre Gültigkeit hat. Der Erfolg war überwältigend: Bis zu seinem Tod erreichten die zwölf von ihm verfassten Titel 74 Auflagen! Seine Söhne und Enkel setzten bis zum Zweiten Weltkrieg sein Werk mit insgesamt 70 Titeln in 500 Auflagen fort.

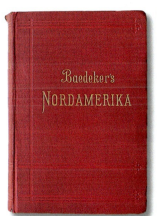

Bis heute versteht der Karl Baedeker Verlag seine große Tradition vor allem als eine Kette von Innovationen: Waren es in der frühen Zeit u. a. die Einführung von Stadtplänen in Lexikonqualität und die Verpflichtung namhafter Wissenschaftler als Autoren, folgte in den 1970ern der erste vierfarbige Reiseführer mit professioneller Extrakarte. Seit 2005 stattet Baedeker seine Bücher mit ausklappbaren 3D-Darstellungen aus. Die neue Generation enthält als erster Reiseführer Infografiken, die (Reise-)Wissen intelligent aufbereiten und Lust auf Entdeckungen machen.

In seiner Zeit, in der es an verlässlichem Wissen für unterwegs fehlte, war Karl Baedeker der Erste, der solche Informationen überhaupt lieferte. In der heutigen Zeit filtern unsere Reiseführer aus dem Überfluss an Informationen heraus, was man für eine Reise wissen muss, auf der man etwas erleben und an die man gerne zurückdenken will. Und damals wie heute gilt für Baedeker: Wissen öffnet Welten.

Baedeker Verlagsprogramm

- Algarve
- Allgäu
- Amsterdam
- Andalusien
- Argentinien
- Australien
- Australien • Osten
- Bali
- Barcelona
- Bayerischer Wald
- Belgien
- Berlin • Potsdam
- Bodensee
- Brasilien
- Bretagne

- Brüssel
- Budapest
- Burgund
- China
- Dänemark
- Deutsche Nordseeküste
- Deutschland
- Deutschland • Osten
- Dresden
- Dubai • VAE
- Elba
- Elsass • Vogesen
- Finnland
- Florenz
- Florida
- Franken
- Frankfurt am Main
- Frankreich
- Frankreich • Norden
- Fuerteventura
- Gardasee
- Golf von Neapel
- Gran Canaria
- Griechenland
- Großbritannien
- Hamburg
- Harz
- Hongkong • Macao
- Indien
- Irland
- Island
- Israel
- Istanbul
- Istrien • Kvarner Bucht
- Italien
- Italien • Norden
- Italienische Adria
- Italienische Riviera
- Japan
- Jordanien
- Kalifornien
- Kanada • Osten
- Kanada • Westen
- Kanalinseln
- Kapstadt • Garden Route
- Kenia
- Köln
- Kopenhagen
- Korfu • Ionische Inseln
- Korsika
- Kos
- Kreta
- Kroatische Adriaküste • Dalmatien
- Kuba
- La Gomera
- La Palma
- Lanzarote
- Leipzig • Halle
- Lissabon
- London
- Madeira
- Madrid
- Malediven
- Mallorca
- Malta • Gozo • Comino

- Marokko
- Mecklenburg-Vorpommern
- Menorca
- Mexiko
- Moskau
- München
- Namibia
- Neuseeland
- New York
- Niederlande
- Norwegen
- Oberbayern